白川静さんに学ぶ
漢字の秘密まるわかり

小山鉄郎
Koyama Tetsuro

論創社

まえがき

本書は漢字がどのような仕組みでできているのか、その成り立ちの基本的な全体像をわかりやすく紹介《しょうかい》する本です。三千年以上前に古代中国で生まれた漢字は、誕生《たんじょう》以来、途絶《とだ》えることなく使い続けられてきました。文字を持たなかった日本でも、この漢字を輸入し、自分たちの言葉を表す文字として使い続けています。

画数の多い字もあるためか、漢字の仕組みは複雑なものと受けとめられがちですが、実はその仕組みを理解すれば、決して難《むずか》しいものではありません。むしろ、えっと驚《おどろ》くほど論理《ろんり》的にできているので「そういうことなのか！」と納得《なっとく》することがしばしばなのです。

☆

「漢字は一つ一つ覚える必要はないの。もともと、そういう仕組みで漢字はできているのだから」

漢字という文字の成り立ちの秘密《ひみつ》を解明して、文化勲章《ぶんかくんしょう》を受けた漢字学者の白川静《しらかわしずか》さんは、このように繰《く》り返し話していました。古代中国で生まれた漢字は古代なりの考えではありますが、その社会を反映《はんえい》した論理で組み立てられています。

この古代中国の社会の在り方を探《さぐ》り、漢字がどのような仕組みでできているかを解き明かした白川さんによれば、漢字の基本的な部分は、意味や要素が関係したおよそ三百ほどの文字の系統《けいとう》が縦横斜《たてよこなな》めにつながってできている文字群です。ですから各系統の基本的なつながりの意味を理解できれば、漢字全体を構成している論理、原理の基礎《きそ》がわかるので、決して難しい文字ではないのです。

現在の学校教育では、そのような漢字を構成している論理、原理や関係性をほとんど考慮《こうりょ》せずに、漢字を一つ一つばらばらに教えていますし、学ぶ側もそれらを個別に暗記し、覚えていきます。

このような現状に対して、最晩年《さいばんねん》の白川さんは、自分が解明した漢字の成り立ち・仕組みを漢字教育に生かせば、漢字の学習はもっと容易になると考えて、幾《いく》つかの資料を残していましたが、その思いは十分には果たされないまま、二〇〇六年、九十六歳《さい》で亡《な》くなられてしまいました。

私《わたし》は長年、文学担当《たんとう》の記者を務めていますが、日本の文化の中心ともいえる漢字という文字の成り立ちについて知らないことに気づき、九十二歳の白川さんに「小学生にも理解できるように、漢字の基礎から教えていただきたい」という手紙を書いて、直接、漢字の成り立ちについて、教えてもらいながら、漢字を学ぶ子どもたち向けに「白川静さんに学ぶ 漢字は楽しい」という新聞連載《れんさい》を行いました。その取材体験は「漢字って、そういうことだったのか！」という驚きと感動の連続でした。

この連載の単行本化を望む声もあって、二〇〇六年に『白川静さんに学ぶ 漢字は楽しい』（共同通信社）を刊行すると、大きな反響《はんきょう》を呼《よ》び、小学生から八十代まで、たくさんの読者から感想をいただきました。漢字学習の副読本に使ってくれた学校も多く、二〇〇九年に新潮《しんちょう》文庫に収録《しゅうろく》された同書は、漢字についての入門書的な本として、現在も読まれ続けています。

同書の姉妹編として『白川静さんに学ぶ 漢字は怖《こわ》い』（二〇〇七年、共同通信社）という本も書き、それも好評でしたし、両書は漢字の本場である中国、台湾《たいわん》でも翻訳《ほんやく》、刊行されました。でも一方で、この二冊《さつ》は、私に大きな課題を残しました。本のタイトルにあるように「漢字は楽しい」し、「漢字は怖い」です。そのような漢字という文字の魅力《みりょく》を伝えることはできたのですが、〈漢字の体系的な成り立ちの基礎的な全体像を示して、漢字の学習を容易なものにしたい〉という白川さんの思いに十分応えたものになったとはいえないからでした。

本書『白川静さんに学ぶ 漢字の秘密まるわかり』は、その白川さんの思いに応え、白川さんが解明した漢字の仕組みの基礎的な全体像を示すために書かれたものです。

前記したように白川さんは三百くらいの意味を共有する文字のつながりが理解できれば、漢字の体系的な成り立ちがわかると考えていましたが、本書でも三百六項目《こうもく》にわたり、漢字のつながりを物語風に紹介しています。

各項のタイトルとなる漢字と、それにつながる漢字三字を現代の文字、旧字、古代文字、さらにそれらをつなぐイラストで、誰《だれ》にでも理解できるように示しました。各項のタイトルになった漢字は、そのほとんどを小学校で学ぶ文字から選んでいます。つまり日本人なら誰でも知っている文字から出発して、漢字がどのような仕組み、論理でできているかの基礎的な全体像を紹介したものです。

さらに漢字のつながりについて、イラスト欄《らん》に挙げた四文字に限定することなく、そのつながりの中で理解すれば容易にわかる文字がある場合には、それを【つながる漢字】として各項に記しています。白川さんが話したように、その項の文字のつながりを理解できれば「漢字は一つ一つを覚える必要はない」ですし、いっぺんに芋《いも》づる式に漢字がわかるように書いてあります。

巻末《かんまつ》には、詳細《しょうさい》な音訓索引《さくいん》をつけて、その漢字が小学何年で学ぶ教育漢字なのか、常用漢字か、人名用漢字かなどが一目瞭然《りょうぜん》でわかるようにしました。

もちろん冒頭《ぼうとう》から読めば、漢字の仕組みへの理解は深まりますが、三百六項目のどこから読んでも漢字のつながりがわかるように工夫した索引です。この索引を利用すれば、自分が興味のある漢字の成り立ちと関連した文字のつながりをすぐ理解できると思います。二分冊にせずに、一冊本にしたのも、この索引の利便性を考えてのことです。

最晩年の白川さんは、学校で児童生徒たちへ漢字を教える先生たちに、自分が解明した漢字の成り立ちの仕組みが伝わり、漢字教育の在り方が変わっていくことを願っていました。その白川さんの思いも受けとめて書いた本です。

☆

白川静さんによる漢字解明の業績として、最も有名なものは「口」の字形が顔の「くち」を意味するのではなく、神様への祈《いの》りの言葉を入れる器「口」(サイ)であることを発見して、「口」の字形をふくむ漢字を新しく体系化したことです。

「口」を顔の「くち」ではなく、神様への祈りの言葉を入れる器「口」(サイ)と理解すれば、この「口」を字形内にふくむ漢字をいっぺんに理解することができるのです。そのため、本書の中でも「口」の字形が神様への祈りの言葉を入れる器「口」(サイ)を表している場合は「𠙵」の表記で表しているところがあります。索引でも「𠙵」の関係字であることがわかるように表記しています。

本書で紹介した中から、「𠙵」(サイ)でつながる漢字の例の一部を挙げてみれば、「右」「兄」「言」「知」「善《ぜん》」「加」「古」「語」「同」「誤《ご》」「歌」「史」「事」「向」「感」「減」「過」「週」「税」「和」「喜」「品」「操《そう》」「臨《りん》」「始」「治」「君」「高」「橋」「敬《けい》」「招」「容」「浴」「欲《よく》」「程」「聖《せい》」……などがあります。しかも、ここに挙げた文字はすべて小学校で学ぶ基本的な漢字です。これらの漢字は神様への祈りの言葉を入れる器「𠙵」(サイ)ですべてつながっているので、ひと続きの漢字として理解することができるのです。

さらに「才」「存《そん》」「在」「載《さい》」「裁《さい》」「音」「暗」「闇《あん》」「意」「憶《おく》」「者」「都」……なども「𠙵」(サイ)でつながっている漢字なのです。この他にも「𠙵」(サイ)でつながった漢字はたくさんあります。

もちろん、白川さんの漢字学は「𠙵」(サイ)の発見だけではありません。本書を少し読んでいただければ、白川さんが解き明かした漢字の秘密、その体系的な仕組みに驚き、私と同じように深く感動すると思います。

ですから本書は、これから漢字を学ぶ人たち、また漢字に興味を抱《いだ》く人たち、そのすべてに向けて書かれたものです。

白川静さんに学ぶ 漢字の秘密まるわかり

目次

まえがき …… i
友 …… 2
最 …… 4
際 …… 6
神 …… 8
然 …… 10
器 …… 12
北 …… 14
久 …… 16
夫 …… 18
兄 …… 20
歩 …… 22
正 …… 24
降 …… 26
行 …… 28
衛 …… 30
進 …… 32
観 …… 34
集 …… 36
奮 …… 38
衣 …… 40
卒 …… 42
遠 …… 44
笛 …… 46
主 …… 48
親 …… 50
章 …… 52
文 …… 54
胸 …… 56
除 …… 58
輪 …… 60
医 …… 62
屋 …… 64
目 …… 66
省 …… 68
夢 …… 70
臣 …… 72
望 …… 74
旗 …… 76
期 …… 78
善 …… 80
義 …… 82
達 …… 84
号 …… 86
劇 …… 88
象 …… 90
力 …… 92
労 …… 94
努 …… 96
勉 …… 98
勝 …… 100
女 …… 102
安 …… 104
妻 …… 106
参 …… 108
婦 …… 110
寝 …… 112
追 …… 114
館 …… 116
季 …… 118
委 …… 120
秀 …… 122
米 …… 124
王 …… 126
皇 …… 128
仕 …… 130
父 …… 132
結 …… 134
固 …… 136
故 …… 138
五 …… 140
陸 …… 142
分 …… 144

囲……306
断……308
朝……310
暮……312
夜……314
弓……316
強……318
本……320
製……322
都……324
著……326
暑……328
書……330
律……332
画……334
図……336
戦……338
運……340
紀……342
起……344
巻……346
番……348
駅……350
暴……352
税……354
歴……356
作……358
昔……360
今……362
無……364
逆……366
登……368
豊……370
教……372
交……374
亡……376
忘……378
流……380
樹……382
自……384
元……386
試……388
対……390
版……392
将……394
就……396
築……398
区……400
操……402
格……404
車……406
輪……408
福……410
遊……412
麦……414
朗……416
乗……418
利……420
始……422
治……424
公……426
第……428
標……430
席……432
寺……434
理……436
料……438
量……440
練……442
星……444
密……446
現……448
仮……450
聞……452
植……454
芸……456
市……458
責……460
果……462
課……464

胃 466
悪 468
実 470
貴 472
賛 474
費 476
売 478
員 480
測 482
質 484
具 486
皮 488
波 490
採 492
受 494
争 496
君 498
乱 500
役 502
殺 504
段 506
穀 508
発 510
刻 512
統 514
純 516
冬 518
頂 520
垂 522
橋 524
棒 526
鋼 528
条 530
構 532
航 534
刊 536
支 538
警 540
風 542
気 544
赤 546
変 548
温 550
氏 552
低 554
指 556
街 558
招 560
験 562
誌 564
点 566
容 568
浴 570
残 572
湖 574
次 576
府 578
程 580
庭 582
深 584
納 586
営 588
備 590
術 592
許 594
平 596
宇 598
字 600
儒 602
端 604
微 606
謹 608
隣 610
鬱 612
あとがき 614
索引 683

凡例《はんれい》

一、各項《かくこう》のタイトル漢字の音訓は『常用字解《じょうようじかい》』に従《したが》いました。

一、タイトル漢字をはじめ四文字のつながりを各項で紹介《しょうかい》していますが、それに関連する文字をふくめて【つながる漢字】として挙げています。関連文字をふくめて、すべての文字を索引《さくいん》に挙げてあります。

一、索引の各字の音訓は『常用字解』『字通《じつう》』『字統《じとう》』などに従っています。ただし、読みが近い訓については適宜《てきぎ》省きました。

一、索引にある漢字が小学校で学ぶ「教育漢字」の場合は漢数字で、その文字を学ぶ学年を表記しました。

一、「口」が顔の「くち」ではなく、神様への祈《いの》りの言葉を入れる器「𠙵」(サイ)を意味する文字が【つながる漢字】にある場合は赤字の「𠙵」の印を付し、その「𠙵」(サイ)をふくむ文字は赤字で表示しました。索引では赤字の「𠙵」の印を付して表示しています。

一、本文中、関連のある項目は以下の表記で示しています。(例)【→〔友〕】

一、【つながる漢字】の( )内の文字は旧字、「異」は異体字、「許」は許容字です。

白川静さんに学ぶ
漢字の秘密まるわかり

友

音　ユウ
訓　とも・したしむ

手と手を合わせて誓《ちか》う

神との交信のために誕生《たんじょう》

漢字は今から約三千三百年前、古代中国・殷《いん》王朝の王様が、神様と交信するために作った甲《こう》骨《こつ》文字がルーツです。亀《かめ》の甲羅《こうら》や牛の骨《ほね》などに文字を刻《きざ》んで、神様の判断を占《うらな》ったのが甲骨文字です。その後、文字を青銅器に鋳込《いこ》んだ金文《きんぶん》という文字も生まれました。

この甲骨文字や金文など、漢字の古代文字の精密《せいみつ》な研究から漢字のふるさと中国にもない新しい漢字の体系《たいけい》を作りあげて文化勲章《ぶんかくんしょう》を受けたのが、漢字学者の白川静《しらかわしずか》さん（二〇〇六年、九十六歳で死去）です。白川さんの研究にそって、これから漢字がどのような仕組みでできているかをわかりやすく紹介《しょうかい》していきたいと思います。漢字はとても論理《ろんり》的に作られているので、その仕組みが理解できれば、一つ一つ覚える必要がありません。

その最初が「右」と「左」という漢字です。「右」は片仮名《かたかな》の「ナ」に似た形と「口」でできています。「ナ」は古代文字では食器のフォークのような字形です。これは「手」の形です。

「口」は顔の「くち」ではなくて、神様への祈《いの》りの言葉である祝詞《のりと》を入れる器の形です。「口」の字形が「くち」ではなくて、祝詞を入れる器「𠙵」（サイ）であることを明らかにしたのが、白川さんの漢字学の大きな発見の一つです。その「𠙵」（サイ）を「手」に持って、神様に祈る字が「右」です。神様に祈る時、「𠙵」（サイ）をいつも右手で持ちましたから、「みぎ」の意味となりました。

では「左」はどうでしょう。やはり「ナ」は「手」です。「工」は神様に呪《まじな》いをかける呪術《じゅじゅつ》の道具の形です。左手に神様への呪いの道具を持って祈る字が「左」です。

そして「又《また》」という字形も「手」の形です。古代文字の形を見ると、「右」「左」の古代文字の「ナ」と同じ形をしているのがわかると思います。

以上を理解して「友」という字を見ると「ナ」と「又」を合わせた形であることがわかりますね。「ナ」も「又」も「手」のことですから、「友」は手と手を合わせた形です。同族の者が手と手を合わせて友愛を誓《ちか》う字が「友」なのです。例にあげた古代の文字を見てください。古代文字のほうが、手と手を合わせた文字であることがよくわかりますね。

古代文字

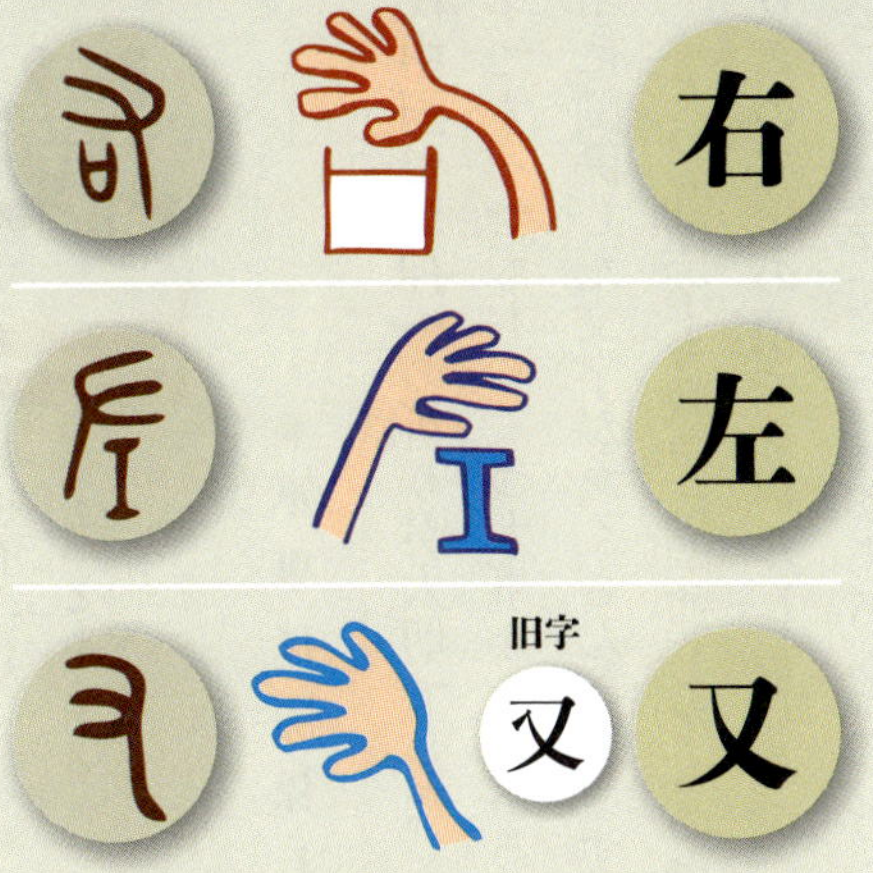

「右」の「口」の古代文字は「𠙵」という形をしている。この「𠙵」(サイ)は顔の「くち」ではなく、神様への祈りの言葉である祝詞を入れる器

【つながる漢字】 𠙵

友・右・左・又(又)

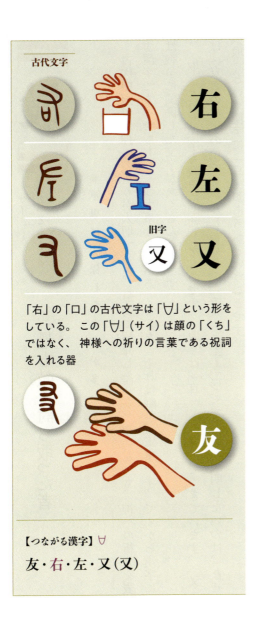

最

音　サイ
訓　もっとも・とる

最も敵《てき》を討《う》ち取った者

軍事に関係した文字が多い

古代中国では神への祈《いの》りが大切でした。最初に紹介《しょうかい》した「右」や「左」も、神への祈りを表す漢字です。でももう一つ大事なものがありました。それは戦争、軍事です。ですから漢字には戦争に関係した文字がたくさんあります。

「取」という漢字も戦争に関連したものです。「取」は「耳」と「又《また》」でできています。「又」は「友」の文字の項《こう》でも紹介しましたが「手」を示す字形です。今回説明したいのは、なぜ「取」という漢字に「耳」があるかということです。

「取」の甲骨《こうこつ》文字の左側にかかれている少しいびつな三日月のような形が「耳」です。この「取」は左耳を手で切り取る形の文字なのです。戦争で敵《てき》を討《う》ち取った証拠《しょうこ》に、敵の左耳を切り取って持ち帰り、その数で功績を数えたのです。討ち取った敵の体の全体を幾《いく》つも運ぶのはたいへんなので、約束事として「左の耳」の数で、討ち取った人数を数えたのです。

戦場でいっぱい左耳を切り取る兵士がいたのでしょう。そのことから、「取」はすべての「もの」や「こと」について「とる」意味になりました。

「最」は「取」をふくんだ漢字です。「最」の上の「曰」の部分は、元は「冃《ぼう》」という字で、頭巾《ずきん》の形です。例えば帽子《ぼうし》の「帽」という字の旁《つくり》（文字の右側）の「曰」も「冃」で、頭巾です。深く頭巾を被《かぶ》り、目だけ出している形の文字が「帽」です。冒険の「冒」とは頭に兜《かぶと》をつけて進撃《しんげき》すること、現代で言えば目出し帽を被って強盗《ごうとう》するような行為《こうい》です。
そこで「最」の古代文字を見てください。頭巾が袋《ふくろ》のようになって「取」を覆《おお》っていますね。きっと「左耳」を取りすぎて、手に持ちきれなくなり、耳を袋に入れて持ち歩いたのでしょう。このように左耳を最高に集めた功績第一の者を「最」といいました。あまりいい言葉ではないですが、「最高殊勲《しゅくん》戦士」の意味です。

「最」にもう一つ「手」を表す「扌《てへん》」を加えた「撮《さつ》」も「取」に関連した文字です。「撮」は手柄《てがら》の証拠として戦場で切った左耳を「つまむように取る」というのがもともと意味でした。現代では映画《えいが》や写真を撮影《さつえい》する意味で使われています。

約3300年前の甲骨文字の「取」では「耳」は「⿱」の形だが、それから約1000年後の「最」の古代文字形では「耳」は「⿱」の形

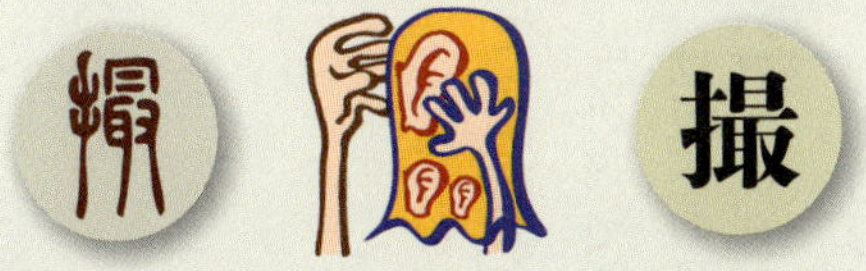

【つながる漢字】

最・又（叉）・取・耳・帽（帽）・冒（冒）・撮

際

音　サイ
訓　きわ

神と人が接する場所

テーブルに手で肉をのせる

大切なことは、神に祈《いの》り、神の声を聞いて決めるのが古代中国の社会でした。ですから神への祭りはとても大事でした。その「祭」は「月」と「又《また》」と「示」でできた漢字です。

このうちの「又」は［友］や［最］の項《こう》でも説明しましたが、「手」の形です。特に「右手」の形です。「月」は夜の月の象形文字ですが、この場合の「月」は夜空の月ではなく、一枚《いちまい》の肉を表す「肉《にく》づき」です。「月」の字形にある二つの横線は肉の筋《すじ》の部分です。そして「示」は神へのお供《そな》え物をのせるテーブル、祭壇《さいだん》の形です。「示」をテーブルの形だと思って見つめてみると、なるほどそのように感じられてくると思います。

ですから、この「祭」は神への捧《ささ》げ物をのせるテーブル「示」の上に、お供えの「肉（月）」を「右手」で置いて、神への祭りをするという意味の漢字なのです。こうやって「祭」という字を覚えたら、一生忘《わす》れません。古代なりの理論《りろん》ですが、漢字はとても論理的につながっていますので、その成り立ちがわかれば関連する漢字を簡単《かんたん》に覚えることができます。

「際」という字は「阝」（こざとへん）に「祭」を加えた文字です。この「阝」は古代文字形を見るとわかりやすいですが、神様が天上と地上の間を昇降《しょうこう》する階段《かいだん》（または梯子《はしご》）です。この階段を使って神様が降りてくる土地に、テーブルを置いて、その上に右手で肉をのせ、祭りをする字が「際」です。そこは神と人が接する場所です。「際」は「きわ」という意味ですが、それは神と人との「きわ」のことでした。神のいる場所ですから、人はそれ以上に進むことができません。人間が至《いた》れる限界です。「際限」の意味もそこから生まれました。

観察の「察」にも「祭」の字形があります。「察」の「宀」（うかんむり）は建物の屋根の形です。先祖を祭る廟《みたまや》などの建物です。その中で、祭りを行って、神様の意思をうかがい、神によって、明らかにすることを「察」といいます。そこから「察知」（おしはかって知ること）「考察」（物事を明らかにするためによく考えること）などの言葉が生まれました。

摩擦《まさつ》の「擦」にも「祭」があります。「際」は神と人が接する所です。「察」は祭りで神意に接すること。「擦」は相接して手をこする音を表す字で、「する、こする」の意味となりました。

「阝」（𨸏）は神が天地を昇降する階段（または梯子）。伊勢神宮《いせじんぐう》の柱にも刻みこみがあり、これも神が天地を昇降する梯子だと白川静さんは述べていた

【つながる漢字】

示・又（又）・祭・際・察・擦・月（月）

神

音　シン・ジン
訓　かみ・かん・こう

屈折《くっせつ》しながら走る稲妻《いなずま》のこと

最も恐《おそ》れられた自然現象

古代社会では神様へのお祭りがとても大事でした。ですから「神」の字の成り立ちについて紹介《しょうかい》しましょう。それにはまず「申」についての説明しなくてはなりません。なぜなら「申」が「かみ」を意味する元の字だったのです。この「申」は稲妻《いなずま》が屈折《くっせつ》しながら走る姿《すがた》をかいた字です。雷《かみなり》や稲妻は古代中国では最も恐《おそ》れられた自然現象で、神様が現れる現象と考えられたのです。

この「申」が神様を表す元の漢字ですが、「申」が「もうす」などの意味に使われ出したので、「申」に「示（ネ）」が加えられて「神（神）」の字が作られたのです。「示」は神様への供《く》物《もつ》をのせるテーブルの形で、それが神様を表す記号となりました。「示」は現在「ネ」と書きますが、この「ネ（示《しめす》）」偏《へん》がついた漢字は、みな神様と関係のある文字なのです【↓［際］】。

「申」は稲妻の形、電光の形です。稲妻は屈折しながら、斜《なな》めに伸《の》びて空を走るものなので、それゆえに屈伸《くっしん》する意味や伸びる意味があります。その「申」に「イ《にんべん》」（人）を加えた「伸」は人間が屈伸する意味の漢字です。後にすべての伸びるものに使われるようになりました。

「電」も「申」の関係字です。「電」は「雨」と「申」とを合わせた文字です。「電」の「申」は電光のしっぽの部分が右に屈折した形ですね。「雨」は天から「あめ」の降《ふ》るさまをかいた象形文字。「あめ」ばかりでなく、気象現象を表す字形です。「雨」と「申」を合わせて、稲妻の意味になりました。また稲妻のように速いことを意味します。

稲妻は屈折しながら斜めに伸びて走るので「申」に「のびる」意味があります。「苦しみうめくこと。声をあげてとなえること」を「呻吟《しんぎん》」といいます。「呻」は「声を長くのばしてうめく」ことです。「紳士《しんし》」の「紳」は礼装《れいそう》の長く垂《た》れた大帯です。この大帯を用いる高官を「紳士」といい、現代は男子の尊敬語《そんけいご》、ジェントルマンの意味に使われています。

「暢《ちょう》」も「のびる」意味の文字です。「暢」の「昜」の部分は「陽光」のことです【↓「陽」】。その「陽」の光は、「陽の気」を生じさせます。「申」は電光です。つまり生気の「伸暢《しんちょう》（伸長）」することで、そこから「暢」が「のびる」意味となりました。

古代文字

日本でも雷、稲妻は「かみなり（神鳴）」などと呼ばれ、神様の現れとして考えられていた

【つながる漢字】

申・神（神）・伸・電・呻・紳・暢・雨

然

音　ゼン・ネン
訓　もえる・しかり・しかれども

神様は焼いた犬の肉のにおいが大好き

祈りのために捧《ささ》げられた

「犬」という字は実際の犬の姿《すがた》をそのままかいた象形文字です。祈《いの》りや願いの犠牲《ぎせい》として「犬」が捧《ささ》げられたので、字形中に「犬」をふくむ漢字は多くあります。中にはかなり残酷《ざんこく》なこともありますが、三千年以上前の中国での話です。今の価値観《かちかん》で考えてはいけません。

最初は鼻が利く「犬」の紹介《しょうかい》から。「犬」に「亻《にんべん》」（人）を加えたのが「伏《ふく》」です。これは王様などの墓を造る際に墓に悪い虫や魔物《まもの》、敵《てき》が忍《しの》び寄らないように墓の下の地中に犬と武人を一緒《いっしょ》に埋《う》めたことを表す文字です。「伏」の「人」は武装《ぶそう》した兵士のことです。

魔物や敵に、鋭《するど》い鼻で最初に犬が気付き、武人がそれをうち破る役目だったのです。殷《いん》の時代の古い墓が発見発掘《はっくつ》されて、実際に犬と武人が一緒に墓の下に埋められていたことがわかっています。地中に埋められることから「伏」は地に「ふす」の意味となりました。

「状」（狀）も、生け贄《にえ》としての「犬」をふくむ漢字です。城壁《じょうへき》などを造る時に版築《はんちく》という工法があります。板と板の間に土を入れて、杵《きね》でつき固める工法です。それに使う板の形が旧字体「狀」の「爿」の部分。城壁を造る際にも犬を犠牲に捧げ、城壁がちゃんとできることを祈ったのです。その工事の進み具合、状況《じょうきょう》のことから物や人の形状の意味となりました。

「犬」をふくむ字で最も印象的なのが「然」です。これは「犬」「月」「灬《れんが》」でできています。この場合の「月」は夜空の月ではなく、「月」は「肉づき」で「肉」のこと。「灬」は「火」です。神様は犬の肉を焼いたにおいが大好きでした。「犬」の「肉」を「火」で燃やして、そのにおいを天上の神様に届《とど》ける字が「然」です。だから「然」は「もえる、もやす」という意味で、「燃」の元の字でした。しかし「然」が「しかり」などの意味に使われるようになり、もう一つ「火」を加えて「燃」という文字が作られたのです。

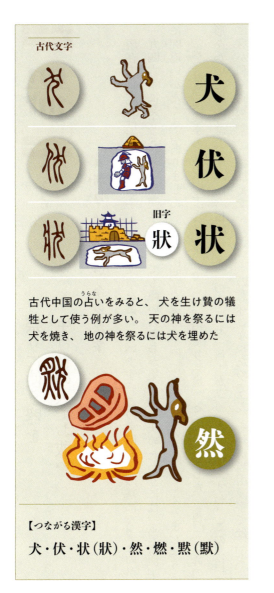

口をきかずにだまっている沈黙《ちんもく》の「黙」の「犬」も生け贄となった犬のことです。「黙」の旧字「默」は「犬」と「黑」(黒)を合わせた字ですが、「黒」には「だまる、しずか」の意味があります。「默」は黙《だま》って喪《も》に服している文字です。その時、「犬」を生け贄として埋めて喪に服しました。死者を追悼《ついとう》する喪の礼では、三年間はものを言うことはタブーでした。

古代文字

古代中国の占《うらな》いをみると、犬を生け贄の犠牲として使う例が多い。天の神を祭るには犬を焼き、地の神を祭るには犬を埋めた

【つながる漢字】

犬・伏・状(狀)・然・燃・黙(默)

器

音　キ
訓　うつわ

祭りに使う器を生け贄《にえ》の犬でお祓《はら》い

間《ま》違《ちが》いも多い今の漢字

現在の日本人は主に常用漢字を使って文章を書いています。この常用漢字の基になったのが、一九四六年に発表された当用漢字です。でも偉《えら》い人たちが集まって決めたわりには、当用漢字に間違《まちが》いがたくさんありました。「犬」に関する漢字を例にその間違いを紹介《しょうかい》してみましょう。

「臭《しゅう》」は当用漢字の前の旧字では「臭」でした。つまり「自」と「犬」でした。「自」は鼻の形をかいた象形文字です【→〔自〕】。「鼻」の字にも「自」がふくまれていますね。この「自」に鼻が利く動物「犬」を加えて「くさい」の意味となったのです。それが当用漢字では「犬」を「大」に変更《へんこう》してしまいました。「大」は正面から見た人間の姿《すがた》です【→〔夫〕】。臭《くさ》さなどがわかる感覚を「嗅覚《きゅうかく》」といいますが、「嗅」は二〇一〇年の改定で常用漢字に加えられるまで、常用漢字ではなかったので「犬」のままでした。そして「嗅」はそのままの字形で常用漢字に加えられたので、においに関係する「臭」と「嗅」とが異《こと》なる字形で学校で教えるという、とても矛盾《むじゅん》した状態に今はなっています。

煙突《えんとつ》の「突」も元は「穴《あな》」と「犬」を合わせた「突」という文字でした。「穴」はかまど用の穴のことです。かまどは火を扱《あつか》う大切な場所でした。かまどの神様に「犬」を生け贄《にえ》に捧《ささ》げて、お祓《はら》いをしてから使ったのです。これも当用漢字では「大」になってしまいました。

「器」も旧字では「器」と書きます。つまり「器」は「口」が四つと「犬」でできた漢字でした。「口」は顔の「くち」でなく、神様への祈《いの》りの言葉を入れる器「ㅂ」(サイ)です。それらの器に、生け贄の犬を捧げ、お祓いをする字が「器(器)」です。器はお祭りに使うためのものでしたから、お祓いをして使ったのです。

他にも「戻」も旧字は「戸」に「犬」を加えた「戾」でした。家の出入り口に、生け贄《にえ》の犬を埋《う》めて、地中の悪霊《あくりょう》を祓ったのです。悪霊が退散《たいさん》するので「もどる」の意味となりました。

「犬」の右上の「、」は犬の特徴《とくちょう》である耳のことです。字形に「、」を加えて、「犬」を「大」(人の正面形)と区別したのです。でも戦後の文字改革《かいかく》をした人たちが漢字への知識がないままに、「犬」の「、」を勝手に取ってしまい、「犬」も「人」も一緒《いっしょ》にしてしまったのです。

古代文字

体系的な漢字研究で文化勲章《ぶんかくんしょう》を受けた白川静さんは「当用漢字、常用漢字の中にある間違いを正すために研究を続けてきた」と語っていた

【つながる漢字】ㅂ

自・臭(臭)・犬・大・突(突)・器(器)・嗅(齅=異)・戻(戾)

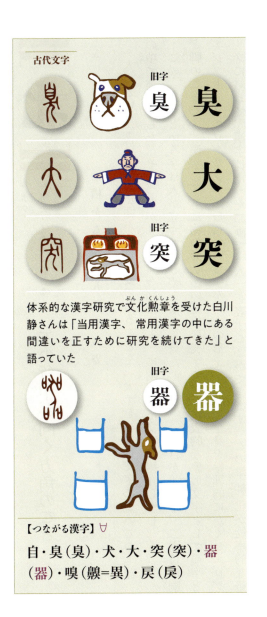

#【北】

音　ホク
訓　きた・そむく・にげる

王の背《せ》中《なか》が向く方角のこと

横から見た人の立ち姿《すがた》

「大」という字は人間を正面から見た姿《すがた》であることを「犬」をめぐる文字についての［器］の項《こう》で述べました。そのつながりから、今回は「人」に関連した文字を紹介《しょうかい》しましょう。

この「人」という字は人が立っている姿を横から見た形です。一画目が頭と手、二画目が胴《どう》と脚《あし》のことです。漢字の基本は物の形をかいた象形文字です。代表的な象形文字として漢字とエジプトのヒエログリフが知られていますが、人の形をかく時に全身を輪郭《りんかく》的にかくヒエログリフに対して、漢字はたった二画で「人」を表すことができます。この単純《たんじゅん》化が能率的な筆記に役立っていて、誕生《たんじょう》から三千年以上たっても実用文字として使われ続けている理由です。

「人」が関連した漢字はこの「人」を二つ並《なら》べたり、逆向きにしたりして、いろいろな字を作っていきます。まず「従《じゅう》」について説明しましょう。この字の旧字は「従《じゅう》」で、そのポイントは人が二人並んだ「从《じゅう》」の部分です。もともと「从」だけで「従」の意味の文字でした。この「从」と「彳」（ぎょうにんべん）と「止」を合わせたのが「従」です。「彳」は十字路の左半分の形【→［行］】。「止」は足の形。「彳」と「止」で「道を行く」意味です。これと「从」を合わせて、前の人の後について人が歩く姿です。そこから「したがう」意味になりました。

「従」は左向きの二人ですが、右向きに二人が並ぶ字が「比」です。「従」と「比」の古代文字をくらべると二人が逆向きなのがわかります。二人並ぶので「くらべる」意味になりました。

二人が左向きに並ぶと「従」、右向きは「比」。ならば背中合《せなか》わせになると何でしょう？ それが「北」という字です。古代文字の形を見れば、人が背中合わせになっているのがわかると思います。ですから、この文字のもともとの意味は「背中」のことでした。

「天子は南面す」という言葉があります。中国では王は儀式《ぎしき》の際には南に向かって座《すわ》りました。すると王の背中は北を向きます。そこから「北」の字は方角の「きた」を意味するようになりました。

そして「北」がもっぱら方角の「きた」の意味に使われるようになったので、「北」に肉体を表す「月」（肉づき）が加えられて、「背」という文字が新しく作られたのです。

古代文字

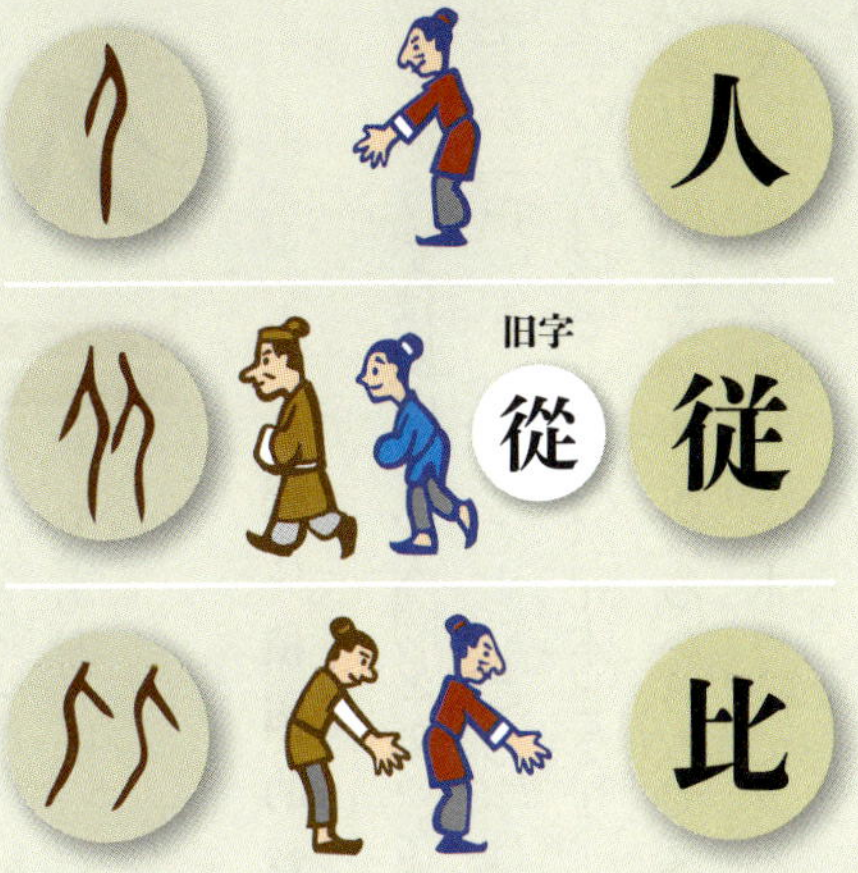

天子が南に面して座ったのは、北半球では南側が太陽の照らす方向だったから。背中を見せて逃《に》げることから「敗北」の言葉も生まれた

【つながる漢字】

人・従（從）・比・北・背

久

音　キュウ・ク
訓　ひさしい

死に積極的意味見いだす

永久の人になる

「人」という字は横向きの人間をかいた象形文字です。この横向きの「人」を後方に少し倒《たお》した文字が「尸《し》」という字です。この字は学校では習わないと思いますが、「屍《し》」（しかばね）という字の元の形です。人が死体となり、倒れることを表した文字です。

この後方に倒れる死体を後ろから木で支えている形が「久」という文字です。古代文字を見ると「人」が後ろに倒れて、木の棒《ぼう》で支えられている字形であることがわかってもらえると思います。

人間が死ぬと「永久の人」「久遠《くおん》の人」になると考えて、「ひさしい」の意味が生まれました。これは普通《ふつう》の考え方とは少し違《ちが》いますね。死体はやがて、朽《く》ち果てて消えていくわけですから、本来は「永久」の意味になるはずがありません。でも古代中国人たちは消滅《しょうめつ》してしまう人の死体から「永久なもの」「不滅《ふめつ》なもの」を見いだそうとしました。彼《かれ》らが死の中に積極的な意味を見いだそうとしたことに深い思想を白川静さんは感じていました。

［真］や［県］の項《こう》で詳《くわ》しく紹介しますが、「真」（眞）という字も、行き倒れで死んだ人を表す漢字です。その行き倒れになった人から「真実」「真理」という意味を古代中国人は考えだしたのです。ここにも似たような思考があります。行き倒れで死んだ人の姿《すがた》を、永久に実在するものの意味に変えていく考え方です。

白川静さんは字書『常用字解《じょうようじかい》』の中で「真が『まこと』の意味となるのは、人の生は一時《ひととき》（わずかの間）、仮《かり》の世であるが、死後の世界は永遠であるという古代の人びとの考えによる」ものであると書いています。

さて、その「久」という字を「匚」（はこがまえ）の中に入れて「木」を加えた文字が「柩《きゅう》」です。これも学校では習わないかもしれませんが、関連して覚えておくと忘《わす》れません。「匚」は箱のことです。「木」偏《へん》ですから、「柩」は木製の箱です。つまり「永久の人」を「木」の「箱」に納《おさ》めた姿です。死体を納める木箱「ひつぎ」のことです。

このように漢字をつながりの中で理解できるのが白川静さんの漢字学の特徴《とくちょう》です。

古代文字

人の消滅を示す「久」の字に永久不滅の意味が込《こ》められたことに、古代中国人が抱《いだ》いていた人間の生命への深い愛が表れている

【つながる漢字】

人・尸・屍・久・真（眞）・柩

【夫】

訓 音 フ・フウ
おっと・おとこ・かの・それ・かな

結婚式で簪《かんざし》を挿《さ》して正装《せいそう》した男性のこと

手足広げて立つ人の正面形

人の正面形が「大」であることを［器］の項《こう》で説明しました。ここでは、その「大」を字形にふくんでいる文字を紹介《しょうかい》します。

まず「大」のてっぺんに「一」を加えた「天」の字から。「大」は人が手足を広げて立っている姿《すがた》の正面形です。その人間に「大きな頭」を加えたものが「天」の字形なのです。人間の体の一番上にある頭部を意味する「天」から、空の「天」の意味になりました。例に挙げた「天」の古代文字は甲骨文字《こうこつ》ですが、時代が下ると、この大きな頭の部分が一本の横線になっていき、現在の字形に近づいていきます。

「天」のようにてっぺんに「一」を加えるのではありませんが、やはり「一」を加えるのが「夫」です。加えられる「一」は、まげに挿《さ》した簪《かんざし》です。結婚《けっこん》式の際に、まげに簪を挿して正装《せいそう》している男性の正面形をかいたのが「夫」という字です。

「夫」という文字を紹介したので、ついでに「妻」という字についても述べておきましょう。「彗星《すいせい》」の「彗」の字の下部は片仮名《かたかな》の「ヨ」の真ん中の横棒《よこぼう》が右に突《つ》き抜《ぬ》けたような「ヨ」という字形になっています。この「彗」の下部の字形「ヨ」はフォークの形をしています。これは手の形、「又《また》」（右手の形）と同じ字形で、「手」の意味です【↓［友］】。

「妻」という字は、その「ヨ」の字形と、上部の「十」の字形、さらに下部の「女」を合わせた形になっています。わかりますか？　この上部の「十」は髪《かみ》につけた簪です。三本の簪を髪に挿す姿が「十」の字形。「彗」の下部の「ヨ」は「手」のことですから、これらを合わせて、女の人が髪に挿した簪を手で整えている姿が「妻」という字なのです。これは結婚式の際に正装した女性の姿です。そこから「つま」の意味となりました【↓［妻］】。

「彗星」の「彗」の文字についても紹介しておきましょう。「彗」の上部の「丰」を二つ並《なら》べたような字形は二つの帚《ほうき》の形です。彗星を「帚星《ほうきぼし》」「箒星《ほうきぼし》」と呼《よ》びます。つまり「彗」は二つの帚を手（ヨ）に持っている形の文字です。「彗星は空を掃除《そうじ》するものと考えたのであろう」と白川静さんの字書『字統《じとう》』に記されています。

古代文字

「夫」は簪をまげに挿す男性の姿。「妻」も髪に挿した簪を手（ヨ）で整える女性。「夫妻」とは結婚式で正装した男女の姿のこと

【つながる漢字】

大・天・夫・妻・彗

【兄】

音　ケイ・キョウ
訓　あに

家で祭りを担当《たんとう》する一番上の兄弟のこと

上にのせて機能を強調

「人」に関係した字形である「儿《じん》」について説明したいと思います。この「儿」も横から見た人間を表す字形です。漢字は、この「儿」の上にいろいろなものをのせて、「儿」の上にのせた文字の機能を強調することで文字を作っていきます。

例えば「見」です。これは「儿」（人のこと）の上に見る行為《こうい》の特徴《とくちょう》である「目」をのせて「目」を強調し、「みる」意味になりました。

次に「兄」です。これは「儿」の上に「口」をのせた字。「口」は顔の「くち」ではなく、お祈《いの》りの言葉である祝詞《のりと》を入れる器のことです。この「口」の字形が「くち」ではなくて、神への祈りの言葉である祝詞を入れる器「𠙵」（サイ）であることを発見したのが、白川静さんの漢字学の大きな功績です。

「兄」は、その祝詞を入れる器「𠙵」（サイ）を頭上にのせている人を横から見た字形。これは家の中で祭りをする際に大切な「𠙵」（サイ）を強調している形です。家の祭りは兄弟の中で一番上の兄が行いました。そこから「あに」の意味となりました。

次に「祝」という字を説明しましょう。「祝」の旧字「祝」は「示」と「兄」でできています。「示」は「際」や「神」（神）の字を紹介《しょうかい》した時にも説明しましたが、神への祭りをする際に、お供《そな》えをのせるためのテーブルの形です【→［際］［神］】。そこから神様を示す文字となりました。「兄」は「祭りをする人」の意味です。これに神を示す「示」を加えて、神への祭りをすること。神への「いわい」をする意味となったのです。

「光」は古代文字のほうがわかりやすいでしょう。横向きの人がひざまずいて、頭上に「火」が輝《かがや》いています。人の頭の上に「火」をのせて強調、火をつかさどる人を表した文字です。古代中国では火はたいへん大切で、その火を守って、神に仕える人がいました。「光」は、その火を扱《あつか》う聖職者《せいしょくしゃ》（神に仕える人）を示す文字でした。後に火の「ひかり」そのものを「光」といい、光を出して美しく見えることから「かがやく」などの意味にもなりました。さらに人間のことにも意味を移して「光栄」（ほまれ）などの言葉に使われるようになりました。

古代文字

ひざまずく人の形（ ）や袖《そで》に飾《かざ》りをつけて舞《ま》い祈る形（ ）の「兄」の古代文字もある。神事に従事する兄の姿がわかる

【つながる漢字】

見・兄・祝（祝）・光・儿

歩

音　ホ・ブ・フ
訓　あるく・あゆむ・ゆく

左右の足の足跡《あしあと》をかいた字

基本は足跡《あしあと》の形の「止」

「手」や「人」に関連した漢字を紹介《しょうかい》してきましたので、それに続いて「足」に関係した漢字について説明したいと思います。

これまでにも少し紹介してきたように「足」についての漢字の基本は「止」です。「止」は足跡《あしあと》の形です。この「止」がもともとの「あし」を意味する文字でした。でも「止」が次第に「とまる」の意味に使われ出したので「足」の字が作られました。

「足」は「止」に「口」を加えた字形です。この場合の「口」は顔の「くち」でも、神への祝いの言葉である祝詞《のりと》を入れる器「𠙵」（サイ）のことでもありません。この「口」は膝《ひざ》の関節の皿のことです。「止」に膝の皿の形「口」を加えて「足」の字を作ったのです。

「歩」は左右の足をかいた字形です。古代文字を見るとよくわかりますが、「止」にさらに左右逆の「止」を加えて、「あるく」意味になったのです。大地に足を接して歩くことは、その土地の霊《れい》に接する方法で、重要な儀式《ぎしき》に向かう時には、歩いて行くことが地霊への礼儀でした。

「走」も「足」に関係した漢字です。これも古代文字のほうがわかりやすいです。現代の字形は「土」と「止」を合わせた形ですが、古代文字で「土」に相当する部分を見てみると、両手を振《ふ》っている人の姿《すがた》です。それに、足を示す「止」を加えて「はしる」意味となりました。

漢字は非常に体系《たいけい》的に作られた文字です。そのことを「先」の字を例に説明したいと思います。「先」の古代文字の上部をよく見てください。「止」の古代文字形をしていますね。「兄」という漢字を説明する項《こう》で、人を表す文字「儿《じん》」の上に、一つの字形をのせ、その機能を強調して漢字を作ることを説明しました【↓「兄」】。この「先」も「儿」の上に「止」（足）をのせた漢字なのです。つまり人の上に足をのせて「ゆく」意味を強調。そこから「さき」に行く意味となったのです。さらに時間的なことに意味を移して「先祖」などの言葉が生まれました。

「洗《せん》」は「先」に「氵《さんずい》」を加えた文字です。「先」には足の先の意味があり、それに「氵」（水）を加えた「洗」は「足を洗う」意味の漢字でした。古い時代には旅から帰ると、まず足を洗い清め、他の地で付着した穢《けが》れを祓《はら》う風俗《ふうぞく》がありました。

古代文字

足に関係した文字は、この「止」（ ）を左右逆にして組み合わせたり、横倒《よこたお》しにしたり、逆さにしたりして作られている

【つながる漢字】

止・歩（步）・走・先・洗・儿・足

正

音　セイ・ショウ
訓　ただしい・ただす・まさ・まさに

城に向かって進軍すること

税金を取り立てる長官

「ただしい」という意味の「正」という漢字、足に関係ある文字だと思えますか？　でも「止」が「足」を意味するもともとの字であることを知って、もう一度、この「正」を見てください。

「一」と「止」が合わさった字形ですね。さらに古代文字を見てほしいのですが、この古代文字では「一」と「止」ではなく、「□」と「止」を合体させたものになっています。

この場合の「□」は顔の「口」でもなく、また神への祈《いの》りの言葉である祝詞《のりと》を入れる器「𠙵」（サイ）でもありません。この古代文字の「□」は城壁《じょうへき》で囲われた都市を意味しています。「止」は足ですから、城（□）に向かって軍隊が進軍する意味の文字が「正」です。この「正」が、もっぱら「ただしい」の意味に使われ出したので、さらに「彳」（ぎょうにんべん）が加えられて「征《せい》」という字が作られました。「彳」は十字路の左半分を表す字形で、道を行くことです【→「行」】。今では「征服」など、敵《てき》を倒《たお》す意味の字には、この「征」が使われています。さらに「征」には征服した土地の民から「税金を取り立てる」という意味もあります。

また「政」という字も「止」の関連文字です。「正」は進軍して敵を征服すること。右側の「攵《ぼく》」の元の形は「攴《ぼく》」です。「攴」は「卜《ぼく》」と「又《また》」を合わせた字形。「卜」は木の枝（または鞭《むち》）のことです。「又」は手のことです。ですから「攴」は手で木の枝などを持って、相手をたたくことです。つまり「政」とは征服した土地の人たちを木の枝や鞭でたたいて、税金を取り立てることが第一の意味でした。それをつかさどる役目の長官を「正」といいました。今でも警察官《けいさつかん》や検察官の長を「警視正《けいしせい》」「検事正」というのは、その名残です。

もう一つ、進軍する意味の「止」の関連文字を紹介しましょう。それは「武」という漢字です。「武」は「戈《ほこ》」と「止」を合わせた字形です。「戈を止《と》める」という意味に理解して、この「武」を戦争を止《や》める文字だと説明する考えもありますが、それは間違《まちが》いのようです。「止」は足跡《あしあと》の形をかいた文字で、「足」の意味です。この「武」の場合の「止」も「足」を進める意味です。武器である「戈」を持って進軍する意味の漢字が「武」なのです。

古代文字

似たような「口」の形でも古代文字を見ると、違いがある。神様への祈りの言葉である祝詞を入れる器「サイ」は「ᗜ」であるし、城を表す場合は「口」の形だ

【つながる漢字】

正・征・政（政）・武・攴（=攵）

降

音　コウ
訓　おりる・おろす・ふる・くだる

階段《かいだん》を神様がおりてくる

下向きの左右の足

「止」は足跡《あしあと》の形で、足を示す漢字です。この「止」が足をめぐる漢字の基本ですが、その「止」を上下逆にした下向きの足「夂《ち》」という字について、ここで説明したいと思います。

古代文字の「止」と「夂」を見比べてください。両者が上下逆なのがわかりますか？ わかりにくい人はこの本を逆にして見比べてください。この「夂」は「くだる」という意味です。でも単独の文字での使用はありません。

その下向きの足「夂」をふくんだ漢字を幾《いく》つか紹介《しょうかい》しましょう。

「各」は「夂」と「口」を合わせた字です。「口」は顔の「くち」ではなくて、神様への祈《いの》りの言葉である祝詞《のりと》を入れる器「𠙵」（サイ）のこと。「夂」は下降《かこう》する足の形です。つまり祈りに応えて、神が天から降《お》りてきて、「𠙵」（サイ）のある所に「いたる」という文字です。その時、単独で神様が降りてくるので「おのおの」の意味となりました。

「各」に「宀」（うかんむり）を加えたのが「客」です。「宀」は屋根の形で、氏族の霊《れい》を祭る廟《みたまや》のこと。「客」は神を招くと廟に神が降りてくることです。廟に降下してくる、その「客」は他から迎《むか》えた神（客神）のことです。日本でも同族の神と異《こと》なる神を「まろうど」と呼《よ》び、「客」をその意味に使います。後に神のことでなく、人間の客を意味するようになりました。

「落」も下向きの足「夂」の関係字です。「各」には下へ降る意味がありますが、木の葉が落ちることを「落」といいます。木の葉に限らず、すべてのものが「おちる」意味となりました。

次に「降」という字を紹介しましょう。この「降」の旁《つくり》（文字の右側）は「夂」の下に「㐄」を置いた字形。「夂」は下向きの足ですが、実は「㐄」のほうも下向きの足なのです。「夂」と「㐄」で下向きの左右の足のこと。古代文字を見ると二つが同形なのがわかります。

つまり「降」の旁は「夂」を縦《たて》に重ねたもので、左右の「止」を重ねた「歩」の転倒《てんとう》形なのです【→「歩」】。「阝」（こざとへん）は神様が天と地上を昇降《しょうこう》する階段《かいだん》（または梯子《はしご》）の形です【→「際」】。それらを合わせた「降」は、その階段を神様が「おりてくる」という意味の字なのです。

古代文字

「降」とペアになる字が「陟《ちょく》」（陟）だ。神が天への階段「𨸏」を歩きのぼる意味。「陟《ちょっ》降《こう》」とは「のぼりおり」のこと

【つながる漢字】

止・夂・各・客・落（落）・降（降）・陟

【行】

音　コウ・ギョウ・アン
訓　いく・ゆく・おこなう・みち

道を歩み行く意味

十字路の形をそのまま文字にした

「行」（ぎょうがまえ）や「彳」（ぎょうにんべん）、さらに「辶」（しんにゅう）は漢字を構成する大切なパーツです。ですから、ここで、それらの字形をまとめて説明しましょう。

まず「行」です。これは古代文字をみると、「なんだ、そうなのか」と思います。「行」は「十字路」の形をそのまま文字にしたものなのです。

大きな道が交差している場所で、そこを人が行くので「いく、ゆく」の意味となり、行く行為《こうい》から、いろいろな行為の意味ともなりました。この十字路は、いろいろな霊《れい》の行き交う所で、そこではいろいろな古代的な呪術《じゅじゅつ》が行われたりしました。ですから「術」という文字にも「行」の字形があります【↓［術］】。

「彳」は、その十字路「行」の左半分の形。現在の字形も「行」の左半分ですが、古代文字も十字路の左半分をかいたものです。小径《こみち》（小道）のことで、これも「いく、ゆく」を意味する字形です。ただし「彳」だけの単独での用例はありません。

次に「辶」（辶）です。これはもともと「辵《ちゃく》」という字形でした。「辵」は「彡」と「止」を合わせた字です。「辵」の場合の「彡」の部分は古代文字を見ると、「彳」の字形です。

つまり「辵」は「彳」に足を示す字形「止」を加えて「道を行く」意味です。この「辵」が変化したものが「辶」です。ですから「辵」と「辶」は同じ意味の字形と考えていいのです。

「北」という字の意味について紹介《しょうかい》した際に、「従」の字についても説明しました【→「北」】。

「従」の旧字「從」は「从」「彳」「止」を合わせた文字になっています。

「從」のポイントは「从」の部分で、「人」が二人進む姿《すがた》から「したがう」の意味が生まれたことを述べました。そこで「从」以外の「從」の部分を見てください。

それは「彳」と「止」です。これは「辵」の字形の要素とまったく同じですね。ですから「道を行く」意味の字形なのです。「從」の「从」以外の部分は「彳」と「止」が、「辵」や「辶」に変化していく前の古い字形の姿を現代に伝えています。

つまり「行」「彳」「辶」は、道を歩み行く意味です。そのことを覚えておいてください。

古代文字

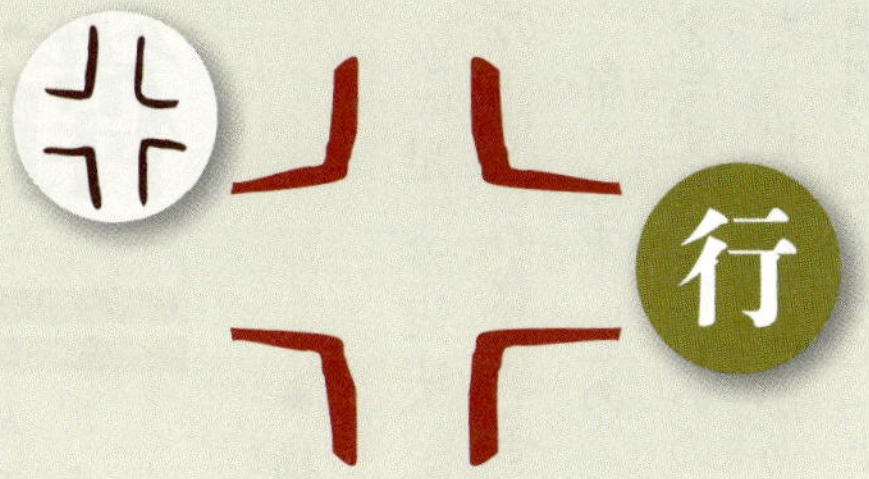

自分たちが住む、安全な村や町を出て「道を行く」ことは古代中国ではとても危険《きけん》なことだった。それゆえに道を行くことに関する漢字は多い

【つながる漢字】

行・彳・辵=辶（辶）・従（從）

衛

音 エイ
訓 まもる

都市周囲を巡回《じゅんかい》してまもる

横《よこ》倒《だお》しになった足

「止」が「足」を表す、もともとの字形でした。さらに「止」を上下逆にしたのが「夂《ち》」で、下向きの「足」の意味です。今度は横倒《よこだお》しになった「足」をふくむ漢字を紹介《しょうかい》しましょう。

まず「韋《い》」です。この「韋」が、ここで紹介する漢字の中心的な字形です。この「韋」は古代文字をまず見てほしいのです。真ん中に「口」の字形があります。その上に左側へ横倒しになった「止」の字形があるのがわかりますか。そして「口」の下に上とは逆向きの、つまり右側へ横倒しになった「止」の字形があります。それをよく確認《かくにん》してください。

真ん中の「口」は「正」の紹介の時にも説明しましたが、城壁《じょうへき》に囲まれた都市のことです【→「正」】。「止」は足のことですから、「韋」は城壁に囲まれた都市の周りを左や右へぐるぐる歩いて回ることを表す字です。

足の方向が「口」をはさんで逆向きですから、そこから「たがう」の意味となりました。ただし、この「韋」には「なめしがわ」という、もう一つ別な意味もあります。

次に「違《い》」です。これは「韋」に「辶」(しんにゅう)を加えた形。「辶」は「行」の項《こう》で説明したように十字路の左半分「彳」と足の形「止」を合わせた字形で「行くこと」です。つまり「止」の方向が違《ちが》う「韋」に、歩み行く「辶」を加えた「違」は行き違うことで、そこから「ちがう、たがう」の意味となりました。

「防衛」や「護衛」などの言葉に使われる「衛」は「行」と「韋」を合わせた字形ですね。この「行」は十字路をそのまま文字にしたものです【→「行」】。それに「韋」を加えた「衛」は城壁で囲まれた都市の周囲をぐるぐる巡回《じゅんかい》して都市を「まもる」という意味の文字です。そこから、後にすべてのものを「まもる」意味になりました。

ものごとの成り行きのことを「経緯《けいい》」といいますが、この「緯」にも「韋」がふくまれています。「緯」は織物を織る際の横糸のことです。織機《しょっき》の中を左に行ったり、右に行ったりする横糸を「緯」といいます。ちなみに「経」は縦糸《たていと》のことです【→「経」】。

古代文字

「衛」の古い字形には四つの足がかかれたものもある。「」がその字形。周囲をしっかり巡回して、都市を防衛していたことがわかる

【つながる漢字】

止・韋・違（違）・衛（衞）・緯（緯）・行

【進】

音　シン
訓　すすむ・すすめる

進軍させるべきかどうか

神の考えを伝える鳥で占《うらな》う

古代中国では鳥は神様の考えを伝えるものでした。ですから鳥を使った鳥占《とりうらな》いが行われていました。漢字には鳥占いの文字がたくさんあります。その鳥占いの字形の中心は「隹《とり》」です。「旧」の旧字「舊」に「隹《すい》」がふくまれているので「隹」は「ふるとり」と呼《よ》ばれています。

この「隹」をふくんだ代表的な鳥占いの文字は「進」です。「辶」（しんにゅう）は「彳」（ぎょうにんべん）に「止」を加えた字形。「彳」は十字路の左半分、「止」は足のことで、「辶」は道を行くことです【→「行」】。その「辶」に「隹」を加えた「進」は軍隊を進軍させる際に鳥占いをして、神様の意思を聞いてから前進させたことを表す文字。そこから「すすむ」の意味になりました。

「推《すい》」も鳥占いの字です。鳥占いをしてから物事を推進《すいしん》したのです。今も「推測」「推察」という言葉には占い的な意味が残っています。「誰《だれ》」も鳥占いの文字です。自分に呪《のろ》いがかけられている時に、自分に害を加えている者の名前を問う鳥占いが「誰《すい》」です。「自分を呪っているのは誰？」と問う文字が、そのまま疑問代名詞《ぎもんだいめいし》になりました。

「唯《ゆい》」という字は「隹」に「口」を加えた文字です。白川静さんの漢字学研究の代表的な業績ですが、「口」は顔の「くち」ではなく、神様への祈《いの》りの言葉である祝詞《のりと》を入れる器です。その器「𠙵」（サイ）の前に鳥を置いて、鳥の動きによって神様の意思を判断する文字が「唯《い》」です。

その神様の判断に対して、「ハイ」と肯定《こうてい》的に答え従《したが》うのが「唯」で、そこから「しかり」という意味にもなりました。「唯」も「諾《だく》」もいずれも「しかり」と承諾する意味です。今の言葉でいうと「唯」は「ハイ」、「諾」は「ハーイ」というニュアンスの違《ちが》いがあります。「唯」と「諾」の関係は［若］の項《こう》で紹介《しょうかい》します。

「唯」とのペアで覚えておくといいのが「雖《すい》」です。これは「唯」と「虫」を合わせた文字です。祝詞の入った器が虫に侵《おか》されて、祈りの効果が損なわれています。つまり呪いの虫によって、神様の意思が侵されているので、そのような神の意思を実行することは留保しなくてはなりません。それゆえに肯定的な「唯」とは逆に「雖」は「いえども」という意味になりました。

古代文字

古代文字では、特別にあがめられる鳥以外は、尾《お》が短いか、長いかに関係なく、すべての鳥が「隹」の字形にかかれている

【つながる漢字】 隹

隹・進（進）・推・誰・唯・雖・旧（舊）

観

音　カン
訓　みる

神聖《しんせい》な鳥を見て神意を察する

農作物の豊作《ほうさく》凶作《きょうさく》を占《うらな》う

「観光」「観劇《かんげき》」などの言葉に使われる「観」(觀)の字も鳥占《とりうらな》いに関係しています。

この「観」(觀)にも「隹《ふるとり》」の字形がふくまれていますが、旧字の「觀」の「雚《かん》」は「萑《かん》」に小さな「口」を二つ加えた字形です。くさかんむりのような部分は「卝」が正しい字形で、羽による角《つの》を表しています。それに鳥を意味する「隹」が加わった「萑」はミミズクのこと。二つの「口」は目です。それらを合わせた「雚」は羽による角がある目の大きな鳥のことで、神聖《しんせい》な鳥として鳥占いに使われました。日本ではコウノトリを意味します。

この「雚」を使って鳥占いをし、神の判断を「見る」こと、察することを「観」というのです。［際］という字を紹介《しょうかい》した項《こう》でも「察」が神様の意思をうかがい察する字であることを説明しましたが、「観」も神意を察する漢字です。「観察」とは鳥を見て神意を察することでした。

次に「歓《かん》」(歡)です。「欠」は口を開いて立つ人を横から見た姿《すがた》【→［期］［歌］】。つまり「歡」とは「雚」を前に声を出して祈《いの》る姿なのです。そうやって祈り願うことが実現したことを「よろこぶ」文字です。

さらに幾《いく》つか「雚」に関する文字を紹介しましょう。「勧」(勸)の「力」の部分は農具の「すき」のことです【→［力］】。鳥占いで農作物の豊作凶作《ほうさくきょうさく》を占ったのです。それで神様の意思を知り、農作業を進めたので「すすめる」の意味がありますし、農作業に「つとめる」の意味も生まれました。鳥占いで神意を得て、それから勧《すす》め誘《さそ》う「勧誘《かんゆう》」や勧め励《はげ》ます「勧奨《かんしょう》」などの言葉が生まれ、すべてのものを「すすめる」意味となりました。

最後に「権《けん》」（權）です。「権」とは重量を「はかる」こと。または、はかりの「重り」のことです。重さをはかる時には重りを臨機応変《りんきおうへん》に取りかえなくてはなりません。そこから臨機応変の意味もあります。この「権」（權）も白川静さんは鳥占いの字に挙げています。つまり鳥に「はかる」という意味です。「権力」などの言葉にしばしば使われますが、状況《じょうきょう》に臨機応変に対処《たいしょ》する意味から「強行する」意味となり、「権力」「権勢《けんせい》」の言葉が生まれていったようです。「はかり、おもり」の意味にも使われます。「権量」とは「はかり」と「ます」です。

古代文字

「勧」が農耕に関する鳥占いの文字なので、「観」も、もともとは農耕についての神の意思を見ることに関係した文字だったと思われる

【つながる漢字】

観（觀）・歓（歡）・勧（勸）・権（權）

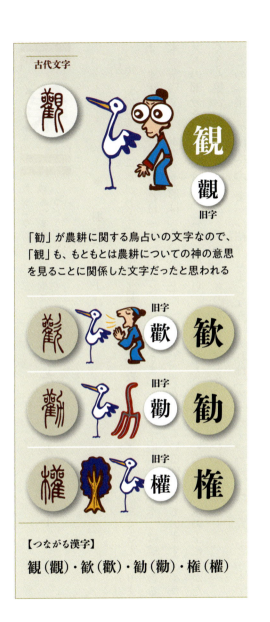

集

音 シュウ
訓 あつまる・あつめる・つどう・なる

鳥がたくさんとまった木

一羽、二羽手に持つ

「隹《ふるとり》」が鳥であることがわかって漢字を見てみれば、なるほどと驚《おどろ》く文字がたくさんあります。まず「集」です。これは「木」の上に「隹」がとまっている字形です。「木」は枝のある木の象形文字。本来の字形は、その木の上に「隹」が三羽とまっている形をしています。イラストの部分を見てください。この字形なら、もう説明する必要がないですね。木の上に鳥がたくさん集合していることから、すべてのものが「あつまる」の意味となったのです。

この「集」の関連文字を一つ紹介《しょうかい》しましょう。それは「雑」です。「雑」は「九」と「木」と「隹」、つまり「九」と「集」でできている字です。

「九」の部分は旧字「雜」や古代文字ですと少しわかるかと思いますが、衣の襟《えり》を重ねて結びとめた形で、衣のことです。その衣を染《そ》めるのに多くの草木を集めて用いました。多くの色がまじっている状態が「雑」で「まじる」の意味となりました。

次は「隻《せき》」です。「又《また》」は繰《く》り返し説明していますが、手のこと【↓「友」】。「隹」は鳥ですから、「隻」は一羽の鳥を手で持つ姿《すがた》です。それゆえに「ひとつ」の意味になりました。そこから「隻眼」「隻手」の言葉も生まれたのです。でも「ひとつ」という意味は後の時代になってから。最初は「鳥をとる」意味でした。つまり「獲《かく》」の元の字形が「隻」だったのです。

「隻」は「鳥をとる」意味でしたが、そのうち「犭」（けものへん）などを加えて「獲」ができ、猟犬《りょうけん》を使って「動物をとる」意味になり、さらにいろいろな「ものを獲得する」意味になっていきました。「隻」に「禾《か》」（いね、穀物類《こくもつるい》）などを加えた「穫《かく》」は農作物を「かりとる」意味です。また「隻」は船などを数える時の助数詞《じょすうし》としても使います。

もう一つ、「隻」の関連文字は「双《そう》」です。旧字「雙」を見れば明らかですが、手で鳥を二羽持つ形です。そこから「ふたつ」の意味となりました。

現在の字は「又」を二つ重ねた「双」の字形ですが、旧字の「雙」の鳥を二羽も持つから「二つ」のほうが、わかりやすいですね。何しろ「隹」を一羽持つ「隻」の字形が「一つ」を意味するのですから。字画が少なくなると、漢字が理解しやすいということはないのです。

古代文字

この字も実は鳥占《とりうらな》いに関係している。木の上に鳥がたくさん集まることは、めでたいことが起きる前兆だと思われていた

【つながる漢字】

隹・集（雧=異）・雑（雜）・隻・獲（獲）・穫（穫）・又（又）・双（雙）・木

奮

音　フン
訓　ふるう・はげむ

しっかりと引きとめる

鳥の霊《れい》となって飛び立とうとしている

空に向かって飛び立つ鳥は古代人にとって特別な存在《そんざい》でした。そのように飛び立つ鳥を引きとめたり、逆に引きとめるものを退《しりぞ》けて鳥が飛び立ったり。そんなことが反映《はんえい》した漢字もあります。

「隺《かく》」という字は、鳥の形である「隹《ふるとり》」と、わくや境界の形「冂《けい》」を合わせたものです。鳥をしっかり引きとめるので「かたい」という意味です。でもあまり使う文字ではないので、まずは理解するだけでいいと思います。その「隺」に「石」を加え、さらにしっかりと引きとめている字が「確《かく》」です。より確実に引きとめるので「たしか」の意味となりました。ただし、この「確」は中国の古い漢字の字書にもなぜか未収録《みしゅうろく》。だから古代文字が残っていません。

また古代中国人たちは、空を自由に飛ぶ鳥と人間の霊魂《れいこん》の姿《すがた》とを重ね合わせて考えていました。人が死ぬと、その人の霊が鳥の形となり、飛び立っていくと考えていたのです。この鳥形《とりがた》霊《れい》に関係した漢字を二つ紹介《しょうかい》します。

一つは「奪《だつ》」です。これは「大」「隹」「寸《すん》」を合わせた字。「隹」は鳥。「寸」は「手」のことです【→［博］】。

「大」の部分は古代文字を見てください。この「大」は衣の上半分の形で、衣の省略形です。古代文字の「隹」の周囲にかかれているのが衣です。つまり死者の衣（「大」）から、死者の霊が鳥（「隹」）の形となって飛び立っていくのを、手（「寸」）で必死にとどめようとしている文字が「奪」なのです。人の霊が脱出《だっしゅつ》するので「うばう」の意味となりました。

もう一つの鳥形霊の字は「奮《ふん》」です。これは「大」「隹」「田」を合わせた字です。やはり「大」は死者の衣の省略形、「隹」は鳥です。「田」は鳥かご、または鳥の脚《あし》をとどめておく道具です。つまり死者の衣の中に鳥かごのようなもの（または鳥の脚部《きゃくぶ》を拘束《こうそく》する道具）を入れて、死者の霊魂が鳥形霊となって飛び立たないようにしているのです。

でも鳥（霊）はとどめる力を退《しりぞ》けて飛び立つのです。それを「奮」といいました。鳥が奮《ふる》い飛び立とうとしている字が「奮」なのです。

古代文字

鳥を衣の中にとどめることで死者の霊を遺体にとどめる。そんな風俗《ふうぞく》が古代中国にあったことが「奮」や「奪」の解読から復元できる

【つながる漢字】

佳・雀・確・奪・奮・寸

【衣】

音　イ・エ
訓　ころも・きる

人の霊《れい》が宿っている

衣をまとうことで霊力《れいりょく》を受け継《つ》ぐ

「衣食住」の「衣」は、中国ばかりでなく、古代社会では現在よりもさらに大切なものでした。「奪《だつ》」「奮《ふん》」の「大」の部分は「衣」の字の省略形であることなどを紹介《しょうかい》しましたが、その「奪」「奮」は人間の死に関係した文字であるように、人の生まれる時と亡《な》くなる時に関係した漢字で、「衣」がモチーフとなっている文字がたくさんあります。この本の中でも、そういう「衣」関係の漢字を紹介しています【→［奮］［卒］［遠］】。

「衣」には人の霊《れい》の力が宿っていると、古代中国では考えられていました。その人の霊力を受け継《つ》ぐ意味に「衣」が関係しているのです。

「衣」を通して霊力を受け継ぐ考えは日本にもありました。先代天皇《てんのう》が亡くなり、新天皇が即位《そくい》した後の大嘗会《だいじょうえ》の時、つまり即位後に初めて収穫《しゅうかく》した穀物《こくもつ》を祭る際には「真床襲衾《まとこおふすま》」という夜具をまとう非公開の儀式《ぎしき》があります。そうやって先代天皇から新天皇が力を受け継ぐのです。

その「衣」の霊力に関する文字として、まず「依《い》」を紹介しましょう。これは「亻《にんべん》」（人）に「衣」を加えて、霊を移す儀礼を表す文字です。霊の乗り移っている「衣」を「人」により添《そ》えて、霊を移したのです。そこから「よる」の意味になりました。衣に霊が移る「憑依《ひょうい》」（霊が憑《つ》くこと）です。

歌舞伎《かぶき》役者や落語家の何代目襲名《しゅうめい》という場合の「襲」にも「衣」がふくまれていますね。これは死者の「衣」に「龍《りゅう》」（竜）の文様をかいて、その衣を襲《かさ》ねて着せるという文字です。位を襲《つ》ぐ儀式の時、その衣を上に襲ねたので「つぐ」という意味になりました。もともとは『源氏物語《げんじものがたり》』などにも出てくる襲ね着をすることですが、そのポストを襲ぐことから「おそう」の意味となりました。ですから襲撃《しゅうげき》の意味の「襲」は後の用法のようです。

最後は「末裔《まつえい》」（子孫のこと）などに使われる「裔」です。下部「冏《けい》」は「衣」を掛《か》ける台です。つまり「裔」は「衣」を衣掛けに掛けた形。先祖を「衣」によってしのび、その霊を継《けい》承《しょう》することを表した文字です。そのことから「すえ、ちすじ」の意味となりました。

古代文字

「衣」は襟元《えりもと》を合わせた衣の形をそのまま文字にしたもの。日本では右前だが、古代文字では左前にかかれているものが多い

【つながる漢字】

衣・依・襲（襲）・裔・奪・奮

【卒】

音　ソツ・シュツ
訓　しぬ・おわる・ついに

死者の霊《れい》が外に出ないように

襟《えり》を重ねて結び留める

「衣」によって死者の霊《れい》を受け継《つ》ぐという考えもそうですが、「衣」の字形は死者の衣を表す場合が多いのです。この項《こう》も死者の「衣」に関係した字の紹介《しょうかい》です。

まず「卒」です。「卒」と「衣」の古代文字を見比べてください。「衣」の古代文字に「ノ」を加えた形が「卒」の古代文字になっていますね。これは人が死んで「衣」の襟《えり》を重ね合わせ、結び留めることを表している文字です。そうやって死者の霊が外に出ないようにしています。または悪いものが死体に入り込《こ》まないようにしているのです。そこから「卒」は「しぬ、おわる、つきる、ついに」などの意味となりました。

「哀《あい》」という字も「衣」関係の文字です。これが「衣」の字形の間に「口」を入れた字形であることがわかりますか？　この「口」は繰《く》り返し説明していますが、神への祈《いの》りの言葉を入れた器「𠙵」（サイ）です。その「𠙵」（サイ）を死者の衣の襟元の上に置き、死者のことを悲しみ訴《うった》える哀告《あいこく》のお祈りをします。死者を哀《あわ》れみ、死者の魂《たましい》をよびかえす（招魂《しょうこん》）、魂《たま》よばいの儀礼《ぎれい》を表す文字が「哀」です。

この「哀」と、よく似ている字形に「衰《すい》」があります。漢字を勉強し始めた頃《ころ》には、この「哀」と「衰」が実にまぎらわしく区別しにくい文字のように感じました。みなさんはどうですか？

でもこの「衰」では、「哀」の「口」に相当する位置に置かれているものは「冄《ぜん》」という字形です。これは古代文字のほうがわかりやすいのですが、「冄」は麻《あさ》の組み紐《ひも》の形なのです。麻の組み紐は死者の穢《けが》れたものを祓《はら》う意味があります。だから「衰」は死者の衣の襟元に麻の喪章《もしょう》をつけた喪服の意味なのです。今でもそうですが、葬儀《そうぎ》の時にはふだんの礼をひかえ、少なくするので「おとろえる」という意味になりました。「衰弱《すいじゃく》」は衰《おとろ》え弱ること。「老衰《ろうすい》」は年をとって衰えることです。

死者の衣の襟元に祈りの言葉を入れた器を置く「哀」。死者の衣の襟元に喪章の麻の組み紐を着ける「衰」。やはり少し似てますかね。

古代文字

息をひきとると、とり急ぎ、衣の襟元を重ね合わせるので「卒然」（にわかなこと。突然）の言葉もあり、「卒」には「にわかに」の意味も生まれた。卒倒《そっとう》とは、にわかに倒《たお》れることだ

【つながる漢字】ㅂ

衣・卒・哀・衰（衰）

遠

音　エン・オン
訓　とおい

玉や履物《はきもの》を置いて送る

死者が遠くに行ってしまうこと

ここで取り上げる漢字も「衣」に関係した文字です。「衣」の字形をふくむ漢字には人間の生と死に関わった文字が多いことを、前にも述べましたが、この項《こう》で取り上げる漢字も人が亡《な》くなることに関係した文字です。

まず「懐《かい》」です。この「懐」の旧字「懷」の旁《つくり》（文字の右側）の「褱」は「衣」の字形の間に「眔《とう》」の異体字を加えた文字。横形の目である「罒」と「水」のような字形を合わせた「眔」は目から涙《なみだ》が流れる様子をそのまま文字にしたものです。

だから「褱」は死者の衣の襟元《えりもと》に涙を垂《た》れて哀惜《あいせき》すること。「忄」（りっしんべん＝心）を加えた「懐」は死者を「なつかしむ」意味です。

「環《かん》」の旁は、死者の「衣」の襟元に「□」を置いています。この「□」は古代文字を見ると、丸い玉の形。死者の霊力《れいりょく》を高めるために襟元に置かれた玉で、生き返ることの象徴《しょうちょう》として横形の目の「罒」を上に書きました。こうやって死者が生きかえることを願う儀式《ぎしき》を表している字形です。さらに、これに「玉」を示す「王」を加えて「環《かん》」となりました。この儀式に使う玉を「環」といいます。だから「たま、たまき」の意味になり、円形なので「めぐる」意味にもなりました。

「環」の「王」の代わりに「辶」（しんにゅう）を加えたのが「還《かん》」です。死者の復活を祈《いの》る儀式が「環」の旁の部分で「生きかえる」という意味があります。それに道を行く「辶」を加えて「還」は「かえる」の意味になりました。

この項の最後は「遠」という字です。この字形の中にある「□」も死者の霊力を増す玉のこと。その下の字形は「衣」です。「□」の上の「土」は「之《し》」という字の変形で、古代文字を見るとわかりますが、この「土」の部分（之）は「止」と同じ「足」の形です。これは死者の枕元《まくらもと》に置かれた履物《はきもの》のことです。つまり死者の衣の襟元に玉を置き、枕元に履物を置いて死者を送るのです。それに行くことを表す「辶」を加えたのが「遠」です。つまり、死者が遠くに行くことが、最初の意味でした。

日本でも死者を送る際に死者の足もとに草《ぞう》履《り》を置き、足袋《たび》や脚絆《きゃはん》（すねに巻き、紐《ひも》で結ぶもの）をつけたりする

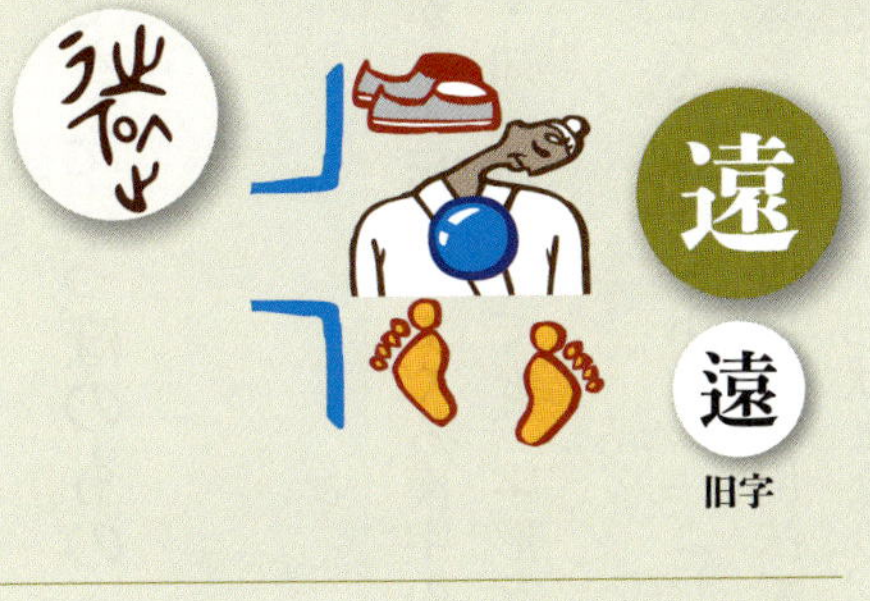

【つながる漢字】

懐（懷）・環（環）・還（還）・遠（遠）

笛

音　テキ
訓　ふえ

竹でできた空っぽのもの

空《くう》洞《どう》状態のヒョウタン

白川静さんの文字学を知ると、古代中国人の生活ぶりがよく伝わってくる漢字の系列《けいれつ》がたくさんあります。でもここでは、そんな古代中国への理解・知識がなくても、字形を見たらパッとわかる文字の系列を紹介《しょうかい》したいと思います。

それは「理由」「自由」などの「由」に関連した漢字です。今は「由」は「よし、よる」の意味に用いますが、これは文字の音だけを借り、別な意味を表す「仮借《かしゃ》」の用法です。でももともとはヒョウタンの類を表す字でした。ヒョウタンは熟《じゅく》すと中身が油状となり、その中身が空洞《くうどう》状態となります。ですから「由」をふくむ文字の多くに「空っぽ」の意味があります。

でも、この「由」には単独の古代文字形がありません。白川さんは「由」について「その由来を知りがたい字」と字書『常用字解《じょうようじかい》』に書いています。古代文字がない「由」は「由来を知りがたい」としゃれているわけです。白川さんは字書にもこんなしゃれを書く楽しい人でした。

その実が熟して油状になったヒョウタンを「油」といいます。油状のヒョウタンの実を手でくり抜《ぬ》き、中身を外に引き出すことを「抽《ちゅう》」といいます。そこから「ぬく、ひく」の意味になりました。そして、空っぽを示す一番わかりやすい例は「宙《ちゅう》」でしょう。これは「宀」（うかんむり）と「由」を合わせた字。「宀」は祖先の霊《れい》を祭る廟《みたまや》の屋根の形で建物や空間を表します。「由」は空っぽの意味。だから「宙」は空っぽの空間のこと。そこから「そら」の意味となりました。「笛」もその由来を知ればなるほどと思う字です。「竹」でできた空っぽのもの（由）といえば「ふえ」のことですね。

「軸《じく》」とは車軸のこと。車軸受けの空洞の空間を車軸が回転している姿《すがた》から生まれた字で「じく」の意味になりました。「袖《そで》」は比較《ひかく》的後世の字ですが、これも空っぽの空間の意味をふくんでいます。袖口から中をのぞくと空っぽのように見えるので「そで」の意味となりました。

最後に「空っぽ」の意味ではない「由」をふくんだ漢字を紹介したいと思います。それは「釉《ゆう》」です。焼き物のつやを出すために用いる「釉薬《ゆうやく》（うわぐすり）」の文字。「油」に「つや」の意味がありますが、「釉」にも「つや」の意味があります。

古代文字

「笛」の古代文字の形からすると、ヒョウタンの形に近い「ふえ」ということなので、元はハト笛のような形のものだったのかもしれない

【つながる漢字】

由・油・抽・宙・笛・軸・袖・釉

【主】

音　シュ・ス
訓　ぬし・おも・あるじ・おもに

家で火を持つ者のこと

直立、停留するもの

一つ理解したら、一目瞭然《いちもくりょうぜん》に系列《けいれつ》の漢字がわかる文字をここでも紹介《しょうかい》したいと思います。それは「主」という字です。古代文字の上部はU字形の中に「｜」が一本直立している字形です。この真っすぐ一本立っている「｜」の部分は火のついた灯心です。U字形の部分は灯心と油をいれて火をともす鐙《あぶらざら》。下の「土」の字形は鐙をのせる台のことです。

現在の「主」は古代文字のU字形が横に真っすぐ伸《の》びて一本線になった形。古代文字の直立する灯心部は今の字では一番上の「、」がそうです。昔、火を持つ者は家の主でした。そこから「あるじ」の意味になりました。

この灯心が直立した「主」の字形には「直立したもの」の意味があります。まず「柱」です。灯心が直立するように木が直立していることを「はしら」といいます。建物をしっかり支えるのが、その「柱」で、そこからいろいろなものを支えるものの意味になりました。

つぎは「住」です。これは比較《ひかく》的新しい文字なので古代文字形はありませんが、柱を並《なら》べて「人」（イ《にんべん》）が住む所という意味です。燭台《しょくだい》が直立して動かないことから「主」には「停留」する意味があります。「定住」「安住」がその意味の言葉です。

同様に「停留」する意味の文字が「駐《ちゅう》」という字です。「馬」と「主」を合わせ、馬をとどめることから、すべてのものを「とどめる」意味となりました。「駐車」「駐留」の言葉があります。

最後に「直立」「停留」の意味とは違《ちが》う「主」の字を紹介しましょう。

それは「注」です。鐙に「油をそそぐ」というのがもともとの意味。そこから液体を「そそぐ」意味になりました。「傾注《けいちゅう》」の言葉によく表れていますが、容器を傾《かたむ》けて液体をそそぐ「注」の意味から、「心を注ぎ込《こ》む」という精神的な意味になり、「注意」「注目」などの抽象《ちゅうしょう》的行為《てきこうい》を示す言葉にも使われ出しました。

また「註《ちゅう》」という漢字は本文に説明の言葉をくっつけて解説することです。「注釈《ちゅうしゃく》」とも「註釈《ちゅうしゃく》」ともいうように、「注」とよく似ています。

古代文字

鐙の中で燃えている炎《ほのお》を火主《かしゅ》という。古い古代文字の中には「」のように炎の姿《すがた》をそのままかいた文字もある

【つながる漢字】∀

主（主）・柱（柱）・住（住）・駐（駐）・注（注）・註

親

音　シン
訓　おや・したしい・したしむ・みずから

位牌《いはい》を拝《おが》んでいる姿《すがた》

投げ針《はり》で神木を選ぶ

白川静さんの漢字学の特徴《とくちょう》は一つの文字を理解できると関連文字が次々にわかることです。世の中には文字の成り立ちを面白く述べる漢字の説明はありますが、そこから関連する文字を説明できなければ、単なる俗説《ぞくせつ》にすぎません。

白川静さんは小学生のころに「親」という字を「おまえたちは学校が終わったら家にも帰らないで遊んでいるだろう。心配で木の上に立って、子どもたちを見てさがしている字が『親』だ」と先生に教わったそうです。確かに「親」は「木」「立」「見」でできています。白川さんも「いちおう理屈《りくつ》におうとる」と笑っていましたが、この説明では「親」とよく似た「新」や「薪《たきぎ》」などが説明できないのです。

では白川静さんの漢字学の「親」の説明はどうでしょうか？　それをまず「新」の文字の説明から始めたいと思います。「新」は「立」「木」に「斤《おの》」を加えた文字。この「立」の部分、これは「辛《しん》」という字の省略形です。「辛」は取っ手のある針《はり》の形です。古代中国人は、この「辛」を入れ墨《ずみ》のための針や投げ針として使いました。「はり」の意味の他に「つらい、からい」なども読みますが、これは入れ墨をする時の痛《いた》みから生まれた意味です。

親が亡《な》くなり、新しく位牌《いはい》を作る時にも取っ手のついた大きな「辛《はり》」を投げて「木」を選びます。「木」は枝のある木の象形文字です。そして「辛」が当たった「木」を「斤」で切ります。このような儀式《ぎしき》を表しているのが「新」です。新しい位牌を選ぶので「あたらしい」の意味になりました。

「辛」が当たり、位牌のために選ばれた神木のうち、位牌を作った残りの木が「薪《しん》」です。その木は火祭りの際の「たきぎ」として使用されました。神事に使われる「たきぎ」の意味から、すべての「たきぎ、しば」の意味に用いるようになりました。

そして最後に「親」です。これは「辛」と「木」に「見」を加えた字。新しくできた位牌をじっと拝《おが》んでいる姿《すがた》を表す文字なのです。その位牌は父母の場合が多いので、そこから「おや」の意味になりました。

古代文字

位牌を拝む人たちはみな親族。そこから「親」に「したしい」という意味も生まれた

【つながる漢字】

辛・新・薪（薪）・親・木

章

音　ショウ
訓　あきらか・しるし

入れ墨《ずみ》の美しさ

罪人、受《じゅ》刑《けい》者《しゃ》が多い

「辛《しん》」という字は針《はり》の形を表す漢字です。「辛」が投げ針として使われた「新」や「親」などの文字のつながりを［親］の項《こう》で紹介《しょうかい》しましたが、ここでは「辛」が入れ墨《ずみ》用の針として使われた文字を幾《いく》つか説明しましょう。

「辛」には「つらい」の意味と「からい」の意味があります。［親］の項でも少し述べましたが、「辛」が入れ墨用に使われたため、その痛《いた》さから「つらい」の意味が生まれました。それを味覚の意味にも広げて「からい」となったのです。

「辛」が入れ墨用に使われた文字の最初の紹介は「文章」の「章」です。「章」は「辛」と「日」を合わせた字形。「日」の部分は墨だまりです。墨だまりがある針を使って、人に美しい入れ墨を加え、その入れ墨の美しさから「章」は「あきらか、あや」の意味となりました。

次は「言」です。これは今の字形からは「辛」との関係がわかりにくいので、まず古代文字を見てください。古代文字では「辛」と「口」を合わせた形になっています。「口」は何度も説明していますが、神への祈《いの》りの言葉である祝詞《のりと》を入れた器「𠙵」（サイ）です。その「𠙵」（サイ）の上に入れ墨用の針「辛」を置いて、神に誓《ちか》う言葉が「言」なのです。それが「信ずる」にあたらない時には「入れ墨」の刑《けい》に服しますと誓うのです。刑罰用の入れ墨の大きな針を置いて神に誓いをたてた上で、人との間に約束したことを「信」といいます。

このような「言」の字の意味にも表れていますが、入れ墨をした人は罪人が多いのです。

例えば「童」は元は男性の罪人を表す文字でした。古代文字形は少し複雑ですが、上から「辛」「罒（目）」「東」「土」を合わせた字形です。

犯罪を犯した男性は目の上に入れ墨をされたのです。もともと受刑者《じゅけいしゃ》を意味する字ですから、奴隷《どれい》の意味となり、そこから「しもべ」の意味にもなりました。受刑者は結髪《けっぱつ》が許されず、その姿《すがた》が髪《かみ》を結わない子どもたちと似ていたので「わらべ」の意味ともなったのです。

「童」に対して、女性の受刑者を表す文字が「妾《しょう》」です。「辛」と「女」を合わせた「妾」は額に入れ墨を入れられた女性の姿で、「はしため」などの意味があります。

古代文字

「文章」の「文」も「文身《ぶんしん》」という言葉からできた文字。文身とは入れ墨のこと。文章とはもともとは人間の入れ墨の美しさのことだった

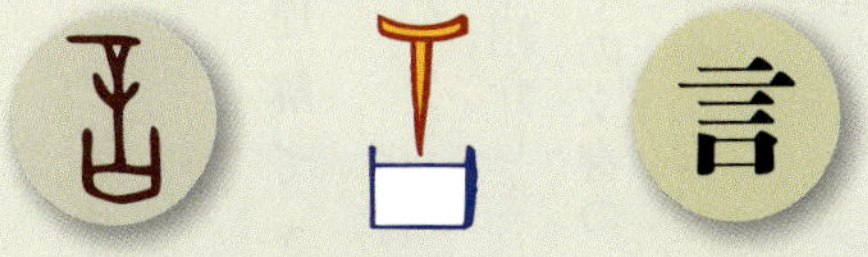

【つながる漢字】

辛・章（章）・言・信・童（童）・妾

文

音　ブン・モン
訓　ふみ・あや・もよう・かざり

朱《しゅ》や墨《すみ》でかき加える入れ墨です

今の字形では理解できない

「文章」の「章」が入れ墨《ずみ》関係の字であることを前項《ぜんこう》［章］で説明しましたが、「文」のほうも入れ墨関係の文字です。そのことを詳《くわ》しく紹介《しょうかい》しましょう。

「文身《ぶんしん》」は入れ墨を意味する言葉です。その文身の「文」は人の正面形の胸部《きょうぶ》に「×」や「心」（心）や「V」の形の入れ墨を加えた字形です。「文」のイラスト部分に各種の古代文字をかいておきました。

この文身は「絵身《かいしん》」というもので、朱《しゅ》や墨《すみ》などで、一時的に文様をかき加える入れ墨です。絵身は誕生《たんじょう》や成人式、結婚《けっこん》、死亡《しぼう》時などの際、儀礼《ぎれい》的な目的で加えられます。

例えば「産」も、その絵身の文身に関係した漢字です。「産」の旧字は「產」ですが、この旧字の「產」でないと文身（絵身）との関係がわかりません。「產」は「文」「厂《かん》」「生」を合わせた文字です。「厂」は額や崖《がけ》などを表す字形。生まれたばかりの赤ちゃんの額（厂）に「×」などの文身（絵身）を朱や墨でかく儀式を「產」（産）というのです。

赤ちゃんに悪い霊《れい》が入り込《こ》まぬように額に絵身を加えたのです。日本でも子ども誕生時に額に文字を書く「あやつこ」という儀式がありました。

昔の成人式、元服に関係した文字が「彦《ひこ》」です。この「彦」の旧字「彥」は「文」と「厂」と「彡《さん》」です。「厂」は額。「彡」は美しいことを示す記号的な文字。額に美しい文身をかいて元服の儀式をすませた男性が「彦《げん》」です。
「顔」も入れ墨関係の文字です。「彦」の旧字「彥」に「頁《けつ》」を加えたのが「顔」の旧字「顏」です。「頁」は儀礼に参加している人を横から見た形です。「顔」は男性が美しい文身をして、厳《おごそ》かに元服の式に参加している「かお」のことです。
これらの「産」「彦」「顔」はいずれも現在の字形では漢字の意味を理解することができません。戦後の漢字改革《かいかく》に関わった人たちが、これらの漢字と文身関係を知らないまま字形を変えてしまったのです。でも「産」「彦」「顔」が入れ墨の「文」をふくんだ「產」「彥」「顏」の字形であることを知ると、その成り立ちが深く理解できるのです。

古代文字

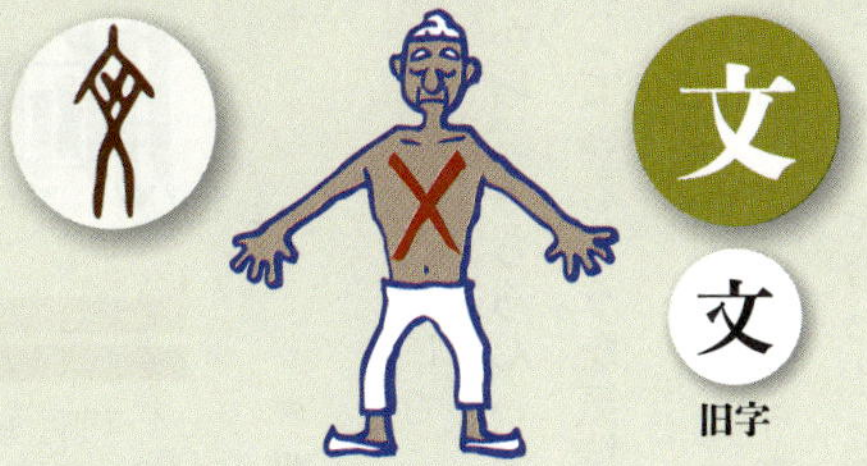

古代文字形には人の胸部に「×」をかいた「」や「」（心）をかいた「」、「V」をかいた「」など、さまざまな文身の形がある

【つながる漢字】

文（文）・産（產）・彦（彥）・顔（顏）

胸

音　キョウ
訓　むね・むな

悪い霊《れい》が入り込《こ》まないように

死者の胸《むね》に×をかいて防ぐ

神社などのおみくじで「凶《きょう》」や「大凶」を引いたことがありませんか。縁起《えんぎ》が悪い運勢のことですから、もちろんいやなものですよね。でも「凶」の字形を見ただけで、なんか悪いことに関係しているような気持ちがしてきませんか。なにしろ、文字の中に「×」の印が入っていますから……。

実はこの「凶」という字は死と文身《ぶんしん》（入れ墨《ずみ》のこと）に関係した文字なのです。「凵《かん》」と「×」を合わせた字形。「凵」は胸《むね》の形です。死者の胸に朱《しゅ》色などで×形の文様をかき、死体に悪い霊《れい》が入り込《こ》まないように呪《まじな》いをすることを「凶」といいます。

これは人が死んだ時に行う事でしたから、凶事（縁起が悪い事）とされました。そこから「わるい、まがごと」の意味となっていったのです。

この「凶」に人の側身形である「儿《じん》」を加えた文字が「兇《きょう》」です。行き倒《だお》れなどで亡《な》くなった人の胸に×を加えて、その邪霊《じゃれい》を封《ふう》じました。「兄」「光」「見」などの紹介《しょうかい》でも述べましたが、「儿」はその上の字形を強調する形です【→［兄］】。「兇」は怖《こわ》い霊を持つ者のことです。後にすべての兇暴、兇悪な人をさすようになりました。

「胸」は「凶」と「勹《ほう》」と「月」とを合わせた字形です。死者の胸（「凵」）に朱色などで×形の文様をかき、死体に悪い霊が入らないようにしたのが「凶」。「勹」は人の全身を横から見た形です。それを合わせた「匈《きょう》」に、身体の一部であるという意味の「月」（肉づき）を加えて「むね」の意味となりました。

元は「匈」だけで「胸」の意味の文字でした。さらにいえば「凵」が胸の形です。

この胸の元の字形である「匈」に「忄」（りっしんべん＝心）を加えた漢字に「恟《きょう》」があります。びくびくと「おそれる」という意味です。

不安でおそれ、びくびくする時には誰《だれ》でも胸がどきどきするものです。この「恟」にも胸と凶事の強い関係が示されているのです。このように「凶」をふくむ漢字には「凶悪」の意味か、「兇懼《きょうく》」（おそれる）の意味があります。

古代文字

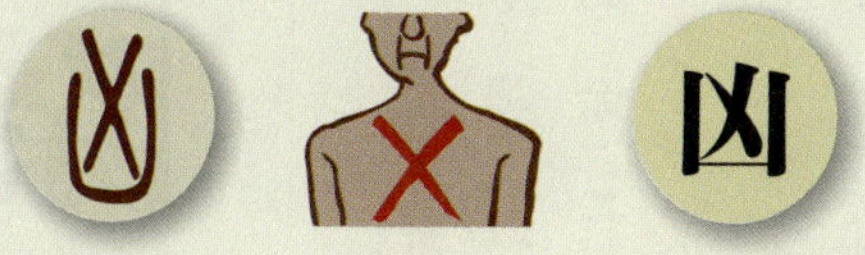

日本語にも「胸騒《むなさわ》ぎ」という言葉がある。心配や驚き、不安で胸がどきどきして心穏やかでないこと。日本でも凶事の予感と胸の関係は深い

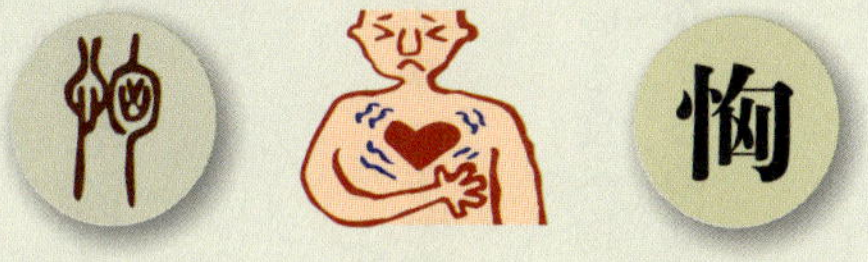

【つながる漢字】

凶・兇・匈・胸・恟・儿

【除】

音　ジョ・ジ
訓　のぞく・はらう

地下に潜《ひそ》む悪い霊《れい》を除《のぞ》くこと

土地や道に長い針《はり》を刺《さ》す

「辛《しん》」は投げ針《ばり》や入れ墨《ずみ》用の針のことでした。でも「針」を表す文字は「辛」だけではありません。「辛」以外の針の字を紹介《しょうかい》しましょう。それは「余」です。

この「余」には二つの意味があります。一つは旧字「餘《よ》」が示している食べ物が「あまる」意味。もう一つの意味は取っ手のついた長い針のことです。ここで紹介するのは、この取っ手のある長い針「余」の関連文字です。

まず「徐《じょ》」です。「彳」（ぎょうにんべん）は四つ角の左半分の形です【→［行］】。「徐」は、その道路に取っ手のある長い針「余」を刺《さ》して地下にいる邪悪《じゃあく》な霊《れい》を除《のぞ》き、その道を安全なものにする文字なのです。そこから「やすらか、ゆるやか」の意味となりました。

「除《じょ》」の「阝」（こざとへん）は神が天と地を昇降《しょうこう》するための階段《かいだん》（または梯子《はしご》）です【→［際］】。その階段から地上に降《お》りてくる神を迎《むか》える土地に取っ手のある長い針「余」を刺して地下に潜《ひそ》む邪霊を除去、新しい聖地《せいち》としたのです。そこから「のぞく」の意味になりました。

このように土地や道は地下に邪悪な霊が潜む危《あぶ》ない所、特に道は危険《きけん》な場所でした。「余」の関連文字ではないですが、危険な道に関係した字を紹介したいと思います。

それは他でもない「道」です。「道」になぜ「首」があるのか、そんなことを考えたことがありますか？　これは奴隷《どれい》の「首」を切って、「首」を「手」で持ち、その怨《うら》みの力で「道」

に潜む邪霊をお祓《はら》いしながら「道」を進んだことを示す文字なのです。「⻌」（しんにゅう）は道路を歩いていくことを表す字形です【→［行］】。

現在の字形「道」には「手」がありませんが、古代文字には「手」がかかれたものもあります。今の字形で「道」に「手」を加えたのが「導《どう》」。「寸」は「手」のことです【→［博］】。祓い清めて進むことを「導《みちびく》」といい、祓い清められた所を「道《みち》」といいます。元は同じ文字が動《どう》詞《し》の「導」と名詞《めいし》の「道」に分かれました。この「道」の説明には、まことに残酷《ざんこく》な行為《こうい》が反映《はんえい》されています。でも三千年以上前の古代中国での話です。今の価値観《かちかん》で考えてはいけません。この「道」の説明は白川静さんの研究では最も有名なものの一つだと言っていいでしょう。

古代文字

除夜《じょや》は大みそか。除目《じもく》は役人を新しく任命する儀式《ぎしき》。いずれも古いものを捨てて除き、新しいものにする意味をふくんでいる

【つながる漢字】

余（餘）・徐・除・道（道）・導（導）・寸

輸

音　ユ・シュ
訓　いたす・おくる

針《はり》で膿《うみ》を除去《じょきょ》して皿に移すこと

治《ち》療《りょう》のための手術用針

「余」は取っ手のついた長い針《はり》です【↓［除］】。土地や道路に刺《さ》して地中の悪い霊《れい》を除《のぞ》く意味があります。でも、それ以外に別の用途《ようと》の「余」があります。

それは医療《いりょう》用、手術用の針の「余」です。この治療に使う針「余」に関連する字を説明しましょう。まず「叙《じょ》」です。これは現代では主に「叙情《じょじょう》」「叙述《じょじゅつ》」などの意味に使われていますが、もともとは治療用の針「余」に関連した漢字です。

「叙」の旧字「敍」は「余」と「攴《ぼく》」を合わせた字です。「攴」の「卜《ぼく》」は木の枝（または鞭《むち》）の形です。「又」は「手」を示す字形【↓［友］】。つまり「攴」は木の枝などを使って、何かを打つ字形です。「敍」の場合は細長い針「余」を「手」で使って、体がはれて膿《うみ》を持った部位に刺し、膿などを除去《じょきょ》する手術をする意味の字です。

このようにして、病の苦痛《くつう》を除いて、ゆるやかにすることを「叙」（敍）というのです。最初に説明した「叙情」などの「叙」は、膿などをくみ出すように心情を外にもらすことからきています。そこから「のべる」の意味も生まれました。

「治癒《ちゆ》」の「癒」も「余」の関連字ですが、これは少しわかりにくいかもしれません。「癒」から「疒」（やまいだれ）と「心」と「月」を除いた部分、つまり「愉《ゆ》」「諭《ゆ》」「輸《ゆ》」などの旁《つくり》（文字の右側）の「月」を除いた字形「亼刂」（亼巜）が「余」の変形した部分なのです。この

「月」は夜空の月や、肉体を表す「肉づき」ではなく、「舟《ふね》」を示す「ふなづき」で、この場合は皿などの「盤《ばん》」のことです。細長い針「余」で膿を除去し、膿を盤に移す字形です。それで病気が癒《い》え、「心」が楽になる意味の字が「癒」なのです。

さきほど挙げた「愉」「諭」「輸」もみな治療用の針「余」の関連字です。「愉」は「余」で膿を除去して心が安らぐ意味の文字です。病気や傷《きず》が治まるので「たのしい、よろこぶ」の意味があります。「諭」は「余」で病気を治すように人の誤《あやま》りを言葉で諭《さと》し直すという意味です。

「輸」は「余」で膿を除去、膿を盤に移すことから、「車」を加えて移送する意味となりました。「輸出」「輸入」は移送のことです。

古代文字

大地や道に刺して地下の悪い霊を除く「余」。医療行為《こうい》で膿などを取り除く「余」。どちらも「心を和らげる」という意味では共通している

【つながる漢字】

余（餘）・叙（敍）・癒（瘉）・愉（愉）・諭（諭）・輸（輸）・攴（＝攵）

【医】

音　イ
訓　いしゃ・いやす

矢の力で病気を治す

折るしぐさは誓約《せいやく》の印

古代中国では「矢」は神聖《しんせい》なもので、矢を使って団結を誓《ちか》ったり、矢を放って場所を清める「通し矢」が行われました。日本でも神聖な「矢」の力は信じられていました。京都の三十三間堂は「通し矢」の名残ですし、お正月の破魔矢《はまや》、相撲《すもう》の弓取り式なども矢とそれを射《い》る弓などに悪霊《あくりょう》を祓《はら》う力があるからです。

「矢」が放てない場合は、「矢」を放った仕草として、弓の弦《つる》を鳴らしました。それを「鳴《めい》弦《げん》」といいます。雄略天皇《ゆうりゃくてんのう》の時代に、この鳴弦の術で邪悪《じゃあく》なものを祓い、敵《てき》を討《う》ったと『日本書紀』に記されています。そんな力のある「矢」に関する文字を紹介《しょうかい》しましょう。

まず「矢」ですが、これは実際の「矢」をそのまま字にした象形文字です。

「知」という字は「矢」と「口」でできた漢字。「口」は繰《く》り返し説明していますが、神様への祈《いの》り言葉である祝詞《のりと》を入れる器「𠙵」（サイ）のことです。「矢」を折る仕草が神に誓《ちか》う所作《しょさ》でした。それを表す「矢」です。つまり「𠙵」（サイ）で神に祈り、「矢」で神に誓うことを表すのが「知」です。神に祈り誓って初めて「ちゃんと知る」ことができました。神前で明らかに知ることが「しる」ことでした。「矢」には「ちかう」という意味もあります。

「誓」にも「折」が入ってますが、「矢」を折る仕草と誓約《せいやく》の関係は密接《みっせつ》です。もう一つ、誓約に関する「矢」の関連字を紹介しましょう。「族」がそうです。「族」の「矢」以外の字形

「㫃」（㫃《えん》）は吹《ふ》き流しがついた旗竿《はたざお》。これは自分が属す氏族（共通の祖先を持つ集団）を表す印でした。その旗の下で「矢」を折る仕草をし、一族の一員であることを誓う字です。

「医」の字にも「矢」がふくまれていますね。この「匸《けい》」は字形通り、囲われた場所、隠《かく》された場所のことです。そこで悪いものを祓う力がある「矢」を使い病気を治したのです。

「医」の旧字「醫」を見るとさらによくわかります。このうち「殳」は杖《つえ》ぐらいの長さの矛《ほこ》。「酉《ゆう》」は酒のことです。隠《かく》れた場所（匸）に神聖な矢を置き、杖矛《つえぼこ》を持って「エイ！」とかけ声をかけて、病気を治そうとしたのです。その時、消毒や興奮剤としてのお酒の力も加えられました。これが古代中国の「医術」でした。

古代文字

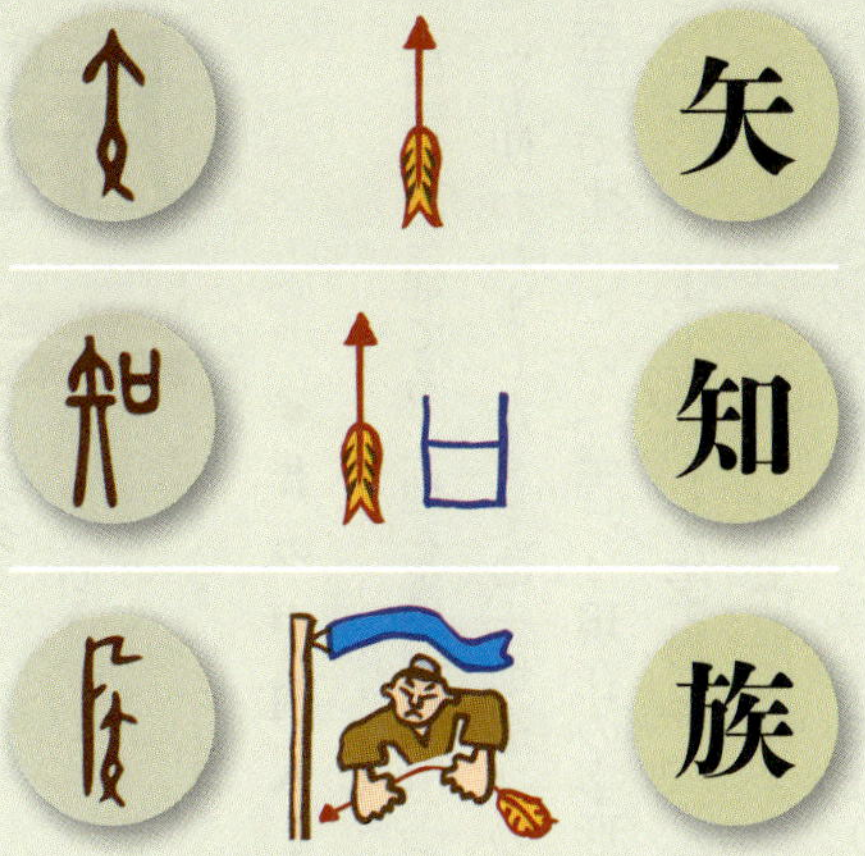

「医」の異体字に「毉」がある。これは「醫」の「酉」（酒）の部分が「巫《みこ》」となった字形。つまり古代中国では巫が医師も兼ねていた

【つながる漢字】

矢・知・誓・族・医（醫）（毉＝巽）・㫃

屋

音　オク
訓　や・いえ

昔の中国人も漢字を間違《まちが》う

矢を放って土地を選ぶ

「矢」は建物を建てる土地を選ぶ際に、これを放ち、その到着《とうちゃく》地点に決めるという土地選びのためにも使われました。その土地選びの関係の「矢」の紹介《しょうかい》です。ここでの漢字の基本的文字は「至《し》」です。この「至」は現在の字形ですと、少しわかりにくいのですが、古代文字形を見ると、「矢」の上下転倒《てんとう》した字形と「一」を合わせた文字です【→［医］】。「一」は大地です。つまりこれは放った「矢」が土地に刺《さ》さった姿《すがた》を字にしたものです。大切な建物を建てる土地に矢が至《いた》ったので「いたる」の意味になりました。

次は「屋」です。これは「尸《し》」と「至」を合わせた字形。「尸」は「屍《し》」の元の字で「しかばね」のこと【→［久］】。古代中国では人が亡《な》くなると本葬《ほんそう》前に死体を棺《ひつぎ》に入れ、しばらく建物に安置しておきました。「矢」を放ってその建物を建てる土地を選んだのです。「屋」は元はそのための建物でしたが、後に一般《いっぱん》の「いえ」の意味になりました。

「室」という字は「宀」（うかんむり）と「至」を合わせた文字です。「宀」は先祖を祭る廟《みたまや》の屋根の形。廟を建てる時にも「矢」を放って、土地選びをしたのです。だから「室」とはもともとは祖先を祭る「へや」のことでした。後に人の住む「へや」の意味となったのです。

次に「到《とう》」という字です。これは「至」と「刂《りっとう》」でできた漢字です。でも古代文字を見てください。「至」と「刂」ではなく、「至」と「人」の形になっています。論理《ろんり》的にも「刀」を表す「刂」はおかしいですよね。「矢」の到達地点に「人」が「いたる」という意味ですから。

その「到」という漢字について、白川静さんに教えていただいたことがあります。「刂」と「亻」（にんべん）が似ているために、昔の中国人が間違《まちが》ってしまい、そのまま現代まで至ったようです。「今の日本人ばかりでなく、昔の中国人も漢字を間違うの」と白川さんは笑って説明してくれました。「到」は放った「矢」が到達地点に到《いた》る、着くことです。

さらに続けて紹介すると、「到」に「亻《にんべん》」（人）を加えた「倒」は、その「矢」が到達した地点から、「人」が引き返すことです。そこから「さかさま」の意味となり、「たおす、たおれる」の意味となりました。

古代文字

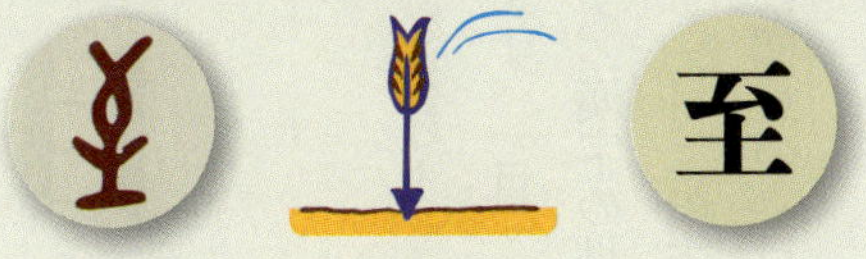

本葬前に死体を棺に入れて、しばらく建物に安置しておく風習を殯《かりもがり》という。その建物の中で死体を風化させてから本葬をした

【つながる漢字】
矢・至・屋・室・到・倒

【目】

音 モク・ボク
訓 め・ま・みる・めくばせする

見る対象と心を通じ合う

外界と接触《せっしょく》する最初の器官

「目を光らす」「目を奪《うば》われる」「目が肥える」……。「目」に関する日本語の成句はたくさんあります。「目」は人間にとって、外界と接触《せっしょく》する最初の器官なので、いろいろな言葉があるのです。漢字の世界も同じです。

まず「目」の古代文字を見てください。今の字形では縦長《たてなが》の「目」ですが、例に挙げた古代文字は横長の「目」です。でもこれは当たり前ですね。人間の目が横向きについているのですから。

ここで紹介《しょうかい》する漢字はみな縦長の目をふくむ字ですが、以前説明した「懐」「環《かん》」「還《かん》」【↓[遠]】や「徳」などの横長の目の字形「罒」も「目」に関する字です。

「目」で見る行為《こうい》というのは、ただ見るのではなくて、見る対象と内面的な交感・交渉《こうしょう》を持つ意味がありました。森や川を見ることは、その森や川が持つ自然の強い力を自分の身に移し取る行為でした。対象の魂《たましい》を呼《よ》び込《こ》むことで新しい生命力を身につけようとしたのです。

そのように、見る対象と内面的な交感を代表する漢字は「相」でしょう。「相」は「木」を「目」で見る字形です。勢い盛《さか》んな「木」を「目」で見ることで、樹木《じゅもく》の盛んな生命力が見る人の生命力を助けて盛んにすることになるので「たすける」という意味が生まれました。それは樹木と人との間の相互《そうご》関係から生まれたので「たがいに、あい」の意味となったのです。

「想」は「相」に「心」を加えた字です。「心」は心臓《しんぞう》の形をかいた象形文字です。茂《しげ》った木を見ることで見る者の生命力を盛んにするのが「相」。それを他の人のことに「心」を及《およ》ぼして「おもう」ことが「想」です。そこから「おもいやる、遠くおもいをはせる」の意味となり、経験したことのないことを想像する意味にもなりました。

最後に「看《かん》」です。これは「手」を「目」の上にかざしてものを「みる」字です。「看」には手をかざして遠くを見るという意味と、しげしげとよく見るという意味があります。「看護」は後者の意味ですね。普段《ふだん》、そのような目で「看」の字を見ませんが、でもしげしげとよく見ると、「目」の上に「手」をかざしてものを見ている字形ですね。

古代文字

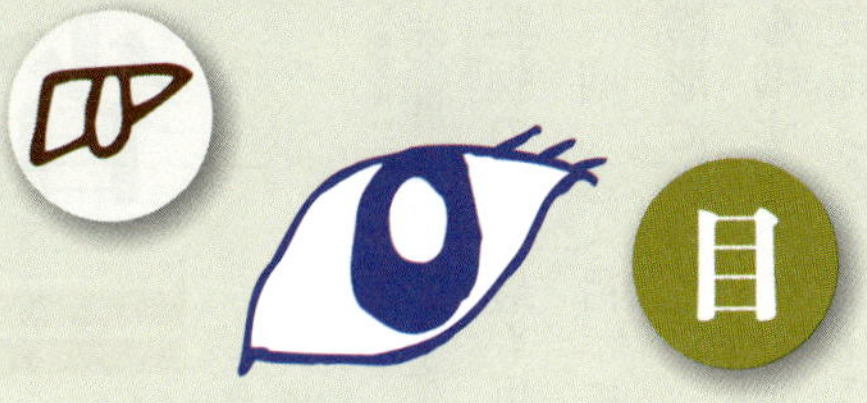

古い古代文字である甲骨《こうこつ》文字は「」、金《きん》文《ぶん》は「」というように横長の目だが、比較的新しい篆文《てんぶん》は「」という縦長の目でかかれている

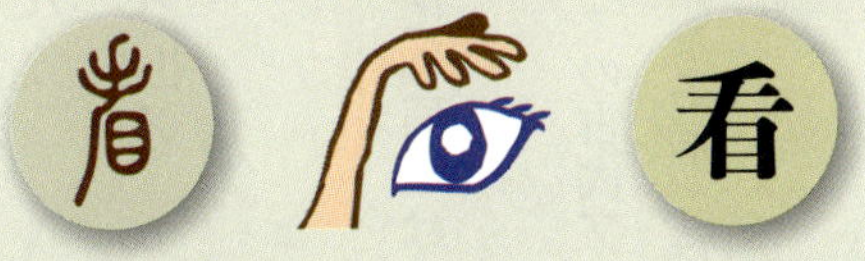

【つながる漢字】

目・相・想・看・懐（懷）・環（環）・還（還）・徳（德）・心

省

訓　かえりみる・はぶく
音　セイ・ショウ

眉飾《まゆかざ》りをつけた呪《まじな》い的な目で見回る

呪《じゅ》術《じゅつ》的な力を増す

眉目秀麗《びもくしゅうれい》とは顔かたちがとても美しいことをいいます。このように「眉《まゆ》」は「目」とともに人の容貌《ようぼう》のうち最も目立つ場所です。

この「眉」と「目」に関係する文字の紹介《しょうかい》をしましょう。まず「眉」の古代文字を見てください。横形にかかれた「目」の上に眉がかかれていますね。これは単なる眉ではなく、呪術《じゅじゅつ》的な力を増すための眉飾《まゆかざ》りをつけている字形なのです。「眉」に飾りをつけて、「眉」と「目」の力を強調しているのです。

この眉飾りのついた漢字に「省」があります。「省」の「少」の部分が眉飾りです。現在の字形ではわかりにくいですが、古代文字では横長の「目」の上に飾りがついているのがわかります。

呪術的な力を増す眉飾りをつけた目で地方を見回り、取り締《し》まることが「省」の元の意味です。さらに自分の行為《こうい》を見回ることに意味を移して「かえりみる」になり、見回った後に除《のぞ》くべきものを取り去るので「はぶく」意味となりました。

次に「直」という字も眉飾り関係の漢字です。これは「十」と「目」と「乚」を合わせた形。この「十」の部分が眉飾りで「少」の省略形です。つまり「十」と「目」とで「省」のこと。「乚」は塀《へい》を立てる意味です。

ですから「直」は「省」に「乚」を加えた形で、ひそかに調べて不正をただすこと。そこから「なおす」意味になりました。

最後は「徳」です。これは「彳」「十」「罒」「心」でできた文字。「十」と横長の目である「罒」の部分は「目」の縦横《たてよこ》が違《ちが》いますが、「直」の字から「乚」を除いた部分と同要素の字形です。「彳」は十字路の左半分の形で、道を行くことです【→［行］】。

「徳」も呪術的な力を増す眉飾りをつけ、各地を見回ることを表す文字です。そういう人が持つ本当の力は、その人の内面から出ていることが自覚されて「心」（心臓《しんぞう》の象形文字）の字形が加えられ、「徳」の字ができ、「人徳」「道徳」などの「徳」の考えが生まれました。

古代文字

「省」には「親の安否をよくみて確かめる」という意味もある。「帰省」とは帰郷《ききょう》して親の安否《あんぴ》をたずねること

【つながる漢字】

眉・省・直・徳（德）・心

夢

音　ム・ボウ
訓　ゆめ・ゆめみる

眠っている間に媚女《びじょ》の力で起きるもの

眉飾《まゆかざ》りつけ巨大にらめっこ

古代中国は呪《まじな》いが、いろいろな機会に行われる社会でした。その社会では呪術《じゅじゅつ》的な力を発《はっ》揮《き》する人たちが活躍《かつやく》しました。

「眉《まゆ》」に「女」を加えた「媚《び》」も、そういう人たちです。「眉」は眉飾《まゆかざ》りをつけた目のこと【→［省］】。「媚」は眉飾りをつけた巫女《みこ》さんのことです。古代中国では、戦争の際、この媚女《びじょ》を互《たが》いの軍の先頭に何千人と並《なら》べて、眉飾りをつけた目の力で敵軍《てきぐん》に呪術的な力を加えて攻撃《こうげき》しました。武器を使用した戦闘《せんとう》を始める前に、このような呪いの力で相手を倒《たお》すことをやったのです。巨大《きょだい》なにらめっこですね。この媚女は美しき魔女《まじょ》ですから、そこから「こびる」という意味となりました。

戦争に負けると、負けたほうの媚女たちは一番最初にすべて殺されてしまいます。その殺されてしまう媚女を表している字が「蔑《べつ》」です。

「蔑」は「艹」（くさかんむり）と横長の目「罒」と「伐《ばつ》」を合わせた字形です。「伐」は「人」に「戈《ほこ》」を加えた字で、人の首を戈で切る形です。旧字「蔑」の「艹」と「罒」の部分は古代文字をみるとわかりますが、眉飾りをつけた目のこと。これは「媚女」のことです。その媚女を戈で殺している字が「蔑」なのです。そこから、相手を「ないがしろにする」意味となり、「軽蔑《けいべつ》」「蔑視《べっし》」の言葉が生まれました。

「夢」の旧字「夢」の「艹」と「罒」の部分も「媚女」のことです。それに「冖《べき》」（わかんむり）と「夕」を加えた字が「夢」です。「艹」「罒」に「冖」を加えた部分は媚女（巫女）が座《すわ》っている姿《すがた》のことです。「夕」は夕方、つまり夜のことです。古代中国では「夢」は夜中の睡眠《すいみん》中に、媚女（巫女）が操作《そうさ》する呪いの力によって起きると考えられていたのです。

「夢」の旧字「夢」の「夕」の部分を「死」にした「薨《こう》」という字があります。位の高い人が「亡《な》くなる」ことです。訓読みでは「しぬ、みまかる」です。

「薨」の「死」以外の部分は「夢」の省略形です。これは媚女の呪いの「夢魔《むま》」の力で死ぬことです。位の高い人は、夢魔《むま》の危険《きけん》がいつもあったのでしょう。

古代文字

古代中国では夢を占《うらな》う役人がいて、夢占いをしていた。年末には一年間の夢を調べて、悪夢を祓《はら》う夢送りの行事をしていた

【つながる漢字】

媚・蔑（蔑）・伐・夢（夢）・薨

臣

音　シン・ジン
訓　つかえる・おみ

瞳《ひとみ》に手を入れて傷《きず》つけ視力《しりょく》失う

才能を持ち神に仕える

「目」や「眉《まゆ》」に関連する文字を説明してきましたが、ここで紹介《しょうかい》する「臣」も「目」を表す文字です。「臣」の古代文字は「目」を立てたような形。「臣」は大きな瞳《ひとみ》を表す漢字なのです。古代中国では神に仕える人は瞳をわざと傷《きず》つけて視力《しりょく》を失った人がいました。そうやって神に仕える人が「臣」。後に君主に使える「おみ、けらい」の意味になりました。

「臣」でまず紹介したいのは「賢《けん》」です。この「賢」の上部「臤《けん》」は「臣」に「又《また》」を加えた形。「又」は「手」のこと。「臣」は瞳です。そこで「賢」の古代文字を見てください。これは大きな瞳（臣）に手（又）を入れて、瞳を傷つけている姿《すがた》です。そうやって瞳の視力を失い、神に仕えた人が「臣」です。その「臣」には才能を持った賢《かしこ》い人たちがいました。それが「賢」です。「賢」の上部「臤」だけで、「賢」の元の字形で「かしこい」を表す字でした。

「賢」の「貝」は貨幣《かへい》代わりにも使われた子安貝《こやすがい》のことで、たいへん貴重《きちょう》な貝でした。ですからもともとの「賢」は「かしこい貝」「良質の貝」の意味だったと思われます。

次の「臣」の関連字は「監《かん》」です。この字の上部は「臥《が》」という字形です。それに「皿」を加えたのが「監」です。「臥」は人がうつむいて、下方を大きな瞳で見ている姿です。「皿」は水を入れた水盤《すいばん》。その水盤に自分の姿を映《うつ》している字形です。水盤は水鏡ですから「かがみ」の意味。水鏡に自らを映して見て反省するので「かんがみる」の意味にもなります。ですからこの「監」は「鑑《かん》」の元の字形です。その「鑑」は鏡が青銅や銅、鉄などの金属で作られることから、「監」に「金」が加えられたのです。「金」は鋳込《いこ》んだ金属の象形文字です。

「臨《りん》」の「品」以外の部分も「臥」の変形です。神への言葉を入れる器「口」(サイ)をたくさん供《そな》えた祈《いの》り(「品」)に対して、天の神が下を見ていること(「臥」)を表す字が「臨」です。そこから「のぞむ、みおろす」意味になりました。

もう少し「臣」に関係する文字を紹介しましょう。それは「緊張《きんちょう》」の「緊」です。瞳を傷つけられる人の心が張りつめ、体がひきしまった状態を「緊」というのだそうです。「堅《けん》」は体がひきしまった状態を「土」のことに移して、堅《かた》い土の意味になりました。

古代文字

横長の「目」の古代文字は「ꟷ」という形をしている。これと「臣」の古代文字形を見比べると、両方の字形の似た関連性がよく理解できる

【つながる漢字】

臣・賢・監・鑑・緊・堅・臨・金

【望】

音　ボウ・モウ
訓　のぞむ・ねがう

視《し》力《りょく》失った神への奉《ほう》仕《し》者《しゃ》

つま先立って遠くを見る人

「目」「眉《まゆ》」「臣」などは、みな「目」に関する文字です。その「目」に関する文字の話の最後に、古代中国にあった「望」の文化について紹介《しょうかい》しておきたいと思います。

まず「望」の古代文字を見てください。これはつま先で立つ人を横から見た姿《すがた》です。「望」の「王」の部分は「壬《てい》」の字形で「つま先で立つ人」を表しています【→［程］】。古代文字は、この「壬」の上に「臣」の字形をかいたものです。「望」の異体字《いたいじ》には「亡《ぼう》」の部分が「臣」になったものもあります。「臣」は大きな瞳《ひとみ》のことです【→［臣］】。ですからこの「望」は、つま先立って遠くを望み見る人です。「眉」や「媚《び》」の説明のところで、「目」で見ることには呪術《じゅじゅつ》的な力があることを紹介しましたが、この「望」にも呪《まじな》いの力が表現されています。

つま先立って大きな瞳で遠方を望み見ることは、「目」の呪術的な力で敵《てき》を抑《おさ》え込《こ》み、服従《ふくじゅう》させる行為《こうい》だったのです。古代中国には、そのような「望」の文化がありました。そのことから「のぞむ」という意味になったのです。さらに「ねがう」という意味にもなりました。

白川静さんの字書『常用字解《じょうようじかい》』の「望」の項《こう》には、甲骨《こうこつ》文字で書かれた文章に「望乗《ぼうじょう》」という一族の名前が出てきます。軍隊に従《したが》っている一族ですが、目の呪術的な力によって敵状を知り、敵を服従させることが仕事だったのだろうと、白川静さんは考えています。

次は「臣」の系列《けいれつ》文字の説明から外れますが、一緒《いっしょ》に覚えておくといい「民」という字です。「民」の古代文字を見てください。これは瞳を刺《さ》している字形です。瞳を突《つ》き刺して視力《しりょく》を失った人を「民」といい、神への奉仕者《ほうししゃ》とされたのです。

イラスト欄《らん》の一番上の部分に「臣」の古代文字とイラストをかいておきました。前にも説明しましたが、この「臣」も視力を失い、神へ仕える者です。ですから「臣民」と呼《よ》ばれる、「臣」も「民」も、いずれも視力を失った人たちのことだったのです。紹介したように、視力を失った「民」は元は神に仕える者でしたが、それが後に「たみ、ひと」の意味となりました。

また視力を失った人の目は眠《ねむ》るように見えるので「眠《みん》」の字ができて「ねむる」の意味になりました。昔は「瞑《めい》」を「眠」の正字としたので、古代文字は「瞑」の字形になっています。

古代文字

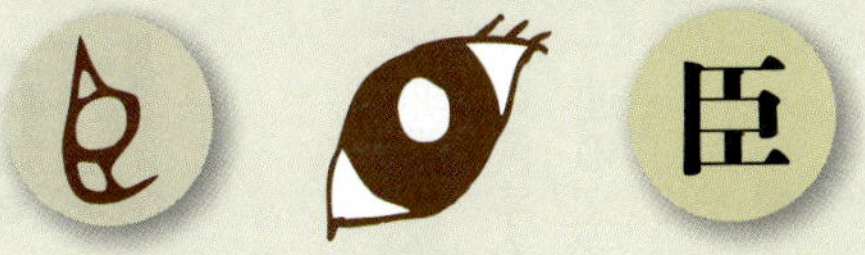

古代の日本でも天皇《てんのう》が高い所に登り、国土を望む国見《くにみ》の儀礼《ぎれい》があった。農業の豊作を祈《いの》る儀式だが、目で見ることの呪いの力が信じられていた

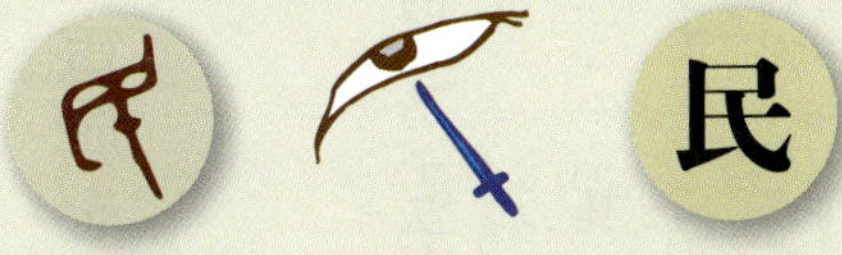

【つながる漢字】

臣・望(望)(朢=異)・民・眠・壬

旗

音 キ
訓 はた

四角い軍旗をつけた旗竿《はたざお》

共通した方形のもの

漢字は非常に論理的《ろんり》にできている文字です。その論理的な造字法が、最もシンプルに発揮《はっき》された一連の漢字を紹介《しょうかい》しましょう。

その一連の文字群の最初の漢字は「其《その》」という字です。この「其」をふくむ文字の多くには「四角形のもの、方形のもの」という共通した意味があります。この項《こう》と次の「期」の項を読み、そこから漢字の体系的《たいけい》な成り立ちが理解できると、目から鱗《うろこ》が落ちますよ。

現代では「その」と読む「其」は穀類《こくるい》をあおって殻《から》や塵《ちり》を分け除《のぞ》く農具「箕《み》」の元の字です。古代文字を見てください。古代文字の上部の形が「箕」の部分です。その下に物置台である「丌《き》」を加えたのが「其」です。つまり、農具の「箕」を物置台の上に置いているのが、「其」という漢字です。この「其」が「その」などの代名詞《だいめいし》にも用いられるようになり、「箕」が竹を編んで作ることが多いので、「其」に「竹」を加えて「箕」という文字ができたのです。また「箕」には四角形の「ちりとり」の意味もあります。

さてそこで、もう一度「其」にもどり、古代文字の「其」の上の部分の形やイラストを見てください。これが四角い形体をしているので、「其」をふくむ文字の多くに共通して四角形の意味があるのです。

では幾《いく》つか「其」をふくむ漢字を紹介しましょう。四角形を表す「其」で、一番わかりやすい文字は「棋《き》」でしょう。これは「木」と「其」を合わせた字形。つまり「木製の四角形のもの」ですから、将棋盤《しょうぎばん》の意味です。でも今の日本の将棋とは少し異《こと》なるようです。「棋」の古代文字は「棊」という字形をしていますが、この「棊」は「棋」の異体字《いたいじ》で、同じ文字です。

「棋」は元々は「将棋盤」だけでなく、「囲碁《いご》盤」も意味していましたが、後に分化して「碁」の字が作られ、「囲碁」の意味に使われるようになりました。日本へは、遣唐使《けんとうし》だった吉備真備《きびのまきび》が「碁」をもたらしたなど、諸説《しょせつ》あるようです。

もう一つ紹介すると、「旗」という文字です。「旗」の「其」を除いた部分の「㫃」（㫃《えん》）は吹《ふ》き流しをつけた旗竿《はたざお》のことです。それに四角い軍旗をつけたものが「はた」なのです。

戦いの際には旗を使って、軍を指揮したので、本陣《ほんじん》、本営のことを旗下という。将軍《しょうぐん》の旗の下という意味

【つながる漢字】

其・箕・旗・棋（棊=異）・碁・㫃

【期】

音　キ・ゴ
訓　とき・あう

時間を四角形の升《ます》ではかる

怖《こわ》い鬼《おに》の面を被《かぶ》って驚かす

［旗］の項《こう》でも説明したように、農具の「箕《み》」の元の字形「其《その》」をふくむ字には四角形の意味があります。この項《こう》もその続きです。でも単純《たんじゅん》に四角の形のものから、少し精神《せいしん》的、抽象《ちゅうしょう》的な四角形のものに意味を広げていった文字の紹介《しょうかい》です。

最初は「倛《き》」という字です。これは日常あまり使う漢字ではないので、まずは理解するだけで十分です。

節分行事のルーツで追儺《ついな》（鬼《おに》やらい）という宮中行事があります。大みそかの夜に悪い鬼を祓《はら》い、疫病《えきびょう》を除《のぞ》く儀式《ぎしき》です。鬼を祓う役の人を方相氏《ほうそうし》といいますが、その方相氏が四角形の四つ目の怖《こわ》い鬼面《きめん》をつけて、悪鬼《あっき》を祓うのです。

さて「倛」は方相氏が追儺の際に被《かぶ》る四角い鬼の面のことです。怖い面を被り、人を驚《おどろ》かせてあざむくので「あざむく」の意味があります。中国の思想家・孔子《こうし》（紀元前五五一～前四七九年）の顔は「蒙倛《もうき》の如《ごと》し」と記されています。「蒙倛」は追儺の際の四角い面のことです。孔子は角張った顔の人だったようです。

「詐欺《さぎ》」の「欺」にも「其」がふくまれていますね。「欠」は人が口を開いて言葉を発したり、歌ったりしている姿《すがた》です【→［観］［歌］】。「欺」は四角い怖い鬼面を被り、相手を驚かせていつわり、「あざむく」意味の字です。怖い面を被り相手を欺《あざむ》く行為《こうい》は、もともと神に関する儀《ぎ》式《しき》でしたが、今は人を欺く意味に使われています。

「基」は「其」と「土」を合わせた字です。「其」には四角形の意味から、台座《だいざ》の意味があります。そこから土で建物の基壇《きだん》、基礎《きそ》を築くことを「基」というのです。

最後は「一学期」などの「期」です。この「其」の四角形は少し抽象的なものです。「其」には四角形の意味から発して「一定の大きさのもの」の意味があります。そこから「時間の一定の大きさ」を「期」といいます。「時間を四角形の升《ます》」で、はかっていく感じの文字です。

現在の「期」は「月」（月の形の象形文字）の運行で時間を計算、はかる字形ですが、古い字形には「月」の代わりに「日」（太陽の形の象形文字）を「其」に加えた文字もあります。

古代文字の中には「 」のように「其」の字形の上に「◉」、つまり「日」を加えた字形もある。この場合、太陽の運行で時間をはかる意味の文字になっている

【つながる漢字】

其・倛・欺・基・期（期）・月（月）・日

善

音　ゼン
訓　よい・ただしい

羊を差し出して神の裁《さば》きを受ける原告と被告《ひこく》

双方《そうほう》の主張を詳《くわ》しく調べる

「善《ぜん》」という漢字、「義」という漢字、「美」という漢字。これらにみな「羊」の字形が入っています。わかりますか？「最善」「正義」「優美《ゆうび》」などの熟語《じゅくご》を並《なら》べてみれば、「羊」をふくんだ漢字には特別な価値観《かちかん》が潜《ひそ》んでいることが理解できると思います。

その羊が神への生け贄《にえ》として最高のものであり、古代中国ではこの羊を神に差し出して争い事を裁《さば》く「羊神判《ようしんぱん》」というものが行われるほどの動物だったからなのです。

それゆえに「羊」の字形をふくんだ漢字はたくさんあります。何項《なんこう》かにわたって羊の関連文字を紹介《しょうかい》しましょう。

「羊」は羊の上半身を正面からかいた象形文字です。この羊を用いた羊神判の様子をそのまま表している漢字が「善」です。それは「善」の元の字形「譱」を見ればよくわかります。

「譱」は「羊」をはさんで左右に「言」の文字が並んでいます。これは争い事の当事者である原告と被告《ひこく》の双方《そうほう》が「羊」を神の前に差し出して、それぞれの主張を述べている文字なのです。もともとは「善」は裁判《さいばん》用語の文字でした。

このように行われる羊神判で、神の意思にかなうことが「善」となり「ただしい、よい」の意味となったのです。

その羊神判の際には、原告・被告の主張する言葉を詳《くわ》しく調べました。そこから生まれた漢字が「詳《しょう》」で、「くわしい」の意味となりました。

「祥《しょう》」という字は、その羊神判の吉凶《きっきょう》の予兆のことです。「さいわい」など、吉祥の意味で使われることが多いのですが、悪い妖祥《ようしょう》の意味にも使われました。

最後にもう一つ。羊の字形をふくんでいませんが、羊神判関係の文字に「慶《けい》」があります。これは「廌《たい》」という字に「心」を加えた文字です。

「廌」は羊に似た伝説上の動物です。悪者に触《ふ》れて、悪いことを正す力があったようです。この廌を神の前に差し出して神判を受け、勝訴《しょうそ》した者は廌に「心」の字形の文身《ぶんしん》（入れ墨《ずみ》）を加えて、慶《よろこ》んだので「よろこび」の意味となったのです。

古代文字

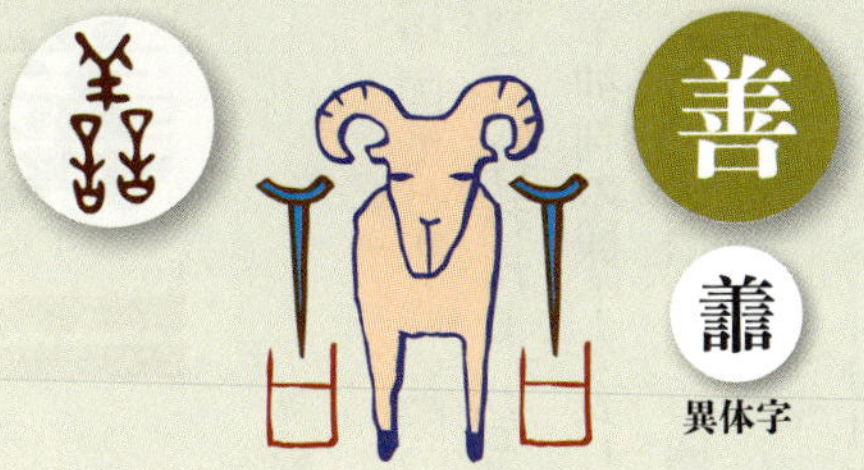

「譱」の左右の「言」は神への祈《いの》りの言葉を入れる器「𠙵」（サイ）の上に、入れ墨用の針を置き、神への約束を守らない場合は入れ墨の刑《けい》を受けると誓《ちか》う原告・被告の言葉

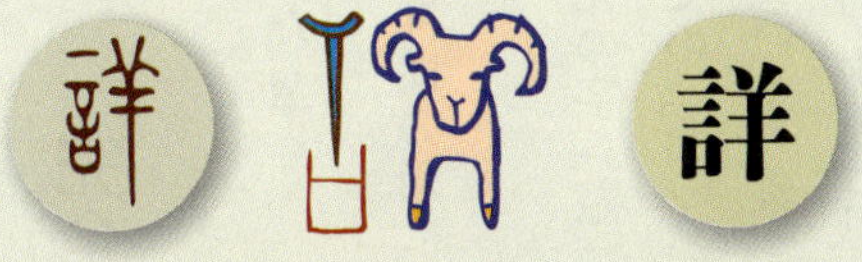

【つながる漢字】𠙵

羊・善（譱＝異）・詳・祥（祥）・慶

【義】

音　ギ
訓　ただしい・よい

完全な犠牲《ぎせい》であることを証明

鋸《のこぎり》で切断された羊

古代中国では訴訟《そしょう》の際、原告被告双方《ひこくそうほう》が神様の前に「羊」を差し出し、神の裁《さば》きを受ける「羊神判《ようしんぱん》」が行われました。

この羊神判の様子を表した字が「善《ぜん》」の元の字「譱」です。このことを前項《ぜんこう》の［善］で説明しましたが、本項も神に捧《ささ》げる生け贄《にえ》としての「羊」の紹介《しょうかい》です。

まずは「正義」「義理」の言葉に使われている「義」です。これは「羊」と「我《が》」を合わせた字です。「我」の部分は古代文字が理解しやすいと思いますが、「羊」の下部に加えられているのは「鋸《のこぎり》」の形です。

つまり「羊」を鋸で二つに切って神への犠牲《ぎせい》にする字が「義」です。なぜせっかくの生け贄《にえ》を切断してしまうのでしょう。それは毛並《けな》み、角の他に内臓《ないぞう》もふくめ、すべて完全な犠牲であることを証明するためです。まったく欠陥《けっかん》がない正しい犠牲のことを「義」といい、「ただしい、よい」の意味となったのです。

「儀式《ぎしき》」「儀礼」の「儀」は「義」に「亻《にんべん》」（人）を加えた字形です。「義」は神に犠牲として供《そな》えた羊が完全で「ただしい」ものであることです。そんな羊を供えて神に仕える人の礼儀作法にかなったおごそかな姿《すがた》を「儀」というのです。そこから「ようす、ただしい」の意味となりました。

次は「議」です。「議」は論《ろん》じはかること。「義」が神に捧げた「羊」であるように、もともと「議」は「神にはかる」ことでした。そこから正しい道理を求めて論じはかることの意味になりました。

最後は「犠牲」の「犠」です。まず旧字「犧」を見てください。右側は「義」の下に「丂」を加えた「羲」です。この「羲」の「丂」の部分は鋸で切断された羊の後ろ脚《あし》がぶらぶらと垂《た》れている姿です。

犠牲になった羊の姿をリアルに表した字が「羲」で「犠」の元の字形です。もう一つ重要な犠牲である「牛」を加えて、「犠《いけにえ》」を表す文字となったのです。

古代文字

もともとの「義」は犠牲となった「羊」を表す文字。「犠」のほうは「牛」などの他の動物の犠牲をふくめていう際の文字

【つながる漢字】

羊・我・義・儀・議・犠（犧）

達

訓 音 タツ
とおる・およぶ

成熟《せいじゅく》した牝《め》羊《ひつじ》の美しさ

滑《すべ》るように生まれる子羊

「美」の中にも「羊」がいます。「羊」は羊の上半身を正面から見た姿《すがた》ですが、「美」は「羊」の全身の姿です。後ろ脚《あし》までふくんだ羊の姿を上から見た形なのです。

その「美」の「大」の部分は牝羊《めひつじ》の腰《こし》の形のことで、成熟《せいじゅく》した羊の美しさを「美」といいました。後にすべての美しいものの意味になりました。

他にも「羊」関係の文字はたくさんあります。

まず「達」について説明しましょう。「達」は「辶」（しんにゅう）と「土」と「羊」でできています。「土」の部分はもともとは「大」で、「羊」と合わせて「羍《たつ》」という字の変形です。「大」は説明したように牝羊の腰の形。つまり、牝羊から子羊が生まれ落ちる姿の字が「羍」なのです。

子羊が勢いよく滑《すべ》るように生まれる「羍」に道を行く意味の「辶」を加え、滞《とどこお》りなく行くことを「達」と書き、「とおる」の意味となりました。

次は「群」です。これはちょっとまわりくどいですが、少しがまんして読んでください。

「麇《のろ》」という小型の鹿がいます。この「麇」は群れをなして集まる習性があります。その「麇」の音読みは「クン」で、「君」と同音ゆえに、意味が通じて「君」にも「群をなして集まる」という意味があるのです。

さらに「羊」も群れを作り行動する習性があるので、「君」と「羊」を合わせて「群」ができました。その「むらがる」の意味が人のことに広がり「群衆《ぐんしゅう》」などの言葉にも使われるようになりました。

最後は「鮮《せん》」です。この字の「羊」の部分は「羊」を三つ書いた「羴《せん》」の省略形です。これは「羊」の独特のにおいのこと。同様に「魚」の部分も魚を三つ書いた「鱻《せん》」の省略形で、やはり「魚」独特のにおいのことです。「鱻」と「羴」を合わせた文字を考えると、においが強く伝わってくる感覚があります。新鮮なものは独特のにおいがあるものです。そこから「鮮」が「あたらしい、あざやか」の意味となりました。

古代文字

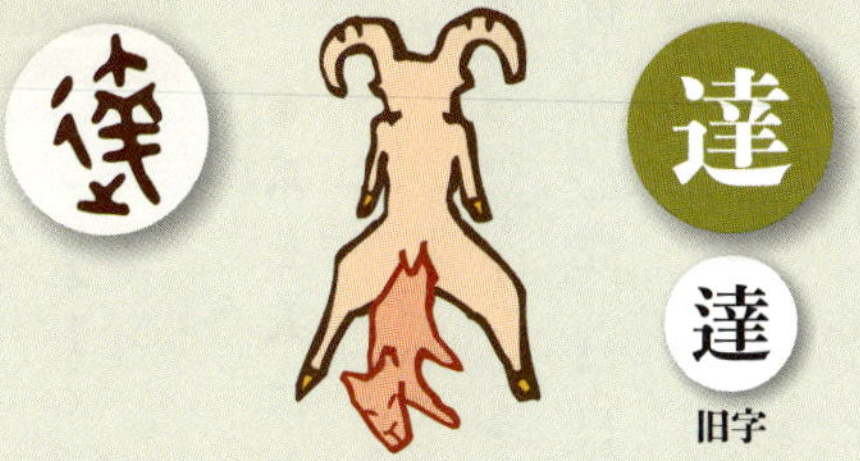

「達」の「羍」と「幸」はまぎらわしい。「幸」は罪人の両手にはめる手かせのことなので上下が対称《たいしょう》形の字形。「達」は「羊」に関係した文字であることを知れば間違《まちが》わない

【つながる漢字】

羊・美・達（達）・群・鮮

【号】

音　ゴウ
訓　さけぶ・なく

爪《つめ》を人にかけてしいたげる

大声をあげて神に祈《いの》る

「犬」「隹《ふるとり》」「羊」など動物について紹介《しょうかい》してきたので、ここで漢字に登場する他の動物で皆《みな》が知っているものを幾《いく》つか挙げておきましょう。

まず「虎《とら》」の関係です。「虎」は古代文字を見てもらえばわかりますが、虎の形をそのまま字にした象形文字です。

この「虎」をふくんだ字は「虎」のそのままの字のものと、虎の頭で虎を表す「虍」（とらがしら）とがあります。まず「虎」をそのまま使用した字から紹介しましょう。最初は「虎」に「彡《さん》」を加えた「彪《ひょう》」から。

「彡」は色彩《しきさい》や形の美しさや輝《かがや》きを示す記号的な文字です。「彪」は「虎」の文様の美しいさまを表した漢字です。「まだら、あや、あきらか」の意味があります。

もう一つ「虎」の関連字を紹介すると、「号」がそうです。でもこれは旧字「號」で初めて「虎」との関係がわかります。

その偏《へん》（文字の左側）である「号」の「口」は神への祈《いの》りの言葉を入れた器「𠙵」（サイ）のこと。「丂《こう》」は、この場合「木の枝」のことです。「号」は木の枝で「𠙵」（サイ）を打ち、大声をあげて神に祈る意味の字です。神に大きな声で泣き叫《さけ》びながら祈る様子が、虎のほえ叫ぶ姿《すがた》に似ているので、それにたとえて「虎」が加えられたのです。厳密《げんみつ》には「號」と「号」とは異《こと》なる文字ですが、今は「號」の常用漢字体に「号」を使っています。

最後に虎の頭「虍」の関連字を紹介しましょう。それは「虐《ぎゃく》」です。

「虐」は今の字では「虍」と「ヨ」の左右逆にした形「E」を合わせた文字です。でも旧字をイラスト部分に記しておきましたが、それは「ヨ」の真ん中の横棒《よこぼう》が突《つ》き出た「⺕」の左右が逆の形「E」です。これは「手」の形で、虎の手の爪《つめ》を表しています。

古代文字をよく見てください。中央下部に右にかかれた「人」（⺆）の字形に左から爪のついた虎の手（ヒ）が加えられているのがわかりますか？　虎が爪を人にかけているので、人が危険《きけん》に遭《あ》う意味となり、「しいたげる」意味になりました。

古代文字

虎がほえるように大声で泣き叫び神に祈るのが「号」。つまり「号泣《ごうきゅう》」は大声で泣き叫ぶこと。「号令」は大声で命令することだ

【つながる漢字】⊎

虎・彪・号（號）・虐（虐）

劇

音　ゲキ
訓　はげしい

神の前で戦争の勝利を祈《いの》る

虎《とら》の姿《すがた》の人を討伐《とうばつ》する儀式《ぎしき》

「劇《げき》」と「戯《ぎ》」、パッと見て、何となく似ていませんか？　この二つの文字が似た印象を与《あた》えるのは両方に「虍」（とらがしら）の字形がふくまれているからです。また「劇」の旁《つくり》（文字の右側）の「刂《りっとう》」は刀、「戯」の旁の「戈《ほこ》」は剣《けん》に柄《え》をつけた武器。これも似てますね。

まず「劇」から説明しましょう。この「虍」と「豕《し》」を合わせた偏《へん》（文字の左側）の部分は虎の頭を持つ獣《けもの》の形です。虎の頭の被《かぶ》り物を着けて奮迅《ふんじん》する人のことで、その人に「刂」（刀）で立ち向かう様子を文字にしたものです。

古代中国では、戦う前に神前で虎の姿《すがた》で暴れる者を刀で討伐《とうばつ》する儀式《ぎしき》が行われました。戦争の勝利を祈《いの》る儀式で、虎の姿の人の動きや討伐する動作が劇《はげ》しいので「はげしい」の意味になりました。

次は「戯」です。その旧字「戲」は「虍」「豆」「戈」を合わせた字です。「豆」は脚部《きゃくぶ》の高い器で、「戲」の偏は脚の高い器の形の腰掛《こしか》けに虎頭の人が座《すわ》る姿。それを後ろから「戈」で撃《う》つ形が「戯」です。これも神前で戦勝を祈る儀礼の一つです。その姿が、戯《たわむ》れ、からかうしぐさに似ているので「たわむれる」の意味となったのです。

夏目漱石《なつめそうせき》『虞美人草《ぐびじんそう》』の題名にある「虞」も似たような漢字です。「虞」の「呉《ご》」の「口」は神への祈りの言葉である祝詞《のりと》を入れた器「𠙵」（サイ）です。「呉」はこの「𠙵」（サイ）を掲《かか》げ踊《おど》る巫女《みこ》さんの姿です。その巫女さんが虎の被り物「虍」をして踊るのが「虞」です。そうやって神意を「はかる」の意味となり、神威《しんい》をおそれるので「おそれる」意味となりました【→［誤］】。

最後は「処《しょ》」です。これは旧字「處」を見てください。この「處」は「虍」と「処」を合わせた形をしていますが、古代文字を見ると「虎」と「几《き》」を合わせた字形です。

「几」は腰掛《こしか》けです。「虎」の格好をした人が「几」に腰掛けている姿です。戦勝祈願《きがん》の「劇」や「戯」の際、虎の姿の人がいかめしく腰掛けている「処」なので「ところ、おるところ」の意味となりました。

古代文字

戦勝を祈る儀式の劇的しぐさが演劇の始まり。「演劇」も「戯曲」も芝居《しばい》に関係した言葉。 芝居を意味する「戯劇」という言葉もある

【つながる漢字】

劇・戯（戲）・虞（虞）・処（處）

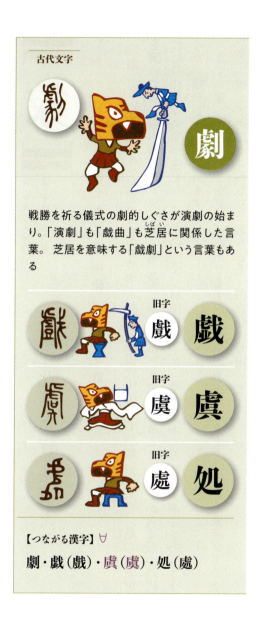

象

音 ショウ・ゾウ
訓 ぞう・かたち

長江《ちょうこう》北岸に生息していた

土木工事に使い宮《きゅう》殿《でん》を造る

「象」といえば、インドとアフリカですよね。でも古代中国にも象はいました。亀《かめ》の甲《こう》などを焼いて占《うらな》う際の言葉「卜辞《ぼくじ》」に「象を隻《え》（獲）んか」と書いてあるそうですから、殷《いん》の時代には長江《ちょうこう》北岸に象が生息していたのです。日頃《ひごろ》使う字に「象」をふくんでいる漢字もありますので、紹介《しょうかい》したいと思います。

まず「象」は古代文字を見ればわかりますが、動物の象をそのまま文字にした象形文字です。「像」「様」に通じて「かたち、ありさま」の意味にも用います。

この「象」をふくんでいる文字で、日頃は気が付かずに使っている漢字が「為《い》」です。「象」と「為」、正直いってあまり似ていませんよね。でも「為」の古代文字をよく見てください。「象」の古代文字とそっくりです。

「為」の古代文字の象の鼻の先に少し曲がった「十」みたいな字形がかかれています。これは人間の手です。

つまり「象」の鼻先に手を加え、使役している姿《すがた》を文字にしたのが「為」なのです。三千年以上前の殷の時代には、人間が象を使役して土木工事を行い、宮殿《きゅうでん》などを造りました。そこから「なす」という意味の「為」が生まれたのです。

また「予定」「予告」などの言葉に使われる「予」も旧字「豫」を見れば「象」の関連文字

と考えられます。象をつないで、その象によって将来《しょうらい》のことを占う意味ではないかと白川静さんは考えていました。将来《しょうらい》を占う行為から「あらかじめ、かねて」の意味となったと考えられますが、「そのことを今は確かめることができない」と白川静さんは字書『常用字解《じょうようじかい》』に書いています。

なお「豫」とは別の「予」があります。それは織物に使う用具「杼《ひ》」を意味する「予」です。

他にも「象」の字形をふくむ漢字には「像」があります。この「像」は「様」と通じる音「ヨウ」を持っているので、「様子（形式、かた、手本）、かたち、すがた」の意味となったようです。

古代文字

「象」は「象徴《しょうちょう》」の意味にも使われるが、これは「祥《しょう》」と音が同じことから意味が通じたもののようだ

【つながる漢字】

象・為（爲）・予（豫）・像

力

音　リョク・リキ
訓　ちから・すき・つとめる

土地を耕す農具・鋤《すき》の形

農耕社会だった古代中国

「犬」や「羊」、また「牛」「虎《とら》」「象」など、漢字にはたくさんの動物が出てくるので、古代中国は狩猟《しゅりょう》で生活していた社会だった思う人も多いかもしれません。でも古代中国は農耕社会でした。これから何項《なんこう》か、農業に関係する漢字を紹介《しょうかい》したいと思います。

その農耕に関する字で、最も基本的な漢字は「力」です。「力」の古代文字を見てください。これは土地を耕す農具の「鋤《すき》」をそのまま漢字にしたものです。鋤で土地を耕すには「ちから」が必要でした。そこで「力」の字が生まれたのです。

漢字には実に多くの「力」をふくんだ字があります。まずは「男」から説明しましょう。「男」は「田」と「力」を合わせた字で「田」を耕作することです。もともとこの「男」は農作業の管理者を意味する文字でした。

領地を支配する諸侯《しょこう》の称号《しょうごう》に男爵《だんしゃく》というものがあります。公爵《こうしゃく》、侯爵《こうしゃく》、伯爵《はくしゃく》、子爵《ししゃく》、男爵の五段階《だんかい》の最下位の称号ですが、この男爵とは農作業の管理者に与《あた》えられるものでした。それが農作業する「おとこ」の意味になっていったのです。

次は「加」です。これは「力」と「口」を合わせた文字。「口」は繰《く》り返し説明していますが、神様への祈《いの》りの言葉である祝詞《のりと》を入れる器「𠙵」（サイ）のことです。お祓《はら》いのために鋤に祝詞を加えたのです。そこから「くわえる」意味になりました。

古代中国では農具を清めてから、農作業を始めないと、虫が発生して作物が食べられてしまうと信じられていたからです。

この「加」にさらに「貝」を加えたのが「賀」です。この貝は「子安貝《こやすがい》」で、生産を高める力があると考えられていました。生産力を増すために神への祈りの言葉である祝詞に加え、さらに子安貝を加えて農作物の豊作を祈ったのです。「賀」はもともとは農作物への儀礼《ぎれい》の文字でしたが、後にすべての生命や生産に対して、祈り、祝うことを示す意味になりました。安産のお守りでもある子安貝の「貝」と農耕を表す「力」が「賀」にふくまれていることから、人の誕生《たんじょう》と作物の生産が関連づけて考えられていたこともわかるかと思います【→「始」】。

古代文字

「力」関連の文字の多さを理解すると、古代中国につながる漢字文化圏《ぶんかけん》に生きてきた日本の社会も農耕社会であったことをつくづくと感じるはず

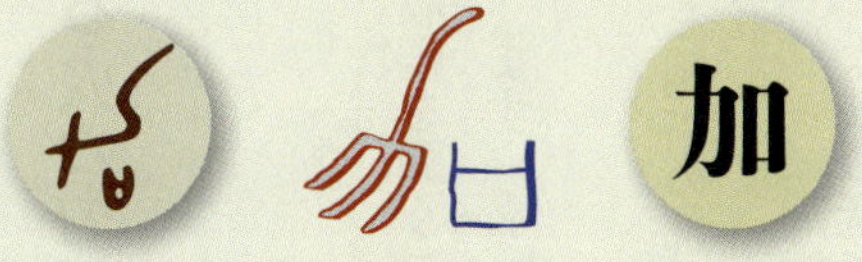

【つながる漢字】

力・男・加・賀

【労】

音　ロウ
訓　つとめる・つかれる・ねぎらう・いたわる

聖《せい》なる火の力で鋤《すき》を清める

太《たい》鼓《こ》をたたいてお祓《はら》い

農耕社会だった古代中国では虫害を防ぎ、やすらかな収穫《しゅうかく》を願うことが非常に大切なことでした。いろいろな方法で虫害を防ぐ儀式《ぎしき》をしていました。まず「嘉《か》」という字を紹介《しょうかい》しながら、それを説明しましょう。

この「嘉」は「加」の上に太鼓《たいこ》の「鼓」の偏《へん》（文字の左側）の部分をのせた字。「加」は農具の鋤《すき》を表す字形「力」に、神への祈《いの》りの言葉である祝詞《のりと》を入れた器「𠙵」（サイ）を加えた文字【→［力］】。それにさらに太鼓の音を加えたのです。太鼓の音で大切な農具に悪い虫が付かぬようにお祓《はら》いをするのです。虫が付かないので「よい」の意味になりました。

「静」も鋤を清める字です。現在の字形では鋤を表す「力」との関連性はわかりにくいので、古代文字を見てください。

一番下の小さいフォーク状の字形は「手」を表しています。下から右上に伸《の》びているのが鋤。それを「手」で持っているのです。つまり「争」の部分は手で鋤を持つ形です。

そして「青」は青丹《あおに》から作る青色の絵の具で、器物を祓い清めるのに使われました。大切な農具を青色の絵の具で清め、収穫のやすらかなことを祈《いの》ったので「静」は「やすらか、しずか」の意味になりました。

「労」（勞）も鋤を清める文字ですが、その前に「栄」について述べたいと思います。

「栄」の旧字「榮」を見てください。「冖」に「火」を二つのせた形は松明《たいまつ》を組み合わせた篝火《かがりび》です。「火」は燃えあがる火の形。それに「木」を加えた「榮」は篝火が明るく燃えさかるさまのことです。その意味を人に及ぼして、「ほまれ、さかえ」の意味に用います。

そこで「労」（勞）に戻《もど》ってください。字形上部は松明を組み合わせた篝火です。その聖《せい》なる火で「力」（耡）を清める儀式を「勞」といいました。

もともと「勞」は神が「ねぎらう、いたわる」意味でしたが、次第に「勤労《きんろう》」のように「つとめる、はたらく」の意味となり、さらに働くので「つかれる、くるしむ」などの意味となりました。

古代文字

「労力」や「勤労」の文字のすべてに「力」の字形がある。いかに農耕と結びついた社会であったかがよくわかる

【つながる漢字】∀

力・嘉・静（靜）・栄（榮）・労（勞）・火

努

音　ド・ヌ
訓　つとめる

● 労働に関係した字が多い

奴隷《どれい》が農耕に努める

農具の鋤《すき》を表す「力」の関連字について説明してきましたが、日常使う漢字の中には、まだまだたくさんの「力」関係の文字があります。

しかも鋤は農作業に使う道具ですから、労働に関するものがほとんど。働くことはいつの時代もたいへんなことですが、昔は機械化はまったくありませんので、人間の力のみが頼《たよ》りです。したがって紹介《しょうかい》する文字も結構、たいへんな内容を持ったものが多いのです。

まずは「動」の紹介から。この字の偏《へん》（文字の左側）は現在の字形では「重」ですが、元は「童」に従《したが》う文字でした。「童」は以前にも説明しましたが、目の上に入れ墨《ずみ》をした人の意味で、犯罪を犯して刑罰《けいばつ》を受けている者、または奴隷《どれい》的身分の人のことです【→［章］】。

その「童」（重）に「力」（鋤《すき》）を加えた「動」は農耕に従事《じゅうじ》することです。そこから体を「うごかす、うごく」の意味となりました。でも元来は「童」に従う字でしたから、もともとは奴隷的な召使《めしつか》いが農耕に従事する意味があります。

現在は「はたらく」意味の字には「動」に「人」（亻《にんべん》）を加えた「働」を使っていますが、これは日本で生まれた文字です。でも中国に逆輸入されて、中国でも「はたらく」意味に使われています。

「努力」という言葉の両文字にも「力」があります。ほんとうに「力」が漢字には多いですね。

その「努」は「奴」と「力」でできた文字ですが、まず「奴」について説明したいと思います。「奴」は「女」に「又《また》」を加えた文字。「又」は手を表す形です【→「友」】。つまり「奴」は「女」を「手」で捕《つか》まえて奴隷にすることです。ですから「奴」の意味には「めしつかい、しもべ、やっこ」などがあります。

その「奴」に「力」（鋤）を加えて、農奴が農耕に努めることを意味する漢字が「努」なのです。そのことから、農耕に限らずすべてのことに「つとめる、はげむ」意味となっていきました。

古代文字

「怒《いかる》」「弩《ど》」（おお弓）など「奴」をふくむ字には激しく勢いが強い意味がある。「努」の古代の農作業も激しく強い力が必要なものだった

【つながる漢字】

力・動・働・奴・努・怒・弩

勉

音　ベン
訓　つとめる・はげます

俛《ふ》す姿《し》勢《せい》で農作業つとめる

硬《かた》い石が多い土地を耕す

「労力」「努力」など「力」をふくむ熟語《じゅくご》はどうも意味が重たいものが多く、紹介《しょうかい》していても少し気分がめいってきます。本項《ほんこう》で説明する「勤勉《きんべん》」という熟語を構成する二つの漢字にも「力」がふくまれていて、その意味も軽いものではないのです。

でもともかく、まず「勉」のほうから説明しましょう。「勉」は「免《めん》」と「力」を合わせた字形。「免」は子どもを産む「分娩《ぶんべん》」の意味と、「冑《かぶと》を免《ぬ》ぐ」という二つの意味があります。この「勉」の「免」の場合は「分娩」の意味のほうです。

「力」は農具の鋤《すき》のこと。「免」は分娩と同様に「俛《ふ》す」姿勢《しせい》のことで、農耕作業の時と似ている姿勢なのです。そこから農作業に「つとめる」ことを「勉」というようになりました。

「勤勉」の「勤」の旧字「勤」は「堇《きん》」と「力」を合わせた字形です。「堇」は日照り続きで、雨を降《ふ》らすために、巫祝《ふしゅく》（神に仕える人）が自分の体を燃やして祈《いの》り、降雨《こうう》を願う姿《すがた》です。非常に怖《こわ》い漢字ですが、日照りと飢饉《ききん》を表している文字と考えてください【→「謹」】。

それに「力」を加えた「勤（勤）」は、飢饉にならないように農耕に励《はげ》み努力するのが、元来の「つとめる」の意味です。

その農耕に励む「励《れい》」にも「力」がありますね。「励」の旧字「勵」の偏《へん》（文字の左側）の「厲《れい》」は「礪《れい》」のことで、非常に硬《かた》い石のことです。つまり硬い石が多い土地を「力」で耕す文字が「励」です。硬い石が多い土地を農具の鋤（力）を使って耕すことには非常に苦労が多いので「はげむ」意味となりました。

「義務」の「務」にも「力」があります。これは「敄《む》」と「力」を合わせた字です。その「敄」は「矛《ほこ》」と「攵《ぼく》」でできています。「攵」は、元は「攴」の字形で、「卜《ぼく》」は木の枝（または鞭《むち》）、「又《また》」は手のことです。つまり「攵」（攴）は何か道具を持って相手を打つ文字です【→［正］】。「敄」の場合、「矛」を上げて人に迫《せま》り、人を使いこなす意味です。「力」は鋤のことですから、「矛」を持って人に迫って、農耕に「つとめ」させるというのが「務」のもともとの意味だったのです。

古代文字

「勉強」（努力すること）は学校や家庭で学ぶことの意味のようになっているが、もともとは「農耕につとめる」という意味の言葉だった

【つながる漢字】

勉（勉）・勤（勤）・励（勵）・務・免（免）・娩・俛・攴（=攵）

勝

音　ショウ
訓　かつ・まさる

始《し》皇《こう》帝《てい》が読み間《ま》違《ちが》う

捧《ささ》げ物を贈《おく》り農事の吉凶《きっきょう》を占《うらな》う

この項《こう》で農具の鋤《すき》を表す「力」の関連字は最後です。以前、鳥占《とりうらな》いの関係文字の紹介《しょうかい》の時にも挙げましたが、「勧《かん》」の説明から始めたいと思います【→［観］】。

「勧」の旧字「勸」の「雚《かん》」は「鸛《かん》」のことで、コウノトリです。「雚」の前に「力」（鋤）を置き、その年の豊作か凶作《きょうさく》かを鳥で占ったのです。こうして神の意思をきいて農作業を進めるので「すすめる」意味となり、神意に従《したが》ってやるので「つとめる」意味になりました。

「劣《れつ》」はこれまでの説明で類推《るいすい》できるかと思います。「少」は農作物の収穫《しゅうかく》が少ないこと。「力」は農具の鋤です。ですから「劣《おと》る」とは農耕の耕作力が「おとる」意味でした。

次に「勝」という字を紹介したいと思います。これは「朕」と「力」を合わせた字形です。

「朕」は「よう」と読みます。偏《へん》（文字の左側）の「月」は「舟《ふね》」を示す「ふなづき」で盤《ばん》のことです。旁《つくり》（文字の右側）の「关」（灷）は両手でものを捧《ささ》げ持つ字形です。つまり「朕」は盤の中に何かを入れて両手で捧げ、それを贈《おく》ることです。

この「朕」に「力」を加えた字が「勝」です。これは農事を始める際に盤中に神への捧げ物を入れて、「力」（鋤）に加えて祭り、農事の吉《きち》か凶かを占った文字なのです。そして神からよい結果としての「吉」を得るのを「勝」といったのです。

さて「朕」は辞書に「ちん」の音で出ていることが多い文字です。この字を天子の自称《じしょう》の言葉として使ったのは秦《しん》の始皇帝《しこうてい》に始まります。でも説明したように白川静さんの説では「朕」の音は「よう」です。確かに「朕《よう》」と「勝《しょう》」「謄《とう》」「騰《とう》」などは似た音ですが、「ちん」ではずいぶん異《こと》なった音です。

白川静さんは「眹《ちん》」（きざし）の字と、始皇帝が読み間違《まちが》ってしまったのだろうと述べています。偏が「月」と「目」で似ているので、同じ音と思いこんでしまったようなのです。始皇帝が初めて中国を統一したのは、漢字の発明から千年後。漢字の読みが、すでに不正確になっていたということですね。以来ずっと読み間違ったまま天子が自称の言葉として用いてきたということのようです。

古代文字

「戸籍謄本《こせきとうほん》」などの「謄」は「朕」に「言」を加えた字。約束の文書の副本を作って贈ることを「謄」という

【つながる漢字】

勧（勸）・劣・朕（朕）・勝（勝）・謄（謄）

【女】

音　ジョ・ニョ・ニョウ
訓　おんな・め・むすめ・めあわす・なんじ

ひざまずく女性の姿《すがた》

根《こん》拠《きょ》のない偏《へん》見《けん》正す

「力」という字は農具の鋤《すき》の形です。その鋤で「田」を耕作することから「男」の字ができました【↓［力］】。では「女」は何でしょうか。これから何項《なんこう》か、女性に関する漢字を紹介《しょうかい》していきたいと思います。

その「女」という字は手を前で重ねてひざまずいている女性の姿《すがた》をかいたものです。これは男の前でひざまずいている字形だという意見がありますが、間違《まちが》いのようです。

例に挙げた「女」の古代文字を見てください。女性の周りに水滴《すいてき》のような点々がついています。この滴《しずく》はお酒です。つまりお酒で女性を清めている字形で、それは神様に仕える時の姿です。女性がひざまずいているのは男性の前ではなく、神様の前なのです。このように男性と女性に関する根拠《こんきょ》のない考えや偏見《へんけん》を正していくのも白川静さんの漢字学の特徴《とくちょう》です。

「嫁《よめ》」も「家」に仕える女性のことですが、これも似たような意味をふくんでいます。「家」の「宀」（うかんむり）は廟《みたまや》の屋根の形、「豕」の部分は獣《けもの》の下半身のことで、建物を祓《はら》い清めるために埋《う》められた生け贄《にえ》です。つまり「家」は祖先を祭る廟で、「嫁」には廟で先祖の祭りに奉仕《ほうし》する女性の意味もふくまれています。

「ごとく、ごとし」という言葉を表す漢字「如《じょ》」も神に仕える女性のことです。この「口」は何度も説明していますが、神への祈《いの》りの言葉である祝詞《のりと》を入れる器「𠙵」（サイ）のことです。これに「女」を加えて、祝詞を唱えている巫女《みこ》さんの姿を文字にしたものが「如《じょ》」です。その巫女さんに神様からのお告げがあります。その神のお告げの通りにするので「ごとし」の意味となったのです。

この「如」をふくんだ文字に「恕《じょ》」があります。現代では「ご寛恕《かんじょ》ください」（ひろい心でおゆるしください）などと使います。「恕」の「如」は神の心を聞く巫女さんのこと。「恕」は、その「心」のことです。相手の心（神の心）を思うことで、自分の心を知り、相手を「ゆるす」意味になりました。

古代文字

「女」は代名詞《だいめいし》としての「なんじ」の意味もある。代名詞については後に「汝《なんじ》」の字を用いるようになった

【つながる漢字】

女・嫁・如・恕・汝・家

安

音 アン
訓 やすい・やすらか・いずくんぞ

玉で精気を盛《さか》んにする

嫁《とつ》ぎ先の廟《みたまや》にお参りする

「女」をふくむ漢字はたくさんありますが、よく知られた字で、考えてみると、なぜ「女」があるのだろうと不思議に思う漢字に「安」があります。

神の前にひざまずく女性の姿《すがた》が「女」ですが、この「安」もやはり同じ意味をふくんだ漢字です。

「安」の「宀」（うかんむり）は建物の屋根のことですが、この場合、祖先の霊《れい》を祭る廟《みたまや》の屋根を表しています。「安」はその廟の中で女の人が座《すわ》っている姿です。

つまり新しく嫁《とつ》いできた女性が嫁ぎ先の廟にお参りし、その家の先祖の霊から自分の安泰《あんたい》を求める儀礼《ぎれい》をしているのが「安」です。

古代文字を見ると女性の下に短い斜線《しゃせん》があります。これは新妻安泰の儀式の際に加えられた霊力ある衣です。この衣を通して、その家の先祖の霊が新妻に乗り移り、家人として認《みと》められて安らかな気持ちになるのです。そこから「やすらか」の意味になりました。

「按摩《あんま》」の「按」という字は「安」に「扌《てへん》」（手）を加えた文字です。これは新妻を手で押《お》さえて落ち着かせている姿です。その際に手で押さえるので「おさえる、しらべる」の意味になりました。

「宴《えん》」の字を見ると「安」の「宀」と「女」の間に「日」を加える形ですね。この「日」は日月の「日」ではなく、廟の中の女性に加えられた霊力ある玉のことです。物に感じたり、何かの行為によって自分の生きる力を盛んにすることを「魂振《たまふ》り」といいます。「宴」の玉は、その人の中にある精気を盛んにし、豊かにする魂振りのために加えられたものです。

廟の中で魂振りの儀礼をする女性の姿が「宴」で、そこから「やすらかにする、たのしむ」の意味が生まれたのです。今の酒宴の意味での使用は後世のことです。

ついでに覚えておくといいのが「晏《あん》」です。この「晏」は「宴」と同じ文字構成です。今度は「日」が「安」の上にのっている字形。この「日」も魂振りの玉で、その玉で魂振りして女性の安泰を願う儀式です。そこから「やすらか」の意味となったのです。

古代文字

別な古代文字「」には廟の中の女性の周りに水滴（すいてき）がかかっている。[女]の項《こう》でも述べたが、儀式の際に女性を清めるお酒だ

【つながる漢字】

安・按・宴・晏

【妻】

音 サイ
訓 つま

簪《かんざし》を手で頭に挿《さ》す

結《けっ》婚《こん》式で正《せい》装《そう》した女性

「女」は神前でひざまずく女性の姿《すがた》。「安」は嫁《よめ》入りした家の先祖の霊《れい》にお参りするために廟《みたまや》の中で座《すわ》っている新妻の姿。そんなことを紹介《しょうかい》してきましたが、ここではその新妻の「妻」を説明したいと思います。

「妻」は「十」と、片仮名《かたかな》の「ヨ」の真ん中の横棒《よこぼう》が右に突《つ》き出たような字形「⺕」と「女」を合わせた文字です。わかりますか？

この「十」の部分は髪《かみ》に飾《かざ》る「簪《かんざし》」が三本かかれた形。「ヨ」の真ん中の横棒が出た「⺕」は「手」の形です。それに「女」を加えた「妻」は三本の簪を手で頭に挿《さ》している女性の姿を字にしたもの。これは結婚《けっこん》式の際に正装《せいそう》した女性の姿です。

次に「毎」（每）という字を紹介したいのですが、まずこれは古代文字を見てください。文字の上部は頭に挿した三本の簪です。旧字下部の「母」の字形も古代文字のほうがわかりやすいですが、胸《むね》に乳房《ちぶさ》のある女性の形です。そこから「母」が「はは」の意味となりました。ですから「毎」は髪を結って、簪を挿して身だしなみを整えた女性が祭り事に「いそしむ」という意味です。現在の「つねに」の意味は、字の音を借りて別の意味を表す「仮借《かしゃ》」という用法です。

「すばしこいこと」を「敏捷《びんしょう》」といいますが、この「敏」も「捷」もやはり髪に簪を挿した女性です。まず「敏」から紹介しましょう。

これは「毎」（每）に「攵《ぼく》」を加えた字形。「攵」（攴）は木の枝などで何かを打つ形ですが、古代文字を見ると「攵」ではなくて、「又《また》」（手の形）の字形にかかれたものがあります。

つまり「毎（每）」に「又」（手）を加えたのが、元の「敏（敏）」で、正装した女性が、手で髪飾りを整えながら祭事にいそしむ姿を「敏」というのです。

最後は「捷」です。この旁《つくり》（文字の右側）は「妻」の「女」が「止」になった形です。「止」は「足」のことで、人が動くことを表します【↓「歩」】。これに「扌《てへん》」（手）を加えた「捷」は簪など髪飾りを着けた女性がそれに手を添《そ》え、忙《いそが》しく奔走《ほんそう》する姿のことです。

古代文字

「夫」は人の正面形「大」と、髪をかき上げる用具の笄《こうがい》を髪に挿した姿の「一」を合わせた字で、結婚式で正装した男のこと。「夫妻」とは結婚式での男女の姿だ

【つながる漢字】

妻・母・毎（每）・敏（敏）・捷・夫

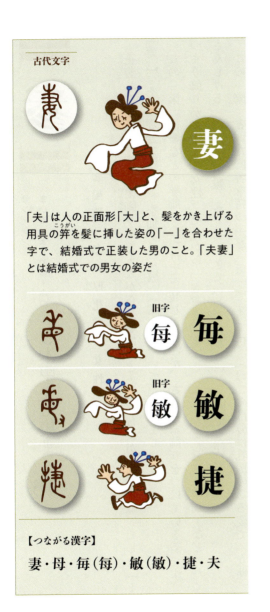

参

音　サン・シン
訓　まいる・まじわる・みつ

3本中央に集まる簪《かんざし》

髪《かみ》飾《かざ》り多い厚《あつ》化《げ》粧《しょう》の女性

正装《せいそう》した女性が、手で髪飾《かみかざ》りを整えながら祭事につとめはげむ姿《すがた》が「敏《びん》」（敏）でした【↓妻】。その「敏」に「糸」を加えた「繁《はん》」（繁）について紹介《しょうかい》しましょう。

この「繁」は簪《かんざし》などの髪飾りをつけて正装した女性が、さらに糸飾りをつけている姿です。つまり飾りが多すぎる女性。そこから「おおい、しげし」となりました。「繁茂《はんも》」など「たくさんしげる」にも、「繁雑」など多すぎて「わずらわしい」意味にも使います。

この「繁」と似た内容を持つ字が「毒」です。「毋」（母）の部分は乳房《ちぶさ》のある姿で「女性」の意味です。上部は「十」と「二」を合わせたような字形です。この「十」は前項《ぜんこう》の【妻】の時にも説明しましたが、髪に三本の簪を挿《さ》している女性のことです。そして「二」の部分も簪なのです。

つまり「毒」は祭事に奉仕《ほうし》する際に髪飾りをいっぱいつけた女性のこと。髪飾りをつけすぎて、厚化粧《あつげしょう》となった女性の姿が毒々しいので「どく」の意味となりました。

もう少し簪関係の文字を紹介しましょう。それは「参」と「斉《せい》」です。まず「参」は古代文字を見てほしいのですが、三本の簪をした人を横から見た形です。それに物が輝《かがや》く記号的な文字の「彡《さん》」を加え、簪についている玉が光っていることを表しています。古代文字を見ると簪が三本中央にまとまった姿です。

この三本の簪が一カ所に集まっているので「参集」「参加」など「あつまる」意味もあります。

そして三本の簪なので数字の「三」の意味にも使われるのです。また三本の簪が一カ所に集まると簪の高低が不揃《ふぞろ》いになりますので、「ふぞろい」の意味もあります。「参差《しんし》」という言葉は「長短不揃いになっているさま」のことです。

そして、三本の簪を並列《へいれつ》に挿すのが「斉《せい》」という字なのです。並列に挿せば不揃いになりませんので、「ひとしい」とか「ととのう」の意味となったのです。

古代文字

参詣《さんけい》の「詣」は、本来は「至る」の意味で、参詣とは中国では「集まり至る」という意味。もっぱら「寺社に参拝する」意味に使うのは日本独特の用法

【つながる漢字】

敏（敏）・繁（繁）・毒・参（參）・斉（齊）

婦

音　フ
訓　よめ・つま・おんな

主婦が掃除《そうじ》する廟《みたまや》

酒を振《ふ》りかけたほうき

「女」をふくむ字の後は、「帚《そう》」の字について紹介《しょうかい》したいと思います。それは「女」に「帚」を加えた「婦」（婦）について、説明したいからなのです。

「帚」は「ほうき」のことですが、この「婦」には「帚を持つ女の人が家のごみを掃除《そうじ》する」というイメージがつきまとっています。

後漢の人・許慎《きょしん》が紀元百年頃《ごろ》に書いた『説文解字《せつもんかいじ》』という有名な字書があります。それにも「婦」は「服なり。女の帚を持つに従《したが》ふ。灑掃《さいそう》するなり」とあります。「服なり」とは服従《ふくじゅう》すること。「灑掃」はごみ取りの掃除をすることです。つまり服従する人、掃除をする人が「婦」だというのです。

でも白川静さんの研究によると、これらはみな根拠《こんきょ》のない俗説《ぞくせつ》なのです。「帚」は木の先を細かく裂《さ》いた帚《ほうき》の形をしたものですが、これはごみ掃除の道具ではなく、香りをつけた酒を振《ふ》りかけて、家の祖先の霊《れい》を祭る廟《みたまや》を祓《はら》い清める行為《こうい》に使うものでした。その仕事に主婦として当たる者を「婦」といったのです。

そして「掃除」の「掃」の「帚」も、お酒を振りかけ、先祖の霊を祭る廟の中を祓い清めるためのものです。それを「手」（扌《てへん》）に持って、廟を清める字が「掃」です。「掃除」の「除」も神様が天から降《お》りてくる土地に「余」（取っ手のついた長い針《はり》）を刺《さ》して、悪い霊を祓い清める字です【→「除」】。「掃除」はもともとは祓い清める行為でした。

最後は「帰」です。これは旧字の「歸」のほうがわかりやすいですが、「歸」の偏《へん》（文字の左側）は「師」の偏と同じ字形「𠂤《し》」の下に「止」を加えた形。「𠂤」は戦いの際に携行《けいこう》する肉で、軍を守る霊的な力のあるものです。その下の「止」は「足」の形で「帰ること」です。それに「帚」を加えた文字です。

つまり「帰」（歸）とは自軍を守ってくれた肉を「帚」で清めた廟にお供《そな》えし、無事の帰還《きかん》を先祖の霊に報告する儀式《ぎしき》のことでした。そこからすべての「かえる」意味となりました。

古代文字

約3300年前、古代中国の殷《いん》の王・武丁《ぶてい》の妻・婦好《ふこう》は3千人の軍隊を従えて戦争に出ている。男性に服従する女性のイメージとはずいぶん異なる

【つながる漢字】

帚・婦（婦）・掃（掃）・𠂤・帰（歸）・止

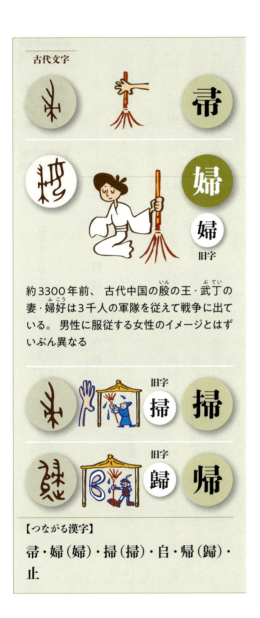

寝

音　シン
訓　ねる・ねかす・みたまや

酒で祓《はら》い清めた廟《みたまや》

においが寝《しん》殿《でん》に染《し》み渡《わた》る

この項《こう》も「帚《そう》」に関連した漢字なのですが、「帚」の字形が少し省略されてふくまれている字を紹介《しょうかい》したいと思います。

「帚」は前項［婦］でも説明しましたが、木の先を細かく裂《さ》いた帚《ほうき》の形をしたもので、香りをつけた酒を振《ふ》りかけ、祖先の霊《れい》を祭る廟《みたまや》などを祓《はら》い清める行為《こうい》に使うものでした。

この「帚」の字形が省略されてふくまれている漢字の一つは「浸《しん》」です。この字の旁《つくり》（文字の右側）は「帚」の「巾《きん》」が省略され、替《か》わりに「又《また》」（手）を加えた形です。つまり旁は「帚」を手で持つ姿《すがた》です。

イラスト欄《らん》にある古代文字は後漢の許慎《きょしん》という人が書いた有名な字書『説文解字《せつもんかいじ》』に挙げてある「浸」の字で、「濅」という字形をしています。

この「濅」から「宀」（うかんむり）と「氵」を除いた部分は、「帚」を「又」（手）で持つ形が、そのまま文字になっています。「濅」の「宀」は廟の建物のことで、この場合は「寝《しん》殿《でん》」（宮殿の中心である正殿《せいでん》）のことです。つまり「帚」に香りをつけた酒を振りかけて、それを持って寝殿を祓い清めていく字が「浸」です。

「帚」で寝殿を祓い清めるうちに、お酒のにおいが寝殿の中に染《し》み渡《わた》っていきます。そのように、お酒を浸《ひた》してお祓いをするので、「ひたす」の意味になったのです。

「帚」についたお酒の香りが廟の中にしだいに浸透《しんとう》していくことが「浸」ですが、それを戦争の時のことに意味を移して、「侵攻《しんこう》」「侵略」など、「人」に浸透していくことを「侵」といったのです。「人」（亻《にんべん》）に浸透していくことから「おかす」の意味となりました。

最後は「寝殿」の「寝」（寢）の字です。古代文字の形は「宀」と「帚」を合わせた形をしていて、旧字体「寢」にある「爿」（寝台の形）は古代文字にはありません。

「寝」の「宀」は廟のことで、もともとは「帚」で酒を振りかけて祓い清めた廟が「寝」の意味です。正殿を表す「寝殿」もこの意味からきています。

古代文字

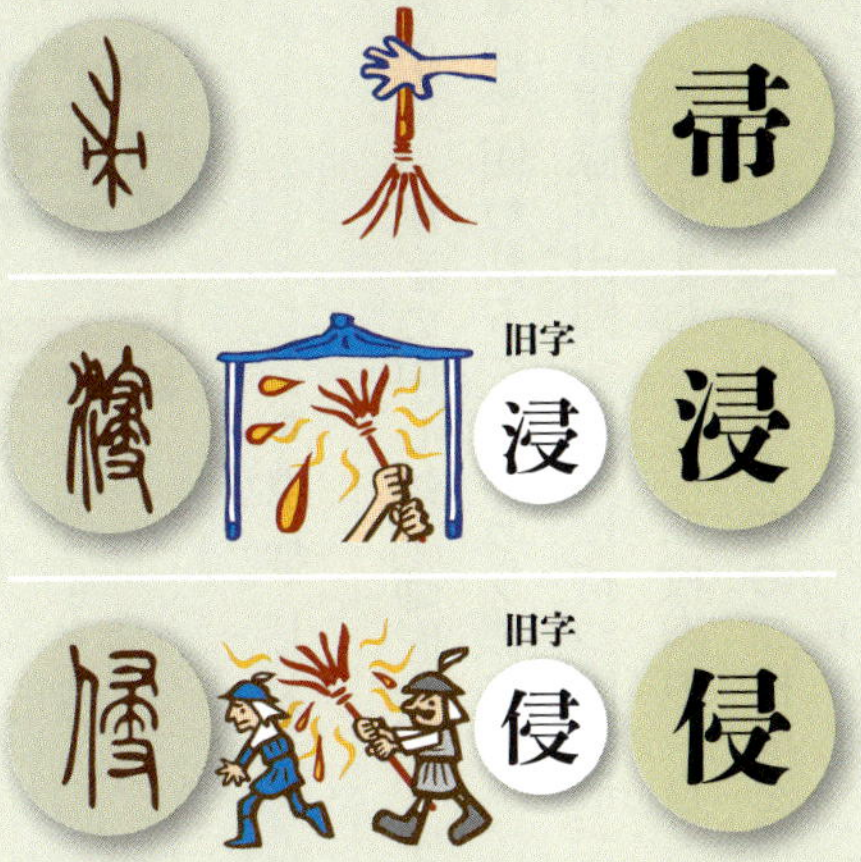

「寝」の元は「[illegible]」という字。「夢」の省略形に「帚」を加え、「宀」と「爿」を加えた文字。寝ている間に夢魔《むま》にあって病気となり寝込《こ》むことから「ねる」意味に

【つながる漢字】

帚・浸（浸）・侵（侵）・寝（寢）

【追】

音 ツイ
訓 おう・およぶ

携帯《けいたい》しながら敵《てき》を追撃《ついげき》

自軍を守る二《に》枚《まい》肉

この項《こう》での漢字の中心は「師匠《ししょう》」「師弟」にある「師」の偏《へん》（文字の左側）の部分「𠂤《し》」です。単独で使われることはありませんが、読み方は「タイ」「シ」です。

これは軍隊が出陣《しゅつじん》する時に持つ肉の形です。古代文字とイラストを見てください。二枚《にまい》の肉の形をしていますね。この二枚肉の「𠂤」には自軍を守る霊力《れいりょく》があると考えられていました。軍隊が戦いに行く際は必ずこの二枚肉を携帯《けいたい》したのです。

そのことを頭に入れて「師」の字を見てください。「師」の「帀《し》」は刀剣《とうけん》の形です。作戦上、軍隊が分かれて行動する時には、霊力のある肉である「𠂤」を剣で切って、その軍隊にも肉を持たせました。

この軍隊を守る霊力のある二枚肉「𠂤」を「帀」（剣）で切っている者のことを「師」といいます。その大切な肉を切る権限《けんげん》は、その氏族（共通の祖先を持つ人たち）の長老の仕事でした。「師」は引退《いんたい》後は若者《わかもの》たちの指導にあたったので、「せんせい」の意味にもなりました。

「追」にもこの二枚肉「𠂤」の字形がふくまれています。「辶」（しんにゅう）は道を行く意味【→［行］】。敵《てき》を追撃《ついげき》する時にも、その軍隊に自軍を守ってくれる二枚肉「𠂤」を持たせて敵を追いかけたのです。

このように「追」は軍事行動で敵を「おいかける」ことです。狩《か》りなどで獣《けもの》をおいかける時には「逐《ちく》」の字を使って区別していましたが、後にすべてのものを「おう」意味となりました。
「婦」の項でも説明しましたが、「帰」も二枚肉に関係した文字です。でもこれは旧字「歸」でないと関係がわかりません。旧字は二枚肉の「𠂤」と「止」と「帚《そう》」と合わせた文字です。「止」は足の形で、足を進めることです【↓「歩」】。「帚」は自分たちの祖先の霊を祭る廟《みたまや》を、酒をかけた帚《ほうき》で清める姿《すがた》です。

つまり「帰」（歸）とは、酒で清められた廟に、自分たちの軍隊を守ってくれた霊力ある二枚肉を供え、無事の帰還《きかん》を報告する儀式《ぎしき》のことでした。「帰」は「軍が帰る」ことでしたが、後にすべてのものが「かえる」意味になりました。

古代文字

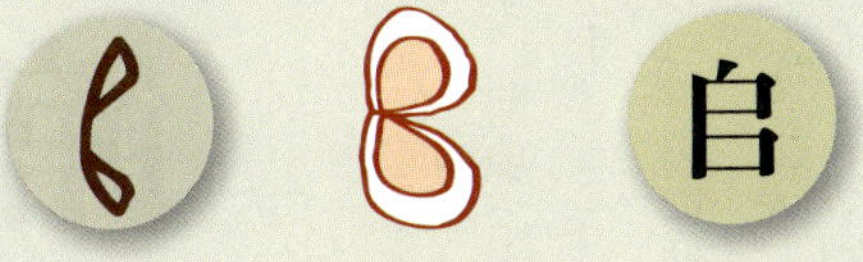

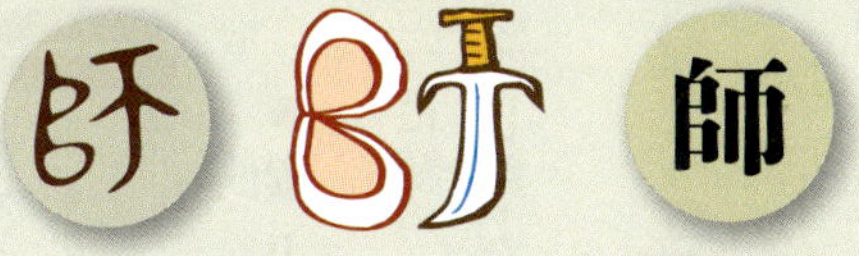

元来は「後ろから追う」意味だが、時間をさかのぼる意味にも昔から使われている。死んだ祖先の霊を供養《くよう》し孝行《こうこう》する「追孝」という言葉もある

【つながる漢字】

𠂤・師・追（追）・帰（歸）・止・帚

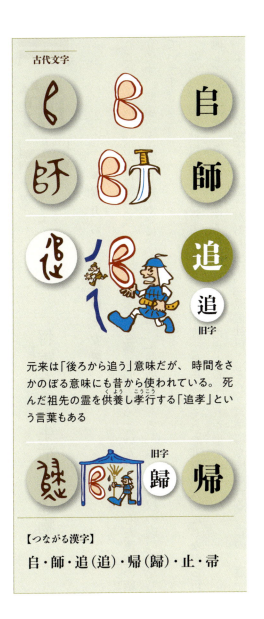

館

音　カン
訓　やかた

霊《れい》力《りょく》ある二《に》枚《まい》肉を安置

将《しょう》軍《ぐん》たちが生活する建物

この項《こう》も前項「追」に続いて、軍隊が行動をする際に必ず持っていた肉に関係した漢字の紹《しょう》介《かい》です。前項でも説明したように、「師」や「追」に共通してある「𠂤《し》」は二枚《にまい》の肉の形をしています。

この二枚肉には自軍を守る霊力《れいりょく》があり、古代中国では軍隊はそれを非常に大切にしながら行動していました。ここで紹介するのは「𠂤」の上の点が省略された形です。

よく見かける文字に「遣《けん》」があります。「派遣《はけん》社員」という言葉にも使われる、この「遣」の「辶」（しんにゅう）以外の部分は二枚肉を両手で持つ形です。古代文字のほうがわかりやすいので、見てください。

「辶」は道を行くこと【→「行」】。つまり自軍を守る霊力のある二枚肉を両手で捧《ささ》げ持って行動する姿《すがた》を表した漢字なのです。

「遣」とは軍隊を派遣すること。そこからすべてのものを「つかわす」意味になりました。「気を遣《つか》う」「小遣《こづか》い」の用法もありますが、これは日本語だけのものです。

上級の公務員、役人の意味に使われることが多い「官僚《かんりょう》」もよく目にする言葉です。そして、この「官僚」の「官」も二枚肉関係の字なのです。

「宀」（うかんむり）は建物の屋根のことです。その下に軍隊が行動する時には常に持っている霊力ある二枚肉を安置している文字が「官」です。説明したように、この「官」には官僚・役人の意味がありますが、一般《いっぱん》的な官僚ではなくて、自軍を守る二枚肉をつかさどる軍の将軍《しょうぐん》がもともとの意味です。

「館」という字にも二枚肉の字形がふくまれていますね。実は、説明した「官」の字が「館」という文字の元の字形でもありました。

つまり「官」はまず軍隊の将軍たちのことですが、その将軍たちが生活する建物のことも示す文字でもありました。将軍たちは、その建物の中で自軍を守る二枚肉の霊を迎《むか》えて、食事もしたので「官」に「食」を加えて「館」という文字ができたのです。

古代文字

元は軍事、神事に関係した建物のこと。古くは政府の公館などを表した。その後、私人の大きな家も「館」となり、今では「旅館」「映画館」などにも使われている

【つながる漢字】

自・遣（遣）・官・館（館）

季

音　キ
訓　すえ・とき

稲魂《いなだま》を被《かぶ》り踊《おど》る子ども

豊作を祈《いの》る人たちの姿《すがた》

「力」は農具の鋤《すき》を表す文字で、これをふくむ「勤勉《きんべん》」「努力」「労務」などの文字や言葉はすべて農作業関係のものでした。このように古代中国は農耕社会だったので、稲《いね》を表す文字やその稲の順調な生育、豊作を祈《いの》る人たちの姿《すがた》を表す文字もかなりあります。

ここで紹介《しょうかい》する「委」「年」「季」の三文字もみな豊作を祈る文字です。それらの文字の関連性の中心にあるのは「禾《か》」です。「禾」は稲のことですが、この場合の「禾」は稲の形をした被《かぶ》り物のことです。「禾」は「稲魂《いなだま》」、つまり稲に宿る神様の霊《れい》の象徴《しょうちょう》でした。

そのことを頭に入れて以下のことを読んでください。ではまず「委」の説明からです。「委」は「禾」と「女」でできた文字。説明したように、稲の形をした「禾」を被り、豊作祈願《きがん》の歌や踊《おど》りをするのが「禾」です。

つまり「委」とは、その稲魂である「禾」を被って踊る女性のことです。女の人は低い姿勢《しせい》でしなやかに踊るのですが、それゆえに「委」は「ふす」や「まかす」などの意味になりましたし、しなやかに踊るので「よわよわしい、やつれる」の意味も生まれました。

「年」はこの稲魂である「禾」を被って踊る男性のことです。現在の「年」の字形ですと、「禾」や「委」との関係がわかりにくいと思いますが、「年」の古代文字を見てください。古代文字の上部は「委」の上の「禾」と同じです。そして「年」の古代文字の下は「人」の字形で男性を表しています。

稲の豊作を祈って踊ったので、「年」には「みのり」の意味がありますし、稲は年に一度実るので「とし」の意味にもなりました。

豊作を祈って、稲魂を被り踊る男女に子どもが加わる時もありました。それが「子」の上に稲魂の「禾」を加えた「季」という文字です。「子」は幼児《ようじ》の姿をかいた象形文字です。

「季」には「四季」などの「とき」の意味がありますし、子どもの中でも一番下の末っ子の意味があります。

古代文字

「」の古代文字もある。この古代文字下部の片手《かたて》を上げ、もう一つの手を下げている子どもの字形は王子を表す。殷《いん》王朝の王族の末の子が豊作祈願の踊りに加わったのだろう

【つながる漢字】

禾・委・年・季・子

【委】

音　イ
訓　ゆだねる・まかす

低くしなやかに踊《おど》る女性

「倭《わ》」と中華《ちゅうか》思想

稲《いね》の形をした被《かぶ》り物である「禾《か》」を被り、豊作を祈《いの》って踊《おど》る「女」が「委」です。その時、女性は低い姿勢《しせい》で、しなやかに踊りました。それゆえに「委」をふくむ漢字のほとんどに「低い、しなやか」の意味があることを前項《ぜんこう》［季］で説明しました。この「委」に関連した漢字を紹介《しょうかい》しましょう。

まず「萎縮《いしゅく》」（なえしなびて縮《ちぢ》むこと）などの言葉に使われる「萎」からです。

この「萎」は「艹」（くさかんむり）と「委」でできた文字。「委」には、女性が低くしなやかに踊ることから「よわよわしい」という意味があります。

その「委」に「艹」をつけた「萎」は草木が「枯《か》れしぼむ」という意味の漢字です。そこからいろいろなものが「なえる」意味になり、「枯れしぼむ」ので「小さくなる」という意味になりました。

次は「矮《わい》」です。これは常用漢字にはない文字ですが、「問題を矮小化《わいしょうか》した見方」などという用法で、しばしば使われる漢字です。この「矮」も「委」との関連で覚えておくと忘《わす》れません。「委」は稲の神様の霊《れい》が宿る「禾」を被り、低い姿勢で踊る女の人ですので、「矮」にも「低い、小さい」の意味があります。ですから「矮小」とは「いかにも規模《きぼ》の小さなさま」のこと。また「矮軀《わいく》」とは「背《せ》たけの低い身体」のことです。「矮」にも「短《たん》」（みじかい）にも

「矢」がふくまれています。「矢」は人や物の長短をはかる時に用いられました【→「豊」】。

「委」の関連文字で最後に紹介したいのは「倭《わ》」という字です。これは日本の名として中国の歴史書に出てくる字で、訓読みは「やまと」です。

「人」（亻《にんべん》）と「委」を合わせた字ですので、萎縮した人という意味合いをふくんでいる漢字です。

中国とは「中つ国」「中央にある国」という意味です。中国人は自分の国が世界の中心だという中華《ちゅうか》思想を古くから持っており、周辺の文化の異《こと》なる国については未開な国と考えていました。この考え方が「倭」と日本を呼《よ》んだことにも表れています。

古代文字

有名な金印「漢委奴國王印《かんのわのなのこくおういん》」の「委奴國」は「倭奴国」のことで、中国での昔の日本の国名。「奴」も女性を手でつかまえて奴隷《どれい》にする字。いい国名とはいえない

【つながる漢字】

委・萎（萎）・矮・短・矢・倭

秀

音　シュウ
訓　ひいでる

雄《お》しべ雌《め》しべの垂《た》れた姿《すがた》

稲《いね》の実りに関する文字

「禾《か》」は稲《いね》の形です。その稲の形の被《かぶ》り物をつけて豊作を祈《いの》る踊《おど》りをするのが「委」や「年」や「季」の字であることを、これまで説明してきました【→［季］】。そこでここでは、稲の実りに関する文字を紹介《しょうかい》したいと思います。

それらの中心的な字形は、やはり「禾」です。古代文字も稲穂《いなほ》が垂《た》れた形をしています。その「禾」に「乃《だい》」を加えた字が「秀《しゅう》」です。「秀」の「乃」の部分は垂れた稲穂（禾）から、花が咲《さ》いている形なのだそうです。花が咲いて、雄《お》しべ雌《め》しべの「しべ」が垂れている姿《すがた》を文字にしたものです。

「花」が咲く時は最も美しく、秀《ひい》でた状態なので「ひいでる」という意味になりました。

その次は「穆《ぼく》」です。これは常用漢字ではありませんが、稲に関係ある文字なので、理解するだけでいいですから、説明を読んでください。

この「穆」の古代文字、愉快《ゆかい》な形をしていると思いませんか？　古代文字は絵のようにかいたものが多いので、愉快なもの、怖《こわ》いものなどいろいろありますが、ユーモラスな字形としては、この「穆」が屈指《くっし》でしょう。

これは稲（禾）が実って、穂が垂れ、まさに実がはじけようとしている形をかいた文字です。つまり稲の実の中が美しく充実《じゅうじつ》しているさまです。

だから「穆」には「みのる」という意味がありますし、その他に「つつしむ、まこと、やわらぐ」の意味があります。「やわらぐ」とは稲のよく実る時の気候はやわらいでいるからです。「穆」の文字の「白」の部分が、稲の実を表しています。

最後は「禿《とく》」です。

これは稲（禾）の実が落ちて殻《から》になった状態を表している文字です。実が無くなった稲（禾）の状態を人間の姿に移して、頭の禿《は》げている人のことを意味します。

さらに他のことに移して「禿筆《とくひつ》」（穂先のすり切れた筆）などといいます。このように「秀」「穆」「禿」は一連の象形文字なのです。

古代文字

「秀才」や「秀英」という言葉は、もともと稲の花の美しい秀でたさまを人間のことに移して「すぐれた人」という意味にしたもの

【つながる漢字】

禾・秀・穆・禿

【米】

音　ベイ・マイ
訓　こめ

神様へのお供《そな》えもの

稲穂《いなほ》に実がついている姿《すがた》

古代中国は稲作《いなさく》社会でした。それゆえに稲《いね》に関連した漢字はたくさんあります。それら稲に関係した字を紹介《しょうかい》してきましたが、とりあえず稲関係の字をまとめて紹介するのはこれが最後です。

その稲に関する文字の基本形は「禾《か》」です。古代文字を見てもらうとわかりますが、これは稲穂《いなほ》が垂《た》れている姿《すがた》をかいた字形です。

さて、その稲関係の文字で一番なじみ深いのは「米」という文字でしょう。イラストのところに挙げてある古代文字の「米」は、三千年以上前の甲骨《こうこつ》文字です。その字形を見ると、穂の上と下に小さい点が三つずつかかれています。

これは「禾」（稲の穂）に実がついている姿です。「米」とは稲の果実のこと。そこから「こめ」の意味となりました。

次に、その「稲」の字について説明しましょう。これは旧字「稻」のほうを見てください。旧字の「稻」は「禾」と「爪《そう》」と「臼《うす》」でできています。この場合の「爪《つめ》」は「手」の指先の意味で【→［採］】、「臼」の中の「禾」（稲）を「爪」（手）でかき出しているのが「稲」という字です。イラスト欄《らん》に挙げておいた古代文字では、「臼」の中のものが、「臼」の外にこぼれています。きっと「禾」（稲）がたくさん収穫《しゅうかく》されたのでしょう。

古代中国では青銅器に穀物《こくもつ》を入れて神様にお供《そな》えしました。その青銅器には「用《もっ》て稲粱《とうりょう》を盛《も》る」と記されているそうです。「稲粱」とは「いねとおおあわ」のことです。このように「稲」はまず神様へのお供え物でした。

最後は「稲穂」の「穂」です。この「穂」の旧字は「穗」ですが、その元の字は「禾」の上に「爪」を加えた字形でした（イラスト欄に、その字形を挙げておきました）。つまり「穂」の元の字は「禾」の穂の先を指先「爪」で摘《つ》み取ることを表したものです。

そこから「ほ、ほさき」の意味となったのです。

古代文字

中国では古くから水稲栽培《すいとうさいばい》が行われていた。長江《ちょうこう》の中流域北岸にあった中国の新石器文化での米の種類は、日本種と同系だという

【つながる漢字】

禾・米・稲（稻）・穂（穗）（采＝異）・爪

「王」

音　オウ
訓　きみ

神の意思を記録する道具

大きな鉞《まさかり》の刃《は》の形

これから何項《なんこう》か「王」に関係した字を紹介《しょうかい》したいと思います。その前に「王」と文字の関係について少し書いておきたいのです。それは、この「王」の字が意味する王様の存在《そんざい》が文字の誕生《たんじょう》と深く関係しているからです。

今から約三千三百年ほど前、古代中国の殷《いん》王朝の武丁《ぶてい》という王の時代に文字は生まれました。王が亀《かめ》の甲羅《こうら》や牛の骨《ほね》などに刻《きざ》んでトい《うらな》、神の意思を聞いて、それを記録する際の道具として生まれたのが文字なのです。古代中国社会では、王は神と会話ができることで権威《けんい》があるという存在でした。

その「王」の字は大きな鉞《まさかり》の頭部の刃《は》の形です。この鉞の刃は武器として持っていたのではなく、王位を示すシンボルとして玉座《ぎょくざ》の前に置かれたのです。これが王位を象徴《しょうちょう》するゆえに「おう」の意味となりました。この王位を示す鉞の刃には強い霊力《れいりょく》があると考えられていました。ですから「王」の字形をふくむ字には鉞の刃の霊力と関係した字が多いのです。

まず「往」です。その古代文字を見てください。今の字形では旁《つくり》（文字の右側）の「王」の上の「、」の部分が古代文字では「之《し》」の字形です。「之」は「止」と同形で「足」の意味で、行くことを表しています【↓［歩］［誌］】。「彳」（ぎょうにんべん）は十字路の左半分の形で、これも道を行く意味です【↓［行］】。

つまり王の命令で旅に出る際に、王位の象徴である鉞の刃に足を乗せ、その威力《いりょく》を身につけて出かけたのです。そこから「ゆく」意味になりました。

「狂《きょう》」の古代文字の旁も「往」と同形です。鉞の刃に足を乗せると異常な霊力が与《あた》えられて、動物のように「くるう」ことからできた文字です。

「汪《おう》」の字は常用漢字ではありませんので理解するだけでいいですが、これまでの延長《えんちょう》線上で簡単《かんたん》にわかります。これは王の鉞の刃から受ける霊力の勢いが盛《さか》んなように、水が豊かにあるさまを表している字で「ひろい、ゆたか」の意味があります。水がみなぎり溢《あふ》れることを「横溢《おういつ》」と書き、「汪溢《おういつ》」とも書きます。

古代文字

殷の王・武丁の時代に文字が約４千数百ほど作られたが、そのうちの約2500文字が今でも読める。３千年以上もずっと使い続けてきたからだ

【つながる漢字】

王・往（徃）・狂・汪・之（=止）

皇

音　コウ・オウ
訓　きみ・かがやく

放射《ほうしゃ》する玉の光

王位を示すシンボル

「王」は王位を示すシンボルとして王の前に置かれた大きな鉞《まさかり》の頭部の刃《は》の形を、そのまま字にしたものです。この王位の象徴《しょうちょう》である鉞の刃には強い霊力《れいりょく》があると考えられていました。その霊力のある「王」に関係した字を前項《ぜんこう》に続いて紹介《しょうかい》したいと思います。まず「旺盛《おうせい》」という言葉にも使われる「旺」です。

「旺」の古代文字を見てください。現代の字形と違《ちが》い「日」と「往」を合わせた文字になっています。そして「王」の部分は現在の「王」の字形の上に「之《し》」(=止)をのせた形になっています。「之」(=止)は「足」を表す字形です【→［誌］】。

この「王」も鉞の刃の上に足をのせ、その強い霊力を身につける「往」の字と同様に、勢いの盛《さか》んなことを表しています。ただし「旺」の場合は「日」(太陽の象形文字)の勢いが盛んなことです。つまり日の光が盛んなことで「さかん」の意味となりました。

日本の平安時代に学者を輩出《はいしゅつ》した「大江《おおえ》氏」という一族がいます。大江匡衡《おおえのまさひら》や、ひ孫の大江匡房《まさふさ》が有名です。二人の名にある「匡《ただす》」にも「王」の字形はふくまれています。

白川静さんによると、これは「匸《けい》」と「王」を合わせた字形。「匸」は囲われた場所、秘密《ひみつ》の場所です。「王」は「旺」と同様に「王」の上に「之」をのせた形で、王位の象徴である鉞の刃の上に足をのせ、その強い霊力を身につける字形です。

ですから「匡《きょう》」は王の鉞の刃の上に足をのせて霊力を身につける儀式《ぎしき》を秘密の場所で行い、それで得た霊力で、敵《てき》を征服《せいふく》して正し、王の命令をあきらかにする文字です。だから「匡」に「ただす」の意味があり、また「まさし」の読みや「はこ」の読みもあるのです。「匡」のもともとの字形である「匩」も秘密の場所で「王」の上に足をのせた形で、霊力を身につける文字なのです。

次は中国の「皇帝《こうてい》」や日本の「天皇《てんのう》」にふくまれる「皇」です。これは鉞の柄《え》を装着《そうちゃく》する部分に玉飾《たまかざ》りをつけた姿《すがた》です。玉の光が上のほうに放射《ほうしゃ》している形で「かがやく」という意味です。その輝《かがや》く鉞は王位の象徴ゆえに、王や君主の意味となりました。

古代文字

中国本土を初めて統一した秦王《しんおう》は「王」に代えて「皇帝」の称号《しょうごう》を使い、「始皇帝」と称した。 以後２千年あまり、中国では「皇帝」の称号が使われた

【つながる漢字】

王・旺・匡(匩=異)・皇・之(=止)・日

仕

音　シ・ジ
訓　つかえる

王に仕える戦士階級の人

小さな鉞《まさかり》の刃《は》の形

まず「王」と「士」の古代文字とイラストを見てくださ い。字の下の部分がよく似てますよね。そうなんです。この「王」は王の前に置かれた大きな鉞《まさかり》の刃《は》の形ですが、「士」のほうも小さな鉞の刃の形なのです。大きさが異《こと》なるだけです。

「王」の鉞は実用品ではなく、その大きな鉞の刃は王位のシンボルでした。それと同様に「士」の小さな鉞の刃も「士」の身分を示すシンボルです。つまり「士」とは戦士階級の人のことです。

紀元百年頃《ごろ》、後漢の許慎《きょしん》が書いた有名な字書『説文解字《せつもんかいじ》』には「士」は「一と十」からなり「一から十まで知るもの」とあります。白川静さんは「当時の俗説《ぞくせつ》であろう」と言っています。許慎はすでに地中に埋《う》もれていた甲骨《こうこつ》文字などの古い字形を知らなかったのです。

次に「仕」です。これは「士」に「亻《にんべん》」（人）を加えた形。「士」は戦士階級の「人」で、その「人」が「王」に仕えるというのが「仕」のもともとの意味でした。その後に「すべての上の人に仕える」意味となったのです。

役人となって主君に仕えることを「仕官」といいますが、この言葉の中にも「王」に仕える人のニュアンスがありますね。

続いて「在」です。これは「才」と「士」を合わせた文字です。現在の文字は「才」と

「士」ですが、古代文字を見てみれば「才」と「士」を合わせた字形であることがわかります。この「才」という字は目印となる木に横木を渡《わた》し、その十字形の部分に神への祈《いの》りの言葉である祝詞《のりと》を入れた器「𠙵」（サイ）をかけた文字です【→「裁」】。そうすると目印の木の場所が神の力で神聖《しんせい》な場所となるのです。

その神聖な場所に小さな鉞の刃を置いて守るのが「在」です。そこは神聖な場所として「ある」という意味です。後にすべてのものが「ある」意味となりました。

ちなみに「在」の「士」が「子」となった「存《そん》」は、その神聖な場所「才」の力で「子」が神聖な力を得て、その子の生存《せいぞん》が保障《ほしょう》されて「ある」ことです。

古代文字

「仕事」「仕入れ」「仕送り」「仕立て」「仕分け」など、行為《こうい》を意味する言葉にも「仕」を使うが、これは日本独特の用法のようだ

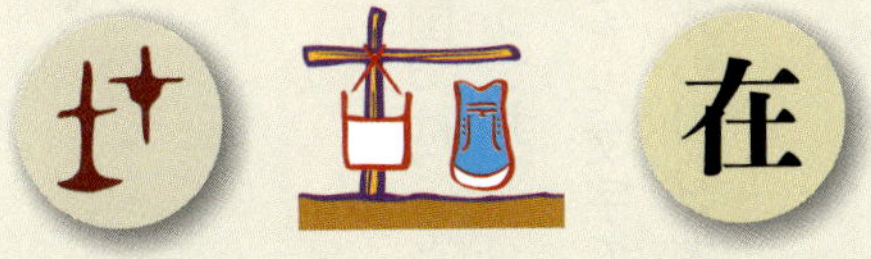

【つながる漢字】𠙵

王・士・仕・在・存・才

父

音 フ・ホ
訓 ちち

斧《おの》の刃《は》を持つ人

家での指《し》揮《き》権《けん》のシンボル

昔は家の中で父親は権威《けんい》があって、威張《いば》っていました。さて古代中国では、その父親の権威のシンボルはどんなものだったのかというのが、ここでのテーマの一つです。

まず「父」の古代文字を見てください。これは「|」と「又《また》」でできた文字です。「又《ゆう》」は何度も説明していますが「手」の形です【↓［友］】。そして「|」は斧《おの》の刃《は》の部分です。つまり「父」は斧の刃の部分を手で持つ形です。

［王］の項《こう》や［仕］の項で紹介《しょうかい》したように、「王」は大きな鉞《まさかり》の刃の形、「士」は小さな鉞の刃の形です。いずれも実用品ではなく、権威のシンボルとしてありました。この「父」が手に持つ斧も、木を伐《き》るための道具ではなく、父としての指揮権《しきけん》のシンボルです。

家で指揮する人ということから「父《ちち》」の意味となりました。その父が手に持つ「斧」という文字は、まさに「父」が「斤《おの》」を持つという文字構成になっています。

これまで何項か「王」や「士」の字形をふくむ「鉞」に関係した文字を紹介してきましたが、その「鉞」の字についても説明しておきましょう。

「鉞」はその旁《つくり》（文字の右側）の部分である「戉《えつ》」という字がもともとの文字です。これは「まさかり」の形そのままをかいた字です。金属性なので「鉞」の字ができました。

この「戉」の関連文字を幾《いく》つか挙げておきたいと思います。

その一つは「越《えつ》」です。これは「走」と「戉」を合わせた字です。「走」は「行くこと」です。困難《こんなん》な場所を越《こ》える時に「戉」の霊的《れいてき》な力を身につけて出発したのです。この「戉」の霊的な力を身につけて行くことを「越」といいます。

また「威《い》」は「女」に「戉」を加えた字です。「女」は廟《みたまや》の中で家の先祖の祭りをしている女性です。その女性に「戉」の霊的な力を加えて、清めるのです。そうやって威儀《いぎ》を正して「おごそか」な姿《すがた》になるのが「威」のもともとの意味です。「おそれさせる、おどす」の意味は後の用法のようです。

古代文字

「王」（王様）、「士」（戦士）、「父」（父親）は金属製の鉞や斧によって、それぞれの地位や身分を象徴《しょうちょう》的に表した文字。金属がいかに貴重《きちょう》だったかがわかる

【つながる漢字】

父（父）・斧（斧）・戉・鉞・越・威・又（又）

結

音　ケツ
訓　むすぶ・ゆう・ゆわえる

しっかり結び守る

大切な神への祈《いの》り入れる器

白川静さんの漢字学の最大の功績は「口」の字形が顔の「くち」ではなく、神様への祈《いの》りの言葉である祝詞《のりと》を入れる器「𠙵」（サイ）であることを発見、「口」の字形がある漢字を新しく体系《たいけい》づけたことです。

漢字には、この大切な「𠙵」（サイ）を守ろうとする文字がたくさんあります。まず「吉《きち》」から紹介《しょうかい》しましょう。上の「士」は戦士階級の者が地位の象徴《しょうちょう》として持つ小さな鉞《まさかり》の刃《は》の部分です【→［仕］】。この鉞の刃には悪いものを清める力があると考えられていました。その小さな鉞の刃を「口」（サイ）の上に置いて祈りの効果を守るのが「吉」です。それで祈りが実現すれば「幸せ」となるので「よい」の意味となりました。

「結」は「吉」をさらに「糸」でしっかり結び守る文字です。「口」（サイ）の上に「士」を置くので、「吉」には閉《と》じ込《こ》める意味があり、結ぶことも元の意味はそこにある力を閉じ込めることでした。

次に「詰《きつ》」です。「口」（サイ）の上に「士」を置くので、旁《つくり》（文字の右側）の「吉」には「詰《つ》め込む」の意味があります。偏《へん》（文字の左側）の「言」は「口」（サイ）の上に大きな針《はり》である「辛《しん》」を置いて神に誓《ちか》い、誓いを守らない場合は、この針で入れ墨《ずみ》の刑罰《けいばつ》を受けますと神に誓いを立てることです【→［章］】。その誓いと祈りで、よい結果が出るように責め求めるので「つめる、とう」という意味があります。
最後は「頡《けつ》」です。これは日常あまり使われる漢字ではないので、理解するだけで十分ですが、漢字にまつわる伝説と縁《えん》のある文字なので紹介しておきます。中国の伝説上の帝王《ていおう》・黄帝《こうてい》の家臣で倉頡《そうけつ》という人がいます。目が四つあったという倉頡が、鳥や獣《けもの》の爪《つめ》や蹄《ひづめ》のあとを見て初めて文字を作ったといわれています。
旁の「頁《けつ》」は儀式《ぎしき》に参加している人の横顔。ものが詰まった意味の「吉」には「力のこもった状態」の意味があり、「頡」にはうなじをのばし、頸《くび》を立てた形の意味があります。「頡」とは力を込め、うなじをのばして簡単《かんたん》には人に頭を屈《くっ》しない人のことです。

古代文字

古代の日本でも松の枝や草の端《はし》を結びつける呪《まじな》いがあった。魂《たましい》を結びつける意味で、生命の安全・多幸を祈る気持ちの表現だった

【つながる漢字】

吉・結・詰・頡・士・頁

固

音　コ
訓　かためる・かたまる・かたい・もとより

干《たて》を加え、さらに囲い守る

祈《いの》りの効果長く保つ

この項《こう》も神様への祈《いの》りの言葉である祝詞《のりと》を入れる器「𠙵」（サイ）を守る漢字の紹介《しょうかい》です。「口」の字形である「𠙵」（サイ）を守る漢字は非常にたくさんあります。別な見方をすれば、神に祈る行為《こうい》を表している「口」（サイ）がいかに大切なものであったかということでもあると思います。

まず「古」です。これは「十」と「口」（サイ）を合わせた文字。この「十」は数字の「十」ではなくて、長方形の盾《たて》である「干《かん》」という文字の省略形です。ちなみに「盾」という字は「干《たて》」を目の上にかざして、防ぎ守る字形です。

このように「干」はもともと盾で「ふせぐ」の意味の他に、「干渉《かんしょう》」などの「おかす、みだす」の意味もあります。また「乾燥《かんそう》」の「乾」と同音なので「ほす」の意味にもなりました。

さて、この盾である「干」を、神への祈りの言葉である祝詞を入れる器「口」（サイ）の上に置いて「口」（サイ）を守る字が「古」です。守ることで祈りの効果が長く保たれるので「ふるい、いにしえ」の意味となりました。

次は「固」です。これは「古」を「囗《い》」の中に入れた文字です。神への祈りの言葉である祝詞を入れる器「口」（サイ）に「干」（盾）を加えて守るのが「古」。それをさらに「囗」の中に入れて囲うのが「固」です。

「固」は祈りの効果を守り固めるので「かためる、かたい」の意味となり、祈りの効果が固定されるので「固有」などの熟語《じゅくご》にある「もとより」の意味となったのです。
しかし、あまりに堅固《けんご》に守られすぎてしまうと、古くなってしまい、精気のないものになってしまいます。
それを反映《はんえい》した文字が「枯《こ》」です。この字は神への祈りの祝詞を入れた器「口」（サイ）の上に「干」（盾）を置いて守り、祈りの効果を長く保たせることですが、あまりに古いものなので、木が精気を失って、「かれて、かわいて」しまうのです。それを表している漢字です。

古代文字

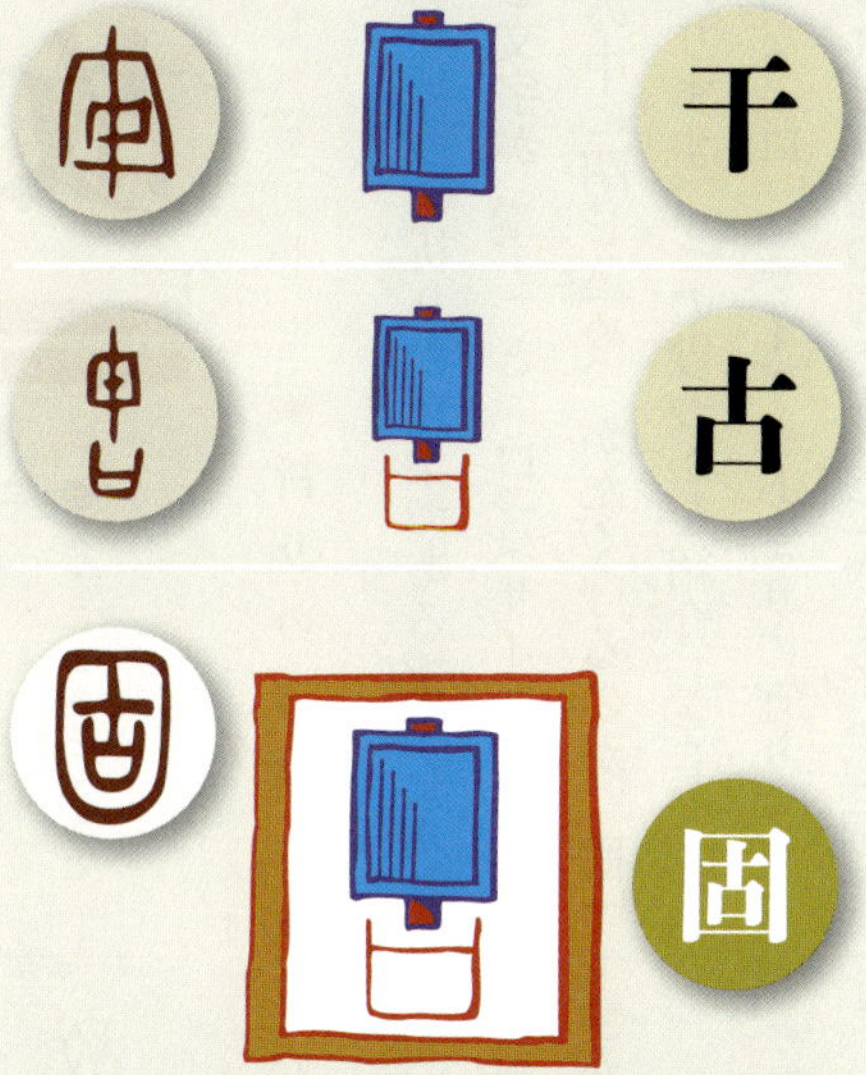

あまりに自分の考えや意見をかたく守り、固《こ》執《しつ》すると、頑固《がんこ》ということになる。頑固とは、かたくなに自分の考えや態度をおし通すこと

【つながる漢字】

干・盾・古・固・枯

故

音　コ
訓　ゆえ・ことさら・もと

故意に祈《いの》りの効果を害する

祈《いの》りの言葉を入れた器打つ

大切な神への祈《いの》りの言葉である祝詞《のりと》を入れる器「𠙵」（サイ）に「十」（盾《たて》の省略形）をのせて守る文字が「十」と「口」（サイ）を合わせた「古」です【↓「固」】。「古」をさらに厳重《げんじゅう》に「口《い》」の中に閉《と》じ込《こ》め、かたく守るのが「固」ですが、この「古」「固」に関係した文字はたくさんあります。その幾《いく》つかを紹介《しょうかい》しましょう。

大切な「口」（サイ）をあまりに守りすぎると、「木」がかれてしまうという字が「枯《こ》」でした。これと同様の考え方でできた字が「涸《こ》」です。

「涸」の「固」も「あまりに固めすぎて古くなり、精気を失った状態」のことです。それに「氵《さんずい》」（水）を加えた「涸」は水がかれる意味です。「枯」は木がかれる、「涸」は水がかれると覚えれば忘《わす》れないでしょう。

「一個」「個人」などの「個」も「固」の字形をふくんでいます。「古」を「口」で囲った「固」は固定したものの意味があります。それに「亻《にんべん》」（人）を加えた「個」は相手がいない片方《かたほう》だけのもの、単一のものの意味です。

ただこの「個」は比較《ひかく》的新しい字のようで古代文字形がありません。

最後にもう一つ「古」の関係文字を紹介しましょう。それは「故」です。これは「古」に「攵《ぼく》」を加えた文字です。

「攵」は元の字形は「攴」で、その「卜《ぼく》」の部分は木の枝（または鞭《むち》）です。下の「又《また》」の部分は手の形。つまり「攵」（攴）は手に木の枝を持って、何かを打つ文字です【↓［正］】。

神への大切な祈りの言葉である祝詞を入れる器「口」（サイ）を守る「古」を、この「攵」（攴）で打つ字が「故」です。祈りの効果を守る「古」を打つ行為《こうい》ですから、故意に祈りの効果を害しているわけです。

そこから「ことさら」の意味になり、祈りを害することはよくない出来事ですから、「事故」などの言葉にも使われるようになりました。またその行為を正当化するための理由として、「ゆえ」の意味にも使われるようになったのです。

古代文字

「故」には字形の中にふくまれる「古《ふるい》」の意味もある。「故旧」は古くからの知り合いのこと。「故宮」は昔の宮殿《きゅうでん》のこと

【つながる漢字】∀

古・涸・個・故・固・枯・攴（=攵）

【五】

音　ゴ
訓　いつつ・いつ

木を斜《なな》めに交差させた蓋《ふた》

神への祝詞《のりと》入れた器を守る

古代中国では神に祈《いの》るお祭りがたいへん重要なものでした。ですから神への祈りの言葉である祝詞《のりと》を入れる器「𠙵」（サイ）をしっかり守ることがとても大切なことでした。

「口」の字形である「𠙵」（サイ）の上に小さな鉞《まさかり》の「士」をのせて守っているのが「吉《きち》」という字ですし【→［結］】、身を守る「干《たて》」の省略形「十」を加えて守るのが「古」であることを紹介《しょうかい》してきました【→［固］】。

この「𠙵」（サイ）を守るものは他にもあります。「吾《ご》」の上の字形「五」もその一つ。「五」は古代文字がわかりやすいですが、これは木を斜《なな》めに交差させた蓋《ふた》の形です。この交差した木の蓋で「口」（サイ）を守るのが、「吾」です。

ですから「吾」のもともとの意味は「まもる」ことでした。それが「仮借《かしゃ》」の用法で「われ」の意味になりました。「仮借」とは文字の音だけを借りて本来の意味とは違《ちが》う意味に使う漢字の用法です。「五」を数字の「五つ」の意味に使うのも「仮借」です。

「語」は「言」に「吾」を加えた字です。まず「言」から紹介しますと、この「言」は今の字形ではわかりにくいですが、「辛《しん》」と「口」を合わせた形です。「辛」は入れ墨《ずみ》用の針《はり》。「口」は神への祈りの言葉を入れる器「𠙵」（サイ）です。その「口」（サイ）の上に「辛」を置いて神に誓《ちか》う文字が「言」です【→［章］】。

自分の誓いの言葉が信ずるにあたらない場合は入れ墨の刑《けい》に服しますから、祈りをかなえるように、強く神に迫《せま》ります。このように攻撃《こうげき》的な言葉が「言」です。

これに対して「言」に、守る意味のある「吾」を加えたのが「語」です。意味は「かたる」ことですが、白川静さんの研究によると、「言」が攻撃的な言葉であるのに対して、反対に「語」には自分を守る防御《ぼうぎょ》的な言葉のはたらきがあるそうです。

「悟《ご》」にも「吾」がふくまれています。この「悟」は「忄」（りっしんべん＝心）と「吾」を合わせた字ですが、これは心の迷いをしりぞけ、爽《さわ》やかさや明るさを守る意味の文字で、そこから「さとる」の意味となりました。

古代文字

大切な神様への祈りの言葉である祝詞を入れる器「口《サイ》」。それをさらに厳重に守るために木の蓋の「五」を「口《サイ》」の上に二つのせた古代文字「」もある

【つながる漢字】

五・吾・語・悟・吉・古・言

陸

音　リク・ロク
訓　おか・くが

テント並《なら》べて神を迎《むか》える

改変を防ぐための文字

「五」は神様への祈《いの》りの言葉である祝詞《のりと》を入れる器「𠙵」（サイ）を守るための木の蓋《ふた》の形です。でもその「五」の音だけを借りる「仮借《かしゃ》」という用法で、数字の「五つ」の意味となったことを前項《ぜんこう》［五］で説明しました。

せっかくですから数を表す漢字をまとめて紹介《しょうかい》しましょう。まず「一」「二」「三」は説明も要らないでしょう。数を数える時に使う算木《さんぎ》を横に置いた形を表しています。でも「一」「二」「三」は文字を変更《へんこう》しやすいので、変更しにくい「壱《いち》」「弐《に》」「参《さん》」を代わりに使うことが昔から行われました。

例えば「二」の代わりに使う「弐」ですが、この「弐」の旧字「貳」は「戈《ほこ》」と「二」と「貝」を合わせた字です。このうち「貝」の字形部分は、祭りに使う青銅器製の器「鼎《かなえ》」の省略形です【→［測］】。

その「鼎」に刻《きざ》まれた文章を「戈」で削《けず》り変えてしまうことを意味する字が「貳」です。また「貳」には「戈」で「鼎」に刻《こく》し、その文章のコピーを作る意味もあります。字形内の「二」はコピーを作る意味で、そこから「ふたたび、ふたつ」の意味があるのです。

原文を改変する意味の「弐（貳）」が、改変を防ぐ文字に使われているのは面白いですね。

「四」は甲骨《こうこつ》文字では、横に四本の算木を置いた字形でした。でも算木の線の数が紛《まぎ》らわしい場合もあるので、「呬《し》」という字の音だけ借りて、その省略形である「四」で表すようになりました。

「六」は古代文字のほうがわかりやすいですが、これはテントの形です。でも「六」をテントの意味に使う用法はなく、これも「仮借」の用法で「六つ」を示します。

この「六」がテントの形であることを示す字が「陸」です。旁《つくり》（文字の右側）の「坴《りく》」はテントを二つ重ねた形です。「阝」（こざとへん）は神様が天から降《お》りてくる階段《かいだん》（または梯子《はしご》）の形ですから【↓「際」】、神が降りてくる所にテントを並《なら》べて神を迎《むか》える土地のことです。そこから「りく」の意味になりました。

古代文字

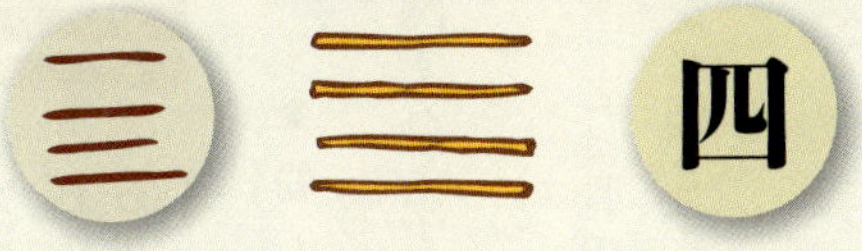

後漢の許慎《きょしん》の有名な字書『説文解字《せつもんかいじ》』では「陸」は「高平の地なり」とあり、神を迎える土地は高く平らだった。そこから「おか」や「くが」（陸地）の意味となった

【つながる漢字】

弍（貳）・四・六・陸・一・二・三

分

音　ブン・フン・ブ
訓　わける・わかれる・わかる・わかつ

刀で二つに分ける

紛《まぎ》らわしい七と十

ここも漢数字に関する文字の紹介《しょうかい》の続きです。

まず「七」からです。この「七」は切断した骨《ほね》の形です。その「七」に「刀」を加えた文字が「切」です。「切」とは骨の関節部分を切り離《はな》して分解することです。骨を切断する際には細心の注意と技術を必要とするので「切要」(非常にたいせつなさま)の意味も「切」にあります。

つまり「七」を数の「七つ」の意味に使うのは漢字の音だけを借りた「仮借《かしゃ》」という用法です。そして「七」の古代文字が「十」に似ていることを覚えてください。

「八」は左右にものを分けて数える数え方をそのまま字形で示したものです。この左右に分ける意味の「八」をふくむ文字に「分」があります。この「分」は「八」と「刀」を合わせた文字。「八」は左右にものが分かれる形ですから、「刀」でものを二つに分けることを「分」というのです。

「九」は次の項《こう》でまとめて紹介したいと思いますので、「十」について説明しましょう。数を数える時に、算木《さんぎ》を横に一本置くと「一」のことですが、算木を縦《たて》に一本「|」と置くと「十」の意味でした。古代文字では「|」の中央部が膨《ふく》らんだ形をしていて、この膨らんだ部分が左右横に伸《の》びていって「十」という字形になりました。

縦に「｜」と書くことは「二十」を「廿」と書くことや「三十」を「卅」と書くことに残っています。

さて古代文字の「七」が「十」によく似ているので、昔から中国人にとっても「七」と「十」は紛《まぎ》らわしかったようです。『詩経《しきょう》』に十月の日食を歌った詩があるのですが、周の時代には、これに相当する日食がなく、どのことなのか長くわからなかったのです。

ところが近年になって英国の学者がこの「十月」は「七月」の間違《まちが》いではないかと指摘《してき》して、二千年以上わからなかった謎《なぞ》が解けたそうです。そんな事実を白川静さんが『文字講話』の中で紹介しています。

古代文字

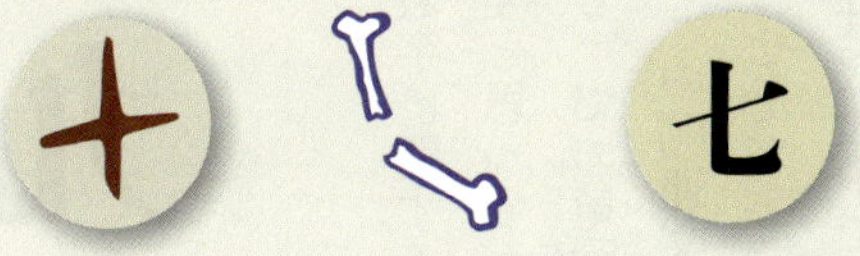

「分」は中国では「わける」こと。また「わかる」とも読み、道理のわかる人のように「判る」（理解できる）意味に使うが、これは日本語の用法

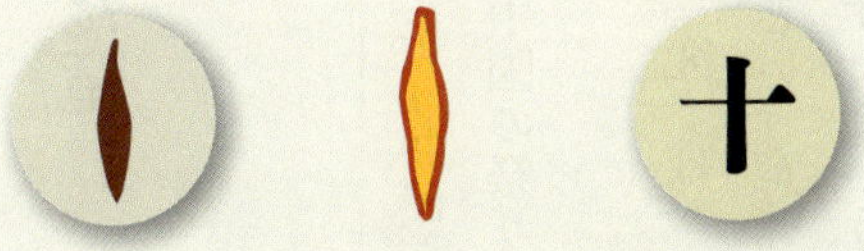

【つながる漢字】

七・八（八）・分（分）・十・切・廿・卅

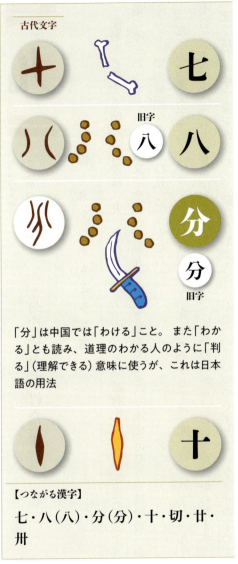

九

音　キュウ・ク
訓　ここのつ・ここの

身を折り曲げた竜《りゅう》

雨と水をつかさどる霊《れい》獣《じゅう》

漢数字に関する紹介《しょうかい》の最後は「九」をめぐる漢字です。「九」は身を折り曲げた竜《りゅう》の形です。竜の姿《すがた》と思ってから、古代文字や現在の「九」の字を見てください。中国の祭りや長崎の「おくんち」での竜踊《じゃおど》りのように見えてきませんか。

「九」の関連文字を一つ紹介すると「研究」の「究」がそうです。「究」は「穴《あな》」と「九」を合わせた文字。「九」は身を折り曲げた竜の形で、「かがめ曲がる」という意味があります。「究」は穴の中で身をかがめて、窮屈《きゅうくつ》な形で入りこんで、「きわめつくす」という意味の字です。

さて竜には、この「九」に従《したが》う字形のものと、「虫」という字に従うものがあります。「九」の古代文字を見ると、これは頭部分が分かれた形をした竜です。これは雌《めす》の竜の形なのだそうです。

これに対して「虫」の字形のほうは雄《おす》の「竜」の形です。ただし「虫」という字はもともとは昆虫《こんちゅう》の虫のことではありません。蛇《へび》や竜など爬虫類《はちゅうるい》的な動物のことです。昆虫などの小さい虫を示す虫は「蟲《むし》」が正字です。

「虫」と「蟲」はもともとは別な字でしたが、今は「蟲」の略字として「虫」を使っています。

古代中国の殷《いん》の前の王朝である「夏《か》」の始祖とされる伝説上の王に禹《う》という王様がいます。

禹は黄河の治水に成功して、夏の国を治めたといわれる聖王《せいおう》です。その「禹」の古代文字を見てください。これは「九」の古代文字と「虫」の古代文字を合わせた文字になっています。「竜」は雨と水をつかさどる想像上の動物です。洪水《こうずい》の神でもあります。その雌雄《しゆう》の「竜」を合わせた字が「禹」であることから、洪水を治めて、治水に成功した神話をそのまま文字にしたのが「禹」という字であることがわかります。

竜は中国の代表的な霊獣《れいじゅう》（聖なる動物）ですが、「竜」の古代文字を見ると、頭に「辛《しん》」（針《はり》）の字形の冠飾《かんむりかざ》りをつけています。雨水、洪水をつかさどる竜神のシンボルとして頭に飾りがついているのです。

古代文字

白川静さんによると、中国では聖なる数は奇数《きすう》が多い。「九」は聖数の代表。「九歌」は神を祭る歌の名。「九重」とは天や宮城のこと。神聖な場所は九重に囲まれているからだ

【つながる漢字】

九・虫・禹・竜（龍）・究

共

訓 音
キョウ
とも・つつしむ・そなえる・ともに

神にお供《そな》えものを捧《ささ》げる

左右の手を合わせた姿《すがた》

二人以上の人がいっしょに仕事をすることを「共同」といいます。また二人以上の人で所有することを「共有」といいます。この「共同」「共有」の「共」という字について紹介《しょうかい》したいと思います。

まず「共」の古代文字を見てください。これは「又《また》」という文字が左右対称《たいしょう》形に二つかかれた字形です。この「又《ゆう》」は「手」の形ですから【↓［友］】、「共」という字は左右の手を合わせた姿《すがた》です。

つまり「共」は両手に神へのお供《そな》え物を持って、恭《うやうや》しく神を拝《おが》むことを示している文字です。このように「共」は左右の手をともに挙げる姿なので「ともに」の意味があるのです。

また神にお供え物を捧《ささ》げることですから、「共」に「亻《にんべん》」（人）を加えた「供」に「そなえる」の意味があります。

酒食のもてなしをすることを「供応《きょうおう》」といいますし、物品を差し出して相手の用にあてることを「提供《ていきょう》」といいます。

でも身分の高い人に付き従う「お供《とも》」の意味での「とも」や名詞《めいし》の下につけて複数であることを表す「ども」は日本語だけの用法です。

さらに両手を共にそろえて神に供える時の「心」は「うやうやしい心」なので「共」に

「心」を加えた「恭《きょう》」は「恭《うやうや》しい」の意味となりました。

ついでに紹介しておきたいのは「拱《きょう》」という字です。これは常用漢字ではないので、理解するだけでいいかと思います。でもこれまでの延長線上《えんちょうせんじょう》にすぐ理解できる文字です。

「拱手《きょうしゅ》」という言葉があるのですが、この「拱手」とは、体の前で両手を組み合わせて、胸元《むなもと》で上下する中国の敬礼《けいれい》の一つです。さらに「両手」を組んで何もせずに見ていることも意味します。

「共」の字は両手で供える時の心やしぐさのことも意味していましたが、次第に「ともに、いっしょ」の意味に転用されていったので、「恭」や「拱」の文字が作られたようです。

古代文字

美しい石を中国では「玉《ぎょく》」と呼んで大切にしていた。「共」の字が両手に持つものは、玉製の器などだろうと白川静さんは考えていた

【つながる漢字】

共・供・恭・拱・又（又）

通

音　ツウ・ツ
訓　とおる・とおす・かよう

空洞《くうどう》を滞《とどこお》りなく通り抜《ぬ》ける

筒形《つつがた》のものの意味

一つの字形を理解すると一目瞭然《りょうぜん》、なるほど！　とわかる文字群を紹介《しょうかい》しましょう。それは「甬《よう》」という字形です。

これは「用」と「マ」という字形を合わせた形。「用」は竹や木を組んだ形で、柵《さく》や籠《かご》などの意味があります。そして柵の中には、生け贄《にえ》に用いる動物などを入れていましたので「もちいる」の意味があります。

でもこれから取り上げる「甬」の場合の「用」は、木や竹でできた筒形《つつがた》のもののことです。この「甬」では「用」の上部に引っかける部分がついています。それが「マ」の字形の部分です。

さて、この「甬」の字形をふくむ字には「筒形のもの」という意味があります。これから何《なん》項《こう》か、その筒形の字について説明したいと思います。

まず「甬」という字は「おけ」という意味で、この「甬」に「木」を加えた「桶《おけ》」という字の元の字です。「桶」は木製の筒形のものという意味ですから、これはつまり「手桶」のことです。

「桶」の音読みには「トウ」「ヨウ」「ツウ」の三つがあります。「トウ」については「湯桶《ゆとう》」という変則的な読み方で有名です。これは上の文字を訓で下の文字を音で読んでいます。逆の上音下訓の例としては「重箱《じゅうばこ》」が有名です。

「桶」の元の字形「甬」は「用」に従《したが》う文字ですから、「ヨウ」の音読みもあるのです。でも「通」の字にも「甬」がふくまれているように「ツウ」の音読みもあります。

さて、最後にその「通」です。これは「甬」と「辶」（しんにゅう）でできた文字です。「甬」は手桶のような筒形のもの。「辶」は道を行くことです【↓[行]】。

手桶のような筒形の容器の中は空洞《くうどう》になっていて、その筒形の空洞の中を通って、滞《とどこお》ることなく通り抜《ぬ》けることができます。そのことを「通」というのです。そのため「通」は「とおる、とおす、ゆきわたる」などの意味があります。

「通」に最初から最後まで滞りなく通り抜けるという意味がある。「通年」「通史」「通読」などの「通」にはそのような意味がふくまれている

【つながる漢字】

用・甬・桶・通（通）

痛

音　ツウ
訓　いたい・いたむ・いためる・きびしい

激《げき》痛《つう》が体を駆《か》け抜《ぬ》けていく

みな筒《つつ》形《がた》のもの

「甬《よう》」という字は「手桶《ておけ》」の元の字で、この字形をふくむ字は、みな筒形《つつがた》のものという意味があることを前項《ぜんこう》［通］で紹介《しょうかい》しました。その続きです。

まずちょっと変わった筒形の文字を紹介しましょう。それは「痛《つう》」です。これは「疒」（やまいだれ）と「甬」を合わせた文字。「疒」は病気でふせっていることです。そして「甬」は筒形のものです。

つまり、この場合の筒形のものとは、病床《びょうしょう》に寝《ね》ている人間の体のことです。病人の体の中を激《げき》痛《つう》が駆《か》け抜《ぬ》けて通っていくのです。この痛《いた》みの様子を表しているのが「痛」という文字なのです。

前項で紹介した「通」という字にも筒形の空洞《くうどう》空間を滞《とどこお》りなく通り抜《ぬ》けて「あまねく、ゆきわたる」という意味があります。「通行」という言葉は通り過ぎる意味の他に、「世間にあまねく流布している」という意味もあるのです。

そして、この「痛」にも体の中を激痛が通り抜けていくので「はなはだしい、徹底《てってい》的に」という意味があります。「痛飲」「痛快」「痛恨《つうこん》」などの用例が、そのような意味での「痛」です。

一九七四年、中国の秦《しん》の始皇帝《しこうてい》の墓近くにあった大きな土坑《どこう》から、等身大の兵士八千体、軍馬五百頭などの陶製《とうせい》の人形が発見されました。後に「兵馬俑《へいばよう》」と呼《よ》ばれる人形ですが、この

「俑」にも「甬」の字形がふくまれています。「俑」は「甬」と「亻《にんべん》」（人）を合わせた字ですから、筒形の人形のことです。「俑」の訓読みは「ひとがた」です。

この「俑」は墓の中に入れる土人形です。主君が亡《な》くなると、死の旅のお供《とも》のために、人を生きたまま墓に埋《う》める殉葬《じゅんそう》という風習がありましたが、その殉葬にかえて、「俑」が埋められるようになったのです。

また「蛹《よう》」も「甬」の字形をふくむ文字です。もう説明が不要かもしれませんが、筒形になった「虫」ですから「さなぎ」のことです。

古代文字

わが身が痛むほど、ふびんであることを「痛ましい」というが、「痛」を「いたましい」「かわいそうなさま」の意味で使うのは日本語の用法

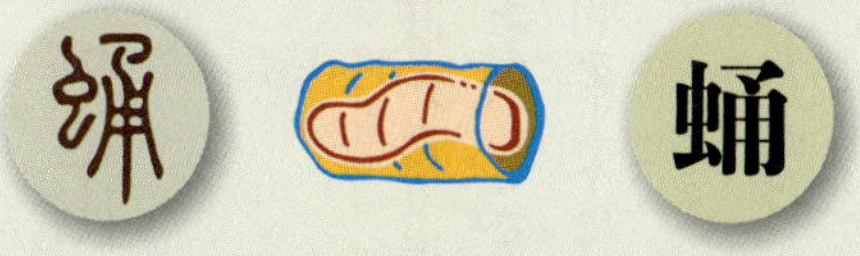

【つながる漢字】

甬・痛・俑・蛹・通（通）

勇

音　ユウ・ヨウ
訓　いさむ・いさましい

充満《じゅうまん》した力が一気に出る

筒《つつ》形《がた》の空間を上下に動く

「甬《よう》」は「手桶《ておけ》」の「桶」の形状から筒形《つつがた》のものを表す意味があります。「甬」をふくみ、筒形のものの意味を持っている一連の文字を説明してきましたが、ここで紹介《しょうかい》したいのは筒形の空間を下から上に何かが上がってくる漢字、またはその空間を上下に動く漢字のことです。

まず「踊《よう》」です。「甬」は筒形の空間で、それに加えられた「足」は「跳《と》び上がる」ことです。後漢の有名な字書『説文解字《せつもんかいじ》』には「跳ぶなり」とあります。足を跳《は》ねることを「踊」といいます。ダンスの意味の「おどる、おどり」は日本語の用法です。また「踊」の別の字形である異体字《いたいじ》に「踴《よう》」があります。

「甬」に「氵《サンズイ》」（水）を加えた「涌《よう》」は筒形の空間を通って水が下から上に上がってくる字形。下から水が地上に「おどりでる」ことで「わく」意味です。この「涌」の異体字には「湧《ゆう》」があり、水が「わく」の意味の常用漢字に用いられています。

「踊」の異体字が「踴」、「涌」の異体字が「湧」ですが、これらの異体字に共通する「勇」も「甬」の関連字です。

現在の字形は「マ」「田」「力」を合わせた字形ですが、旧字は「マ」「用」「力」を合わせた字形、つまり「甬」の下に「力」を加えたのが「勇」の旧字「勇」です。その証拠《しょうこ》に「勇」の異体字に「勈《ゆう》」という字があります。

この「甬」に加えた「力」は農具の鋤《すき》のことです【↓「力」】。その鋤である「力」を使って農地を耕すには力が必要で、自分の内側にためた力を一気に外に出さなくてはなりません。このように内にためたものが、外にわき出すようにおどり出て、一気に事をなそうとする力のことを「勇」といいます。

「勇」の字は「内に力が充満《じゅうまん》して、それが一気に外に出てくること」という理解が大切です。

例えば「勇退《ゆうたい》」も単に辞職することではなく、「思い切りよく職をひくこと」です。

古代文字
甬
異体字
踴
踊
異体字
湧
涌
「勇気」という言葉も「勇ましい気力」のことだが、自分の内側に物事をおそれない強い気力が充満して、それが外に出てくることだ
勇
勈
異体字
【つながる漢字】
甬・踊（踴=異）・涌（湧=異）・勇（勇）（勈=異）・力

酒

音　シュ
訓　さけ・さか

神様の意思をはかる

祈《いの》りや祭りの清めに使用

漢字を生んだ古代中国の殷《いん》の国では、神様への祈《いの》りや祭りの際には、清めのためにお酒がたくさん使われていました。だから漢字にはお酒に関係した字が多くあります。

その酒関係の文字の基本は「酉《ゆう》」です。この「酉」は酒を入れる酒樽《さかだる》の形を、そのまま文字にした象形文字です。「酉」の古代文字を見ると、そのことがよく理解できると思います。ですから「酉」の意味はまず「さけ」です。十二支の「とり」の意味にも用います。

その「酉」に「氵《さんずい》」（水）を加えた文字が「酒」ですが、古代中国では「酉」の字を「酒」の意味に使っていますので、「酉」が「酒」の元の字です。

その「酉」の上に「八」を加えた文字が「酋《しゅう》」です。「八」には二つの意味があります。一つは数字の「八」や「分」などの文字にあるように「左右にものが分かれる形」を表したものです【→［分］】。

もう一つの「八」は「何かの気が上方に立ち上っているさま」です。「酋」の場合の「八」は後者の意味で、酒樽である「酉」の上に酒の香りが立ち上っている姿《すがた》です。

ですから「酋」は「ふるざけ」が元の意味です。「酋長」などの言葉に使うことも多い文字ですが、この異民族《いみんぞく》の「かしら」の意味の「酋」は、漢字の音だけを借りて別の意味を表す「仮借《かしゃ》」という用法のようです。

殷では酒を神様関係の儀式《ぎしき》の際に使うことが多かったので、新しい酒ができると「犬」を生け贄《にえ》に加えて、新酒を神に勧《すす》めて、神様の意思をはかりました。

その行為を表している文字が「猷《ゆう》」です。神の意思をうかがい、はかるので「はかりごと」の意味となりました。

また「猶《ゆう》」の「犭」（けものへん）は「犬」のことなので、「猶」と「猷」は文字の要素が同じで、元は同じ文字でした。でも現在では「なお」という意味の時には「猶」の字を使い、「はかりごと」の意味の場合に「猷」を使うようになりました。

古代文字

殷王朝では祭りに多くの酒を使った。そのため酒のせいで王朝がほろんだとされている。だが殷をたおした周の意見なので、少し割り引いて考えなくてはいけない

【つながる漢字】

酉（酉）・酒・酋・猶（猶）（猷＝異）・八（八）

尊

音　ソン
訓　たっとい・とうとい・たっとぶ・とうとぶ・さかだる

祭りによって従《したが》わせる

酒樽《さかだる》を両手で捧《ささ》げ持つ

前項《ぜんこう》の［酒］では「酉《ゆう》」の字が酒を入れる酒樽《さかだる》で、「酉」に「八」を加えた「酋《しゅう》」は、その酒樽から酒の香《かお》りが立っている字であることを説明しました。

ここでは、その「酋」をふくむ漢字を紹介しましょう。「酋」の形をふくむ字で最もポピュラーなものは「尊《そん》」という文字でしょう。この「尊」の元の字は「酋」に「寸《すん》」を加えた形です。「寸」は「手」を意味する文字ですので【↓［博］】、「尊」は香り立った酒樽を手で持つ文字です。

でも古代文字の「尊」を見てみると、一つの「手」で持っているわけではありません。両手で「酋」を持っている字形をしています。

この両手で持つ字形は現在の文字の形でいうと「廾《きょう》」です。本来の「尊」の字は「酋」と「廾」を合わせた字形で、香り立つ酒樽を両方の手で捧《ささ》げ持ち、神様の前に酒樽を置く形です。

公爵《こうしゃく》、侯爵《こうしゃく》、伯爵《はくしゃく》、子爵《ししゃく》、男爵《だんしゃく》という五段階《ごだんかい》に諸侯《しょこう》の身分をわける爵位というものがあります。この「爵」というのも、もともとはお酒を入れる酒器の名前でした。

「爵」のイラスト欄《らん》にあるのが、その青銅器製の「爵」です。この「爵」で王から酒をいただく、「尊爵《そんしゃく》」の儀式で、爵位が決まったので、「尊」の字に「たっとぶ、とうとい」の意味があるのです。

この「尊」をふくむ字に「樽《たる》」があります。これは見ての通り木製の「たる」のことです。でも「罇《たる》」という字もあります。「缶《かん》」は現在の金属製のものではなくて「甕《かめ》」のことです。つまり「罇」は酒を入れる甕の「たる」のことです。

もう一つ「尊」をふくむ文字を紹介しましょう。法令などを「遵守《じゅんしゅ》」する「遵」も「尊」に「辶」（しんにゅう）を加えた文字です。「辶」は道を行くことです【→［行］】。つまり「遵」は酒樽を持って、めぐり行くことです。「酒を供《そな》えて祭りをして、その祭りによって従《したが》わせる」という漢字で、その意味は「したがう」です。

古代文字

宴会《えんかい》を尊俎《そんそ》（樽俎とも）という。「俎」の「且」は、まな板の形。「仌」は「肉」の字形から「冂」を除いた形で、「且」（まな板）の上の「肉」のこと。尊俎とは酒と肉のことだ

【つながる漢字】

尊（尊）・爵（爵）・樽（罇＝巽）・遵（遵）・廾

層

音　ソウ
訓　かさなる

重なりをなしている建物

蒸気《じょうき》などが立ち上る

「酋《しゅう》」の字は「酒」の元の字形である「酉《ゆう》」の上に酒の香《かお》りが立っている「八」が加わった文字であることをこれまでに説明してきました【→「酒」】。

この「八」は、酒の香りが立ち上るだけの意味に使われるわけではありません。蒸気《じょうき》が立ち上る場合や、神様が来ていて神気が立ち上る場合もあります。ここでは蒸気が立ち上っている文字の例を幾《いく》つか紹介《しょうかい》したいと思います。

一番わかりやすい例は「曾《そう》」（曽）でしょう。この「曾」はコメなどを蒸す際に使用する「甑《こしき》」の上に蒸気が出ている姿《すがた》の象形文字です。

この「甑」は字の形にも表れていますが、元は「瓦《かわら》」でできた円形のものでした。その底には蒸気を通す穴《あな》が開いていました。木わくの底に、すのこをしいて蒸《む》す、今の蒸籠《せいろう》の原形です。

「甑」の元の字が「曾」（曽）です。重ねて蒸気を通して蒸す道具ですから、この「曾」をふくむ文字には「重ねたもの」の意味があります。

以前、麻生太郎《あそうたろう》元首相の読み違《ちが》えで話題となった「未曾有《みぞう》」という言葉にも「曾」は使われますが、これは「未《いま》だ曾《かつ》て有らざるなり」とのこと。このように「曾」を「かつて」などの意味に用いるのは字の音だけを借りて別の意味を表す「仮借《かしゃ》」という用法です。

「層《そう》」という字にも「曾」（曽）がふくまれています。この「曾」（曽）の意味は甑のように幾つものものが重なり「層」をなしていることです。「層」のもともとの意味は家が重なりをなしている建物のこと。高層ビルとは単に高いビルという意味ではなくて、層が幾つも高く重なっているビルのことです。

さらに「増」にも「曾」（曽）がふくまれています。これは「土」と「曾」（曽）を合わせた字形で、土を積み重ねることから「ふえる、ます」の意味になったのです。

さらに「贈呈《ぞうてい》」「寄贈」の「贈」も同じ系統《けいとう》の文字。この「贈」の「曾」（曽）も「重なったもの」の意味で、余分に贈《おく》ることです。

古代文字

「地層」とは土砂や岩石などの積み重なりのこと。「層雲」は層をなして重なった雲のこと。「重層」とは幾重《いくえ》にも重なることだ

【つながる漢字】

曽（曾）・層（層）・増（增）・贈（贈）・八（八）

配

音　ハイ
訓　くばる・めあわす

●食事の席に即《つ》く

座《すわ》る人に酒器を割《わ》り当て

「酒」の元の形の文字が「酉《ゆう》」という字であることを前に紹介《しょうかい》しました【↓「酒」】。「分配」「配達」などの言葉に使われる「配」という字にも、この「酉」がふくまれていますね。そうです、この「配」という字も「酒」に関係した文字なのです。

「配」は「酉」と「己《こ》」でできた文字です。この「己」は古代文字をみると、「己」という文字の形ではなく、実は「卩《せつ》」という字形をしています。そして、この「卩」は、人がひざまずいて座《すわ》る形なのです。

イラスト欄《らん》に紹介してある文字は三千年以上前の甲骨《こうこつ》文字ですが、これを見ると人間がひざまずいている姿《すがた》であることが理解できると思います。

「酉」は酒樽《さかだる》や酒を飲む器のことですから、この「配」という字は、酒を入れる器の前にひざまずいて座り、配膳《はいぜん》の席に即《つ》くという意味の文字です。つまり「配」は、ひざまずいて座る人に酒器を割《わ》り当てて配る意味の文字です。

この「配」という字と同じような発想で造られている漢字に「即《そく》」という字があります。「即」の旧字「卽」は「皀《きゅう》」と「卩」を合わせた文字です。この「皀」は食器として使用される「𣪘《き》」という青銅器製の食器の元の形です。

イラストの欄に「皀」をかいておきましたので、どんな形の青銅器なのか、見てください。

この「皀」（𣪘）に蓋《ふた》をした文字が「食」という字です。ちなみに漢字が誕生《たんじょう》した古代中国・殷《いん》の時代の食事は一日二回だったそうです。

さて「即」の「卩」のほうは、ひざまずいて座る人のことですから、この「皀」と合わせて食膳《しょくぜん》の前に人が座ることです。

「即席料理」の「即席」の言葉も元は「食事の席に即くこと」でした。席に即くことから「その場」の意味となり「その場ですぐに、ただちに」の意味になっていったのです。さらに食事の席に即くだけでなく、「即位」など、位に即く意味にも使うようになりました。

古代文字

酒器と人を組み合わせることから男性と女性をペアに「めあわす」意味も生まれた。夫婦の一方から見た他方を「配偶者《はいぐうしゃ》」という

【つながる漢字】

配・𣪘（皀）・食（食）・即（卽）・酉（酉）

郷

音　キョウ・ゴウ
訓　むかう・さと

饗宴《きょうえん》の食事に招かれる

二人が向き合って座《すわ》る

「即《そく》」の旧字「卽」の「皀《きゅう》」は青銅器製の食器です。そのことを前項《ぜんこう》「配」で説明しましたが、今回も「皀」に関係した文字の紹介《しょうかい》の続きです。

エベレストに初めて登頂《とうちょう》したヒラリー卿《きょう》と呼《よ》ばれる登山家がいます。そのヒラリー卿の「卿」は位の高い人の尊称《そんしょう》です。この「卿」が「皀」と関係した字なのです。

「卿」の元の字は「卯《ぼう》」の間に「皀」が入ったものです。「卩《せつ》」は人がひざまずいて座《すわ》る形ですが、この「卯」は二人の人が向き合って座る形です。つまり食器「皀」を挟《はさ》んで二人が向き合っている字が「卿」（卿）です。

もてなしの宴会《えんかい》である「饗宴《きょうえん》」の席に座り、食事をしている字が「卿」で、そのような宴会の食事が食べられる身分の高い者が「卿」なのです。古代文字を見ると、二人の人が食器「皀」を挟んで向き合っていることがよくわかります。

この「卿」から分かれてできた字が「郷《きょう》」と「饗《きょう》」です。「卿」「郷」「饗」の古代文字を見てください。同形の文字ですね。この三字はもともと同じ字でした。

つまり「郷」（鄕）も食器「皀」を挟んで、向き合った二人が饗宴の食事をしている形なのです。この「郷」は「卿」が所有する領地のことです。その領地の代表者が政治参加するようになって、饗宴の食事に招かれるようになったのでしょう。

この「郷」の元の字形の「皀」以外の偏《へん》（文字の左側）と旁《つくり》（文字の右側）の部分はいずれも「邑《ゆう》」の字です。「卿」の所有する領地が「郷」なので、領地である意味を込《こ》めて「皀」の両側に「邑」（まち・むら）を加えた「郷」の字が作られたのです。

この「郷」は食器「皀」を挟んで向き合う人たちのことなので、「郷」をふくむ字には「向き合う」意味があります。

「郷」に「食」を加えた字が「饗」ですが、紹介したように古代文字は「卿」「郷」と同形で、向き合って、もてなしの「饗宴」の食事をしている人たちのことです。

また「交響曲《こうきょう》」の「響」は向き合って、共鳴する音を出すことを表した文字です。

古代文字

「郷」は「皀」を挟んで、向き合う二人が饗宴の食事をする字なので、「郷」には「むかう」という意味もある

【つながる漢字】

卿（卿）・郷（鄕）・饗（饗）・響（響）

厳

音　ゲン・ゴン
訓　おごそか・きびしい・つつしむ

崖《がけ》の岩場にお酒を灌《そそ》ぐ

大地を清めて神様招く

お墓参りの際に墓石の上から水をかけたことがありますか？　密教《みっきょう》という仏教では、秘法《ひほう》を教える儀式《ぎしき》で頭に水をかけます。お釈迦《しゃか》様の誕生《たんじょう》日（四月八日）に釈迦像の頭上に甘茶《あまちゃ》をかけます。これを灌仏会《かんぶつえ》といいます。

このように頭から水をかけることを「灌頂《かんちょう》」といいますが、この「灌」は「水をそそぐ」意味の漢字です。日常使う言葉では田畑に水を引いてうるおす用水のことを灌漑《かんがい》用水といいます。

さて古代中国では頭にではなく大地に、水ではなく酒をそそぐ「灌地の礼」という儀式がありました。酒を灌《そそ》いで大地を清め、神様を招くのです。わたしたちが日頃《ひごろ》使う漢字にも、この「灌地の礼」の名残である文字がありますので紹介《しょうかい》しましょう。

まずは「敢《かん》」です。「敢」の古代文字を見てください。これは神様を招く場所にお酒を灌いでいる人の姿《すがた》をそのまま字にしたものです。神を招く場所をお酒で清める儀式は、つつしんで行うので「敢」には「つつしむ」の意味がありますし、そのつつしんで行う行為《こうい》を神を迎《むか》えるために、あえて行うので「あえて」の意味ともなりました。

「厳《げん》」も「灌地の礼」に関係した字です。この「厳」の旧字「嚴」は「敢」と「厂《かん》」と二つの「口」です。「厂」は切り立った部分を表す文字。例えば「顔」の字にも「厂」はありますが、これは「ひたい」のことです。「嚴」の場合は「崖《がけ》」のことを表しています。

そして「口」は顔の「くち」ではなく、神様への祈《いの》りの言葉である祝詞《のりと》を入れる器「𠙵」（サイ）のことです。つまり「嚴」という字は神様がいると思われていた崖の上の岩場で、お酒を灌ぎ、さらに神への祈りの祝詞を入れた「口」（サイ）を並《なら》べて、おごそかに儀式を行っている字で、そこから「おごそか」の意味となりました。

さらにこのような儀式を行う岩場を「巌《がん》」（旧字「巖」）といい、「いわ、いわお」の意味となったのです。古くから岩場は聖所《せいしょ》とされてきました。

「敢」「厳」「巌」で用いられる酒は、お祭り用の香りのついた鬯酒《ちょうしゅ》といわれるものです【→【鬱】】。

古代文字

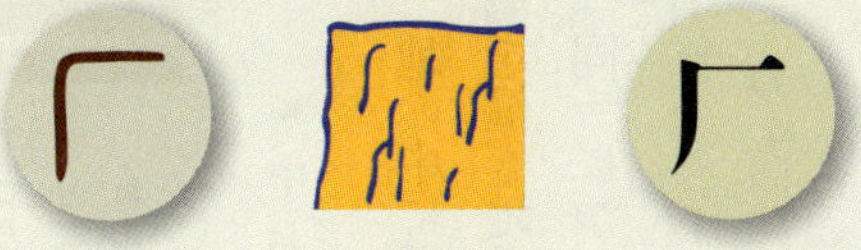

「厳」（嚴）の古代文字には「口」（サイ）が3個並べてある字形「嚴」もある。神への祈りの言葉を入れた器「口」（サイ）の数が多いほうが効果があると思われていたようだ

【つながる漢字】𠙵

敢・厂・厳（嚴）・巌（巖）

興

音　コウ・キョウ
訓　おこる・おこす・おこなう・おもむき

酒灌《そそ》いで地霊《ちれい》を興す

中が空《くう》洞《どう》な筒《つつ》形《がた》の酒器

古代の中国人は土地の中に霊的《れいてき》なものが宿っていると考えていました。この霊を地霊《ちれい》といいます。その土地に酒を灌《そそ》ぎ地霊を呼《よ》び起こす儀式《ぎしき》を表している字が「興」です。その「興」にもふくまれている「同」についてまず説明しましょう。

この「同」は「凡《ぼん》」と「口」を合わせた字形。「凡」は「盤《ばん》」のことで、酒を入れて杯《さかずき》として用いました。「口」の字形は神様への祈《いの》りの言葉である祝詞《のりと》を入れる器「𠙵」(サイ)のことです。

古代中国では諸侯《しょこう》が王の前に集まり、拝謁《はいえつ》する際に酒を飲み、神に祈《いの》る「会同」という儀式《ぎしき》がありました。その時に使う酒杯《しゅはい》が「同」です。この「同」を使って行う儀式をともにするので「同」に「ともにする、おなじ」の意味があるのです。

また「同」は筒形《つつがた》の酒器でしたから、「同」をふくむ字には筒形の意味があります。「洞《どう》」は筒形の穴《あな》のことで「ほらあな」の意味。そのような洞穴《ほらあな》は水の流れでできることが多いのです。そのために「氵《さんずい》」(水)がついています。奥《おく》が深い「洞」には「とおる、つらぬく」の意味もあります。見通すことの「洞察《どうさつ》」がその用法です。

また筒形の「同」に人の体を表す「月」(肉づき)を加えた「胴《どう》」は、人の身体の中央部の意味です。さらに中が空洞《くうどう》の物の中央部も意味します。飛行機で「胴体着陸」という言葉がありますが、この「胴体」とは飛行機の空洞の中心部のことです。太鼓《たいこ》、三味線の中心部も「胴」といいます。

さて「興」の説明です。「興」の上部の「同」の両側にある字形は「学」の旧字「學」にもある「臼《きょく》」という字形で、上から両手で何かを持つ形です。「興」の下部は「廾《きょう》」で、これも下から両手で持つ字形。つまり四つの手で「同」を持つのが「興」。古代文字はまさにその形です。

つまり「興」は四つの手で酒の入った器「同」を持って、大地に酒を灌ぐという文字です。そうやって、地霊を興すので「おこす」意味になりました。

古代文字

重要な祭りでは、酒を灌ぐだけでなく、舞《まい》もした。それで土地の霊がめざめるので「興」に「おこる、はじまる、さかんになる」などの意味がある。

【つながる漢字】

同・洞・胴・興

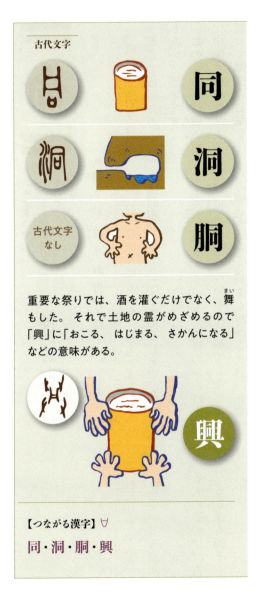

#［命］

音　メイ・ミョウ
訓　いのち・いいつけ・さだめ

神のおおせ

帽子《ぼうし》を被《かぶ》りお告げ聞く

「命令」という言葉の「命」の字のほうにも「令」がふくまれていることがわかりますか？ここでは、この「令」とは何か、ということを紹介《しょうかい》して、「命」という文字についても説明したいと思います。

この「令」は儀式《ぎしき》用の帽子《ぼうし》を被《かぶ》りひざまずいて、神様のお告げを聞いている人の姿《すがた》です。古代中国では男性は人前では頭頂《とうちょう》部を見せないのが礼儀《れいぎ》でした。古代文字を見ると深く帽子を被って神様の言葉を待つ人の姿であることがよくわかると思います。

「大統領」などの言葉に使われる「領」にも「令」がふくまれていますね。「頁《けつ》」の部分は儀式に参加している人の厳《おごそ》かな横顔のことです。

「領」は「うなずく」という意味もあるのですが、これは神様のお告げをうなずきながら聞いている人のことで、そこから「くび、えり」の意味となりました。

この「領」の字をふくむ熟語《じゅくご》に「要領」があります。「要」とは女性の腰骨《こしぼね》のことで、「腰」の元の字形です。「要《こし》」と「領《くび》」は人の体の最も大切な部分ですので、物事の最も大切な点を「要領」といいます。

また衣服で大切な部分が「領《えり》」と「袖《そで》」なので、そこから人びとを統率する頭《かしら》のことを「領《りょう》袖《しゅう》」といいます。

さらに「令」は、黙《だま》って神様の意思を一心に聞く姿のことですので、そこから「無感動」の意味があります。

ですから「令」に「冫《にすい》」を加えた「冷」に「つめたい」の意味が生まれました。「冫」は氷を表しています。そこから「冷淡《れいたん》」「冷笑」などの言葉もできたのです。

さて、その「令」に「口」の字形、つまり神様への祈《いの》りの言葉である祝詞《のりと》を入れる器「𠙵」（サイ）を加えた字が「命」なのです。「命令」とは「命ずる」ことですが、それは神様に祈り、神様のお告げを受けて与《あた》えられるもののこと。つまり「命」とは「神のおおせ」の意味のことです。

古代文字

人の命《いのち》は天から与えられるものと考えられていた。そこから「命」に「いのち」の意味がある

【つながる漢字】𠙵

令・領・冷・命・要（要）・腰（腰）・袖

楽

音　ガク・ラク・ゴウ
訓　たのしい・たのしむ・おんがく・このむ

柄《え》のある手鈴《てすず》

神を呼《よ》び、楽しませる楽器

「令」は前項《ぜんこう》［命］でも紹介《しょうかい》しましたが、神様の前で深い帽子《ぼうし》を被《かぶ》り、ひざまずいて神のお告げを受ける人の姿《すがた》です。本項もまずこの「令」に関連した字の紹介ですが、最初は「鈴《すず》」です。

現在でも呼《よ》び鈴《りん》という言葉がありますが、この「鈴」は神を呼んだり、神を送ったりする際の楽器でした。また「鈴」には、その音で悪い霊《れい》を祓《はら》う力があると考えられていて、旗や車、馬などにつけられました。

「伶楽舎《れいがくしゃ》」という雅楽《ががく》の演奏《えんそう》グループがあります。日本芸術院会員で、雅楽の分野で初の文《ぶん》化勲章《かくんしょう》を受章した芝祐靖《しばすけやす》さんが一九八五年に創設《そうせつ》し、長らく音楽監督《かんとく》を務め、国内外で広く活躍《かつやく》している人たちです。その「伶楽舎」の「伶」にも「令」がふくまれていますが、この「伶」は舞楽《ぶがく》で神に仕える楽人のことを表す字です。

また「伶楽舎」の名にもある、「楽」は音楽に関係し、鈴にも関係した字です。この「楽」は柄《え》のある手鈴《てすず》の形です。「楽」の旧字「樂」は二つの「幺《よう》」と「白」と「木」でできていますが、このうちの「木」が柄の部分を表していて、その柄に「幺」（糸）がついています。そして「白」の部分が「鈴」だとも考えられています。

でもイラスト欄《らん》に挙げた古代文字の「楽」を見てください。現在の字形の「白」に当たる部分がないですね。肝心《かんじん》の「鈴」の部分を字形にかかないで、「鈴」を意味することは考えにくいです。

雅楽の楽器・笙《しょう》の世界的演奏者《えんそうしゃ》で、二〇一九年に芝祐靖さんが亡くなった後、「伶楽舎」の音楽監督を務めている宮田まゆみさんは、「楽」（樂）の鈴はもともとは「幺」の部分についていて、後になって鈴を表す「白」の字形が加えられたのだろうと考えています。宮田さんは白川静さんの文字学にも詳《くわ》しい人で、楽人・伶人《れいじん》でもありますから説得力がありますね。

古代中国の巫女《みこ》さんはこの柄のある手鈴「楽」を鳴らして、神様を呼び、楽しませたのです。またこの「楽」を鳴らして、病気の人の病魔《びょうま》を祓《はら》いました。

古代文字

「薬」という文字に「楽」の字形がふくまれているのは、巫女さんが「楽」で病気を治療《ちりょう》したことの名残

【つながる漢字】

令・鈴・伶・楽（樂）・薬（藥）

【音】

音　オン・イン
訓　おと・ね

神様のお告げ

暗《くら》闇《やみ》の中かすかな音立てる

「音楽」の「楽」は柄《え》のある手鈴《てすず》であることを前項《ぜんこう》［楽］で説明しました。舞楽《ぶがく》の際、巫女《みこ》さんがこれをふって神を楽しませたのが「楽」です。ならば「音楽」の「音」はどんな字でしょうか。ここでは、そのことを紹介《しょうかい》しましょう。

でも「音」の字の紹介の前に「言」の説明をしたいと思います。まず「言」と「音」の古代文字を見てください。非常によく似ていますね。そのことを知ってから、以下のことを読んでください。

この「言」は神様への祈《いの》りの言葉である祝詞《のりと》を入れる器「口」（サイ）の上に、入れ墨《ずみ》用の針《はり》「辛《しん》」を置いて、もし自分の言葉に偽《いつわ》りがあれば入れ墨の刑《けい》を受けることを神に誓《ちか》い祈る言葉を意味します【→［章］】。古代文字の「𠙵」（サイ）の上にある部分が、「辛」（針）です。

その祈りに神様が反応して、答えます。神様の答えはどんな形でくるかというと、夜、静かな時間に器「口」（サイ）の中でかすかな音を立てるのです。その神の答えの音が「口」の中にある横線の「一」です。それが「音」という字です。

古代文字のほうがよくわかるかもしれませんが、「言」の「𠙵」（サイ）の部分に「一」を加えた字が「音」なのです。つまり「音」とは神様のお告げのことです。

この「音」の字形をふくむ字に「闇《やみ》」があります。この「門」の字形は神棚《かみだな》の両開きの扉《とびら》のことです。そこに神様への祈りの祝詞を入れる器「口」（サイ）を置き、その上に誓いの針「辛」を置いて、祈り、問うと神が夜にかすかな音で答えるのです。「問」という字は神棚（「門」）の前に「口」（サイ）を置いて神の意思を「とう」漢字です。

その時は夜で、暗闇の中で神様の意思は示されました。それを表す字が「闇」で、その時間は暗いので「やみ、くらい」の意味となりました。「暗」にも「音」の字形がありますが、これはもともと「闇」と同じ字でした。本来は神の現れる「闇」を表す字が、明暗の対比などをいう字に使われ出して「日」を加えた「暗」の字ができたのです。

古代文字

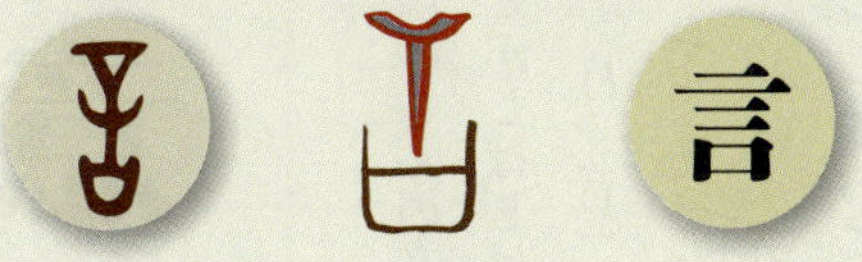

「音」とは神様の「音ない」（音を立てること）、神様の「おとずれ」（訪れ）のこと

【つながる漢字】ㅂ

言・音（音）・暗（暗）・門・闇（闇）・問

意

音　イ
訓　おしはかる・おもう・こころ・ああ

神様の意思をおしはかる

音としての訪《おとず》れの意味

白川静さんの文字学を知って、その字を見ると「なるほどそういう字形だったのか！」と驚《おどろ》くことがしばしばです。「意」という字もそんな代表的なものだと思います。

「意」は「音」と「心」を合わせた字です。そんな目で「意」という文字を見てきませんでした。でもそういう目で見てみると、「意」の意味が深く迫《せま》ってくるのです。

「音」という字は前項《ぜんこう》［音］で紹介《しょうかい》したように、神様への言葉である祝詞《のりと》を入れる器「𠙵」（サイ）を置いて祈《いの》ると、暗闇《くらやみ》の中で神様の訪《おとず》れがあって、かすかな音としての神様の答えが示されることです。その「音」が何を意味するのか、その「心」をおしはかるので「おしはかる」が「意」の意味です。「心」は心臓《しんぞう》の形をかいた象形文字です。「音」は神の訪れですので、もともとは神様の意思、「神意」を「おしはかる」ことの意味でした。

この「意」をふくむ文字もかなりあります。「意」に、さらに「忄」（りっしんべん＝心）を加えた「憶《おく》」は示された神様の意思を心のうちに思いはかり、推測《すいそく》することで、「思う」という意味があります。「記憶」「追憶」などの意味に使うのは後の用法のようです。

また、おしはかり、推測することを「臆《おく》」といいます。自分の考えだけでおしはかる「臆測」などの言葉があります。でも、ちょっとしたことでも恐れる「臆病」など「気おくれする」意味の用法は日本語だけのものです。

現在では数の単位名に使う「億」にも「意」がふくまれています。やはりこの「億」も、もともとは神の訪れを示す音によって神の意思を推測する意味の字で、神意をおしはかることによって、心が安らぐ意味でした。おしはかる意味の熟語《じゅくご》は「憶測」とも「臆測」とも書きますが、さらに「億測」とも書きました。

この「億」は、古くから数の単位に使われていますが、古くは「十万」の意味で用いられ、後に「万の万倍」を意味するようになりました。

「ああ」という感動詞《かんどうし》の「噫《い》」も「意」をふくんだ字です。これは神の訪れに感動する時の言葉です。「噫乎《ああ》」は深く感心してほめる感嘆《かんたん》や嘆《なげ》いてためいきをつく時の言葉です。

古代文字

「意」は臆測する意味から、「心意」の意味となり「こころ」の意味ともなった。さらに「考えて、その意思を定めること」の意味にもなった

【つながる漢字】

音(音)・意(意)・憶(憶)・臆(臆)・億(億)・噫・心

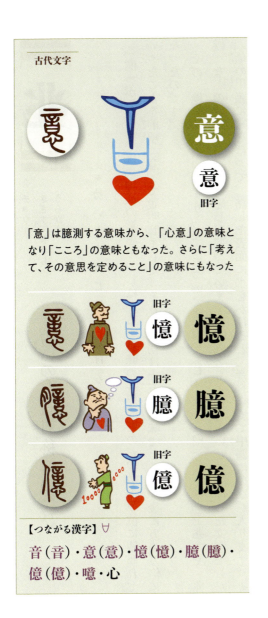

兆

音　チョウ
訓　きざす・きざし・うらかた

勢いよくはじけて裂《さ》ける

占《うらな》いの左右対称《たいしょう》形のひび

「億」がもともとは「神様の意思をおしはかる」意味の字だったのが、数の単位に使われていったことを前項《ぜんこう》［意］で説明しました。それも最初は十万の意味でしたが、後に万の万倍になったのです。

その「億」の万倍、つまり「兆」について説明しましょう。この「兆」は「予兆」や「兆候」などの言葉にも、その感じが残っていますが、もともとは「占《うらな》い」に関係した文字でした。亀《かめ》の甲羅《こうら》に穴《あな》をほって、熱した表面に水をかけると、音を立てて甲羅にひびが入ります。そのひびの形でさまざまなことを占うのですが、そのひびの形を文字にしたのが「卜《ぼく》」です。だから「卜」に「うらなう」の意味があります。

その「卜」の下に神様への祈《いの》りの言葉である祝詞《のりと》を入れる器「𠙵」（サイ）を表す「口」の形を加えた字が「占《せん》」です。「占い」で知った神の意思は絶対的なので「占有」の意味ともなりました。

「卜」は亀の甲羅で片側《かたがわ》を焼いたひびの形ですが、「兆」は亀の甲羅の中央を境にして左右に焼いたひびの形です。「兆」が左右対称《たいしょう》の字形なのはそのためです。

「卜」や「兆」で占う際には、亀の甲羅を焼いて水をかけました。その際に甲羅がはじけて裂《さ》けるので、この「兆」をふくむ字には亀の甲羅がはじけて裂ける時のはずんだ勢いや力のある意味、またふぞろいなひびの形の意味があります。
「跳《ちょう》」は激《はげ》しく躍《おど》り上がるようにとぶことですし、「挑《ちょう》」は力をもって他のものに「いどむ」ことです。「跳躍《ちょうやく》」「挑戦《ちょうせん》」という言葉には、内側にたまっていた力が、はじけて外に表れていく意味をいずれもふくんでいます。
また亀を焼いてできたひびの形は整わないものです。「眺《ちょう》」は「目」が整わず「まばたきをすること」がもともとの意味です。「目」が整わず、あらぬ方を眺《なが》めたりするので「ながめる」となったのです。「兆」は高熱で「はじける」ので、遠くまでおよぶという意味もあります。「眺」も遠くをながめる意味になっていきました。

古代文字

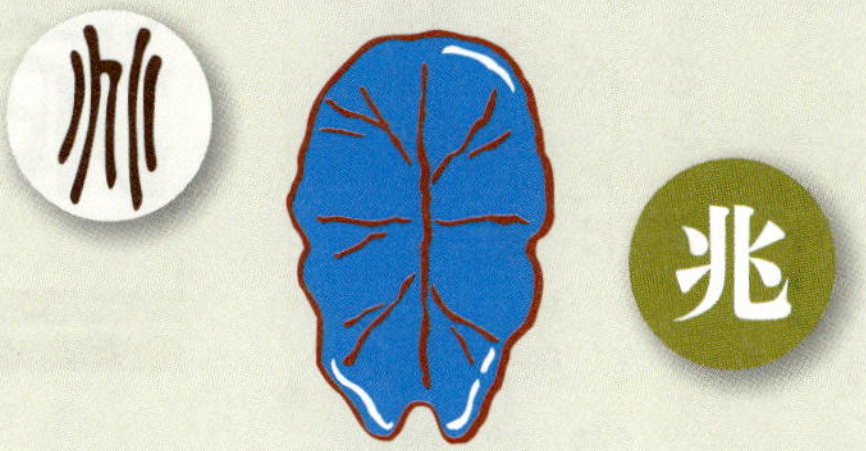

「卜兆」とは占いのことだが、その「卜」も「兆」もひび割れの形を表す象形文字。「卜」の「ぼく」の音読みも、ひび割れる際の音からと思われる

【つながる漢字】

卜・占・兆・跳・挑・眺

【派】

音　ハ
訓　わかれる・つかわす

水が分かれて流れる姿《すがた》

「脈《みゃく》」は血管のこと

派遣《はけん》社員、派閥《はばつ》、軍の派兵《はへい》など、近年しばしば使われる漢字である「派」について、ここでは紹介《しょうかい》したいと思います。

この「派」には「氵《さんずい》」がついているので、どうやら「水」に関係する文字であることは何となくわかるかと思います。そこで「派」を説明する前に、まず「水」について紹介したいと思います。

「水」の古代文字を見てください。真ん中の一本の縦《たて》の流れの左右に小さな点が三つずつ付いています。これは小さな水の流れを表しています。真ん中に大きな流れがあって、左右に小さな流れがあるのが「水」です。

そこで「川」の古代文字を見てください。これは三本ともちゃんとした筋《すじ》になっています。この「川」は勢いよく流れる大きな川を表しています。両方の古代文字を比べてもらうと、水の流れの勢いの違《ちが》いがわかってもらえると思います。

そこで「派」の古代文字を見てほしいのです。この「氵」を除《のぞ》いた右側の字形は、水が分流する姿《すがた》を表していて、この字形が「派」の、もともとの字です。

それに「氵」を加えた「派」は「水が分かれ流れること」の意味から「わかれる」意味となり、さらに「つかわす」などの意味になったのです。

この「派」に関連した文字を一つだけ挙げておきますと、「脈」という字がそうです。紹介したように、右の字形は分流する水の形です。それに体を示す「月」（肉づき）を加えて、「血管、血のすじ」のことです。物事の筋道のことを「脈絡《みゃくらく》」といいますが、「脈絡」も元は「血管」のことです。

中国の古代医学では、つぼとつぼを結ぶ経絡《けいらく》の研究が中心でした。人体を縦方向に走る十二の経脈がメインストリートであり、その経脈から分かれて横方向に走る十五の絡脈があるそうです。そんなことから、人と人の気持ちがつながる「気脈」や、山がつながる「山脈」などの言葉も生まれました。

「派生」は本体から物事が分かれて出ること。「学派」は学の分派のこと。「派」をふくむ言葉には「分かれた流れ」の意味がある

【つながる漢字】

水・川・派（派）・脈（脈）

永

音 エイ
訓 ながい・ながれ

合流して勢いよく流れる水

すべての「ながい」もの

水が分かれて流れるさまが「派《は》」という字であることを、前項《ぜんこう》［派］で紹介《しょうかい》しました。この「派」とペアになる字が「永」という漢字です。本項ではこの「永」に関連した一連の文字を紹介しましょう。

水が分流する「派」とは反対に、「永」は水が合流して勢いよく流れるところを表した字で、水の流れの長いことをいいます。水の流れが長いことから、すべての「ながい」意味となりました。長い水の流れに乗るようにして、水を渡《わた》ることを「泳」といいます。そこから「およぐ」意味となったのです。前項の「派」の古代文字と、この「泳」の古代文字を見比べてください。「水」の流れの分流と合流の字形の違《ちが》いがわかるかと思います。

また水の流れが合流して、流れが長いように、強く長く声をのばして漢詩や和歌を歌いあげることを「詠《えい》」といいます。そこから「うたう」の意味となりました。詩歌を作る意味にも使います。

「詠嘆《えいたん》」は声に出して感動することですが、もともとは声を長く引かせて歌う意味です。日本語でも「詠む」と書いて「ながむ」とも読み、声を長くひいて詩歌を歌うことの意味です。日頃あまり使う漢字ではないので、理解するだけでいいと思いますが、水が合流して、その水の勢いがながく下流におよぶことを「漾《よう》」といいます。

中国の晩唐《ばんとう》時代を代表する詩人に杜牧《とぼく》という人がいます。

その杜牧が長江《ちょうこう》最大の支流の川のほとりにたたずみ詠《うた》った「漢江」という詩は「溶溶《ようよう》漾漾《ようよう》白鷗飛《はくおうとぶ》」と始まっています。豊かにたゆたい流れる漢江。そのゆらゆれる水面を真っ白な鷗《かもめ》が飛んでゆくという意味です。

このように「川が長くたゆたい、ゆらゆらゆれるさま」が「漾」です。

清水哲男《てつお》・清水昶《あきら》という兄弟の詩人がいました。弟の名の漢字「昶《ちょう》」も「永」をふくむ文字ですが、これはまさに「日の長いこと」の意味です。そこから「のびる」とも「久しい」とも読みます。「のびる」ので「通る」の意味もありますし、「あきらか」の意味ともなりました。

古代文字

「永」は「ながい」意味の中でも、特に「時間の長く久しい」意味に使われることが多い。「永遠」「永久」「永年」など

【つながる漢字】

永・泳・詠・漾・昶

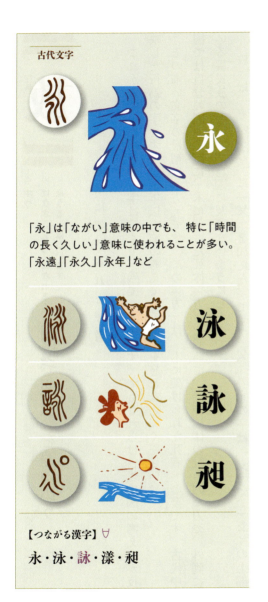

【放】

音　ホウ
訓　はなす・はなつ・はなれる・ほうる・ほしいまま

国境で悪い霊《れい》を追い払《はら》う

木に架《か》けられた死者

これから何項《なんこう》か紹介《しょうかい》する字は怖《こわ》くて、残酷《ざんこく》な漢字です。でもこれらは古代中国の考え方が反《はん》映《えい》した行為《こうい》の字です。三千年以上前の考えであることを忘《わす》れないでください。

その怖い文字の最初は「方」です。この「方」は「木に架《か》けられた死者」の姿《すがた》です。古代中国では自分の国の辺境に、木に架けた死体「方」を置いて、その死体の呪《まじな》い的な力で、外側にいる異民族《いみんぞく》の悪い力が自国に及《およ》ばないようにしたのです。

「放」は、その「方」に「攵《ぼく》」を加えた字です。「攵」の元の字は「攴」で、「攴」の上部「卜《ぼく》」は木の枝（または鞭《むち》）のこと。下の「又《また》」は手の形です【→「友」】。つまり「攵」（攴）は木の枝などを手に持って何かを打つ字です【→「正」】。

この「攵」（攴）で木に架けた死体「方」を打って、死んだ体にある呪いの力をさらに刺激《しげき》し、その力で、敵《てき》からの悪い霊《れい》を追い払《はら》おうとしている文字が「放」です。

これは少し複雑な考え方ですね。敵の悪霊《あくりょう》などを直接打って、相手の悪い霊を追い払うのではなく、自分の目の前の死体を打ち、その死体の力で向こう側の敵の悪霊を撃退《げきたい》するという考え方。こういう考え方を「共感呪術《じゅじゅつ》」というそうです。

その行為は間接的な行為ですが、何かを模倣《もほう》しているような感じがあるので、「放」に「亻《にんべん》」（人）を加えた「倣」の文字に「ならう、まねる」意味があるのです。

今の字形では「方」との関係がわかりにくい字に「辺」があります。「辺」の旧字は「邊」です。これは「自」「穴《あな》」の下に「方」を書いて、「⻌」（しんにゅう）を加えた字です。別な字形ですと「穴」は何かをのせる台のような形です。

「自」は「鼻」の形【↓［自］】。「⻌」は道路を行く意味の字です【↓［行］】。この鼻を上向きにした死体を台の上にのせて、国境あたりに置いて、悪い霊の外からの侵入《しんにゅう》を防ぐ字なのです。それは「辺境」「周辺」でのことなので、「辺」に「あたり」の意味がありますし、その他に、外界と接する「くにざかい」の意味があります。

白川静さんが解明した漢字の世界には呪いに関係した字が多い。現代からすると残酷な行為も多いが、決して今の価値観から考えてはいけない

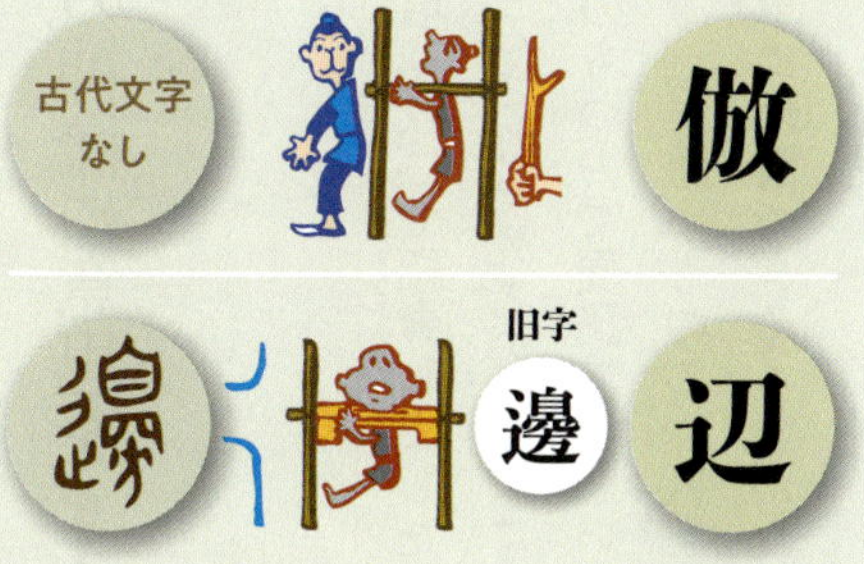

【つながる漢字】

方・放・倣・辺（邊）・攴（=攵）

訪

音　ホウ
訓　おとずれる・たずねる・とう

各地の神様に意思をきく

あまねく四方八方に

ずいぶん怖《こわ》い意味をふくんだ漢字「方」について、前項《ぜんこう》［放］で紹介《しょうかい》しました。三千年以上も前の古代中国の考え方ですが、「方」という字は木につるされた死者の姿《すがた》のことです。それを異国《いこく》との境である四方の辺境の地に置き、死者のもつ力で異民族の悪い霊《れい》が自分たちの世界に入ってこないように呪《まじな》いとしたのです。でも「方」が悪いものの侵入《しんにゅう》を防ぐ字であることがわかると、日常使っている漢字で、その意味が簡単《かんたん》に理解できるものがたくさんあります。

ワクチンの「予防接種」や「防音」などに使われる防ぐ意味の「防」という漢字がまさにその一つです。これは「方」に「阝」（こざとへん）を加えた字です。「阝」は神様が天と地を昇《のぼ》り降《お》りする階段《かいだん》（または梯子《はしご》）です【→［際］】。神が昇降《しょうこう》する階段の前に、悪いものが入ってこないための呪いとして「方」を置いて土地を清め、邪悪《じゃあく》な霊を防ぐ字が「防」です。

また「妨害《ぼうがい》」の「妨」という字にも「方」があります。この「妨」の「女」は神様に仕える巫女《みこ》さんです。他から加えられる呪《のろ》いを巫女さんと「方」の力で妨害する漢字が「妨」なのです。

「紡績《ぼうせき》」の「紡」にも「方」がふくまれています。これは「方」（死体）を木に架《か》けた姿が、糸を上方のものにかけてつむぐ様子に似ているので、この「紡」が「つむぐ」意味となったのです。

さらに「訪問《ほうもん》」の「訪」にも「方」があります。

最初にも書きましたが、木につるされた死者である「方」は四方の辺境に置かれました。このため「方」には「四方」や「四方八方」の意味があり、そこから「広くすべてにわたって、あまねく」の意味があります。

この「訪」は各地を訪《たず》ね歩いて各地の神様に、その意思をきいてまわる字です。ですから「訪」に「おとずれる」の意味の他に、人を「たずねる」意味、さらに人をたずねて「とう」意味もあるのです。

古代文字

日本語の「おとずれ」は神様がやってくる音がする「音ない」のこと。 非常によくできた訓読みだと白川静さんは語っていた

【つながる漢字】

防・妨・紡・訪・方

「方」

音　ホウ
訓　かた・とつくに・みち・まさに

四方や四角形のもの

区画された個室

「方」は木に架《か》けられた死者の姿《すがた》で、敵《てき》の悪い霊《れい》が侵入《しんにゅう》しないための呪《まじな》いとして、四方の敵との境に置かれました。それゆえ「方」に「四方」の意味があり、さらに「四角形」の意味があります。その四角形の意味の「方」をふくむ字の紹介《しょうかい》です。

まず「坊《ぼう》」から。中国では縦《たて》と横の道路によって街が四角く区画され、その一区画を「坊」といいました。四角形の「方」と土地の「土」を合わせて「坊」なのです。また寺の内部も「坊」に分かれていて、その一坊の主を「坊主《ぼうず》」といいます。

次は「房《ぼう》」です。「房」の「戸」は「扉《とびら》」のことで「家」の意味です。「方」は区画の意味です。つまり「戸」と「方」で建物の中を区画した部屋、個室のことです。

日頃《ひごろ》、あまり意識しないで使っている言葉の中に、この方形に区画された個室「房」の意味をもつものがたくさんあります。

「文房具《ぶんぼうぐ》」の「文房」とは文を書いたり、読書をする部屋、つまり書斎《しょさい》のことです。その書斎で使う道具が「文房具」です。次に「暖房《だんぼう》」「冷房」です。個室の温度を個室の外より暖《あたた》かくするのが「暖房」、冷たくするのが「冷房」です。

「女房」も区画された個室の意味でした。「女房」とは宮中に仕える女性、女官の部屋のことです。または個室を与《あた》えられた位の高い女官のことです。そこから婦人、女性の意味となり、妻の意味となったのです。

何項《なんこう》か「方」に関連する字を紹介してきましたが、その最後は「傍《ぼう》」です。右側の「旁《ぼう》」は古い古代文字をみると「凡《はん》」と「方」を合わせた形のようです。「凡」は「汎《はん》」（ひろい）のこと。「方」は四方の意味で、「旁」は「広くすべてにわたって、あまねく」の意味です。

あまねく周辺まで広がっていくので、「旁」には「広がっていって他に迫《せま》る」意味があります。そこから「近く」の意味ができて、「傍」の字に「かたわら」の意味が生まれたのです。

「近傍」は近い所の意味。人前をはばからず勝手な言動や行動をすることを「傍若無人《ぼうじゃくぶじん》」といいます。「傍《かたわら》に人無き若《ごと》し」のことです。

古代文字

「方法」など、何か事を行う際の「手だて」の意味にも「方」は使われる。それは「方」が、悪いものの侵入を防ぐための手だてである呪いの行為であったから

【つながる漢字】
方・坊・房（房）・旁・傍

【白】

音　ハク・ビャク
訓　しろ・しら・しろい・もうす

白骨化《はっこつか》した頭蓋骨《ずがいこつ》

強い霊《れい》力《りょく》で悪い霊を追放

この本は漢字学者・白川静さんの研究で解き明かされた漢字の成り立ちについて紹介《しょうかい》しています。その白川静さんの名にある「白」について、ここで紹介したいと思います。

この「白」は少し怖《こわ》い字です。「白骨《はっこつ》化した頭蓋骨《ずがいこつ》」の形なのです。白骨化しているので「しろい」意味となりました。

「伯《はく》」という字の「白」も白骨化した頭蓋骨です。古代中国では討《う》ち取った敵《てき》の首長の頭部を白骨化させて保存《ほぞん》していました。すぐれた首長の頭蓋骨には強い霊力《れいりょく》があると考えられていたので、「白」に「亻《にんべん》」(人)を加えて、「かしら、おさ」の意味の「伯」ができたのです。「伯」に「あに」の意味もありますが、これは中国の周の時代に兄弟を伯、仲《ちゅう》、叔《しゅく》、季の順に呼《よ》んだことからです。「実力伯仲《はくちゅう》」の「伯仲」とは長兄と次兄の力があまり違《ちが》わないことです。

また「激《げき》」の字にも「白」があります。でも「激」の前に「敫《きょう》」の字を紹介したいと思います。日頃使う字ではないので理解するだけでいいですが、これは「放」に「白」を加えた字です。わかりますか。

「放」は前にも説明しましたが、木につるした死者を木の枝で打ち、死者の霊を刺激《しげき》し、強くなった霊力で、外部から侵入《しんにゅう》しようとする悪霊《あくりょう》の追放を求める字です【→［放］】。

その「放」に「白」を加えた「敫」は、木の枝で打つ死者に白骨化した頭蓋骨が加わった字です。白骨化した頭蓋骨を打って刺激を与《あた》え、強化された霊力で悪霊の追放を求める字で、「もとめる」の意味になりました。

この「敫」には刺激して激しくなる意味がふくまれていますが、その激しさを「水」の様子に移して、水が激しく流れる意味の字が「激」です。後にすべての「はげしい」意味になったのです。

「檄文《げきぶん》」「檄を飛ばす」などに使う「檄」にも「敫」があります。「木」は木札に文字を記した木簡《もっかん》のこと。「敫」に「木」を加えた「檄」は白骨化した頭蓋骨によってではなく、文章で人に刺激を与えることです。そこから「ふれぶみ」の意味になりました。

古代文字

白川静さんは講演会などで「私の名前の『白』は髑髏《されこうべ》のことでございます」と話すのを得意にしていた

【つながる漢字】

白・伯・激・檄

雲

音　ウン
訓　くも

雲に頭を隠《かく》した竜《りゅう》

この世の人と異《こと》なる存在《そんざい》

「魂魄《こんぱく》」という言葉があります。「たましい」を意味する熟語《じゅくご》ですが、その「魂《こん》」も「魄《はく》」も「たましい」の意味です。でも「魂」と「魄」とは少し意味が異《こと》なります。

「魂気は天に帰し、形魄は地に帰す」という言葉があるのですが、なぜ「魂」は天に帰り、「魄」は地に帰るかを紹介《しょうかい》しながら、「魂」と「魄」の違《ちが》いを説明しましょう。

まず「魂」と「魄」とに共通してある「鬼《おに》」の説明からです。古代文字の「鬼」は大きな頭をした人の形です。大きな頭は、この世の人とは異なる存在《そんざい》であることを表しています。古代中国では人は死んだら鬼になると考えられていました。

「鬼」とは人が死後に「たましい」となって存在する霊《れい》の姿《すがた》で、これを「人鬼《じんき》」といいます。反対に自然の現象や事物をあがめる自然神が「神」です。「鬼神《きじん》」という言葉もありますが、これは「人鬼」と「自然神」のことで、いずれもこの世のものとは異なる超人《ちょうじん》的な力を持つものと考えられていたのです。

もう一度、古代文字の「鬼」を見てください。今の字形にある「ム」はありません。「ム」は後に加えられたものです。「ム」は「云《うん》」の省略形と考えられますが、その「云」をさらに「鬼」に加えたのが「魂」です。

この「云」は「雲」の元の字形です。古代文字の「云」は竜《りゅう》が頭部を雲に隠《かく》して、しっぽだけを出している姿。つまり「云」は雲状なものを意味します。その「云」に気象現象を表す「雨」を加えた文字が「雲」です。もともと「云」だけで「くも」の意味でした【→［陽］】。

ですから「魂」とは人が亡《な》くなると雲状のものとなって辺りを浮遊《ふゆう》し、やがて天に帰っていくことを表す文字なのです。

これに対して「魄」の「白」は前項《ぜんこう》でも紹介したように白骨化《はっこつ》した頭蓋骨《ずがいこつ》のことです。つまり「魄」は人が亡くなった後、骨《ほね》となって地上に残ることです。だから「魂気は天に帰し、形魄は地に帰す」のです。

古代文字

雲にはいろいろ意味が込《こ》められた言葉がある。暗雲は悪いことが起こりそうな気配。紫雲《しうん》はめでたいしるしとされた紫《むらさき》色の雲。青雲は高い地位のこと

【つながる漢字】

鬼・云・雲・魂・魄

陽

音 ヨウ
訓 ひ・あたたかい・いつわる

下方に放射《ほうしゃ》する玉の光

ふたをして気を閉《と》じ込《こ》める

「云《うん》」が「雲」の元の字形であることを前項《ぜんこう》［雲］で説明しました。この「云」の字形が「陰《いん》」の中にもふくまれているのがわかりますか。「云」は竜《りゅう》が頭部を雲に隠《かく》して、しっぽだけを出している姿です。ここではその「陰」と「陽」という字について紹介《しょうかい》しましょう。

この「陰」「陽」の両字に共通する「阝」（こざとへん）は神様が天から降《お》りてくる階段《かいだん》（または梯子《はしご》）です【↓［際］】。「陽」の「昜《よう》」の部分の上部の「日」は霊力《れいりょく》をもつ宝石《ほうせき》である玉《ぎょく》のこと。その下の部分はそれをのせる台と玉の光が下方に放射《ほうしゃ》する形です。この光の輝《かがや》く玉を神が降りてくる場所の前に置き、神の威光《いこう》を示している字が「陽」です。

物に感じたり、何かの行為《こうい》によって自分の生きる力を盛《さか》んにすることを「魂振《たまふ》り」といいます。「陽」の玉の光にも、この魂振りの力がありました。

「陽」は後に「ひ、太陽」の意味となり、太陽の光の及《およ》ぶところから、「あたたかい」の意味も生まれたのです。玉光を太陽にたとえ、太陽によって温められた水が「湯《とう》」（ゆ）です。「玉」を捧《ささ》げ持つことからできた文字が「揚《よう》」で、「あげる」意味に用います。

「陽」に対して、「陰」は逆にその光をとざして神気を閉《と》じ込《こ》める字形です。「侌《いん》」の部分は「云」の上に「今」をのせた形。「云」は「雲」の元の字ですし、「今」は何かに蓋《ふた》をする形です【↓［今］】。つまり「侌」は雲のような気に蓋をし、気をおおい、閉じ込める形です。

「陰」の場合は「陽」の玉の光を閉ざし、神気を閉じ込める字です。それゆえに「とざす、おおう、かげ、くもる」などの意味があります。

中国の思想では「陰」と「陽」は相反する性質をもった二つの気としてペアになっていると考えます。中国ではこの陰陽で万物を考えるのです。例えば日・春・南・昼・男が「陽」、これに対して月・秋・北・夜・女が「陰」とする考え方です。この考え方は日本にも伝わり、陰陽道となりましたが、この場合「陰陽」は「おんよう」または「おんみょう」と読みます。

「陰」に「艹」（くさかんむり）を加えた「蔭《いん》」は、草が生い茂《しげ》って、日かげをつくっていることですので「かげ、おおう」という意味があります。

古代文字

「陽」は「佯《よう》」（いつわること）と音によって意味が通じて「陽言」（いつわって言うこと）「陽《よう》狂《きょう》」（いつわって狂気をよそおうこと）などの熟語もある

【つながる漢字】

云・陽・昜・湯・揚・陰・蔭（蔭）・今

【笑】

音　ショウ
訓　わらう・えむ

舞《ま》い踊《おど》る若《わか》い巫《み》女《こ》さん

笑いで神様楽しませる

日常使う漢字の目安である常用漢字の改定が二〇一〇年に行われ、その審議《しんぎ》を経て、新しく「妖《よう》」「沃《よく》」という二字も常用漢字に加わりました。この項と次の項《こう》で、その「妖」「沃」などについて紹介《しょうかい》しましょう。

まず「妖」「沃」に共通する字形「夭《よう》」の古代文字を見てください。これは若《わか》い巫女《みこ》さんが手をあげて舞《ま》い踊《おど》る姿《すがた》です。

そう思って「夭」の古代文字を見ると、リズムに合わせて踊る若い人に見えてきませんか。舞い踊るのは若い巫女さんですから、「夭」には「わかい」意味があります。「夭折」「夭逝《ようせい》」は「若死にすること」です。

巫女さんは体をくねらせて踊るので、「夭」には「しなやかに曲がるもの」の意味もあります。「しなやかに屈伸《くっしん》するさま」を意味する「夭矯《ようきょう》」との言葉もあります。

この「夭」をふくむ文字で、みんなが知っている字は「笑」でしょう。「たけかんむり」の部分は「竹」のことではなく、両手をあげて踊る巫女さんの両方の手を表しています。つまり「笑」は笑いながら舞い踊る若い巫女さんの姿のことです。

巫女さんは神様にいろいろなお祈《いの》りをして、神の意思をうかがうのですが、祈りに応える神の意思をやわらげるために、笑いで神様を楽しませながら踊っているのです。

その関連で知ってほしいのは花が咲《さ》く「咲《しょう》」という字です。その古代文字を見てください。「笑」の古代文字と同じです。「咲」の古い字は「笑」と同じだったのです。意味は「わらう、えむ」です。花が「さく」意味は日本語だけの用法です。

さて、最後に「妖」です。「夭」は神様のために踊る若い巫女さんのこと。その一心に踊り、エクスタシーの状態にある若い巫女さんはあでやかな姿でしたので「あでやか」の意味があります。「妖艶《ようえん》」などの言葉がその意味です。

また一心に踊る巫女さんは神様がのりうつったような状態になり、あやしい存在《そんざい》となってしまうこともあります。ですから「妖怪《ようかい》」「妖異《ようい》」には「あやしいもの」の意味があるのです。

古代文字

花が咲く様子が笑う人の口もとのほころびる様子に似ていたので、「咲」の字が花が「さく」となっていったのだろうと白川静さんは考えていた

【つながる漢字】

夭・笑・咲（咲）・妖（[illegible]=異）

若

訓 ジャク・ニャク
音 わかい・もしくは・したがう・なんじ

長い髪《かみ》をなびかせ踊《おど》る巫女《みこ》

ハイの唯《い》、ハーイの諾《だく》

若《わか》い巫女《みこ》さんが踊《おど》りながら神様の意思をきく字が前項《ぜんこう》[笑]で紹介《しょうかい》した「夭《よう》」でした。でもそれ以外にも神様のお告げを聞く巫女さんの字は多いのです。

その一つが「若《じゃく》」です。この「若」の古代文字はとても強い印象を残す字形です。長い髪《かみ》をなびかせ、両手をあげて踊りながら、神様に祈《いの》り、神のお告げを待つ若い巫女さんの姿《すがた》です。「くさかんむり」の部分は草ではなく、若い巫女さんがあげている両方の手です。漢字誕生《たんじょう》以来、三千年以上の時間を超《こ》えて、神に祈る巫女さんの姿がよく伝わってきませんか。

現在の字形はその横に神様への祈りの言葉である祝詞《のりと》を入れる器「⊌」(サイ)を表す「口」を加えた形です。この神のお告げを求めるのが、若い巫女さんでしたから「わかい」意味となりました。

その巫女さんの祈りに神が「よろしい」と承諾《しょうだく》する字が「諾《だく》」です。意味は「こたえる」です。「唯々諾々《いいだくだく》」という言葉があります。「唯《い》」も「諾」もいずれも「しかり」と承諾する意味ですが、中国の昔の言葉に「父命じて呼《よ》ぶときは、唯《い》して諾《だく》せず」というのがあるそうです。今の言葉でいえば「唯」は「ハイ」、「諾」は「ハーイ」です。

踊りながら祈る巫女さんに対する神様からの承諾ですから、どこかうっとりとした「ハーイ」というニュアンスが「諾」にはあります。つまりお父さんから呼ばれた時に「唯して諾せず」とは、「ハーイ」ではなく、「ハイ」と返事するとの意味です。
「匿《とく》」の「匸《けい》」は隠《かく》された場所のこと【→［医］［区］】。その場所でひそかに若い巫女さんが神のお告げを求めて祈るのが「匿」です。名をかくす「匿名」などの熟語《じゅくご》で使われますが、ひそかな祈りなので「かくれる」意味となりました。
最後に「夭」の関連字「沃《よく》」の紹介です。「沃」は農地に水を「そそぐ」意味ですが、「つややか、ゆたか」の意味もあります。そこから「肥沃《ひよく》」（肥えた土地）などの言葉にも使われます。白川静さんは踊る若い巫女さんの「夭」との関係を記していませんが、「夭」の「わかく、しなやかなもの」の意味と「沃」の「つややか、ゆたか」な意味とにつながるものを感じます。

古代文字

若い巫女さんに伝えられた神様の意思をそのまま伝達することを「若《かく》のごとし」といい、その神意に従《したが》うことから、「若」に「したがう」の意味もある

【つながる漢字】

若（若）・諾（諾）・匿（匿）・沃（洖＝異）

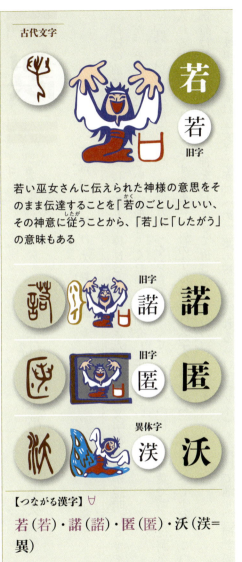

誤

音 ゴ
訓 あやまる

祝詞《のりと》を捧《ささ》げて舞《ま》い踊《おど》る

言葉乱《みだ》れて正常でない巫女《みこ》

神様の前で舞《ま》い踊《おど》りながら、祈《いの》りを捧《ささ》げる若《わか》い巫女《みこ》さんに関する文字を何項《なんこう》か説明してきました。その最後に「呉《ご》」という字形をふくむ漢字を紹介《しょうかい》したいと思います。

「呉」の今の字形の「口」の部分は「くち」ではなくて、神様への祈りの言葉である祝詞《のりと》を入れる器「𠙵」(サイ)です。それ以外の字形は古代文字のほうがわかりやすいですが、この部分は神前で舞い踊り、神を楽しませて祈る巫女さんの姿《すがた》なのです。

つまり「呉」は巫女さんが神への言葉の祝詞を入れる「𠙵」(サイ)を捧げて踊り、神を楽しませている文字です。だから「呉」には「たのしむ」の意味があります。また「呉」は中国の国名・地名によく使われました。

この「呉」をふくむ字に「娯《ご》」があります。「呉」に「女」を加えた「娯」は神に「𠙵」(サイ)を捧げて舞い踊り、神を楽しませる女性のことです。意味は「たのしむ」です。「呉」と同じ意味ですが、「娯」の元の字が「呉」なのです。

「誤解《ごかい》」の「誤」にも「呉」がふくまれています。神前で「𠙵」(サイ)を捧げて祈り、一心に舞い踊る巫女さんは正常な状態でない場合があります。言葉が乱《みだ》れ、何を言っているのかわからない状態になってしまうのです。その状態が「誤」です。ですから「あやまり」という意味です。

「呉」に関する字の最後は「虞《ぐ》」です。漢の劉邦《りゅうほう》と天下を争った項羽《こうう》が愛した女性に虞美人《ぐびじん》がいます。戦いで包囲されて四面楚歌《そか》となった項羽が「虞や虞やなんじをいかにせん」とうたった詩にも名を残しています。

その「虞」は虎《とら》の頭の形の「虍」と「呉」を合わせた形です。白川静さんは、この「虞」は虎頭《ことう》の被《かぶ》り物を被って舞う獅子舞《ししまい》のようなものだろうと考えていました。それは神の前で戦いに勝つことを祈る模擬《もぎ》演技でした。戦争について神意をはかるので「はかる」の意味があり、神威《しんい》をおそれるので「おそれる」の意味にもなりました【→「劇」】。

古代文字

儒教《じゅきょう》の思想家・荀子《じゅんし》の書に「誤」を「人の言葉にまどわされる」の意味に使う例も。以後「人をあやまらせる、まどわす」の意味にも使う

【つながる漢字】

呉(吳)・娯(娛)・誤(誤)・虞(虞)

歌

音　カ
訓　うた・うたう

節をつけて願いの実現を迫《せま》る

声を出し木の枝で打つ

白川静さんの文字学を最も特徴《とくちょう》的に示すのは「口」の字形が「くち」ではなく、神様への祈《いの》りの言葉である祝詞《のりと》を入れる器「𠙵」（サイ）であることを発見して、「口」をふくむ字を新しく体系《たいけい》化したことです。本書でも、そのことを繰《く》り返し説明してきました。

それほど「口」をふくむ漢字がとても多いのですが、この項《こう》では「歌」について紹介《しょうかい》したいと思います。

「歌」の説明への基本の字は「可」です。「可」の「口」も神への祈りの祝詞を入れる器「𠙵」（サイ）です。それ以外の字形の「丁」は曲がった木の枝です。この木の枝を持って「口」（サイ）を打ち、祈りや願いが実現するように神様に迫《せま》るのです。

そうやって願い事を実現す「べし」と迫ると、神が「よし」と「ゆるす」字が「可」です。だから「可」に「べし、よし、ゆるす」の意味があります。つまり「許可」とはもともとは神の許可でした。神が許すことですから「可能」なのです。

この「可」を縦《たて》に二つ並《なら》べた「哥《か》」という字があって、これが「歌」の元の形です。「口」（サイ）を木の枝（丁）で打ち、祈願成就《きがんじょうじゅ》を求める時に発する声を「哥」といいます。意味は「うた」です。

この「哥」に「欠」を加えた字が「歌」です。「欠」は人が口（くち）を開けて歌ったり、

古代文字

白川静さんの考えによると、日本語の「うた」も「拍《う》つ」や「訴《うった》う」と関係があるように思われる

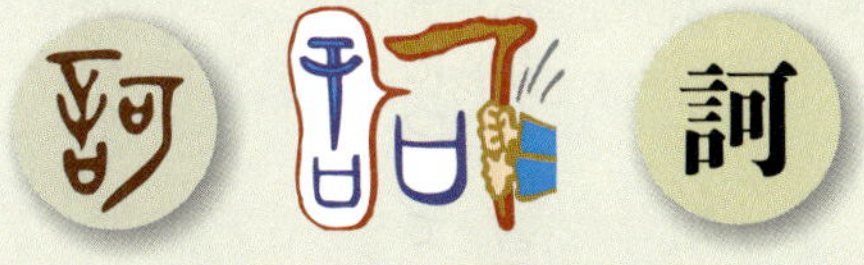

【つながる漢字】

可・哥・歌・訶・呵・苛(苛)

叫《さけ》んだりしている姿《すがた》です【→［期］】。願いの実現を神に迫る時、節をつけて声を出して木の枝(丁)で「口」(サイ)を打ったのでしょう。それが「歌」の始まりです。

「摩《ま》訶《か》不思議」(とても不思議なこと)の「訶」という字も「歌」の元の字の一つです。だから「しかる、せめる」の他に「うた」の意味があります。

「良心の呵責《かしゃく》」の「呵」は「しかる、せめる」の意味で、「呵責」とはまさに「しかり責めること」です。

現代の問題である「苛《いじ》め」の「苛《か》」は「からい、きびしい」の意味ですが、これにも木の枝で打ち責める行為《こうい》から生まれた文字です。

【事】

音　ジ・ズ
訓　こと・まつり・つかえる

国家的な大きな祭り

祝詞《のりと》入れる器を木にかけて

この項《こう》も白川静さんの文字学の最大の発見といわれる「口」（サイ）についての紹介《しょうかい》です。ふつう「くち」のことを示すと思われていた「口」の字形を、神様への祈《いの》りの言葉である祝詞《のりと》を入れる器「𠙵」（サイ）のことであると白川静さんは考えました。すると「口」をふくむいろいろな文字の意味がわかってくるのですが、この項では一見すると「口」（サイ）の字形には見えない文字の紹介です。

まず「史」です。古代文字がわかりやすいですが、この「史」の場合の「口」の字形は木にかけた「𠙵」（サイ）です。その木にかけた「口」（サイ）を右手に高く捧《ささ》げて持ち、先祖を祭る字が「史」です。

この「史」は最初は先祖の祭りの意味や祭りをする人の意味でした。そこから祭りの記録を意味するようになりました。「史」をふくむ熟語《じゅくご》では「歴史」が一番ポピュラーですが、この「歴史」の「史」は祭りの記録の意味の「史」です。

「史」は先祖を祭る廟《みたまや》の中での祭りのことですが、地方に出かけて山河などで祭りをする際には上部が枝分かれした木に吹《ふ》き流しをつけ、それに「𠙵」（サイ）をつけて出かけました。

この外での祭りの使者が「使」ですし、その祭りをする人が「吏《り》」です。「使」や「吏」は「史」の字形の上に「一」が加えられていますね。この「一」の部分が枝分かれした木、または吹き流しの部分です。

外祭をする人である「吏」は、そこから意味が発展《はってん》して役人のこととなりました。

「事」も古代文字を見れば、吹き流しがついた木の枝を持つ形であることがはっきりわかります。その枝にかけた「口」（サイ）を、手で持っている字形が「事」です。

「事」の場合は国家的な大きな祭りのことなので、この祭りのことを「大事」「王事」といいます。このように「史」「吏」「使」「事」は一つのつながりの中にある漢字です。

この「史」をめぐる一連の文字の研究が白川静さんにとって、とても大切なものであったことは、ご自分の長女に「史（ふみ）」と名づけたことからもわかります。

古代文字

古代中国の殷《いん》王朝の時代は、殷の王様の使者をむかえて「王事」（殷王の祭り）をすることが、殷王に服従し仕えることを意味した

【つながる漢字】∀

史（史）・吏（吏）・使（使）・事

裁

音　サイ
訓　たつ・さばく

戈《ほこ》の上につけた祈《いの》りのお札

布や織物をはじめて裁《た》つ

「口」の字形が「くち」ではなく、神様への祈《いの》りの言葉である祝詞《のりと》を入れる器「𠙵」（サイ）であることを発見したのが白川静さん最大の業績の一つです。でも、この「口」に「サイ」という読み方がもともとあったわけではありません。「口」が「くち」を意味する「コウ」の読み方と区別するために、祝詞を入れる器「𠙵」を意味する場合には「サイ」と読むことにしたのです。この項《こう》では神様への祈りの祝詞を入れる器を意味する場合に「口」を「サイ」と白川静さんが読むことにした、その理由となる一連の漢字について紹介《しょうかい》しましょう。

それらは「載《さい》」「哉《さい》」「裁《さい》」「栽《さい》」などの字です。これらはみな「サイ」と読みます。でもその前に「才」の字について説明したいと思います。これも音読みは「サイ」です。まず「才」の古代文字を見てください。これは木の上に横木をつけて、そこに「口」（サイ）をつけた形です。このように「𠙵」（サイ）をつけた木をたてるとその場所が清められるのです。それゆえに「才」は聖《せい》なる場所として「ある」という意味となったのです。

この「𠙵」（サイ）をつけた「才」は、いろいろな新しい物ができるとお祓《はら》いのためにお札のようにつけられました。「載」「哉」「裁」「栽」に共通する「戈《ほこ》」の字形の上につけられた「十」の部分が「才」です。この字形には物を祓い清め、事を始める意味があります。

「載」の「車」は戦車です。それに「戈」の刃《は》の上にお札である「才」をつけたものを加え、戦車を清める儀式《ぎしき》をしているのが「載」です。
　軍隊の出発の儀式で「事を始める」意味となり、出陣《しゅつじん》なので「乗る」意味となり、そこからすべてのものを「のせる」意味になりました。

「哉」はさらに「口」（サイ）を加えた字でやはり「はじめる」意味。詠嘆《えいたん》の「かな」という「哉」の意味は字の音だけを借りた「仮借《かしゃ》」という用法です。

　古代中国では布や織物はたいへん貴重《きちょう》なものでした。衣服を作るために、それらを「はじめて」裁《た》つことを「裁」といいます。「栽」は「植樹《しょくじゅ》」の意味ですが、おそらく儀式として木を植えることがもともとの意味ではないかと白川静さんは考えていました。

古代文字

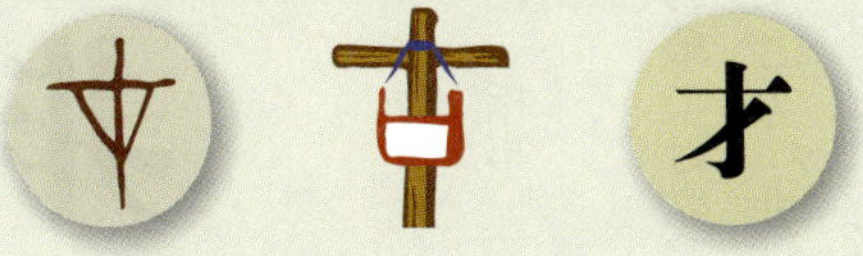

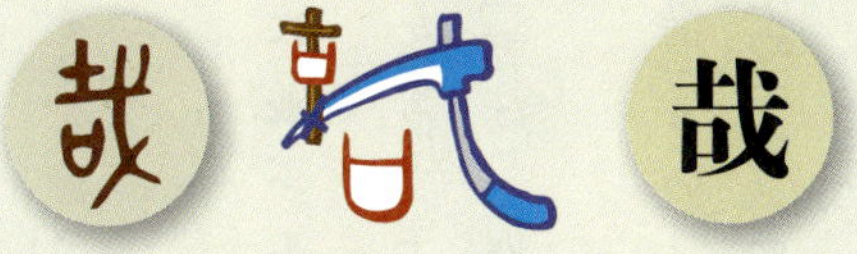

「裁」には布や織物を裁つことから「裁決」（さばいて申しわたす）「裁断」（事のよしあしを決める）「裁判」（正しいことと悪いことをさばく）などの熟語がある

【つながる漢字】 ∀

才・載・哉・裁・栽

非

音　ヒ
訓　くし・そむく・あらず

髪《かみ》をすく櫛《くし》の形

左右に並《なら》ぶものの意味

漢字は物の形を絵画的にかいた象形文字が基本です。漢字で文字を造る造字法には「象形」の他に「指事」「会意」「形声」「転注」「仮借《かしゃ》」の計六種の分類があり、これを「六書《りくしょ》」といいます。

この項《こう》では六書のうちの「仮借」という用法を説明しましょう。まず紹介《しょうかい》したいのは「非」です。この「非」は髪《かみ》をすくための櫛《くし》の形です。古代中国では櫛のことを「非余《ひよ》」といい、「非」はその形です。この「非」を今は本来の櫛の意味ではなく、否定《ひてい》の「あらず」の意味に使っています。

このように文字の音だけを借りて、もともとの意味とは異《こと》なる意味に使う用法を「仮借」といいます。漢字は象形文字が出発点なので、形のないものを表すのが苦手な文字です。特に否定形などは、「仮借」の用法で表すしかないのです。

今では「非」を櫛の意味に使うことはありませんが、でも「非」をふくむ字には櫛のように左右に並《なら》ぶ意味があります。そのことを知っていると「非」をふくむ字を非常に理解しやすいのです。

例えば「扉《とびら》」もその一つ。この場合の「戸」はドアのことで、「非」と合わせて左右に開く「とびら」のことです。

次に「排《はい》」もそうです。これは「非」に「扌《てへん》」を加えた字形。この場合の「扌」(手)は「押《お》す」意味で、「非」は二人が相並んでいることです。その片方《かたほう》が相手を手で「おす」ことが「排」です。「排斥《はいせき》」とは相並んで争う者の片方が、他方を押しのけることをいいます。

もう一つ例を挙げると「先輩《せんぱい》」「後輩《こうはい》」の「輩」がそうです。この場合の「車」は戦争のための戦車のことです。「非」は左右に並ぶことで、この場合は同じ軍に並ぶ仲間のことです。同じ戦闘《せんとう》集団に属する者同士を「同輩」といいますし、それらは相互《そうご》に「先輩」であり、また「後輩」です。そしてその戦闘集団から人材がたくさん出ることを「輩出」といったのです。

古代文字

古代中国でも「非」を否定の意味に使っていた。同じ否定の漢字の「不」も「仮借」の用法。「不」は花の萼《がく》としべの台の部分の形が元来の意味だ

【つながる漢字】

非・扉(扉)・排・輩

俳

音　ハイ
訓　たわむれる

二人が並《なら》び戯《たわむ》れ演じる姿《すがた》

否《ひ》定《てい》的に揺《ゆ》れ動く心情

そのことの意味を示す字がない場合、別な漢字の音だけを借りて表す用法を「仮借《かしゃ》」といいます。その「仮借」の例として「非」について前項《ぜんこう》で紹介《しょうかい》しました。「非」は左右に歯が広がっている櫛《くし》のことでしたが、それを本来とは異《こと》なる否定《ひてい》の意味に使っているのです。

でも「非」が元来は左右に歯の広がった櫛の意味であることを知っていると理解しやすい文字があります。「俳句《はいく》」などの言葉にある「俳」もその一つです。「亻《にんべん》」（人）と「非」を合わせた「俳」は二人の人が並《なら》んで戯《たわむ》れ演じている姿《すがた》のことです。そこから「たわむれる、おどける」の意味があります。このような滑稽《こっけい》な動作の役者のことを「俳」といいます。今の言葉でいうと「喜劇俳優《きげきはいゆう》」のことですね。

現在「非」は「仮借」の用法で「あらず」など強い否定《ひてい》の意味に使われていますが、この否定の「非」の用法から生まれた字もあります。

悪口を言って他人を傷《きず》つけることを「誹謗中傷《ひぼうちゅうしょう》」といいますが、その「誹」も強い否定の意味での「非」の用法です。「非」と「言」を合わせた「誹」は人のことを悪く言うことです。

強い否定である「非」には「否定的で不安定な揺《ゆ》れ動く心情」の意味があります。それを表しているのが「悲劇《ひげき》」の「悲」という漢字です。

「非」に「心」を加えた「悲」は「揺れ動く悲痛《ひつう》な心情」のことで、そこから「かなしむ」意味になりました。

冒頭《ぼうとう》に喜劇俳優の「俳」について紹介しましたし、「悲劇」の「悲」についても紹介しましたので、最後に「非」の文字には関係ありませんが、「優《ゆう》」という字について紹介しておきたいと思います。

「憂《ゆう》」の部分は「憂愁《ゆうしゅう》」の意味。心配や哀《かな》しみで心が沈《しず》む意味です。その「憂」に「亻《にんべん》」(人)を加えた「優」は「憂愁」を演じる人、悲劇俳優のことです。

つまり「俳優」とは、もともと喜劇俳優と悲劇俳優を合わせた言葉だったのです。

古代文字

俳句は俳諧《はいかい》の連歌《れんが》の第一句が独立してできたもの。日本の俳諧も「おどけ、おかしみ」という意味がある

【つながる漢字】∀

非・俳・誹・悲・憂・優

早

音　ソウ・サッ
訓　はやい・はやまる・はやめる・あさ・つとに

モノをすくう匙《さじ》の部分

字の音を借り、別の意味表す

髪《かみ》をすく櫛《くし》の形だった「非」の字が、文字の音だけ借りて別の意味を表す「仮借《かしゃ》」という用法で否定《ひてい》を意味する漢字として使われていることを何項《なんこう》か説明してきました。

「政策《せいさく》の是非《ぜひ》を問う」などと使われる「是非」は「是」が善《ぜん》で「非」が悪の意味ですが、この「非」とペアになる「是」も「仮借」の字です。ならば「是」はもともとどんな意味の字なのか。それを知れば、みな驚《おどろ》きます。

その「是」の説明のもとになる字は「早」です。この「早」はスプーンの形なのです。「早」はモノをすくう匙《さじ》の部分を表す字でした。それがやはり「仮借」の用法で、「はやい」の意味に使われるようになりました。

この「早」に柄《え》の部分を加えた字形が「是」です。「是」の下部の「止」が柄です。古代文字を見るとスプーンであることがわかると思います。

その長い柄のついたスプーン「是」が「仮借」の用法で「ただしい、よい、これ」の意味に使われ出したので、「是」にさらに「匕《ひ》」を加え、「匙」の字が作られたのです。

「匕」は右を向いた人の意味や匙の意味など、幾《いく》つかの意味を持っている字形です。「匙」の場合はもちろん「さじ」の意味です。

もう一つ、スプーン関係の字を紹介《しょうかい》しましょう。それは「卓《たく》」です。これはモノをすくう部分が大きな匙の形で、白川静さんは象形文字に分類しています。大きな匙なので「卓越《たくえつ》」「卓《たく》抜《ばつ》」など他よりもはるかにすぐれている意味がありますし、「食卓」などテーブルの意味にも使います。「卓球」も「テーブル・テニス」ですから、「テーブル」の意味の言葉です。

「よいこと」や「はやいこと」には形がありません。これらはもともとが象形文字である漢字にとって表現することが難《むずか》しい意味です。そこでまったく意味の異《こと》なる「是」や「早」の字を借りて、その意味を表すようになったのですが、でも元は匙の形の一連の文字であることを知れば、これらが忘《わす》れがたく頭の中に入ってきます。

古代文字

匙のモノを搔《か》き取る部分が「早」。古文に「蚤《はや》く起く」など「はやく」の意味に「蚤」を使う例がある。「蚤《そう》」（ノミ）と「早」は音が通じ、「はやい」になったのだろう。「搔《かく》」や「騒《さわぐ》（騷）」などはノミによって引き起こされる動作

【つながる漢字】

早・是・匙・卓・匕・蚤・搔・騒（騷）

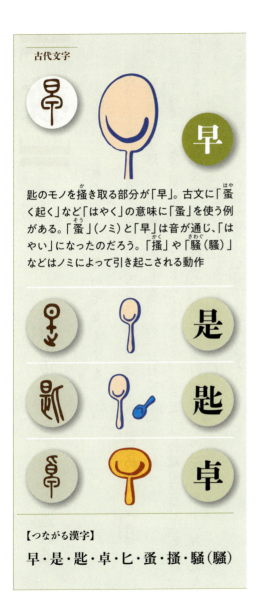

救

音　キュウ・ク
訓　すくう

獣《けもの》の皮を打ち、祟《たた》りを逃《のが》れる

くるくる巻《ま》いて丸くする

一点差でリードしている野球の試合。でも九回の裏《うら》、ツーアウト満塁《まんるい》のピンチ。救援《きゅうえん》のピッチャーが登場、まず球の交換《こうかん》を要求しました。その一球目は……。

野球中継《ちゅうけい》でこんな光景に出合うこともよくあります。でもここで野球の話がしたいわけではありません。この野球の「球」、救援の「救」、要求の「求」。この三つの漢字の音はみな「きゅう」で、いずれも「求」の字形がありますね。

この「球」「救」「求」の関係について紹介《しょうかい》したいのです。

これらの漢字の基本となる「求」は、はぎ取った獣《けもの》の皮の形です。この「求」の獣には霊《れい》力《りょく》があると信じられていました。その霊力ある獣の皮で祟《たた》りを祓《はら》い、自分の欲《よく》するところを求めました。そこから「求」が「もとめる」意味となったのです。

この霊力ある獣の皮をなめして衣にしたものが「裘《きゅう》」（かわごろも）です。そして「求」はくるくる巻《ま》いて丸くすることができるので、「丸いもの」の意味があり、「丸い玉」を「球」というようになりました。

糸状の藻《も》が球を作って水中で転がり動く毬藻《まりも》というものがありますね。日本では北海道・阿《あ》寒湖《かんこ》のマリモが有名ですが、この毬藻の「毬《きゅう》」という字は、毛糸状のものなどを丸く巻いた「まり」のことです。

さて「救」は「求」に「攵《ぼく》」を加えた文字です。「攵」の元の字形は「攴」で、「攴」の「卜《ぼく》」の部分は木の枝（または鞭《むち》）の形です。「又《また》」は「手」の形です【→［友］】。つまり「攴」は木の枝などを手に持って、何かを打つ形です【→［正］】。

「攵」（攴）で霊力ある獣の皮「求」を打って「求」の霊力を刺激《しげき》して高め、その高まった霊力によって、祟りを逃《のが》れ救われるという文字が「救」なのです。

古代中国ではさまざまな呪《まじな》いが行われていましたが、この「救」という文字にも古代ならではの呪術《じゅじゅつ》的な行為《こうい》がふくまれているのです。

古代文字

目前の獣の皮を打つことで、別の獣の悪い祟りを祓えると考えられていた。間接的、代理的に獣の皮を打っている。少し複雑な思考法だが、これを「共感呪術《きょうかんじゅじゅつ》」という

【つながる漢字】

求・裘・球・毬・救・攴（＝攵）

急

音　キュウ
訓　いそぐ・すみやか

捕《つか》まえようと急ぎはやる心

前の人に後ろから手を伸《の》ばす

二〇一〇年に常用漢字が改定されました。常用漢字の前身である当用漢字は敗戦の翌年《よくねん》の一九四六年に決められました。その当用漢字で新しい字体の漢字が作られたのですが、字形の意味を理解しないままに作られた字も多く、ここで紹介《しょうかい》する「急」もその一つです。

その「急」の問題点を紹介する前に「及《きゅう》」の説明から始めたいと思います。この「及」は「人」に「又《また》」（手）を加えた字です。「及」も旧字や古代文字がわかりやすいのでイラスト欄《らん》に挙げておきました。

旧字ですと「急」や「危《き》」の上部にある片仮名《かたかな》の「ク」に似た形に「又《ゆう》」を加えた字であることがわかります。この「ク」のような字形は「人」のことです。

「又」は何回か説明しましたが手の形です【↓［友］】。つまり「及」は、後ろから手を伸《の》ばして前の人を捕《と》らえようとする形で、「およぶ」意味なのです。

この「及」に「扌《てへん》」（手）を加えた「扱《きゅう》」は、手が物に届《とど》くことで「およぶ」意味です。「あつかう」は日本語の用法だそうです。

「学級」の「級」にも「及」がありますね。この「糸」は織物のことです。「及」は前の人を捕《と》らえようとして手を伸ばす人の姿《すがた》ですから、二人が前後に順番に並んでいる意味があります。そこから織物を織る際の順序・段階《だんかい》のことを「級」といいます。そうやって「級」が「段階」

や「階級」の意味となったのです。

最後に「急」です。この「ヨ」のような字形は「又」と同じ「手」の意味です。旧字をイラスト欄に挙げてありますが、「ヨ」の部分は「彗《すい》」の下部などと同じ形の「⺕」でした。古代文字を見ればわかりますが、真ん中の横棒《よこぼう》が右に突《つ》き抜《ぬ》けている「⺕」ですから「手」の形なのです。「ヨ」では手であることがわかりません【↓［夫］［妻］】。

字形上部は「危」と同様に「人」のことです。つまり「人」＋「手」の構成は「及」と同じで、それに「心」を加えた「急」は前の人を捕《つか》まえ追いつこうとして急ぎはやる心のことです。「心」は心臓《しんぞう》の形をかいた象形文字で、思考する場所と考えられていました。

古代文字

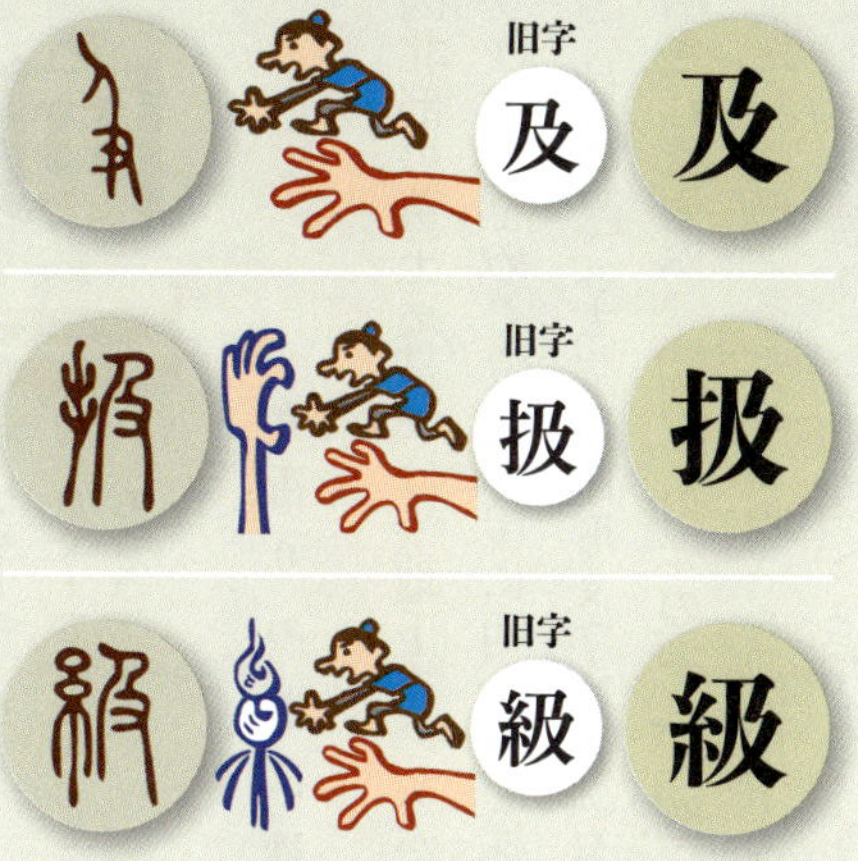

白川静さんは『常用字解《じょうようじかい》』の「急」の項《こう》で、旧字の「急」から常用漢字の「急」に字形を「変えるとヨとなって手の形でなくなり、前の人に追いつこうとして手を伸ばすことができなくなる」とユーモアも交えながら批判《ひはん》している

【つながる漢字】

及（及）・扱（扱）・級（級）・急（急）・又（又）・人・心

向

音　コウ・キョウ
訓　むく・むける・むかう・むこう・まど

月明かりの窓《まど》に神を祭る

祈《いの》りの器に神気現れる

中国北部の黄土地帯では半地下式の家が多かったそうです。半地下の住居の中央に掘《ほ》った庭をもうけ、庭をめぐる各部屋に明かりを採りました。

「明」は「日」（太陽の象形文字）と「月」（月の象形文字）を合わせたから「明るい」とよく説明されますが、「明」の元の字は「囧《けい》」と「月」を合わせた字です。「囧」は地下の庭に開けられた窓《まど》の形。つまり「明」とは地下の窓から差し込《こ》む月明かりのことです。

その地下の窓の下に神様への祈《いの》りの言葉である祝詞《のりと》を入れる器「𠙵」（サイ）（「口」の字形）を置いて、神様を祭る字が「向」です。「向」の「冂《けい》」の上に点がある形が地下窓のことです。月明かりを神様の訪《おとず》れと考えて、神様を祭る窓が「向」という字でした。ですから「向」の最初の意味は「まど」のことです。

その「向」に「八」を加えた字が「尚《しょう》」（尙）です。「八」は何度か紹介《しょうかい》していますが、何かの気が立ち上っている姿《すがた》です【→「酒」「層」「税」】。旧字は「向」に「八」を加えた字形になっています。

この「尚」（尙）の場合は月明かりが差し込む窓のところに神への祈り器「𠙵」（サイ）を置いて祭ると、神の気配が現れることを表しています。つまり「尚」（尙）は神の訪れなので「たっとぶ」の意味となり、また「なお」の意味にも使われます。

日頃《ひごろ》は気づきませんが、「尚」をふくむ文字はかなりあります。まず「堂」という字です。

そうやって見てみると「尚」に「土」を加えた字形です。

この「土」は土の壇《だん》のこと。「尚」は神を迎えて神を祭る窓のところに神の気配が現れることです。つまり土で造った壇の上に築いて、神を迎えて祭る建物が「堂」です。神殿《しんでん》ですから、大きくてりっぱな建物の意味でした。

「当」も「尚」をふくむ字ですが、これは旧字「當」でないと関係がわかりません。「尚」と「田」を合わせた「當」は田の中に神を迎えて祭る文字です。農耕に際して、ちょうどいい適当な時期に神を迎えて祭るので、「あたる、あう、かなう」などの意味になりました。

古代文字

「郷」の元の字は食器「皀《きゅう》」をはさんで二人が向き合う字。「嚮《きょう》」も向き合う意味をふくんだ字で意味は「むかう」。その「嚮」と通じて「向」も「むかう」意味になった

【つながる漢字】

向・尚（尙）・堂・当（當）・明（明）・嚮・日・月（月）

【党】

音　トウ
訓　ともがら・なかま

かまどの上の窓《まど》に神を迎《むか》える

袋《ふくろ》を焦《こ》がして黒くする

「尚《しょう》」という字は月明かりの差し込《こ》む窓辺《まどべ》に神への祈《いの》りの言葉を入れる器「𠙵」（サイ）（「口」の字形）を置いて祭ると、神の気配が現れるという文字であることを前項《ぜんこう》「向」で紹介《しょうかい》しました。

「堂」や「当」（當）などが「尚」の関連字であることを説明したのですが、この項もその続きの字からです。新党誕生《しんとうたんじょう》など、時々政党《せいとう》のことが話題となりますが、この政党の「党」の字にも「尚」がふくまれています。

それをちゃんと説明するには「党」の旧字「黨」でないとわかりません。「黨」は「尚」と「黑」（黒の旧字）を合わせた字です。「黑」は煮炊《にた》きの際の煤《すす》で黒ずんだところの意味で、「黨」の場合は、かまどのことです。そのかまどの上の窓に神を迎《むか》えることを「黨」（党）というのです。「同じ釜《かま》の飯を食った仲」という言い方が今もありますが、炊事《すいじ》・飲食を共にし、祭祀《さいし》（祭）を共にすることが、家族や仲間の始まりでした。一族郎党《ろうとう》のことから「党」（黨）が「ともがら」の意味となったのです。

ついでに「黒」の字の成り立ちも紹介しておきましょう。旧字「黑」は「東《かん》」の下に「火」（灬《れんが》）を加えた字形です。

この「東」の元になる字が「東」の字です。イラスト欄《らん》に「東」の古代文字を挙げておきましたので見てください。この「東」は袋《ふくろ》の形です。でも袋の意味で使われることは、もうありません。今は方角の「ひがし」の意味で使われています。

方角などには形がないので、象形文字ではそのまま表せないのです。こういう場合、別な字の音だけを借りて意味を表す場合が多いのです。こういう用法を「仮借《かしゃ》」の字といいます。

「東」の袋の中に何かが入っている形が「東」です。これに火を加え、袋の中のものを焦《こ》がして黒くしたり、黒い粉末にするのが「黒」です。

その「黒」に「土」を加えた文字に「墨」があります。「墨」は袋の中のものを火で焼いて黒い粉末にして、それに「土」を混ぜて練り、固形にしたものです。

古代文字

党

黨

旧字

「党」はもともと同じ釜の飯を食う一族としての血縁《けつえん》集団の意味だったが、後に地縁集団の意味にもなり、さらに政治集団を意味するようになった

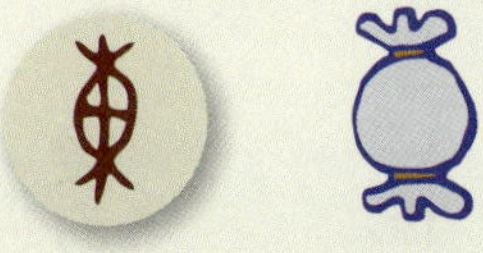

東

旧字

黑

黒

旧字

墨

墨

【つながる漢字】

党（黨）・東・黒（黑）・墨（墨）・尚（尙）

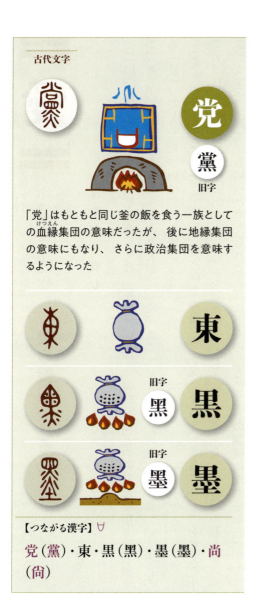

【愛】

音 アイ
訓 いつくしむ・したしむ

後ろ髪《がみ》引かれる心

ぼんやり霞《かす》む

二〇一〇年に改定された常用漢字では「挨拶《あいさつ》」「憧憬《しょうけい》」「曖昧《あいまい》」などの熟語《じゅくご》に使用される漢字が、そろって加わったことも大きな特徴《とくちょう》でした。ここでは、その「曖昧」の「曖」のもとになる「愛」という字について紹介《しょうかい》しましょう。

「愛」の元の字は「旡《き》」の下に、後ろ向きの足の形「夊《すい》」を書き、さらに「心」を加えた字です。昔の字形には「旡」の下に「心」を書いた字もありました。「心」は心臓《しんぞう》の形をかいた象形文字で、思考する場所と考えられていたことから「こころ」の意味になりました。

「旡」は人が後ろを向く姿《すがた》です。この「旡」をふくむ字に「既《き》」があります。「既」の旧字「既」は左が「皀《きゅう》」の字形です。「皀」は「食器」の形。この「皀」に蓋《ふた》をのせた字が「食」です【↓［配］】。つまり「既」は食事に飽《あ》き、後ろを向いてげっぷをしている姿。食事が終わるから「おわる、すでに」の意味になるのです。「既」に「心」を意味する「忄」（りっしんべん）を加えた「慨《がい》」は後ろを向いてげっぷをしている姿が、人が心なげくさまに似ていたのでできました。「慨」は「なげく」意味の文字です。

「愛」の昔の字形の一つは、この後ろを振《ふ》り向く姿である「旡」に「心」を加えた形ですから、「愛」は後ろ髪《がみ》引かれる思いで振り返る心の意味の漢字です。なかなか素敵《すてき》な味わい深い文字だなぁと思っています。

「愛」という感情はもどかしく不安定でおぼつかない心情です。だれでも人を愛すると頭がぼーっと霞《かす》んできます。ですからこの「愛」をふくむ字は、みな「ぼんやりとした」意味があります。「曖昧」の「曖」は「愛」に「日」（太陽の形）を加えた文字。日がかげってぼんやりと暗くなるという意味です。

常用漢字ではないですが、「僾」は愛する人のおぼつかない姿で「ほのか」という意味です。「曖昧」の「昧」のほうも説明しておきましょう。「昧」は「未」と「日」を合わせた字形ですが、未だ日が明けない夜明けの暗くぼんやりしていることで、「くらい」意味です。ですから「曖昧」とは「ぼんやりとしてはっきりしないこと」の意味ですね。

古代文字

「靉靆《あいたい》」という熟語は雲のたなびくさまのことだが、ぼんやりと霞んでいるものをはっきり見る「老眼鏡」の意味もある

【つながる漢字】

愛（㤅＝異）・既（旣）・慨（慨）・曖・僾・靉・昧・心・日

疑

音　ギ
訓　うたがう

決めかねて立ち止まる

進むべきか進退《しんたい》に迷う姿《すがた》

「愛」に関連する一連の漢字を前項《ぜんこう》［愛］で紹介《しょうかい》しました。そこで「愛」の昔の字には「旡《き》」の下に「心」を加えた字形「㤅」があることを紹介しました。

「既《き》」にもある「旡」の字形は人が後ろを向く姿《すがた》で、「既」は食事がすんで満腹《まんぷく》になり、後ろを向いてげっぷをしている姿。「愛」は後ろ髪《がみ》を引かれる心です。

この項で紹介する「疑《ぎ》」の左部分の「匕《ひ》」の下に「矢」を加えた字形「𠤕《ぎ》」も杖《つえ》をついた人が後ろ向いて、進むべきか、退《しりぞ》くべきかを決めかねて立ち止まっている姿です。疑《うたが》い迷っている心です。「疑」の右側の字形は道を進む意味の「止」（足のこと）などを加えた字です。

つまり「疑」は進むべきかどうかの進退《しんたい》に自分で疑い迷う意味の字でしたが、その後にすべての疑いのあることをいうようになり、他人を「うたがう」意味となりました。

ですからこの「疑」をふくむ字には、その多くに進退を決めかねて立ち止まる意味があります。

まず「凝固《ぎょうこ》」の「凝」です。この「冫《にすい》」は「氷」を意味する字形です【↓［命］】。進退を決めかねて立ち止まる人の姿は動きがないので、氷のように凍《こお》った状態になぞらえて「こる、こらす、かたまる」の意味になりました。

次に「模擬《もぎ》試験」「擬人法」などに使われる「擬」です。やはり「疑」は進退を決めかねて

古代文字

疑

白川静さんは「疑」と「愛」の古代文字は似ていて「いずれも心の迷いを示す字である」と著書『漢字の世界』の中で書いている

凝

擬

嶷

【つながる漢字】
疑・凝・擬・嶷

立ち止まっている形。そこから「どんな手だてで行動するか」を思いはかっている形です。行動に移ろうとする前段階なので「かりに、なぞらえる、にせる」の意味となりました。

古代中国の神話的伝説的な王様の一人である「舜」が亡くなった後、現在の湖南省の九嶷山付近に葬られたとされています。九嶷山の「嶷」も「疑」の系列文字です。

「疑」は進退を決めかねて杖をもって静かに立ち止まる人の姿です。その静かに立つ様子を高い山の姿の意味に移して「嶷」の字ができました。音読みは「ギ」、訓読み「たかい」は「やまのたかいさま」の意味です。

感

音　カン
訓　こころうごく・おもう

祈《いの》りに神の心が動き応える

まさかりで祈《いの》りの器守る

白川静さん最大の功績はこれまで人などの「くち」を表すと考えられていた「口」が「くち」ではなく、神への祈《いの》りの言葉を入れる器「𠙵」（サイ）であることを発見、「口」をふくむ字を新しく体系《たいけい》化したことです。

このことは繰《く》り返し説明してきましたが、別の見方をすれば、それほど「口」に関する字が多いのです。「口」は神様への大切な祈りの言葉を入れる器でしたので、これにいろいろなものを加えて守りました。

「口」に「戉《えつ》」を加えた「咸《かん》」もそんな字の一つです。「戉」は「まさかり」のこと。「咸」は神への祈りや誓《ちか》いの儀式《ぎしき》が終わって、その大切な祝詞《のりと》を入れた「口」（サイ）に「戉」を加えて、封《ふう》をとじることを表した字です。封をとじるので「おわる」意味となり、すべて完了《かんりょう》するので「ことごとく」の意味もあります。

手紙に封をすることを「緘《かん》」といいます。これは「咸」に「糸」を加えた文字。「糸」は「とじ紐《ひも》」のことです。手紙を入れておく「文箱《ふばこ》」にとじ紐である「緘」をしたのが元の意味です。現代も手紙は封をします。封をした手紙のことを「緘書《かんしょ》」といいます。つまり「封書」のことです。

この「咸」をふくむ字で一番なじみある漢字は「感」でしょう。「咸」に「心」を加えたのが「感」です。「心」は心臓《しんぞう》の形をかいた象形文字で、思考する場所と考えられて、「こころ」の意味となりました。「感」の場合は神の心のことで、祈りに対して神の心が動き応えること。神様の感応を意味する文字です。もともとは祈りに対して神が感じ動き、応じる意味でしたが、人の心のことに意味を移し、心が動く意味となりました。

「感」は心が動くことですから、「感」をふくむ字には「動く」意味があります。「世界を震撼《しんかん》させた事件」などと使う「震撼」の「撼」も、その一つ。「震撼」とは「震《ふる》え動く」ことです。祈りに対して神が感じ動き応じるのが「感」ですが、その「感」の力で他のものを動かすのが「撼」で、「扌《てへん》」（手）は他を動かす意味で加えられたものです。

古代文字

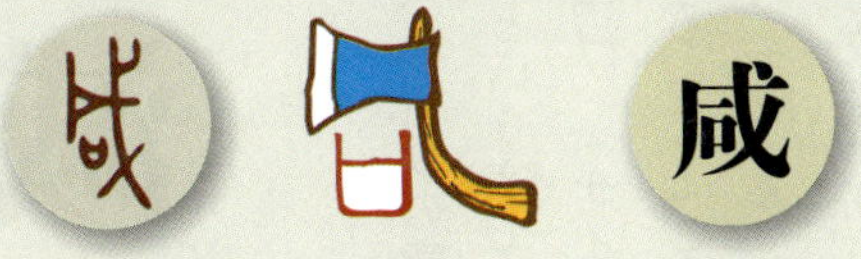

「まことに遺憾《いかん》」の「憾」にも「感」がある。これは神の感応が不十分で「うらみ」に思う気持ち。他をうらむのではなく、自分の心に不十分なものがあること

【つながる漢字】

咸・緘・感・撼・憾・心

減

音　ゲン
訓　へる・へらす

水をかけ祈《いの》りの効果減らす

足で踏《ふ》みつけて穢《けが》す

神への祈《いの》りの言葉を入れる器「口」（サイ）に「まさかり」の形である「戉《えつ》」を加えたのが「咸《かん》」という字です。そのことを前項《ぜんこう》［感］で紹介《しょうかい》しました。「咸」は神への儀式《ぎしき》が終わり、大切な「口」（サイ）に「戉」を加えて封《ふう》をとじることを表した字。封をとじ、完了《かんりょう》するので「おわる、ことごとく」の意味です。

その「咸」をふくむ字で日常よく使うのが「減」です。これは「咸」に「水」（氵《さんずい》）をかけている文字。祈りの効果を守るために封をしていた「咸」に「水」をかけ、祈りの効果を減らし無くしてしまう字が「減」。そこから「へらす」意味になりました。

このように大切な「口」（サイ）に「水」をかけて、祈りの効果を無くしてしまう文字は他にもあります。例えば「沓《とう》」という字がそうです。

「沓」の下の「曰《えつ》」は神様への祈りの言葉を入れる器「口」（サイ）の中に「一」を加えた文字です。この「一」は祈りに対する神のお告げのしるしです。つまり「曰」の「いわく、いう」の意味は神意を告げることでした。

その神のお告げの入った器に繰《く》り返し水をかけて、祈りの効果をなくす行為《こうい》が「沓」の字で、意味は「けがす」の他に「かさなる、むさぼる」というものです。

そして、この「沓」に「足」を加えた文字が「踏《とう》」です。祈りの効果を無くすような意味を込《こ》めて足で踏《ふ》み穢《けが》すこと、踏みつけることから「ふむ」意味になりました。

「踏」の古代文字や異体字《いたいじ》「蹋」を見ると、右側の字形は「曰」の下に「羽」を加えた形です。白川静さんによると、この部分は「習」の字を上下逆転させた形だそうです。

「習」の「白」の部分は古い字形では「曰」の形で、その「曰」を「羽」で、しきりにこすって、祈りの効果を刺激《しげき》する文字です。その行為を繰り返すことが「習」です。一定の行為を習《かさ》ねるので「習慣」「学習」の意味も生まれました。

「踏」の古代文字や異体字「蹋」の右側の字形は、この「習」の上下逆の字形で、「沓」と同様に「祈りの効果を無くす行為」を表しているのだそうです。

古代文字

水を加えることは聖《せい》なるものを穢すことだった。生け贄《にえ》の血をすすり合って、団結を誓《ちか》う血盟《けつめい》という儀式があったが、その血に水を加えることは、誓いにそむくことだった

【つながる漢字】∀

減・沓・習（習）・踏（蹋=異）・曰

城

音　ジョウ
訓　しろ・きずく

飾《かざ》りをつけて完成祝う

戈《ほこ》で祓《はら》い清めた城郭《じょうかく》

一連の「戉《まさかり》」で守ることに関連した漢字などを説明してきたので、ここでは「戈《ほこ》」に関する字を幾《いく》つか紹介《しょうかい》しましょう。

「戈《か》」というのは両刃《りょうば》のある身の部分に直角の長い柄《え》をつけた武器です。「戈」は古代中国では武器として使用される以外に、聖《せい》なるものとして儀式《ぎしき》に使われました。

この「戈」の制作が終わると、完成を祝って、飾《かざ》りをつけて祓《はら》い清めました。そのことを表している文字が「成《せい》」（なる）です。

古代文字を見てもらうとわかりやすいですが、「成」は「戈」と「丨《こん》」を合わせた文字です。「丨」は出来上がったばかりの「戈」につけられたお祓いの飾りです。「成就《じょうじゅ》」という言葉がありますが、この「就《しゅう》」の左側の「京」はアーチ状の門の上に、遠くを見るための望楼《ぼうろう》などを設けた門のことです。その大きな城門《じょうもん》が完成すると、生け贄《にえ》として「犬」（尤《ゆう》）の血を落成式の時に塗《ぬ》りました。それが「就」という字です【→［就］】。「なる、おわる」の意味があります。つまり「成就」とは「戈」の制作や「城門」の築造を祝う言葉でした。

「誠《せい》」は中国の思想家・孟子《もうし》が盛《さか》んにすすめた道徳として知られています。日本で有名なのは新選組の旗でしょうか。この「誠」も「成」をふくんだ字ですが、これは「戈」に飾りをつけて祓い清められたような心で、神に誓《ちか》い約束することです。またはその誓う心を「誠」といいます。そこから「誠」は「まこと、まごころ」の意味になりました。

「城」の字にも「成」がありますね。例にあげた古代文字は現在の字とずいぶん異《こと》なる形です。古代文字の右側は「戈」に飾りの「｜」を加えた「成」ですが、左側は城郭《じょうかく》を上から見た平面図です。その平面図を見ると南北に望楼がある形の城《しろ》です。「成」は戈に飾りをつけて祓い清めることなので、この「城」の字も、祓い清められた城の意味です。

もう一つ「盛《せい》」も、白川静さんは「成」の意味を受けつぐ字と考えていました。「皿」の字形は器のことで、もともとは穀物《こくもつ》を器に盛《も》った意味の文字ですが、何かの仕上げとして盛ることの意味をふくんでいたと考えられます。そこから「さかん、さかる」の意味があります。

古代文字

安陽に殷《いん》王朝の跡《あと》があるが、それ以前の都城・鄭州《ていしゅう》の城壁面は1.7〜2 kmもある。安陽の城壁はより大きなものと思われるが未発見だ

【つながる漢字】

戈・成（成）・誠（誠）・城（城）・盛（盛）・京・就

決

音　ケツ
訓　きめる・きまる・きる

堤防《ていぼう》切って水を流す

はさみ代わりの玉環《ぎょくかん》

中国の神話的な王、舜《しゅん》が湖南省の九疑山《きゅうぎさん》付近に葬《ほうむ》られたという話を「嶷《ぎ》」の字の説明の際にしました【→［疑］】。「疑《ぎ》」は進むか退《しりぞ》くかを決めかねて、杖《つえ》をもって立ち止まる人の姿《すがた》です。その姿が高い山の様子に似ていたので「やまのたかいさま」の意味の「嶷」ができました。ここで紹介《しょうかい》するのは決めかねている字ではなく、決断して「決める」文字です。まず「決」からです。

この「決」は洪水《こうずい》関係の字です。古代中国では洪水を防ぐことがとても大切でした。紹介した舜もふくめ、堯《ぎょう》・舜・禹《う》と呼《よ》ばれる中国の伝説上の王様がいます。

この堯・舜の時代に大洪水が起き、禹の父が洪水を防ぐために起用されましたが失敗してしまいました。息子の禹がその後を継《つ》ぎ、十三年間かけて治水に成功。舜から国を譲《ゆず》られた禹が開いた国が殷《いん》の前の夏《か》王朝です。

「決」の右側「夬《けつ》」の「人」に似た字形の部分は古代の文字では「又《また》」の形で、これは「手」のことです【→［友］】。古代文字の「又」の上にある字形は刃物《はもの》の形です。特に一部分が欠けた玉環《ぎょくかん》（輪の状態になった宝石《ほうせき》）のことです。このように一部分が欠けている玉環のことを「玦《けつ》」といい、はさみ代わりに腰《こし》に着けていました。

この「玦」でモノを切るように、洪水の際には堤防《ていぼう》の一部を切って溜《た》まった水を流しました。

それが「決」です。もともとは堤防の一部を切ることの意味でした。
「夬」でモノを切る行為《こうい》には勢いやスピードがあって「快感」がともないます。そこから「夬」に「心」のことを表す「忄」（りっしんべん）を加えて「こころよい」という意味の「快」の文字ができました。さらに「抉《けつ》」という字は「夬」を「扌《てへん》」（手）で持つ形で、刃物などで何かを「えぐる」ことの意味となりました。
また永遠の別れのことを「永訣《えいけつ》」といいますが、その「訣」は関係が切れる時の別れの言葉です。着物の「たもと」の部分のことを「袂《べい》」と書きます。「袂《たもと》」にも切れた部分の意味があります。

古代文字

洪水に対して堤防の一部を切ることは、しっかり「決断」しなくてはできないので、そこから「決」に「きめる、こころにきめる」の意味も生まれた

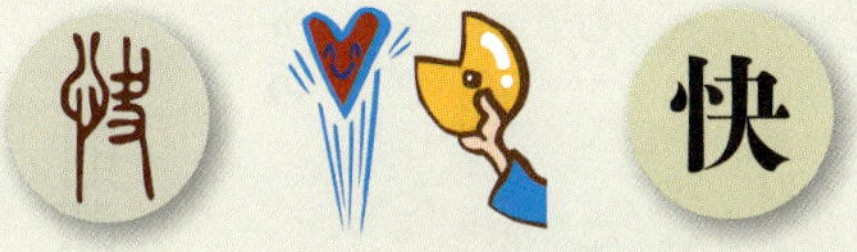

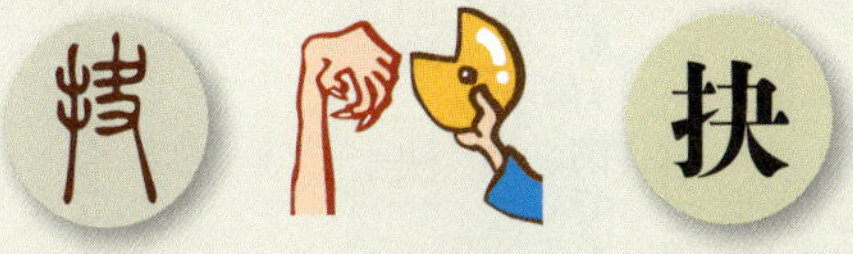

【つながる漢字】

決・玦・快・抉・訣・袂

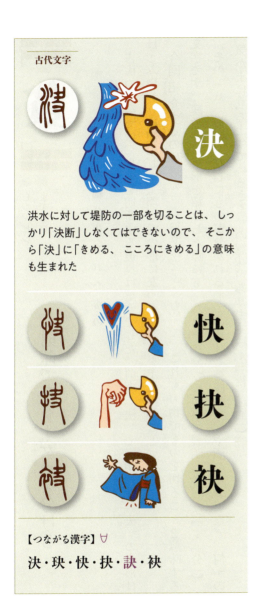

貧

音 ヒン・ビン
訓 まずしい

財産である子安貝《こやすがい》を分ける

細分化されたもの

古代の社会では、ものを切断する道具は重要でした。前項《ぜんこう》［決］で説明した「夬《けつ》」の字形は、はさみ代わりに使用した玉環《ぎょくかん》（輪の形になった宝石《ほうせき》）を手に持つことです。

今回紹介《しょうかい》するのは「分」という形をふくむ字で、これも刃物《はもの》でものを切ることを意味する文字です。漢数字の字形を紹介した際にも「八」や「分」について説明しました【↓［分］】。その「八」には「左右にものが分かれる形」の意味と神様の気配や酒のにおいなど、何かの「気が上に立ち上っているさま」の意味があります【↓［税］［酒］】。

数字の「八」は前者の意味です。これに「刀」を合わせた「分」は「刀」でものを二つに分ける行為《こうい》を表す文字。ですから「分」をふくむ字の多くに「細分化されたもの」の意味があります。

「米」と「分」を合わせた「粉」は穀類《こくるい》などの細分化されたものを意味します。そこから「こな」の意味になりました。

お化粧《けしょう》のために顔にぬる「白粉《おしろい》」も意味しますが、これは白粉が昔は米の粉を使ったためです。古代中国ではお化粧することは仮面と同じで、神事の際に行われたものです。外面を飾《かざ》り欺《あざむ》くことを「粉飾《ふんしょく》」といいます。

「紛争《ふんそう》」の「紛」の「分」も「細分化されたもの」のこと。多くの糸がもつれている状態を表す字が「紛」です。そこから「みだれる、もつれる」の意味となりました。

この「分」と「貝」を合わせた字が「貧」です。「貝」は子安貝《こやすがい》のことで、貨幣《かへい》の代わりにも使われるほど非常に貴重《きちょう》な財産でした。子安貝を紐《ひも》に通して、幾《いく》つもつづったものを二つつなぎ合わせて一連として数えました。その子安貝の一連を分かつのが「貧」です。その大切な財産である子安貝を分けて「まずしく」なるのが「貧」です。

「雰囲気《ふんいき》」の「雰」は「雨」が「細分化されたもの」ですから「きり」のことです。「雰囲気」とは、その場にたち込《こ》める気分のことです。また地球をとりまく大気も意味します。

古代文字

子安貝をつづったもの二系《けい》で一連。その一連の形を表す字が「朋《ほう》」。貝の一連二系の形である「朋」を人の関係に移して「とも」の意味になった【→［実］】

【つながる漢字】

八（八）・分（分）・粉（粉）・紛（紛）・貧（貧）・雰（雰）・朋（朋）

【判】

音　ハン・バン
訓　わかれる・わかつ・さばく

刀で牛を二等分する

二人の人や二つの物

漢字には刃物《はもの》で切断する文字がたくさんあります。ここで紹介《しょうかい》する「半」という字形をふくむ文字も、切断に関係した漢字です。

「半」の旧字をイラスト欄《らん》に挙げておきましたので、まずそれを見てください。「半」の旧字「半」の上部の「八」の字形は、ものを二つに分ける意味の字です【↓［分］】。そして「半」の旧字「半」の下部は「牛」のことです。

つまり「半」とは「生け贄《にえ》の牛を真ん中で二つに分ける」という字形なのです。そこから「なかば、わかつ」の意味となりました。

「半」は牛を二等分することで、それに「亻《にんべん》」（人）を加えた「伴《はん》」は二人の人や二つの物がともにあることです。そこから「ともなう」や「とも、つれ」の意味となったのです。

「同伴」は一緒《いっしょ》に行くことですし、「伴奏《ばんそう》」は歌や楽器の演奏に合わせて、補助《ほじょ》として他の楽器を演奏することです。

「畔《はん》」という字は、「田」と「田」を分ける境界の意味です。そこから「あぜ」の意味となりました。また「半」には「かたわら」の意味もあって、「湖畔」などの言葉では「きし、ほとり」の意味にも使います。

ものをかきまわす意味の「攪拌《かくはん》」という言葉があります。この「攪拌」の「拌」の「半」も

「半分に割《わ》る」意味の文字。「拌」はもともとは「たたき割る」意味でしたが、今は「かきまわす」意味に使われるようになったそうです。

最後は「判」です。これは牛を二等分する「半」という字に「刂《りっとう》」(刀)を加えて、二つに分けることを、さらに示す文字です。

古代の中国では重要な契約《けいやく》は契約事項《じこう》を書いた紙を二つに切って、両分する部分に割り印を押《お》して双方《そうほう》が持ちました。

それを「判書」といいます。その判書で契約上の裁定《さいてい》をするので「判断」「判定」「審判《しんぱん》」「判決」などというのです。

古代文字

法令の備わらない時代においては、判決の例が判定の基礎《きそ》となるので、判決文や判例集のことを「判」といった

【つながる漢字】

半(半)・伴(伴)・畔(畔)・拌・判(判)

骨

音　コツ
訓　ほね

水にぬれるとよく滑《すべ》る

肉が残っている骨《ほね》の形

「分別」は「分別ごみ」の際には「ぶんべつ」と読み、「大人の分別」という際には「ふんべつ」と読みます。後者の「ふんべつ」は物事のよしあしが「わかる」という意味。この「判断できる」意味の「分」は日本独特の用法です。種類ごとに「わける」意味の「ぶんべつ」の「分」のほうがもともとの意味です。

〔分〕や〔貧〕の項《こう》でも説明しましたが、「分」という字は左右にものを分ける「八」と「刀」を合わせた字で「ものを刀で分ける」字でした。

そして「分別」の「別」の方にも「刀」（刂《りっとう》）がありますね。つまりこの「別」も刀で何かを切断する文字なのです。さて何を刀で切って分けているかわかりますか？

実は「別」は骨《ほね》の関節部分を刀で切り離《はな》している形なのです。それを理解するために「別」と「骨」のそれぞれの古代文字を見てください。「別」の左部分と「骨」の上部（「月」を除《のぞ》いた部分）の古代文字が同形ですね。

この部分は「冎《か》」という字形です。「冎」は人の胸骨《きょうこつ》から上の骨の形。この「冎」と「刀」（刂）を合わせた「別」は、その骨の関節のところを刀で切り離して「わける」意味の文字です。そこから「わかれる」意味にもなりました。

そして「骨」は「冎」と「月」を合わせた文字。「月」は身体を表す「肉づき」で、肉が残っている胸骨より上の骨の形です。つまり、肉付きの骨のことです。
その「骨」の形をふくむ字を幾《いく》つか紹介しましょう。スキーの「滑降《かっこう》」などの「滑《かつ》」がそうです。なぜ「骨」に「氵《さんずい》」（水）を加えると「すべる」意味の字となるのでしょうか。それは「骨」の表面はなめらかで、水にぬれるとよく滑《すべ》るからです。
また「狡猾《こうかつ》な人物」などと使う「狡猾」の「猾」は「わるがしこい、みだす」意味の漢字です。この「猾」もなめらかな骨のことです。「なめらかでとらえようがない」ほど「悪賢《わるがしこ》い」ということです。

古代文字

「気骨」とは自分の信じていることを押し通そうとする強い気持ちのこと。これは骨のかたい性質からできた言葉

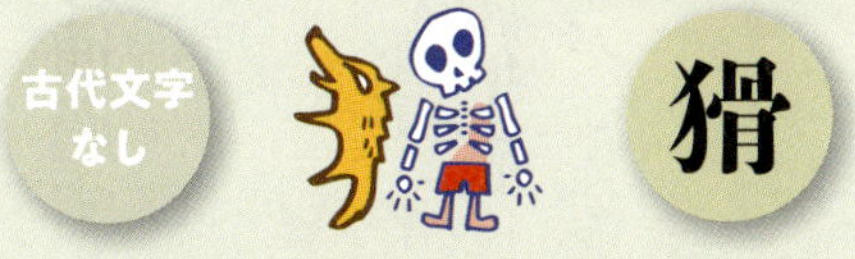

【つながる漢字】

別・骨・滑・猾

【過】

音　カ
訓　すぎる・すごす・あやまつ・あやまち

残骨《ざんこつ》を祓《はら》い清め通過する

渦巻《うずま》き状のもの

「骨《ほね》」という字の上部「冎《か》」は人の胸骨《きょうこつ》から上の骨の形であることを前項《ぜんこう》［骨］で説明しました。ここでは、この「冎」に「口」を加えた「咼《か》」をふくむ文字を紹介《しょうかい》しましょう。

「冎」に加えられる「口」は、白川静さんの漢字学ではおなじみですが、「くち」の意味ではなく、神様への祈《いの》りの言葉である祝詞《のりと》を入れる器「𠙵」（サイ）です。

この「咼」をふくむ文字で、みんなが知っているのは「通過」の「過」でしょう。この「通過」とはどんな場所を通過しているのでしょうか。

「過」の「咼」の場合の「冎」の部分は死者の上半身の残骨の姿《すがた》です。「悪いこと」「わざわい」は死者の残骨によってもたらされると考えられていました。その残骨に神への祈りの言葉を入れた器「口」（サイ）を加えた「咼」は死者の残骨による「わざわい」を「𠙵」（サイ）で清めて祓《はら》う意味の字です。

この「咼」は「禍《わざわい》」の元の字です。「禍《か》」の旧字「禍」の「示」は神様へのお祭りをする際に置くテーブルの形で、この「示」がついた字は、みな神様に関係した文字です【→［際］［神］】。

つまり「禍（禍）」は死者の残骨の「わざわい」を祓う儀式《ぎしき》が、神様の前で行われたのだろうと白川静さんは考えていました。

そんな「咼」に「辶」（しんにゅう）を加えたのが「過」です。「辶」は十字路の左半分の形である「彳」と足の形の「止」を合わせた形で「道を行く」意味です【↓「行」】。

白川静さんによると、このような要素を合わせた「過」は、重要な場所を通過する時に、亡《な》くなった人の残骨による禍を清め、お祓いをする儀式のことを表す文字です。

この「咼」は死者の上半身の残骨の姿なので、肋骨《ろっこつ》の形状から渦《うず》状のものの意味もふくんでいます。わかりやすい例を二つ三つ紹介しましょう。

一つは「渦《か》」です。これは水が渦巻《うずま》き状になっていることです。そして「蝸《か》」は渦巻き状の虫、「でんでん虫」「かたつむり」のことです。「鍋《なべ》」も円くくぼんだ器です。

古代文字

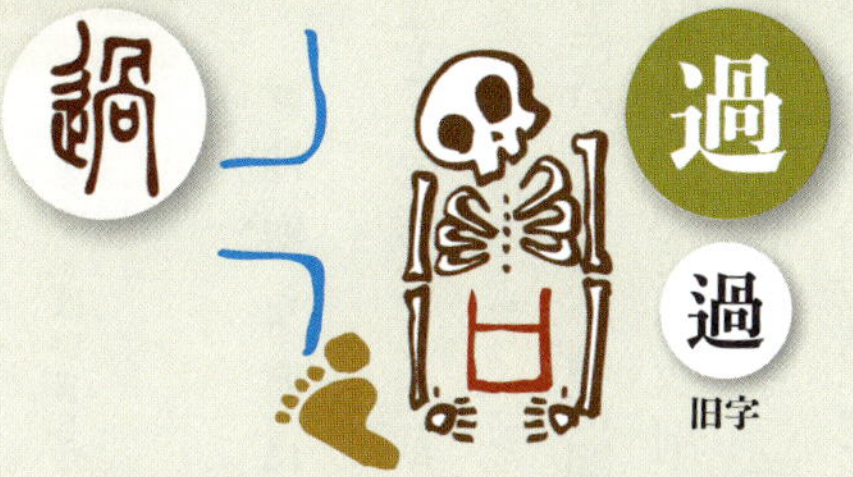

日本語の「すぐ」（過ぐ）は「すがすがしい」の「すがし」（清し）と同じつながりを持つ言葉のようだ。悪いことを祓うことでさわやかな心となることに通じる

【つながる漢字】

禍（禍）・過（過）・渦・蝸・鍋・示

【倍】

音　バイ・ハイ
訓　ます・ばいまし・そむく

神《しん》聖《せい》な席に多くの人が同席

実がわれて数が多くなる

米国の陪審《ばいしん》制度などを参考にした裁判員《さいばんいん》制度が二〇〇九年に始まってから、「陪審員」の「陪」という字をよく見かけるようになりました。裁判員制度は重大な犯罪を裁《さば》く際に実施《じっし》されますので、殺人事件の時には解剖《かいぼう》に関する資料にふれることもありえます。

本項《ほんこう》では、この陪審員の「陪」、解剖の「剖」などにふくまれる「立」「口」を合わせた字形「咅《はい》」について紹介《しょうかい》したいと思います。「咅」は草木の実が熟《じゅく》し、われようとしている形です。それを「刀」（刂《りっとう》）で二つに分けることが「剖」です。二つにするので「わける、さく、ひらく」の意味となりました。

この「咅」で、一番なじみ深いのは「倍」という文字かもしれません。草木の実が熟し、われると当然、数が多くなりますが、「人」（亻《にんべん》）の行為《こうい》によって、ものがわれても数が多くなります。それを「倍」といいます。

そして陪審員の「陪」の「阝」（こざとへん）は神様が天と地の間を昇降《しょうこう》する階段《かいだん》、あるいは梯子《はしご》のことです。また、その神様の階段・梯子が置かれた神聖《しんせい》な場所のことを表します【↓【際】】。「陪」は、その神聖な席に多くの人が同席することです。

目上の人の側に多くの人が同席するのが「陪席」。そこから「陪」に「はべる」意味があります。「陪審」とは裁判に法律《ほうりつ》の専門家《せんもんか》ではない一般人《いっぱんじん》が陪席することです。

「部分」の「部」の「阝《おおざと》」は「邑《ゆう》」（むら）の省略形です。「音」は草木の実がわれる形。

「部」は分けられた土地、全体を小分けしたものから「わける」意味になりました。

「賠償《ばいしょう》金」などの「賠」の「貝」は子安貝《こやすがい》のことで財産のことを表しています。「賠」の右側の「音」は、果実がふくらみ始めて、われるので倍加する意味です。人に与《あた》えた損害をつぐなう時は、お金を加算して支払《しはら》ったようです。二倍返しのことで、それが「賠」です。

栽培《さいばい》の「培」の右側の「音」は花の実がふくらむこと。そこから倍加する、増加する意味があります。この「培」の場合は草木の根もとに土を加え重ねるので「つちかう」という意味。

コーヒーなど「焙煎《ばいせん》」の「焙」は火に「あぶる」とふくらむことです。

古代文字

「倍」は「ます、ばいまし」の他に「そむく」の意味がある。実が二つにわれることから背《はい》反《はん》の意味がある。「倍徳《はいとく》」は徳義にそむくこと

【つながる漢字】

剖・倍・陪・部・賠・培・焙

県

音　ケン
訓　かける・くに

紐《ひも》で木にぶら下げた首

転《てん》倒《とう》した死者の姿《すがた》

白川静さんの漢字学で文字の由来を知ると「漢字って、怖《こわ》い字が多いなあ」と思います。ここで紹介《しょうかい》する「真」や「県」は、その代表みたいな文字です。

「真」の旧字「眞」は「匕《か》」の下に「県」の字を合わせた形です。「匕」は人が倒《たお》れた姿《すがた》で、人の死を意味しています。この「匕」に「亻《にんべん》」（人）を加えた字が「化」（化）です。

「化」の古代文字を見てみると、左側に人の姿があり、右側にそれが上下逆転した形がありますそれらが組み合わさった字形が「化」の古代文字です。これは転倒《てんとう》した死者の姿を表しています。つまり「化」の「かわる」という意味は、単に変化するという意味ではなくて、「人が死者に変化する」ことです。

「眞」の下部は「県」です。その「県」の下部は「小」ですが、もともとは「巛」の字形でした。

この「巛」は髪《かみ》の毛が下に垂《た》れ下がった姿です。つまり「県」は人の首が逆さまにかかっている姿を文字にしたものです。その「県」の旧字「縣」は「県」と「系《けい》」を合わせた文字で、「系」は紐《ひも》のことです。

ですから「縣」（県）は、木に紐で首を逆さまにぶら下げている姿。木に首を逆さまにぶら下げていることから「かける」の意味があります。

首を木にかけるなんて本当？　そう思う人もいるかもしれません。でも「県」（縣）の古代文字を見れば納得《なっとく》してもらえると思います。確かに「県」は怖い字ですが、これは三千年前の古代中国の考え方から生まれた字です。現在の価値観《かちかん》だけで考えてはいけません。

その「県」（縣）が後に行政単位の県の意味に使われるようになり、「縣」に「心」を加えて「懸《けん》」が別に作られました。「懸」は「あることに心をかけて懸念《けねん》する」意味の文字です。

以上説明した「県」と「匕」（死者の転倒した姿）を合わせた「真」（眞）は不慮《ふりょ》の災難《さいなん》で亡《な》くなった行き倒れの人のことです。これも怖い文字ですね。

周王朝では国が直接支配する中央直属の所を県といった。紀元前221年に中国を統一した秦の始皇帝は全国を36郡に分け、郡の下に県を置いた

【つながる漢字】

真（眞）・化（化）・県（縣）・懸・匕

【真】

音　シン
訓　ま・まこと

不慮《ふりょ》の災難《さいなん》で亡《な》くなった人

強い無念の気持ち

前項《ぜんこう》［県］で、「真」（眞）とは不慮《ふりょ》の災難《さいなん》で亡《な》くなった行き倒《だお》れの人を表す文字であることを説明しました。かなり怖《こわ》い意味がある「真」（眞）ですが、それが行き倒れの死者であることがわかると、「真」を字形の中にふくむ文字をいっぺんに理解することができます。

不慮の死者は無念な気持ちが強く、その死体からは強い怒《いか》りが発せられています。その死者をちゃんと埋葬《まいそう》し、怒りを鎮《しず》めることが大切でした。

二〇一〇年の常用漢字の改定で常用漢字に加わった「塡《てん》」は「眞」に「土」を加えた文字です。行き倒れの死者である「眞」の強い恨《うら》みの霊《れい》を土の中に埋《う》める字が「塡」です。意味は「うめる、ふさぐ」です。ピストルなど弾《たま》をつめる「装塡《そうてん》」、空間や欠員をみたしうめる「充《じゅう》塡《てん》」などの言葉に使われます。

さらに不慮の死者の耳に宝石《ほうせき》をつめて、強い恨みの霊を鎮めました。死者の霊を鎮める宝石を「瑱《てん》」と書きます。左側の「王」は宝石の「玉《ぎょく》」のことです。意味は「みみだま」です。

そのみみだま「瑱」などで行き倒れの人の強い恨みを鎮める字が「鎮《ちん》」（鎭）。霊を鎮める意味から「鎮圧」など軍事的に支配する意味にも使われるようになりました。

また行き倒れの人の霊を鎮める時には丁重な気持ちで行いました。その丁重な「心」（忄＝りっしんべん）を「慎《しん》」（愼）というのです。意味は「つつしむ」です。

以下は、あまり触《ふ》れる機会が多くはない漢字かもしれませんが、これも「真」に関連する文字です。

まず「瞋恚《しんい》」（怒《おこ》ること）「瞋目《しんもく》」（目を怒らすこと）などの熟語《じゅくご》に使われる「瞋」という字です。意味は「いかる」。行き倒れの人が目をむいて激《はげ》しい怒りの気持ちを表す姿《すがた》からできた字です。

もう一つは「顚《てん》」です。倒《たお》れることの「転倒《てんとう》」や気が「動転」することを「顚倒《てんとう》」「動顚《どうてん》」とも書きます。「顚」の「頁《けつ》」は儀式《ぎしき》を行っている際の「顔」のことです【→「文」】。この場合は不慮の死で倒れた人を拝《おが》む姿で「たおれる、さかさま」の意味です。

古代文字

古代中国では死を積極的にとらえて、逆に永遠性を見いだそうとした。死者を表す「真」から「存在《そんざい》の根源《こんげん》」への意味の転換《てんかん》に中国思想の素晴らしさがある

【つながる漢字】

真（眞）・塡・瑱・鎮（鎭）・慎（愼）・瞋・顚

任

音　ニン・ジン
訓　まかせる・まかす・あたる・になう・つとめ

人の上に何かをのせる

金属を鍛《きた》えるための工具

ここで紹介《しょうかい》する「壬」という字形をふくむ字はわかりやすい意味を共通して持っています。その「壬」の音読みは「ニン」「ジン」ですが、訓読みは「たたきだい」です。

つまり「壬」とは金属を打ちたたいて鍛《きた》えるための工具の形です。白川静さんは「鉄道のレールを輪切りにしたような形」と説明しています。

その古代文字の縦軸《たてじく》の中央に丸い点のようなものがあります。「壬」の縦軸の中央が太くふくらんだことを表していて、このために強い力や重さにたえるので、「壬」の上で金属を打ち鍛えることができるのです。

そのため「壬」には「になう、ふくらむ」の意味もあるのです。

以上のことがわかると「壬」をふくむ文字をよく理解できます。

まず「任」です。「壬」と「亻《にんべん》」（人）を合わせた字で、人の上に何かをのせることを表しています。そこから「になう」や「つとめ、まかす」などの意味が生まれ、負担《ふたん》にたえることから「責任」や「任務」の言葉もできました。

この「任」をふくむ文字は、物を負って任う意味があると白川静さんは字書に書いています。

その考えに従《したが》って「賃《ちん》」という字を考えてみましょう。「任」は任務・労働のこと。「貝」は、古代中国でお金の代わりに使われた子安貝《こやすがい》で、それを合わせた「賃」は任務・労働に対して、お金を払《はら》ってやとい使うことです。そのお金が「賃金」です。

「運賃」は運送料金のこと。「駄賃《だちん》」とは馬で荷物を運ぶ時の運賃のこと。確かに「任」をふくむ字には物を負って任い、運ぶ意味がありますね。

また「駄賃」にはちょっとした労働に対して与《あた》えるお金の意味もあります。特に子どものほうびのことです。「おだちん」ともいいますね。

また「壬」に「女」を加えたのが「妊《にん》」です。この「壬」も中央が太くふくらんだ姿《すがた》のことです。女性の腹部《ふくぶ》がふくらみ、子どもを妊娠《にんしん》した、妊婦の姿を表しています。

古代文字

その負担を自分で辞めてしまうのが「辞任」。負担を自分ではなく他人に任わせてしまうのが「委任」。負担をかけずに自由にしたいようにさせるのが「放任」だ

【つながる漢字】

壬・任・賃・妊

身

音　シン
訓　み・みごもる・からだ・みずから

おなかの大きな女性

妊《にん》娠《しん》した姿《すがた》を表す漢字多い

「壬《じん》」の字が鉄などを打ちたたいて鍛《きた》える工具の形であることを前項《ぜんこう》［任］で説明しました。その工具「壬」の縦軸《たてじく》の中央部分が丸く太くふくらんでいるので、上部からの強い力を受け止めることができるのです。

その中央がふくらむ形と女性の腹部《ふくぶ》がふくらんでいる姿《すがた》を合わせたのが「妊《にん》」という文字であることを紹介《しょうかい》しました。

女性が子を妊娠《にんしん》することは個人にとっても、家族や社会にとっても大きな喜びでした。ですから妊娠を表す漢字はたくさんあります。妊娠に関する字をここでまとめて紹介したいと思います。

「妊」ばかりでなく「妊娠」の「娠」のほうも妊娠に関係する文字です。「辰《しん》」は「蜃《しん》」の元の字で「辰」も「蜃」も「はまぐり」のことです。「辰」は、はまぐりが足を出して動いている姿です。

ですから「辰」をふくむ字には物が動く意味があります。例えば「震《しん》」の字はカミナリなどがとどろき震《ふる》えることです。そこから「震」は人や物が「ふるえる」意味になりました。その「辰」と「女」を合わせた「娠」は母親のおなかの中で子が動くのを感じるという字です。

また「身体」を表す「身」も妊娠した女性を表す文字です。これは古代文字のほうがよくわかります。妊娠しておなかの大きな女性を側面からかいた姿です。

また「はらむ」という言葉は「孕《はら》む」と書きますが、この「孕《よう》」という字も女性が子を妊娠している姿の字です。

「孕」は「乃《だい》」と「子」を合わせた字形です。この「乃」は「身」の場合と同様に人間を横から見た姿を文字にしたものです。その側身形の女性のおなかの中に「子」がいる姿が「孕」です。

古代文字の「孕」を見てください。これは古い甲骨《こうこつ》文字の「孕」ですが、漢字を知らない人でも、世界中のだれが見ても妊娠している女性を表していることがわかると思います。

「身体」や「自身」など「からだ」や「みずから」の意味に「身」を使うのは、もともとは「身」が「身ごもる」という意味だったことからきている

【つながる漢字】
妊・辰・蜃・震・娠・身・孕

包

音　ホウ
訓　つつむ・はらむ

腹《はら》の中に胎児《たいじ》のいる姿《すがた》

中に何かを包み込《こ》む

妊娠《にんしん》した女性の姿《すがた》を表す一連の文字を［身］に関係する漢字の項《こう》で紹介《しょうかい》しました。もう一つ、妊娠した女性の文字を紹介しましょう。それは「包」という字です。

現在の字形では「包」は「勹《ほう》」と「己《こ》」を合わせた文字ですが、旧字体は「勹」に「巳《し》」を合わせた形となっています。「勹」は横から見た人の形。「巳」は胎児《たいじ》の形ですので、「包」（包）は人の腹《はら》の中に胎児のいる姿《すがた》を文字にしたものです。「己」は直角に曲がった定規のような道具の形で、「巳」とは異なる文字です。

「包」（包）は妊娠すること、つまり「はらむ」意味から、「つつむ、いれる」の意味となりました。そしてこの「包」（包）をふくむ字の多くに妊娠と関係した意味があるのです。

それを列挙してみましょう。まず「抱《ほう》」（抱）は生まれた子を抱《だ》くことです。「包」には「つつむ」意味がありますが、手でつつむことを「抱」といいます。「抱懐《ほうかい》」という言葉がありますが、これはある考えを心の中に抱くこと、こころざしのことです。

「胞《ほう》」（胞）は胎児を包んでいる薄《うす》いまくや胎盤《たいばん》などのことです。つまり胞衣《えな》のことです。同じ母親から生まれた兄弟姉妹を「同胞《はらから》」といいます。

「泡《ほう》」（泡）の「包」には胎児を腹に包み込《こ》むように「中につつみ込む」意味があります。そのように水が空気を中に包み込み、ふくらんだ状態が「泡《あわ》」なのです。

「飽《ほう》」（飽）も妊娠した女性の姿の延長線上《えんちょうせんじょう》にある文字です。妊娠した女性の腹のように、食事をとって腹がふくらみ、満ち足りた状態となることを飽《あ》きるというのです。

また「鞄《かばん》」も「革《かわ》」で包み入れるものですから、「包」（包）につながる文字です。なお常用漢字ではない「鞄」は「己」ではなく「巳」の形で、本来の文字の意味を保っています。

最後に大砲《たいほう》の「砲」（砲）を紹介しましょう。「包」には腹の中に「つつむ、いれる」意味があります。砲身（大砲の筒《つつ》）に弾丸《だんがん》を入れて発射《はっしゃ》する「おおづつ」のことを「砲」といいます。でも、もともとの文字は別な字形のようですので、この「砲」は大砲をうつ時の音を写した擬《ぎ》声《せい》語としてできた文字ではないかと、白川静さんは考えています。

古代文字

旧字「包」の「巳」は胎児の姿で字形上部は頭の形。「己」は直角に曲がった定規のような道具の形。 現在の「包」の字形では妊娠との関係を説明できない

【つながる漢字】

包（包）・抱（抱）・胞（胞）・泡（泡）・飽（飽）・鞄・砲（砲）

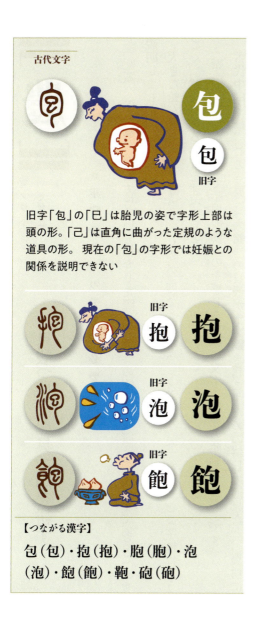

農

音　ノウ
訓　たがやす

貝殻《かいがら》つけた農具で田を耕す

非常に多くの労力が必要

「妊娠《にんしん》」の「娠」の文字について紹介《しょうかい》した際に「辰《しん》」の文字が「蜃《はまぐり》」の元の字であることを説明しました【→［身］】。

大きな蛤《はまぐり》が足を出して動いていく姿が「辰」の字で、そこから「辰」をふくむ文字には「うごく」意味があることを述べました。

「娠」も母親が腹《はら》の中で胎児《たいじ》の動くのを感じる意味の文字。胎児の胎動が「娠」です。

古代中国では、この「辰」（大蛤）の貝殻《かいがら》が土を鋤《す》き起こすための耕耘《こううん》の道具など、農耕に使われてもいました。このため農具としての「辰」に関係した文字もたくさんあります。この項《こう》では、そのことを紹介したいと思います。

その視点《してん》から見てみると、まさに「農」という字にも「辰」の字形がふくまれていますね。例に挙げた古代文字の「農」は「田」と「辰」を合わせた文字になっています。つまりうち欠《か》いた大蛤の貝殻を刃《は》として木の先につけた農具で、田を耕すことが「農」という字です。「田」の形が誤《あやま》って「曲」となり、現在の「農」という字形となってしまったのです。

さて農作業は現代でもたいへんな労力を要するものですが、大きな蛤の貝殻を刃として木にくくりつけた農具で、土を鋤き起こすという古代中国の農作業は非常に多くの労力を必要としました。

このため「農」という字形をふくむ文字には「てあつい、あつい、こい、こまやか」などの意味があるのです。

その一つは「濃《のう》」という字です。これは液体がねっとりと濃《こ》いことなど、ものの「こい、あつい」ことを意味する文字です。「濃厚」などの熟語《じゅくご》は人間の関係を表す際などにも使われます。

また、この「農」に身体を表す「月」（肉づき）を加えたのが「膿《のう》」です。「膿」は肉体の部分が「うみ、ただれる」意味です。

この「膿」にも濃くて厚い「濃厚なもの」の意味がふくまれています。

古代文字

甲骨《こうこつ》文字の「農」は「」。これは「林」と「辰」を合わせた字形で、木に貝殻をつけた道具で、林野を切り開くことが「農」の字のもともとの意味だった

【つながる漢字】

辰・蜃・農・濃・膿

坂

音　ハン
訓　さか

急な崖《がけ》に手をかけよじ登る

体がひっくり返る坂道

改定常用漢字表（二〇一〇年）に新しく加わった「阪《はん》」（さか）と「崖《がい》」（がけ）という文字があります。この「阪」「崖」のいずれにも「厂《かん》」の形がふくまれていることがわかりますか？この「厂」は急な坂道や崖、あるいは人の顔の額などを表す字形です【↓［文］】。この「厂」をふくんでいる字はたくさんあります。その代表的な漢字を何項《なんこう》か紹介《しょうかい》しましょう。

まず「反」です。これは「厂」と「又《また》」を合わせた形。「又《ゆう》」は何度か説明していますが、手を表す字形です【↓［友］】。

つまり「反」は急な崖に手をかけて、崖を登ろうとする行為《こうい》を表しています。急な崖をよじ登ろうとすると、体が後ろにひっくり返るという意味の文字です。そんな急な傾斜《けいしゃ》のある地形のところを「坂」といいます。

このように急な坂や崖の上は聖《せい》なる所でした。「阪」の「阝」（こざとへん）は神様が天と地を昇《のぼ》り降《お》りする階段《かいだん》（または梯子《はしご》）です【↓［際］】。だから「阪」は神聖な地域《ちいき》の急坂のことです。これに対して「坂」は一般《いっぱん》的な坂のことです。

「崖」は「山」「厂」「圭《けい》」を合わせた字。この場合の「圭」は土が重なってとげとげしくなった場所のこと、土の断層《だんそう》のことです。つまり山すそに土が荒々《あらあら》しく重なって崖のようになった所で「がけ」の意味です。

紹介したようにこのような崖の上は神様がいる聖なる場所でした。その崖（厂）に手（又）をかけて登る行為は神に「叛逆《はんぎゃく》」（そむきさからう）する行為で、「叛逆」の「叛」に「反」の字形があるのもこのためです。

また「反」の字に「そむく」という意味があるのもこのためです。

最後にもう一つ「反」をふくむ文字を紹介しましょう。それは「返」です。崖に手をかけて登る「反」が多くの場合「そむく」意味に使われるようになったので、「かえる、もとにかえる」意味の字として、道を行く意味の「辶」（しんにゅう）をつけた「返」が使われるようになりました。

古代文字

「阪」のほうがもともとの文字。「坂」は後になってできた文字なので、古代文字がない。都道府県名はすべて教育漢字に加えることになり、大阪の「阪」も小学校で学ぶ

【つながる漢字】

厂・又（又）・反・坂・阪・叛・返（返）・崖

原

音 ゲン
訓 はら・みなもと

人の額の部分なども表す

崖《がけ》から水がわき流れ落ちる

この項《こう》も「崖《がけ》」を表す「厂《かん》」の紹介《しょうかい》です。前項［崖］の説明の際にも紹介しましたが、この場合の「圭《けい》」は土が重なった場所のことです。

それに「厂」を加えた「厓《がい》」は崖状《がけじょう》になった地形を表します。水ぎわの岸が崖状になった地形が「涯《がい》」で、意味は「みぎわ、きし、はて」です。

「天涯孤独《こどく》」とはこの世に身寄りが一人もいないこと。この「涯」は「はて」の意味で、「天涯」とは「そらの果て」または「故郷《こきょう》を遠く離《はな》れた土地」のことです。

「岸」にも「厂」がふくまれていますが、「岸」の「干《かん》」に「きし」の意味があるそうです。

また「原」にも「厂」がありますね。「原」の古代文字を見てください。「崖」（厂）のところから水がわき流れ落ちていることがわかります。

この水が谷川の始まり。そこから「みなもと、はじめ」の意味となりました。その後、「原」が谷川が流れる「はら」の意味に使われるようになったので「氵《さんずい》」（水）を加え、「源《げん》」の字が作られたのです。

さらに「厂」は人の顔の崖のような部分である額を表す意味にも使われます。以前にも紹介したことがありますが、「彦《ひこ》」「顔」「産」などにふくまれる「厂」は人間の額を表しています。

これらの文字はその旧字でないと意味が正確にはわかりません。「顔」の旧字は「顔」という字形です。「彦」の旧字は「彥」、「産」の旧字は「產」です。これら旧字に共通してある「文」は儀式《ぎしき》のために一時的にかいた入れ墨《ずみ》のことです。

「彦」の旧字「彥」は「文」「厂」「彡《さん》」を合わせた形。「彡」は美しさなどを表す記号的な文字です。つまり「彦」は成人式で額（厂）にその入れ墨（文）を美しく（彡）かいた青年のことです【→［文］】。

「頁《けつ》」は顔のことで、その儀式に美しい入れ墨をして厳《おごそ》かに参列している人の横顔が「顏」（顔）です。「産」は生まれた赤ちゃんの額に悪い霊《れい》が入り込《こ》まないように一時的に入れ墨をかくことです。日本でも「あやつこ」という似たような風習がありました。

古代文字

古代文字の字形には「厂」の下に泉《いずみ》が三つかかれた字形もある。 水がわき出る水源《すいげん》の形がそのまま字になった象形文字である

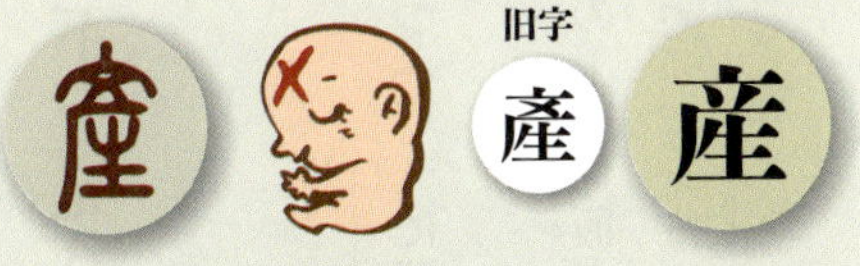

【つながる漢字】

厂・崖・涯・岸・原・源・彦（彥）・顔（顏）・産（產）

危

音　キ
訓　あぶない・あやうい・あやぶむ

崖《がけ》の上で跪《ひざまず》いて下を見る

不安定で危《あぶ》ない行為《こうい》

「厂《かん》」という形をふくむ文字を何項《なんこう》か説明してきましたが、もう一つ「厂」に関係した文字を紹介《しょうかい》しましょう。それは「危険《きけん》」の「危」です。

この「危」にふくまれる「厂」も崖《がけ》などの高い場所のこと。「厂」の上の片仮名《かたかな》の「ク」に似た形は「人」の形です。この場合は崖の上で跪《ひざまず》いて下を見ている人です。元はこの「⺈」だけで「あやうい」の意味でした。「厂」の下にある字形「㔾」も「人」が跪く姿《すがた》で、「危」は崖の上下に跪く人をかいた形になっています。

その「跪《き》」は「危」に「足」を加えた形。「危」は高い所に跪いて下の方を見る姿で、そのような姿勢《しせい》から「跪く」意味の字となりました。

高い崖の上から跪いて下を見ることは不安定で、危《あぶ》ないものです。ですから「危」を字形の中にふくむ字には「不安定」の意味があります。

理屈《りくつ》を曲げた議論《ぎろん》で人をまどわすことを「詭弁《きべん》」といいますが、その「詭」は「いつわる」という意味です。そのように話す人の言葉は不安定で危ないのです。

また弱くてもろいことを「脆弱《ぜいじゃく》」といいます。この「脆」は「もろい」という意味なので、不安定な「危」につながる文字のようにも思えます。

でも「脆」の元の形は右側の部分が「危」ではなく、「刀」の下に「巴《ともえ》」という形で、「危」

との直接の関係はないようです。確かに音読みも「脆」だけは「ぜい」という読み方で違《ちが》いますね。

でも「不安定なこと」と「もろいこと」には意味のつながりのようなものを感じることもできますので、元の文字の違いを理解した上で、「脆」が「もろい」を意味する字であることを覚えておくのはいいと思います。

「厂」の説明の最後にもう一つ、「炭」の紹介をしておきましょう。

これは「山」「厂」「火」を合わせた文字です。「火」は燃えあがる火の形で、白川静さんは「山の崖の下で炭を焼く」意味の文字だろうと説明しています。

古代文字

「危」には「たかい、正しい」という意味もある。危峰《きほう》とは高くそそりたつ山のこと。危《き》坐《ざ》とは物に寄りかからず、きちんと背をのばしてすわること、正坐のこと

【つながる漢字】

危（危）・跪・詭・脆（脃=異）・炭（炭）・厂・火

#【長】

音 チョウ
訓 ながい・かしら・たけ

大きい、張り広げる意味も

長髪《ちょうはつ》の人を横から見た姿《すがた》

会社のトップは社長。学校は校長。市役所は市長というように、組織のトップの人の呼《よ》び方に「長」の字が付いています。一番上の人になぜ「長」が付いているのか、この項《こう》はその紹介《しょうかい》です。

「長」の古代文字を見てください。「長」の上部は長い髪《かみ》の形で、下部は人を横から見た形です。杖《つえ》をついているようにも見えます。つまり「長」は長髪《ちょうはつ》の人を横から見た姿《すがた》です。そうやって「長」の字をながめてみると、目の前に長髪の人が立っているように見えてくると思います。長髪は古代中国では長老に許されたものでした。その部族を代表する者のことから「かしら」の意味も生まれたのです。社長、校長、市長などの呼び方はそこからです。

さらに「長」は長髪のことから「ながい」意味となり、「おおきい」の意味にもなりました。その「長」に「弓」を加えた「張」は弓を張り広げることです。後に弓ばかりでなく、すべてのものを「はる、ひろげる」意味になりました。

ものがふくらむことを膨張《ぼうちょう》といい、膨脹《ぼうちょう》とも書きます。この「脹」の「月」は身体を表す「肉づき」のことで、「脹」とは腹《はら》が「ふくれる」ことです。後にすべてのものが「ふくれる」意味になりました。

「手帳」の「帳」にも「長」がふくまれています。「巾《きん》」は布切れのことです。「帳」は室内に垂《た》れ下げて仕切りにしたり、光をさえぎったりするための布である「とばり」や垂れ幕《まく》です。このとばりや垂れ幕を張り広げるのが「帳」です。

ふだんは非公開の仏像を公開することを「開帳」といいますが、これは非公開の仏像を安置している戸棚《とだな》である厨子《ずし》のとばりを開いて一般《いっぱん》の人に公開することです。蚊《か》の侵入《しんにゅう》を防ぐ「蚊帳《かや》」もとばりの意味の「帳」です。

また紙をとじ合わせたノートの意味もあって「手帳」「帳面」は、その意味の「帳」です。

水がわきおこりみなぎることを「漲《みなぎ》る」と書きますが、この「漲《ちょう》」の「長」も「長大なもの」の意味です。

古代文字

「長者」とはもともとは年長者の意味。そこから身分の高い人、徳があって慎《つつし》み深い人、さらに「億万長者」など金持ちの意味となった

【つながる漢字】

長・張・脹・帳・漲

【孝】

音　コウ
訓　おやおもい

子どもが老人によく仕える

長髪《ちょうはつ》の年老いた人

「長」という字が「長髪《ちょうはつ》」の人、「長老」の人の長い髪《かみ》の毛であることを前項《ぜんこう》［長］で紹介《しょうかい》しました。ここでは「長老」の「老」などの文字について紹介したいと思います。

この「老」もまた「長髪」に関係した字なのです。「老」の「匕《か》」以外の上の部分は長髪の人を横から見た形で、長髪の垂《た》れている姿《すがた》です。

「匕」は「真」の旧字「眞」の上部にある形と同じで、人が転倒《てんとう》した姿で死者のことです【→［県］】。この場合は「死に近いこと」を表しています。つまり「老」とは、長髪の年老いた人の意味です。

この「老」に似た字に「考《こう》」と「孝《こう》」があります。漢字を学び始めた頃《ころ》は、この「考」と「孝」がよく似ているので実にまぎらわしいものです。なにしろ音読みも「コウ」で同じですから。その「考」「孝」はどんな成り立ちの文字なのか。それを説明しましょう。

でも混同も仕方がないほど、「考」「孝」はもともと近い字だったようです。「考」は亡《な》くなった父親のこと。だから「かんがえる」の他に「ちち」の意味もあります。ちなみに亡くなった母親は「妣《ひ》」といいます。非常に落胆《らくたん》することを「考妣《こうひ》を喪《うしな》うが如《ごと》し」という言い方があります。

そして「かんがえる」の「考」は学舎《まなびや》の意味の「校」と音が同じために生まれた意味なのだ

そうです。

そして「孝行」の「孝」は長髪の老人に「子」を加えた形です。「子」は幼児《ようじ》の姿をかいた象形文字で、「子どもが老人によく仕える」意味です。つまり「おやおもい」の意味です。

もう一つ「老」に関係した文字を紹介しましょう。あの人も「もうろくした」などといいます。この「耄碌《もうろく》」は年をとり、老いぼれることです。

「老」と「毛」を合わせた「耄」は、老いた人の乱《みだ》れた髪のことを表していると白川静さんは考えていました。「耄」の古代文字は「蒿《こう》」と「老」を合わせた形です。「蒿」は白いヨモギのことで、老人の白髪を意味しています。

古代文字

孔子《こうし》に始まる儒教《じゅきょう》は、その教えの中心に「孝」を基本的なものとして最も重んじ、「孝経」という書物も作られた

【つながる漢字】
長・老・考・孝・耄・子・匕

団

音　ダン・トン
訓　まるい・あつまり・かたまり

袋《ふくろ》の物をうち固めて丸く

「専《せん》」と「博《はく》」のどっちに点が……」

ノーベル化学賞を同時に受賞した鈴木章《すずきあきら》さんと根岸英一《ねぎしえいいち》さん（二〇二一年死去）は有機化合物の合成という分野の専門家《せんもんか》で、二人とも理学博士です。

でもここで化学のことを紹介《しょうかい》したいわけではありません。この「専門」の「専」と「博士」の「博」という字について説明したいのです。

「専」の右上に点がなく、「博」には右上に点があります。この二つの文字の区別も漢字を学び始めたばかりの人たちが必ずぶつかる難問《なんもん》です。

いや大人になっても、どっちの字に点がついていたか、つい忘《わす》れてしまいます。そこで何項《なんこう》か、この「専」と「博」に関連した漢字の紹介をしたいと思います。

まずこの項では点がない「専」に関係した文字の説明をしましょう。最初に「伝」「団」「転」という文字の旧字「傳《でん》」「團《だん》」「轉《てん》」を見てください。これらには「専」の旧字形「專《せん》」がすべてふくまれています。

「専」の「寸《すん》」という字は何回か説明していますが、「手」の形です【↓「博」】。その「寸」以外の上の形の部分は古代文字のほうがわかりやすいので、まず古代文字を見てください。これは袋《ふくろ》の中に物を入れた形です。つまり「専」（專）は、袋の中に入れた物を「手」（寸）で打って丸い形にしたもののことです。

そして「伝」（傳）は物が入った袋を「人」（亻《にんべん》）が背負《せお》って行く姿のことです。背負って運ぶので「はこぶ、つたえる」などの意味になりました。

また、袋の中に物を入れて、「手」（寸）で打ち固めて丸い形にしたものを、さらに外から包んだ形が「団」（團）です。

このように袋の中の物をひたすら、打ち固めるので「専」（專）は「もっぱら」の意味となり、「専門」などの言葉も生まれたのです。

「転」（轉）は「まるめたもの」は回りやすいので、「専」に「車」を加えて「ころぶ」の意味となったのです。「自転車」など車輪のまわることを「転」というのもここからです。

古代文字

「布団《ふとん》」は中に綿や鳥のはねを入れて、それを布でおおったもの。「団結」「集団」には打ち固めて、ひとかたまりになっている意味がある

【つながる漢字】

専（專）・伝（傳）・団（團）・転（轉）・寸

補

音　ホ
訓　おぎなう・つくろう・たすける

衣服のほつれを補修《ほしゅう》する

苗《なえ》木《ぎ》の根を包んで植《しょく》樹《じゅ》

「専《せん》」「博《はく》」のうち、右上に点のない「専」に関係した字を前項《ぜんこう》［団］で紹介《しょうかい》しました。「専」の字は袋《ふくろ》の中に入れた物を「手」（寸《すん》）で打って丸い形にしたものことです。袋の中の物をひたすら打ち固めるので「専」が「もっぱら」の意味となったのです。

さてこの項と次の項で「博」の成り立ちについて紹介したいと思います。

「博」に関係する漢字の最初は「甫《ほ》」という字の説明からです。この「甫」は苗木《なえぎ》の根のところを包んでいる形です。根を包んで植樹《しょくじゅ》をしている文字。そこから「なえぎ、はたけ、はじめ」の意味となりました。

この「甫」をふくむ字はたくさんあります。そこで今回は「甫」をふくむ漢字のうち、よく知られている文字について説明しましょう。

「甫」は田圃《たんぼ》の「圃《ほ》」の元の字でもあります。「圃」は草木を植える所で、そこから「はたけ」の意味となりました。

苗木が倒《たお》れないように包み助けるので「甫」をふくむ字には「中にものを包み込《こ》む」や「たすける」の意味があります。この意味の文字はまず「補《ほ》」がそうです。衣服のほつれを包み込むようにして補修《ほしゅう》する意味で、そこから衣服の補修だけでなく、すべて「おぎなう、つくろう、たすける」となりました。

「輔《ほ》」も「たすける」意味の「甫」です。「車」に添《そ》え木をつけて、車の動きを「たすける」のが「輔」です。

「甫」は苗木の根を包み込む形のことから、中にものを包み込む意味があります。それに「氵《さんずい》」（水）を加えた「浦」は丸く入り込んだような入り江《え》を表す字となりました。

さらに「逮捕《たいほ》」の「捕」にも「甫」がありますね。「甫」は根を包み込んだ苗木のことで、中にものを包み込む意味があります。さらに「扌《てへん》」（手）を加えて、捕縛《ほばく》する（捕《と》らえてしばる）ことを「捕」といいます。「博」については次項で説明したいと思いますが、「捕縛」の「縛」と「博」の右の字形が同じ形であることを覚えておいてください。

古代文字

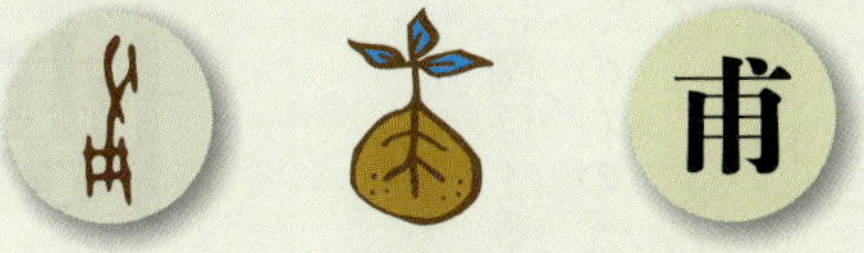

「補」と「輔」は同じ意味に使われることがある漢字。人に付いて、その仕事をたすけることを「補佐」というが、これは「輔佐」とも書く

【つながる漢字】

甫・圃・補・輔・浦・捕

博

音　ハク・バク
訓　ひろい・ひろめる・すごろく

政令などを広く及《およ》ぼす

苗《なえ》木《ぎ》を手に持ち植《しょく》樹《じゅ》する

「尃《せん》」に点がなく、「博」に点がある理由を説明するシリーズの最後です。前項《ぜんこう》［補］では「博」に関係する「甫《ほ》」が苗《なえ》木《ぎ》の根の部分を包んでいる字であることを紹介《しょうかい》しました。

「博」の右の元の形は、この「甫」と「寸」を合わせた「尃《ふ》」でした。「寸」は「手」のことで「尃」は根を包んだ苗木を手に持ち、植樹《しょくじゅ》する姿《すがた》です。

古代の中国では王が諸侯《しょこう》に土地を分けあたえて、その地を治めさせる時、社《やしろ》に木を植える儀《ぎ》式《しき》を行いました。「尃」もその植樹式に関係した字です。任命の植樹式で苗木を土に植えることから政令などを各地に広く及《およ》ぼす意味となり、「しく、あまねし、ひろい」などの意味があります。「博」に「ひろい」の意味があるのは、このためです。左の「十」は武器の「干《たて》」のことで、「干」で「うつ」意味だと白川静さんは考えています。植樹の時に苗木の周囲を「干」で、打ちたたく文字だった「博」が、植樹式で苗木を植えることから政令などを各地に広め、敷《し》く意味の文字に用いられていくようになったようです。

さてこの「尃」をふくむ字はかなりあります。「縛《ばく》」もその一つ。「尃」は若木《わかぎ》の根を包み込《こ》むことで、「縛」は木の根を「糸」で縛《しば》ること。人を縛る意味にもなりました。

また「敷《ふ》」の左下は「方」ですが、古代文字は「寸」の形で「尃」と同じ字です。右の「攵《ぼく》」の元の形「攴」は「卜《ぼく》」（木の枝、または鞭《むち》）を「又《また》」（手）で持ち、何かを打つ字です

【→［正］】。つまり若木を植え込む時に、土を打ち固めることを「敷く」といいます。さらに若木を植え込むように政令などを広め敷く意味にも使います。

植樹の際に、打ち固めるので「尃」には「うすい」意味もあって、「薄《はく》」はその意味の字です。「薄」に似た「簿《ぼ》」の「尃」も「うすい」の意味です。竹の札《ふだ》の薄《うす》いものが「簿」。薄く細長い竹に文字を書き、つづったのが「帳簿」です。

これまでの復習ですが、「専」（專）は袋《ふくろ》の中のものを手で打ち固める字で「伝」（傳）「団」（團）「転」（轉）に「丸い、転がる」意味がふくまれています。「尃」は苗木の植樹式に関係した字で「博《ひろ》い、縛る、薄い」などの意味がふくまれています。ぜひ違《ちが》いを覚えておいてください。

古代文字

戦後の文字改革で「專《せん》」を「専」にさらに「尃《ふ》」を「尃」に変えた。点一つのちがいになってしまった。これが「専」と「博」の混乱の原因

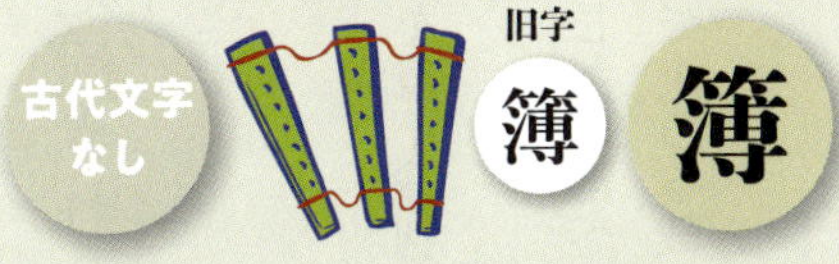

【つながる漢字】

甫・専・博（博）・縛（縛）・敷（敷）・薄（薄）・簿（簿）・攴（＝攵）・寸

法

音　ホウ・ハッ・ホッ
訓　のり・のっとる・てだて

裁《さば》きに敗れ水に流される

最も正統的な羊《よう》神《しん》判《ばん》

いつの時代も事件や争いごとが絶えたことはありません。人の犯罪を裁《さば》く裁判《さいばん》でも、無実の人が裁判にかけられたりするケースが話題となったりしています。

人を裁くのは難《むずか》しいもので、古代中国でもいろいろな裁判がありました。毒ヘビが入った壺《つぼ》に手を入れて、かまれるかどうかで決めたり、貝殻《かいがら》を投げ、その裏表《うらおもて》で決める裁判もあったようです。

当時の裁判は神の前で誓《ちか》って神の裁きを受ける「神判」でした。中でも羊または「廌《たい》」という羊に似た動物を使って行う羊神判《ようしんばん》が最も正統的な裁判でした。それに関係した字が「法」です。

「法」は「氵《さんずい》」（水）と「去」を合わせた字ですが、まず「去」のほうから説明しましょう。「去」の上部は「大」で、手足を広げた「人」の正面形です【↓「夫」】。下の部分は古代文字では「凵《きょ》」の形。これは神様への祈《いの》りの言葉を入れる器「𠙵」（サイ）の蓋《ふた》を外した形です。神判で敗れた人（大）は殺され、神への誓《ちか》いが正しくなかった言葉を入れた「口」（サイ）の蓋が外されて、「人」と「凵」がすてられるのが「去」で、もともとの意味は「すてる」です。

その「人」と「凵」を「水」に流してすてることが「法」の字です。

「法」のもともとの字は「灋」という難《むずか》しい形でした。これは現在の「法」の「去」の上に「廌」を加えた形です。例に挙げた「法」の古代文字はこの形の文字です。

「廌」は羊に似た神聖《しんせい》な獣《けもの》ですが、この羊に似た聖獣《せいじゅう》を原告・被告《ひこく》が提出して羊神判は行われたのです。

その裁判に敗れた者をしりぞけるのを「却《きゃく》」といいます。「卩《せつ》」はひざまずく人の姿《すがた》です【→「配」】。「却」は裁判で敗れて、すてられるものをひざまずいて拝《おが》んでいる形です。罪を問いつめられて、しりぞく姿のことです。「却」に身体を表す「月」（肉づき）を加えた「脚《きゃく》」は、そのしりぞく時の「あし」の姿です。

古代文字

羊神判で勝った者の「廌《たい》」の胸《むね》には「心」の形の入れ墨《ずみ》が加えられる。それを表す字が「慶《けい》」で「よろこび、さいわい」を意味する

【つながる漢字】

去・廌・法（灋＝異）・慶・却・脚・大

幸

音 コウ
訓 さいわい・さち・しあわせ

手の自由を奪《うば》われるだけ

手錠《てじょう》・手かせの刑《けい》

古代中国での裁判《さいばん》は神様の前で誓《ちか》い、神の裁《さば》きを受ける神判《しんぱん》というものでした。その神判で敗れた者は殺されて、神への誓いの言葉を入れた器とともに捨《す》てられて水に流されてしまいます。それが「法」の字であることを前項《ぜんこう》で紹介《しょうかい》しました。

もちろん殺してしまう以外にもいろいろな刑《けい》がありました。目を傷《きず》つける刑も、入れ墨《ずみ》を加える刑もありました。紀元前の中国の斉《せい》の国の王様があまりに足切りの刑が好きで、市場では普通《ふつう》のくつが安くなり、義足の値段《ねだん》が上がったという話があるそうです。

さて、そこで紹介したい文字が「幸」です。これは、現代でいえば手錠《てじょう》、古代中国の手かせの形です。古代文字を見れば手錠・手かせの形であることがよくわかります。

多くの刑の中で、生命や身体の一部を失うことがなく、手かせをはめられて、手を使う自由だけを奪《うば》われる刑である「幸」は「しあわせ」だったのです。

そして、この「幸」をふくむ字の多くに手錠・手かせの意味があるのです。「執《しつ》」の「丸」の元の字形は「丮《けき》」という形。この「丮」は両手を差し出している形です。

つまり両手に手かせをはめた姿《すがた》が「執」で、罪人を「とらえる」意味です。後にすべてのものを「とらえる、とる」の意味になりました。「生け贄《にえ》」とは生きたまま犠牲《ぎせい》として神に供《そな》えられる生き物のことです。この「贄」の「執」は捕《と》らえることから「手で持つ」意味です。

「貝」は貴重《きちょう》な子安貝《こやすがい》で、「贄」は人と会う時の「贈《おく》り物」の意味となりました。

「報《ほう》」の右側の字形はひざまずいている人を表している「卩《せつ》」に「又《また》」（手）を加える形です。これはひざまずく人を手（又）でおさえる姿で「服従《ふくじゅう》」の「服」の元の字です。

この「卩」「又」と「幸」を合わせた「報」は両手に手かせをはめている者を後ろからおさえる形です。犯罪に対する報復的行為《こうい》で、それを「報」といいます。ここから「お返しする、むくいる」の意味になりました。また「圉《ぎょ》」の字もあります。あまり使う文字ではないので、理解するだけでいいと思いますが、これは罪人を入れる牢屋《ろうや》のことです。

古代文字

「思いがけない幸せ」のことを「僥倖《ぎょうこう》」という。この「倖」も「さいわい、しあわせ」の意味。手かせの「幸」からできた文字だ

【つながる漢字】

幸・執・贄・報・圉・倖・服（服）

【型】

音　ケイ
訓　かた・いがた

首かせと木わくの形

鋳物《いもの》を造るための鋳型《いがた》

古代中国での法の在り方や刑罰《けいばつ》に関係した字を何項《なんこう》か紹介《しょうかい》してきました。現代でも「刑法」という法律《ほうりつ》がありますが、これは犯罪者を罰する「刑罰」の規定のことです。その刑罰に関係した漢字の最後に「刑」について、紹介したいと思います。

古代文字を見てください。現在の「刑」の字形とは異《こと》なっていて、左部分が「井《せい》」の形でした。

この場合の「井」は首にはめて自由を奪《うば》う首かせの形です。まず刑罰は首かせをはめることでしたが、後に鼻や耳を切るなど身体を傷《きず》つける刑罰が多くなり、「井」に「刂《りっとう》」（刀）を加えて「刑」の字ができました。

この「刑」の元の字形にふくまれている「井」には二つの意味があります。一つは紹介した「首かせ」です。もう一つは「木のわくの形」の意味です。

水をくむ「井戸《いど》」の「井」は木のわくの形です。日本では「どんぶり」の意味に使う「丼《せい》」も中国では井戸のことです。陥穽《かんせい》の「穽」は「井」の形に組んだ「おとし穴」のことです。

「刑」と似た字形である「型」「形」も「木のわくの形」のほうの「井」をふくむ文字です。

まず「型」のほうから紹介しましょう。これは溶《と》かした金属を注ぎ込《こ》んで鋳物《いもの》を造るための「型」のことです。「井」「刂」（刀）と「土」を合わせた文字です。「井」は鋳型《いがた》の外わくのこと。その外わくに土を塗《ぬ》り固めて作った鋳型が「型」という字で、「刂」は鋳型の「土」の形を整えるために用いられたものです。元は「いがた」の意味でしたが、すべての「かた」の意味になりました。

「形」も元の字は「井」と「彡《さん》」を合わせた字でした。「井」は「型」の意味。「彡」は色や形が美しいことを示す記号的な文字です。つまり「形」とは「型」によって、作られた鋳物の「美しいかたち」のことです。

「型」「形」は、まず鋳型の「型」を理解して、その「型」からできる鋳物の「かたちの美しさ」が「形」であるという順番で理解するのがいいと思います。

古代文字

商品目録や営業案内のことを「型録」（カタログ）と書く。これは英語の「catalogue」の音に漢字を当てた、日本の造語

【つながる漢字】

刑（荆=異）・井・丼・穽・型・形

葉

音　ヨウ・ショウ
訓　は・よ

薄《うす》くて軽いもの

木の枝の上にあるもの

漢字学者だった白川静さんは『万葉集《まんようしゅう》』研究の世界でも知られた学者で、『初期万葉論《しょきまんようろん》』『後期万葉論』という本も書いています。その『万葉集』の「葉」という漢字の中に、「世界」の「世」という字形がふくまれているのがわかりますか。

『万葉集』は「多くの葉、つまり多くの歌を集めた集」の意味もありますが、「万世《ばんせい》に伝わるべき集」の意味もあります。この項《こう》はその「世」「葉」についての紹介《しょうかい》です。

「木」は枝のある木の姿《すがた》をかいた象形文字です。「世」は、その分かれた木の枝に芽が出ている形です。草の芽が出る姿が「生」という文字ですが、木に新しい芽が三本のびた形が「枼《よう》」という字、それに「艹」（くさかんむり）を加えたのが「葉」です。つまり木の枝「枼」の上にあるものが「葉」なのです。

このように「世」は新しい芽が出ることですから、「世代」「永世」など「人の一生」の意味になり、「世間」など人間社会を表す「よのなか」の意味となりました。

また木の枝の上に出る「葉」は薄《うす》いものなので、「葉」は、他の薄いものの意味にも使います。さらに「中葉」（中頃《なかごろ》の時代）という言葉もあるように「葉」が「世」の意味にも使われます。このように「世」「枼」「葉」は近い意味を共有しているので、「枼」をふくむ字には「葉」のように薄いものの意味を持ったものが多くあります。

みなさんに一番わかりやすい例は「蝶《ちょう》」でしょう。これは「葉っぱのように薄くて、ひらひらと飛ぶ虫」のことです。「喋《しゃべ》る」の「喋《ちょう》」は葉っぱのように軽くぺらぺらと話すこと。「符牒《ふちょう》」の「牒」は紙の生産前に使われた竹簡《ちくかん》・木簡《もっかん》（字を書くための竹や木の札《ふだ》）のことで「ふだ」や「書きもの」の意味です。「牒」の「片《へん》」は一片の木のこと。「牒」とは文書を記すのに用いた竹や木の薄片《はくへん》のことです。「符牒」とは商品に付ける値段《ねだん》・等級などを示す符号のことです。

さらに水底の土砂《どしゃ》をさらうことを「浚渫《しゅんせつ》」といいます。この「渫」とは木の枝葉で、水底の泥《どろ》をさらいとることです。

古代文字

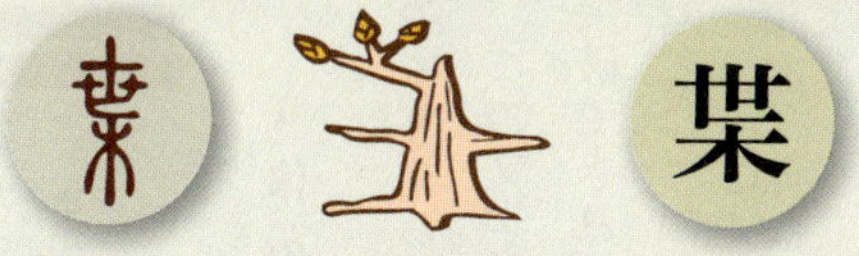

紙の枚数《まいすう》を数える時に一枚を「一葉」という。またーそうの舟《ふね》のことを「一葉の舟」という。これらの「葉」には薄いものの意味がふくまれている

【つながる漢字】

世・枼・葉（葉）・蝶・喋・牒・渫・生・木

界

音　カイ
訓　さかい

田を区切り分けるさかい

体の前後につけた甲《よろい》

優《すぐ》れた新人の小説に与《あた》えられる賞に芥川賞《あくたがわしょう》という有名な賞があります。小説家・芥川竜之介《あくたがわりゅうのすけ》の名前をつけた、この文学賞は文学の世界では、作家になるための登竜門《とうりゅうもん》と呼《よ》ばれるもの。登竜門とはそこを突破《とっぱ》できれば立身出世ができる関門のことです。

さてこの「芥川竜之介」の名の中に「介《かい》」が二つふくまれているのがわかりますか。この項《こう》はその「介」の意味についてです。「紹介《しょうかい》」の言葉にも「介」がふくまれていますが、それについても紹介します。

まず「介」は体の前後に甲《よろい》をつけて武装《ぶそう》した人の姿《すがた》です。だから「介」には身を守り「たすける」意味と、他のものを「へだてる」意味があります。魚と貝のことを「魚介《ぎょかい》」といいます。貝類を「介」というのは、この「よろい」の意味からです。

紹介したように、芥川賞は文学の世界では作家への登竜門ですが、この「文学の世界」の「界」は「田」と「介」を合わせた漢字となっています。この「界」の「介」は「へだてる」意味で、「界」は「田」を区切り分ける「さかい」のこと。「堺」との字もありますが、これは「界」の正式の字ではなく俗字《ぞくじ》です。日本では地名や姓《せい》などに使われます。

以上のような関係から「界」と「介」は同じ意味に使われることがあります。「界」は「さかい」のことですが、「さかい」はまた両者が接する場所でもあります。その両者の間をとりもつことを「仲介」といい、人と人を引き合わせることを「紹介」といいます。両者が接する場所であることから未知の情報などを伝えることを意味するようになったのです。

「芥《あくた》」の意味の一つはゴミのことです。それは皮膚《ひふ》病を表す「疥《ひぜん》」に近い内容の字です。「疥」は前後に甲をつけた人（介）のように、病床《びょうしょう》の人の体の前後に皮膚病の「疥癬《かいせん》」がある姿。この皮膚病の様子からゴミの意味の「あくた」になったようです。

また「芥」には「からしな」の意味もあります。その小さな草から、小さなゴミの意味にもなったとも考えられます。

古代文字

「界」をふくむ言葉には「さかい」や「他をへだてる」意味がある。「境界」は土地の「さかい」。「業界」は同じ業種に属する人たちだけの社会のこと

【つながる漢字】

介・界・堺・芥（芥）・疥

限

音 ゲン
訓 かぎる・かぎり

神の世界だから近づけない

呪《まじな》いの目の力でしりぞかす

漢字には神様に祈《いの》ることに関係した文字がたくさんあります。古代中国の社会では神に祈って、願いや呪《まじな》いを実現しようとしたからです。

この神を大切に思う行為《こうい》の中には神に近づきたいとの思いと、これ以上は神の世界だから近づくことができないという相反する意味があります。

この項《こう》で紹介《しょうかい》する「限」に関する字にも、その神と人をへだてる一線に関するものが多くあります。

「限」は「阝」（こざとへん）と「艮《こん》」を合わせた文字です。「阝」は神が天と地上を昇《のぼ》り降《お》りする階段《かいだん》（または梯子《はしご》）です【↓［際］】。そして「艮」は「目」と「匕《ひ》」を合わせた文字。

この「目」は人に呪いをかける「目」。「匕」は「後ろ向きの人」です。

つまり神が降りてくる所に、呪いをふくんだ「目」を掲《かか》げておくと、その呪いの目の力で、人が後ろ向きにしりぞいていく字が「限」です。

神が昇降《しょうこう》する場所は神聖《しんせい》な所ですので、悪いものが立ち入らないように呪術《じゅじゅつ》的な力のある「目」を掲げておくと、その線から悪いものが入り込《こ》めないのです。そこは人が達することができる限界の場所です。それで「限」は「かぎり」の意味となりました。

神が降りてくる場所（阝）に呪力のある目を掲げ、悪いものをしりぞかせる目（艮）に関連した文字を幾《いく》つか紹介すると、まず「眼」がそうです。これは呪力のある「め」、呪いの眼「呪眼《じゅがん》」のことです。

また進もうとしても、呪力のある「艮」に遭《あ》い、前に進むことができない不本意な心のことを「恨《こん》」といいます。「うらみ」の心情を表す文字です。

「艮」には「進めない」ことから「遮断《しゃだん》する」意味があります。この「遮断」の「艮」に関する字に「根《こん》」があります。木の根が容易に伸《の》びることができずに遮断され、固まりふくらんだ所を「根」といい、「ね」の意味となりました。「根」は木を大きく成長させるもとですから、「ね」の他に「もと」の意味があります。「根底」「根本」の熟語《じゅくご》はここからです。

古代文字

「際限」「限界」も神と人が出会う境界の線に関連した言葉。人が達することができるぎりぎりの場所、そこはもうこれ以上は人は入れない一線の意味

【つながる漢字】

艮(⿱目匕=巽)・限・眼・恨・根

#【土】

音　ド・ト
訓　つち

やしろの神様

台の上に丸めた土を置く

会社、結社、神社……。「社」が付く熟語《じゅくご》はたくさんあります。それらはみな人が集まる所です。「社」には「土」がありますが、この「土」とは何かについての紹介《しょうかい》です。

「土」の古代文字は台の上に丸めた土を置いた形です。このように台上に土を置いたものを「社《やしろ》」の神様としたのです。だから「土」が「社」の元の字でしたが、「土」が大地の意味に使われ出し、「土」に「示」（ネ）を加えて「社」（社）ができました。「示」は神を祭る時に使うテーブルで、神を表します【↓［際］】。

このように「やしろ」を表す「土」をふくむ字を紹介しましょう。一つは「墜落《ついらく》」の「墜」です。この「墜」は「隊」と「土」を合わせた文字。

まず「隊」（隊）のほうから。旧字の右側は「八」と「豕《し》」を合わせた形です。この「豕」は生け贄《にえ》の獣《けもの》のことで、「八」は生け贄の耳の形。古代中国ではこの生け贄の動物を捧《ささ》げていろいろなことを祈《いの》りました。

この字形をふくむ字に「遂《すい》」があります。これは霊力《れいりょく》ある獣を神に捧げて祈り、一つの行為《こうい》を続けるかどうかを占《うらな》う字です。「辶」（しんにゅう）は「道を行く」ことで【↓［行］】、進むべきかどうかを占うのです。その結果、行為を続けて遂行し「物事をなしとげる」ことから「とげる」や「ついに」の意味になりました。

「隊」の説明にもどると、「阝」（こざとへん）は神様が昇《のぼ》り降《お》りする階段《かいだん》（または梯子《はしご》）です【→［際］】。その前に生け贄の獣を置いている字が「隊」。ですから「隊」の意味は高い所から神が降り立つところ。だから「隊」は「墜」の元の形です。

その「墜」は「隊」に「やしろ」を表す「土」を加えた字で、神様が降下《こうか》することから「とち、つち、ところ」の意味となり、「おちる」の意味となりました。「隊」も元は「おちる」意味ですが、部隊などの「くみ」の意味にも使います。今ではこちらが一般《いっぱん》的です。

最後に「地」と「墜」の古代文字を見てください。二つは同形です。「墜」が主に「墜落」の意に使われるようになり、「とち」の意味の「地」の文字ができたのです。

古代文字

ここに書いてある古代文字はおよそ3千年前の甲骨《こうこつ》文字。丸めた土の周りにかかれた点々は清めのために加えられた酒のしずくだ

【つながる漢字】

土・社（社）・遂（遂）・隊（隊）・墜（墜）・地

「祖」

音 ソ
訓 せんぞ

まな板の上に肉や穀《こく》類《るい》を

供《そな》えて先祖を祭る

まな板の上に載《の》せることを「組上《そじょう》に載せる」といいます。「俎」はまな板のことですが、この言葉の場合は、実際のまな板に載せるよりも、何かを論《ろん》じる際、議論の上に載せることです。「俎上の魚《うお》」との言葉もあります。まな板の上の魚は、もう料理されるしかないですから、相手のなすがままの状態の意味です。「まな板の鯉《こい》」と同じ言葉ですね。

この項《こう》は、そんな「まな板」関係の漢字の紹介《しょうかい》です。「俎」では「且《そ》」の部分がまな板の形です。左は「肉」の「冂《けい》」以外の部分と同じ形で、並《なら》べられた肉片《にくへん》のことです。

つまり「俎」はまな板の上に供《そな》え物の肉片が載っている形。ですから「まな板」の他に「供え物」の意味があります。

「適宜《てきぎ》」「便宜」などの熟語《じゅくご》に使われる「宜」もまな板関係の文字。この古代文字には「宀」（うかんむり）がありません。さらにその古代文字をよく見ると、大きな肉が二つまな板の上に載っています。

後に先祖を祭る廟《みたまや》の屋根の形である「宀」が加えられました。廟の中に肉を並べて供え、祭ることが「宜」で、意味は「まつる」です。

祭りの際の肉が供え物としてふさわしい場合には、先祖が「宜《よろ》しい」と同意するので「よろし」の意味となりました。「適宜」はちょうどよろしいこと。「便宜」は都合がよろしいことです。

さて、その先祖が「宜しい」と同意する「祖」（祖）は「且」と「示」を合わせた文字です。でも「祖」も元の形は「且」だけでした。まな板の上に供え物を並べて祭る字で、祭られる者のことから「せんぞ」の意味となりました。後に祭りの際にお供え物を載せるテーブルの形「示」（ネ）が加えられて【→［際］】、「祖」（祖）ができたのです。

「且」に肉を載せるのが「俎」。そして肉ではなく穀物《こくもつ》を載せるのが「租《そ》」です。意味は「年《ねん》貢《ぐ》、みつぎもの」のことです。

租税は、もともと祭りのために納《おさ》めさせた年貢のことでした。

古代文字

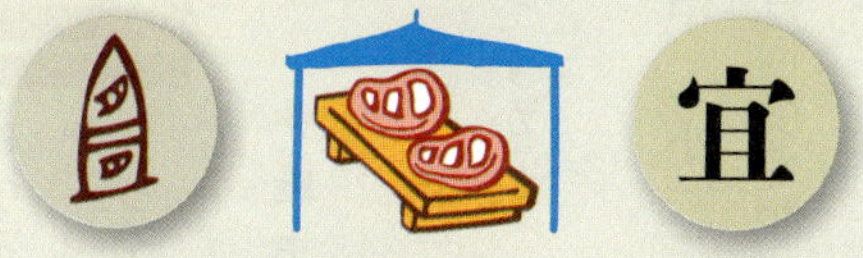

先祖の意味から物事の始めの意味となり、「開祖」「元祖」の熟語ができた。先祖に従《したが》うので手本の意味にも。「祖述」は先人の説を受けついで述べること

【つながる漢字】

俎・宜・祖（祖）・租

【立】

音　リツ・リュウ
訓　たつ・たてる・のぞむ・つくる

両手を広げた正面形

儀式《ぎしき》で一定の場所に立つ人

物事の大きさは「大」「中」「小」という文字を用いて表すのが基本的なことです。基本的な表現に用いる漢字ですから、この「大」「中」「小」を字形の中にふくんだ字はたくさんあります。

何項《なんこう》か、「大」「中」「小」に関係した文字を紹介《しょうかい》しましょう。

「大」については何度か説明してきましたが、これは両手を広げて立つ人間の正面形です【→［夫］】。そのことを頭に描《えが》いて、古代文字や現在の「大」の形を知れば、しっかり納得《なっとく》できると思います。

古代文字を見ればよくわかりますが、「立」という文字は「大」と「一」を合わせた形です。「大」は両手を広げて立つ人の姿《すがた》。「一」はその立つ所の位置を示しています。つまり「立」という文字は一定の位置に立つ人の形で、そこから「たつ」の意味となりました。

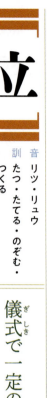

この「立」は普通《ふつう》の場所に立つ人を表しているのではありません。「立」は儀式《ぎしき》の際に人が一定の位置に立つ姿のことです。そして儀式の時に立つ場所のことを「位」といいます。そこから身分上の地位を表す「くらい」の意味になりました。「立」が「位」の元の文字でしたが、後に「亻《にんべん》」（人）が付けられて、「位」の字ができました。

現在の「並《へい》」では「立」との関係がわかりませんが、「並」の旧字「竝」は「立」を二つ並《なら》べた字形です。つまり左右に二人が並んで立つ姿が「並」（竝）で「ならぶ、ならべる」の意味となりました。一般《いっぱん》の人と同じなことを「人並《な》み」「世間並《な》み」といいますが、この場合の「なみ」という読みは日本語の用法です。

もう一つ、「立」の関係文字を紹介しましょう。それは「靖《せい》」という字です。右の「青」は絵の具の材料などに使う青丹《あおに》のこと。青丹は鉱物性のものなので変色せず、器物や場所などを清める材料として使われました。青色は清めのための神聖《しんせい》な色でした。

そして、この「立」は儀式の場所の意味です。つまり「靖」は儀式の場所を青丹で清めることで、そこから「やすらか」の意味となりました。

古代文字

「立」は、ものをはじめることの意味にも使い、立法・立案などがその用例。さらに時期のはじめの意味にも使い、立春、立秋などの用例がある

【つながる漢字】

大・立・位・並（竝）・靖（靖）

仲

音 チュウ
訓 なか

真ん中の兄弟

吹《ふ》き流しのある旗ない旗

大中小という大きさを表す字の中で「中」だけは大きさを表す意味の字ではありませんでした。真ん中の意味です。

「中」の古代文字は旗竿《はたざお》の上と下に吹《ふ》き流しをつけた形です。この旗で軍の行動を指揮《しき》しました。古代中国の殷《いん》では軍は左軍・中軍・右軍の三軍編成。その中で中軍の将軍《しょうぐん》が総大将である元帥《げんすい》です。そして吹き流しのついた旗は中軍の旗で、全軍を指揮するために使われました。そこから「中」は「なか、まんなか」の意味となり、「なかがわ、うち」の意味ともなりました。

「仲」も真ん中の意味ですが、これは兄弟の順序で「なか」のこと。殷では兄弟は上から「大・中・小」といい、殷の次の周の時代は「伯《はく》・仲・叔《しゅく》・季」といいました。

イラスト欄《らん》の古代文字には「亻《にんべん》」（人）がありませんが、「仲」の字です。中軍の旗と区別して、兄弟の順番を表す「仲」には旗竿に吹き流しをつけていません。

「忠《ちゅう》」の古代文字の「中」の部分の旗竿には上下に吹き流しがついているので、「忠」は軍事関係の字と思われます。主君のために命を惜《お》しまない「忠君」や、主君・国家のためにつくす「忠義」などの言葉がすぐ頭に浮《う》かびます。

しかし白川静さんによると中国の思想家・孔子《こうし》（紀元前五五一～前四七九年）の『論語《ろんご》』な

どには「忠」は「まごころ、まこと」の意味で使われていて、「忠君」など君主のためにつくすというのは後の戦国時代（紀元前五〜前三世紀）になって生まれた意味だそうです。

説明されないと「中」がふくまれているとは思えない文字もあります。それが「衷《ちゅう》」です。でも古代文字を見ると「中」がふくまれているのがよくわかります。「中」の上下にある文字は「衣」です。つまり「衷」とは「衣」に「中」を入れた字で、衣の中に着こんだ肌着《はだぎ》のことです。

「内にあって外に出ない」肌着のことから「こころ、まごころ」の意味となりました。「衷《ちゅう》心《しん》」は「まごころ」のことです。

古代文字

伯仲《はくちゅう》は長兄と次兄のことで、優劣《ゆうれつ》の差がないこと。また「仲間《なかま》」など人間関係をいう意味に使うが、これは日本独特の用法

【つながる漢字】

中・仲・忠・衷

「小」

音　ショウ
訓　ちいさい・こ・お・すこし

小さなものが散乱《さんらん》した姿《すがた》

貝や玉を糸で連ねる

大・中・小の「小」は小さいものを三つ並《なら》べた文字です。小さなものが散乱《さんらん》した姿《すがた》ですが、この小さいものは貝か、または宝石《ほうせき》の玉《ぎょく》のことです。

「小」と音も意味も近い「少」の古代文字を見てみると、「小」の点の一つから糸のようなものが伸《の》びています。つまり「少」は小さな貝や玉を糸で連ねた形です。よく似た文字ですが、基本的には「小」は大小、「少」は多少の意味に用いているなどの違《ちが》いがあります。この項《こう》では「小」に関する字を紹介《しょうかい》しましょう。

わずかで取るに足りないことを「瑣末《さまつ》」、細かくてわずらわしいことを「煩瑣《はんさ》」といいます。これらの言葉にある「瑣」の右は「小」と「貝」を合わせた形です。これは「小さな貝を糸でつづった」もののこと。

左の「王」は宝石の「玉」のことです。つまり「瑣」は貝を糸でつづるように、小さな玉を鎖《くさり》状に連ねたもので、そこから「ちいさい」の意味になりました。

玉を連ねた「瑣」には小さく美しいものという意味もありますが、小さくて取るに足りないことなどの意味に使われることが多いようです。

「鎖《さ》」の旧字「鎖」も右側の字形は「瑣」と同じです。これは「小さな貝を糸でつづった」ものなので、鎖状の形になっています。

その「瑣」の「王」の代わりに「金」を加えた文字が、「鎖」です。「金」は鋳込《いこ》んだ金属の象形文字。「鎖」は金属質のものを長い紐《ひも》の形につづったものです。「くさり」の意味の他に、外国との貿易を禁止して国をとざす「鎖国」などの意味にも使われます。鎖状のものを、門を閉《と》ざす鍵《かぎ》として使用したので「鎖」が「とざす」の意味となったのです。

もう一つ「小」をふくむ字を紹介しましょう。それは沖縄県八重山諸島の北方にある尖閣諸《せんかくしょ》島《とう》の「尖」です。改めて、この字を見てみると「小」に「大」を加えた形ですね。手もとが大きくて、先が小さいもののことで、先端《せんたん》が「とがっている」という意味です。ただしこの「尖」は比較《ひかく》的新しい文字なので、古代文字がありません。

古代文字

白川静さんによると、かかれているのは、おそらく小さな貝。貝は呪《まじな》いの道具にも、体を美しく飾《かざ》る品にも、貨幣《かへい》にも使われた

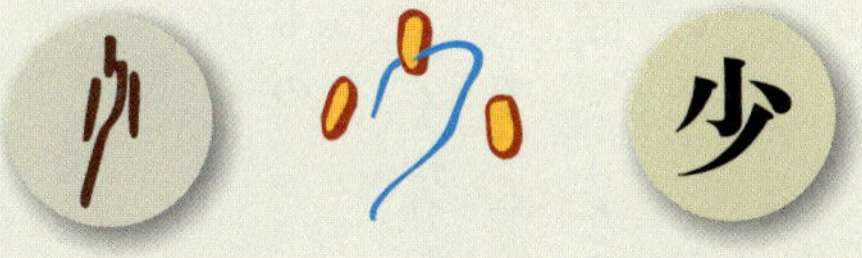

【つながる漢字】

小・少・瑣・鎖(鎖)・尖・金

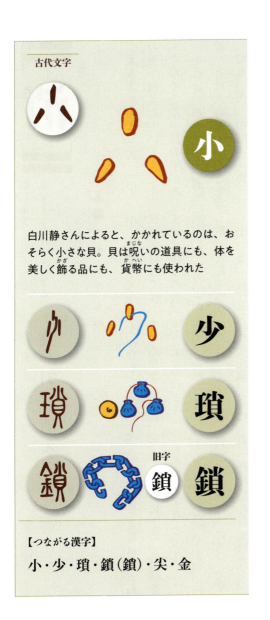

消

音　ショウ
訓　きえる・けす・つきる

水が引いて消える

末端《まったん》の小さなもの

大きさを表す「大」「中」「小」に関する文字を紹介《しょうかい》してきました。「小」は小さな貝や宝石《ほうせき》の玉《ぎょく》が散乱《さんらん》している姿《すがた》です。日頃《ひごろ》何げなく使っている漢字の中に、その「小」の字形や意味をふくんでいる一群の字があります。少しの説明で、「なるほど！」とわかる文字たちです。

それは「肖《しょう》」「梢《しょう》」「屑《せつ》」「消《しょう》」「削《さく》」などの文字。これらに共通するのは「肖」です。「肖像」とは人の顔や姿《すがた》などを写し取った絵や彫刻《ちょうこく》のこと。ですから「肖」の意味は「にる」です。でも「肖」の旧字「肖」は「小」と「月」を合わせた形。この「月」は夜空の月ではなく、身体を表す「肉づき」で、「肖」（肖）は骨《ほね》の末端《まったん》に小さな肉が連なる形です。つまり「肖」には「末端の小さいもの」の意味がふくまれているのです。

そこから一番簡単《かんたん》にわかる漢字は「梢」（梢）でしょう。これは木の末端の小さいものなので「こずえ」のことです。「屑」の中にある「肖」も末端の小さいもの、細かいものなので「屑」は「くず」のことです。

「消」（消）は「末端の小さい水」のこと。つまり水が引いて消えることです。そこからすべての「きえる」意味となりました。

元気のないことを「悄然《しょうぜん》」といいます。この「悄」は「心の末端の小さいもの」のことで心が弱り、しおれることです。「うれえる、しずか」の意味に用います。

けずり取ることの「削除《さくじょ》」の「削」（削）にも「肖」（肖）があります。小さな肉が骨に連なっているのが「肖」（肖）。それに「刂《りっとう》」（刀）を加えた文字なので、骨についた肉を刀で削《けず》り取ることです。そこから「けずる、そぐ」の意味となりました。

最後に一つだけ今までの古代文字の説明と異《こと》なる字を紹介しましょう。それは「今宵《こよい》」の「宵《しょう》」（宵）です。「宵」の古代文字をイラスト欄《らん》に挙げておきましたが、これを見ると小さな肉が骨に連なる形ではなくて、夜空の「月」と「小」を合わせた形です。

「宀」（うかんむり）は先祖の霊《れい》を祭る廟《みたまや》の屋根の形です。その廟に月光がわずかにさしこんでいるのが「宵」（宵）です。そこから日が暮《く》れて間もない「よい」の意味となったのです。

古代文字

「その後の消息は不明」などと使う「消息」の意味は「消えることと生じること」。人についていえば「死ぬことと生きること」。そこから人の安否《あんぴ》や動静の意味に

【つながる漢字】

小・肖（肖）・梢（梢）・屑・消（消）・悄・削（削）・宵（宵）・月（月）

砂

音　サ・シャ
訓　すな

微《び》細《さい》な石

糸でつづった小さな貝や玉

「小」と「少」は音も意味も非常に近い字です。「小」は小さな貝や宝石《ほうせき》の玉《ぎょく》が散乱《さんらん》している姿《すがた》。それらを糸でつづった形が「少」です。この「小」にも「少」にも微細《びさい》なものの意味があります。

「少」はつづった貝や玉が少ないので「すくない」の意味となりました。それを人の年齢《ねんれい》のことに移して「わかい、おさない」の意味にもなりました。「少女・少年」の用法がそれです。これまで何回か「小」をふくむ字の説明をしたので、この項《こう》では「少」をふくむ字の紹介《しょうかい》をしましょう。

まず「秒」です。「時分秒」に使っている「秒」は、ふだんあまり文字の形のことまで考えませんが、これは「禾《か》」と「少」を合わせた字です。「禾」は稲《いね》です。これに「少」を加えた「秒」は稲の微細な部分、つまり穂《ほ》の先端《せんたん》にあるするどい突起《とっき》「のぎ」のことです。「のぎ」は細い針状《はりじょう》の突起で「かすか、わずか」の意味に使います。そこから「秒」が時間や角度をはかる時の単位として使われるようになったのです。

次にみんなが知っている「少」の関連文字は「砂《さ》」という漢字でしょう。「少」は小さな貝や玉を糸でつづったもの。この小さな貝や玉のように微細な「石」のことを「砂《すな》」というのです。

また「少」は、小さなものを連ねたという形の文字ですので、薄《うす》い絹織物《きぬおりもの》のことを「紗《さ》」といいます。

「抄《しょう》」にも「少」があります。散乱した貝や玉を集めてつづることが「少」。「抄」も「小さなものをすくって取るような取り方のこと」をいう字です。住民票などの部分を抜《ぬ》き書きしたものを「抄本」といいます。

つまり「抄」に一部を「ぬきがきする、うつす」の意味があるのです。他に「かすめとる」の意味もあります。

「少」には少なくてわずかな「微少《びしょう》」の意味があります。そこから精密《せいみつ》でたくみな「精妙《せいみょう》」の言葉も生まれました。きめ細かくて美しいという字が「妙《たえ》」です。

古代文字

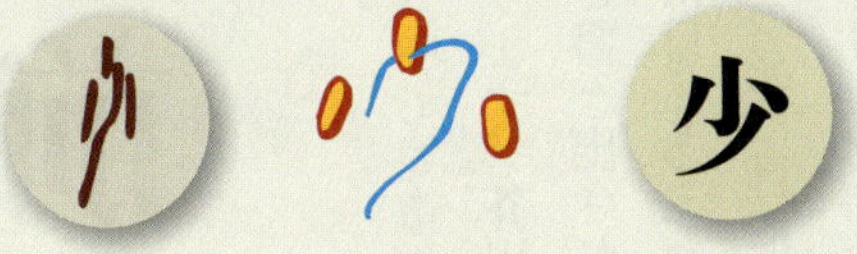

水辺の砂浜《すなはま》にある細かいすなを「沙《さ》」という。同じ「すな」だが、「砂」はやや粗《あら》いすな、「沙」は細かいすなのこと

【つながる漢字】

小・少・秒・砂・紗・抄・妙・沙

前

音　ゼン
訓　まえ・つめきる・すすむ・さき

足の指の爪《つめ》を切り揃《そろ》える

体の穢《けが》れを清める

世界中で児童文学の賞を受けた『夏の庭』の作者・湯本香樹実《ゆもとかずみ》さんの小説に『西日の町』があります。芥川賞候補《あくたがわしょうこうほ》にもなった作品ですが、この小説の最初は「母は夜更《よふ》けに爪《つめ》を切った」と書き出されています。でも作品の語り手である僕《ぼく》が「同じことをしようとする」と「親の死に目にあえなくなるよ」と母から怒《おこ》られるのです。

「親の死に目にあえなくなる」というのはもちろん迷信です。夜は暗いので、爪を切るとけがしやすいという合理的な理由もあります。でも、爪を切ることに昔は、今よりもっと呪《まじな》いのような意味があったのかもしれません。

古代中国で爪を切ることには、旅立ちや旅から帰ってきた時に、穢《けが》れている自分の体を清めるという意味がありました。その爪切りの儀式《ぎしき》を表しているのが、「前」という文字です。

「前」は古代の文字では「止」の下に「舟《ふね》」を加えた字形、あるいはさらに「刂《りっとう》」（刀）を加えた文字でした。何度か説明していますが、「止」は足跡《あしあと》の形で、進み行くことを表しています【→［歩］】。「舟」は現在の「前」の字形では「月」に相当する部分です。その「月」は食物や水などを入れる器である「舟」を表していて、この場合は水を入れる盤《ばん》のことです。

その盤の中の水で足（止）を洗《あら》い、さらに「刂」（刀）を加えて、足の指の爪を切り揃《そろ》える文字が「前」です。

そのような旅に出る際などに爪を切る儀式の文字である「前」が、足の指先の意味から次第に前後の「まえ」、時間的に昔の「まえ」の意味に使われ出したので、さらに下に「刀」を加えて「剪《せん》」という字が作られました。意味は「剪《き》る」ことです。同様に「前」に「扌《てへん》」（手）を加えて作られたのが、「揃《せん》」です。意味は切り「揃《そろ》える」ことです。樹木《じゅもく》の枝をきり揃えることを「剪定《せんてい》」といいます。

また髪《かみ》を切り揃えることを「鬋《せん》」と書きます。「鬋」の「前」以外の部分「髟」（かみかんむり）は髪の毛やひげを表す文字です。それに切り揃える意味の「前」を加えて「鬋」の字ができました。

古代文字

神様に祈る際、古代中国では爪を切って捧《ささ》げた。自分の身を捧げる行為《こうい》だった。葬儀《そうぎ》の時には爪切り、髪切りが行われた

【つながる漢字】

前（前）・剪（翦＝異）・揃・鬋

機

音　キ
訓　はた・ばねじかけ・はたらき

ばね仕掛《じか》けのある機械

悪いものを追い払《はら》う糸

「前後左右」とよく言いますが、その「右」の「口」は顔の「くち」ではなくて、神様への祈《いの》りの言葉を入れる器「口」（サイ）のことです。そのことを発見し、「口」の字形をふくむ漢字の成り立ちを体系的《たいけいてき》に解明したのが白川静さんの業績です。

「右」とは神への祈りの言葉を入れた器「𠙵」（サイ）を持つ右手のことです。「左」は神に呪《まじな》いをかける道具「工」を持つ、左手のこと【→［友］】。そして「前」は旅立ちの前や旅から帰った時に、自分の体の穢《けが》れを清めるために足の爪《つめ》を切る儀式《ぎしき》でした【→［前］】。

これらの字はみな神への祈りや呪いに関係しています。では「後」はどんな文字でしょうか。「後」の「彳」（ぎょうにんべん）は十字路の左半分の形で、道路の意味【→［行］】。「幺《よう》」は糸たばをねじって結んだ形【→［素］】。「夊《すい》」は足を表す「止」を上下逆さにした形で、後ろ向きの足のことです【→［麦］】。つまり「後」は道路で糸を使って祈り、敵《てき》の後退《こうたい》を願う文字。「後」も祈りと呪いの文字なのです。

このように悪いものを追い払《はら》う力が糸にはあります。「糸」は糸たばの形で「絲」が元の字形です。「絲」は二つの糸たばを組み合わせた形です。そんな意味の「糸」（絲）に関する文字を幾《いく》つか紹介《しょうかい》したいと思います。まず「幾つ」の「幾《き》」。これは「戈《ほこ》」に糸飾《いとかざ》りの「幺」を二つつけた字です。悪いものを追い払う力がある糸飾りをつけた戈を用いて、あやしいものを調べ問いただすのを「幾」といいます。その時に「かすかなきざし」を察して問い調べるので「きざし」の意味となり、問うので「いくら、いく」の意味となりました。

「糸飾りつきの戈」で調べる道具が「幾」ですが、それに、ばね仕掛《じか》けなどの働きが加わった道具、機械が「機」です。「はた、しかけ、はたらき」という意味があります。

もう一つ紹介すると、近畿《きんき》の「畿」です。これは農耕地「田」を「糸飾りのついた戈」の「幾」で調べ問いただし、その地域を清めることです。その地域《ちいき》を「畿」といいました。

この意味が拡大《かくだい》されて、都を中心とする王の直接支配地を「畿」というようになり、都周辺の地域を「近畿《きんき》」というようになりました。

古代文字

「はたらき」や「しかけ」のある古い機械では織機《しょっき》が代表的だった。まず「機」は織機の意味となり、さらに「機」で織った布「はた」の意味となった

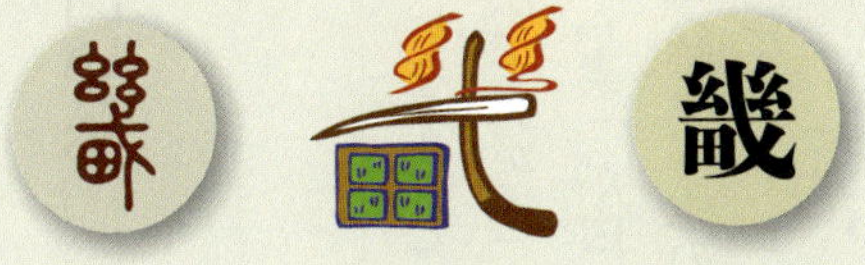

【つながる漢字】

後・幾（幾）・機（機）・畿・前（前）・右・左・幺・糸（絲）

素

音　ソ・ス
訓　しろぎぬ・もと・もとより

結んだ部分の白い糸

汁《しる》の中に漬《つ》けて染《そ》める

その道に熟達《じゅくたつ》した人を玄人《くろうと》、反対に物事に経験のない人を素人《しろうと》といいます。この「玄《げん》」「素」に「幺《いとがしら》」と「糸」がふくまれていますね。玄人、素人は日本語の用法ですが、「玄」に黒い意味があり、「素」に白い意味があります。この項《こう》はなぜ「玄」が黒で、「素」が白かの紹介《しょうかい》です。

これは糸を染《そ》めることに関係した漢字です。「糸」は糸たばの形で「絲」が元の字形。「絲」は二つの糸たばを組み合わせた形です。そして「玄」の「幺《よう》」は小さな糸たばをねじって結んだ形です。白色の糸たばをねじって染め汁《じる》の入った鍋《なべ》に漬《つ》けて染め、黒色になった糸が「玄」で、そこから「くろ」の意味があるのです。染め汁に三回漬けると「纁《くん》」という色になります。「纁」は少しくすんだ赤い色です。七回漬けると「緇《し》」の色になります。「緇」は黒です。「玄」は「緇」に近い赤みがかった黒色のことで、六回漬けたものと考えられています。「玄」をふくむ言葉では、「玄武岩《げんぶがん》」は黒い石のこと。「玄鳥《げんちょう》」はツバメです。

糸を染める時に糸たばの本《もと》を結んで染め汁に漬けるので、結んだ部分は白い糸のままで残ります。その白い部分を「素」というのです。それで「しろぎぬ、もと」の意味になりました。

奥《おく》深く、微妙《びみょう》で、簡単《かんたん》にはかり知ることができないことを「幽玄《ゆうげん》」といいます。これも色《しき》彩《さい》関係の言葉です。古代では色は単に感覚の問題だけでなくて、この世の深い価値《かち》を表していました。「幽玄」の「幽」にも「幺」が二つあります。「山」の部分は古代文字を見てください。

「火」の形です。「幽」は糸たばを火で燻《くす》べて黒色にすること。暗い黒は奥深い色だったので「幽玄」なのです。暗い所に閉《と》じ込《こ》めるのが「幽閉《ゆうへい》」です。

もう一つ黒い意味の「玄」に関係する文字を紹介すれば、磁石《じしゃく》の「磁」がそうです。右の字形は「玄」を二つ、つまり黒い糸たばを二つ並《なら》べた形で、黒いものの意味です。それに「石」を加えて、黒ずんだ鉄のような石のことで「じしゃく」のことです。

ついでに加えれば「滋養《じよう》」の「滋」は糸たばを水（氵《さんずい》）に漬けること、糸たばの量が水をふくんで「ふえる」ことから「うるおう、しげる」、さらに「やしなう」の意味となりました。そのやしなう心情を「慈《じ》」といい、「いつくしむ」意味となったのです。

古代文字

染まっていない部分なので、「素質」（生まれついての性質）や「素顔」（化粧《けしょう》していない顔）などの言葉がある

【つながる漢字】

糸（絲）・幺・玄・素・幽・磁（磁）・滋（滋）・慈（慈）

【経】

音 ケイ・キョウ
訓 へる・たていと・いとなむ・すぎる

織機《しょっき》にかけ渡《わた》した縦糸《たていと》

垂直《すいちょく》で直線的な関係

ものごとの成り行きのことを「経緯《けいい》」といいます。「経」にも「緯」にも「糸《いとへん》」がついていますが、これは布を織る際の縦糸《たていと》と横糸《よこいと》のことです。

地球上の位置を示すために、想像上に引かれた線に経線《けいせん》と緯線《いせん》があります。経線が地球上を縦に走る線、緯線は横に走る線です。これも経緯の縦糸横糸からの命名です。

この項《こう》は縦糸の「経」に関連する字の紹介《しょうかい》です。

「経」の旧字「經」の「巠《けい》」の部分は布を織る織機《しょっき》に縦糸をかけ渡《わた》し、下部に「工」形の横木をつけて糸を縦に張った形です。織機はまず縦糸を張り、その間を杼《ひ》という道具を使って横糸を通して、それらを交錯《こうさく》させて布を織る機械です。

このように縦糸が織ることの基本なので、「経」(經)は「経営」など大切なものの運営の意味にも使います。中国の政治道徳の学問である儒教《じゅきょう》の基本的な書物のことを「経書《けいしょ》」と呼《よ》びます。

縦に糸を張った「巠」をふくむ字はたくさんありますが、その多くに「垂直《すいちょく》」「下で上を支える」「直線的関係」の意味があります。

「軽」(輕)の「巠」は直線的なもののことで、そこから軽くて速い「車」の意味となり、さらにすべての軽いものを表すようになりました。「径」の旧字「徑」の「巠」も直線的な意味です。「彳」(ぎょうにんべん)は十字路の左半分の形で道路の意味【↓「行」】。つまり「径」

は直線的な近道である「こみち（小道）」のことです。円や球の「直径」にも使います。

直線的に上のものを下で縦に支える意味の「巠」は、草の「茎《くき》」（莖《けい》）がそうです。人間では頭を支える「頸《くび》」や体を支える「脛《すね》」もそうです。

「経緯」は織機の縦糸と横糸と理解しても、時間の経過で、どちらが縦糸か横糸か、わからなくなってしまいがちです。

でも縦方向の「茎《けい》（莖）」（くき）、「頸《けい》」（くび）、「脛《けい》」（すね）などが「経」に関連する字であることを理解すればもう忘《わす》れることはありません。さらに痙攣《けいれん》の「痙」も直線的にひきつけるような状態の痛みのことです。

古代文字

筋道《すじみち》の経緯を考えることから、物事の成り行きを表す「経過」や、人が実際に見たり聞いたりしていく「経験」の言葉が生まれた

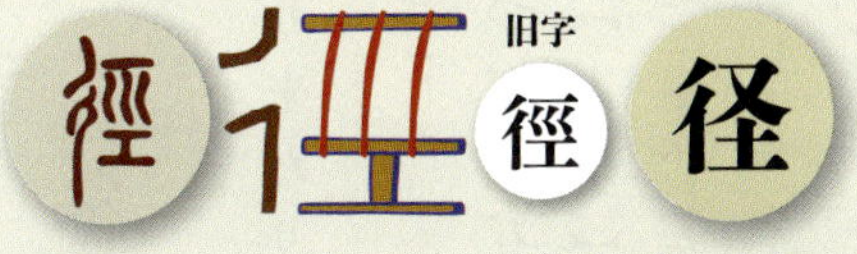

【つながる漢字】

巠・経（經）・軽（輕）・径（徑）・茎（莖）・頸・脛・痙

【囲】

音 イ
訓 かこむ・かこう

防衛された都市を取り囲む

左右に行ったり来たり

前項《ぜんこう》では縦糸《たていと》である「経」について説明しました。今度は横糸「緯《い》」についての紹介《しょうかい》です。「緯」の右側「韋《い》」の説明の前に「止」について紹介しなくてはなりません。「止」は人の足《あし》跡《あと》の形で、これが「足」の字の基本形です【→［歩］】。この「止」を二つ重ねたり、左右に横倒《よこだお》しにしたり、上下逆転させたりして、足に関係した文字を漢字は作っていくのです。

古代文字の「韋」は「口《い》」の上に左に横倒しになった「止」が、「口」の下に右に横倒しになった「止」がかかれています。「口」は「くち」でも、また神への祈《いの》りの言葉を入れる器「口」（サイ）でもありません。この「口」は城壁《じょうへき》で囲った城です。「韋」は防衛のために城の周囲を護衛の兵士が左右に行ったり来たりしている字です。「韋」は兵士が左に行ったり、右に行ったりするので「たがう」の意味があります。もう一つ「なめしがわ」の意味もあります。

以前も紹介しましたが、この「韋」をふくむ字で、みんなが知っている字は「違《い》」でしょう。「辶」（しんにゅう）は道を行く意味で【→［行］】、左に行ったり右に行ったりして、歩む方向が違《ちが》うので「ちがう、たがう」の意味となりました【→［衛］】。これと同様に、織物を織る際に横糸が入った杼《ひ》が左右に動くところから「緯」が「よこいと」の意味となったのです。

「囲」の旧字「圍」にも「韋」はあります。これは城を攻《せ》める側から見た字です。つまり城壁の周囲を兵士が左右に行ったり来たりして防衛されている都市である「韋」を、さらに取り囲（圍）んでいるのが「圍」の外側の「口」です。そこから「かこむ」意味になりました。

防衛の「衛」にも「韋」があります。「行」は十字路の形で「道を行く」意味【↓［行］】。「衛」は城の周囲を巡回《じゅんかい》して「まもる」ことです。

「韋」の関係文字とは違いますが、「国」という字についても説明したいです。「国」の旧字「國」の元の字形は「或《わく》」です。その「或」の「口」も城壁のこと。その城壁「口」の周辺を武器の「戈《ほこ》」で守るのが「或」です。その「戈」で守る「地域《ちいき》」を「域」といいます。でも、この「或」が「或《ある》いは」の意味となっていったので、さらに外側に城壁の「口」をもう一つ加えて「國」（国）の字ができました。

古代文字

旧字「圍」の中の「韋」にふくまれる「口」も城の形。その「韋」の外側に、さらに「口」を加えて包囲の意味を示している

【つながる漢字】

止・韋・違（違）・緯（緯）・囲（圍）・衛（衞）・国（國）・或・域

断

音　ダン
訓　たつ・ことわる・きる

織機《しょっき》にかけた糸を断ち切る

糸をつなぐ継続《けいぞく》とペア

中国・戦国時代の思想家・孟子《もうし》の母、孟母《もうぼ》はたいへんな教育ママでした。息子の教育のためによい環境《かんきょう》を求めて三回引っ越《こ》しした「孟母三遷《さんせん》の教え」は有名です。もう一つ「孟母断機の教え」という話もよく知られています。孟子が学問の半ばで帰省した時に、孟母が織りかけの布を断って、学問も途中《とちゅう》でやめれば、この断機と同じだと孟子をいさめたという話です。

何度か、糸に関連した字について説明してきましたが、最後に「断機の教え」に出てくる「断」に関係した文字について紹介《しょうかい》したいと思います。

「断機」の「機」は「幾《いく》」と「木」を合わせた字。「幾《き》」は悪いものを除《のぞ》く力がある糸飾《いとかざ》りである「幺《いとがしら》」を二つ付けた「戈《ほこ》」を道具に用いて、あやしいものを問い調べる字です。さらにその道具にばね仕掛《じか》けなどの働きがあるものが「機」で、そこから「織機《しょっき》」「機械」などの意味になりました【→［機］】。

「断」のほうは旧字「斷」を見てください。左に「幺《よう》」が四つ書かれていて、真ん中で横方向に断ち切られています。これは織機にかけた糸を二つに断ち切る形です。「断機」がそのまま字の形となっています。右は糸を断ち切った「斤《おの》」です。

この「断」（斷）とペアとなる漢字があります。それは「継続《けいぞく》」の「継」です。旧字は「繼」。これは二つに断ち切った糸に、さらに左に「糸」の字を加え、糸をつなぎ継続している字です。そこから「つなぐ、つぐ」意味になりました。「斤」で糸を断ち切るのが「断」。断ち切った糸をさらに糸でつなぐのが「継」。漢字って、ほんとうに面白いですね。

もう一つ関連した字を紹介しましょう。それは「断絶」の「絶」です。古代文字の形を見てください。これも織機にかけた糸を切断する形です。

ただし「絶」は今の字にも表れていますが「色糸」のこと。つまり現在の字形の「絶」は糸を断ち切るのではなく、染色《せんしょく》のために弱くなった糸が切れることのようです。

また、染色した色糸の美しさから「はなはだ、このうえなく」の意味もあり、絶妙《ぜつみょう》（はなはだすぐれていること）、絶景（たいへんすぐれた景色）などの用法があります。

古代文字

「断」と「継」の古代文字では糸の切断方向が左右逆。白川静さんの考えではないが、「断」と逆の形が「継」だから「つなぐ」の意味との考えもある

【つながる漢字】

幾（幾）・機（機）・断（斷）・継（繼）・絶（㡭=異）・幺・糸（絲）

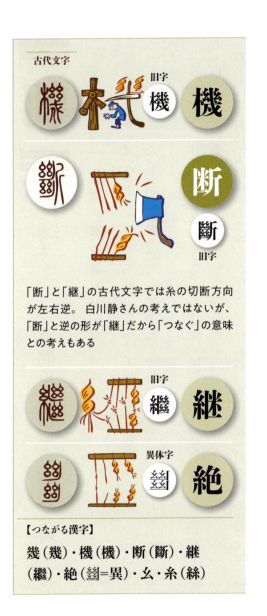

【朝】

音　チョウ
訓　あさ・あした・まつりごと

草間に日が出て月が残る時

朝の潮《しお》の満ち引き

同じ王様の家に属する王の系列《けいれつ》を「王朝」といい、王が政治を行う所を「朝廷《ちょうてい》」といいます。これらの言葉に、なぜ「朝」があるのでしょう。ここではこの「朝」の紹介《しょうかい》から始めたいと思います。

「朝」は「艸《そう》」「日」「月」を合わせた字です。「艸」は草のこと。今の「朝」でいうと、左側の「日」の上下に書き分けてある「十」が「艸」です。

草の間に「日」（太陽の象形文字）が出ているけれど、まだ空に「月」（月の象形文字）が残っている形で「朝明けの時」のこと。そこから「あさ」の意味となりました。

古代中国の殷《いん》王朝では日の出を迎《むか》えて朝日《ちょうじつ》の礼を行い、政治上の大事を決定しました。その朝のまつりごとを「朝政」といい、「朝」は「まつりごと」の意味になりました。そして王が政務を行う所を「朝廷」というようになったのです。

「朝」は夜明けのことですが、二〇一〇年の常用漢字改定で、夜明けに関する字が幾《いく》つか常用漢字に加わりましたので、それも紹介しておきましょう。

一つは「曖昧《あいまい》」の「昧」です。「未」は木の枝葉の茂《しげ》りゆく形【→「本」】。「いまだ」の意味は、字の音を借りて別な意味を表す「仮借《かしゃ》」という用法です。「昧」の「未」も「いまだ」の意味。「いまだ」に「日」が出ないというのが「昧」で「よあけ、くらい」の意味です。

さらに、これも二〇一〇年の改定で常用漢字に加わった字ですが、「元旦《がんたん》」の「旦」も日の出の意味です。

今の字形「旦」の「一」は地平線です。これは地平線の上に「日」(太陽)が出てくる形。でも古代文字では「一」の部分が雲の形をしています。元の字は雲から顔を出した日の出の形でした。

最後は「朝」に関係した「潮《しお》」についてです。「朝」の古代文字には「月」の部分を「水」の形に書くものがありました。「潮《ちょう》」の古代文字にも「月」に相当する部分がありません。つまり「潮」は朝の潮の満ち引きを表す字なのです。そこから「しお、うしお」になりました。

古代文字

朝と夕の満潮と干潮《かんちょう》を潮汐《ちょうせき》という。 朝と夕に潮の干満があることは海沿いに住む人の知識。 漢字には海沿いの文化と関係があることがわかる

【つながる漢字】

朝（朝）・未・味・旦・潮（潮）・汐・日・月（月）・艸

暮

音　ボ
訓　くれる・くらす・くれ・ひぐれ・おそい

草むらに日が沈《しず》む

日が暮《く》れて暗いこと

日の出の朝と、日の入りの夕暮《ゆうぐ》れ。どちらも空が赤くなるのは似ています。「朝」の「日」の上下の「十」は草の形で、「朝」は「日」（太陽）が草の間から昇《のぼ》るさまのことです。そのことを前項《ぜんこう》「朝」で紹介《しょうかい》しました。この項では夕暮れの「暮《ぼ》」についてです。

「朝」は「草」と「日」とで日の出を表す字ですが、「暮」も「艹」（くさかんむり）と「日」をふくむ字です。その「暮」の前に、まず「莫《ばく》」を理解してください。「莫」は古代文字を見ると、現在は「大」となっている部分も草の形です。「莫」から「日」を除《のぞ》いた部分は「茻《そう》」（草）を二つ上下にかいた形で、草むらのことです。つまり「莫」は草間に「日」が沈《しず》む姿《すがた》で「暮」の元の字でした。だから「莫」は「日暮れ、暗い」の意味でしたが、否定《ひてい》の「なし」などの意味に使われるようになりました。そこでさらに「日」を加え、「日」が「暮れる」意味を明確にした「暮」の文字が作られたのです。

「莫」をふくむ字で、もう一つみんなも知っているのは「墓《ぼ》」です。「莫」と「土」を合わせた形ですが、「莫」は「暗い」こと、「土」は盛《も》り土の小高い丘《おか》・墳丘《ふんきゅう》のこと。「莫」と「土」で墳丘状の墓《はか》のことです。でも古代中国の殷《いん》時代の墓は地下深くにありました。遺体《いたい》の安置場所は暗い世界なので「墓」の字ができたようです。

「幕《ばく》」も「莫」をふくむ字です。「莫」には「暗くおおう」の意味があります。「巾《きん》」は布です。「幕《まく》」は天幕・テントのことで、「幕」でおおえば「暗くなる」のです。

「莫」に天幕のように張りめぐらす意味があります。「莫」に「月」（肉づき）を加えて、肉をおおっている、また肉の間にある薄皮《うすかわ》を「膜《まく》」といいます。

「艸」を上下に重ねた文字をもう一つ紹介しましょう。それは「葬儀《そうぎ》」の「葬」です。「葬」の「艹」も「廾」の部分も「艸」（草）の形で、草むらのことです。「死」は「歹《がつ》」と「匕《ひ》」を合わせた字です。「歹」は死者の胸《むね》から上の骨《ほね》の形。「匕」は、その死者の白骨《はっこつ》を拝《おが》み弔《とむら》う人です【↓［残］】。昔は遺体を一時的に草むらに置き、遺体が風化した後で骨を拾い「ほうむり」ました。それが「葬」の字です。

古代文字

「田舎《いなか》暮らし」「その日暮らし」など「くらし」と読んで、日々をすごす「生活」の意味にも「暮」を使うが、これは日本語の用法

【つながる漢字】

朝（朝）・莫（莫）・暮（暮）・墓（墓）・幕（幕）・膜（膜）・葬（葬）・死・日

夜

音 ヤ
訓 よ・よる

月が姿《すがた》を現す時間帯

腕《うで》の付け根の下側

草むらから日が出るさまが「朝」。草むらへ日が入るのが「暮《ぼ》」です。「莫《ばく》」という字は草むらに日が没《ぼっ》する姿《すがた》で「暮」の元の形でした。この項《こう》では日暮《ひぐ》れより暗い「夜」について紹介《しょうかい》したいと思います。

その「夜」の説明の前に「亦《えき》」という字について理解してください。「亦」の古代文字を見ると、人の正面形を表す「大」の両腋《りょうわき》の下に点を加えた形です。つまり「大」の両腋に点を加えた「亦」は体の「わき」の意味で、「腋《えき》（わき）」の元の形です。「亦」はあることを重ねる「も亦《また》」の意味でも使われます。両腋の下に同じ「、」があるので「また」なのでしょう。

以上のことを理解して「夜」の字を見てください。「腋」や「液《えき》」にも「夜」がふくまれています。「腋」「液」になぜ「夜」があるのか、そのことを紹介しましょう。

「夜」の古代文字を見ると「大」と「月」を合わせた形です。または「亦」の点の一つが「月」となっている字とも考えられます。つまり「夜」は両手を広げて立つ人の腋の下から「月」が現れている形。月が姿を現す時間帯を「夜」といいます。

まだ空に月が残っている時間が「朝」。「月」が姿を現す時間が「夜」。漢字は面白いですね。

さてその「夜」をふくむ文字「腋」は「月」をもう一つ加える形です。ただし、加えられたほうの「月」は夜空の「つき」ではなく肉体を表す「肉づき」です。それを「夜」に加えて

「わき」の意味になりました。「腋」は夜空の「月」と肉体の肉づきの「月」をふくむ字です。

「脇《きょう》」も「わき」と読みますが、これは「脇腹《わきばら》」のことです。「脇」の右側の「劦《きょう》」の「力」は農具の鋤《すき》の形です【↓「力」】。三つの鋤（「力」）で「協力」して耕すのが「劦」で「協」の元の字です。鋤を並《なら》べる形が、肋骨《ろっこつ》が並ぶ形に似ているので「脇」の字ができました。

一方、「腋」は「腕《うで》の付け根の下側の所」のことです。その「腋」は汗《あせ》が出やすい所で、その汗が発する特有の臭《にお》いを「腋臭《わきが》」といいます。

そして「液」の字も「夜」に「氵《さんずい》」（水）を加えた形です。「液」とは「中からにじみ出る水分」のことです。汗は体の中から分泌《ぶんぴ》する水分。樹液《じゅえき》は木からにじみ出る水分のことです。

古代文字

古代文字は人の影《かげ》がかたむいている形で、人の臥《ふ》す形とも見られる。天下の人がすべて休息する時だから「よる」の意味との考えもある

【つながる漢字】

亦・夜・腋・液・大・脇・劦・協

【弓】

音　キュウ
訓　ゆみ

弓なりに曲がる

狭《せま》い所に身をかがめる

古代中国では「矢」や、それを射《い》る「弓」はとても大切なものでした。「医」など「矢」に関連した字を紹介《しょうかい》した項《こう》でも説明しましたが【→［医］】、「矢」には悪霊《あくりょう》を除《のぞ》く力があると思われていたのです。

この項は、その「弓」に関する文字の紹介です。「弓」は「ゆみ」の形をそのまま字にした象形文字で、「弓」をふくむ字には「力を加えて弓なりに曲がる」との意味があります。そんな「弓」の関係字で最初に理解してほしいのは「躬《きゅう》」です。

「躬」の「弓」は、少し弓なりになっている背骨《せぼね》のことです。背骨の「弓」と「身」を合わせた「躬」は「からだ」という意味です。「みずから」との意味もありますが、「躬」はしばしば使う文字ではないので意味を理解するだけでもいいと思います。

でも、この「躬」が「穴《あな》」に入った文字が「窮屈《きゅうくつ》」の「窮」で、常用漢字です。狭《せま》い穴の中に「躬《からだ》」を曲げて入るので「窮屈」なのです。狭い所に身をかがめることから「苦しい」の意味ともなり、生活に「くるしむ」という意味ともなりました。「困窮《こんきゅう》」という言葉がその例です。

作家・浅田次郎《あさだじろう》さんに、中国の清朝末期を舞台《ぶたい》にした小説『蒼穹《そうきゅう》の昴《すばる》』があります。その「蒼穹」の「穹」は「穴」に「弓」を加えた字です。この「弓」も弓なりに曲がったものです。

ドーム状に曲がった「穴」のことが「穹」で、「ゆみなり」の意味。「蒼穹」とは「蒼《あお》いドーム」のことで「青空」のことです。他に「湾《わん》」（灣）という字も「弓なりになった海岸」のことです。

「弓」で矢を射る「射《しゃ》」も「弓」に関係しています。現在の字形の「射」には「弓」はふくまれていませんね。でも「射」の古代文字を見てください。これは弓に矢をつがえて射る形の文字になっています。

古代文字の「射」は「弓」「矢」「又《また》」（手の形）を合わせた字ですが、文字が伝わるうちに「弓」と「矢」の部分を間違《まちが》って「身」としてしまい、そのまま今に伝わっています。

古代文字

弓で矢を放って、場所を清める「矢通し」に似たことは今もある。兵隊が鉄砲《てっぽう》をうって、その場所を清める儀式《ぎしき》が矢通しの名残

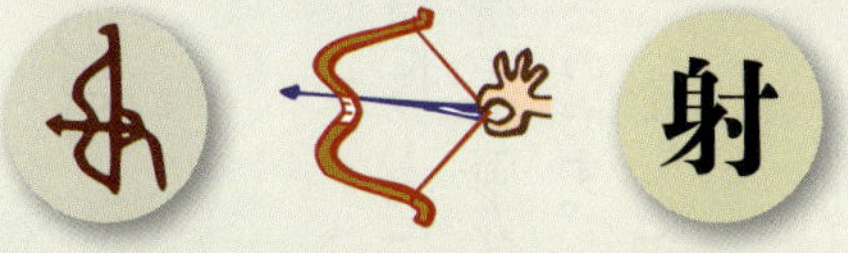

【つながる漢字】

弓・躬（躳=異）・窮（竆=異）・穹・射・湾（灣）

強

訓 音
キョウ・ゴウ
つよい・つよまる・つよめる・しいる・しいて

強い天蚕糸《てぐす》の弦《つる》の弓

力が弱い儀《ぎ》式《しき》用の弓

「声に強弱をつける」「振動《しんどう》の強弱をはかる」。それらの言葉を使う際に、ふだんはあまり文字の成り立ちまでは考えないでしょうが、この「強弱」という二つの漢字の両方に「弓」の字形がふくまれています。つまり「強」も「弱」も「弓」に関係する字なのです。

まず「強」という字の成り立ちから紹介《しょうかい》しましょう。「強」は「弘《こう》」という文字の「ム」の下に「虫」を加えた形です。

「弓」は弓の形を文字にした象形文字です。「弘」の「ム」は弓の握《にぎ》りの部分に紐《ひも》のようなものを巻《ま》きつけて強固にした形です。「弘」は、その強固な弓のことから「弘大」（広く大きなこと）の意味となりました。

これに「虫」を加えたのが「強」。「虫」は強い糸である天蚕糸《てぐす》のことです。その弦《つる》は他の弦《げん》よりも強いので「つよい」の意味となりました。

次に「弱」です。これは実践《じっせん》用の「弓」ではありません。二つの「弓」の下部にある「冫」は儀式《ぎしき》用の飾《かざ》りを表しています。実戦用の弓に比べ、儀式用の弓は力が弱いので「よわい」の意味となりました。「弱」と「若《じゃく》」は音が同じなので「若年」のことを「弱年」とも書きます。

この「弱」に関係した文字に「嫋《じょう》」があります。「嫋々」は女性の「しなやか」な様子のことですが、儀式用の弓の飾りが、しなやかになびく様子からできた文字です。「水」に対して力が弱いという意味の文字が「溺《でき》」「溺《おぼ》れる」です。

もう一つ「弓」の関係する文字を紹介しましょう。「あんな強引な人はいない」などと使う、「強引」の「引」です。「引」は「弓」と「丨《こん》」を合わせた文字です。縦《たて》の棒《ぼう》を表す「丨」は上下を通す直線的なものです。

でもこの「丨」と「弓」との関係は、よくわかっていないそうです。「弓を引く」姿《すがた》が「丨」の意味という考えもあります。白川静さんは「弓」の曲がり具合を直すために加えられた添《そ》え木ではないかと考えています。ともかく、そこから弓を「引く」意味となり、すべてのものを「力」を加えて「ひく」意味となりました。

古代文字

天蚕糸は虫のテグスガから取り出した糸を酸にひたして引きのばし乾《かわ》かした白色の糸。強い糸なので釣《つ》り糸などに使うことも多い

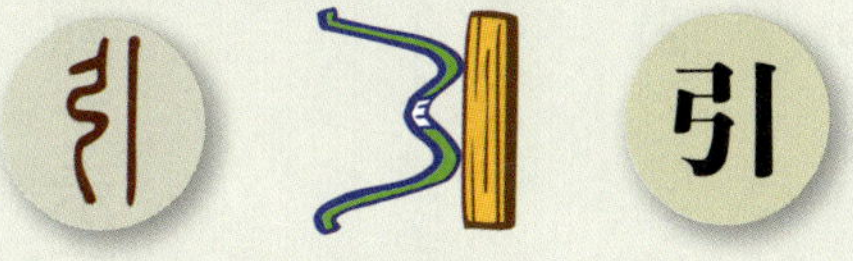

【つながる漢字】

弓・弘・強・弱（弱）・嫋・溺・引

本

音　ホン
訓　もと・はじめ・ほん

丸い点で木の下部を示す

抽象的《ちゅうしょう》なものを文字にする

漢字の成り立ちには六種類の分類があって、それを「六書《りくしょ》」といいます。漢字はものの形をかいた象形文字が始まりです。でも象形文字だけでは形のないものは表せないので、いろいろな字の作り方があるのです。

その中に「指事《しじ》」というものがあります。事物の関係や数字など、抽象的《ちゅうしょう》なものを文字にする方法です。日頃《ひごろ》よく使う漢字にも「指事」の文字があるので紹介《しょうかい》しましょう。

まず「上」と「下」です。「上」「下」に共通する横線の「一」は手のひらの形です。「上」の古代文字を見ると手のひらの上に点があります。

その点をつけて、手のひらの「上」の意味を示しています。「下」は手のひらを伏《ふ》せ、その下に点をつけて手のひらの「下」の意味です。後に「上」「下」の手のひらの点が縦線《たてせん》となって、さらにわきに点を加えて「上」「下」となりました。

他の「指事」の例には「本」があります。枝のある木の姿《すがた》をかいた象形文字が「木」ですが、その「木」の下の部分に点を加え、木の下部を示した字が「本」で、「根本」の意味です。そういわれてみれば、その通りの文字ですね。そこから「もと」や「はじめ」の意味となりました。その「本」と対応する「指事」の漢字が「末」です。「末」は木の上部に点を加え、木の上部を表し、木の末端《まったん》である「こずえ」を意味する字です。

根本の「本」とこずえの「末」を合わせて「本末」といいます。「初めと終わり」のことです。「末」と似た字に「未」があります。でも「未」は「指事」の字でなく、象形文字です。これは枝が茂《しげ》っている木の形です【→［製］】。「いまだ」の意味に使うのは、字の音だけを借りて、別な意味を表す「仮借《かしゃ》」という用法です。「仮借」も六書の一つです。

ついでに「未」の関連文字である「味」を紹介しておきましょう。木の枝の新芽のようなところの味がすぐれているのでできた文字です。六書でいうと、これは「未」を音の符号《ふごう》とする「形声《けいせい》」の文字です。「味」はその文字にある「口」の字形を神様への祈《いの》りの言葉を入れる器「口」（サイ）で白川静さんが説明していない珍《めずら》しい文字の一つです。

古代文字

「本」は草木を数える言葉となり、さらに書物を数える言葉ともなって、そこから書物のことを「本」というようになった

【つながる漢字】

上・下・本・末・未・味・木

製

音　セイ
訓　したてる・つくる

木の枝を切り揃《そろ》える

衣を裁《た》って衣服を作る

日本の芸術文化の未来のために、その制作をサポートしようという動きが国や自治体、民間からもあります。それほど日本の芸術の未来は大切です。でもここでは芸術文化活動への援助《えんじょ》の話ではなく、文化活動の「未来」と「制作」の「制」の文字のつながりについて紹《しょう》介《かい》したいのです。

「未」は前項《ぜんこう》「本」でも説明しましたが、枝が茂《しげ》っている木の形です。「いまだ」の意味は文字の音だけを借りて別な意味を表す「仮借《かしゃ》」という用法です。

この「未」に「刂《りっとう》」（刀）を加えたのが「制」です。左の字形が「未」と同じであることは、古代文字を見ればよくわかります。つまり「制」は伸《の》びている木の枝を刀、つまりはさみで切り揃《そろ》えることをいう文字です。

「制」は枝を切ることで、木の枝を整えることから、物事を制限することの意味となり、さらに制圧、制裁《せいさい》など「おさえる」の意味となりました。

このように「制」は木を切り揃えることですが、衣を裁《た》って衣服を作ることを「製《せい》」といいます。衣服を「したてる」意味から、すべてのものを「つくる」意味になりました。物だけでなく、詩文を作ることにも用います。王が作った詩や文書を御製《ぎょせい》といいます。

少し難《むずか》しい言葉ですが、「掣肘《せいちゅう》を加える」との言葉があります。この「掣」も「制」の関連文字です。
「掣」は「ひく、おさえる」意味。「肘」は「ひじ」。「掣肘」は「人の肘《ひじ》を手で引っ張ること」です。木を切り整えるのが「制」。衣を裁ち整えるのが「製」。脇《わき》からじゃまして、人の行動を牽制《けんせい》するのが「掣」です。
「制」の系列《けいれつ》ではないですが、木や衣を切って整える「整」についても説明しておきましょう。この「整」の「束」は神への儀式《ぎしき》に使う薪《たきぎ》の束です。その右の「攵《ぼく》」は元の形が「攴」で、木の枝など（卜《ぼく》）を手（又《ゆう》）で持つ文字です【→「正」】。つまり「攵」で不揃いの薪の「束」を「正」して「ととのえる」文字です。

古代文字

「製作」「制作」という、よく似た言葉がある。「製」の「つくる」の意味が「制」に通じて、「制」にも「つくる」の意味があるからだ

【つながる漢字】

末・制・製・掣・整・支（=攵）

都

音　ト・ツ
訓　みやこ・みやび・すべて

外郭《がいかく》が囲まれた大集落

土の垣《かき》根《ね》で内と外の境に

大阪府を「大阪都」に。そんな考えに賛成する人も反対する人もいます。さて、この「東京都」や「京都」にもある「都」ですが、そもそも「都」とはどんな字なのでしょうか。その紹《しょう》介《かい》です。

「都」という字は「者」と「阝《おおざと》」でできています。まず「者」の説明をしたいのですが、その前に「曰《いわ》く」の「曰《えつ》」の字について紹介しなくてはなりません。

「口」の字形が「くち」を意味するものではなく、神への祈《いの》りの言葉を入れる器「𠙵」（サイ）であることを発見したのが、白川静さんの大きな業績です。この「口」（サイ）に、祈りの言葉が入っている状態が「曰」です。その上に交叉《こうさ》した木の枝をのせた字が「者」です。

旧字「者」では「曰」の上に点が一つありますが、この点は「曰」の上にかけた「土」を表しています。

つまり神への祈りの言葉を書いて入れた器「曰」の上に木の枝を重ね、土をかけて埋《う》め、さらに土を盛《も》って垣根《かきね》を作る形が「者（者）」という字です。だから「者」は「堵《かきね》」の元の字です。集落の周囲に「堵《と》」を作って安心することを「安堵《あんど》」といいます。「者」の「もの」という意味は、字の音だけを借りて別な意味を表す「仮借《かしゃ》」という用法です。

この「者」に「阝」を加えたのが「都」です。「阝」は邑《ゆう》（まち・むら）の省略形です。

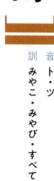

「邑」上部の「口」は神様への祈りの言葉を入れる器「口」（サイ）ではなく、城の外郭《がいかく》です。「巴《ともえ》」は人がひざまずいて座《すわ》る形。つまり「邑」は城中に人がいることです。「者」は土の垣根で囲われた集落のことなので、「都」は外郭が囲まれた大集落「みやこ」の意味となりました。

「渚《なぎさ》」にも「者」があります。紹介したように「者」には神への祈りの言葉を入れた「曰」を埋め、その上に土を盛ってふさぎ、土の垣根で内と外の境にする意味があります。

「者」に土を盛って埋める意味から、土や砂《すな》が打ち寄せる場所の意味があります。それに「氵《さんずい》」（水）を加えた「渚《しょ》」は水辺の小高い所、水が打ち寄せる場所です。「渚」は水と土地の境界でもあります。

古代文字

「京都」の「京」は出入り口がアーチ形の都の城門の形。「京都」とは城壁《じょうへき》で守られた都市のこと

【つながる漢字】

曰・者（者）・堵・都（都）・渚（渚）

著

音　チョ・チャク
訓　あらわす・いちじるしい・つく・あきらか

呪《まじな》いの力をよく付着させる

外からの侵《しん》入《にゅう》者《しゃ》を防ぐ

「医者」「学者」「使者」など「者」はもろもろの語の下につけて「〜する人」の意味を構成する字です。その「もろもろ」も漢字で書けば「諸」または「諸々」です。

前項《ぜんこう》「都」でも「者」をふくんだ字を紹介《しょうかい》しましたが、もう少し「者」に関係した字を紹介しましょう。

「者」は神様に祈《いの》る言葉が入った器「曰《えつ》」の上に木の枝を重ね、さらに土をかけて土の垣《かき》根《ね》を作る文字のことです。外から侵入《しんにゅう》してくるものを防ぐための呪《まじな》いの言葉を埋《う》めたのです。「曰」は神様への祈りの言葉を入れる器「口」（サイ）の中に、神への祈りの言葉が入った状態の文字です。

その呪いの言葉を土の垣根の各所にたくさん埋めたので、「諸《しょ》」に「もろもろ、おおい」の意味があるのです。このように「諸」に多くの呪いの言葉を集積する意味があります。「儲《ちょ》」に「たくわえる」意味があるのもここからです。「儲」は日本語では「もうけ」の意味もあります。

分にすぎておごることとやぜいたくなさまを「奢侈《しゃし》」といいます。この「奢」は「者」の旧字「者」に「大」を加えた字。「大」は両手を広げた人の正面形ですが、この場合は呪いの言葉を埋めて境にした線を平気で跨《また》ぎ越《こ》えてくる人の姿《すがた》で、そこから「おごる」意味となりました。

「警察署《けいさつしょ》」の「署」にも「者」があります。役所の門に標識をつけることがありました。そこは守衛の詰《つ》め所で、その門の詰め所が「署」です。「者」には外の侵入者を防ぐ意味があります。「罒」（よつがしら）は「网《あみ》」の形です。侵入者を取り締《し》まるので「网」があるのです。

「者」に「糸」を加えた「緒《しょ》」は糸の末端《まったん》のこと。「者」には外界を遮断《しゃだん》して閉《と》じる意味があります。そこから結びとめた糸の端《はし》のことを「緒」といいます。

「著《ちょ》」もよく使う「者」の関連文字です。土の垣根に埋める呪いの言葉を書いた文字には、呪いの力をよく付着させることができると考えられていました。だから「著」に「つく」の意味があり、呪いの力が著《いちじる》しいので「いちじるしい」意味ともなりました。

古代文字

いちじるしくあきらかなことを「著明」という。「著」には「あきらか」にする意味から「書き記す」の意味があり、「著作」「著書」の言葉もできた

【つながる漢字】

者（者）・諸（諸）・儲・奢・署（署）・緒（緖）・著（著）

#【暑】

音　ショ
訓　あつい

日光に照らされて

本来の意味とは逆に使用

漢字は音が同じだったり、似ていると同じ意味を表す文字になることがあります。この交換《こうかん》可能ぶりが進んで、お互《たが》いの本来の意味とは逆に使っている文字もあります。

例えば「庶《しょ》」と「煮《しゃ》」の関係です。「庶」の「廿《じゅう》」は煮《に》炊《た》きをする鍋《なべ》などの器です。下に「灬《れんが》」（火の形）を加えて煮炊きをすること。さらに「广《げん》」は台所の屋根の形です。

台所で煮炊きをすることが「庶」の元の意味でした。鍋の中でごった煮をするから「もろもろ、多い」の意味となったのです。「庶民」などの用法があります。でも一般《いっぱん》的には「にる」には「煮」が使われています。

「煮」の「者」は何回か説明しましたが、外のものの侵入《しんにゅう》を防ぐために呪《まじな》いの言葉を入れた器「曰《えつ》」を埋《う》め、上に枝や土をかけて垣根《かきね》を作ることです【→［都］】。この「者」に「灬」（火）を加えても「にる」行為《こうい》にはなりませんが、「者」と「庶」の音が通じているので、意味を間違《まちが》ったまま両字が交替《こうたい》して「煮」が「にる」ことの文字として使われているのです。

「さえぎり断つ」意味の「遮断《しゃだん》」の「遮」も意味を間違って、字形が交替して使われている文字です。説明したように「遮」の「庶」は鍋で煮炊きすることです。これに「辶」（しんにゅう）を加えても「さえぎる」ことにはなりません。

反対に「者」は呪いの言葉で外部からの侵入を「さえぎる」文字。本来は「辶」（しんにゅう）に「者」を加えた文字があれば、それが「さえぎる」の意味のはずですが、間違ったまま「遮」が使われています。

以上の延長線《えんちょうせん》上に紹介《しょうかい》したいのが「暑」です。字形上部の「日」は「曰」ではなく太陽のことで、日光に照らされて暑い意味です。でも暑いのは火で煮炊きする「庶」のほうで、「者」ではありません。ここでも「者」と「庶」が間違ったまま交替して使われています。

紹介したように、ごった煮を作る「庶」に「もろもろ」の意味があり、いろいろなところに呪いの言葉を埋める「諸《しょ》」にも「もろもろ」の意味があります。「庶民」「諸国」などがその用法。もともと音だけでなく、どこかに通じ合う意味もあったのでしょう。

古代文字

「者」と「庶」の混同は古代からあった。「者」を「もろもろ」の意味に使う「者侯《しょこう》」という言葉もあった。「者侯」は「諸侯」の意味。一般の人のことは「庶人」といった

【つながる漢字】 ⊟

煮（煮）・庶・遮（遮）・暑（暑）・諸（諸）・日

書

音　ショ
訓　かく・ふみ

筆を手に持つ形

悪者の侵入《しんにゅう》防ぐために書く

パソコン、スマートフォンの時代。字は「書く」より「打つ」が多いかもしれません。「書く」にしても筆記具はボールペンかシャープペンが多いかな。その前は万年筆や鉛筆《えんぴつ》。さらに前は筆でした。

この項《こう》では、その「書く」の「書」と筆記具の「筆」の関係の紹介《しょうかい》です。そういえば「書」と「筆」、どこか似てますね。

この「書」は「聿《いつ》」という字と「者」を合わせた字です。「聿」は筆を手で持つ形です。筆の多くは竹製なので「竹」を加えて「筆」の字ができました。つまり「聿」は「筆」の元の字です。

次に「者」について紹介しましょう。古代中国では、悪者の侵入《しんにゅう》を防ぐために、自分たちが暮《く》らす土地の周囲に土の垣根《かきね》を作って守りました【↓「都」】。

さらに神への祈《いの》りの言葉を書き、それを「口」（サイ）という器に入れて土の垣根に埋《う》めました。それを表している文字が「者」です。「者」の「曰《えつ》」は「口」（サイ）と「一」を合わせた字。横棒《よこぼう》の「一」は神への祈りの言葉を書いた字が「口」（サイ）に入っている形です。その神への祈りの言葉を書くのが「書」の字なのです。悪者の侵入を防ぐ呪《まじな》いとして書いたものが「書」の元の意味でした。「聿」と「者」を合わせた字が「書」であることは古代文字だとよくわかります。この項にある「者」「聿」「書」の古代文字を見比べてください。

この「聿」は「建築《けんちく》」の「建」にもあります。「建」は「廴《いん》」に「聿」を加えた字です。「廴」は儀式《ぎしき》を行う中庭の周囲の壁《かべ》の形です。その中庭に「聿」（筆）を立て、方位や地層《ちそう》を占《うらな》い、都の位置を定めました。そうやって建造物を造ることは都をつくり、建国をすることでした。その後に建物などを建設する「たてる」意味に「建」はなっていきました。

「建」は方位、地層など多様な観点から建築が考えられているので、外部から乱《みだ》されず、すこやかに守られています。それを人の体のことに及《およ》ぼして「亻《にんべん》」（人）を加え、「健」の字ができました。意味は「すこやか、たけし」です。

毛筆を用いて文字をたくみに書く書道は漢字を使う国の芸術。中国の後漢の時代に紙の発明と筆の改良で書道がさかんになった

【つながる漢字】

者（者）・聿・筆・書・廴（廴）・建（建）・健（健）

【律】

音 リツ・リチ
訓 のり

筆のような細い棒《ぼう》を持って

掟《おきて》などを一律《いちりつ》に公布する

昔の国の在り方に律令《りつりょう》国家というものがあります。この「律」は犯罪と刑罰《けいばつ》を決めた法律・刑法のこと、「令」は行政関係などの法律のことで、国家統一のための基本《きほん》的な法を表す言葉です。律令は中国では隋《ずい》や唐《とう》の頃《ころ》に完成し、日本でも七世紀半ばから始まり、平安初期まで続きました。

その律令の「律」も筆の元の形である「聿《いつ》」をふくむ字です。古代中国では都の配置を定める際に、儀式《ぎしき》を行う庭に「聿」(筆)を立て、方位や地層《ちそう》を占《うらな》って決めました。「建」の「廴《いん》」はその儀式を行う中庭の周囲の壁《かべ》の形。そうやって都の位置を決め、建物を建てるのが「建」でした【→[書]】。この「聿」を立てて建物の位置を定めるように、掟《おきて》などを一律に公布する字が「律」です。そこから「のり、おきて」の意味があります。

「聿」に関係する字は他にもあります。今の字形ですとわかりにくいですが「尽《じん》」もそうです。「尽」の旧字「盡」は「聿」と「皿」と水滴《すいてき》の形を合わせた文字です。

これは筆のような細い棒《ぼう》を手に持って水を入れた皿の中を洗《あら》う形の字です。古代文字を見てもらうと、よくわかると思います。「洗い尽《つ》くす」ので「つくす、ことごとく」の意味になりました。

日本語の「わがまま」を漢字で書けば「我儘」ですが、「ことごとく、自分のほしいままにすること」ですから、「人」（亻《にんべん》）が自分のほしいままに「尽」（盡）くすことがそのまま「儘《じん》」の字になっています。「灰燼《かいじん》に帰す」という言葉があります。皿の中を洗い尽くすのが「尽（盡）」ですが、火の上に燃え残りの木があるのが「燼」です。「余燼」は「燃え残り」のこと。燃えて、すべて灰《はい》となることが「灰燼に帰す」です。

もう一つ、「聿」との関係があると思われる字に「昼」があります。「昼」の旧字「晝」は「聿」と「日」を合わせた形です。「日」（太陽）に異変《いへん》があった際に、その異変を「聿」（筆）でお祓《はら》いしている文字かもしれないと白川静さんは推測《すいそく》しています。でも古い文献《ぶんけん》に「ひる」の意味に用いた例がないので、その成り立ちをしっかり説明できない文字だそうです。

古代文字

法律、規律などの用法の他に詩の形式の一つである律詩《りっし》や音律など音楽の用語にも「律」は使われる

【つながる漢字】

聿・廴（廴）・建（建）・律・尽（盡）・儘・燼・昼（晝）

【画】

音 ガ・カク
訓 え・えがく・かぎる・はかる

盾《たて》の模様《もよう》をえがく

今は芸術、昔は呪《まじな》い

文字は「書く」、絵画は「描《か》く」。そう使い分けていますが、「書画」という言葉もあるように、「書」と「画」は対になる字です。用法だけでなく、その成り立ちも近い文字です。「画」の旧字は「畫」。「書」に似ていますね。

古代中国では自分たちが住む所に悪者が侵入《しんにゅう》してこないように、周囲に土の垣根《かきね》を作って守りました。神への祈《いの》りの言葉を書き、「口」（サイ）という器に入れて土の垣根に埋《う》めたのです。それが「者」という字です【↓［都］】。この「者」と筆の元の字「聿《いつ》」を合わせたのが「書」です。そんな呪《まじな》いとして書いたのが「書」でした【↓［書］】。

「画」の旧字「畫」は「聿」と「田」を合わせた形なのです。この「田」は田畑ではなく「周」という字の元の形です。「周」は古代文字を見ると、四角い盾《たて》を十字形に区分した形。「聿」は「ふで」です。つまり「画」（畫）とは盾の模様《もよう》を「えがく」ことです。

この盾を使用して周王朝を建てたのが周族。国名が盾を表す文字ですから、戦争好きな民族でした。「周」の字の「口」も神への祈りの言葉を入れる「口」（サイ）を盾に添《そ》えて戦勝を祈《き》願《がん》した名残です。つまり「書画」は、今は芸術的なことですが、元は「書」も「画」も呪い的なことだったのです。

この「周」をふくむ字に「彫《ちょう》」があります。「彡《さん》」は色や形の美しいことを表す記号的な字です【↓［文］】。つまり「彫」は盾の模様の美しさをいう字なのですが、そこからその模様を「ほる」意味になりました。

そして四角い形の盾の全面に飾《かざ》りの彫《ほ》りをほどこすのが「週」です。ぐるっと飾りの彫りを盾にほどこすので「めぐる」の意味になりました。今は「週刊誌《しゅうかんし》」など七日一週の意味に使っています。

もう一つは「調」です。この「周」も盾全体に模様を美しく整えて彫刻《ちょうこく》したものです。そこから互《たが》いにほどよくつりあう「調和」の意味となりました。「ととのう」の他に「しらべる」意味もあります。

古代文字

仕切ってくぎる「区画」の意味に使われたのは、盾の模様を区分して画《か》くことが多いことからだ

【つながる漢字】

者（者）・聿・書・画（畫）・周（周）・週（週）・彫（彫）・調（調）

図

音　ズ・ト
訓　はかる・え・えがく

穀物《こくもつ》倉庫がある農園の地図

農耕地としての田舎

文字や絵をかく「書」や「画」の字について説明してきました。でも「書画」より「図画」という言葉がなじみ深い人もいると思います。この項《こう》はその「図」についての紹介《しょうかい》です。

「図」は旧字「圖」でないとわかりません。「圖」は「啚《ひ》」を「口《い》」で囲った形です。天性の質、才能を天稟《てんぴん》といいますが、この「稟《ひん》」の上部と同じ形が「啚」の下部にあるのがわかりますか。この「亩《りん》」の字形は穀物《こくもつ》倉庫のことです。「啚」の穀物倉庫「亩」の上の「口」は地域《ちいき》を表しています。つまり「啚」は穀物倉庫がある地域のことです。

さらにそれを全体の範囲《はんい》を表す「口」で囲ったのが「図」の旧字「圖」で、「圖」は穀物倉庫の所在地を記入した農園の「地図」のことです。

「啚」をふくむ字を一つ紹介すると「都鄙《とひ》」の「鄙」です。「都鄙」とは「都と田舎《いなか》」のことです。この「都」(都)の「者」(者)は土の垣根《かきね》に囲われた集落のことです。「阝《おおざと》」は「邑《ゆう》」の省略形で、囲いの中に人がいる「まち」や「むら」のことです。つまり「都」は外郭《がいかく》が囲まれた大集落、みやこの意味です【→「都」】。

その「都」の周辺にある農地が「鄙」です。この「啚」は穀物倉庫のある地域。「阝」は「まち」や「むら」の意味。ですから「鄙」とは地域内に穀物倉庫がある農耕地《のうこうち》のことで、「いなか」の意味となったのです。

「天稟」の「稟」も説明しておきましょう。「稟」の上の「㐭」は穀物倉庫。下の「禾《か》」は穀物のことです。この「稟」の元の意味は王様から、祭りのための給料としてさずかった穀物のことです。王様・天子からたまわったものなので、天からたまわった才能や性質である「天稟」の意味があるのです。

「圖」や「鄙」「稟」は少し難《むずか》しいので、まずは穀物倉庫関係の字であることを理解すれば十分かと思います。でも田舎のことを「ひなびた」所といいますが、漢字で記せば「鄙《ひな》びた」です。天稟もいつか使う言葉です。態度や姿《すがた》などがきりっとして、凜《り》々《り》しいさまの「凜《りん》」という文字にも「稟」がふくまれています。

古代文字

「図」は穀物倉庫の地図なので「ず」や「えがく」意味にもなった。穀物倉庫の位置ははじめから計画するので「計画する、はかる」の意味にもなった

【つながる漢字】

啚・図（圖）・鄙・稟・凜・者（者）・都（都）

【戦】

音　セン
訓　いくさ・たたかう・たたかい・おののく

二つの武器を持って戦う

羽根飾《かざ》りをつけた盾《たて》

古代中国で大切なものは神様に祈《いの》ることでした。それに加えて戦争のことが重要でした。ですから漢字には軍事や武器に関する字が多くあります。

［画］の項《こう》で説明したように「書画」や「図画」の「画」もその一つです。「画」の旧字「畫」は「聿《いつ》」と「田」を合わせた字です。「聿」は筆のこと。「田」は四角形の盾《たて》の形です。つまり「画」は盾に筆で模様《もよう》を「えがく」意味の文字でした。

このように武器である盾や戈《ほこ》をふくむ字が、小学校で学ぶような基礎《きそ》的な漢字にも多いのです。幾《いく》つかを紹介《しょうかい》しましょう。

まず「単」です。これも旧字「單」と古代文字を見てほしいと思います。「單」は楕円《だえん》形の盾です。「單」の上部に「口」が二つ並《なら》んでいますね。古代文字だとわかりますが、この部分は二本の羽根飾《かざ》りです。つまり「單」は二本の羽根飾りをつけた盾の形なのです。

もともとは軍事に関する字で、古くは一隊を「単」といい、三単を軍としました。一隊のみであることを「単一」といい、そこから「ひとつ」であることの意味となったのです。

盾である「単」に、もう一つの武器「戈」を加えた文字が「戦」（戰）です。盾と戈を持つので「たたかう」という意味となったのです。

あと一つ、羽根飾りがついた盾の字を紹介しましょう。それは「獣《じゅう》」です。これも旧字

「獸」のほうがよくわかります。左側の字形のうち、下にある「口」を除《のぞ》いた上部は「單」のことで、やはり二本の羽根飾りをつけた盾の省略形です。

この「單」の下に、神への祈りの言葉を入れる器「口」（サイ）を置き、さらに右側に「犬」を加えたのが「獸」です。

この場合の盾は戦争のためではなくて、狩《か》りのための盾です。下の「𠙵」（サイ）は狩猟《しゅりょう》に先立って、神に成功を祈るために置かれました。「犬」はもちろん猟犬です。

一番古い字形である甲骨《こうこつ》文字では、この「獸」が「かり」の意味の字でしたが、次第に狩猟で捕《つか》まえた「えもの、けもの」の意味となったので、別に「狩」の字が作られたのです。

日本語の「たたかふ」（たたかう）は、盾を交えて交戦する「盾交《たてか》ふ」のことだろうと、白川静さんは考えている

【つながる漢字】𠙵

画（畫）・戈・盾・単（單）・戦（戰）・獣（獸）・狩

運

音　ウン
訓　はこぶ・めぐる

旗がなびく将《しょう》軍《ぐん》の車

全軍の兵車を動かす

漢字には武器や戦争など軍事関係の字が非常に多いことを説明してきました。その「軍」という字について、ここでまとめて紹介《しょうかい》しましょう。

「軍」には「車」の文字がふくまれていますね。この「車」は将軍《しょうぐん》の乗っている兵車（戦争に用いる車）です。古代文字を見ると「軍」の字形は兵車の上に立てた旗がなびいている姿《すがた》です。将軍の乗る兵車のことなので「軍」は「いくさ」の意味となったのです。

日頃《ひごろ》使う字の中に、この「軍」をふくむ文字はたくさんあります。

将軍は自分が乗る兵車の旗を振《ふ》って、全軍を指揮《しき》しました。その旗を振って軍を動かすことを「揮」といいます。旗を「手」（扌《てへん》）で振るので、「ふるう」意味となりました。

能力や実力などを「発揮」するという言葉にも「揮」は使われますが、この「発揮」自体が軍事関係の言葉でした。

「発」の旧字「發」には「弓」の字が入っていますが、この「發」は開戦の前に弓を放ち、開戦を知らせる方法でした。そこから「はじめる」意味となったのです【→［発］】。「揮」は旗を振って軍を行動させることなので、いずれも戦争関係の字です。

将軍は軍旗を振って、全軍の兵車を移動させてぐるぐると運《めぐ》り動かすのですが、そのように兵車を運らせることを表す文字が「運」です。

ぐるぐる運り動かすので、「軍」をふくむ文字には「円く周囲をめぐる」意味を持つ字があります。「暈《うん》」は日や月のまわりをめぐってできる円い暈《かさ》のこと。「眩暈《げんうん》」とは目がぐるぐるまわる「めまい」のことです。

さらにもう一つ、少し変わった「軍」の関係文字を紹介しましょう。それは「褌《こん》」です。素《す》肌《はだ》に着る丈《たけ》の短い袴《はかま》、したばかまのことです。これも体のまわりをめぐって取り巻《ま》く衣類の意味です。

日本語では「ふんどし」の意味に使っています。でも兵隊さんがふんどしを着けていたから、「衣」に「軍」を加えた「褌」の字ができたわけではないようです。

古代文字

「運命」という言葉にも「運り動く」意味がある。「運命」とは幸福や不幸のめぐり合わせのこと。人の命は幸福と不幸がめぐり回ってくるものと考えられていた

【つながる漢字】

軍・揮・発（發）・運（運）・暈・褌

紀

音　キ
訓　のり・しるす

順序正しく整え巻《ま》き取る

直角に曲がった器

漢字を学ぶ人なら必ずつまずくのが「記事」などの「記」にある「己《こ》」と、お祭りの「祭《さい》祀《し》」の「祀」にある「巳《し》」の区別です。さらに左の縦線《たてせん》が上につかない「已《い》」という字まであります。

古来、この三つの字形をどう区別して覚えるかということに、みな苦労してきたようです。「己」の音は「コ、キ」、意味は「おのれ」です。「巳」の音は「シ」で十二支の「み」に用い、蛇《へび》の象形文字です。「已」は音が「イ」、意味は「すでに」です。本項《ほんこう》ではこのうちの「己」に関する文字について、まず紹介《しょうかい》したいと思います。

「己」は古代文字も同じ形ですが、これは直角に曲がった定規のような器をそのまま文字にした象形文字です。定規や糸巻《いとま》きに用いたものです。

この「己」を使って糸を巻き取ることを「紀」といいます。糸巻きに順序正しく整えて巻き取るので「のり、おさめる」の意味となりました。

また糸ばかりでなく、ちゃんと整理して「書きしるす」ことも「紀」といいます。その意味を言葉のことに移して、順序よく整理してしるすことを「記」というのです。政治上の重要な規則を「紀綱《きこう》」といいます。この「綱」は大づな、「紀」は小づなの意味です。

もう一つ、「己」をふくむ文字を紹介すると、「忌《き》」がそうです。「己」は定規・糸巻きのように折れ曲がる形です。この「忌」の場合の「己」は、人間がひざまずいて体を折り曲げている姿《すがた》のことです。

そのような姿勢《しせい》でつつしんで神様に仕えている「心」や「思い」をいう字が「忌」です。

日時、方向、行為《こうい》、言葉などについて、さわりがあることを禁じるのを「禁忌」といいます。

その禁忌を守りつつしむことを「忌《い》む」といい、さわりのあることを忌み避《さ》けることから「忌まわしい」という意味にも発展《はってん》していきました。

最後に「己」を「自己」など「おのれ」の意味に使うことについて説明しましょう。でも、これは文字の音だけを借りて、別の意味を表す「仮借《かしゃ》」という用法です。

古代文字

歴史書の『古事記』と『日本書紀』を「記紀」という。「記」と「紀」はしばしば同じように使われる。 文章で述べることを「記述」とも「紀述」とも書く

【つながる漢字】

己・巳・已・記・紀・綱・忌

起

音　キ
訓　おきる・おこる・おこす・たつ

頭もたげて進むヘビの姿《すがた》

自然を神として拝《おが》む

「己《こ》」と「巳《し》」。だれもが間違《まちが》えそうになる字の紹介《しょうかい》です。前項《ぜんこう》「紀」で説明したように、「己」は「直角に屈折《くっせつ》した定規や糸巻《いとま》きのような器」のことでした。今回の「巳」は動物のヘビ（蛇）の形です。

「巳」がヘビを表す字形だと知って、一番驚《おどろ》いたのは「起」です。現在の「起」は「己」の形ですが、旧字は「己」の部分が「巳」の字形です。

「走」は「走り行く」意味。つまりヘビが頭をもたげて進む姿《すがた》です。その姿が人が起きて動く姿に似ているので「おきる」意味となりました。びっくりしますよね。

お祭りの「祭祀《さいし》」の「祀」にも「巳」があります。この「巳」もヘビです。お祭りでは自分たちの祖先を拝《おが》んだりすることが多いですが、この「祀」は先祖ではなく、自然の現象や事物を神として拝む祀《まつ》りです。

これと近い意味を持つのが「王妃《おうひ》」の「妃」です。これも古代文字を見ると「己」が「巳」と同じヘビの形です。その「巳」は「祀」のことです。「妃」は元は「祀」である自然神に仕える女性の意味でした。神に仕えた「妃」が、後に王妃の呼称《こしょう》となったのです。

もう一つ、ヘビを表している字と白川静さんが考えているのが「改《かい》」です。今の字形は「己」に「攴《ぼく》」を加えた字です。

古代文字

ヘビが頭をもたげる姿は座《すわ》っている人間が頭をもたげて立ち上がり、何かを始める時の姿に似ているので「たつ、おきる」の意味となった

【つながる漢字】

己・巳・已・起（起）・祀・妃・改（攺=異）・攴（=攵）

「攵」（攴）は木の枝（または鞭《むち》）を手に持ち、何かを打つ姿です【→［正］】。「改」のイラスト欄《らん》に示した古代文字を見ると左が「巳」の形ですね。この「巳」はヘビの形をした「蠱《こ》」という虫で、呪《まじな》いに使われました。呪いをかけ、災いを加えようとする「巳」を、木の枝で打って、自分への災いを改める儀式《ぎしき》が「改」です。

また左の縦《たて》の線が上につかない「已《い》」は「すでに」の意味の文字ですが、これも「巳」から分かれてできた文字ではないかと白川静さんは考えていました。

紹介したように「己」「巳」「已」に関する字は昔と現代の形が入れ替《か》わっている文字もあります。まずは「己」は定規・糸巻き、「巳」はヘビということだけは覚えておいてください。

巻

訓 音 カン・ケン
まく・まき・まがる

身を曲げたり丸めたり

両手で獣《けもの》の皮を巻《ま》き込《こ》む

「記」「紀」の中にある「己《き》」という文字は糸を巻《ま》き取る「糸巻き」の形です【↓「紀」】。そういえば、この「糸巻き」の「巻」にも「己」がありますね。

でも「巻《かん》」の旧字は「卷」ですので、「己」に従《したが》う文字ではありません。「巻」の「己」の部分は旧字「卷」では「㔾《はん》」などの右側と同形で、これは「人が前向きにうつむく姿《すがた》」です。「卷」の上部は「釆《べん》」と「廾《きょう》」という字形を合わせた形。「釆」は爪《つめ》がついた獣《けもの》の手のひらの皮です。「廾」は両方の手のこと。つまり「巻」は両手で獣の皮を「巻」の下部の字形のように丸く巻き込《こ》むことを表しています。そこから「巻」に「まく、まがる」の意味があります。古代文字を見ると「巻」の字形についてよくわかります。

この「巻」に関係する字で、日頃《ひごろ》目にするものに「大気圏《たいきけん》」などの「圏」があります。丸く囲われた範囲《はんい》のことを「圏」といい、もともとは牛や馬などを養うための囲いのことでした。「大気圏」とは「大気の存在《そんざい》する範囲」のことです。

一度敗れた者が、再び勢いを盛《も》り返してくることをいう四字熟語《じゅくご》に「捲土《けんど》重来」があります。「捲土」とは「土煙《つちけむり》を捲《ま》き上げること」。つまり「捲」は「巻」（卷）の動詞《どうし》形で「手でまく」ことです。夫婦や恋人《こいびと》たちがお互《たが》いに飽《あ》きてわずらわしくなる時期のことを「倦怠期《けんたいき》」といいますが、この「倦」は「亻《にんべん》」（人）と「巻」（卷）を合わせた形です。これは「人」が疲労《ひろう》して、身を丸めて休息する姿です。「うむ、おこたる」などの意味があります。

掌《てのひら》を握《にぎ》り込《こ》むようにして拳《こぶし》を固めるのが「拳《けん》」（拳）です。「拳」の上部は「巻」（卷）と同じように「釆」と「廾」を合わせた字形です。それに「手」を加えた文字です。

家族または親族のことを表す四字熟語に「一家眷属《けんぞく》」という言葉があります。この「眷」も「巻」（卷）の関連字です。上の部分が「巻」の省略形で、それに「目」を加えた漢字です。つまり身を曲げて、振《ふ》り返ること。それを「眷」といいます。そのような姿勢《しせい》で心にかけて、愛し顧《かえり》みる人のことから、家族・親族を意味するようになったのです。「眷属」は「眷族」とも書きます。

古代文字

巻

卷

旧字

昔は文書を皮や布に書き、巻いて一編としたので、書物を書巻という。そのため文書を紙に書くようになっても書物の冊数《さっすう》を巻という

旧字

圈

圏

倦

眷

【つながる漢字】

己・巻（卷）・釆・廾・圏（圈）・捲・倦・拳（拳）・眷

番

音　バン・ハン・ハ
訓　あしうら・かわる

軽快でひらひらしたもの

獣《けもの》の足のうらを表す

「己《き》」の字は糸巻《いとま》きの形でした。そう思って見てみれば、「己」の周りにぐるぐると糸を巻きつけていけそうですね【↓［紀］】。

その糸巻きの「巻《かん》」の字の旧字「卷」の上は「釆《べん》」と「廾《きょう》」を合わせた形。「釆」は爪《つめ》がついた獣《けもの》の手のひらの皮のことです。「廾」は両手のことで、爪のついた獣の手のひらの皮を両手でぐるぐる巻くのが「巻」です【↓［巻］】。

この項《こう》では「爪のついた獣の手のひらの皮」である「釆」に関係する字をさらに紹介《しょうかい》したいと思います。この「釆」をふくむ字の代表は「当番」「番号」などに使う「番」です。

「番」は「釆」と「田」を合わせた字です。この「田」は獣の手のひらの形です。つまり「番」は獣の足のうらを表している象形文字で、一歩一歩、踏《ふ》み出す意味です。

のちに「番」が「順番」など「かわる、交替《こうたい》」の意味に使われて、獣の足のうらの意味には「蹯《はん》」の字が用いられましたが、足のうらの意味の「番」に関係する字は意外と多いのです。

「審《しん》」の「宀」（うかんむり）は先祖の霊《れい》を祭ってある廟《みたまや》のこと。つまり「審」は廟に供《そな》える獣の手のひらの形です。廟へのお供えの獣には手のひらなどに傷《きず》があってはいけないので、綿密《めんみつ》に「審査《しんさ》」しました。そこから「審」が「つまびらか」となったのです。

知りつくすことを「知悉《ちしつ》」といいます。この「悉」の「心」は動物の心臓《しんぞう》のことです。つまり「悉」は獣の爪で心臓までを破る意味の字です。そこから「ことごとく」の意味となりました。「翻意《ほんい》」などの「翻」にも「番」があります。「番」は獣の足うらのことなので、「番」をふくむ字には敏捷《びんしょう》で軽快なもの、平たくて、ひらひらしたものの意味があります。「翻意」はひらひらと意志をひるがえすこと。「翻訳」はある国語を他国語に移しかえることです。

「番」「悉」以外にもう一つ「釆」をふくむ字を紹介しましょう。「奥《おく》」という字です。でもこれは旧字「奧」でないと「釆」の関係がわかりません。旧字「奧」の元の字は「宀」「釆」「廾」を合わせた形です。つまり廟（宀）に両手（廾）で獣の手のひらの肉（釆）をお供えして祭る部屋の隅《すみ》を「奥」というのです。そこは家の中で一番神聖《しんせい》な場所でした。

古代文字

動物が足を一歩ずつ踏み出すことから「番」には順番の意味もある。交番は警察官《けいさつかん》の派《は》出所《しゅつじょ》の意味の他に交替で番に当たる意味もある

【つながる漢字】

巻(卷)・釆・番・蹯・審・悉・翻(飜)・奥(奧)

【駅】

音　エキ
訓　うまや・えきしゃ

道路に沿《そ》って連なるうまや

ほぐれて解ける獣《けもの》の死体

文章や物事の意味を理解したり、説明することを「解釈《かいしゃく》」といいます。この「解釈」の「解」は「角」「刀」「牛」を合わせた字ですね。つまり「解」は「牛」の「角」を「刀」で切り取ることで、そのままが「解」の字になっています。

では「釈」はどんな文字かというと、実は「釈」のほうも動物を解体する字なのです。「釈」の旧字「釋」は「釆《べん》」と「睪《えき》」を合わせた形です。

「釆」は「巻」や「番」の項《こう》で説明したように、「爪《つめ》がついた獣《けもの》の手のひらの皮」のことです。「睪」は「風雨にさらされて、分解する状態となっている獣の死体」のことです。

つまり「釋」は「釆」（獣の爪）で「睪」（獣の死体）を裂《さ》き、取り分けるという文字。ですから「解釈」（解釋）とは、獣の角を切り取り、肉を取り分けて、ばらばらに解体することが元の意味でした。そこから意味や内容を解き明かすことの意となったのです。

「釋」の「睪」の「皿」は、ばらばらになった獣の死体の「目」。「幸」は死んだ獣の手足です。この「睪」をふくむ字の多くに「ほぐれて解ける」意味があります。

日頃《ひごろ》使う漢字にも「睪」をふくむものは多いので紹介《しょうかい》しましょう。

まず「翻訳《ほんやく》」の「訳」（譯）とは「ある言語を一つ一つ解体して別の言語に改めること」です。「駅」（驛）の場合の「睪」は、解きほぐれて長く続く状態のもののことです。それに

「馬」を加えた「駅」とは長い道路に沿《そ》って連なる「うまや」のことです。

さらに「睪」に「氵《さんずい》」（水）を加えた「沢」（澤）も土地がほぐれたような湿地《しっち》のつながる所ですね。「光沢《こうたく》」など「つや」の意味にも、「潤沢《じゅんたく》」など物が豊かにある意味にも用います。

「選択《せんたく》」の「択」（擇）にも「睪」があります。これはばらばらになった獣の死体から必要な部分を「手」（扌《てへん》）で選び取ること。そこから「えらぶ」意味に。

最後にもう一つ紹介すると、意義を推《お》し広げて説明することを「演繹《えんえき》」といいます。その「繹」の意味は「糸」がもつれずに、ばらばらに「ほぐれる」ことです。

古代文字

日本生まれのリレーレース「駅伝」は宿場の馬を乗りつぐ昔の交通制度《せいど》から名付けられた。「駅」を鉄道の停車場の意味に使うのは日本語の用法

【つながる漢字】

解・睪・釆・釈（釋）・訳（譯）・駅（驛）・沢（澤）・択（擇）・繹

暴

音　ボウ・バク
訓　あばく・あばれる・さらす・あらわす・あれる・にわか

急激《きゅうげき》にばらばらになる

日にさらされた獣《けもの》の死骸《しがい》

東日本大震災《だいしんさい》による福島第一原発の事故で放射性物質《ほうしゃせいぶっしつ》が広がって、それによる被《ひ》ばくの問題がたくさん報道されました。

「被ばく」を全部漢字で表せば「被曝《ひばく》」です。この「被曝」は放射線にさらされること。もう一つ、広島、長崎への原子爆弾《ばくだん》の被害《ひがい》者のことを「被爆者」と書きます。「被曝」「被爆」の二通りの書き方があるのですが、いずれも放射能に関係あるので紛《まぎ》らわしいですね。日本は原子爆弾による被爆国なので、原子爆弾による「被爆」をさす場合と、原子爆弾をふくめ広い意味で放射線にさらされる「被曝」を使い分けています。この項《こう》はその「曝」や「爆」についての紹介《しょうかい》です。

まず基本になる字は「暴《ぼう》」です。この「暴」も「巻《かん》」「番」「駅」などと同様に獣《けもの》の死体に関係する字です。「暴」の「日」以外の下部が獣の死骸《しがい》の形です。「日」は太陽のことで、「暴」は獣の死骸が太陽にさらされている姿《すがた》です。そこから「さらす」の意味になりました。さらにさらけ出すことから「あばく」意味となり、強い日照りで獣の死骸が、たちまち分解し骨《ほね》があらわになるので「たちまち、にわか、あらわれる」の意味となりました。

このように「暴」は、元は「さらす」の意味でしたが、それが「暴力」「乱暴《らんぼう》」などの「あらい」という意味に使われ出したので、「暴」にさらに、さらす意味の字形として「日」を加えて「曝」の字が作られたのです。「曝」の意味は「さらす、かわかす」です。

「暴」「曝」は獣の死骸が強い日にさらされ、たちまちばらばらになることですが、強い火で焼けてばらばらに散ることを「爆」といいます。「はじける」意味の文字です。

「爆竹」は竹筒《たけづつ》に火薬を詰《つ》めたものをつないだもので、一端《いったん》に点火すると、次々に爆発する仕かけです。でも古くは青竹を火であぶり破裂《はれつ》音を出して祝賀に用いました。その「竹」が「はじける」のが「爆竹」です。

「暴」は強い日差しに獣の死骸がさらされ、ばらばらになるので、たちまち、急にの意味があります。水の急激《きゅうげき》なさまが「瀑《ばく》」で、「雷雨《らいう》」などの「にわか雨」や「たき」の意味です。

古代文字

秘密《ひみつ》や悪事をあばきだして知らせることを暴《ばく》露《ろ》という。暴露の元の意味は風雨にさらされることで、「暴」に「さらす」の意味が残っている

【つながる漢字】

暴・曝・爆・瀑・日

税

音　ゼイ・タツ・タイ
訓　みつぎ

中身を引き出し納《おさ》めさせる

うっとりして身《しん》心《じん》脱《だつ》落《らく》

中国の思想家・孔子《こうし》の言葉を集めた『論語《ろんご》』の冒頭《ぼうとう》に「学びて時に之《これ》を習う。また説《よろこ》ばしからずや」とあります。「学ぶことを続け、つねに復習《ふくしゅう》する。そうして自分の身についているのは、何と愉快《ゆかい》なことではないか」という意味です。この『論語』の「説」は「よろこぶ」意味です。今の日本人は「説明」など「とく」の意味に「説」を使います。『論語』では、なぜ「よろこぶ」意味なのか、そのことについて説明したいと思います。

「説」の旧字「說」の右側の「兌《えつ》」は「兄」の上に「八」がある形です。「兄」はお祭りの際《さい》、神への祈《いの》りの言葉を入れた器「口」（サイ）を頭上にのせている人の姿《すがた》です。その祖先《そせん》へのお祭りは「兄」の役目でした。そこから「兄」が「あに」の意味となったのです【→「兄」】。上の「八」は、その祝いの祈りに対して神が降《お》りてきて「口」（サイ）の上に神様の気配がただよっているさまを表しています。神の気配が乗り移《うつ》り、うっとりした状態で神に誓《ちか》いながら説く言葉が「説」です。神が乗り移っているので「よろこぶ」のです。

神様が乗り移るとうっとりとして、身も心も「脱落《だつらく》」した状態、身心脱落《しんじんだつらく》の状態となります。「脱」（脫）の「月」は「肉づき」で身体のこと。身が脱落するので「ぬぐ」の意味となりました。「身」が脱落した状態を表す字が「脱」（脫）ですし、「心」のほうが脱落している状態を表している文字が「兌」に「忄」（りっしんべん＝心）を加えた「悦《えつ》」（悅）です。心が脱落して、うっとりとしているので「よろこぶ」の意味となりました。

次にわかりやすいのが「蛻《ぜい》」。これは蛇《へび》や蟬《せみ》が外皮を脱落、脱皮したぬけがらのことです。見方を変えると「兌」は身心脱落して、そのものの中身が引き出されている姿です。「蛻」も脱皮して中身が抜《ぬ》き出される状態でもあります。

そして「税」（稅）も中身を引き出す意味の漢字です。「禾《か》」は穀類《こくるい》のこと。収穫《しゅうかく》した米や粟《あわ》などの中から一部を引き出して納《おさ》めさせるのが「税」なのです。

この項《こう》で紹介《しょうかい》した字に共通する「兌」は、現在は元の意味ではなく、「兌換《だかん》」（とりかえること、ひきかえること）など「かえる」の意味に使われています。

古代文字

「脱税」とは税をのがれ脱すること。穀類の中身を引き出して納めさせるのが「税」。それをさらに「脱」して「税」の中身を引き出してしまうのが「脱税」だ

【つながる漢字】兌

兌・兄・説（說）・脱（脫）・悦（悅）・蛻・税（稅）

歴

音　レキ
訓　すぎる・かぞえる

門の左右に立てた標識の木

軍事での功績を調べあげる

「のぎへん」と呼《よ》ばれる「禾《か》」には二つの意味があります。一つは稲《いね》などの穀物《こくもつ》の意味です。「稲」にも穀物の「穀」にも「禾」がふくまれているのはこのためです。

「禾」のもう一つの意味は「軍の門」です。ここで紹介《しょうかい》したいのは、この「軍門」の意味の「禾」です。「軍門」の意味の「禾」として、まず説明しなくてはならないのは「厤《れき》」です。

「厤」は二つの「禾」の「秝《れき》」と「厂《かん》」を合わせた字。「厂」は崖《がけ》の形です【↓「坂」「原」「危」】。二つの「禾」である「秝」は自分の陣地《じんち》の軍門の左右に標識として立てた木のこと。そこは崖下の両側に軍門（禾）が建つ所で、軍事に関する大切なことが決まりました。ですから「厤」は軍の本陣のことです。そこから「おさめる」の意味があります。

この「厤」に「止」を加えたのが「歷」（「歴」の旧字）です。この「止」は人の足跡《あしあと》の形で、進軍することなど、軍が往来することです【↓「歩」「正」】。その軍事行動でたてた功績を「歷」（歴）といいます。その功績を調べあげることが「歷」（歴）なのです。軍での経歴という意味から、後に「時がすぎる」意味となりました。

「厤」に「曰《えつ》」を加えたのが「暦《れき》」の旧字「曆」です。「曰」の「口」の部分は神様への祈《いの》りの言葉である祝詞《のりと》を入れる器「𠙵」（サイ）です。「曰」は「口」に横棒《よこぼう》を一本加えた字ですが、この「曰」は「𠙵」（サイ）の中に神への祈りの言葉がある形です。横棒の「一」

が神への祈り言葉を表しています。

その「曰」を軍門の前に置いて、戦争の功績を表彰《ひょうしょう》することを「暦」（曆）といいました。「こよみ」の意味に「暦」（曆）が使われるようになるのは後のことだそうです。

軍門の意味の「禾」に関係した文字に「平和」の「和」という字があります。神への祈りの言葉を入れる「口」（サイ）を軍門（禾）の前に置いて誓《ちか》い、誓約《せいやく》して「講和」（戦争をやめ、平和な状態にもどす）することが「和」なのです。いろいろな戦いの「和議」「和平」が軍門のある場所で行われたのです。そこから「和」は「やわらぐ、なごむ」などの意味になっていきました。

古代文字

経歴とは年月のすぎること。各地をめぐり歩くこと。今までに経験してきた学業・仕事など。これらに軍事行動にともなう意味がふくまれている

【つながる漢字】𠙵

禾・厂・秝・厤・止・歴（歷）・曰・暦（曆）・和

【作】

音　サク・サ
訓　つくる・なす

人力を加え、形を変える

小枝を強く曲げて作る

学校で図画工作の時間がありますし、文章を書く作文の時間もあると思います。前に「図」や「画」の字の意味について紹介《しょうかい》しましたので、ここでは「工作」「作文」の「作」について説明したいと思います。

右の「乍《さく》」は木の小枝を強く曲げて垣根《かきね》などを作ることです。「亻《にんべん》」（人）を加えた「作」は人力を加え、元の形を変えること。「作」の元の字が「乍」で、後に人間の「作為《さくい》」の意味の字として「作」が作られたのです。

果汁《かじゅう》を搾《しぼ》る、税金を搾り取る「搾《さく》」にも「乍」の字がふくまれています。木の小枝をたわめる「乍」に「穴《あな》」を加えた「窄《さく》」は木の枝を穴の中に入れて、穴を狭《せま》くするという文字です。これに「扌《てへん》」（手）を加えた「搾」は狭いところに追いこんで、その状態にして、手で取り出すこと、しぼりだすことです。ですから果汁を搾り出すことや税金を搾り取る意味に使われるのです。

いつわりあざむき、お金やものをだましとることを「詐欺《さぎ》」といいます。また仮病のことを「詐病」といいます。この「詐欺」「詐病」の「詐」にも「乍」があります。

「乍」は小枝を強く曲げて、元の形を変形すること。その「乍」に「言」を加えた「詐」は祈《いの》りや約束事の言葉を曲げて変更《へんこう》し「あざむく」ことです。

最後に「昨日」の「昨」について説明しましょう。「乍《さく》」は「昔《せき》」と音が似ているので、しばしば交換《こうかん》して使われます。ですから「乍」に「過ぎ去る」意味があります。「昨日」は「昔の日」で「きのう」のことです。

もう一つ例を挙げると「酢《さく》」と「醋《さく》」です。これらは同じ字として使われます。米などの穀《こく》類《るい》や果物《くだもの》を酢酸発酵《さくさんはっこう》させて作る「す」の意味です。「酉《ゆう》」は酒樽《さかだる》の形で、「酒」の元の字です。その「酉」に「昔」を加えた「醋」のほうが、発酵するのに時間が長くかかっているような感じがありますね。その「酢」「醋」は、もともとはお酒の席で、客が主人に返杯《へんぱい》することを表す文字で「むくいる」の意味があります。

古代文字

文章や詩歌をあれこれ工夫して作ることを「ひねる」という。人の力を加えて元の形を変形することが「作」であることを知ると納得《なっとく》できる

【つながる漢字】

乍・作・窄・搾・詐・酉（酉）・酒・昨・酢・昔・醋

昔

音 セキ・シャク・ジャク
訓 むかし・ほじし・ひさしい・きのう

薄《うす》く切った干《ほ》し肉

細かく入り交じった状態

すべてが「今は昔」と始まる『今昔物語集《こんじゃくものがたりしゅう》』という昔の書物があります。この「今」と「昔」は時間を表している字ですが、時間には形がありません。象形文字が出発点である漢字は、このように形のないものを表すのが、不得意な文字です。

そういう場合は別の意味の字を借りて、表しました。その用法を「仮借《かしゃ》」といいます。「今」も「昔」も「仮借」の字です。ちょっと順序が逆ですが、この項《こう》では「昔」について説明し、次項で「今」を紹介《しょうかい》したいと思います。

この「昔」は薄《うす》く切った肉を日に乾《かわ》かした干《ほ》し肉の形です。その「昔《せき》」の音だけを借り、時間の「むかし」の意味を表すようになったのです。

でも元は薄く切った肉片《にくへん》を日に乾かした肉の形のことなので、この「昔」をふくむ字には浅く薄いものの意味や薄いものが交錯《こうさく》している意味を持つ文字が多いのです。

その「交錯」の「錯」も「昔」をふくむ字です。薄い干し肉は乾いて散乱《さんらん》するので「ばらばらの状態のもの、細かく入り交じったもの」の意味があります。そこから「錯」には「まじわる」意味があります。幾《いく》つかのものが入り交じるのが「交錯」です。

また「錯」には「みがく」意味もあります。金属に模様《もよう》を刻《きざ》んで金や銀をはめ込《こ》み美しい模様を磨《みが》き出すことが「錯」です。ここにも細かく入り交じった意味がありますね。

物や人を手ばなすのをおしむことを「愛惜《あいせき》」といいます。薄い干し肉である「昔」には「数多く乱《みだ》れること」の意味があり、心乱れて何度も思い返すような感情を「惜」というのです。

「錯」は金属を磨く措置《そち》をすることです。その措置の「措」とは「手足を伸《の》ばして安らかにしていること」です。人が薄く伸《の》びている感じですね。そんな状態になるようにことを処理《しょり》し、措置するのが「措」です。

書籍《しょせき》の「籍」にも「昔」があります。これは「竹」を干し肉のように薄く削《けず》ったもののことです。紙が誕生《たんじょう》するまでは、紙の代わりに使って、上に文字を書きました。それが「籍」で「ふみ」や「書物」の意味です。

古代文字

「昔」がもっぱら「むかし」の意味に使われ出したので、乾かした肉を表す文字として「月」（肉づき）を加えて「腊」（セキ、ほじし、ひもの）という字が作られた

【つながる漢字】

昔・錯・惜・措・籍（籍）・腊

【今】

音　コン・キン
訓　いま

口をおおう栓《せん》のある蓋《ふた》

じっと心の中で思う

漢字はもともとは物の形をかいた象形文字ですので、形のないものを表すのが苦手な文字です。ですから形ないものを表す場合は他の字の音だけを借りて、意味を表しました。そういう用法を「仮借《かしゃ》」といいます。この「仮借」の例として、前項《ぜんこう》で「昔」を紹介《しょうかい》したので、この項では「昔」とペアになる「今」について説明したいと思います。

その「今」は「ふた」の形です。もともとは壺《つぼ》や瓶《びん》の口をおおう栓《せん》のある蓋《ふた》のことでしたが、その字を借りて時間を示す「いま」の意味に使われるようになりました。

でも「今」が「ふた」であることを知ると、よく理解できる字があります。一番わかりやすい例は「念」でしょう。これは「心」と「今」を合わせた文字。「念」は心に蓋をして、じっと心の中で深く思うことです。

「衾《ふすま》」は夜寝《ね》る時に使う掛《か》け布団《ぶとん》やかいまき（綿入れの夜具）のことです。「衣」に蓋をして、おおい隠《かく》す意味です。「今」と「衣」を上下に合わせた文字が「衾《きん》」ですが、左右に合わせた「衿《きん》」もあります。これは衣の「えり」のことです。えりもとで結んで蓋をするのが「えり」です。「えり」は「襟《きん》」とも書きますが、「禁《きん》」にも「閉《と》じる」意味があるので、「衿」「襟」は同じ字の異《こと》なる形です。木の茂《しげ》る「林」は神の住むところ。そこに神への供《そな》え物をのせるテーブル「示」を置いた神聖《しんせい》な地域《ちいき》を「禁」といい、その神域を閉じて人が立ち入ることを禁じました。そこから「禁」は「とどめる、禁止」の意味になりました。

最後に「含《がん》」という字を紹介しましょう。白川静さんの漢字学では「口」は顔の「くち」ではなくて、神様への祈《いの》りの言葉を入れる器「口」（サイ）のことですが、この「含」は白川静さんが「口」（サイ）ではなく、「くち」の意味で説明している珍《めずら》しい字の一つです。白川静さん自身も字書『字通《じつう》』の中で、そのことをちゃんと記しています。

人が亡《な》くなった時に死者の霊《れい》が抜《ぬ》け出さないように、また悪い気が入りこまないよう、宝石《ほうせき》である「玉《ぎょく》」を口に含《ふく》ませて、蓋をしました。口に玉を含ませる意味から、さまざまなものを内に「ふくむ」意味となりました。復活を願う行為《こうい》で、蟬《せみ》の形をした玉を用いました。

古代文字

「今」「近」は音が近く、似た意味の成り立ち。「今」は時間的に、「近」は場所的に「ちかい」意味。後に「近」も時間的に「ちかい」意味にも使われ出した。「近時」「近年」が、その例

【つながる漢字】
今・念・衾・衿・襟・禁・含

無

音　ム・ブ
訓　ない・なし・まう

両足広げて豊かで大きい

袖《そで》をひるがえして舞《ま》う人

漢字を学んだ人の多くが感じることだと思いますが、何かが「ない」意味の「無」と「まいおどる」意味の「舞《ぶ》」の字に、どこか似ているなあと思ったことがありませんか。文字の形だけではありません。礼儀《れいぎ》にはずれたことを「無礼」といいますが、この場合のように「無」は「舞」と同じ「ぶ」とも読みます。

でも白川静さんの漢字学を知って、こんな疑問《ぎもん》は当然のことなのだと思いました。「無」は人が衣の袖《そで》に飾《かざ》りをつけ、その袖をひるがえして舞《ま》う人の姿《すがた》をそのまま文字にしたものです。つまり「無」は「舞」の元の字の形なのです。

漢字のルーツは物の形を文字にした象形文字ですので、形のないものを表すのが苦手です。そんな時は別な字を借りて、その意味を表しました。

形や物が「ない」ということを漢字は表せないので、本来は「まい」を表す「無」を使って表すようになったのです。

でもその「無」がもっぱら「ない」意味に使われ出したので、舞う時の足の形である「舛《せん》」を加えて「舞」の文字ができました。

「舛」は左右の足が外に向かって開く形です。両袖を広げて舞う「無」や、さらに両足を広げて舞う「舞」には「豊かで大きい」意味があります。

それを表す「蕪《ぶ》」を紹介《しょうかい》しましょう。これは、根の球形部が豊かで大きな野菜である「かぶ、かぶら」のことです。

左右の足が外に向かって開く形の「舛」の関連字も幾《いく》つか紹介しておきましょう。まず「桀《けつ》」です。これは人が「木」の上に足を広げて「はりつけ」になっている字です。白川静さんは一人の左右の足でなく、二人がはりつけになった姿だろうと考えていました。

この「桀」が「磔《たく》」の字の元の形です。その磔《はりつけ》にされた死者の呪《のろ》いの力は激《はげ》しいものでしたから、「桀」に「亻《にんべん》」（人）を加えた「傑《けつ》」は「ぬきんでる」の意味となり、「傑作」や「豪《ごう》傑《けつ》」の言葉も生まれたのです。

古代文字

もともと「無」は「無雩《ぶう》」という雨を降《ふ》らせるための雨乞《あまご》いの舞い。無雩は一番古い文字である甲骨《こうこつ》文字によく出てくる

【つながる漢字】

無・舞（舞）・舛・蕪（蕪）・桀・磔・傑（傑）

逆

音　ギャク・ゲキ
訓　さか・さからう・むかえる

向こうから来る人むかえる

大の字を上下逆転した形

二〇一〇年に常用漢字が改定されて、「遡《そ》」（「遡」）も許容される字体）の字が常用漢字に仲間入りしました。「遡」は川や時間などを「さかのぼる」ことです。

その「遡」をよく見てみると「逆《ぎゃく》」と「月」を合わせた形です。または「朔《さく》」に「辶」（しんにゅう）を加えた文字ともいえますね。ここでは、その「遡」や「逆」「朔」に関連した字を紹介《しょうかい》したいと思います。

最初は、この「遡」「逆」「朔」に共通している部分の「屰《ぎゃく》」という字についての説明です。これは古代文字の「大」と「屰」をセットで見てください。「大」は両手を広げた人の正面形。そして「屰」は「大」を上下逆転させた形です。

現代の文字だと少しわかりにくいかもしれませんが、古代文字なら上下逆の文字であることがよくわかりますね。この「屰」は向こうから来る人を上から見た形です。

その「屰」に「辶」を加えたのが「逆」です。「辶」は道を進み歩く意味ですが【→［行］】、それに「向こうから来る人」の形である「屰」を加えた「逆」は、進むこととは逆の方向で、向こうから来る人を「逆《むか》える」という意味の文字です。

それが「逆」の元の意味でしたが、後に順序や道理に反する「ぎゃく」の意味となり「そむく、さからう」の意となりました。また「逆」に「げき」の読みもあります。

その「屰」に「月」を加えたのが「朔」です。この「朔」は月の満ち欠けで暦《こよみ》を作る陰暦《いんれき》で月の一日目のこと。この一日目の「一日」を「ついたち」といいますが、それは「月立《つきたち》」という言葉が変化したものです。

月の形は、この「朔」から満月に向かって大きくなっていき、その後、満月を過ぎてまた欠け始めて、再び「朔」に逆もどりしてきます。だから「朔」は「屰」と「月」が合わさった形なのです。

その「朔」に「辶」を加えた「遡」は、月が満月から「朔」にさかのぼるように、川や時の流れを逆に「さかのぼる」ことです。

古代文字

逆鱗《げきりん》とは竜《りゅう》のあごの下の逆についた鱗《うろこ》のこと。人が逆鱗にさわると竜がおこって、その人を殺すという。天子を竜にたとえていう

【つながる漢字】

大・屰・逆（逆）・朔（朔）・遡（遡=許）

登

訓 音　トウ・ト
のぼる・すすめる・みのる

両足を開いて台にのぼる

足《あし》跡《あと》の形をふくむ文字

「足」を意味する文字の基本は「止」です。「止」は足跡《あしあと》の形です【→「歩」】。この「止」をふくむ字はたくさんあります。これまでにも紹介《しょうかい》してきましたが、この項《こう》では、日頃《ひごろ》使う字で、まだ紹介していない「止」関係のものについて説明しましょう。

最初は「企《き》」です。これは「人」に「止」を加えた字で、人が足のかかとをあげて立つ形です。人がかかとをあげて遠くを望むことは、他のものに何かを企《くわだ》てる時の姿勢《しせい》です。そこから「くわだてる」となりました。

次に「止」を二つふくむ形です。それは「発」や「登」に共通する上の部分「癶《はっ》」です。これは両足を開いて立つ形で、出発の際の姿勢です。

「運」の項でも少し説明しましたが、「発」の旧字「發」は出発の際の両足の形「癶」と「弓」と「殳《しゅ》」を合わせた形です。この「弓」「殳」の部分は「弓」を射《い》る形です。開戦に先立って、弓を放つのです。それを表しているのが「発」（發）で「ゆみいる、すすむ」の意味となりました【→「発」】。

「登」の「豆」はイラストを見てください。これは脚部《きゃくぶ》の高い器「豆」の形です。その「豆」の形をした「器」を台にして、両足を開いて「のぼる」のが「登」です。

さらに「止」を三つふくむ例に「奔走《ほんそう》」の「奔」があります。これは古代文字がわかりやすいですね。上の「大」は、元は「夭《よう》」の字形で人が走る姿《すがた》です。それに「止」（足）を三つ加えて、足早に走る意味で「はしる、はやい」ことです。

最後に「止」を四つ合わせた文字を紹介しましょう。それは「渋《じゅう》」です。旧字「澁」の右側は「止」が三つですが、古代文字を見ると「止」が四つかかれていて、それらが二個ずつ上下反対向きに向かい合っています。「歰」の字形です。これは両足をそろえて相向かう形なので、進むことができず、渋滞《じゅうたい》の意味となるのです。

「渋」（澁）の字形は「水」（氵《さんずい》）に、はばまれて進めない状態のことです。また渋《しぶ》い食べ物は口を通りにくいので、「しぶい」意味にも使います。

古代文字

「豆」は脚《あし》の高い器で、ふみ台の形とみてもよい。ふみ台の上に両足をそろえている形で「のぼる、あがる」意味となる

【つながる漢字】

止・企・癶・発（發）・殳・登・豆・奔（奔）・渋（澁）（歰＝異）

豊

音　ホウ
訓　ゆたか・おおきい

多くの穀物《こくもつ》を盛《も》って供《そな》える

脚部《きゃくぶ》高く、頸《くび》が短い食器

国内外が混乱《こんらん》する時代に政治を任される首相の座《ざ》はたいへんだと思いますが、せっかく政治の頭《かしら》である首相となったのですから、それに満足せず、国民のために豊かな政治を行ってほしいと思います。長期政権《せいけん》の弊害《へいがい》もありますが、一方で在任期間があまりに短い首相では、いい政治は望めないと思います。

いやいや、ここで政治の話をしたいわけではありません。首相の在任期間が短いの「短」、豊かな政治の「豊《ほう》」、政治の頭の「頭」に、みな「豆」がふくまれています。その「豆」の紹《しょう》介《かい》です。

この「豆」は脚部《きゃくぶ》が高く頸《くび》の部分が短い食器です。儀式《ぎしき》の時に塩物や飲み物を入れる器として使用しました。後に「荅《とう》」（あずき）と音が通じて「まめ」の意味となっていきました。

「短」の「矢」はもちろん弓矢の「矢」です。古代中国では「矢」で、ものの長短の長さをはかりました。それに頸の短い食器である「豆」を加えた「短」は「短い矢」のこと。そこからすべてのものの「みじかい」意味となったのです。

その食器「豆」の形を横から見ると、まっすぐ伸《の》ばした首の上に人の頭がある形に似ています。「頭」の「頁《けつ》」は儀式の際に使う帽子《ぼうし》をつけて、厳《おごそ》かに儀式に参加している人を横から見た形です。その「豆」と「頁」を合わせて「あたま」の意味となったのです。

「登」の字の「豆」を除《のぞ》いた上部の「癶《はつ》」は、前項《ぜんこう》［登］でも紹介したように「両足」を開いている「足」の姿《すがた》です。ですから「登」は高い脚部を持つ器である「豆」を台にして、両足を開いて、その上に「のぼる」意味です。「登壇《とうだん》」は壇にのぼること。「登庁《とうちょう》」は政治家や役人が出勤《しゅっきん》すること。「登校」は学校に行くことです。

最後は「豊」です。これは旧字「豐」や古代文字のほうが、イメージがつかみやすいです。旧字の「豐」の「豆」以外の上部は穀物《こくもつ》の黍《きび》の類を盛《も》っている形です。つまり「豐」は食器である「豆」の中に多くの黍の類を盛って供《そな》えている姿が「豊」という字です。多くの黍を盛って、供えるので「ゆたか」の意味となったのです。

古代文字

黍はイネ科の一年生作物。中国では古くから主要な穀物である五穀の一つ。五穀はいろいろな説があるが、米、麦《むぎ》、粟《あわ》、豆、黍など

旧字

【つながる漢字】

豆・矢・短・頭・頁・登・豊（豐）

教

音　キョウ
訓　おしえる・おそわる

校舎に集め鞭《むち》で打ち、励《はげ》ます

交差した木のある建物

「教育」という言葉を耳にすると、世界的な作家でノーベル文学賞候補《こうほ》にもなった安部公房《あべこうぼう》さんと、教育について話したことを思いだします。

安部さんは「教育」とは「子どもたちの中に、もともとあるものを開いていくものではないか」と話していました。

英語で「教育する」ことをエデュケート（educate）といいます。「エ」（e）は「外に」の意味。「デュケート」（ducate）は「導く」です。これは安部さんが言うように「もともと人間が自分の中にそなえているものを外に導き出すこと」です。では漢字の「教育」の意味はどんなものでしょう。

イラスト欄《らん》にある「教」の旧字「敎」を見てください。これは「爻《こう》」と「子」（幼児《ようじ》の姿《すがた》をかいた象形文字）と「攵《ぼく》」を合わせた字です。この「爻」は屋根に交差した木（千木《ちぎ》）のある建物の形。この場合は学校の校舎のこと。「子」はそこで学ぶ子弟たちのことです。

「攵」の元の形は「攴」です。上部の「卜《ぼく》」は木の枝や鞭《むち》の形です。下部の「又《ゆう》」は手を表す形で、「攵」（攴）は手に木の枝や鞭を持って、何かを打つことです【→「正」】。

ですから「爻」「子」「攵」を合わせた「教」の旧字「敎」は校舎に子どもたちを集めて指導する先生たちが鞭（木の枝）で打って、励《はげ》ますことです。子どもがもともと持っているものを外に導く教育とはずいぶん違《ちが》いますね。

この校舎を表す「爻」は学校の「学」にもあります。旧字「學」や古代文字の上の「×」が二つ重なったような部分が「爻」です。この「爻」と「冖《べき》」とで校舎のことです。そこに集まった子どもたちが「學」の「子」の部分です。「學」の「爻」の両側にある字形は「興」の「同」の左右にある字形の「臼《きょく》」と同じで、左右の手のことです。その両手で子どもを教え導くことが「學」です。

さらに「覚」という字の旧字「覺」の上部も「學」と同じですね。つまり「覚」（覺）とは、学ぶことで知識を得て、「さとる」ことや「めざめる」ことです。

古代文字

古代中国では一定の年に達した若者《わかもの》たちは建物に集められ、一族の長老たちから伝統や生活の規則《きそく》などを教えられた

【つながる漢字】

教（敎）・爻・攴（＝攵）・学（學）・臼・覚（覺）・子

交

音　コウ
訓　まじわる・まじえる・まじる・まざる・まぜる・かう・かわす

足を交差して立つ人

二つのものを比《ひ》較《かく》する

前項《ぜんこう》［教］で紹介《しょうかい》したように「学校」の「学」の旧字「學」の上部に「×」を二つ重ねたような「爻《こう》」の字形があります。「教育」の「教」も左側の「子」の上部は旧字「教」では「爻」の形をしています。この「爻」は屋根に交差した木である千木のある建物のことです。

屋根の上に交差した木、千木《ちぎ》のある建物とは「学校」のことです。そういえば「学校」の「校」の右の部分「交」も交差して、まじわる意味の文字ですね。ここでは、この「交」に関連した漢字を紹介《しょうかい》したいと思います。

でも、この「交」は木が交差するのではなく、足を交差して立つ人を正面から見た形です。足が交差している姿《すがた》ですが、足を組むことから、すべてのものが交錯《こうさく》する意味となりました。「交友」「交際」など、人の交わりにも使います。

つまり学校の「校」は交差する「交」に「木」を加えた文字ですから、「交差する木」である千木のある建物のことです。そこから「学校」の意味となったのです。

学舎、まなびやの意味だけでなく「較《かく》」という字と通じて「くらべる、はかる」意味もあります。原稿《げんこう》や元の本などと比べ合わせ、誤《あやま》りを正すことを「校正」といいます。

「比較《ひかく》」の「較」にも「交」がありますが、これは「車」の「はこ」の両わきにさし出した横木の板のことで、車に乗った人が腕をかけたり、つかまったりしました。「くらべる」の意味は、横木の板が二つ突出《とっしゅつ》していることから生まれたようです。

「絞《こう》」は「糸」を交差させて締《し》めることで、首を絞《し》めて殺す意味です。だから元の意味は人を絞殺《こうさつ》する「くびる」ことですが、日本ではさらに「しぼる」と読み、染《そ》め物の絞《しぼ》り染めや知《ち》恵《え》を絞るなどの言葉に使います。

郊外《こうがい》の「郊」にも「交」があります。「阝《おおざと》」は「まち」や「むら」を意味する「邑《ゆう》」の省略形です。つまり「郊」とは「邑」と「邑」が交わる所です。そこから「まちはずれ、郊外」の意味となりました。

古代文字

足を組む姿である「交」は、古代中国では形のよい姿と思われたようだ。「佼」という字があり、「佼人」は美人の意味

【つながる漢字】

爻・交（交）・校（校）・較（較）・絞（絞）・郊・佼

亡

訓音
ボウ・モウ・ブ・ム
ない・なし・しぬ・にげる・ほろぶ

手足折り曲げた死者

草野に捨《す》てられている姿《すがた》

「亡《ぼう》」は「亡《な》くなること」を意味する文字ですから、「死亡」という言葉はそのまま理解できます。「亡国」も「ほろびた国」という意味の言葉であることはわかります。では「亡命《ぼうめい》」とはどういう意味でしょうか。

「亡命」は「国外逃亡《とうぼう》」のことですが、なぜ「亡命」することに「亡」が使われているのか、そのことを説明しながら、「亡」をふくむ漢字を紹介《しょうかい》したいと思います。

まず「亡」の古代文字は手足を折り曲げている死者の骨《ほね》の形です。そこから「しぬ」意味となりました。「滅亡《めつぼう》」など「ほろびる」意味、「亡命」などのように「にげる」意味もあります。

さてその「亡命」のことですが、古代中国では裁判《さいばん》に負けて死刑《しけい》となった者は馬の皮に包まれて水に流されました。

そして亡命する者は自分を死者と同じように処遇《しょぐう》されるべき者と表明して、他国に逃亡したようです。つまり亡命者とは死者と同じような立場にある人ということです。

この「亡」をふくむ文字はかなりありますが、死者と関係した文字を幾《いく》つか紹介したいと思います。

まず「荒《こう》」です。「亡」は手足を折り曲げられた死者の白骨《はっこつ》化した姿《すがた》です。その死体に髪《かみ》の毛が残っているのが「巟《こう》」という文字です。「巟」の下部の「川」の字形に似た部分が髪の毛を表しています。この「巟」と「艹」（くさかんむり）を合わせた「荒」は、「巟」が草野にうち捨《す》てられている姿です。飢饉《ききん》の状態のことです。そのような死者が草野にうち捨てられている所を荒野《こうや》（あれはてた野原）といいます。飢饉の年のことを荒歳《こうさい》・荒年《こうねん》といいます。

この「荒」に「忄」（りっしんべん＝心）を加えた字が「慌《こう》」で、意味は「あわてる」です。「荒」は飢饉のことですが、そのような生死に関わる危険《きけん》が目前に迫《せま》っている状態に対して、恐《おそ》れ、慌《あわ》てることを「恐慌《きょうこう》」といいます。今では経済《けいざい》の混乱《こんらん》などで恐れ、慌てることをいったりする言葉です。

古代文字

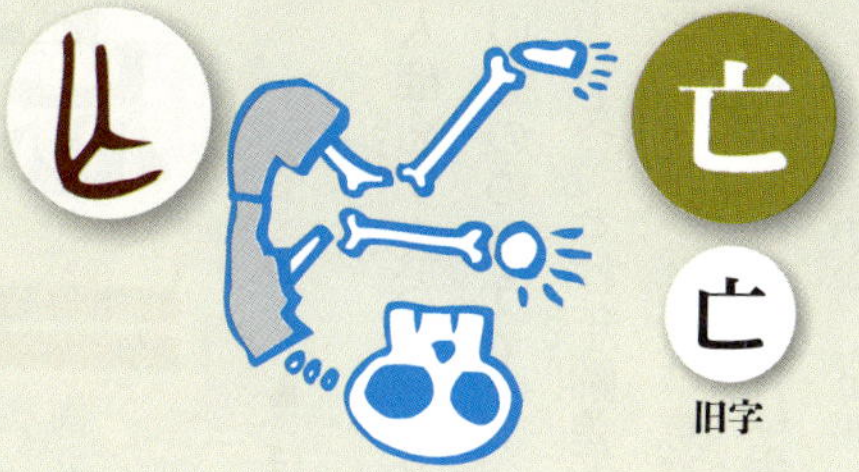

中国の思想家・孔子《こうし》も亡命者だった。孔子は亡命中の国から、さらに他国ににげる際、世話になった者の門に馬の皮をかけて亡命を表明して去った

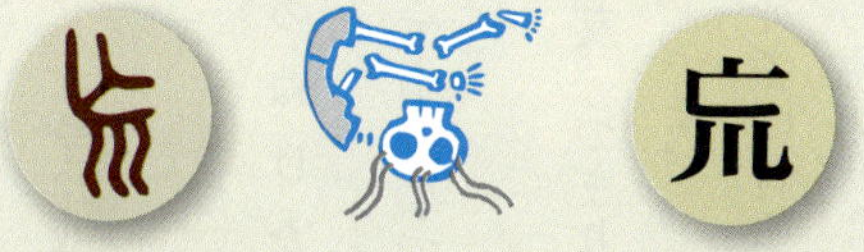

【つながる漢字】

亡（亡）・巟・荒（荒）・慌（慌）

【忘】

音　ボウ
訓　わすれる

ぼんやりと間のぬけたさま

意識に存在《そんざい》しないこと

日本人は忘年会《ぼうねんかい》がとても好きです。年末の年中行事ですね。でもこの忘年会というものは日本独特のもののようです。

「忘年の友」とは年齢《ねんれい》差を忘《わす》れて付き合う友。つまり「忘年」の元の意味は年齢を忘れること。「忘」の元の意味は意識に存在《そんざい》しないことです。

この「忘」の「亡《ぼう》」は手足を折り曲げた死者の骨《ほね》の形で「亡《な》くなった人」のことです【↓亡】。それに「心」を加えて「わすれる」の意味となりました。

「忙《ぼう》」は、今では「多忙」など「いそがしい」意味ですが、これも元は「茫然《ぼうぜん》」の「茫」と同じ意味で、心の中が「ぼんやりとして、間のぬけたさま」のことでした。「忘」の元の意味が「意識に存在しないこと」であるのと似た感覚もありますね。「忙」の「いそがしい」の用法は時代が下った唐《とう》時代の七〜十世紀のことだそうです。

「亡」をふくむ字では「妄《もう》」も、その一つです。これは「みだりに、いつわり」の意味です。この「妄」の「亡」も手足を折り曲げられた死者の姿《すがた》で、荒野《こうや》に捨《す》てられた死体のうらみの霊《れい》を恐《おそ》れる字だそうです。

確《たし》かに「妄」をふくむ言葉は少し変わっています。妄想は、ありえないことをみだりに想像することですし、妄執《もうしゅう》は迷いの心から物事に執着《しゅうちゃく》することです。

「病膏肓《こうこう》に入る」という言葉があります。「膏肓」は「こうもう」と間違《まちが》って読んでしまうことで有名。でも「こうこう」が正しい読みです。

「膏」は心臓《しんぞう》の下の部分。「肓」は横隔膜《おうかくまく》の上の部分。「膏」も「肓」も内臓《ないぞう》の深い所で、病がそこに入るとなかなか治らない部分です。「病膏肓に入る」とは「不治の病にかかること」です。

前項《ぜんこう》「亡」で説明したように、荒野に捨てられた死体が「荒」です。「亡」をふくむ「荒」の字を「こう」と読むことをおぼえておくと、「膏肓」を「こうこう」と正しく読めるかもしれません。

古代文字

中国の思想家・孔子《こうし》も「心をふるいおこして勉学に熱中して食事をとることを忘れる」と言っている。この「忘」も「意識に存在しない」ことの意味

【つながる漢字】

忘(忘)・亡(亡)・忙(忙)・茫・妄(妄)・肓

流

音　リュウ・ル
訓　ながれる・ながす・なかま

水に流れる子ども

手で捕《と》らえたり、保育したり

漢字には「死者」に関係するものが多くあります。「亡《ぼう》」が手足を折り曲げた死者の骨《ほね》の形なので「しぬ」意味となったことや、その「亡」をふくむ「荒《こう》」が野原に捨《す》てられた死体の姿《すがた》であることを説明してきました【→［亡］】。怖《こわ》い漢字ばかりで、もうしわけないですが、この項《こう》も生死に関わるちょっと怖い字の紹介《しょうかい》です。

「荒」の「艹」（くさかんむり）は草原のことです。「亡」の下の「川」のような字形は死体に残っている髪《かみ》のことです。この「荒」の「川」に似た字形は「流」という字の右下にもありますね。この部分も「髪の毛」のことです。

「流」の右上は「育」の上部と同じ形です。これは「頭を下にした姿で生まれてきた子」のこと。「育」の下の「月」は肉体を表す「月」（肉づき）です。つまり「育」は子どもが生まれる形の字で、「うむ、そだてる」の意味となりました。

そこで「流」にもどると、右側は「下向きの頭の髪が乱《みだ》れた子の姿」です。それに「氵《さんずい》」（水）を加えたのが「流」。これは子どもが水に流されている姿です。そこから「ながれる」となりました。

そして水に浮《う》かぶ「浮《ふ》」という文字も水没《すいぼつ》に関係がある漢字なのです。

「浮」（浮）は「氵」「爪《そう》」「子」を合わせた文字。「爪《つめ》」は「手」の意味で【→［採］】、それと「子」（幼児《ようじ》の姿をかいた象形文字）を合わせた「孚《ふ》」は「人を手で捕《と》らえる」意味の文字です。例えば「孚」に「亻《にんべん》」（人）を加えた「俘《ふ》」は「人」を生け捕りにすること。「俘虜《ふりょ》」とは、戦争での「捕虜《ほりょ》」のことです。

卵《たまご》が孵化《ふか》し、かえる「孵」にも「孚」があります。「孚」は子どもに手を加えている文字ですので、保育している意味があります。そこから「孵」の文字が卵の孵化することをいうようになりました。

さてもう一度、「浮」にもどりましょう。「孚」に「氵」を加えた「浮」は水中に没している子どもを上から手で救おうとしている形です。そこから「うかぶ」の意味となったのです。

古代文字

名流（名高い人たち）のように「なかま」の意味にも使う。水流から流派《りゅうは》の意味が生まれ、その流派の仲間の意味となった

【つながる漢字】

亡（亡）・荒（荒）・流（流）・育（育）・孚・浮（浮）・俘・孵・子

【樹】

音　ジュ
訓　き・うえる・たてる

鼓《つづみ》で樹《じゅ》木《もく》の生育うながす

穀《こく》物《もつ》の増《ぞう》収《しゅう》を祈《いの》る

樹木《じゅもく》の「樹」に太鼓《たいこ》の「鼓」の左側の字形「壴《こ》」があるのがわかりますか。同じ「壴」は喜びや嬉《うれ》しいの「喜」「嬉《き》」にもあります。この項《こう》ではこれらに共通する「壴」をふくむ文字の紹介《しょうかい》をしたいと思います。

「壴」は「鼓《つづみ》」の形をかいた字形です。「鼓」の古代文字を見ると右は「攴《ぼく》」の字形です。「攴」は木の枝など（「卜《ぼく》」）を手（「又《また》」の部分）で持ち、何かを打つ形。「壴」と「攴」を合わせて、「鼓」は「つづみ」や「うつ」の意味となりました。

「喜」は「壴」と「口」を合わせた字形です。「口」は顔の「くち」ではなく、白川静さんの漢字学では最も有名な発見ですが、神様へのお祈《いの》りの言葉を入れる器「口」（サイ）です。

その「𠙵」（サイ）に「壴」を加えた「喜」は祈る時に鼓を打ち、神を楽しませることです。そこから「よろこぶ、たのしむ」の意味となりました。

「嬉」も同様に鼓を打って、神を楽しませる文字です。そのうちに人も神とともに楽しむ文字になりました。嬉しそうなさまを「嬉嬉《きき》として」といいますが、これは楽しみ笑う時の擬声《ぎせい》語のようです。楽しむさまから「たのしむ、たわむれる」の意味となりました。

江戸《えど》の年号・嘉永《かえい》の「嘉」は「壴」に「加」を加えた文字です。「加」の「力」は農具の一つである「鋤《すき》」のことです【↓［力］】。

その大切な鋤に神様へのお祈りの言葉を入れる器の「𠙵」（サイ）を加えて「鋤」（力）を祓《はら》い清める字が「加」です。そして「嘉」は「加」に、さらに「壴」（鼓）の音《おと》を加え、秋に穀物《こくもつ》が虫に食われてしまわないように祓い清める文字です。つまり穀物の増収《ぞうしゅう》を祈る文字が「嘉」です。そこから「よい」の意味となっていったのです。

最後は「樹」です。「樹」の「寸《すん》」は「手」の形です【→「博」】。これと「壴」を合わせて、手で鼓を打つこと。これに「木」を加えた「樹」は「壴」の音を打ちならして樹木の生育の力をうながすことを表す文字です。そこから「木」や「立ち木」を表す文字となりました。

古代文字

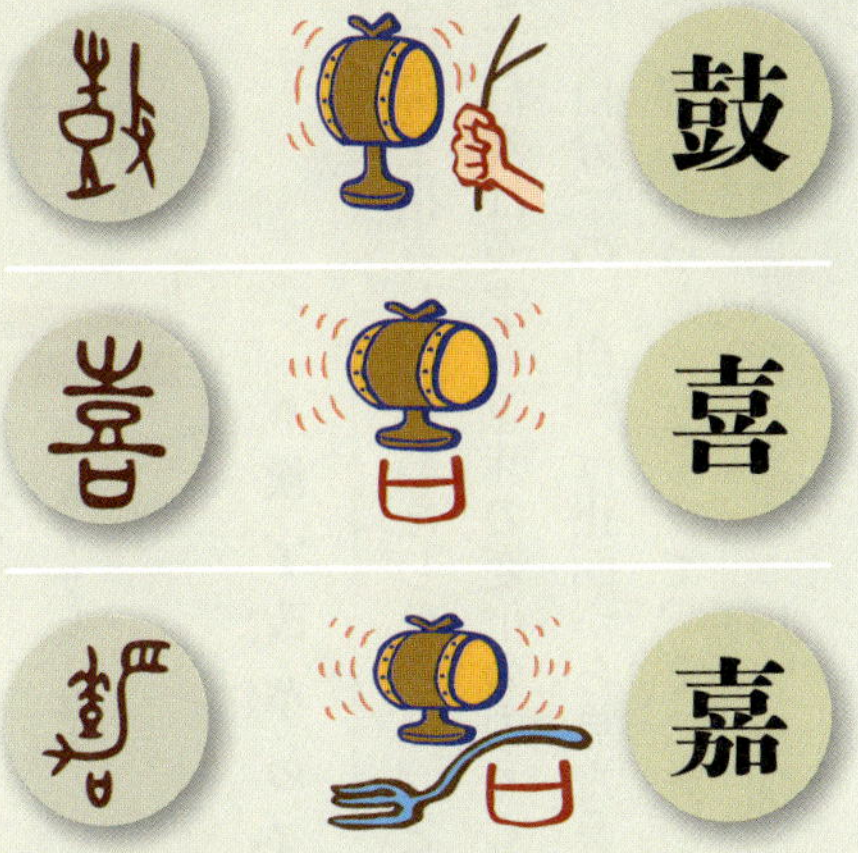

「樹」は草木を植える意味から、さらにすべての物事をしっかり立てて定める「樹立」の意味にも使われるようになった

【つながる漢字】𠙵

鼓・喜・嬉・嘉・樹・力・加・寸・支（=攵）

自

音　ジ・シ
訓　みずから・はな

正面から見た鼻

漢字改革《かいかく》の矛《む》盾《じゅん》も表す

自分の鼻を指さして「わたしは……」と言う時があります。自分のことをさすのに、自らの鼻をさす行為《こうい》は漢字の意味の変化の中でもわかりやすい形で残っています。

実は「自分」の「自」は正面から見た鼻の形の字なのです。自分を示すのに自らの鼻をさす行為は、古くからあったようで、その鼻のことが「おのれ、みずから」の意味となっていきました。そこで鼻息《はないき》の音である「畀《ひ》」を加え、「鼻」の旧字の字形（イラスト欄《らん》）が新しく作られたのです。

その「鼻息」の「息」にも「自」がふくまれていますね。「自」に「心」を加えた「息」は心の状態が呼吸《こきゅう》に表れること。大息は大きなためいき、嘆息《たんそく》はなげいてためいきをつくことです。「いき」をすることから「いきる」や「ふえる」の意味にもなりました。生息、利息がその例です。

「臭《しゅう》」と「嗅《きゅう》」にも「自」があります。この「臭」「嗅」は戦後の漢字改革《かいかく》の矛盾《むじゅん》を示す字として知られています。「臭」の旧字は「大」の部分が「犬」の「臭」という文字でした。「鼻」が敏感《びんかん》な「犬」と「自」（鼻）を合わせた字だからこそ「におい」の意味なのに、戦後に、漢字の成り立ちの意味がわからないままに点を取って「大」にしてしまいました【↓［器］】。「大」は手を広げて立つ人間の姿《すがた》で「におい」とは関係ありません。さらに二〇一〇年に

「嗅」が常用漢字に新しく加わりました。においを嗅《か》ぐ「嗅」は「犬」の字。「臭」は「大」です。すごく変ですね。

最後は「辠《ざい》」の紹介《しょうかい》です。これは罪という意味のもともとの文字です。「辠」の「辛」は入れ墨《ずみ》用の針《はり》です。これで罪人の「自」（鼻）に入れ墨を入れることが「辠《つみ》」なのです。でも「辠」の字が「皇帝《こうてい》」の「皇」の字に似ているので、秦《しん》の始皇帝《しこうてい》が「つみ」を意味する文字に「辠」を使わせず、「罪」の字を使うように改めたともいわれています。「罪」はもともとは魚を捕《と》るための竹の網《あみ》の形ですが、音が「辠」と同じなので代用されたようです。

古代文字

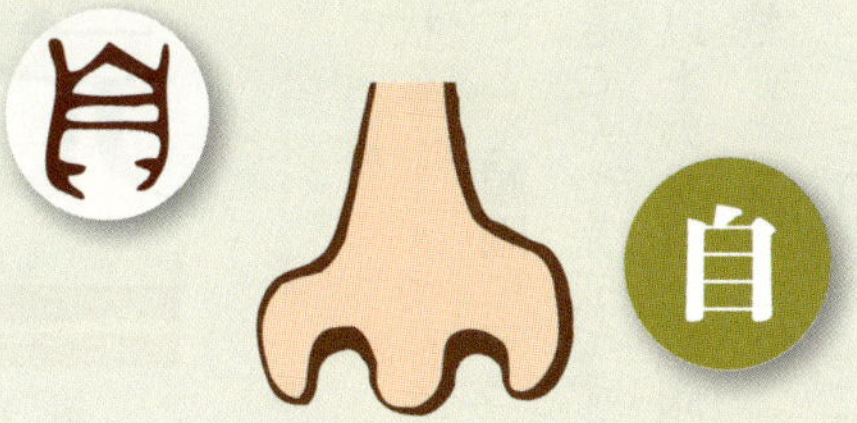

日本語で「はな」と読む「鼻」「花」と「端《たん》」の字は日本語では同じ「先端にあるもの」の意味。「鼻」は顔の先端にあるもの。「花」は先端に咲《さ》くもの

【つながる漢字】

自・鼻（鼻）・息・臭（臭）・大・嗅
（齅＝異）・犬・罪（辠＝異）・辛

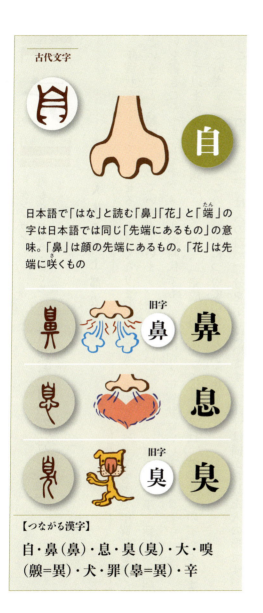

【元】

音　ゲン・ガン
訓　もと・かしら・はじめ

重要な首の部分を強調

人体の最上部表す

年賀状をメールで済《す》ませる人も多くなりました。でも一方で、すべて手書きで年賀状を書くということを頑固《がんこ》に守っている人もいます。宛名《あてな》も書いて、一言、一年の出来事や新年への願いを書きこんで完成です。メールの時代でも、元旦《がんたん》に届《とど》く年賀状はいいものですね。

さて以上の文章の「頑固」の「頑」、「完成」の「完」には、「元旦」の「元」の字がふくまれています。ここでは、この「元」について紹介《しょうかい》したいと思います。

この「元」の上の「二」は人の首の部分を示しています。「儿《じん》」は横から見た人の形です。この「儿」（人）はその上にある字形を強調する形です【→「兄」】。

「元」の場合は「首」を強調しているわけです。人体で最も重要な部分なので「元首」といい、頭《かしら》の意味となり、さらに体の最上部ゆえに「もと」の意味にもなりました。そこから「元旦」のように、時の初めの意味となったのです。「元旦」の「旦」は「朝」の項《こう》で説明したように「日の出」の意味です。

「完」の「宀《べん》」は先祖の霊《れい》を祭る廟《みたまや》の屋根の形です。「元」は首の部分を強調する文字。つまり戦場で頭部を失わず、戦死をせずに帰ったことを先祖に報告する儀式《ぎしき》を表す字が「完」です。無事に最後までなしとげるので「まっとうする」の意味となりました。

「冠《かん》」という字にも「元」があります。「冖《べき》」は、本来は「覆《おお》い」の形ですが、この場合は

「宀」（廟の屋根）が元の形だろうと白川静さんは考えています。「寸《すん》」は「手」の形です【↓博】。そして「元」は頭部を大きくかいて強調した形で、首や頭の意味です。

つまり「冠」は廟の中で、手で頭の髪《かみ》を結い、頭に冠《かんむり》をつけている姿《すがた》で、男子の成人式、元服の儀式のことです。

最後は「頑固《がんこ》」の「頑」です。「頁《けつ》」は儀式に参加している人の横顔です。重い頭を支えて曲がらない首の部分は力が強く、「元」には強いものの意味があります。

自分の考えなどを曲げないことを「頑固」といい、体が強く健康なことを「頑健」といいます。「頑」は「つよい、かたくな」の意味の文字です。

古代文字

「根元」など「おおもと」の意味にも使う。物をつくり出すもとになる「元素」などの言葉も同様の意味

【つながる漢字】

元・儿・旦・宀・完・寸・冠・頑

【試】

音　シ
訓　こころみる・ためす・もちいる

儀式《ぎしき》で神に祈《いの》る言葉の法式

鳥を捕《つか》まえるための矢

世の中、たくさん試験がありますね。大学進学についても大学入学共通テストがあり、また各大学が行う入学試験があります。働くのには入社試験があります。そして無事試験をパスすれば、入学式や入社式となります。

さて、その「試験」の「試」には「式」の字がふくまれていますね。この「式」について紹《しょう》介《かい》したいと思います。

「式」は「工」と「弋《よく》」を合わせた文字です。「工」は呪《まじな》いをかけて神のいるところを尋《たず》ね、悪いものを祓《はら》い清めて、神聖《しんせい》なものを守る道具です。呪いをかける時に、「工」を左手に持ちましたので、「左」という字ができました。「左」の「ナ」の部分は「又《また》」と同じ字で「手」の意味です【→［友］】。

「弋」は矢に糸や網《あみ》をつけ、鳥の翼《つばさ》にからませる用具の「いぐるみ」に使う矢の形。昔はこの「弋」を用いて鳥を捕《と》りました。

中国の思想家・孔子《こうし》の言葉を集めた『論語』にも「弋して宿《しゅく》を射《い》ず」とあります。孔子も「いぐるみ」を使って鳥を捕ったが、「宿」（木に止まっている）の鳥は射ることはなかったという意味です。この「弋」は呪いの道具でもあったようです。その「弋」と「工」を使い、悪いものを清め祓う儀式《ぎしき》が「式」です。

清めて正しい状態を回復するので「式」は「法式、手本」の意味となり、「のっとる、規範《きはん》とする」意味となりました。

「式」の儀式の時に、神への祈《いの》りの言葉である祝詞《のりと》を唱えました。それが「試」です。神への祈りの言葉を唱える法式を試みることによって、儀式での祈りの効果が生まれると考えられていたので、「試」は「こころみる、ためす、もちいる」の意味となったのです。

何かをぬぐい清めることを「払拭《ふっしょく》」といいますが、この「払拭」の「拭」も「式」をふくんだ文字です。「式」に「扌《てへん》」(手)を加えた「拭」は「弋」と「工」を手に持って、悪いものを祓い、ぬぐい清める意味の字です。そこから「ぬぐう、きよめる」の意味となりました。

古代文字

「試験」の「験」は馬へんの漢字。馬は敏感《びんかん》で、神様の気配などを感じやすい動物と考えられていた。馬の動きで神の意思を験《ため》した

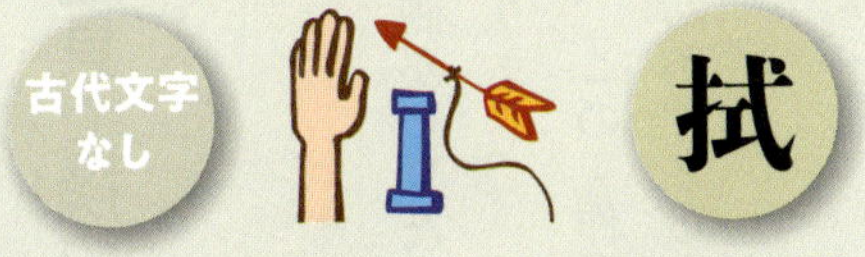

【つながる漢字】

弋・工・式・試・拭・左

対

音　タイ・ツイ
訓　うつ・むかう・こたえる

版《はん》築《ちく》作業と楽器を懸《か》ける板

のこぎり歯の道具で撲《う》つ

地上から少し高い建設現場で働いていた人が、作業用の足場を反対側から来た人とぶつかって地上に落下、打撲傷《だぼくしょう》を負ってしまいました。そんなことがたまにあります。

ここで建設現場での事故のことを紹介《しょうかい》したいわけではありませんが、この「作業」の「業」と「打撲」の「撲」の右側の形を見比べると、なんとなく似ていませんか。さらに「反対側」の「対」の旧字「對」の左側も「業」に似ています。

これらの「業」「撲」「對」に共通した部分はのこぎり歯のついた器（道具）という意味を持っています。その理解の基礎《きそ》となる文字は「丵《さく》」です。この「丵」は上部に「のこぎり歯」のようなものがついた道具です。

「対」の旧字「對」の左側は「丵」の下に「土」を加えた形です。右側の「寸《すん》」は「手」の意味です【↓［博］】。つまり「對」（対）は「丵」を「手」に持って「土」を撲《う》ち固めることです。昔の建築は両側の版（板のこと）の間に土を入れて、それを「丵」で撲ち固めて造成しました。それを版築《はんちく》といいます。ですから「對」（対）の元の意味は「うつ」です。

つまり「打撲」の「撲」は「丵」を「手」（扌《てへん》）で持って、相手を「うつ」ことです。「相撲《すもう》」は日本の国技ですが、「相撲」とは文字通り「あいうつ」こと、格闘技《かくとうぎ》のことです。

そして「作業」の「業」ですが、この字には二つの意味があります。一つは版築の作業で土を撲つ木の長い柄《え》のついた道具という意味。もう一つは楽器を懸《か》ける板という意味です。

楽器を懸ける板のほうがもともとの意味で、上に懸けるため、のこぎりの歯のようなぎざぎざがついた木が横にわたしてありました。大型の楽器を懸けるためのもので、そこから「業業しい」（おおげさである）という言葉が生まれました。その楽器を懸ける板のギザギザの部分が、「丵」のギザギザと似ていて意味が通じてきました。この版築に関わることは大土木事業でした。そこから「業」に「わざ、しごと」の意味が生まれたのです。

木や石などの加工に用いる、刃《は》のついた工具を「鑿《のみ》」といいます。この「鑿《さく》」の左上にも「丵」があります。その「丵」を手にとって穴《あな》をあける道具で、意味は「うがつ」です。

古代文字

「対」（對）が「むかう」や「つい」などの意味となったのは、版築の作業の時、2人が相対して土を撲つことから生まれた

【つながる漢字】

丵・対（對）・寸・撲・業・鑿

版

音　ハン
訓　いた・ふだ・はんぎ

版築《はんちく》工法でのあて木の板

木などを薄《うす》く削《けず》ったもの

お城の壁《かべ》や家の壁を造る際に、板と板の間に入れた土を搾《う》ち固めて築く建築法を「版築《はんちく》」といいます。この工法は三千年前の古代中国で始まりましたが、今の日本でも存続《そんぞく》しています。ここでは、その「版築」の「版」という字について紹介《しょうかい》しましょう。

「版」は「片《へん》」と「反」でできた文字です。まず「片」のほうから説明しますと、この「片」が「版築」の際の「あて木の板」のことです。このあて木である「片」を左右に立て、その間に土を入れ、搾ち固めるのですが、「片」はその一方のあて木の形なので、「かたがわ」の意味となったのです。そこから「一部分、すこし、薄《うす》く小さなもの」などの意味となりました。

その「片」に「反」を加えた「版」は、その版築工事の際に使われる両側のあて木のことです。

この「版」という字は「板」の字と、しばしば意味が通じて使われます。「木版」「版本」は「木板」「板本」とも書きます。「板」にも「反」がありますが、この「板」を紹介しながら、「反」について説明しましょう。「板」の古代文字を見ると、左側は「木」の形、右側は手に斧《おの》を持っている姿《すがた》です。つまり「板」の元の字は手に持った斧で木を削《けず》り取ることでした。それが「板」の字形に変化していきました。

おそらく薄く削り取った「板」が「反り返る」ので「反」が加えられたでしょう。つまり

「版」「板」の「反」は反り返る板のことです【→［坂］】。

「片」の話にもどると、これがついた字に「木などを薄く削った小さなもの」の意味のある文字があります。死んだ人の名前や戒名《かいみょう》を記した木の札を「位牌《いはい》」といいます。「牌」の「卑《ひ》」は「小さい」という意味。「牌」とは「木のふだ」のことです。

「最後通牒《つうちょう》」という言葉があります。「通牒」は書面で通知することで、「最後通牒」は国家間の紛争《ふんそう》で平和交渉《こうしょう》をうち切り、それが受け入れられなければ自由行動に出ることを告げる外交上の文書です。この「牒」も文字を記す薄い木や竹の札のことです。右側の「葉《よう》」は木の葉のことで、木の葉のように「ひらひらと薄いもの」の意味があります【→［葉］】。

古代文字

古代中国の殷《いん》の中期の都だった鄭州《ていしゅう》の城跡《しろあと》には一辺が1キロメートルほどの版築のあとが残されている

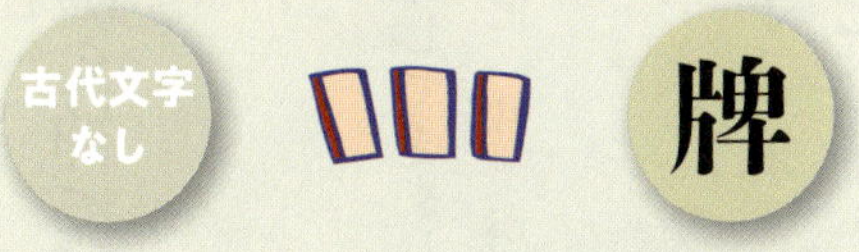

【つながる漢字】
版・片・板・反・牌・卑（卑）・牒

将

音　ショウ
訓　ひきいる・おこなう・まさに

戦争前に肉を供《そな》え神に祈《いの》る

脚《あし》のついた台や机《つくえ》

板と板の間に土を入れて固め、城壁《じょうへき》などを造る版築《はんちく》法について紹介《しょうかい》してきました。「片《へん》」は版築の際に使う板の片方《かたほう》の板のことです。その「片」と左右逆な字形に「爿《しょう》」があります。この「爿」は版築で「片」とペアで使われる反対側の板のことです。

日本百名山に数えられる山梨県の山で瑞牆山《みずがきやま》という山がありますが、その「牆《しょう》」にも「爿」がありますね。右の「嗇《しょく》」は「來」（来）と「㐭《りん》」を合わせた字です。「來」は麦のこと。「㐭」は倉庫のこと。つまり「嗇」は穀物《こくもつ》の倉の形です【→［麦］［図］】。ですから「牆」は穀物倉庫の保護のために版築で造られた壁《かべ》のことです。そこから「かき、さかい」の意味になりました。でも「牆《かき》」は頻繁《ひんぱん》に使う漢字ではないので、まずは理解するだけで十分かと思います。

そして「爿」にはもう一つ、脚《あし》のついた台や机《つくえ》の意味があります。

例えば「将《しょう》」の旧字「將」がその意味です。右側の上の斜めの「月」は肉のことを表す「肉づき」です。下の「寸《すん》」は「手」のこと【→［博］】。つまり「將」とは脚のついた机（爿）の上に手（寸）で肉（月）を供《そな》えて神様に奨《すす》める字です。軍隊が出発する時に、肉を供えて戦勝祈願《きがん》の祭りをしました。肉を供えて、神に祈《いの》り、軍をひきいる人を将軍《しょうぐん》といいました。

その肉を神に奨める字が「奨《しょう》」です。下の「大」は古代文字では「犬」の形です。生け贄《にえ》の犬の「肉」です。神に「すすめる」ことから、すべてに「すすめる」意味になりました。

将軍の下で戦う戦士を表す字が「壮《そう》」です。その「壮」の旧字「壯」にも「爿」があります。右の「士」は「小さな鉞《まさかり》の刃《は》」の形です。「戦士」は自分たちの階級のシンボルとして小さな鉞の刃を持ちました【→［仕］】。「壮」は戦勝祈願する「戦士」の意味から強壮、壮大など「つよい」や「おおきい」の意味となりました。

強者である「壮」は威厳《いげん》があり、その「壮」に「艹」（くさかんむり）を加えた「荘《そう》」（莊）に「厳《おごそ》か」という意味があります。そこから「荘重」などの意味になりました。山荘、別荘のようにも用います。

「寝台」の「寝」の旧字「寢」にも「爿」がありますね。これはまさにベッドのことです。

古代文字

醤油《しょうゆ》の「醤」にも「将」がある。「醤」は肉に酒と塩とこうじなどを加えて漬《つ》けたもの。「醤油」は大豆と麦を塩に漬けてしぼったもの

【つながる漢字】

片・爿・牆・嗇・将（將）・奨（奬）・壮（壯）・荘（莊）・寝（寢）・醤

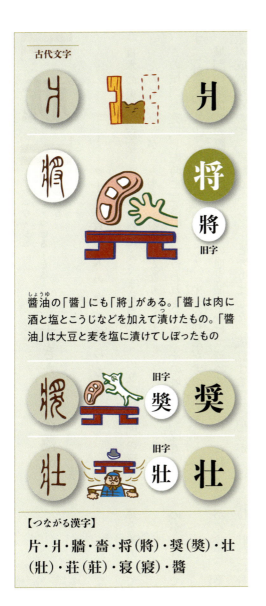

【就】

音　シュウ・ジュ
訓　つく・つける・なる・おわる

大きな城門《じょうもん》の落成式

生け贄《にえ》の犬の血で清める

日本の東京、京都、中国の北京にふくまれる「京」の文字は城門の形です。都をその門で守ったので「京」が「みやこ」の意味となりました。

この城門が完成した時には落成式が行われました。その城門の「成就《じょうじゅ》」を表すのが「就《しゅう》」です。「就」の「京」は大きな城門のこと。「尤《ゆう》」は死んだ犬の姿《すがた》です。

城門の落成式の際に、生け贄《にえ》の犬の血を振《ふ》りかけて清めるのです。これで城門が完成し、築《ちく》造《ぞう》が成就するので「就」が「なる」となりました。成就すると築造者が、ある地位や状態に身を置くようになるので「つく」の意味となりました。

ちなみに「成就」の「成」のほうも「戈《か》」（ほこ）が完成し、それを祓《はら》い清める字です【→「城」】。

そこに身を置く「状態」の「状」も建築に関係した字です。板と板の間に土を入れてつき固める版築《はんちく》工法の字です。「状」の旧字「狀」の「爿《しょう》」は版築に使う板のことです【→「将」】。その版築の際に「犬」を生け贄にして清めているのが「狀」です。

その版築工事の進み具合の状態の意味から、ものや人の形状を表す意味となりました。生け贄の「犬」で祓い清めることが、さかんに行われたようです。「祓い清める」の「祓《ふつ》」という字も生け贄の「犬」に関係しています。

「祓」の右側は「友」ではありません。「犬」に「ノ」を加えた形です。「ノ」を加えて「犬」を殺していることを表しているのです。「示」は神様を祭る際のテーブルです【→「際」】。つまり犬を生け贄にし、神に祈《いの》り清め祓うのが「祓」です。

城門や城壁《じょうへき》などの建物ばかりでなく、神へのお祭りの器として使う鼎《かなえ》が完成した時にも、犬の生け贄が捧《ささ》げられました。それを表すのが「献《けん》」です。旧字の「獻」の左側の「鬲《れき》」の部分は「鼎」のことです。

お祭りに使う器の「鼎」に、生け贄の犬の血をかけて、祓い清めてから使用したのです。神に供《そな》え捧げる物を入れる器なので、「献」が「たてまつる、ささげる」の意味となりました。

古代文字

「就」の「京」の部分は出入り口がアーチ形の都の大きな城門で、上に遠くを望める物見やぐらの望楼《ぼうろう》がある。この城門を京観《けいかん》という

【つながる漢字】

京・就・尤・状(狀)・爿・犬・祓・示・献(獻)・成(成)

築

音　チク
訓　きずく

土を杵《きね》でつき固める

呪《まじな》いの工具を手で持って

古代中国から続く「版築《はんちく》」という建築方法があります。これは城壁《じょうへき》などを築く際、板と板の間に入れた土をつき固めていく建築法です。この版築に関わる文字を紹介《しょうかい》しながら、広い意味で建築に関係した漢字について説明してきました。

その最後に版築、建築の「築」について紹介しておきたいのです。

「築」は「筑《ちく》」と「木」を合わせた文字です。この「築」の説明の前にまず、「筑」のほうから紹介しましょう。

「筑」は「竹」と「巩《きょう》」を合わせた文字です。この「巩」をさらに分けてみると、それは「丮《けき》」という字と「工」とを合わせた漢字です。「丮」は古代文字を見ると、とてもよくわかると思います。これはうずくまった人が両手で何かを持ち、高く掲《かか》げている姿《すがた》です。

「巩」の左側の「工」は神様に祈《いの》る者が持つ呪《まじな》いの道具です【→「友」】。つまり「巩」は呪いの道具「工」を両手で高く掲げて祈り、神を迎《むか》える時のしぐさです。

この「巩」の関連文字を一つだけ挙げておきましょう。「恐《きょう》」が、そうです。呪いの道具「工」を、両手で高く掲げて（「丮」の部分）祈るのが「巩」です。「恐」の上部の元の形は、この「巩」です。「巩」のように「工」を両手で高く掲げて、神を祈り迎える時にいだく、神への恐《おそ》れ、神に対して恐れかしこまる「心」を「恐」といいます。

そこで「筑」にもどると、「巩」に「たけかんむり」を加えた「筑」は竹で作られた琴《こと》に似た楽器のことです。でもそれは後になって「筑」の字の音だけを借りてできた「仮借《かしゃ》」という用法の意味で、「筑」は「築」のもともとの文字だろうと白川静さんは考えていました。

「筑」の「竹」は竹籠《たけかご》のことです。これに土を入れて、工具を両手に持って建築物の土台を築きあげたのです。それを「筑」といったのだろうというのが、白川静さんの考えでした。

この「筑」に「木」を加えたのが「築」です。加えられた「木」は土を杵《きね》などで、つき固める版築の方法を示している部分です。「きずく、建てる」意味に用います。

古代文字

殷《いん》王朝中期の遺跡《いせき》には版築工法で築かれた大きな城壁がある。そこには土を上からつき固めた小さな杵のあとが残されている

【つながる漢字】

筑（筑）・巩・丮・工・恐（恐）・築（築）

区

音　ク
訓　くぎる・わかつ

隠《かく》れた区《く》域《いき》でひそかに祈《いの》る

祈《いの》りの言葉入れた器を並《なら》べ

漢字研究で文化勲章《ぶんかくんしょう》を受けた白川静さんの業績で一番有名なものは「口」の字形が「くち」ではなく、神への祈《いの》りの言葉を入れる器「𠙵」（サイ）の形であることを発見し、多くの文字の成り立ちを解明したことです。そのことは本書の中で繰《く》り返し書いてきました。この「𠙵」（サイ）をふくむ字を白川静さんの研究でさらに紹介《しょうかい》しましょう。

東京都に「品川区」という「区」があります。これを旧字で書くと「品川區」です。「品」にも「區」にも「口」の字形が三つもありますね。

「品」は「𠙵」（サイ）を多く並《なら》べて祈る意味です。数多くの「𠙵」（サイ）を並べるので「しな、もろもろ、たぐい」の意味になりました。

「區」の「匸《けい》」は秘密《ひみつ》の隠《かく》された場所のことです【→「医」「若」】。その隠された区域《くいき》で「𠙵」（サイ）をひそかにたくさん並べて祈るのが「區」（区）です。それは小さな区域を囲って行うので、「區」が「区域」「区分」「区別」などの意味となったのです。

この「區（区）」をふくむ漢字も多いですよ。

強く殴《なぐ》ることを「殴打《おうだ》」といいますが、この「殴」の旧字「毆」の「區」も秘密の場所で「𠙵」（サイ）をたくさん並べて祈ること。「殳《しゅ》」は杖《つえ》のような長さの矛《ほこ》の形です。祈る時、この杖矛《つえぼこ》で「𠙵」（サイ）を殴《う》ち、神様をおどかして、祈りの実現を迫《せま》ったのです。その「殴」

の意味は「なぐる、うつ」です。

その祈る時、歌うような声を出しました。それが「謳《おう》」という字です。声をそろえてほめたたえ、歌うことを「謳歌」といいます。「謳」の意味は「うたう」です。

ヨーロッパを「欧州《おうしゅう》」と書きますが、その「欧」の旧字「歐」にも「區」があります。右側の「欠」は口を開いて立つ人を横から見た形です【↓［歌］［期］】。

この「歐」は「謳」と似た漢字の成り立ちで、隠れた場所で祈る時に、歌うように祈ったのです。「欠」は口を開いて、祈ったり、歌ったりする人の姿《すがた》ですから「うたう、はく」の意味を持っています。なお「欧州」は欧羅巴《ヨーロッパ》州の略です。

古代文字

「匸」は医、匿《とく》にもある。隠れた所に矢などを置き、病気が治るように祈るのが「医」。若《わか》い巫女《みこ》さんが隠れた所で祈るのが「匿《かくれる》」

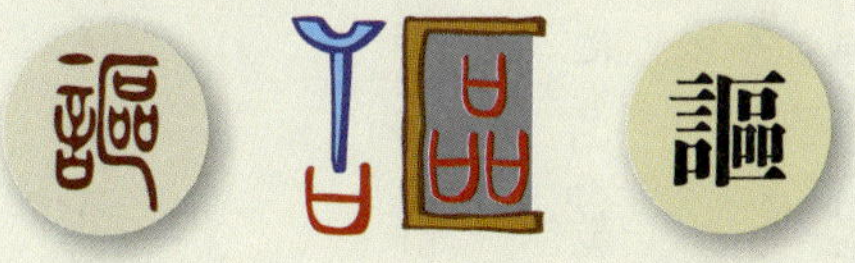

【つながる漢字】ㅂ
品・区（區）・殴（毆）・謳・欧（歐）・欠

【操】

訓 みさお・あやつる・とる
音 ソウ

祈《いの》りの言葉つけた枝を持つ

さわがしく、たくさん

さわがしいことを「喧噪《けんそう》」といいます。「喧騒《けんそう》」とも書きますが、都会から静かな所に行く時に「都会の喧噪を逃《のが》れて」などと使う言葉です。

この「喧噪」の「噪」の右側の「喿《そう》」という形は「体操《たいそう》」の「操」にも、「乾燥《かんそう》」の「燥」にもあります。その「喿」をめぐる紹介《しょうかい》です。

「喿」は「木」の上に「品」をのせた字です。「品」の「口」は顔にある「くち」ではなくて、神様への祈《いの》りの言葉を入れる器「𠙵」（サイ）のことです。これは白川静さんの大発見です。

「品」は、その「𠙵」（サイ）がたくさんあることです【↓［区］】。「木」は枝のある木の姿《すがた》をかいた象形文字ですが、「喿」は、その「木」の枝に「𠙵」（サイ）をいっぱい結びつけて神様に祈ること。祈りの言葉が多く、盛《さか》んなので「さわぐ、かしましい」の意味が「喿」にあるのです。「噪」は、その祈りの声が「さわがしい」ことです。

次は「喿」をふくむ漢字の「体操」の「操」についてです。「扌《てへん》」（手）と「喿」を合わせた「操」は、「𠙵」（サイ）をたくさん結び付けた木の枝をしっかりと「手」に持つことです。この木の枝を手にしっかり持って、それを操《あやつ》り、願いごとが実現するように一心に祈ることから「あやつる」意味となりました。

紹介したように「乾燥」の「燥」にも「喿」があります。「噪」は木にたくさんの「𠙵」（サイ）をつけてさわがしく、声をあげて祈ることですが、「燥」はこんな状態を比喩《ひゆ》的に用いて、火によってかわきこげる状態をいう字です。意味は「かわく」です。

コンブ、ワカメなどの「海藻《かいそう》」の「藻」にも「喿」があります。「喿」には「たくさん」の意味があり、そこから水面をおおう「藻《も》」（水草）の意味となったようです。

「糸を繰《く》る」などの「繰《そう》」にも「喿」がありますね。「繰」は元の意味は紺色《こんいろ》の布のことだそうです。日本では「繰り返し」（同じことを何度も行う）、「繰り言」（同じことをくどくど言う）などのように用います。この用法にも「喿」の「たくさん」の意味が生かされているように感じます。

古代文字

「操」は「みさお」の意味にも使う。「𠙵」（サイ）がたくさんついた枝をしっかり持つように「意志をしっかり守って変えないこと」から。「節操」などの用法がある

【つながる漢字】𠙵

喿・噪・操・燥・藻（藻）・繰・木

格

音　カク・コウ
訓　からむ・いたる・ただす

降《お》りてきた神がただす

からまりやすい正しいこと

桜が咲《さ》く春も素晴らしいですが、紅葉《こうよう》や落葉も、また厳《きび》しい雪の世界も時にはいいものです。わざわざ紅葉を見に観光する国は珍《めずら》しいですね。何も観光地まで出かけなくても、自宅《じたく》近くの樹木《じゅもく》の落葉に気が付いて格別な気持ちで眺《なが》めることもあります。人工的な街路樹の落葉にさえ心が動いたりもします。日本人の自然との交流の深さを感じます。

さてさて前置きが長くなりました。「街路樹」「落葉」「格別」の「路」「落」「格」にすべて「各」があります。この項《こう》ではそのことの紹介《しょうかい》です。

この「各」の「夂《ち》」は「止」を上下逆にした字です。「止」は足跡《あしあと》の形で「足」の意味【↓「歩」】。つまり「夂」は下向きの足です【↓「降」】。「口」は白川静さんの大発見ですが、顔の「くち」ではなく、神への祈《いの》りの言葉を入れる器「𠙵」（サイ）のことです。その神への祈りに応えて、天から神が下へ降《お》りてくるのが「各」です。だから「各」をふくむ字には神様関係の意味や降りる意味があります。「各」は神が天から降りてくるので「いたる」の意味となり、その時、神が一人で降りてくるので各自「おのおの」の意味となりました。

「路」は神が降りてくる路のことです。「路車」は天子や諸侯《しょこう》の乗る車のこと。「路寝《ろしん》」という言葉もあって、天子が政治のことを聞く正殿《せいでん》のことだそうです。元は神が降りてくる「みち」のことなので、天子や諸侯が関係する言葉に使われているのです。
「格《かく》」は神が地上に降りてくるので「いたる」という意味があります。降りてきた神の意思でいろいろなことを「ただす」ので、正しい言葉としての「格言」の意味があります。正しいことには抵抗《ていこう》が多く、言いがかりをつけて絡《から》まれたりするので、木の枝などが「からむ」こともいいます。からまり組み合って争うことが「格闘《かくとう》」です。「脈絡《みゃくらく》」「連絡《れんらく》」の「絡」は綿や麻《あさ》が絡まりやすいことです。そこから「からむ、からまる」の意味になりました。
「落」は「各」の降りる意味から、木の葉が落ちること。そこからすべてのものが「おちる」意味となりました。

古代文字

木は骨《ほね》組みを形づくるので、骨格《こっかく》という言葉がある。格子《こうし》に木を組むことから、規格の言葉もできた

【つながる漢字】

各・夂・路・格・絡・落（落）

【車】

音　シャ
訓　くるま

車体に両輪を加えた形

二頭立ての馬車

自動車社会です。地球環境《ちきゅうかんきょう》問題やエネルギー問題がいわれたりしますが、それでも日本をはじめ欧米《おうべい》、韓国《かんこく》、中国などの自動車メーカーの景気のことがニュースとなったりもします。そこで、この項《こう》では「車」に関係した文字を紹介《しょうかい》したいと思います。

「車」は象形文字で、現在の字は車の車体に、その左右の両輪を加えた形です。古代中国の車はもちろん自家用車ではなく、まず戦争のための戦車でした。戦争は馬車で戦う車戦が中心で、馬車制作は古くから発達していました。その馬車には二頭の馬をつなぎました。

車の両輪などという「両」（兩）も馬車関係の字です。馬車や牛車《ぎっしゃ》などの前方に長く平行に出た二本の棒《ぼう》を轅《ながえ》といいます。「長い柄《え》」の意味だそうです。前端《ぜんたん》に横棒を渡《わた》して馬や牛に引かせます。その横棒を軛《くびき》といいます。

ここでは車の構造を理解するだけで結構です。轅や軛という文字を覚える必要はないかと思います。

「両」の字は、この軛の形です。戦車の馬車は二頭立てですから、二頭の馬をつなぐ軛から「両」が「ふたつ」や「相並《あいなら》ぶ」意味となりました。

「車両」という言葉は「車輛《しゃりょう》」とも書きます。「両」は「輛」の元の文字でもあります。優《すぐ》れた腕前のことを「技量《ぎりょう》」といいますが、これは「技倆《ぎりょう》」とも書きます。「両」には左右二つの意味があって、この「倆」は人（亻《にんべん》）の左右の手が巧《たく》みなことです。意味は「わざ」です。

ちょっと難《むずか》しいかもしれませんが、輻湊《ふくそう》（輻輳《ふくそう》とも書きます）という言葉があります。物が一カ所に集まることで「多くの交通機関が輻湊する場所」などと使います。

この「輻」の「畐《ふく》」は酒樽《さかだる》など下部にふくらみのある器の形で【→「福」】、円形の意味があります。この「畐」と「車」を合わせた「輻」は車を支える車輪の矢のことです。古代中国では車輪の矢は三十本と決まっていたそうです。

車輪の矢が集中する形をイメージすれば、輻湊の言葉も少しは頭に残るかと思います。

古代文字

殷《いん》や周などの古代中国の墓が発掘《はっくつ》され、その中に車と馬を埋《う》めた坑《こう》もあり、当時の車について知ることができる

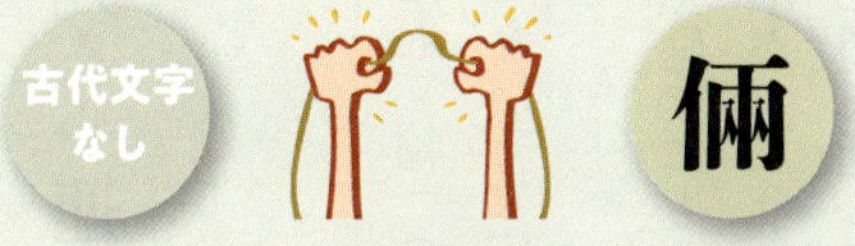

【つながる漢字】

車・両（兩）・輛・倆・輻

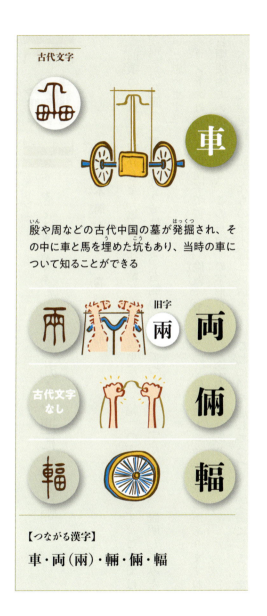

輪

音　リン
訓　わ・くるま・めぐる

木簡《もっかん》などを巻《ま》いた形

車の丸く一連になった輪

前項《ぜんこう》の［車］で紹介《しょうかい》した「車輪」「両輪」という言葉にも「輪」の字があります。ここでは「輪」の左側の「車」のほうではなく、右側の「侖《りん》」でつながる文字について、説明してみたいと思います。

ロンドンは昔ふうに漢字で書くと「倫敦《ろんどん》」です。この「倫《りん》」にも「侖」の字形がありますね。日頃《ひごろ》使っている漢字にも、この「侖」の字形をふくむ文字がかなりあります。

木札に文字を書き記したものを木簡《もっかん》といいます。これに紐《ひも》を通してつづり、文書にしました。中国では戦国時代から唐《とう》時代まで使用され、日本でも平城京跡《へいじょうきょうあと》などから出土します。紙が発明されて、使われるようになる前からある文字の記録用具です。

紐でとじた木簡を「冊《さつ》」といい、これが書物の原型です。書物を数える単位として今は使います。「侖」は、その木簡などを丸く巻《ま》いた形です。意味は「まとまる、まるい」です。

ですから「侖」をふくむ文字には、一連になり、丸くまとめられたものの意味があります。「輪」は丸く、一連になった車の「わ」のことです。「倫敦」の「倫」は「つながりのある人間同士」のことで「なかま、ともがら、たぐい」の意味。ですから「倫理」とは「人のふみ行うべき道」のことです。

「論理《ろんり》」や「論争」の「論」にも「侖」があります。「侖」には順序を追って連なりまとめたものの意味もあります。「論」とは議論のことです。つまり自分の意見を順序を追って述べ、言い合い、合意点に達し、まとめようとすることです。

「綸言汗《りんげんあせ》の如《ごと》し」という言葉が新聞の政治面などに記されたりします。「侖」には、一連になって、まとめられていくものの意味があります。「侖」に「糸」を加えた「綸」は、より合わせた太い糸です。「綸言」は天子の言葉のことです。

天子の言葉は、その元は糸のように細いが人民に達する時は「綸」のように太くなるということです。「綸言汗の如し」とは「一度口に出した君主の言葉は、汗《あせ》が再び体内に戻《もど》らないように、取り消すことができない」との意味です。

古代文字

「輪」には車の「わ」のように「めぐる、まわる」の意味がある。輪番は人がかわるがわる順番にすること。輪読は一つの書物を数人が順番に読み進めること

【つながる漢字】

輪・倫・侖・冊（册）・論・綸

福

音　フク
訓　さいわい・たすけ・ひもろぎ

神に酒樽《さかだる》供《そな》えて幸福を祈《いの》る

下部にふくらみのある器

北陸三県といえば、福井、石川、富山の三県です。このうちの「福井」の「福」と「富山」の「富」に、共通した字形「畐《ふく》」がありますね。

福井は漢字学者・白川静さんの故郷《こきょう》でもあります。その「福」など、「畐」をふくむ文字について紹介《しょうかい》しましょう。

「福」の旧字「福」は「示」に「畐」を合わせた形です。

この「畐」という字は［車］について説明した項《こう》の「輻《ふく》」（車輪の矢のこと）の字のところでも述べましたが、酒樽《さかだる》など下部にふくらみのある器の形です。そこから「ふくらんだもの、みちたもの」の意味があります。

「示」は神様へのお供《そな》え物をのせるテーブルの形です【↓［際］】。つまり「福（福）」は神様を祭るテーブルの上に酒樽を供えて、幸福を求め祈《いの》ることで、意味は「さいわい」です。

「富山」の「富」の「宀」（うかんむり）は先祖《せんぞ》の霊《れい》を祭る廟《みたまや》の屋根の形です。ですから、これも「福」と似た文字の成り立ちで、先祖の霊に酒樽を供えている文字です。神への供え物が多いことで、そこから「とむ、ゆたか」の意味となったのです。

「副」の字にも「畐」がありますね。これは「畐」に「刂《りっとう》」を加えた文字です。「刂」は刀のことですから、「畐」を「刀」で二つに分けることが「副」です。

酒樽のようにふくらんだ容器を二つに分け、一つを正とし、他の一つを予備の「副」とするので、「副」が「ひかえ」の意味となったのです。

「幅《ふく》」の「巾《きん》」はきれのことです。布の横幅《よこはば》のことから、すべての横幅を「幅」というようになりました。左右の長さである「横幅」ということに「畐」の「ふくらんだもの」という意味合いがふくまれています。

少し変わった字を紹介しましょう。それは「蝠《ふく》」です。「蝙蝠《へんぷく》」と書いて「こうもり」の意味です。この「蝠《ふく》」の字の音が「福」に通じるので、中国では「こうもり」をめでたい吉祥《きっしょう》の文様に用いるそうです。「蝠《こうもり》」も身体を横に広げて空を飛ぶ動物です。

古代文字

神様に米や肉を供えることも「福」という。その後で同族の者の間で分けた。それによって神から幸福が与《あた》えられると考えられていた

【つながる漢字】

畐・福（福）・富・副・幅・蝠

遊

音　ユウ・ユ
訓　あそぶ・ゆく

吹《ふ》き流しをつけた旗竿《はたざお》

神様が自由に行動する

家族で行く旅。一人旅。出張の旅。たくさんの旅がありますが、子ども時代の旅は、いろいろな所で遊ぶことができるので楽しいですよね。

この「旅」という字と「遊ぶ」の「遊」の字、パッと見て、何となく似ていませんか？　これは「遊」から「辶」（しんにゅう）と「子」を除《のぞ》いた形が「旅」にもあるからです。同じ形は「旗」や「族」にもあります。

これらに共通する字形「㫃」（㫃《えん》）は、吹《ふ》き流しをつけた旗竿《はたざお》のことです。それに「子」を加えた形が「斿《ゆう》」です。この場合の「子」は人の意味で、「斿」は吹き流しのついた旗竿を持つ人のことです。この旗には、一族の霊《れい》が宿っていると考えられていました。その旗をおしたてて行くことが「斿」です。この「斿」が「遊」の元の字です。

その旗に宿る神様の霊が行くこと、気ままに行動することから「あそぶ」の意味となったのです。それに行くことを意味する「辶」を加えて「遊」という字になりました。

漢字学者の白川静さんが一番好きな文字が、この「遊」でした。その「遊」は神様が自由に行動するという意味でしたが、後に人間が心のおもむくままに行動して楽しむ意味となったのです。

「旅」の吹き流しのついた旗竿「㫃」（㫃）を除いた部分は「从《じゅう》」の字形です。「从」は「人」

の複数形《ふくすう》で「従《じゅう》」の旧字「從」などにもあります【→「北」「行」】。「旅」の場合は多くの人たちの意味。つまり「旅」は先祖の霊が宿る旗を掲《かか》げて、多くの人たちが出て行くことです。

でもこれは今の旅行のことではありません。今でも軍の単位に「旅団《りょだん》」がありますが、この「旅」も先祖の霊が宿る旗を掲げて進む軍隊・軍旅のことです。また山や川での祭りのために一族が旅することもありました。

「旗」は吹き流しに四角い旗をつけた「軍旗」です。そういう先祖の霊を共有する一族を氏族といいます。その氏族たちが「旗」の下で「矢」を折るしぐさをして、氏族の一員として誓《ちか》う文字が「族」です【→「医」】。

古代文字

福井市の白川静さんの生家跡《あと》に記念碑《ひ》が建てられ、「遊」の元の形「斿」の古代文字が刻《きざ》まれている。刻まれた字は白川静さんが残したもの

【つながる漢字】

旅（旅）・遊（遊）・斿・㫃・従（從）・旗・族

麦

音　バク
訓　むぎ

根張りのための麦踏《ふ》み

横から見た麦と下向きの足

ある時まで、日本で西洋料理といえばフランス料理が主流でした。でも、その後イタリア料理店がどんどん増えてきました。このイタリアンブームを取材していた時、「やっぱり、日本人は麺《めん》が好きなのではないですか」という話を聞いて、すごく納得《なっとく》してしまいました。言われてみれば、ラーメン店もどんどん増えていますし、うどんやそばも日本人は相変わらず大好きです。その「麺」の字に「麦」がふくまれています。この項《こう》は、その「麦」に関係した文字についてです。

まず「麦」の旧字「麥」と、「来」の旧字「來」を見てください。何となく似ていますよね。「麦」の旧字「麥」は「来」の旧字「來」の下に「夊《すい》」を加えた形です。

この「来」（來）の古代文字を見ればわかりますが、これは立っている麦を横から見た形です。つまり「来」の字は「麦」のことでした。でもその字の音を借りて「仮借《かしゃ》」の用法で、古くから「くる、きたる」の意味に用いていました。

さらに、その「往来」の意味では道を行くことの「彳」（ぎょうにんべん）を加えて「徠《らい》」の文字ができました。「徠」の意味は「きたる」です。

江戸《えど》時代に荻生徂徠《おぎゅうそらい》という有名な儒学者《じゅがく》がいましたが、「徂」は「ゆく」意味の文字で「徂徠」とは往来、行き来のことです。

「麦」（麥）はその「來」に「夂」を加えた形。「夂」は「夂《ち》」と同じで、「止」の字を上下逆にした形です【↓［降］】。「止」は足跡《あしあと》の形ですから、「夂」は下向きの足のことです。それに「來」を加えた「麦」（麥）は「麦踏《ふ》み」のことです。麦の伸《の》びすぎを押《お》さえて、根張りをよくするために、麦の芽を足で踏む作業が「麦」（麥）の字になっているのです。

さて「麺」（麵）についても紹介《しょうかい》しなくてはいけませんね。羊のことを「綿羊《めんよう》」とも「緬《めん》羊《よう》」とも書きますが、「綿」「緬」も小さく細い糸のこと。「うちつづく」意味も共通しています。「麺」も細かい麦、つまり「麺」は麦粉《むぎこ》のこと。紐状《ひもじょう》に「うちつづく」食品の総称《そうしょう》です。そのように覚えればいいと思います。

古代文字

周王朝を開いたという伝説上の神・后稷《こうしょく》は小麦と大麦を得て国を興したという。周は中国の西にあった。麦は西方から伝来したらしい

【つながる漢字】

麦（麥）・夂・来（來）・徠・麺（麵）（麪＝異）・緬

朗

音　ロウ
訓　ほがらか・あきらか

月光がよく澄《す》んで通ること

風通して実と殻《から》より分ける

慌《あわ》てふためくことを「狼狽《ろうばい》」といいます。「狼」はオオカミですが、「狽」もオオカミの一種だそうです。この「狽」はあまり使う漢字ではないので、必ずしも覚える必要はないですが、でも「狼狽」にはとても面白い話があります。それをまず紹介《しょうかい》しましょう。
「狼」は前の足が長く、後ろ足が短い。「狽」は逆に前足が短く、後ろが長い。だから「狼」と「狽」はいつも一緒《いっしょ》に行動していて、お互《たが》いが離《はな》れると倒《たお》れて、うろたえることから「狼狽」の言葉が生まれたそうです。

これは笑ってしまう話ですが、童話「赤ずきん」で知られるように、「狼《おおかみ》」は怖《こわ》い動物でもあります。

「波」のことを「浪《なみ》」とも書きますね。「波浪注意報《はろうちゅういほう》」という言葉も天気予報でよく聞くと思います。無駄遣《むだづか》いを「浪費」、さまよい歩くことを「放浪」といいます。
「良」は「よい」の意味なのに、あまりよいイメージのない「狼」や「浪」に「良」の形がなぜふくまれているのか、不思議でした。でも「良」という漢字の成り立ちを知ってみれば、みなこれらはちゃんとつながりがある文字だったのです。

この「良」は中に穀物《こくもつ》を入れて風を送り、もみ殻《がら》を取り去って実だけを残す「風箱留実《ふうそうりゅうじつ》」という道具の形の象形文字です。穀物をより分けて、よいものを選び出すことから「よい」意味となりました。

「太郎《たろう》」「次郎」の「郎」は、「良」が「よいもの」を選び出すことから、「良士、よい男」の意味となりました。風を通して実と殻《から》をより分ける「良」には「よく通る」意味があります。

「朗《ろう》」は「ほがらか、あきらか」の意味に使いますが、元は「月」が明るいこと。月光がよく澄《す》んで通ることです。

さて「狼」と「浪」です。風を通して実と殻を分ける際に激《はげ》しく動かすので、「良」に「激しく動く、乱《みだ》れる」意味があります。そんな意味を持つ動物としての「狼」、動き乱れる水としての「浪」という文字ができたようです。

古代文字

漢詩や和歌に節をつけてうたう「朗詠《ろうえい》」にも、文学作品を読み上げる「朗読」にも「よどみなく、よく通る」意味がある

【つながる漢字】

狼・狽・浪・良・郎（郞）・朗（朗）（朖=異）

乗

音　ジョウ
訓　のる・のせる・つけこむ

木に登って敵状《てきじょう》を望む

稲《いね》と軍門の形

中国で、外国との交渉《こうしょう》を担当《たんとう》する中国高官に「戴秉国《たいへいこく》」という人がいました。中国の外交のトップを務めた人です。

この「戴秉国」の「秉」と乗り物の「乗」の字、何となく似ていると感じませんか。二つの文字の両方に「禾《か》」の字形が入っているからです。

「禾」には稲《いね》を表す時と、軍隊の門の「木」を表す時と二通りの意味があります。その「禾」について紹介《しょうかい》しましょう。

「秉」の「禾」は稲のことです。それに「彗《すい》」の下の形「ヨ」を合わせた形が「秉」です。「ヨ」は「手」を表す字です【↓［夫］［妻］［急］】。つまり「秉」は「禾」を束ねて手に持つ文字で、その一束を持つので、意味は「とる、たば」です。

その「禾」（稲）の束を二つ持つのが「兼《けん》」です。古代文字を見ると、「禾」の束を二つ持っていることがよくわかります。そこから「併《あわ》せ持つ」意味になりました。

「鎌《かま》」は二つの禾を束ね持ち、それを刈《か》る金属製の道具のことです。

古代中国では稲を一束持つより、二つ持つほうが、どうも不満足、不十分な行為《こうい》だったようです。「兼」をふくむ文字にそんな意味が残っています。その飽《あ》きたらぬ嫌《いや》な気持ちを人間関係に移した文字が「嫌《けん》」です。禾（稲）を二つ併せて手に持つのは嫌な行為で、なるべく避《さ》けるので「謙《けん》」には「ゆずる、つつしむ」の意味となったのだろうとのことです。

以上は「禾」が稲のことですが、「禾」には軍隊の門の「木」を表す意味の文字があります。わかりやすいのは「和」です。この「口」は顔の「くち」ではなくて、神様への祈《いの》りの言葉である祝詞《のりと》を入れる器「𠙵」（サイ）のことです。神への祈りの言葉が入った「口」（サイ）を軍門の前に置いて誓約《せいやく》して講和することが「和」なのです【→［歴］】。

最初に少しだけ触《ふ》れた「乗り物」の「乗」の「禾」も木のことです。木の上に人が二人登っている字形です。木の上に登って敵状《てきじょう》を望み見ている文字です。そこから木の上に「のる」意味となり、すべてに「のる」意味となりました。

古代文字

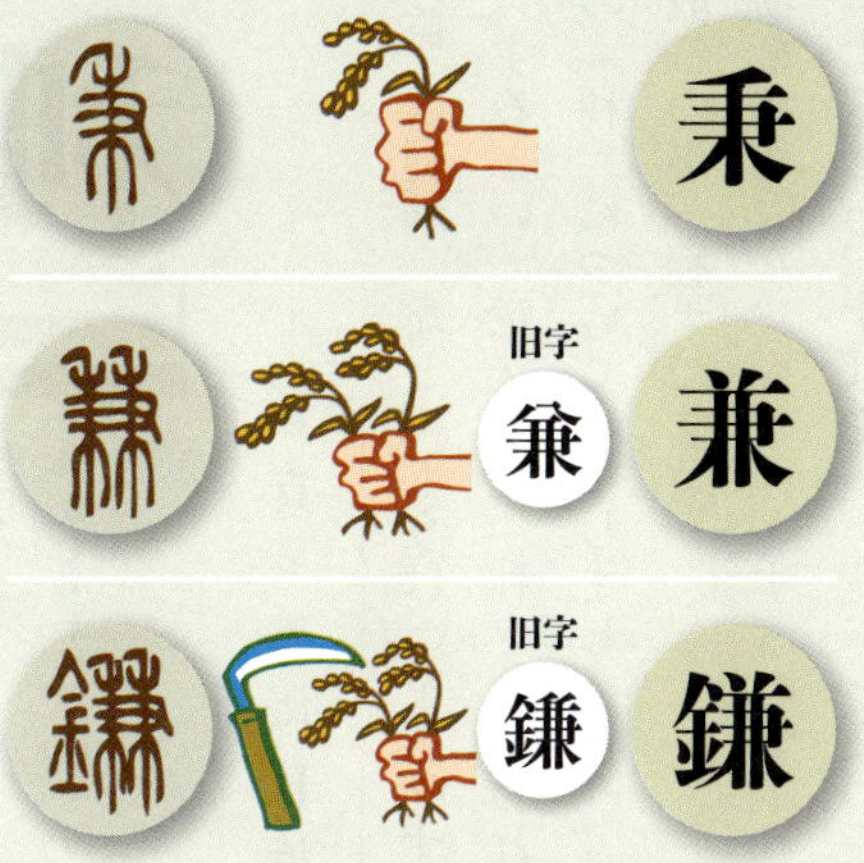

さらに古い文字「」では枝が上に伸《の》びている木の形で、その上に１人が登っている字形

【つながる漢字】𠙵

禾・秉・兼（兼）・鎌（鎌）・嫌（嫌）・謙（謙）・乗（乘）・和

利

音　リ
訓　きく・するどい・りえき

穀物《こくもつ》を刃物《はもの》で刈《か》り取る

真っ黒に日焼けした農民

「利益」「利潤《りじゅん》」など「もうけ」を意味する言葉の中に「利」があります。また「鋭利《えいり》」な刃《は》物《もの》の「するどい」意味にも「利」は使われますね。

この「利」について紹介《しょうかい》しましょう。「利」の「禾《か》」は穀物《こくもつ》のことで、それを「刂《りっとう》」（刃）で刈《か》り取るのが「利」です。

穀物を刈り取り、もうけとするので「利」が「もうけ」の意味となり、刈り取る刃物のことから「するどい、すばやい」意味となったのです。

その「するどい、すばやい」に関係した字が「痢《り》」です。「痢」は大便が固まらず水のようにすばやく出ることです。

次に「利」との関連で「黎明《れいめい》」という言葉について紹介しましょう。「黎明」は「夜明け」のことですが、現代では「近代日本の黎明を告げる」など、比喩《ひゆ》的に新しい時代や文化などの始まりをいう時に使われています。

イラスト欄《らん》に挙げてある「利」の異体字《いたいじ》と古代文字を見てください。「黎明」の「黎」の上部と同じ形ですね。「利」の異体字の右側は「刂」（刃）の形ではありません。これは牛などにひかせて田畑を耕作する農具「唐鋤《からすき》」の形です。日本語の「からすき」とは外国風の鋤という意味です。

「利」も古代文字では「禾」（穀物）を唐鋤で刈る字です。この「唐鋤」は「犂《り》」とも書きます。これはまさに牛を使い「禾」をすく字ですね。

そこで「黎」に戻《もど》りましょう。これは穀物の「黍《きび》」と「犂」の右上の形を合わせた字です。「黍」を「犂」で刈り取る農民は太陽の光で真っ黒に日焼けしていました。だから「黎」に「黒い」意味があるのだそうです。

そこから「黎明」が暗黒の夜から明るい朝になっていく「夜明け」の意味となったのです。「黎明」が夜明けを意味する言葉だということ、「犂」で「黍」を刈り取る農民の真っ黒な姿《すがた》から「黎」の文字ができたことを覚えておくと、味わい深く感じると思います。

古代文字

利

秎

異体字

日本語では「利」を「きく」と読み、「右利き」「左利き」の「利き」に使うし、紹介や世話をする「口利き」などの言葉に使う

古代文字なし

痢

異体字

[illegible]

犂

黎

【つながる漢字】

利（秎=異）・禾・痢・黎・犂（[illegible]=異）・黍

始

音　シ
訓　はじめる・はじまる・はじめ

出産の無事を祈《いの》る

鍬《くわ》の形をした鋤《すき》

「私利私欲《しりしよく》」という言葉があります。自分だけの利益を考え行動する欲望の意味です。この「私利」の「私」にも「利」にも「禾《か》」があります。

「利」の「刂《りっとう》」は「刃物《はもの》」のことで、「利」とは刃物で「禾」（穀物《こくもつ》）を刈《か》り取ることです。

さらに「利」の古代文字を見ると牛などにひかせてすく「唐鋤《からすき》」という鋤で刈り取ることでした。そのことは前項《ぜんこう》［利］で説明しました。

では「私利」の「私」のほうはどんな文字でしょうか。実は、この「私」の「ム」の部分も「鋤」なのです。でも牛にひかせる唐鋤ではなく、「ム《し》」は鍬《くわ》の形をした鋤です。

この鍬の形をした鋤で「禾」（穀物）の田畑を耕作《こうさく》する人が「私」です。この「私」は私的な一家に従属《じゅうぞく》する耕作者、奴隷《どれい》のような農民のことです。「公」は族長貴族《きぞく》、「君主」や「諸《しょ》侯《こう》」のことです【↓［公］】。「私」はその私属の農奴《のうど》です。自称《じしょう》の人称代名詞《にんしょうだいめいし》「わたくし」の意味に用いるのは日本語の用法です。

この鍬の形をした鋤「ム」に関係した漢字はたくさんあります。

まず「台」から紹介《しょうかい》しましょう。現在の「台」は、旧字の「臺《うてな》」（見晴らしのいい高い建物）の字の常用漢字として使っていますが、これとは別に「台《たい》」という字がもともとありました。その「台」は「ム」（鋤）に神様への祈《いの》りの言葉である祝詞《のりと》を入れる器「口」（サイ）を加えて、「ム」を清め、豊作を神様に祈る農業の儀式《ぎしき》です。

人の誕生《たんじょう》は作物の生産と同じようなものと考えられていて、受胎《じゅたい》（妊娠《にんしん》）を願う時にも「ム」と、神様への祈りの言葉を入れる器「𠙵」（サイ）を供《そな》えて祈りました。

そこから「台」に体の一部を示す「月」（肉づき）を加えた「胎《たい》」が「はらむ、みごもる」の意味となったのです。

女性が、その「ム」（鋤）と神様への祈りの言葉を入れる器「𠙵」（サイ）を持って出産の無事を祈ることを「始」といいました。そのために出生のことを「始」といい、「はじめる、はじまる、はじめ」の意味となったのです。

古代文字

農耕開始の時、まず農具を清めた。そうしないと秋に虫が発生して農作物を食べてしまうと考えられていた。人の誕生も農作物と対応するものと考えられていた

【つながる漢字】𠙵

禾・利・私・ム（私=異）・公（公）・台（臺）・台・胎・始

治

音　ジ・チ
訓　おさめる・おさまる・なおる・なおす・まつりごと

洪水《こうずい》を治め、世を治める

背《せ》の高い大きな神様

堯《ぎょう》・舜《しゅん》・禹《う》という中国古代の伝説上の王がいます。［九］や［決］の項《こう》でも紹介《しょうかい》しましたが、この堯・舜の時代に大洪水《こうずい》が起き、禹の父の鯀《こん》が洪水を治めるために起用されましたが失敗してしまいました。でも父の後を継《つ》いだ禹が治水に成功、舜から国を譲《ゆず》られました。その禹が開いたのが殷《いん》の前の夏《か》王朝です。

このように中国では洪水を防ぐ治水が大切でした。「治」も、その治水と関係した文字です。「治」の「台《たい》」は前項《ぜんこう》［始］で紹介《しょうかい》したように、「ム《し》」の部分は農具の「鋤《すき》」、「口」は神様への祈《いの》りの言葉を入れる器「ㅂ」（サイ）で、「台」は豊作を神に祈る農耕の儀式《ぎしき》です。

それに「氵《さんずい》」（水）を加え、意味を治水事業に移して「おさめる」となりました。水を治めることが、世を治める政治の意味となっていったのです。

もう一つ「台」をふくむ文字を紹介しましょう。それは「怠《たい》」です。「台」は神に祈る行為《こうい》ですが、神頼《かみだの》みばっかりではだめです。この「怠」は神頼みで「なまけている」という意味です。相手を軽くみて慢《あなど》っているのです。そういう、なまけ、あなどっていることを「怠慢《たいまん》」といいます。

農具の「鋤」である「ム」に関係した字について、もう少し紹介しましょう。みなさんの友達や知人に「俊《しゅん》」や「駿《しゅん》」の字が名前についた人がいませんか？　この「俊」「駿」にも「ム」

の字形がふくまれています。

まず「俊」「駿」に共通する「夋《しゅん》」から。これは「厶」（鋤）を頭とする神様の姿《すがた》です。背《せ》の高い神様で、高く大きく、すぐれたものの意味があります。それを「人」（亻《にんべん》）のことに移して「俊」が「さとい」意味になりました。

「駿」は足が速くてすぐれた馬のこと。「峻《しゅん》」は高い山です。建物が完成する「竣工《しゅんこう》」の「竣」にも「夋」があります。「竣」の「立」は一定の位置に人が立つ形で、儀式を行う場所のことです【→「立」】。その場所の設営が成ることを「竣」といい、「おわる」の意味です。後に建物の落成などの意味になりました。

古代文字

「治」は身心を「おさめる」意味にも使われる。病気やけがをなおす「治療《ちりょう》」など、「ととのえる、なおす」の意味にも用いられる

【つながる漢字】

治・厶（私＝異）・台・怠・夋・俊・駿・峻・竣・立

公

音　コウ
訓　おおやけ・きみ

祖先たたえたり、訴訟《そしょう》したり

広場で行うおおやけの儀式《ぎしき》

おおやけとわたしのことを混同することを「公私《こうし》混同」といいます。その「公」「私」はペアの漢字で、両方に「厶《し》」の字形がふくまれています。

中国の思想家・韓非《かんぴ》が書いた『韓非子《かんぴし》』に「私《わたくし》（厶）に背《そむ》く、之《これ》を公と謂《い》う」とあります。一九〇〇年前の有名な字書『説文解字《せつもんかいじ》』も、この考えを紹介《しょうかい》して、「公」は「厶」（私）と「八」とに従《したが》う文字としています。

「八」は左右に分かれ背く形なので、「厶」（私）に背くのが「公」だというのです。なるほどと納得《なっとく》するような説明ですね。

でも「私」と「公」の古代文字を見比べると、現在の「厶」の部分の形がまったく異《こと》なります。つまり漢字誕生《たんじょう》時の文字の形を見れば、『韓非子』や『説文解字』のような説明は不可能なのです。

「厶」は農具の鋤《すき》の形です。「私」は鍬状《くわじょう》の鋤「厶」で「禾《か》」（穀物《こくもつ》）ができる田畑を耕作する人です。でも「公」の古い字形では「厶」の部分が「口《い》」の形をしています。この「口」は広場の形です。古代文字の「公」は「口」の上部に二本の線をかいて、左右の塀《へい》を平面図のように示した形です。

この広場で行われる儀式《ぎしき》・行事がおおやけの仕事・公務です。宮殿や祖先を祭る廟《みたまや》の前で儀式を行う、その場所を「公」ということから、「公」は「君主」や「諸侯《しょこう》」の意味となり、「おおやけ」の意味となりました。

この「公」の広場では、重要な裁判《さいばん》も行われました。「訴訟《そしょう》」の「訟」が、その裁判のことで、「うったえる」という意味です。その「公」の場では祖先をたたえたりもしました。「頌《しょう》」がその文字です。先祖をたたえる歌が「頌歌《しょうか》」です。

「公」の関係文字を最後にもう一つ挙げておきましょう。それは「松」です。「松」は常緑の木で、節が多く、高くそびえる姿《すがた》が愛されて、めでたい木とされていたようです。古くから、祝い頌《たた》える吉祥《きっしょう》のものとして使われています。

古代文字

「私」は支配者である「公」の私的な耕作者。支配者である「公」は考え方がかたよってはならないので「公平」「公正」の言葉も生まれた

【つながる漢字】 ∀

ム（私=異）・私・公（公）・訟（訟）・頌（頌）・松（松）

【第】

音　ダイ・テイ
訓　しだい・やしき

竹簡《ちくかん》を順序よく束ねる

なめし革《がわ》の紐《ひも》で

漢字を学び始めた時に、よく似ている字に出合い、その違《ちが》いを覚えるのに苦労する経験は誰《だれ》にでもあるものです。それも白川静さんの文字学の研究で学ぶと「えっ、そんな関係だったの！」としばしば驚《おどろ》きます。「兄弟」の「弟」と「次第」の「第」という字もそんな例の一つかと思います。

「弟」は、なめし革《がわ》の紐《ひも》でものを束ねる形です。古代文字を見るとそのことがよくわかります。なめし革の紐で順序よく縛《しば》り束ねるので「次第」「順序」の意味があります。その「順序」の意味を子どもの関係に及《およ》ぼして「兄弟」の「おとうと」の意味に用います。

「第」は「弟」の省略形に「竹」を加えた文字です。「竹」は、細長く削《けず》って作った竹の札に文字を書いた「竹簡《ちくかん》」のことです。この竹簡を順序よく束ねることを「第」というのです。そこから「次第（順序）」「序列」の意味となりました。

初期の「3年B組金八先生」に出たり、長くラジオのパーソナリティーを務めたりした俳優《はいゆう》の牟田悌三《むたていぞう》さんの「悌」にも「弟」があります。「弟」には兄や年長者によくつかえる意味があります。それを表す専用《せんよう》の字として「弟」に「忄」（りっしんべん＝心）を加えて作られたのが「悌」です。「悌」の意味は「すなお、やすらか」です。

「梯子《はしご》」の「梯《てい》」にも「弟」があります。「弟」には「次第」の意味があり、それと「木」を合わせて「梯」ができました。「梯子」は元は戦争用のもので、城を攻《せ》める際に用いたものです。

髪《かみ》を剃《そ》り落として僧《そう》になることを「剃髪《ていはつ》」といいます。この「剃」にも「弟」があります。白川静さんは「剃」と「弟」の関係を詳《くわ》しく記していませんが、「弟」には次第に、上から降《お》りてくる意味が多いです。ただし梯子は昇降《しょうこう》しますが。

「剃」は「刂《りっとう》」（刃物《はもの》）で「髪」を次第に下に落とすと考えれば覚えやすいです。

「弟」に「氵《さんずい》」（水）を加えた「涕《てい》」は「なみだ、はなじる」の意味です。これも次第に下に落ちるものです。

古代文字

「及第《きゅうだい》」のように「合格する」の意味にも用いる。秀吉《ひでよし》が京都に建てた壮大《そうだい》な邸宅《ていたく》「聚楽《じゅらく》第《だい》」など「やしき」の意味にも使う

【つながる漢字】

弟・第・悌・梯・剃（鬀=巽）・涕

標

音　ヒョウ
訓　こずえ・はしら・しるし・たてる

梢《こずえ》が高く伸《の》びて揺《ゆ》れるさま

焼かれた体が浮《う》き上がる

政治家にとって一番怖《こわ》いのは選挙です。たった一票の差で落選ということもあります。そんな怖い選挙の「票」の字について紹介《しょうかい》しましょう。

実は、その「票」の字の成り立ち自体が怖いものです。イラスト欄《らん》にある「票」の古代文字と異体字《いたいじ》について「興《こう》」の字を参照しながら説明すると、「票」の古代文字・異体字は「興」の「同」の部分を「囟《し》」の字形にして、「興」の下の字形を「火」にしたものです。

この「囟」は人の頭の形です。その両側にある「臼《きょく》」は左右の手の形。つまり両手で頭を持ち、人の死体を火で焼いている形の文字です。その火葬《かそう》の火の勢いがよく、焼かれた体が浮《う》き上がり、火が飛ぶさまの文字が「票」です。

ですから「票」の意味はまず「とぶ」です。この「票」をふくむ字の多くに「軽く高く、浮いて動く」意味があります。

その「票」に「木」を加えた「標」は木の梢《こずえ》が高く伸《の》びて揺《ゆ》れているさまです。高い木の梢を標識、目印として示したり、標柱（目印の柱）を建てて布告を標示したりすることから、「標」に「しるし、しめす、はしら」などの意味があります。

後に「票」は選挙の「票」や伝票の「票」など、薄《うす》く切った木札や紙切れの「ふだ」の意味に使われるようになったのですが、そのように書きこんで印となる「票」には、目印の木である「標」に通じるものがありますね。

「票」をふくむ字で、軽く浮いて動く意味を一番よく表しているは「漂《ひょう》」です。これは「水」(氵《さんずい》)の表面に浮かび動くこと。そこから漂《ただよ》う意味となりました。

上に高くというイメージではありませんが、ぶらぶらと揺れて動く瓢箪《ひょうたん》などの「瓢」にも「票」があります。中をくり抜《ぬ》いて飲み物の器とします。さらに「瓢」に「軽い」イメージもありますね。

「票」に「風」を加えた「飄《ひょう》」はつむじ風のことです。これにも軽く高く動くイメージがあります。「飄々《ひょうひょう》とした」とは世の中の基準などでは「つかまえどころのない」ことです。

古代文字

高い梢に示されるので「目標」となるし、その布告は基準となるので「標準」の意味にも、「商標」のようにマークとしての標示の意味にもなった

【つながる漢字】

票(褜＝異)・標・漂・瓢(瓢)・飄

席

音　セキ
訓　むしろ・しく

端《はし》から端まで渡《わた》す

建物の中にむしろを敷《し》く

選挙にめっぽう強い政治家に聞いたことですが、なれてくると選挙中に、今度の選挙は、自分がどのくらい票を取れるのかわかるそうです。

でも、その選挙に強い人でも、一つ間違《まちが》えば議席を失ってしまいます。だから「政治家渡世《とせい》はたいへんだよ」と言っていました。「渡世」とは仕事・稼業《かぎょう》のことです。

さてさて、漢字についての話です。「議席」の「席」と「今度の選挙」の「度」という字。何となく似ていませんか?

さらに「度」は「渡世」の「渡」にもふくまれています。その「席」「度」「渡」などの関連についての紹介《しょうかい》です。

まず「席」の古代文字とイラストを見てください。これは「厂《かん》」と「蓆《むしろ》」を合わせた形です。この場合の「厂」は建物のことです。この中に蓆を敷《し》く形なので「むしろ、せき、しく」の意味となりました。より詳《くわ》しく説明しますと、地面に直接敷くむしろは「筵《えん》」といい、その「筵《むしろ》」の上に、さらに重ねて敷くものを「席」というのだそうです。

「度」はその「席」の省略形と「又《ゆう》」（また）を合わせた形です。「又」は何回か説明していますが、「手」を意味する字です【↓「友」】。つまり「度」は「手」で敷物《しきもの》の「席」を広げる形です。その「席」の大きさをものさしとして長さをはかることです。それゆえに「はかる、ものさし」の意味となりました。

その「ものさし」の意味から「制度」「法度《はっと》」など「おきて、のり」の意味にもなり、さらに「席《むしろ》」を広げて端《はし》から端まで敷き渡《わた》すので「度」は「わたす、わたる、こえる」などの意味にもなりました。

「渡」は、その「わたる、わたす」を「水（氵《さんずい》）を渡る」意味に使用したものです。さらに「譲渡《じょうと》」など財産や権利《けんり》を譲《ゆず》り渡す意味にもなりました。

金属の薄《うす》い層《そう》を表面に被《かぶ》せることを「めっき」といいますが、これを漢字で書けば「鍍金《めっき》」です。この「鍍《と》」は「席」を敷くように、金属を「塗《ぬ》りわたす」意味の文字ですね。

古代文字

「席《むしろ》」は巻《ま》いて収納《しゅうのう》するので、席を巻くようにあますところなく敵《てき》の土地を攻《せ》め取ることを席巻《せっけん》という

【つながる漢字】

席・蓆・筵・度・又（叉）・渡・鍍

【寺】

音　ジ
訓　てら

手で持つこと

持続するものの意味

群馬県高崎市に少林山達磨《だるま》寺という寺があって、縁起《えんぎ》だるまで知られています。選挙の時には「必勝」などと書いた縁起だるまの片目《かため》だけに墨《すみ》を入れて飾《かざ》ります。

選挙戦が終わり開票を待ち、当選するとだるまの残りの目に墨を入れて祝うのです。選挙に強い議員でも議席を維持《いじ》するのに必死で、神様仏様の力を借りてでも当選を果たしたいのです。

さてさて選挙のことではなく漢字の話です。「選挙の時」の「時」、「開票を待ち」の「待」、「議席を維持」の「持」に「寺」の字が入っています。達磨寺の由来について紹介《しょうかい》したいわけではありませんが、この「寺」をふくむ字は多いのです。その紹介です。

「寺」は「土」と「寸《すん》」を合わせた字形ですが、古代文字では「之《し》」と「寸」です。「之」は「止」と同じ形で「足」のことです【↓［歩］】。「寸」は「手」の意味です【↓［博］［樹］】。このうち「之」のほうは「寺」の字の音に関係した部分で、字としての意味については「寸」（手）のほうにあります。

「寺」は「手」で持つ意味の文字で、「持」の元の字でした。その「寺」に、さらに「扌《てへん》」（手）を加えて「もつ」意味の「持」の文字ができました。

このように「寺」が手で持つことの元の字でしたから、「寺」をふくむ文字には「持続する」意味があります。

「時」は時間が持続すること。「待」は時をかけて持続的に「まつ」という状態のことです。プライドのことを「矜恃《きょうじ》」といいます。「矜持」とも書きますが、この「恃《じ》」は「忄」（りっしんべん＝心）の中に、自分に頼《たの》むものが持続して、あることです。

日本語では「さむらい」の意味に使う「侍《じ》」は尊《とうと》い人の近くに仕え「はべる」ことです。そういう状態が持続している人で「侍者《じしゃ》」「侍女《じじょ》」などの用法があります。

「詩」の「寺」も持続している意味です。これは呪《まじな》い的な言葉の力が持続している「うた」のことです。

古代文字

「寺」は漢時代以後に役所の意味に使われ出した。さらに寺院の「てら」の意味となったのは、中国で外国の使節を迎《むか》える役所である鴻臚寺《こうろじ》を、後に僧《そう》の宿としたから

【つながる漢字】

寺・持・時・之（＝止）・寸・待・恃・侍・詩

理

音　リ
訓　おさめる・すじ・きめ

玉を磨《みが》き筋《すじ》を現す

整然とした田の区画の形

里崎智也《さとざきともや》さんはプロ野球、千葉ロッテマリーンズの捕手《ほしゅ》でした。二〇〇六年のワールド・ベースボール・クラシック（WBC）でも活躍《かつやく》、日本の優勝《ゆうしょう》に貢献《こうけん》しました。料理が得意なようで、里崎さんの公式ブログにも料理の話がたくさん書いてありました。その「野球」の「野」にも、「料理」の「理」にも里崎さんの「里」がありますね。この項《こう》はそのつながりの紹介《しょうかい》です。

まず「里」は「田」と「土」を合わせた文字です。「土」は土を縦長《たてなが》のまんじゅうの形に丸めて台上に置いた形です。古代中国では、そこを社《やしろ》としました。この「土」が「社」の元の字です【→［土］】。

「田」は田の区画の形です。「田」と「土」を合わせた「里」は田の神を祭る社のこと。田の社を中心とした「さと、むら」のことです。「野」に「いなか、さと」の意味があるのも「里」をふくむ字だからです。「予《よ》」は「野」の音を表す記号で、意味は「里」のほうにあります。

「野」の異体字《いたいじ》に「埜」があります。河埜和正《こうのかずまさ》、河埜敬幸《たかゆき》という兄弟のプロ野球選手がいました。その「河埜」の「埜」です。イラスト欄《らん》にある「野」の古代文字は「林」に「土」を加えた「埜」の形です。この「埜」の字形は林の神を祭る社のことです。つまり「野」は社のある田や林をいう字で「の、のはら、いなか」などの意味となりました。

そして「理」の「王」は大切な宝石《ほうせき》「玉《ぎょく》」のことです。「理」は「玉」を磨《みが》き、「玉」の文様、筋《すじ》を現すことです。「里」は田の神を祭る社のことなので、そこはちゃんと経営された農地でした。その農地は区画の筋道（条里《じょうり》）が整然とありました。そこから、玉の文様のあるものを「玉理」というそうです。文様の筋道のことから、考えや話の筋道を「理路」といい、事の始末をつけることを「処理《しょり》」といいます。「料理」は食べ物の材料や物事をうまく処理することです。

また「里」に「亻《にんべん》」（人）を加えた「俚《り》」にも「いなか、いやしい」の意味があります。「俚言」は「里ことば、世俗《せぞく》のことば」です。

人の皮膚《ひふ》の細かい「あや」を肌理《きり》といい、「きめ」とも読む。地にも山川の「あや」があるので地理という。 人情と道理を「情理」という

【つながる漢字】

田・土・里・野（埜=異）・理・俚

料

音　リョウ
訓　はかる・しろ・かて

柄《え》のついた柄杓《ひしゃく》

穀類《こくるい》の量を斗《ます》ではかる

家で男の人が料理をすることは不思議な時代ではなくなりました。もともと料理人には男性が多いのですから、料理が得意な男性がいてもおかしなことではありません。前項《ぜんこう》［理］で紹介《しょうかい》したプロ野球選手の里崎智也《さとざきともや》さんも、そんな一人のようです。ここでは、その「料理」の「料」について紹介しましょう。

「料」の「斗《と》」は柄《え》のついた柄杓《ひしゃく》の形です。「米」は米など穀類《こくるい》のこと。穀類の量を「斗《ます》」で「はかる」ことが「料」で、後にすべての「はかる」意味になりました。

「斗」をふくむ字で、みなさんもよく知っているのは「理科」「科学」の「科」です。この「禾《か》」も穀類のこと。「斗」は量をはかる器ですから、「科」も器で穀物の量をはかることです。農作物の量をはかり、その質を品定めするので、「科」には等級を定める意味があります。

そこから「しな、ほど、等級、おきて」の意味が「科」にあります。「区分」する意味もあります。科挙《かきょ》という中国で高級役人を任用する制度がありました。「秀才《しゅうさい》」「明経《めいけい》」「進士《しんし》」などいろいろな科目に区分された試験が科挙では行われました。

「斜《しゃ》」にも「斗」がありますね。「余《よ》」には「除《じょ》」などの音があり、「余」は「斜」の文字の音のほうを表していますが、字の意味は「斗」のほうにあります。つまり柄のついた「斗」で水などをくむ時に、「斗」の柄を斜《なな》めにしてくむので、「斜」に「ななめ、かたむく」の意味があるのです。
「魁《かい》」は頭が大きく柄が長い柄杓のことです。大きく、長い柄杓のことから「すぐれたもの」の意味となり、その道を初めて開いた「さきがけ」の意味となりました。
「斗」は北の夜空に斗《ひしゃく》の形に並《なら》ぶ北斗七星のことも意味します。「斡旋《あっせん》」の「斡」の「斗」以外の部分の「倝《かん》」は「旅」や「族」の文字にもある「㫃」（㫃《えん》）と同じように吹《ふ》き流しのある旗竿《はたざお》のことです【→「遊」】。「斗」は北斗七星です。つまり「斡」は北斗七星が北極星の周りを旗竿を持ってめぐるように「めぐる」という意味の文字です。斡旋とは事が進展《しんてん》するように、人と人の間をめぐることです。

古代文字

物を作る時の「材料」のように「たね」の意味にも使うし、食べ物の材料としての「食料」のように「かて」の意味にも使う

【つながる漢字】

料・斗・科・斜・魁・斡

量

音　リョウ
訓　はかる・おしはかる・ますめ

注ぎ口をつけた大きな袋《ふくろ》

穀《こく》物《もつ》などを入れてはかる

「食料」は「食糧《しょくりょう》」とも書きます。「食糧」のほうは「主に主食にする食べ物」に使われますが、両方の言葉の使い分けは、けっこう難《むずか》しいです。

「食料」の「料」は柄《え》のついた柄杓《ひしゃく》「斗《と》」で、「米」などの穀物《こくもつ》の量をはかることです【↓料】。そして「食糧」の「糧」も米などの量をはかることに関係している字なのです。

この項《こう》では「糧」の字の中にもある「量」について紹介《しょうかい》したいと思います。でも、その「量」の説明の前に、ぜひ知ってほしい字があります。それは東西南北のうちの「東」です。まず「東」の古代文字を見てください。

これは袋《ふくろ》の形です。上と下の部分をくくった袋の形をそのまま字にした象形文字です。この「東」が方角の「ひがし」の意味に使われ出したので、袋を意味する「橐《たく》」という字が作られました。でも「東」の字形がもともとは、中に物を入れる袋であることを知っていると、いろいろな文字の関連がわかります。

そこで「量」の古代文字を見てください。これは、上に注ぎ口をつけた大きな袋（東）をかいた象形文字。その下に、袋の「重り」となる「土」を加えた文字です。ですから「量」は「はかる、はかり、ますめ」の意味となったのです。

そして「食糧」の「糧」は「量」の袋で「米」などの穀物をはかることです。そこから一定量の「かて、食糧」の意味となりました。

「重」という字は「東」と「土」とを合わせた形です。この「東」は、やはり穀物などを入れて量る袋のことです。その袋に重りのように「土」を加えた文字が「重」で、そこから「おもい」意味となりました。

「種」の「重」も袋の中に、何か物がある形を示しています。「禾《か》」は穀物のこと。「種」は穀物の新生の「たね」があることを表している字です。

もう一つ、紹介すると「腫《しゅ》」です。この「重」もふくらんだ袋の形です。これに肉体を表す「月」（肉づき）を加えた「腫」は、体にできた「はれもの」の意味です。

古代文字

大きな袋（東）に「重り」のように「土」を加えた「重」と合わせて「重量」という。「推《すい》量《りょう》」のように「おしはかる」意味にも用いる

【つながる漢字】

量・東・槖・糧・重・種・腫・料・斗

練

音　レン
訓　ねる・ねりぎぬ

糸を熱して柔《やわ》らかく加工

袋《ふくろ》の中に物のある形

「東」という字のもともとの形は袋《ふくろ》です。または中に物が入った袋の形です。古代文字を見てみると「袋」の形であることが、よくわかります。

ですから古代文字では「東」をふくむ「量」「糧《りょう》」「重」「種」などは、袋の意味でつながっています。そのことを［量］の項《こう》で紹介《しょうかい》しました。では現在の文字で、この「東」の字形をふくむ他の字も、袋の意味と関係があるのでしょうか。もちろん関係があるのです。

そのことを紹介しましょう。まず「凍《とう》」です。「東」は上下を括《くく》った袋の中に物が詰《つ》めこまれている形です。「冫《にすい》」は水が凍結《とうけつ》する（こおりつく）ことです。「東」の袋の中に物が詰めこまれている形が、物が凍結して一つにかたまる形に似ているので、「凍」に「東」があるのです。「凍」の意味は「こおる」です。

物を「陳列《ちんれつ》」する「陳」にも「東」があります。「阝」（こざとへん）は神様が天と地を昇《のぼ》り降《お》りする階段《かいだん》（または梯子《はしご》）です【→［際］】。

その神が降りてくる階段の前に、物を入れた袋を多く陳列して祭る文字が「陳」です。ですから「陳」の意味は「つらねる」です。「陳述《ちんじゅつ》」など、理由をつらね述べる意味もあります。

さらに「練習」の「練」にも「東」がふくまれています。「練」の旧字「練」の右側は「鍛錬《たんれん》」の「錬」の旧字「鍊」の右側と同じです。この「柬《かん》」は袋の中に物のある形で、袋の中の物を、ねって加工することを表しています。それに「糸」を加えた「練」は、袋の中の糸を熱してねり、柔《やわ》らかくすることを表しています。糸を柔らかく「ねる」ことが、もともとの意味です。「鍛錬」の「錬」は金属を熱して、その中の不純《ふじゅん》物を取り去って、精製することで、これは金属を「ねる」意味です。「金」の字形は鋳込《いこ》んだ金属を表す象形文字です。

キリスト教カトリックで、天国と地獄《じごく》との間にあって、死者が天国に入る前に、その霊《れい》が火によって罪を浄化《じょうか》されると信じられている場所を「煉獄《れんごく》」という言葉で訳《やく》しています。この「煉《れん》」は火を使って物を「ねる」文字です。粘土《ねんど》を長方形に固めて焼いた「煉瓦《れんが》」にもこの「煉」の文字を使っています。

古代文字

物を加工する意味から、技術などを、くり返し習うことを「練習」といい、体・技術などをきたえ磨《みが》くことを「練磨《れんま》」（錬磨とも）という

【つながる漢字】

東・凍・陳・練（練）・錬（鍊）・煉・金

星

音　セイ・ショウ
訓　ほし

さかんな歌声

多くの星の光が明るく輝《かがや》く

天文現象は人びとを興奮《こうふん》させますね。金環《きんかん》日食などがあれば、その観測で大いに盛《も》り上がり、観測用の眼鏡を購入《こうにゅう》して天体ショーを楽しんだりします。太陽系《けい》の惑星《わくせい》・地球の衛星である「月」が太陽の中央部をおおい、太陽の光が環状《かんじょう》に見える現象が金環日食です。

そのように天文の現象は、いつも人の心をわくわくさせます。ここでは空に瞬《またた》く、この「星」の文字について紹介《しょうかい》したいと思います。「星」の元の字は、現在の「日」の部分が「晶《しょう》」の形です。「星」の古代文字を見ると、そのことがわかると思います。「晶」の「日」は太陽のことではなく、星のことです。その「日」を三つ合わせた「晶」は多くの星の光が明るく輝《かがや》くことです。昔の夜空は闇《やみ》が深く、きっと星の光が明るかったのでしょう。

そこから「晶」は「あきらか」の意味を表す文字となりました。また星の光は熱を伴《ともな》わないので、そのような光を持つ結晶体を水晶《すいしょう》といいます。水晶は石英《せきえい》が六角柱状に結晶したものです。

紹介したように、この「晶」に「生」を加えた文字が「星」の元の形です。「生」は文字の音を表す部分で、その意味は上部の「晶」にあります。

「晶」は「日」が三つですが、「日」が二つの「昌《しょう》」もあります。この「昌」の「日」も星のこと。星の光が重なる形で、そこから「あきらか」の意味となりました。

この「昌」をふくむ字に「唱」があります。「昌」は星の光の明るいこと。その星の光の明るいことから、「昌」は「さかん」の意味となり、さかんな歌声を「唱」というようになりました。だから「唱」の意味は「うた、となえる」です。

「昌」に「亻《にんべん》」（人）を加えた「倡《しょう》」は歌い舞《ま》う楽人のこと。意味は神様を歌や舞いで楽しませる「わざおぎ」です。「うたう、となえる」の意味もあり、「あそびめ、遊女」の意味もあります。「娼《しょう》」は「倡」の俗字《ぞくじ》で、元は同じ文字でした。歌い舞う楽人のことで、意味は「うたひめ」です。

「猖獗《しょうけつ》」を極《きわ》めたコロナウイルスの「猖」も「昌」をふくむ文字ですが、この「猖」の意味も「さかんに」猛《たけ》り狂《くる》うことです。「猖獗」は悪い物事がはびこって猛威《もうい》をふるうことです。

古代文字

中国の古い本に織《お》り姫《ひめ》星や北斗《ほくと》七星などのことが出てくるが、星の知識はオリエント（古代のエジプト・メソポタミア）などから伝えられたものが多い

【つながる漢字】

晶・星・昌・唱・倡（娼＝異）・猖

密

音　ミツ
訓　ひそか・やすらか・こまかい

廟《みたまや》での厳重《げんじゅう》な秘密《ひみつ》の儀式《ぎしき》

兵器の刃《は》を着ける部分

「秘密《ひみつ》を守ることが必要です」。そんなことを言われることがありますね。その「秘密」の「秘」と「密」に「必要」の「必」があります。

もちろん、この「秘」「密」「必」に密接《みっせつ》な関係があるのです。

その基本となる「必」は柄《え》のある武器の戈《ほこ》や鉞《まさかり》の刃《は》を着ける部分の形。そこを「柲《ひつ》」（柄のこと）といい、その元の字形が「必」です。「必」を「かならず」の意味で使うのは、文字の音だけを借りて別の意味を表す「仮借《かしゃ》」の用法です。でも「必」が柄のある武器の刃を着ける部分を強調した字であることがわかっていると、理解しやすい漢字があります。

まず「秘密」の「密」です。その「密」の説明の前に「宀」（うかんむり）に「必」を加えた「宓《ふく》」を紹介《しょうかい》しましょう。あまり使う字ではないので、理解するだけでいいですが、「安らか、静か」の意味の字です。

「宀」は先祖の霊《れい》を祭る廟《みたまや》の屋根の形です。その廟に、武器の刃を装着《そうちゃく》する柄の部分である「必」を置き、その力で、祖先の霊の安らかなことを祈《いの》る儀式《ぎしき》が「宓」です。

この「宓」の下にさらに「山」を加えたのが、「密」です。でもこの「山」は「やま」ではなくて、「火」のことです。廟で武器の刃を装着する部分「必」に火を加える秘密の儀式のことです。古い字形の「密」には「戈」の字をふくんだものもあります。その字形をふくめて考えると、「密」は廟に置いた「戈」に火を加えて、祖先の霊の安らかなることを祈る厳重《げんじゅう》な儀式のことでした。意味は「ひそか」です。

「秘密」の「秘」の旧字は「祕」です。「示」は神様への供《そな》え物をのせるテーブルの形です【→［際］】。つまり「秘」（祕）とは「必」を供えて神を祭ることです。これも秘密のうちに行う儀式でした。そこから「ひそか」の意味となりました。

静かで安らかなことを「静謐《せいひつ》」といいます。その「謐」も「必」の関連字です。「言」の部分は祈りや誓《ちか》いの言葉です。大切な「必」を供えて先祖の霊を祈り、誓い、祭ることから「安らか」になる意味があるのです。

古代文字

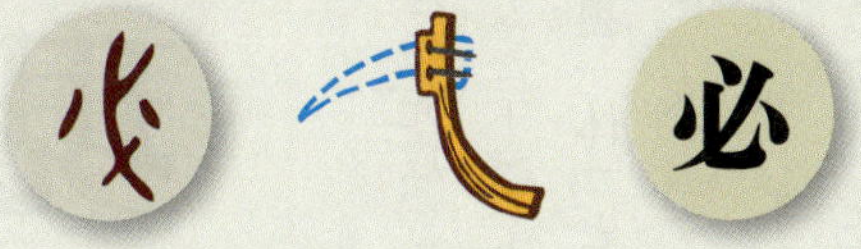

厳重な儀式だったゆえに「秘密」「親密」「厳密」の言葉も生まれた。「密着」「密接」などすきまがないほどくっついている意味もある

【つながる漢字】

必・秘（祕）・示・密・宀・柲・宓・謐

現

音　ゲン・ケン
訓　あらわれる・あらわす

神聖《しんせい》な霊《れい》の現れを見る

毛皮の表と衣類の裏《うら》

野球の先攻《せんこう》、後攻。日本では「表」と「裏《うら》」といいますね。米国では「トップ（上）」と「ボトム（下）」といいます。「表」「裏」はもちろん翻訳《ほんやく》の言葉です。「表裏《ひょうり》一体」という言葉もよく使う日本人は「表」と「裏」をペアで用いますが、これらの漢字に「衣」がふくまれているのがわかりますか?

まず「表」について紹介《しょうかい》しましょう。この「表」は「衣」と「毛」を合わせた字です。つまり毛皮で作った衣「裘《かわごろも》」のことです。裘では毛のあるほうが「おもて」ですから、「表」が「おもて」の意味となり、そこから「あらわす、あらわれる」の意味となっていきました。

「あらわれる」の意味では「現《げん》」という字もありますね。「現」は比較《ひかく》的新しい文字なので、古代文字がありません。その「王」の部分は美しい宝石《ほうせき》である「玉《ぎょく》」のことで、この「玉」で神聖《しんせい》な霊《れい》を招くと、その霊が現れて、それを「見ている」という字です。

「あらわれる」は「顕れる」とも書きます。その「顕《けん》」の旧字「顯」を見てください。「顯」の左上の「日」は、これも霊力のある「玉」のことです。

「顯」の「日」の下部の字形は「玉」につけた糸飾《いとかざ》りです。糸飾りのついた「玉」をより所として、神様の霊が降《お》りてくるのです。「頁《けつ》」は頭に儀式《ぎしき》用の帽子《ぼうし》をつけて拝《おが》んでいる人を横から見た姿《すがた》です。つまり「顕（顯）」は「玉」を拝んで神の出現を祈《いの》っている人の姿です。

その祈りに対して神が「玉」に乗り移って、霊界から現世に顕れるのです。それゆえに「顕」が「あらわれる」となりました。「現」と「顕」（顯）は字形は異《こと》なりますが、文字の成り立ちの考え方はよく似ていますね。

最後に「裏」も説明しなくてはなりません。これは「衣」と「里」を合わせた字で、「衣」の「うら」のこと。音の「里《り》」は「さと、むら」の意味の字です。白川静さんは詳《くわ》しく説明していませんが、衣類の「表」と「裏」の関係を考えると、「裏」には中央都市から離《はな》れた「さと、むら」の感じもありますね。また「里」は「田」の神を祭る「土」（社《やしろ》）で、神聖で大切なところ。衣の内側も「大切なところ」だから「裏」となったとも考えられます。

夢《ゆめ》の反対語が現《うつつ》、つまり「うつつ」とは霊が現実に姿を現すこと。「現」は「顕」の代わりに作られた字ではないかと白川静さんは考えていた

【つながる漢字】

表・裘・現・顕（顯）・頁・裏（裡＝異）・里

仮

音　カ・ケ
訓　かり・かる・かす

仮に顔かたちを借りる

玉の原石を採り出す

「仮《かり》に休暇《きゅうか》が取れたら、どこへ行きたいですか？」。こんな話はよくありますね。この「仮《か》」と「休暇」の「暇」は関係が深い文字です。両方の字の関係は、今の「仮」の字形ではわかりませんが、その旧字「假」を見ればよくわかります。

この「仮」の旧字「假」と「休暇」の「暇」に共通する「叚《か》」にまつわる漢字を幾《いく》つか紹介《しょうかい》しましょう。

その「叚」は宝石《ほうせき》である玉《ぎょく》の原石を採り出す形の文字です。右下「又《また》」は手のことですし【→「友」】、右上の「コ」の部分も古代文字では「爪《つめ》」の字形でかかれたものがあって、それも「手」を意味しています【→「採」】。つまり、玉を採石しているようすが「叚」です。

原石を磨《みが》けば真の玉となります。「叚」は真の玉となる前の「仮《かり》」(假)の原石で、それゆえに意味は「かり」なのです。まだ磨いていない原石なので、「叚」をふくむ文字には「未知数のもの、大きいもの、遠いもの」の意味があります。

その「叚」に「亻《にんべん》」(人)を加えた「仮」(假)は、玉の原石をみがいて人面に仕上げることで、仮面のことです。かりにその顔かたちを借りるもののことなので、意味は「かり」です。

「叚」の「大きなもの」の意味を時間的なことに適用した文字が「暇」です。「叚」に「日」を加えた「暇」は時間がたくさんあること、つまり「ひま」の意味です。

また「叚」には、ちょっとした赤、薄《うす》い赤色の意味があります。傷《きず》のことを「瑕瑾《かきん》」といいます。「瑾」は美しい玉のこと。「瑕」のほうは玉の小さな傷のことです。それはちょっと赤い傷のことのようでした。

「霞《か》」は細かな水滴《すいてき》が空中に浮遊《ふゆう》して、「遠くがはっきり見えない」現象である「かすみ」のことですが、朝夕に細かな水滴が日光を受けて、「空が赤く見える」朝焼け、夕焼けの意味もあります。

もう一つ、赤い「叚」の字を紹介すれば「蝦《えび》」がそうです。えびは「海老」とも書きますが、「蝦《か》」のほうも「叚」に赤い意味があることを覚えていれば、この字を忘《わす》れないでしょう。

古代文字

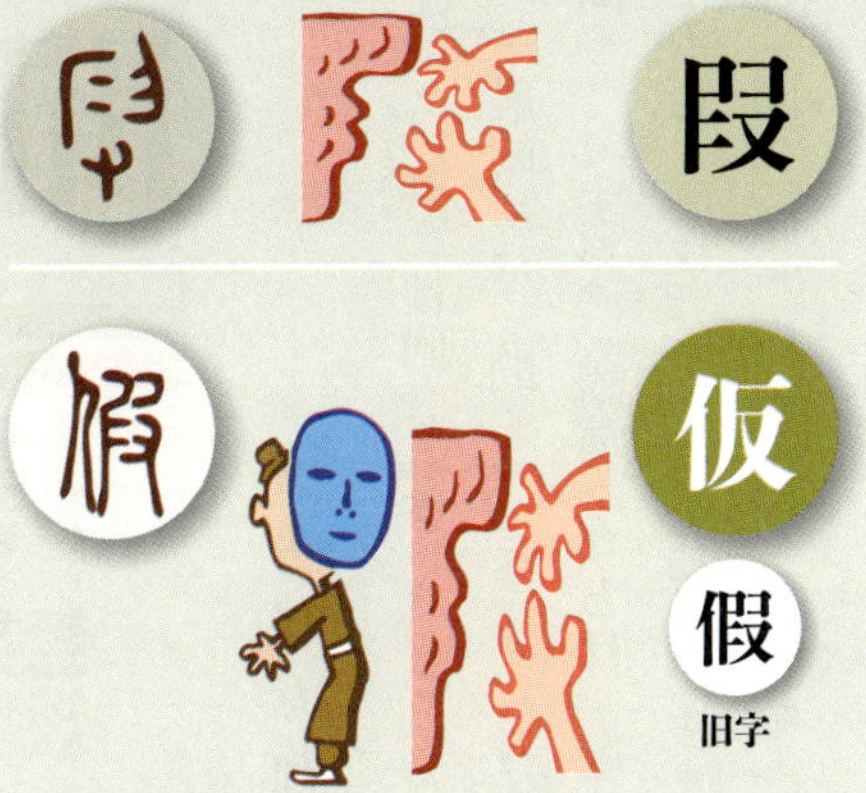

古代中国では仮面は神様に関係する行事に使われた。仮面をつけて実物であるものに代わり、神の力を借りることに用いられた

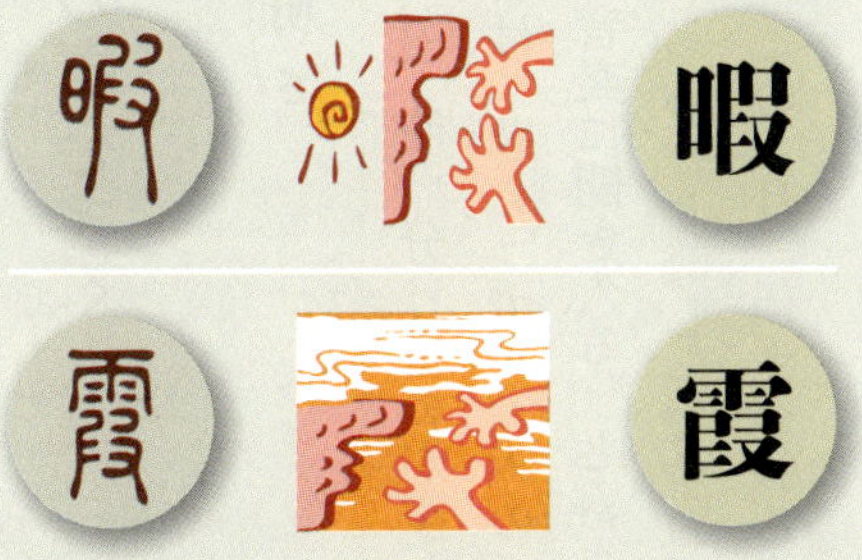

【つながる漢字】

叚・仮（假）・暇・瑕・霞・蝦

聞

音　ブン・モン
訓　きく・きこえる・ほまれ

神様の声をきく人

お告げを理解できる聡明《そうめい》さ

「聞」と「聴《ちょう》」は同じ「きく」という意味の漢字ですが、使い分けるのが少し難《むずか》しいですよね。一般的《いっぱん》には「聞く」と書き、身を入れてきく場合は「聴《き》く」です。人の話を聞く場合は「聞く」ですが、「講演」などは「聴く」です。でも「音楽に聞き入る」と書き、「音楽を聴く」とも書きます。きく側の態度で決まったりもします。やっぱり難しいですね。

その「聞」「聴」の両方に「耳」がふくまれています。この「耳」にまつわる文字の紹介《しょうかい》です。

この「聞」の古代文字を見てください。これは「つま先で立つ人を横から見た形」の上に「大きな耳」をかいた形です。それは神の声を聞いている人の姿《すがた》です。

中国の戦国時代（紀元前五〜前三世紀）になって、音を表す「門」が加えられて「聞」の字形になっていったようです。

「聴」の旧字「聽」の左側は「耳」と、「呈《てい》」という字の下部を合わせた形です。「呈」の下の字形は、「壬《てい》」という字の下の横線のほうが長い「壬」という字形で、これが「つま先で立つ人を横から見た形」です【→「望」】。それらに「徳《とく》」の旧字「德」の右側の「悳」を合わせた文字が「聽」です。つまり「聴」は神のお告げを理解できる聡明《そうめい》な人の「徳」のことを表した文字で、そこから「きく」意味になりました。

「聴」に関連した文字を一つ紹介すると「庁《ちょう》」という字がそうです。現在の字形ではつながりがわかりませんが、「庁」の旧字は「廳」です。これは「广《げん》」（まだれ）に「聴」の旧字「聽」を加えた形。「广」は家屋・建物のことです。「庁（廳）」は、事情を聴き、訴《うった》えを裁《さば》く「役所」のことです。

「耳」に関係した文字で、もう一つ紹介しておきたいのが「聖《せい》」です。

この「聖」の「耳」の右にあるのは、神様への祈《いの》りの言葉である祝詞《のりと》を入れる器「口」（サイ）です。下は「つま先で立つ人を横から見た形」の「壬」の文字です。つまり神に祈り、耳を澄《す》ませて、神のお告げを聞くことができる人が「聖」です。神に仕える聖職者《せいしょくしゃ》のことです。

古代文字

「聞」「聴」「聖」の字形は、神の声、神様のお告げをきくという意味でつながった一連の文字である

【つながる漢字】

聞・聴（聽）・呈（呈）・壬・徳（德）・庁（廳）・聖（聖）

【植】

音　ショク
訓　うえる・うわる・たてる

真っすぐ立てて植える

ひそかに調べ不正をただす

人間の目は横位置に並《なら》んでいるのに、「目」の字は縦長《たてなが》ですね。でも古い時代の字では横長でした。ですから「徳《とく》」「環《かん》」などにある横長の「罒」も「目」の意味です【→「目」】。「目」には呪《まじな》いの力があると考えられていて、眉《まゆ》に飾《かざ》りをつけ、さらに呪いの力を強めました。その眉飾りをつけた「目」の字が「省」です。

「少」の部分が眉飾りで、これをつけた目で各地を見回り、ものの本質（本当の姿《すがた》）を見て、取り締《し》まるのが「省」です。本質を直視《ちょくし》（真っすぐ見ること）できる人は自分の行いも反省するので、「省」が「みる、かえりみる」の意味となりました。そんな人は「心」もすぐれていて「徳」の字ができたのです。「徳」の異体字に「悳」という字形もあります。

「直」は「十」「目」「乚《いん》」を合わせた形です。「十」は「少」の省略形。つまり「十」と「目」で「省」です。「乚」は塀《へい》の形で、「直」はひそかに調べて不正をただすこと。「ただす」ので「真っすぐ」の意味となったのです。「省」の項《こう》などでも「省」「徳」「直」の関係を説明してきましたが、さらに「直」をふくむ字について紹介《しょうかい》したいと思います。

まず「植」です。木を植える時に、真っすぐ立てるのが「植」です。元は「木」を植えることでしたが、後に草木のたぐいを「植物」というようになりました。

「定置網《あみ》」の「置」にも「直」があります。その上の「罒」の部分は「目」ではありません。

古代文字では「网《あみ》」という形で、網のことです。つまり、かすみ網などを立てかけておくことを「置」というのです。

「増殖《ぞうしょく》」の「殖」の「歹《がつ》」は死んだ動物の骨《ほね》のことです。動物性のものは草木の肥料として効果があります。ものを増殖させるので「ふえる、しげる」となりました。草木を真っすぐ「植《う》える」こととその草木が「殖《ふ》える」ことを考えると、その関係性を覚えられます。

「価値《かち》」の「値」にも「直」がありますね。「直」に「亻《にんべん》」（人）を加えた「値」に「会う」という意味があります。「直」はものの本質を直視すること。本質を見て、人に出会うことです。その人は自分に匹敵《ひってき》する対等な人。ものの本質・価値に「あたい」する人なのです。

古代文字

人の臓器《ぞうき》などを移す「移植」や印刷物のまちがいの「誤植《ごしょく》」など、植物を植える以外の意味にも広く使われている

【つながる漢字】

目・環（環）・徳（德）（悳＝異）・省・直・植・置・殖・歹・値

【芸】

音 ゲイ
訓 うえる

成長の勢いを得る

苗木《なえぎ》を両手で土に植える

日本人は草木を愛する民族で、園芸は大好きです。熱心な園芸愛好家たちのための店が各地にありますし、「園芸」や「農芸」の名がついた学校も全国にたくさんあります。草木が勢いよく成長していく姿《すがた》には、誰《だれ》でも力を与《あた》えられますね。

さて「園芸」の「芸」、「熱心」の「熱」、さらに「勢い」の「勢」は非常に関係の深い漢字です。そういう目で「熱」と「勢」を見てみれば、字の上部が同じ形ですね。「芸」もその旧字「藝」を見れば、その関係性がわかると思います。

まず、それら「藝」「熱」「勢」に共通する「埶《げい》」の文字から紹介《しょうかい》しましょう。「埶」の古い字形は左側の「坴《りく》」の部分が「木」の下に「土」を書いた字形でした。そして右側の「丸」の部分は「丮《けき》」という字形でした。「丮」は両手に物を持つ形です。つまり「埶」は苗木《なえぎ》を両手で土に植える意味の文字です。

そのことは「藝」（芸）の古代文字を見ると、非常によくわかります。古代文字は苗木を土に手で植えることを、そのまま字形にしています。

「埶」だけで、その意味を表す字でしたが、草木に関することであるので、「くさかんむり」がつき、後に「云《うん》」の字形が加えられたようです。

「勢」の「力」は農具の鋤《すき》の形です【→「力」】。「埶」は両手で苗木を土に植え込《こ》む形ですから、「勢」は鋤で耕して植樹《しょくじゅ》することを表している文字です。深く耕して植え込むことで、木が成長の勢いを得ることを「勢」といい、「いきおい、ちから」などの意味となりました。

「熱」は「埶」に「灬《れんが》」を加えた文字です。「灬」は「火」のことです。木を植えるのに、なぜ「火」を加えたのでしょうか。

苗木を植えて、育てるには、温熱（あたたかいこと）の時がよいということから、「火」も加えたのだろうと、白川静さんは考えていました。「熱心・熱中」（一つの物事に精神を集中すること）「熱烈《ねつれつ》」（感情がたかぶって激《はげ》しいこと）のように、人の心的な状態にも用います。

古代文字

「埶」は「執《しつ》」とまちがいやすい。「執」の「丸」は「丮」。「幸」は両手にはめる刑具の手かせの形。「執」は罪人をとらえる意味の文字

【つながる漢字】

埶・芸（藝）・勢・熱・丮・力

「市」

音　シ
訓　いち・かう・まち

市《いち》の立つ場所を示す標識

細く長い形のもの

「市区町村」の「市」という文字を白川静さんは象形文字の一つに数えています。どんなものの形か、わかりますか？　これは市《いち》の立つ場所を示すために立てた標識のことです。市が開かれる所には多くの人々が集まるので、高い標識を立て、監督者《かんとく》も派遣《はけん》したそうです。古い字形では上部に「止」（足の形）を加えた形もありますが、その部分は現在の「市」の字には残っていないので、象形文字に分類されたようです。

「市」の古代文字は「朿《し》」という字と同じような成り立ちの文字です。「朿」は標識の木のことです。この木は軍門にも立てられましたし、交易を行う市場の門にも立てられました。「朿」は「しるしの木」の意味の他に「とげ」の意味もあります。地面に刺《さ》せるような木ですから、「朿」をふくむ文字は「先が鋭《するど》く尖《とが》った木」の意味があります。

「朿」に「刂《りっとう》」（刀）を加えた「刺《し》」は「刺《さ》す」意味の字です。「刺殺」など実際に刺す意味にも使われますが、「風刺」など、それとなく「そしる」意味にも使います。

「朿」を二つ合わせた「棘《きょく》」は「とげのあるいばらの木」のことです。科挙は中国で行われていた役人の登用試験のこと。隋《ずい》の時代に始まり、清朝末期まで続いていました。その試験場を「棘囲《きょくい》」というそうです。不正をなくすため、人が出入しないように試験場の周囲をいばらで（すなわち戟《ほこ》で）囲んだことから生まれた言葉です。今の日本ならスマートフォンの電波が届《とど》かないようにするようなことですかね……。

みなが知っていて、一番使う「朿」をふくむ漢字は「策《さく》」でしょう。「朿」は先の尖った長い木のこと。「朿」に「竹」を加えた「策」のもともとの意味は馬を打つ「むち」のことです。「政策《せいさく》」などの「はかりごと」の意味は、文字を記す札《ふだ》である「簡策《かんさく》」からできたものです。「簡策」は元は「簡冊《かんさく》」と書きました。昔、字を書くのに用いた木や竹の札のことで、現代でも短歌や俳句《はいく》を記す縦長《たてなが》の用紙に「短冊《たんざく》」があります。その「冊」と「策」の音が似ていることから「策」が文書、命令の書の意味になりました。その意味での「策」は字を書き記すものなので、策略《さくりゃく》など「はかりごと」の意味となっていったのです。

古代文字

市は城外の近くの広場などで開かれたが、後に都の内の一定な場所で開かれるようになった。市の立つ「まち、都市」の意味にも用いられる

【つながる漢字】

市・朿・刺・棘・策

【責】

音 セキ・サイ
訓 せめる・もとめる・つとめ

納税物《のうぜい》に目印の木を立てる

農作物や織物などを納《おさ》める

増え続ける国債《こくさい》の処理《しょり》に日本の政治は追われています。昔から累積《るいせき》した問題なので、現在の政府だけの責任《せきにん》ではありませんが、ほとんどの政権《せいけん》が実績を残せないまま退場《たいじょう》していくという状態が続いています。

でもここは政治ではなく、漢字の話です。「国債」の「債」、「累積」の「積」、「実績」の「績」に「責任」の「責」がふくまれていますね。

これらに共通する「責」は「朿《せき》」の下に「貝」をかいた形が元の字でした。下の「貝」は貨《か》幣《へい》の代わりにもなった貴重《きちょう》な子安貝《こやすがい》で、財物の意味です【→「実」】。上の「朿」は「し」とも読みますが、先の鋭《するど》く尖《とが》った木のことです【→「市」】。軍門や市場の門の目印の木に使いましたが、何かを突《つ》き刺《さ》す木としても用いられました。

税として納《おさ》める財物の上に、その「朿」を立てて印の木とすることを「責」といいました。

「責」は税の意味から、税を「もとめる、とりたてる」などの意味となり、責務としての「つとめ」の意味にもなっていきました。

「積」の「禾《か》」は稲《いね》などの穀類《こくるい》のこと。つまり税として納める農作物を「積」といいました。多くの「積」を集め、積み上げて納税《のうぜい》するので、「つむ、つみあげる」などの意味となったのです。

「績」は税として納める織物のことです。その「績」が規格通りによく納入されることを「成績」といいました。「績」は「糸をつむぐ」意味、また「手柄《てがら》」の意味にも用います。

「債」は、元は人の納税義務のことをいう字でした。後に人と人との貸借関係で、支払《しはら》い義務のある負債、「かり」の意味となりました。

このように「責」は支配地から税を徴収《ちょうしゅう》することですが、その支配の及《およ》ぶ所を「蹟《せき》」といい、今は支配の跡地《あとち》などの意味に「蹟」を使います。神聖《しんせい》な遺跡《いせき》を「聖蹟」といいます。

また「積」「績」のように「責」には細かく小さいものを連ね重ねる意味があります。「簀《す》の子」の「簀《さく》」はその意味を受ける字です。

古代文字

「責任」とは責《せ》めを負ってしなければならない任務のことだが、もともとの意味は納税の義務をいう言葉だった

【つながる漢字】

責（賫＝異）・朿・貝・禾・積・績・債・蹟・簀

【果】

音　カ・カン
訓　はたす・はてる・はて・このみ

木の上に果実のある様子

丸くつやのあるもの

「オリンピックは勝利することより、むしろ参加することに意義《いぎ》がある」との言葉は有名です。これは第四回ロンドン五輪（一九〇八年）の際、陸上競技で米国と英国の対立が起こった時に発せられた言葉を、当時のＩＯＣ会長クーベルタンが紹介《しょうかい》して広まりました。クーベルタンは、結果ではなく、過程が大切だと言っているのですが、でも実際にメダルがかかるような場に立つとたいへんです。二〇一二年の第三十回ロンドン五輪での日本の男子柔道《じゅうどう》の選手たちも重圧に苦しみました。

しかし柔道で唯一《ゆいいつ》の金メダルをとった松本薫《かおり》選手が試合直後に「パフェを食べたい」と話していたのは面白かったです。「お菓子《かし》やアイスクリームを食べ過ぎて骨折《こっせつ》していた」ので甘《あま》いものをひかえるのがつらかったようです。松本選手の闘志《とうし》あふれる鋭《するど》い目つきとの落差がまた楽しかったですね。

いやいや、オリンピックの話ではなく、漢字の話です。「結果」の「果」と「お菓子」の「菓」の文字の関係をここでは紹介したいと思います。

枝のある木の姿《すがた》をかいた象形文字が「木」ですが、「果」も、その「木」の上に果実がある様子をそのままかいた象形文字です。「田」の部分は古代文字を見ると、田んぼの区画ではなく、果実の形です。「果物《くだもの》」が第一番目の意味ですが、花から実が結実するので「はたす、結果」の意味となったのです。丸くつやのあるもの、外皮のないもの、内に生命力をふくむものの意味も「果」にあります。

「菓」のもともとの文字が、この「果」でした。「くさかんむり」の文字なので、字形からすると「草の実」のことですが、菓子の意味に用います。昔の菓子は木に成る果物を砂糖《さとう》漬《づ》けなどにして、加工したものでした。

小さな粒状《つぶじょう》のものを「顆粒《かりゅう》」といいます。「果」には丸いものの意味があって、「顆」は「つぶ」の意味です。ものの多いことを「夥多《かた》」といいます。「果」にはつぶらなものの意味があり、それが密集《みっしゅう》している状態が「夥」で、「多い、夥《おびただ》しい」という意味です。

古代文字

花が果実となり、成長を果たすことから、最終の状態を決断する意味にも使う。思い切りよく決断することを「果断」という

【つながる漢字】

果・菓（菓）・顆・夥・木

課

音　カ
訓　こころみる・わりあてる

部分を責任持ち引き受ける

密《みっ》集《しゅう》し区分がある状態

「果樹《かじゅ》」「果実」の言葉もあるように「果」は「果物《くだもの》」のことです。この「果」をふくむ字には「ある部分にものが密集《みっしゅう》し、しかも区分がある状態を示す」ものが多いです。

白川静さんの『常用字解《じょうようじかい》』によりますと「果物にはみかんのようにそのような形をもつものが多いから」だそうです。たしかに「みかん」は密集し、区分されていますね。

こんな理由から、「課」という字には一つ一つの項目《こうもく》に分かれているものの意味、その一つ一つの部分を責任持って引き受ける意味、さらにその部分に責任を持たせる意味があります。

「課税《かぜい》」は税を割《わ》り当て、取り立てること、割り当てられた税のこと。「日課」は一日ごとに割り当ててする仕事です。「課長」は割り当てられた仕事グループの長のことです。

「果」は果実ですので、花から実となって外皮のない状態の意味があります。人の「はだか」のことを「倮《ら》」といい、衣を脱《ぬ》いだ「はだか」を「裸《ら》」といいます。

「裸」の元の字形として「臝《ら》」という字もイラスト欄《らん》に挙げておきました。「臝」はヤドカリが殻《から》を離《はな》れた姿《すがた》のことだそうです。この字も「はだか」の意味です。

「果」をふくむ文字で、人の体についての漢字をもう一つ紹介《しょうかい》すると、「踝《か》」がそうです。「果」には木の実のようにつぶらなものの意味があって、「踝」は足のつぶらな部分、つまり「くるぶし」の意味です。

最後に紹介したいのが「窠《か》」という文字です。これは「巣《そう》」とペアとなる文字です。「巣《す》」は木の上の鳥の巣に雛《ひな》が見える形です。「巣」の上部の三つの点や、「巣」の旧字「巢」の上部の「巛」は、巣中の雛の首が三つ並《なら》んで見える形です。「果」はこの場合、果実ではなく、木の上の巣のことで、全体が象形文字です。そこから「す、すくう」の意味となりました。古い時代には、人も木の上に住むことがあり、これを「巣居《そうきょ》」といいました。

木の上の「巣」に対して、穴《あな》の中にある巣のことを「窠」といいます。「穴」と「果」を合わせた字ですが、この「果」はつぶらなものの意味です。丸い「穴」の巣のことで、意味は「すあな」です。

古代文字

「課」と「科」は通じて使われることがある。官庁《かんちょう》や会社では「課」を用いるが、病院では「科」を使用している

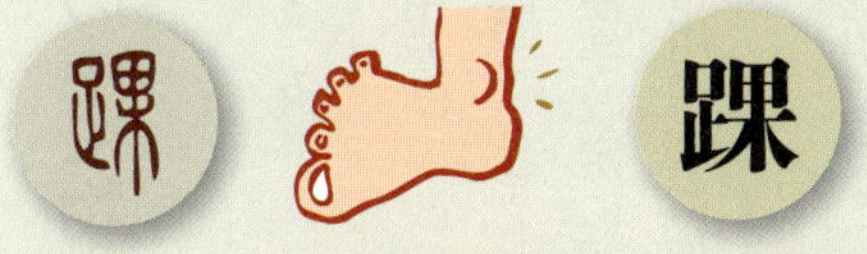

【つながる漢字】

果・課・倮・裸（臝＝異）・踝・巣（巢）・窠

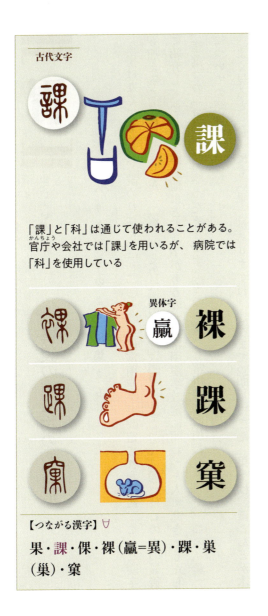

胃

音　イ
訓　い・いぶくろ

胃袋《いぶくろ》の中に物のある形

ハリネズミのように集まる

「書けなくてもいい、読めればいい」。二〇一〇年に常用漢字が改定された際に、こんな漢字も加えることになりました。「鬱《うつ》」がその代表のように論議《ろんぎ》されました。「鬱」はこの本の最後に紹介《しょうかい》してありますが、他にどんな字があるのか、常用漢字改定に関わった人に聞きましたら、「語彙《ごい》」の「彙」もその一つだそうです。その「彙」も常用漢字に加わりました。この「彙」についての紹介です。

よく見ると「彙」にも「果」がありますね。これまで説明してきた「果」は、ほとんどが木の上に果実がある形のことでした。でも前項《ぜんこう》「課」で説明した「巣《す》」の字の全体が木の上の鳥の巣の象形文字であるのと同様に、この「彙」の「果」をふくめて「彙」の全体が、ハリネズミの姿《すがた》をかいた象形文字なのだそうです。ハリネズミは外敵《がいてき》に対する時、毛を立てて球形となり、蝟集《いしゅう》（多く寄り集まる）します。イラスト欄《らん》に挙げておきましたが、「彙」の異体字《いたいじ》が「蝟」という文字です。

でも「蝟集」の「蝟」のほうは、人の臓器《ぞうき》の「胃《い》」と関係のある文字です。「胃」は「田」と「月」を合わせた形。「田」は胃袋《いぶくろ》のことで、古い文字では「田」の中に物がある形にかかれています。「田」の中の点々がそうです。それに人体の五臓《ごぞう》を示す「月」（肉づき）を加えて、「胃」の文字ができました。

「胃」の中にたくさん物が「集まる」ので「蝟集」という言葉も生まれたのです。「蝟」にもハリネズミの意味や「集まる」という意味があります。

同じハリネズミと「集まる」ということを意味する字ですが、「彙」が先にでき、「蝟」のほうは後にできた字のようです。今は「語彙」には「彙」のほうを、「蝟集」には「蝟」のほうを使います。

もう一つ「胃」の関係文字を紹介すると「謂《い》」があります。「いう」という意味に使われることが多いですが、元は「名付ける」意味の文字でした。名付けるということから、「思う」との意味もあります。つまり思いが「集まる」行為《こうい》が名付けるということなのでしょう。

古代文字

「彙」（蝟）「胃」「謂」は音が同じで、意味も近くて、密集《みっしゅう》する意味が共通してあると白川静さんの字書『字通《じつう》』にある

【つながる漢字】

彙（蝟＝異）・胃・蝟（彙＝異）・謂

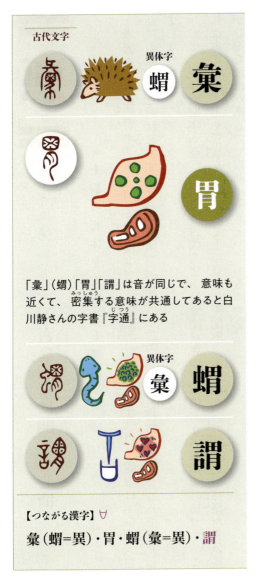

【悪】

音　アク・オ
訓　わるい・にくむ

不吉《ふきつ》な凶事《きょうじ》に関する心情

王族の死体を安置する部屋

米国の大統領府《だいとうりょうふ》ホワイトハウスを漢字で「白堊館《はくあかん》」と書きます。白い建物は「白堊（白《はく》亜《あ》）の殿堂《でんどう》」と呼《よ》ばれます。その「白堊」「白亜」の「堊」「亜」とは何なのか。これを紹介《しょうかい》しましょう。

まず「亜」の旧字「亞」と、その古代文字を見てください。四隅《よすみ》がない四角形の形です。これは古代中国の王や貴族《きぞく》を埋葬《まいそう》した地下の墓室の平面形。四隅がないのはそこに邪悪《じゃあく》な悪い霊《れい》がひそむ恐《おそ》れがあるので事前にくりとってあるのです。

古代中国では「亜」という職についている人がいて、それは神に仕える人でした。その職は族長に次ぐ二番目の人でした。そこから「亜」は「つぐ、第二」の意味に使われるようになりました。

「白堊館」「白堊の殿堂」の「堊」は「亞」と「土」を合わせて白い土のことです。古代中国では王や貴族の墓の棺《ひつぎ》を納《おさ》める部屋の天井や壁《かべ》を白土で塗《ぬ》ったことからできた字です。白堊の殿堂という名前はかっこいいですが、実は人の遺体《いたい》が入った棺を安置する部屋の白さのことでした。何か不吉《ふきつ》な感じもありますね。

そんな意味を受けついでいる文字が「悪」です。その「悪」の旧字「惡」は「亞」「心」を合わせた文字です。「亞」は王族の死体を安置する部屋の象形文字ゆえに凶事《きょうじ》の意味があり、この心情を「悪」（惡）といいます。

これに関連して覚えてほしい文字があります。それは「醜悪《しゅうあく》」の「醜」です。イラスト欄《らん》にあるのは古代の文字ではなく、「醜」の行為《こうい》を表す古代の「マーク」です。現在の「醜」の右側の「鬼《おに》」の部分は「鬼」ではなく、三筋《すじ》に束ねた髪《かみ》を大きく強調している人の形をしています。左側は神を祭る酒で、それを酌《く》んでいる姿《すがた》です。何かに祟《たた》りがあると考えられた時に「醜」の儀式《ぎしき》が行われたようです。普通《ふつう》の時の姿とたいへん異《こと》なるものなので「みにくい」意味となったようです。これが「亞」の形のものに囲まれていますので、それはお墓の中での儀式であったと思われます。

古代文字

亜（亞）は死者の住む所。生者には忌《い》み謹《つつし》む所なので、その思いを「悪」といい、「にくむ」意味となる。後に善悪《ぜんあく》の「わるい」意味となった

【つながる漢字】

亜（亞）・堊・悪（惡）・醜

#【実】

音　ジツ
訓　み・みのる・みちる・まこと

貫《つらぬ》いた貨《か》幣《へい》を廟《みたまや》に供《そな》える

貴《き》重《ちょう》な子《こ》安《やす》貝《がい》を連ねて

漢字では「貝」をふくむ文字がたくさんあります。この「貝」は南方の海でとれる子安貝《こやすがい》です。内陸部で生活する古代中国の殷《いん》、周王朝の人たちにとっては子安貝はたいへんな貴重《きちょう》品でした。金属製の貨幣《かへい》が普及《ふきゅう》するまでは、貨幣の代わりに使われましたので、経済《けいざい》、財産関係の文字の中にたくさん「貝」の字形が残っています。

その子安貝にひもを通してつづり、二連を一組とした形が「朋《ほう》」です。貝を数える時には「貝五朋」とか「貝十朋」とか数えました。「朋」は二連を一組とするので、一対をなすものです。友達のことを「朋友」といい、「朋」に「とも、仲間」の意味がありますが、この二連一組の形から意味が生まれています。

二連ではなく、この「貝」を一連に貫《つらぬ》くことを「貫《かん》」といいます。上部の「毌《かん》」は貝をとじて連ねた形です。

貝の貨幣を一連として連ねるので「つらぬく」意味になりました。ものを貫く意味から、時間的につながる意味などにもなりました。「貫行《かんこう》」は、「やり続ける、やりとげる」意味です。

その「貫」に「忄」（りっしんべん＝心）を加えたのが「慣《かん》」です。「貫」の時間的に「つながる、続く、久しい」という意味に、心情を表す「忄」を加えて「なれる、ならす」の意味になりました。「慣行」「慣習」「慣例」などの言葉には、みな時間的に連なる意味がふくまれています。例に挙げた「慣」の古代文字は異体字《いたいじ》「摜」の字形です。

もう一つ、現在の字形では「貫」との関係がわからなくなってしまった文字を紹介《しょうかい》しましょう。

それは「実」です。「実」の旧字「實」は「宀」（うかんむり）と「貫」を合わせた文字です。

「宀」は先祖の霊《れい》を祭る廟《みたまや》の屋根の形です。「貫」は貝の貨幣を貫いてつづり合わせたものです。貫いた貨幣を廟に供《そな》えるのが「実」（實）です。つまり豊かな供え物のことで、そこから「みちる」意味になりました。中身が充実《じゅうじつ》した状態のものの意味となり、「みのる、み」の意味に用いるようになったのです。

古代文字

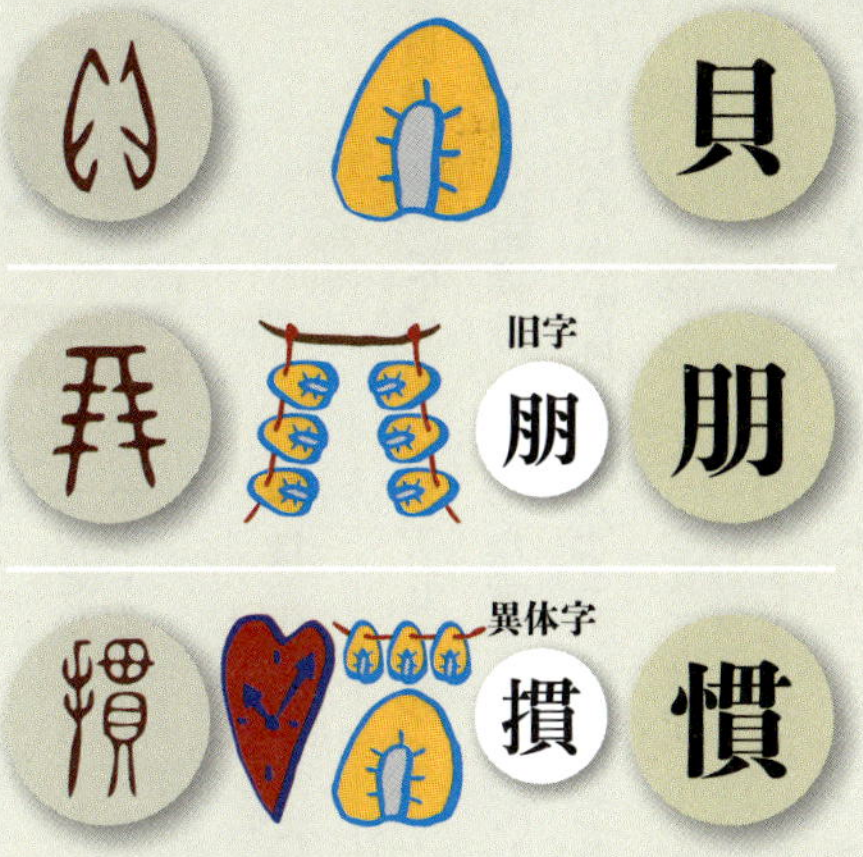

「実」は中身が充実してみちている状態のこと。誠意《せいい》（まごころのこと）が心にみちている状態のことを「誠実」という

【つながる漢字】

貝・朋（朋）・貫・慣（摜=異）・宀・実（實）

貴

音　キ
訓　たっとい・とうとい・たっとぶ・とうとぶ・たかい

両手で持つ貴重《きちょう》な子安貝《こやすがい》

通貨代わりに使う

子安貝《こやすがい》は非常に貴重《きちょう》な貝でしたので、古代中国では貨幣《かへい》の代わりにも使われました。その「貨幣」という言葉は、どんな文字なのでしょうか。そのことを最初に紹介《しょうかい》したいと思います。

この子安貝の後には青銅などが銭《ぜに》として使われました。「幣」（幣）の「敝《へい》」の左側の字形は儀式用《ぎしきよう》の膝《ひざ》かけの形。「攵《ぼく》」（攴）は何かを打つ形なので儀式用の膝かけを打つ形の文字です。大切な儀式用の膝かけを打つことは呪《まじな》い的な行為《こうい》でした。何度も打つので、大切な膝かけが「破れる」という文字です。それに「巾《きん》」（きれ）を加えた「幣」は大切な絹《きぬ》の布のことで、神に捧《ささ》げられました。後に貨幣の意味となり、金属性の通貨が普及《ふきゅう》した後も「幣」といいました。刀の形の青銅銭《せん》を「刀銭」「刀貨」といいますが、「刀幣《とうへい》」ともいいます。

「貨幣」の「貨」の「化」の部分は二人の死者が横たわっている形【↓「県」】。生から死へと変化することを表す字が「化」です。「貝」はお金の意味。「化」の「変化する」ことから「交換《こうかん》できる」という意味が生まれ、「貨」が「ぜに、たから」の意味となったのです。

子安貝は産婦の安産のお守りの貝で、生産への呪力《じゅりょく》があるとされた「貴重」な貝でしたが、その「貴」にも「貝」の字がふくまれていますね。「貝」の上にある字形は「興《こう》」や「學《がく》」（学の旧字）の上部にある「臼《きょく》」です。この「臼」は両手で何かを捧げ持つ形で、「貴」は子安貝を両手で持つ形です。今の字より古代文字のほうがわかりやすいです。それは貴重なものを扱《あつか》う行為《こうい》なので「とうとい」の意味となりました。

「貿易《ぼうえき》」の「貿」にも「貝」がありますね。「貿」の上部は「卯《ぼう》」という字形で、これは神様へのお祭りの際に、供《そな》えられる生け贄《にえ》の肉を二つに裂《さ》く形の文字です。二つに分けるところから「交換する、かえる」の意味が生まれました。

「貿」の下の「貝」は貨幣として使われた子安貝のことですから、この「貿」は貨幣を使って売り買いして「あきない」する意味に使う文字です。

「財産」の「財」にも「貝」があります。「才」には「材質」の意味があって、それと「貝」を合わせて「財宝《ざいほう》」（たからもの）の意味となったのです。

古代文字

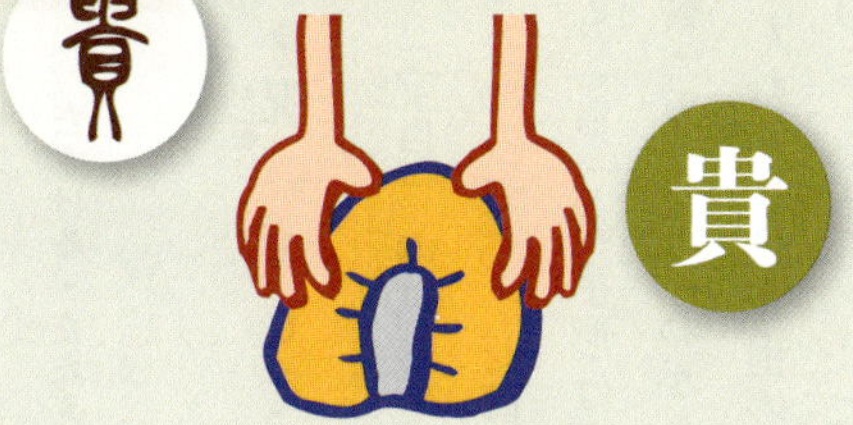

人の身分などが「たかい」意味に使われるようになり、「貴種」は高い家柄《いえがら》の生まれのこと。「貴人」とは身分の高い人のこと

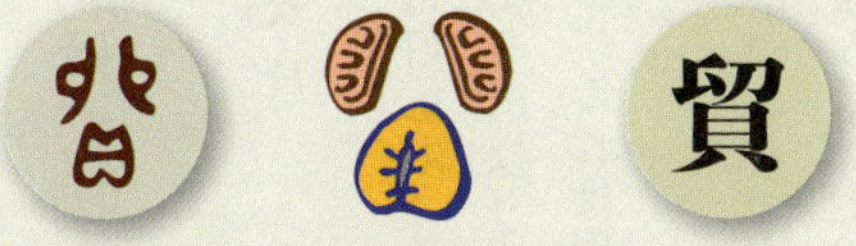

【つながる漢字】
幣（幣）・敝・支（＝攵）・巾・化（化）・貝・貨（貨）・貴・臼・卯・貿・財

賛

音　サン
訓　たすける・たたえる

神の助けで物事が実現

呪《まじな》いとして使われた子《こ》安《やす》貝《がい》

子安貝《こやすがい》はタカラガイ（宝貝《たからがい》）の別名です。タカラガイは妊娠《にんしん》した女性が、これを握《にぎ》っていれば安産するといわれていたので「子安貝」とも呼《よ》ばれるようになりました。

「宝貝」の「宝」にも「貝」の字形はふくまれています。これは現代の字形ではわかりませんが、「宝」の旧字「寶」ならよくわかります。

「寶」の「宀」（うかんむり）は先祖の霊《れい》を祭る廟《みたまや》の屋根のことです。下の「貝」は子安貝。「王」は宝石《ほうせき》の「玉《ぎょく》」のこと。「缶《ふ》」は土製の酒や水を入れる器です。

これらの物を先祖の廟に供《そな》える文字が「寶」で、その供えられた物を「たから、たからもの」といいます。

子安貝には単に貴重《きちょう》なものという以外に、安産を保障《ほしょう》するなど呪《まじな》い的な要素があったのです。

外国からのお客さんを迎《むか》える「迎賓館《げいひんかん》」の「賓」にも子安貝の「貝」がふくまれています。この「賓」の「宀」は廟のことです。その下は古代文字がわかりやすいですが、「万」の字形です。この「万」は生け贄《にえ》の動物の後ろ足の形です。

それに呪いの道具として「貝」を供えて祭り、神様を迎える儀式《ぎしき》が「賓」です。その迎える神様は他から来た客神（異《こと》なる族の神）でした。

それが、後に人の「客」の意味となり、客を「もてなす」意味となっていったのです。

その神を迎える儀式を水際で行う字が「賓」の旧字「賓」に「氵《さんずい》」（水）を加えた「浜」（濱）です。そこから「浜」が「はま、みぎわ」の意味になりました。

もう一つ呪いに関係した子安貝の字を紹介しましょう。それは「賛《さん》」です。「賛」の旧字「贊」の上部の「兟《しん》」は「簪《かんざし》」の形です。「贊」は「貝」に二本の簪をそえて神に助けを求めて祈《いの》ることです。簪も呪いに使われました。

「簪」と「貝」をそえた祈りに神が同意し、神の助けを受けて物事が実現することから、神様をたたえることを「賛」といい、「たたえる」の意味となりました。神をたたえることから、「賛成する」意味となったのです。

古代文字

神に助けを求め、神の助けを受けて物事が実現するので、「賛」に「たすける」の意味もある。「協賛」とは計画に賛成し援助《えんじょ》すること

【つながる漢字】

貝・宝（寶）・宀・缶・賓（賓）・浜（濱）・賛（贊）

費

音 ヒ
訓 ついやす・ついえる

曲がった木を束ねる

財産を散じなくす

消費税という税制、一九八九年に税率は3％で導入され、一九九七年に5％へ、さらに二〇一四年に8％へ、二〇一九年に10％へと引き上げられました。その「消費税」の文字の中に貨幣《かへい》の意味を表す「貝」の字形がありますね。

「費」は「ついやす」意味ですが、この「費」の説明の前に「貝」の上にある「弗《ふつ》」について紹介《しょうかい》したいと思います。

「弗」は縦《たて》にした木を二、三本束ねて縄で巻《ま》きつけた形の字です。曲がった木を束ねるのですが、曲がった木を束ねるのは難《むずか》しく、ばらばらになってしまいます。それを表す文字が「弗」で「そむく、ねじる」という「もとる」の意味があります。ゆがんだ木を払《はら》うので「はらう」意味もあります。また否定《ひてい》的な意味に使うことも多く「あらず」の意味もあります。

この「弗」は「払《ふつ》」の元の文字で、さらに日本では米国の貨幣のドルの意味にも使います。「払」の旧字は「拂」ですが、曲がった木を束ねようとしたが、できずにばらばらとなってしまったものを「手」（扌《てへん》）で「はらう、のぞく」意味の文字です。「代金を払う」「注意を払う」は日本語の用法です。

湯が「沸《わ》く」の「沸《ふつ》」の「弗」も似たような意味です。曲がった木を束ねられずにばらばらになるのが「弗」ですが、「水」（氵《さんずい》）が熱せられて、わきあがり煮《に》え立つことを「沸」というのです。水の沸きたつ姿《すがた》は、曲がった木を束ねられず、ばらばらになってしまう姿に似ていますね。

さて「消費税」の「費」です。下部の「貝」は貨幣、お金の代わりにもなった貴重《きちょう》な貝である子安貝《こやすがい》のことです。それに「弗」を加えた「費」は財産をばらばらに散じ、なくすことです。「むだに消費することをいう語」であろうと、白川静さんは字書の『字統《じとう》』に記しています。

古代文字の中では「弗」を「あらず」などの否定の言葉に使っているので、「費」も元は「否定的な意味をもつ語である」と白川静さんは記しています。確かに「使ってなくす」意味の「消費」という言葉には、少し否定的な意味がふくまれているようにも感じますね。

古代文字

財貨だけでなく、精神や時間を無用に費やす意味にも使う。心をいためることを「費心」といい、時間つぶしを「費時」という

【つながる漢字】

費・弗・払（拂）・沸・貝

売

音　バイ・マイ
訓　うる・うれる

財物で罪を許される

集めた貝を出す

世界の名画などがオークション（競売）に出品されて、何十億円もで売買されたという話が新聞に載《の》ったりしますね。

オークションとは、出品者が決めた価格に対して購入《こうにゅう》したい金額を入札し、他の人と競い合って、最終的に一番高い金額を入札した人が、商品を購入する権利《けんり》を手に入れるシステムです。最近は簡単《かんたん》に楽しめるネットオークションというものもありますね。

さて、その「売買」という漢字も、貨幣《かへい》代わりに使われた「貝」に関係した文字です。「買」のほうから紹介《しょうかい》すると、上の「罒」は元は「网《もう》」の字形で網《あみ》のことです。つまり多くの貝を網で集める形で、貝をひそかに買い集めてためていることを「買」といい、そこから「かう」意味になりました。

「売」のほうも旧字「賣」を見れば「貝」に関係した文字であることがよくわかります。その「賣」は古代文字の形では「買」の上に「出」を加えた文字です。

まず「出費」などの言葉に使う「出」について説明しましょう。

これは足に関係した字です。漢字では足跡《あしあと》の形を表している「止」という字形が、足に関係した字の基本です【→［歩］】。「出」は古代文字のほうがわかりやすいですが、その「止」の下に、足のかかとを表す曲線を加えた形です。「止」と「かかと」を合わせて、出発することを示しているので「出る」意味なのです【↓［納］】。

そこで「賣」の古代文字をもう一度見てください。紹介したように「買」の上に「出」が加わっている字形です。わかりますか。つまり集めた貝を「出す」ことで、そこから「うる」意味になりました。

「賣」（売）に関係する字をもう一つ紹介しましょう。

「贖罪《しょくざい》」の「贖」がそうです。「贖罪」とは体罰《たいばつ》の刑《けい》に服する代わりに、財物を差し出し、賠《ばい》償《しょう》することで罪を許されることです。「賣（売）」にさらに、もう一つ「貝」を加えた「贖」が、財で罪を「あがなう」意味となりました。

古代文字

古い字形には「売」（賣）の意味で「贖」を書く場合もあり、最初は贖罪として賠償をする意味だった。後に交換的な経済行為を売買というようになった

【つながる漢字】

貝・買・売（賣）・出・止・贖

員

音　イン・エン・ウン
訓　まるい・かず

円形の鼎《かなえ》を意味する「員」

煮《に》炊《た》きや祭りに使う青銅器

古代中国では貴重《きちょう》な子安貝《こやすがい》が貨幣《かへい》代わりに使われたので「貨」「財《ざい》」など、お金に関する文字で「貝」をふくむ漢字がたくさんあります。でも「貝」の字形が子安貝の意味だけではなく、青銅器製の器「鼎《かなえ》」の省略形である場合もあります。紛《まぎ》らわしいですが、「鼎《てい》」の省略形の「貝」をふくむ文字を紹介《しょうかい》しましょう。その代表的な文字は「円」です。「円」は今の字形では「貝」との関係がわからないですが、旧字「圓」ならばよくわかります。

その「円」(圓)の説明の前に「圓」の「口」の中にある「員」の紹介をしたいと思います。それは「員」が「圓」の元の文字だからです。

「員」の下部の「貝」が「鼎」の省略形です。「鼎」は煮炊《にた》き用の青銅器で、お祭りの際に用いる器としても使いました。上部の「口」は古代文字では「○」の形をしています。つまり「員」は円形の「鼎」の意味でした。

そこから「まるい」意味を表す文字になったのですが、次第に「員」が員数など「かず」の意味に用いられるようになったので、さらに「員」の外周を円形に囲う(字形は四角形ですが)ために「口」を加えて、「まるい」意味の「圓」(円)の文字ができたのです。

流星の燃え残りなどが宇宙《うちゅう》から地球上へ落下してきた「隕石《いんせき》」の「隕」も円鼎《えんてい》に関連した文

字です。

「員」には、まるくて転がる意味があります。「阝」（こざとへん）は神様が天と地を昇降《しょうこう》する階段《かいだん》（または梯子《はしご》）で、神様のいる所の意味です【→［際］】。「隕石」が落ちて転がった所を聖《せい》なる地として祭ったのでしょう。「隕」の意味は「おちる」です。

「余韻《よいん》」とは音や文章の終了《しゅうりょう》後に残る趣《おもむき》のことです。その「韻」の「員」は「まろやか」の意味で、趣のある「ひびき」のことです。

「損《そん》」は円鼎の中の神への供《そな》え物を「扌《てへん》」（手）で減損する（へらす）文字、または円鼎そのものを毀損《きそん》する（こわす）文字です。そこから「そこなう」意味となりました。

古代文字

旧字 圓

円

員

「員」は円鼎の数を数えるところから、「かず」の意味が生まれ、「定員」「満員」などに使われるようになった

隕

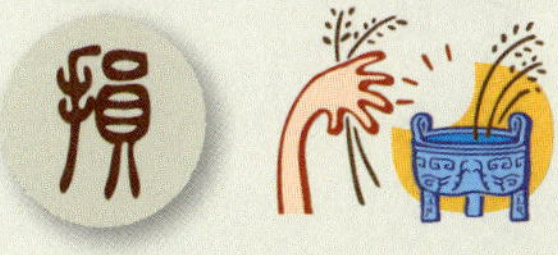

損

【つながる漢字】

鼎・円（圓）・員・隕・韻（韻）・損

測

音　ソク
訓　はかる

水をはかること

円鼎《えんてい》に刻《きざ》まれた契約《けいやく》

漢字には「貝」を字形にふくんだものがたくさんあります。その「貝」をふくんだ字には二通りの系統《けいとう》があって、その一つはお金代わりに使われた子安貝《こやすがい》のことで、貨幣《かへい》・財産関係の文字です。もう一つは、煮炊《にた》き用やお祭りの際に使われた青銅器「鼎《かなえ》」のことです。その「鼎《てい》」に関係した文字も多くあります。

「規則」「原則」などに使われる「則」もその一つです。現在の字形は「貝」に「刂《りっとう》」（刀）を加えた字ですが、元の字は「鼎」に「刂」を加えた文字でした。つまり「則」の「貝」は「鼎」の省略形で、その「鼎」の側面に「刀」（刂）を加える文字です。

「鼎」（貝）に文章を「刀」で刻《きざ》むことを表している文字が「則」です。重要な契約事項《けいやくじこう》は「鼎」に記録して、保存《ほぞん》したのです。「則」は円形の鼎に刻んだ約束ごとです。鼎に刻まれた約束ごとは、そのまま守るべき「規則」とされたので「則」は「のり、おきて」の意味となったのです。

その約束の文字を刻む所、円形の鼎の側面（左右の面）の意味を「人」（亻《にんべん》）のことに及《およ》ぼして、人の「かたわら、そば、わき」を意味する字としてできたのが「側」です。

「側」の文字は「片側《かたがわ》」（両面のうちの一方のがわ、半面）のように「物の一方」の意味にも使います。

円鼎《えんてい》に刻まれた契約は従《したが》うべき規則でした。その規則に合っているかどうかを考えることを「はかる」といいます。そこから「則」に「氵《さんずい》」を加えて、「水」をはかることを表す「測《そく》」という文字ができました。

心から相手に同情する気持ちを「惻隠《そくいん》の情」といいます。「惻隠」の「惻」は相手の側《かたわ》らに「心」（忄＝りっしんべん）を寄せて心情を推測《すいそく》し、あわれむことです。意味は「いたむ、かなしむ」です。

「廁《かわや》」（厠＝異体字《いたいじ》）は細長い横木をわたして、その側らに並《なら》んで用を足す意味の文字。「广《げん》」はこの場合、屋根のかかった家の意味です。

古代文字

自然現象を観察し、測定する「観測」など、「測」は水以外のことについても、さまざまなものを「はかる」意味に使う

【つながる漢字】

貝・鼎・則（鼎刂＝異）・側・測・惻・廁（厠＝異）

質

音　シツ・シチ・チ
訓　なる・ただす

重要契約《けいやく》を二つの斧《おの》で刻《きざ》む

文章を改変してしまう字も

人の権威《けんい》や力量を疑《うたが》って地位をくつがえそうとすることを「鼎《かなえ》の軽重を問う」といいます。昔、中国の楚《そ》の国の王が天下をとる野心を抱《いだ》き、周の王に王位の象徴《しょうちょう》である九鼎《きゅうてい》の大きさと重さを問い、野心を暗示させたことからできた言葉です。

「九鼎」は九つの州から貢《みつ》がせた金で造った特別な鼎です。最初は煮炊《にた》き用の青銅器だった鼎が、後にお祭り用にも使われるようになり、王室の宝器《ほうき》として権威のシンボルともなったのです。

「剤《ざい》」も「鼎」に関係する漢字です。旧字「劑」の左側「齊《せい》」の部分は、下部に「鼎」をふくむ形が元の字で、鼎のことでした。「刂《りっとう》」（刀）で、その大切な鼎の側面に約束の文章を刻《きざ》むのです。だから「剤」は「重要な契約《けいやく》を記したもの」が最初の意味です。「けいやく、わりふ」の意味があります。後に「薬剤」など「くすり」の意味にもなりました。鼎には丸い円鼎《えんてい》と四角い方鼎《ほうてい》があり、「剤」は方鼎の鼎でした。

「質《しつ》」にある「貝」も「鼎」の省略形です。上部は二つの「斤《きん》」（斧《おの》）です。重要な契約事項《けいやくじこう》を二つの斧で刻むのが「質」の元の意味。「質剤《しつざい》」とは契約書のこと、古代中国の手形のことです。

大切な契約書を改変してしまう行為《こうい》を表している文字もあります。「弐《に》」はそんな文字です。

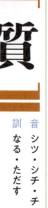

その旧字「貳」は「弍」の下に「鼎」の省略形である「貝」を加えた形になっています。これは「鼎」に刻まれた文章を戈《ほこ》で削《けず》って改変してしまう文字です。原文を変えてしまうので「弍」（貳）が「ふたたび、ふたつ」の意味となったのです。現在では逆に「二」の字を「三」などに改変されないように、「弍」を「二」の代わりに使っています。面白いですね。

もう一つ、「賊《ぞく》」も「鼎」を削ってしまう字です。「貝」（鼎）に「戎《じゅう》」を加えた字。「戎」は「戈」と「干《たて》」を合わせた形で武器のことです。

つまり「賊」は重要な契約や誓《ちか》いが刻まれた「鼎」を「戈」「干」の武器で削り傷《きず》つける文字です。そこから「そこなう、わるもの」の意味となりました。

古代文字

契約の基本になるもののことを「本質」といい、その基本にさかのぼって物事を問うので「質問」という

【つながる漢字】

鼎・剤（劑）・質・弍（貳）・賊（賊）・戎・戈・干

具

音　グ
訓　そなえる・つぶさに

材料を集めて数える

鼎《かなえ》に供《そな》え物入れてそろえる

漢字に非常に多い「貝」の字形をふくむ文字について何項《なんこう》か紹介《しょうかい》してきました。「貝」の文字が多いのは、たいへん貴重《きちょう》な子安貝《こやすがい》が貨幣《かへい》の代わりに使われたからです。さらに、重要な約束を刻《きざ》む「鼎《かなえ》」の省略形も「貝」の字形だからです。

それら「貝」に関係した文字の最後の紹介です。これらはみな「鼎」に関係しています。まず「具」から。「具」は「貝」と「廾《きょう》」を合わせた形です。「廾」は左右の手を並《なら》べた文字【↓〔尊〕〔興〕】。そして「貝」は「鼎《てい》」の形です。

「鼎」は食物を煮《に》るための青銅器で、祭りの際の道具としても用いられました。「貝」と「廾」を合わせた「具」は両手で鼎を捧《ささ》げ持つ形です。宴会《えんかい》や祭りの時に捧げ持って具《そな》えられました。「具」は「鼎」に入れて供《そな》え物をそろえ用意するので「そなえる」の意味となり、すべてそろっているので「つぶさに」（詳細《しょうさい》に）の意味となったのです。後に「具」は広く「器具」の意味となりました。

その「器具」の意味からできた字が「算」です。これは「竹」と「具」を合わせた字です。竹で作った算木《さんぎ》（計算器具）のことで、その器具を並《なら》べて、数えることが「算」です。

いろいろな材料を集めて手を加えて書籍《しょせき》を作りあげることを「編纂《へんさん》」といいますが、その「纂」は「算」と「糸」を合わせた形です。計算器具の「算」には「数える、そろえる」の意味があります。「算」に「糸」を加えた「纂」は色糸をそろえ集めて織りなすことで、これを書籍の編集のことに移して、編纂の意味となりました。

最後に紹介したいのは「貞《てい》」です。これは「卜《ぼく》」と「貝」を合わせた文字。古代中国では亀《かめ》の甲羅《こうら》などを焼いてできたひび割《わ》れの形で神様の意思を占《うらな》いました。「卜」はそのひび割れの形で「うらない」の意味です。

「貝」は「鼎」です。「鼎」を使って占い、「神意をうかがう」のが「貞」。鼎の中の生け贄《にえ》の様子で占ったのでしょう。そこで神意が示されるので「ただしい、まこと」の意味となりました。さらに「人」（亻《にんべん》）の動きをうかがうことを「偵《てい》」といいます。

古代文字

「具申」とは上の者に自分の意見を「つぶさに」申し述べること。「具体」とは全部を「そなえている」ということ

【つながる漢字】

鼎・具（具）・廾・算・纂・卜・貞・偵

皮

音　ヒ
訓　かわ

なめして異《こと》なるものに

獣《けもの》の皮を手で引きはがす

山中伸弥《やまなかしんや》さんにiPS細胞《さいぼう》（人工多能性幹細胞《じんこうたのうせいかんさいぼう》）の開発でノーベル医学生理学賞が決まった際、海外メディアから「科学に革命《かくめい》をもたらした」と絶賛されました。iPS細胞は皮膚《ひふ》や血液などに成長した細胞に遺伝子《いでんし》を入れ、さまざまな種類の細胞となる能力を持つ細胞のことです。

さてさて、iPS細胞の紹介《しょうかい》をしたいわけではありません。以上のような説明に出てくる「革命」の「革」、iPS細胞の説明にもある「皮膚」の「皮」という漢字について説明したいのです。

「革」も「皮」も動物の体表面をおおう「かわ」を意味する文字ですね。まず「皮」の説明から。「皮」の「又《また》」は「手」を意味する字形です【↓［友］】。「皮」はその「手」（又《ゆう》）で獣《けもの》の皮を引きはがしている姿《すがた》を字にしたものです。象形文字ですから、そうやって「皮」の文字を見てみると、手で獣の皮を引きはがしているように見えてきます。この「皮」は皮を引きはがす文字ですが、「革」は頭から手足までの全体の皮をひらいてなめした形の象形文字です。

つまり毛や脂肪《しぼう》を取り去り、皮をやわらかく、なめして仕上げた形が「革」です。生《なま》の皮とはすっかり異《こと》なるものとなるので「革」に「あらためる」の意味があるのです。「革命」という言葉もそこからできました。

「革」の関連文字はそれほど多くはありませんが、「皮」をふくむ字はかなりあります。まず「皮」にもう一つ「手」の形である「扌《てへん》」を加えた「披《ひ》」です。このようにして獣の皮をはがす動作を「披」といい、意味は「ひらく」となりました。現代では広く知らせて見せたりする「披露《ひろう》」などに使います。

「皮」は表面を被《おお》うものなので、「皮」に被《かぶ》るものの意味があります。ですから「皮」に「ネ」(ころもへん)を加えた「被《ひ》」は寝《ね》る時にかける夜具の「ふすま」の意味です。上から覆《おお》い被せるので「おおう、かぶる、こうむる」の意味に使うようになり、「被害」「被告」など受け身の意味にも使うようになりました。

古代文字

「皮」は表面にあらわれた現象、うわべの意味である「皮相」や、遠回しに意地悪く弱点などをつく「皮肉」などの意味にも用いる

【つながる漢字】

皮・又(㕚)・革・披・被

波

音　ハ
訓　なみ

うねうねと続く水

傾《かたむ》き釣《つ》り合いを失うもの

「皮肉」「波乱《はらん》」「破壊《はかい》」の言葉の中に「皮」の字があります。でも「皮肉」の「皮」の音は「ひ」ですが、「波乱」「破壊」の「波」「破」の音は「は」ですね。ここでは「は」の音で読む「皮」の関係字について少し紹介《しょうかい》したい思います。

まず「波」から。「皮」は獣《けもの》の皮を手で引きはがしている形の象形文字です。引きはがした皮なので、「皮」に「うねうねと続くもの」や「傾《かたむ》くもの」の意味があります。その「皮」に「氵《さんずい》」(水)を加えた「波」は「うねうねと続く水」のことです。

「破」の「皮」も獣の皮を手で引きはがしている意味です。それに「石」を加えた「破」は「石の表面が砕《くだ》けはがれること」です。そこから「やぶる、こわす」などの意味となりました。

不公平で偏《かたよ》った考えのことを「偏頗《へんぱ》な考え」といいます。この「偏頗」の「頗《は》」の「頁《けつ》」は横から見た人の顔の部分です。それに「皮」を合わせた「頗」は顔が、つまり人の姿勢《しせい》が一方に「傾くこと」です。そこから公平や釣《つ》り合いを失うことを「偏頗」というのです。また釣り合いがとれず、ちぐはぐなことを「跛行《はこう》」といいます。「跛」は「足」が不自由で歩行が偏って困難《こんなん》なことです。「頗」「跛」は「傾くもの」の「皮」でつながっています。

もう少し紹介しましょう。「波」の下に「女」を加えたのが「婆《ば》」です。現在は年取った女性の意味に使いますが、元は「婆娑《ばさ》」という言葉からきているそうです。

「波」にうねうねと動く意味がありますが、それに「女」を加えた「婆」は女性が舞《ま》う様子。「婆娑」とは波の波動するように舞う姿《すがた》です。

その「婆」が年老いた女性を意味するようになったのですが、そのゆっくりした動きが、女性がしどけなく舞う姿《すがた》に似ていたのかもしれません。

「疲労《ひろう》」の「疲」は「は」ではなく、「ひ」の音の文字です。白川静さんは詳《くわ》しく説明していませんが、疲《つか》れて、動きがゆっくりとなり、くたくたになる感覚がありますね。

疲れる意味の字には「疲《ひ》」の他に「病《へい》」や「憊《はい》」など同じ系統の音の文字が多く、これは荒《あら》い呼吸《こきゅう》をすることと関係があるだろうと白川静さんは述べています。

古代文字

石などを水に投げた時、輪になって広がっていく波のもようを波紋《はもん》という。波紋のように影響《えいきょう》が広がることを波及《はきゅう》という

【つながる漢字】

皮・波・破・頗・頁・跛・婆・疲

【採】

音　サイ
訓　とる

指先の爪《つめ》

手で草木をとる

白いダイコン、赤いニンジン、緑のピーマン。畑から採取《さいしゅ》された色彩《しきさい》豊かな野菜が食卓《しょくたく》に並《なら》びます。野菜は好きですか？

さて「採取」の「採」、「色彩」の「彩」、「野菜」の「菜」の字に「爪《つめ》」の形があるのがわかりますか。この「爪《そう》」は「手」の意味を表す字形です。

「爪」は鳥獣《ちょうじゅう》の長い爪をそのままかいた象形文字。「又《ゆう》」「寸《すん》」など「手」を表す字は多いですが、「爪」も指先の意味から「手」を表す字形として使われています。

「采《さい》」（采）は「爪」と「木」を合わせた文字で木の実などをとることです。「とる、もぎとる」などの意味があります。

その「采」（采）に「彡《さん》」を加えたのが「彩」（彩）です。「采」は草木をとること。「彡」は何かが輝《かがや》いていることなどを表す記号的な字形。それらを合わせた「彩」は衣服の色を染《そ》めるために草木をとって染めた布の「あや、いろどり」の意味です。

「菜」（菜）の「采」（采）も草木をとることで、それに「艹」（くさかんむり）を加えた「菜」は「野菜」のことです。最初は神饌《しんせん》（神様に供《そな》える酒と食事）として用いられたものでしたが、後に飯に添《そ》える副食のものをいうようになりました。

また「采」（采）に「扌《てへん》」（手）を加えた「採」（採）は「とる」という意味です。もともと

「采」が「草木をとる」意味で、「採」の元の字でしたが、「采」が美しい色どりの意味などに用いられるようになって、「采」にさらに「扌」(手)を加えて、「とる」を意味する「採」の文字ができたのです。

「爪」に「たけかんむり」を加えた「笊《そう》」という字は割《わ》った竹で編んだ「ざる」のことです。指先を開いた形に作る「ざる」のことで、この文字があります。

また「稲《とう》」という文字にも「爪」がふくまれていますね。これは旧字「稻」がわかりやすいですが、「臼《うす》」の中のものを指先で取り出している形です【→「米」】。取り出す「禾《か》」は「いね」です。そこから「稲」が「いね」の意味となりました。

古代文字

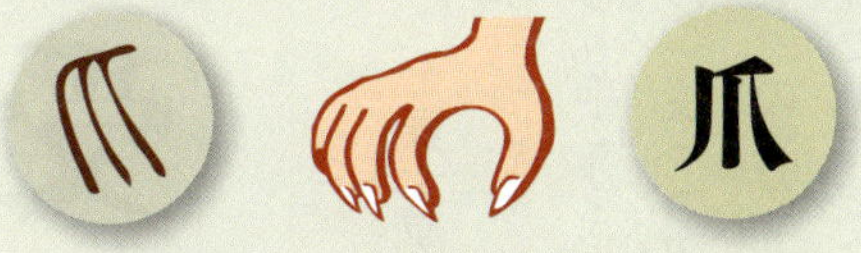

「採用」など、意見などをとりあげて用いることや人を雇《やと》い入れることにも使う。「採録」はとりあげて記録すること

【つながる漢字】

爪・又(又)・寸・采(釆)・採(採)・彩(彩)・彡・菜(菜)・笊・稲(稻)

受

音　ジュ
訓　うける・うかる

手を意味する「爪《つめ》」

「さずける」と「うける」

「手」を表す漢字で興味深い字の一つは「授《じゅ》」です。この「授」には一字中に「手」を表す字形が三つもあります。「扌《てへん》」はもちろん、右下の「又《また》」も「手」の形、「爪《つめ》」も「指先」のことから「手」を表す文字です【↓［友］［採］】。

その「授」の紹介《しょうかい》の前に、右側の「受」について説明しましょう。「受」の上部「爪《そう》」と下部「又《ゆう》」の間にある「冖」は盤《ばん》（皿）の形です。この盤の中に物を入れて「手」から「手」に渡《わた》すのです。この行為《こうい》を上部の「手」の側からみれば、物を下部の「手」の者に「さずける」意味になります。反対に下部の「手」の側の者からみれば、上部の「手」から物を「うける」意味になります。

ですから古くは「受」は「さずける」と「うける」の両方の意味に使われていました。しかし「受」がもっぱら「うける」意味に使われ出したので、さらに「扌」（手）を加えて「授」の字が作られ、「さずける」意味に使われるようになったのです。

中国で身分や位を表す印《いん》と、それを身につけるための組み紐《ひも》のことを「印綬《いんじゅ》」といいます。「綬」はもともと礼装《れいそう》用の膝《ひざ》かけにつける組み紐のことでした。漢時代以降に「綬」は「糸」で印などを「受」ける文字として使われるようになりました。

特別功績のあった人を表彰《ひょうしょう》する日本の褒章《ほうしょう》の一つに「紫綬《しじゅ》褒章」があります。科学技術の発明・発見や学術、スポーツ・芸術における優《すぐ》れた業績のある人に与《あた》えられるもので、受章者には紫色《むらさきいろ》の綬（リボン）がついたメダルなどが渡《わた》されます。

「印綬」の「印」も実は「爪」をふくむ文字です。これは古代文字のほうがわかりやすいですが、今の字形の左側が「爪」の形です。右側の「卩《せつ》」は人がひざまずいて座《すわ》る形です。ひざまずく人に上から「爪」（指先）を加えている形で、強く「押《お》さえる」の意味が「印」にあります。

それは判を押す時の動作なので「はん」の意味になり、すべて押してしるしをつけることを「印」というようになりました。「印象」も心に刻みつけられた感じのことです。

古代文字

「甘受《かんじゅ》」は面白い言葉だ。元は「快《こころよ》く受けること」の意味だったが、「さからわずに甘《あま》んじて受けること」の意味になった

【つながる漢字】

爪・又（叉）・受・授・綬・印・卩

【争】

音　ソウ
訓　あらそう

手で棒状《ぼうじょう》のものを引き合う

玉器で貴《き》人《じん》の手を引く

いつの世も争い事はたえず、ロシアのウクライナ侵攻がありますし、沖縄県・尖閣諸島《せんかくしょとう》をめぐる中国との問題、島根県の竹島をめぐる韓国《かんこく》との問題などもあります。難《むずか》しい問題ですが、早く解決して、静かな世の中になってほしいですね。でも、紹介《しょうかい》したいのは漢字のことです。「静かな世」の「静」の中に「争い事」の「争」と同じ字形がありますね。その紹介です。

「争」の旧字「爭」の上部の「爪《つめ》」は指先の意味で「手」のこと【↓［採］】。その下は縦《たて》の一本棒《ぼう》に、「彗《すい》」の下部にある形「ヨ」を加えた字形です。「ヨ」は「又《また》」の字形で【↓［妻］［急］】、これも「手」の形。つまり上下の手で、棒状のものを引き合って相争う形の文字です。

「静」の「争」も棒のように長いものを上下の手で持つ形ですが、これは古代文字を見ると、田畑を耕す鋤《すき》を持つ形になっています。「青」は鋤を清めるために加えられた青色の顔料のことです。耕作を始める前に鋤を持ってお祓《はら》いをしている文字が「静」なのです。

きれいにする「浄化《じょうか》」の「浄」の「争」も「静」にある鋤を清める意味の「争」の系統《けいとう》の文字のようで、「きよい、きよらか」の意味に用います。

両方の手で引く字としては「応援《おうえん》」の「援」、「愛媛《えひめ》」の「媛《えん》」、「緩急《かんきゅう》」の「緩」に共通する「爰《えん》」もその一つです。「爰」の上部の「爪《そう》」と下部の「又《ゆう》」は「手」のこと。古い文字には「爪」と「又」の間に「○」をかいたものがあるようです。高貴《こうき》な人の手を引く時に、直接、

古代文字

白川静さんの字書『字通《じつう》』の「争」の項《こう》にも「爰《えん》と相近く、爰は援引《えんいん》の意、争は相争うこと」とある。援引は「ひくこと」の意

【つながる漢字】

争(爭)・爪・又(又)・静(靜)・浄(淨)・爰・媛(媛)・援(援)・緩(緩)

手を引かず、そのような円形の宝石製《ほうせきせい》の玉器を用いたのです。「爰」の意味は「ひく」です。

「媛」について、白川静さんは円形の玉器との関係で説明していませんが、円形の玉器を使って引かれる美しい女性で「ひめ」のことと考えれば覚えやすいです。あでやかなもので心ひかれるさまのことです。「援」は「爰」にさらに「扌《てへん》」(手)を加えて、貴人《きじん》の手を引くことの意味をはっきりさせたものです。意味は「ひく、たすける」です。「援」にも「扌」「爪」「又」という「手」を表す字形が三つあることになりますね。「緩」は玉器ではなく糸でゆるやかに引くこと。糸の余分なところがたるむので「ゆるやか、たるむ」の意味があります。「規《き》制緩和《せいかんわ》」「緩衝地帯《かんしょうちたい》」などの言葉にも用います。

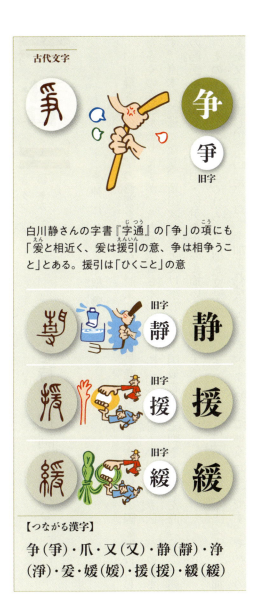

【君】

音　クン
訓　きみ

神に仕える聖職者《せいしょくしゃ》

杖《つえ》を持って祝詞《のりと》となえる

白川静さんの漢字学の影響《えいきょう》を受けた小説家に宮城谷昌光《みやぎたにまさみつ》さんがいます。古代中国を舞台《ぶたい》にした多くの作品がありますが、その宮城谷さんの出世作に『天空の舟―小説・伊尹《いいん》伝』があります。直木賞候補《こうほ》となり、新田次郎《にったじろう》賞を受けました。中国最古の夏《か》王朝を滅《ほろ》ぼした商（殷《いん》）王朝の湯《とう》王を補佐《ほさ》した名宰相《さいしょう》・伊尹の生涯《しょうがい》を描《えが》いたものです。

その「伊尹」の名をよく見ると、似た文字ですね。その「伊《い》」は「尹《いん》」に「亻《にんべん》」（人）を加えた文字ですし、「尹」に「口」を加えれば、みなさんよく知っている「君」です。それらの字について紹介《しょうかい》しましょう。

「尹」は「帚《そう》」や「彗《すい》」にある「彐」と、棒《ぼう》のような「ノ」の字形を合わせたものです。「彐」は「又《また》」の字のことで「手」の意味【→［急］［争］】。「ノ」は神様の霊《れい》が宿る杖《つえ》です。

つまり、その杖を手に持って、神様に仕える者のことです。神意をただすので「ただす、おさめる」などの意味があります。「伊」もその神の杖を持つ人の意味ですが、最初は「伊尹」などの固有名詞《めいし》に使われ、その後に「これ、よる」などの意味に使われるようになりました。

「伊」と日本語との関係で一つ紹介しておきますと、「伊」の偏《へん》（文字の左側）から片仮名《かたかな》のイロハの「イ」ができました。ちなみに「片仮名」の「かた」は一部分の意味。正式の文字である漢字を「真名《まな》」というのに対して「かな」は「仮名《かりな》」の転じたものです。

「君」の「口」は顔にある「くち」ではなく、神様への祈《いの》りの言葉である祝詞《のりと》を入れる器「𠙵」（サイ）です。つまり「君」は神の杖を持ち、祝詞をとなえて神を呼《よ》び寄せることができる聖職者《せいしょくしゃ》（神に仕える人）の長でした。そこから氏族の長を「君」といい、君主のことをいうようになりました。その「君」が、後に里君《りくん》と呼ばれる村落の統治者となり、その支配《しはい》する地域《ちいき》を「郡」といったのです。

紀元前二二一年に初めて中国を統一した秦《しん》王朝は、全国を三十六郡に分け、郡の下に県を置きました。県の下に郡がある現在の日本とは異《こと》なりますね。紹介したように、郡は秦以前にもありましたが、天下を直接統治下においた秦によって定まった制度です。

古代文字

「父君」など尊敬《そんけい》すべき目上の人に付けて呼ぶ言葉や「○○君」など同輩《どうはい》、同輩以下の人の名にそえる言葉としても使われる

【つながる漢字】𠙵

尹・伊・君・郡

乱

音　ラン・ロン
訓　みだれる・みだす・おさめる

糸の乱《みだ》れを解きほぐす

反対の意味を持つ文字

「武王《ぶおう》曰《いわ》く、予に乱臣《らんしん》十人有り」との言葉が『論語《ろんご》』にあります。武王は周王朝の祖です。「乱臣」とは「国をよくおさめる優秀《ゆうしゅう》な家来」のこと。だからこの「乱」は「おさめる」の意味です。「乱心」の「乱」は「みだれる」。「乱」に「おさめる」「みだれる」という反対の意味があるのです。その説明です。

「乱」の旧字「亂」の左側の上部に「爪《つめ》」があり、下部に「又《また》」があります。イラスト欄《らん》の字形や古代文字などを見るとよくわかりますが、この「爪《そう》」「又《ゆう》」は「手」の意味です【→「採」「友」】。「冂《けい》」の上の線の上下にあるのは糸です。つまり糸架《いとかせ》（冂）にかけた糸が乱《みだ》れているので、上下の手でほぐそうとする姿《すがた》が「亂」の左側の字形で「みだれる」意味です。

さらに右側に骨《ほね》べらの「乙《いつ》」を加え、解きほぐすことが「亂」で、意味は「おさめる」でした。それが左側の「みだれる」の意味が「亂」に加わってしまったのです。

「辞書」の「辞」の旧字「辭」の左側も「亂」の左側と同形です。右側の「辛《しん》」は大きな針《はり》です。乱れている糸を針で解きほぐすことが「辭」です。

古くは「辭」は裁判《さいばん》の言葉で、自分への疑《うたが》いを解き明かすことを「辞」（辭）といいました。その言葉のことから「ことば」の意味となりました。「辞任《じにん》」「辞退《じたい》」など「やめる、ことわる」意味にも使います。

字形中の上下に「手」がある字では「隠《いん》」「穏《おん》」もそうです。「隠」の旧字「隱」の右側は上から「爪」(手)と「工」と「彐」と「心」を合わせた形です。

「彐」は「又」の変形で「手」の意味【→［夫］［急］】。「工」は神様に呪《まじな》いをかける道具です【→［友］】。その神への呪具《じゅぐ》「工」を上下の手で持つ字形です。左側の「阝」(こざとへん)は神が天と地を昇降《しょうこう》する階段《かいだん》(または梯子《はしご》)です【→［際］】。「阝」の前で上と下の手で呪具の「工」を持ち、「ひそかに祈《いの》る心」が「隠」で「かくれる」の意味になったのです。

「穏」(穩)の「禾《か》」は穀物《こくもつ》の意味。呪具(「工」)を上と下の手(「爫」と「彐」)で持ち、農作業の「穏《おだ》やかな」ことを祈る字です。旧字のほうがわかりやすい字が多いですね。

古代文字

「乱」の「おさめる」「みだれる」のように相反した訓(解釈《かいしゃく》)を持つことを「反訓」という

【つながる漢字】

乱(亂)・爪・又(又)・乙・辞(辭)・辛・隠(隱)・工・穏(穩)・禾

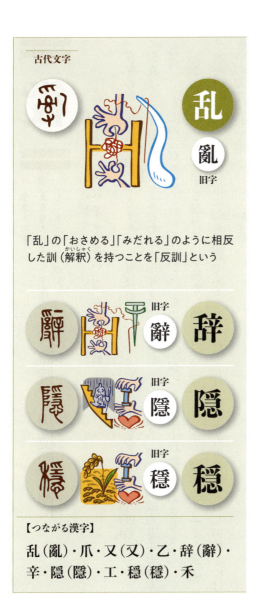

役

音　ヤク・エキ
訓　えだち・いくさ・やく・しごと・めしつかい

武器持って辺境の守備に

杖《つえ》矛《ぼこ》で悪い霊《れい》を殴《う》ち祓《はら》う

漢字の部首の読み方で「るまた」と呼《よ》ばれる「殳《しゅ》」という字形があります。片仮名《かたかな》の「ル」に似たような字形と「又《また》」を合わせた形ゆえにこの名前があります。漢字の構成の基本となる「部首」としての名があるくらいですから、この「殳」がついた文字はたくさんあります。

「殳」の「ル」に相当する部分は「羽飾《はねかざ》り」の形です。「又《ゆう》」は「手」の形です【↓［友］】。それを合わせた「殳」は槍《やり》に似た武器である矛《ほこ》で、杖《つえ》ぐらいの長さのものです。この杖矛《つえぼこ》には呪《まじな》いの飾りとして羽がついています。

この「殳」が杖矛のことであることがわかると、関係する漢字がなるほどと理解できるのです。基礎《きそ》的な漢字のうち「殳」をふくむ文字について、何項《なんこう》か紹介《しょうかい》したいと思います。

まず野球の「投手」などにある「投」です。「投」は、その杖矛の「殳」と「扌《てへん》」（手）を合わせた字形です。「投」は杖矛「殳」を「手」に持って扱《あつか》う意味です。

その杖矛で邪悪《じゃあく》な霊《れい》を殴《う》ち祓《はら》うのです。そのことで邪悪なものを遠くに追い払《はら》う、遠くにすてるので「すてる、なげる」の意味となりました。

亡《な》くなった作家の西村賢太《にしむらけんた》さんが芥川賞《あくたがわしょう》を受けた『苦役列車《くえきれっしゃ》』という作品があります。ベストセラーとなり、映画《えいが》化もされました。この「苦役」の「役」にも「殳」があります。その「役」の「彳」（ぎょうにんべん）は十字路を表す「行」の左半分で「行く」意味があります

【→［行］】。それに武器である杖矛「殳」を加えた「役」は武器を持って遠く辺境に出かけて守備につくこと。つまり「兵役、いくさ」のことです。

蒙古《もうこ》襲来《しゅうらい》（鎌倉《かまくら》時代、元《げん》の軍隊が日本に来襲した事件）した時の「弘安《こうあん》の役」などの「役」も「いくさ」の意味です。後に「しごと、やく、めしつかい」の意味になりました。

新型コロナウイルスによる感染症《かんせんしょう》も「疫病《えきびょう》」の一つですが、その「疫病」の「疫」にも「殳」がありますね。この場合の「殳」は「役」の省略形です。「疒」（やまいだれ）は牀《とこ》の上に人が病気で寝ている形で、それを合わせた「疫」は「遠くまで広く流行する病気」です。そういう流行病は悪い霊のせいだと考えられていて、お祓いをしました。

古代文字

苦役はつらい労働のこと。使役は人を使って仕事をさせること。役務はいろいろな労働によるつとめ。どことなく、あまり楽な仕事ではない感覚がある

【つながる漢字】

殳・投・役・疫・行

殺

音　サツ・サイ・セツ
訓　ころす・へらす

呪《まじな》いの力を刺《し》激《げき》

たたりなす獣《けもの》を杖《つえ》矛《ぼこ》で殴《う》つ

「るまた」と呼《よ》ばれる部首「殳《しゅ》」の視点《してん》から漢字を見ると実に多くの文字に「殳」がふくまれています。この「殳」は羽飾《はねかざ》りのある、杖《つえ》ぐらいの長さの矛《ほこ》です【→［役］［段］［穀］［発］】。その「杖矛《つえぼこ》」を使い、何かを殺したり、殴《う》ったりする字を紹介《しょうかい》したいと思います。まずは「殺」です。左上の「メ」の下に「木」を加えた形は、たたりをなす獣《けもの》の姿《すがた》です。その獣に杖矛である「殳」を加えて殴ち殺すのが「殺」です。

でも獣を殺すのが目的ではなく、その行為《こうい》を通して敵《てき》からの呪《のろ》いが減殺《げんさい》（へらすこと）される儀式《ぎしき》が「殺」です。敵の呪いに対する間接的な行為ですが、このような儀式を「共感呪術《きょうかんじゅじゅつ》」といいます。最初の意味は「へらす」でした。「ころす」は後の意味だそうです。

憲政《けんせい》の神様と呼ばれた政治家・犬養毅《いぬかいつよし》や、一九五〇年代、六〇年代に活躍《かつやく》した水泳自由形の選手・山中毅《やまなかつよし》の「毅《き》」という文字も動物をたたく字です。

「毅」の左側「豙《ぎ》」の上部は、「立」ではなく、元は「辛《しん》」の字形でした。古い甲骨《こうこつ》文字では竜《りゅう》などの聖《せい》なる動物の頭部には「辛」の字形の飾りがついていました【→［九］】。おそらく「豙」も聖なる獣で、それを「殳」で殴って、呪《まじな》いの力を刺激《しげき》して、戦争の際に戦意を鼓舞《こぶ》したようです。そこから「つよい、たけし」の意味があるのです。

特別な力がある動物を殴つ、その「殴《おう》」にも「殳」がありますね。「殴」の旧字「毆」の

「區《く》」の「匸《けい》」は秘密《ひみつ》のかくされた場所です。そこに神様への祈《いの》りの言葉である祝詞《のりと》を入れる器「口」（サイ）をたくさん置いて祈るのです【→［区］】。

祈る時、この「𠙵」（サイ）を「殳」（杖矛）で殴ち、神様をおどして祈りが実現するよう求めるのが「殴」（毆）で、意味は「なぐる、うつ」です。

医術の「医」の旧字「醫」にも「殳」がふくまれています。秘密の場所「匸」に悪い霊《れい》を祓《はら》う力のある「矢」を置いて、かけ声をかけながら「殳」で「矢」を殴ち、その「矢」の力で病気を治したのです【→［医］】。酒を使って傷口《きずぐち》を清めたり、興奮剤《こうふんざい》に酒を用いたりしたので「酉《ゆう》」（酒樽《さかだる》の形）が加えられています。

古代文字

「殺」の旧字の「殺」左部分は「メ」と「木」の間に「、」がある。これはたたりをなす獣の耳を表していた

【つながる漢字】𠙵

殳・殺（殺）・毅・殴（毆）・区（區）・医（醫）・酉（酉）

段

音　ダン・タン
訓　だん

粗金《あらがね》を打って鍛《きた》える

皿を楽器のようにたたく

陸上競技の「円盤《えんばん》投げ」と「三段跳《さんだんと》び」。「円盤」の「盤」にも「三段」の「段」にも「殳《しゅ》」がありますね。その「盤」と「段」の紹介《しょうかい》です。

まず「盤」のほうから。国民的演歌歌手だった三波春夫《みなみはるお》さんのデビュー曲に「チャンチキおけさ」（一九五七年）という歌があります。「知らぬ同士が小皿叩《たた》いてチャンチキおけさ」という歌。お酒を飲み、皿を楽器のようにたたきながら歌うのです。今はあまり見られない光景ですが、戦後のある時期まではよく見られました。そして古代中国でも皿を楽器代わりにしたようなのです。それを表す文字が「般《はん》」や「盤」です。

「般」の「舟《ふね》」は「盤」の形です。「盤」は「たらい、はち、さら」のこと。「殳」は、羽飾《はねかざ》りのついた杖《つえ》ぐらいの長さの矛《ほこ》です【→［役］［殺］［穀］】。つまり「般」は「舟」（盤）を楽器として「殳」で打つことです。「般楽《はんらく》」とは「楽しむ」ことですが、「般」に「たのしむ」の意味があります。広く全体にわたる「一般《いっぱん》」や先頃《さきごろ》の意味の「先般」などにも使います。

「般楽」は「盤楽《ばんらく》」ともいい、楽器としての「盤」を「殳」でたたいて「たのしむ」意味があります。「円盤」の言葉にも表れていますが、「盤」には円形のものが多いので「めぐる、まわる」の意味があります。加工する金属を回転させながら削《けず》ったりする工作機械を「旋盤《せんばん》」といいます。

JR常磐《じょうばん》線の「磐」は石の円くて大きなもののこと。火傷《やけど》や切り傷《きず》が治ったあとに残る傷《きず》痕《あと》を「瘢痕《はんこん》」といいますが、「瘢」は円形に残った傷痕のことです。「搬入《はんにゅう》」の「搬」は物を入れた盤を手（扌《てへん》）に持つことで「はこぶ、うつす」の意味です。

さて「三段跳び」の「段」のほうですが、この「段」の左側は粗金《あらがね》の形です。「杖矛《つえぼこ》」である「殳」には、何かを「打つ」意味があります。つまり「段」は粗金を打って鍛《きた》えることです。

この「段」は「鍛《たん》」の元の字。「鍛」は「きたえる、たたく」の意味の文字です。農具などを作るために、薄片《はくへん》の金属を打ち鍛えることを鍛錬《たんれん》・鍛練といいますが、この言葉は努力して技や芸、心身を鍛える意味にも使います。

古代文字

粗金の形は層《そう》をなしているので、層のあるもの、層に分かれているものを「段」という。「階段」は段になった通路のこと

【つながる漢字】

殳・盤・般・舟・磐・瘢・搬・段・鍛

穀

音　コク
訓　こくもつ・やしなう

実をたたいて脱穀《だっこく》する

袋《ふくろ》の中の穀物《こくもつ》をうつ

稲《いね》、麦などの穀類《こくるい》の穂《ほ》から穀物の粒《つぶ》を取り離《はな》すことを「脱穀《だっこく》」といいます。そして外皮で包まれた稲の実、籾米《もみごめ》をついて玄米《げんまい》を得たあとに残る殻《から》を「籾殻《もみがら》」といいます。

この「脱穀」「籾殻」の「穀」や「殻《かく》」にも「殳《しゅ》」がついていますね。「殳」は杖《つえ》ぐらいの長さの矛《ほこ》のことで、それを使って、何かをたたく行為《こうい》を表す文字が、漢字にはたくさんあります。【→「殺」「段」「発」】。「穀」「殻」の場合の「殳」は実際に穀物をたたくことを意味しています。「穀」は穀物の実をたたき脱穀する意味。脱穀して中が空《から》になり、くずのようなものが中に残っているのが「殻」です。その「から」に「禾《か》」（いね、穀類）がまだ残っている字形が「穀」です。「穀」「殻」の違いは古代文字のほうがよくわかります。

穀類を脱穀する際には、袋《ふくろ》に穀物を入れてたたきました。その様子が文字に表されているのが「撃《げき》」です。「撃」の旧字「擊」の上部「毄」の左側は上をくくった袋の形です。その中に穀物を入れて、「殳」（杖矛《つえぼこ》）でたたくのです。袋の中の物をたたくので、「撃」（擊）が「たたく、うつ」の意味になりました。

もともと「撃」の旧字「擊」の上部「毄」の左側が「袋」で、右側の「殳」が杖矛ですから、それらを合わせて袋の中の穀物をうつ意味でしたが、さらに文字の下部に「手」を加えて、「うつ」行為をより明確に示したのです。

そして「撃」（擊）は袋をうつという行為だけでなく、すべての「うつ」の意味から「討《う》つ、攻《せ》める、たたかう」の意味にも使うようになりました。「攻撃」「反撃」がその用法です。

「繋《けい》」という文字の上部「毄」も「撃」の旧字「擊」の上部と同じです。つまり「袋を撃《う》つ」形ですが、この袋は上部を括《くく》った袋です（上下を括った袋は「東」です【→「党」「練」】）。その袋を紐《ひも》で何かにかけたりしました。それを「繋」（「繫」とも記したりしますが、正しくは「繫」）といい、そこから「繋《つな》ぎとめる」ことも「繋」といいます。

ですから「繋」には「つなぐ、かける」の意味があります。繋累《けいるい》（係累とも書きます）は繋ぎとめるものの意味から面倒《めんどう》を見なくてはならない家族の意味にもなりました。

古代文字

穀類は人命を保つものであるので「やしなう、いきる」の意味もある。「穀育」とは「養育」すること

【つながる漢字】

穀（穀）・殻（殼）・殳・禾・撃（擊）・繋

【発】

音　ハツ・ホツ
訓　すすむ・おこる・あばく

弓を射《い》て開戦知らせる

広がり発散する

「矛《ほこ》」は敵《てき》を突《つ》き刺《さ》すための長い柄《え》のついた武器です。漢字の部首で「るまた」と呼《よ》ばれる「殳《しゅ》」も杖《つえ》ぐらいの長さの矛です。だから「殳」がある字に戦争に関係した漢字があります。

「発」もその一つ。旧字「發」をみると「殳」がありますね。「發」の上部は「登」の上部にある形と同じです。古代文字を見るとわかるかと思いますが、足跡《あしあと》の形である「止」と、それを左右反対にひっくり返した形を合わせた字形です。つまり左右の足をそろえる形です。その下に「弓」と「殳」を加えた「發」は両足をそろえて「弓」を射《い》って開戦を知らせることです。

弓で矢を射る「発」には発散する意味があります。それに「氵《さんずい》」（水）を加えた「潑《はっ》」は水がよく散る様子。「活潑《かっぱつ》」は元気で勢いのよいさま。今は「活発」とも書きます。

お酒や味噌《みそ》を作る際の「醱酵《はっこう》」の「醱」は酵素《こうそ》によって醸《かも》すことです。「醱」にも発散、広がっていく感覚がありますね。「醱酵」は現在は「発酵」とも書きます。

「殳」の関係字で、ちょっと不思議で愉快《ゆかい》な字を紹介《しょうかい》しましょう。まず「殿《でん》」です。「殿」の左側は人が「丌《き》」（腰掛《こしか》け）に座《すわ》っている姿《すがた》。臀部《でんぶ》を強調した形で「臀《しり》」の意味です。それに「殳」を加えた「殿」は臀たたきのことです。なぜそんな風習があったのかわかりませんが、臀たたきは、婿《むこ》を迎《むか》えるなどの際にも行われることもあるそうです。王や君主が住む御《ご》殿《てん》を宮殿《きゅうでん》というように「やしき」の意味に「殿」を用います。この「邸宅《ていたく》」などの用法と臀たたきとの関係はよくわかっていません。でも、その「殿」に肉体を意味する「月」（肉づき）を加えた字が「臀」なのです。

そういえば「沈澱《ちんでん》」の「澱」にも、臀部と同様、下部にたまるようなイメージがありますね。今は「沈殿」とも書きます。「澱」の意味は「よどむ、どろ」です。

この項《こう》の最後の紹介は漢字のルーツ・甲骨《こうこつ》文字を生んだ殷《いん》王朝の「殷」です。左側は「身」の字を左右反対にした形です。「身」は女性が妊娠《にんしん》している姿【→「身」】。つまり「殷」は母親のおなかを「殳《う》」で殴って、中の子の生命力を強くする儀式《ぎしき》ではないかと思われる文字です。それゆえに「殷」は「さかん」という意味です。「殷」の字も不思議な風習を表しています。

古代文字

隠《かく》していた秘密《ひみつ》が現れる「発覚」、心に隠しもっていたものが現れる「発露《はつろ》」など「あらわれる」の意味もある

【つながる漢字】

殳・発（發）・潑・醱・殿・臀・澱・殷

【刻】

音 コク
訓 きざむ・きびしい・とき

刀で刻《きざ》んで時をはかる

獣《けもの》の骨格《こっかく》のこと

核戦争《かくせんそう》などによって人類が滅亡《めつぼう》するまでの時間を象徴《しょうちょう》的に表す「終末時計」という時計があります。滅亡の時刻《じこく》を零時《れいじ》として、残されている時間を分秒で表します。ロシアのウクライナ侵攻が始まった二〇二二年は一分四十秒でした。でもここで核戦争のことを述べたいのではありません。「核戦争」の「核」と「滅亡の時刻」の「刻」に同じ「亥《がい》」の字がふくまれていますね。この「亥」をめぐる字の紹介《しょうかい》をしたいのです。

十二支の「いのしし」の意味にも使われる「亥《い》」は獣《けもの》のこと、獣の骨格《こっかく》（骨組《ほねぐ》み）の形です。そこから「亥」に「かたい」の意味があります。獣の骨格の「亥」として、わかりやすいのは「骸骨《がいこつ》」の「骸」です。骸骨とは死骸の骨のこと、「なきがら」の意味です。

その「亥」に「木」を加えた「核」は「果物《くだもの》の実や種」の意味です。果物の実は中心にあるので「中核」「核心」などの言葉ができました。原子の「中核」となる「原子核」から「核兵器」などの言葉ができています。

「刻」のほうは「亥」に「刂《りっとう》」（刀）を加える形。この「亥」は獣のことで、それを刀で刻《きざ》むことをいう文字です。そこから、いろいろなものに「刻む」意味になりました。器に刻んで印とし、時をはかることから、時刻の意味ともなったのです。

裁判官《さいばん》を裁《さば》く裁判に弾劾《だんがい》裁判というものがあります。「弾劾」とは責任ある地位にある人の不正をあばいて、その責任を追及《ついきゅう》することです。その「弾劾」の「劾」という字ですが、この文字は、時を経て漢字が伝わるどこかで字形を間違《まちが》ってしまったのだろうと白川静さんは考えていました。「力」は農具の「鋤《すき》」の形ですが、「劾」の元は「亥」に「力」を加えた字形ではなく、「亥」に「殳《しゅ》」を加えた字だったのではないかという考えでした。「殳」は杖《つえ》ぐらいの長さの矛《ほこ》です。その矛で獣の「亥」を殴《う》ち、何かのたたりを祓《はら》う儀式《ぎしき》がありました。

元は「亥」に「殳」を加えた字が、誤《あやま》って「劾」となってしまったようです。「弾劾」の「弾」も弓の弦《げん》を鳴らして悪い霊《れい》など祓う文字です。つまりもともとの「弾劾」とは、たたりや悪い霊を祓う儀式でした。現在は「劾」を人を「せめる、しらべる」の意味に用います。

古代文字

獣の死体を刻むことから「きびしい、むごい」の意味になった。むごくて薄情《はくじょう》なことを「刻薄」という。酷薄《こくはく》とも書く

【つながる漢字】

核(核)・刻(刻)・亥(亥)・骸(骸)・劾(劾)・力・殳・弾(彈)

統

音　トウ
訓　すべる

多くの糸が集まるところ

メタボの人の姿《すがた》

メタボリック症候群《しょうこうぐん》は内臓《ないぞう》周辺に脂肪《しぼう》がたまって肥満になることです。肥満の人、または肥満になりそうな人の生活を改善《かいぜん》して、病気を減らす目的で「メタボ検診《けんしん》」も行われています。このメタボの人の姿《すがた》をそのまま字にしたのが「充《じゅう》」です。特に腹部《ふくぶ》が肥満した姿をかいた象形文字のようです。肥《こ》えている人は体力・気力が満ちあふれているので「充満」（満ち足りること）の意味となりました。

「短銃《たんじゅう》」の「銃」は「金」と「充」を合わせた文字です。「充」は腹《はら》が肥満した人の意味。そこから丸い穴《あな》のあるものを示す文字として使われるようになりました。「金」は鋳込《いこ》んだ金属の形を表す象形文字です。

その「銃」が最初から短銃や猟銃《りょうじゅう》の「銃」を意味していたわけではありません。漢字が誕《たん》生《じょう》したのは、三千年以上も前のことなので、その時代に今の「銃」があったわけではないのです。「銃」は、最初は「斧《おの》」の柄《え》をさし込《こ》む穴の意味でした。後に「銃」が発明されて、その意味に使われ出しました。銃口がその丸い穴に似ていたからのようです。

まとめて取り扱《あつか》い、治めることを「統括《とうかつ》」といいます。「統括」の「統」の「充」も腹部が肥満した人のことです。それに「糸」を加えた「統」は「多くの糸が集まるところ」という意味です。そこから「まとめる」の意味となりました。

全体をまとめる「統括」とよく似た「総括《そうかつ》」という言葉があります。「統」と「総」は意味も似ていて、「糸」をまとめることをいいます。

この「総」は糸の末端《まったん》を結んで房《ふさ》のようにすることで、「ふさ」の意味があります。さらに「まとめる、あつめる」意味もあります。

また「総」は髪《かみ》を結う際の言葉にも多く使われます。古代の少年の髪形で、髪を中央から二つに分け、左右の耳の上に輪の形に束ねるものを「総角《そうかく》」（あげまき）といいます。「総髪《そうはつ》」は男性の髪形の一つで、髪を全体に伸《の》ばして頭頂《とうちょう》で束ねたもの、またそれを束ねずに後ろへなでつけて垂《た》らしたものです。

古代文字

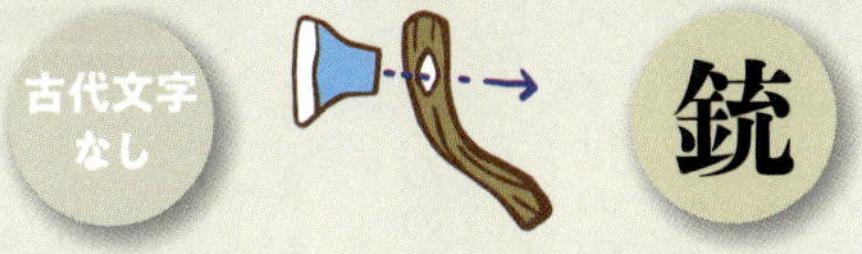

多数を一つにまとめることを「統一」、その「系統《けいとう》」を「統括」することを「統制《とうせい》」という

【つながる漢字】

充・銃・統・総（總）・金

純

音　ジュン
訓　もっぱら

布の縁《へり》に糸《いと》飾《かざ》りをつける

まるく固めたもの

漫画家《まんがか》・水木しげるさんの妻・武良布枝《むらぬのえ》さんが書いた『ゲゲゲの女房《にょうぼう》』がテレビドラマ化された時、水木さん自身は米寿《べいじゅ》の年でもありました。「八十八歳《さい》にもなると鈍感《どんかん》になってね、あんまり何も感じない」。世の中があまり豊《ゆた》かになると、「妖怪《ようかい》は逃《に》げるね」と言い、「人間も、もう少し豊かでないほうが純粋《じゅんすい》なのかも」と水木さんは話していました。

いやいや水木さんのことを紹介《しょうかい》したいわけではないのです。水木さんが語る「鈍感」の「鈍」、「純粋」の「純」に「屯《とん》」の字形がふくまれています。その紹介です。

この「屯」は糸の末端《まったん》を結びとめた形で、縁飾《へりかざ》りのことです。「屯」が「純」の元の字で、「純」とは布の縁に糸飾りをつけることです。昔は「屯」を「純粋」の「純」の意味にも用いていましたが、後に「屯」を「あつまる」の意味に使い、「純」が「まじらない、もっぱら」の意味となりました。「屯」の「集まる」意味では「駐屯《ちゅうとん》」がそうです。兵隊が「集まり留まる」のが「駐屯」です。

「屯」は織物の縁の糸を結びとめた房《ふさ》飾りですので、まるく固めたものの意味があります。そこから刀などの刃《は》がまるくなり、切れ味が悪くなったものを「鈍《どん》」といい、それを人に移して「愚鈍《ぐどん》」（愚《おろ》かで鈍《にぶ》いこと）などの言葉にも使います。

「沌《とん》」は水が集まり、流れない状態です。「混沌《こんとん》」は物事の成り行きのはっきりしないさま。

「饂飩《うどん》」の「飩」の「屯」もまるく固めたものの意味です。「餛飩《こんとん》」という中国由来の菓子《かし》がありました。刻《きざ》んだ肉をまるめて小麦粉の皮で包んで蒸《む》したものです。平安時代、宮中の節会《せちえ》などに供《そな》えられました。「饂飩」の前身の一つかと考えられますが、「饂」は日本で作られた文字なので、「饂飩」は日本語の用法だそうです。

「頓挫《とんざ》」の「頓」にも「屯」がありますね。「屯」は糸の端《はし》を束ね結ぶ形なので、「ゆきどまり」の意味があります。「頓挫」とは計画などが、ゆきづまることです。

そういえば『ゲゲゲの鬼太郎《きたろう》』で有名になった妖怪「一反木綿《いったんもめん》」には縁飾りがあるのでしょうかね。どうかな？

古代文字

縫《ぬ》い取りがついた黒色の衣を王から賜《たまわ》ることも多く、それは儀式《ぎしき》用の礼服だった。その純《じゅん》一無雑《いつむざつ》なことから「純粋《じゅんすい》」などの言葉もある

【つながる漢字】

鈍・純・屯・沌・飩・頓

【冬】

音　トウ
訓　ふゆ

四季を意味する文字

編み糸の末端《まったん》結びとめる

古代中国では「糸」は貴重《きちょう》なものでした。漢字にも「いとへん」の字が多くあります。その糸の末端《まったん》を結ぶ字が「総《そう》」や「屯《とん》」でした。日頃《ひごろ》使う字に、もう一つ「糸」を結ぶ形の文字があります。それが「冬」です。「冬」の古い字形は編み糸の末端を結びとめた形ですが、その後、文字の下部に「冫《ひょう》」(氷)が加えられて、現在の字に近いものになりました。

その「冬」が「ふゆ」の意味に使われ出し、「糸」を加えて「終」ができました。糸の末端を結び終結とするので「おわり」の意味となったのです。

ついでに「春」「夏」「秋」も紹介《しょうかい》しましょう。まず「春」の元の字は「艹」(くさかんむり)の下に「旾《しゅん》」を加えた「萅」という字でした。

「旾」の「屯」は織物の縁《へり》の糸を結びとめた房飾《ふさかざ》りの形ですが、この場合は寒い冬の間、閉《と》じ込《こ》められていた「草の根」を表しています。それが「日光」(「日」の字形)を受け、芽を出そうとする字が「春」の元の字です。そこから「はる」の意味となりました。

「夏」は舞楽《ぶがく》用の冠《かんむり》をつけ、両袖《りょうそで》を振《ふ》り、足を前にあげて舞《ま》う人の姿《すがた》です。古代文字を見ると、そのような姿で舞う人であることがわかるかと思います。「夏」に「大きい」の意味もあります。舞楽の人の顔や体が大柄《おおがら》であったからのようです。

作家・井上《いのうえ》ひさしさんの本名は「井上廈《ひさし》」でした。「廈《か》」の「夏」は「大きい」意味。「广《げん》」

は高い家で、「廈」は「ひさし」のある大きな家のことです。「夏」を季節の「なつ」の意味に使うことは春秋《しゅんじゅう》時代(紀元前七七〇〜前四〇三年)頃《ごろ》になって始まったようです。

「秋」の元の字は「龝《しゅう》」の下に「灬《れんが》」(火)を加えた形でした。「禾《か》」は稲《いね》。この場合の「龜《き》」(亀《かめ》)はイナゴなどの虫のこと。秋になるとイナゴが大発生して穀物《こくもつ》を食べてしまうので、イナゴを「火」で焼いて、豊作を祈《いの》る儀式《ぎしき》をしたのです。後に「龜」の字形を除いて、「禾」と「火」を合わせた「秋」の字ができました。「秋」に虫害が発生するので「秋」が季節の「あき」の意味となったのです。冬に向かう「秋」はものさびしい季節です。その季節感を表した文字が「愁《しゅう》」で「うれい」の意味です。

古代文字

漢字のルーツである甲骨《こうこつ》文字には四季の名前を確かめる資料がなく、四季の名前としての意味が出てくるのは時代が下ってからだ

【つながる漢字】

冬(𠔀)・終(終)・春(萅=異)・夏(頙=異)・廈・秋(龝=異)・禾・愁

頂

音　チョウ
訓　いただく・いただき

打ち込《こ》んだ後の釘《くぎ》の形

頭頂《とうちょう》部の平らなさま

日曜大工をしますか？　トンカチを持って「釘《くぎ》」を板に打ち込《こ》み、何かを作っていくことは楽しいですね。その「釘《てい》」の元の形が「丁《ちょう》」という文字です。「丁」の字をじっと見ていると確かに「釘」を何かに打ち込んだような形に見えますね。

でも「丁」の古代文字を見ると、打ち込んだ後の「釘」の平面形です。ですから「丁《てい》」の字形をふくむ字には「楕円《だえん》形で平らなもの」という意味があります。「釘」は楕円形で扁平《へんぺい》な金属製のものという意味から、現代でいう金属製の「くぎ」の意味となりました。

この「丁」をふくむ字は日常で使う漢字の中でもかなりあります。「丁」に「扌《てへん》」（手）を加えた「打」も、まさに「釘」を打ち込むことを表す文字です。

山の頂上《ちょうじょう》の「頂」も「丁」をふくんだ文字ですね。「頂」の「頁《けつ》」は頭に儀式《ぎしき》用の帽子《ぼうし》をつけて拝《おが》んでいる人の姿《すがた》を横から見た形です。それで身体の最上部を「頂」といい、頭頂《とうちょう》部の平らなさまを「頂」というようになりました。山頂は山のてっぺんの平らなことです。

宝塚《たからづか》歌《か》劇《げき》団《だん》出身の女優《じょゆう》「汀夏子《みぎわなつこ》」さんの「汀」にも「丁」があります。この「丁」も「平ら」の意味です。その「丁」に「氵《さんずい》」（水）を加えた「汀《てい》」は平らな形をした「渚《なぎさ》」や「洲《す》」など水ぎわの平地のことで「みぎわ、なぎさ」のことです。

間違《まちが》いを正す「訂正《ていせい》」の「訂」も「丁」の関連文字です。一九〇〇年ほど前の中国の字書

『説文解字《せつもんかいじ》』にも「平議するなり」とあって、議論《ぎろん》して定めることが「訂」です。この「丁」も釘の頭のことで、釘の頭をたたいて安定させることから誤《あやま》りを正すことになりました。

酔《よ》っぱらった人のことを「酩酊《めいてい》した人」といいます。その「酩酊」の「酊」にも「丁」があります。甚《はなは》だしく酔った人には、しっかり立っていなくて、平らになったイメージがあります。

「町」も関連字です。「田」と「丁」を合わせた文字。これは田の踏むところ、田のあぜ道のこと。「田の踏むところ」に「田の平らになったところ」のイメージがありますね。田と土地の区画の意味でもあり、日本では「まち、市街」の意味に用います。また「一丁目」など市街の区分の意味でも「丁」を使います。これも日本の用法です。

古代文字

日本語では「頂」を「いただく」と読み、ごちそうを頂く、雪を頂いた山のように使う

【つながる漢字】

釘・丁・打・頂・頁・汀・訂・酊・町

垂

音 スイ
訓 たれる・たらす・なんなんとす

草木の花や葉が垂《た》れ下がる

●末《まっ》端《たん》、辺境の所

睡眠《すいみん》不足で眠《ねむ》くなるとまぶたが垂《た》れてきますね。この「睡眠」の「睡」に「垂れる」という「垂《すい》」の文字が入っています。

「睡」は「目」と「垂」を合わせた字ですから、「目」のふたが垂れることで、「睡」が「ねむる、いねむり」の意味であることは簡単《かんたん》にわかるかと思います。

「郵便《ゆうびん》」の「郵」にも「垂」が入っています。では、この「垂」と「郵」の関係はどうでしょう。簡単には「垂」と「郵」との、二つの文字のつながりがわかりませんね。その関係の紹介《しょうかい》です。

まず「垂」の古代文字を見てほしいのですが、これは草木の花や葉が垂れ下がる形です。古代文字を見るとわかりやすいのですが、「垂」の字形の下部は「土」の文字です。つまり花や葉が垂れて「土」に達する状態を文字にしたものです。そこから「たれる」意味があります。

「睡」は紹介したようにまぶたが垂れることです。そこから「ねむる」意味となりました。この睡《ねむ》る姿《すがた》は平和で美しいものとされ、水上に静かに浮《う》かぶ鷗《かもめ》を「睡鷗《すいおう》」といい、水面で花弁《かべん》を閉《と》じてたたむ蓮《はす》に似た水草を「睡蓮《すいれん》」といいます。

「垂」に「垂下」（たれさがる）の意味があります。「垂」に「金」を加えた「錘《すい》」は秤《はかり》の重りとして用いる「おもり」の意味です。また糸を紡《つむ》ぐための道具に「紡錘《ぼうすい》」がありますす。こまの回転力を利用して、繊維《せんい》をねじって撚《よ》りあわせ、糸にするものです。長い木の棒《ぼう》の先に回転力を強める重り（錘）となる円盤《えんばん》（はずみ車）がついています。

さて「郵便」の「郵」についてです。「郵」の「阝《おおざと》」は「邑《ゆう》」の省略形で「まち・むら」のことです。「垂」には花や葉が垂れ下がることから、末端《まったん》の所の意味があり、地の果ての意味、辺境《へんきょう》の意味があるのです。「郵」はその辺境の意味の文字です。辺境に文書や命令などを運ぶための宿場のことです。

辺境への通路に駅舎《えきしゃ》（宿場の建物）を置くことを「置郵《ちゆう》」といい、その駅舎で旅券《りょけん》などを確《かく》認《にん》しました。今は手紙などを伝達する制度である「郵便」などの言葉に使っています。

古代文字

垂れて土に近づくように、今にもその状態になろうとすること、「なんなんとす」の意味にも使う。「垂死」は死にかかっていること

【つながる漢字】

垂・睡・錘・郵

橋

音 キョウ
訓 はし

高く、曲がり、しなう

神招く目印の木を立てる

「高橋」という名字は日本にかなり多いようですが、よく見るとこの「高」と「橋」は少し似ていますね。さらに「喬《たかし》」という名前の人もいます。これも「たかい」という読みなので、「高」と似ています。それらの関係についての紹介《しょうかい》です。

まず「高」は「京」の省略形と「口」を合わせた形です。「京」はアーチ形の出入り口のある都の城門の形【↓［就］】。「口」は顔の「くち」のことではなくて、神様への祈《いの》りの言葉である祝詞《のりと》を入れる器「𠙵」（サイ）です。

つまり「高」は門の上に望楼《ぼうろう》（物見やぐら）がある大きな城門で、それに祝詞を供《そな》え、悪い霊《れい》が入りこまないように、お祓《はら》いすることを表した文字です。望楼がある大きな城門なので「たかい」の意味となりました。

そして「喬《きょう》」は、その「高」と「夭《よう》」を合わせた形です。神への祈りの言葉を入れた器「𠙵」（サイ）を加えたアーチ状の門を示す「高」の上に呪《まじな》いとしての木（「夭」の字形）を立てたものが「喬」です。祇園祭《ぎおんまつり》の山鉾《やまぼこ》を立てるような姿《すがた》をした建物を考えてください。その目印の木に神を迎《むか》え、邪悪《じゃあく》なものの出入りを防ぐ楼門の形です。

古代中国では「橋」の両端《りょうたん》に神を招く目印の木を立てたようです。そこから「橋」が、高くかけた橋の「たかはし、はし」の意味となりました。

「喬」には鉾を立てるような高い目印の木（「夭」の字形）がふくまれているので、「高く、曲がり、しなう」などの意味があります。「愛嬌《あいきょう》」の「嬌」は女性の姿のあでやかな美しさのことですが、この「喬」は「しなう」意味ですね。おごりたかぶる「驕慢《きょうまん》」の「驕」は高い目印の木に降《お》りてきた神の威力《いりょく》を使って「たかぶること」です。元は「荒馬《あらうま》」のことだったようです。でも「荒馬」の意味での用例はほとんどありません。

正し直す「矯正《きょうせい》」の「矯」には「曲げる」意味があります。でもこれは高く、驕《おご》っていて「事実を偽《いつわ》りまげること」を意味する文字でした。曲がっているものを真っすぐに、また真っすぐなものを曲げて形を整える「矯正」の意味での「矯」は後の用法のようです。

古代文字

「橋」は川をはさんで聖地《せいち》とされた。橋のきわに立ち、往来《おうらい》の人の話を聞き、吉凶《きっきょう》を占《うらな》ったりした

【つながる漢字】

高・橋・京・喬・嬌・驕・矯・夭

【棒】

音　ボウ
訓　むち

草木がさかんに茂《しげ》る

大きな木の杖《つえ》

米大リーグでケン・グリフィーという選手がいました。走攻守《そうこうしゅ》そろった名選手で、イチロー選手があこがれる選手でした。そのグリフィー引退《いんたい》発表の日の試合で、イチローはサヨナラ安打を放ちました。「グリフィーに捧《ささ》げる一打」と、当時の記事にあります。

彼《かれ》ら一流野球選手たちの高い「年俸《ねんぽう》」もしばしば話題になりますが、その「年俸」の「俸《ほう》」にも、「捧げる一打」の「捧《ほう》」にも「奉《ほう》」の字形があります。野球を中国では「棒球《ぼうきゅう》」といいますが、この「棒」にも「奉」があります。それらのつながりの紹介《しょうかい》です。

そのための基本となるのは「丰《ほう》」という字です。これは草木がさかんに茂《しげ》るさまを表す字です。この「丰」をふくむ字はかなりあります。例えば「峰《ほう》」は「山」「夂《ち》」「丰」を合わせた形です。「夂」は下向きの足の形で【↓［降］】、「夆《ほう》」は伸《の》びた木の枝に神の霊《れい》の降《お》りる形です。神の降りてくるような木のある「山」を「峰《みね》」といいます。異変がある時に木を燃やし火を高くあげて伝える「烽火《のろし》」の「烽《ほう》」も関係する文字です。高所にいる神霊と関係しています。「逢《ほう》」の「辶」（しんにゅう）は道を行くことで、天から降りてきた神気なもの（不思議な霊気）神異《しんい》なものに「あう」ことです。舌鋒鋭《ぜっぽうするど》い、とは弁舌《べんぜつ》の鋭いことを「鋒《ほこさき》」にたとえた言葉です。この「丰」も伸びた木の枝で、その枝の形を金属の武器の意味に移したのが「鋒《ほう》」です。

もう一つ紹介すると「蜂《ほう》」もそうです。白川静さんによると「蜂《はち》」が群がり飛んでくる音を表しているのだそうです。でも「鋒」のような針《はり》を持った虫と考えると覚えやすい字です。

さて「捧」「俸」「棒」の右の「奉」の説明です。少し紛《まぎ》らわしいですが、「奉」の下部は「丰」ではなく、横線が二本の「キ」で、これは「手」の形です。「奉」の字形の上部が「丰」を左右の「手」で捧げている形です。その下にさらに「手」（キ）を加えて支えている文字で、神が乗り移る木の「丰」を多くの「手」で持つので「たてまつる」意味となりました。古代文字やイラストを見るとよくわかります。「棒」は大きな木の杖《つえ》のこと。「奉」に「扌《てへん》」（手）を加えた「捧」は「ささげ持つ」こと。「奉」は神に奉《たてまつ》り、さしあげることですが、それに「亻《にんべん》」（人）を加えた「俸《ほう》」は「人に提供《ていきょう》するもの」の意味です。

古代文字

針ほどの小さいことを棒ほどに大きくいうこと、物事を大げさにいうことを針小棒大《しんしょうぼうだい》という

【つながる漢字】

棒（棓＝異）・俸・捧・奉・丰・峰（峯＝異）・夂・夆・烽・逢・鋒・蜂

鋼

音　コウ
訓　はがね

鍛《きた》えて剛《かた》い性質の鉄

鋳《い》型《がた》に火を加える

社会生活で使われる漢字の目安である「常用漢字表」が二〇一〇年に改定された際に、「岡《おか》」という文字が新しく常用漢字表に加わりました。

「静岡」「岡山」「福岡」の各県の名前の中に「岡」の文字がふくまれていますが、それまでは「岡」は常用漢字ではありませんでした。

その理由は固有名詞《めいし》のみに使われる漢字は原則入れないというものです。でも三県もの名にある「岡」は小学生でも読める字でした。あまりに現実に合っていないため、それまで常用漢字になかった「岡」や「茨《いばら》」「熊《くま》」など都道府県名の十一字が追加されたのです。

そこで「岡」の文字の成り立ちと「岡」をふくむ文字について紹介《しょうかい》したいと思います。

この「岡《こう》」は鋳物《いもの》を造る時、その鋳型に火を加えている形の字です。現代の文字や例に挙げた古代文字で「山」に見える部分は「火」の字形です。

上部は「网《あみ》」の字形で、この場合は鋳型を表しています。高熱で鋳型を焼きかためることから、「岡」には「堅《かた》く強い」意味があります。「岡」は赤土色の「丘《おか》」のことなのですが、その赤土色は焼きかためられた鋳型の土と同じ色です。

鋳型を土で作って、下から火を加えて、焼きかためて、堅くなった鋳型を「刀」（刂《りっとう》）で裂《さ》く形が「剛《ごう》」です。でもその鋳型は堅くて容易に裂きがたいので、「剛」は「つよい、かた

い」の意味となりました。

その強い意味を人の性質や心情に移して、剛毅《ごうき》（意志が強く気力があり何事にも屈《くっ》しないこと）などの言葉に使います。

さらに、鍛《きた》えて剛《かた》い性質の鉄を「鋼《こう》」という、と白川静さんは説明しています。「鋼」は「はがね」の意味に用います。

「岡」は堅く強い意味ですが、そこから紐《ひも》をより合わせ、頑丈《がんじょう》で切れないものを「綱《こう》」といいます。「綱」は「つな、まとめる」の意味となり、さらに「基本となる、おおもと」である「大綱」の意味に使います。

古代文字

鋼玉《こうぎょく》は酸化アルミニウムの透明《とうめい》な鉱物。ダイヤモンドの次に硬《かた》い。赤はルビー、青はサファイアという

【つながる漢字】

岡・剛・鋼・綱

【条】

音　ジョウ
訓　えだ・すじ

みそぎに使う枝や葉の束

背《せ》中《なか》に水をかけて洗《あら》う

「修行」と「修業」の違《ちが》い、わかりますか？　お坊《ぼう》さんの場合は「修行」。学術、技芸などを身につける場合、例えば板前さんは「修業」です。でも辞書を引くと「修行」にも「学問、芸術などを身につけるように努力し学ぶこと」とあります。難《むずか》しいですね。その「修《しゅう》」の紹介《しょうかい》です。

「修」は「攸《ゆう》」と「彡《さん》」を合わせた形。「攸」は「亻《にんべん》」（人）と「丨」と「攵《ぼく》」（攴）を合わせた形で、「丨」は水滴《すいてき》を表し、「攵」（攴）は木の枝などを持つ姿《すがた》です。つまり「攸」は人の背《せ》中《なか》に水をかけて洗《あら》う形でみそぎをする姿。みそぎで清められたことがきわだっているのを示す記号的な字が「彡」です。そこから「修」が「きよめる、おさめる」の意味となりました。

みそぎで、身心が清められ、「心」が安らぐことを「悠《ゆう》」といいます。「攸」と「心」を合わせて、心が「ゆるやか、のどやか」の意味です。「悠久」など「はるか」の意味もあります。

他にも「攸」の関係字はあります。憲法何条《けんぽうなんじょう》の「条」もその一つ。でもこれは旧字「條」でないと関係がわかりません。その「條」の「攸」は人の背後《はいご》に水をかけて洗い、身を清めるみそぎのこと。「木」はその時に使用する木の枝や葉を束ねたものです。長い枝のことから「えだ、すじ」の意味となり、「条理」（すじみち）などの言葉が生まれました。

この「條」には水滴を表す「丨」の字形がふくまれていますが、さらに「氵《さんずい》」（水）を加えた「滌《じょう》」は「條」の木や草の束で、水をかけて身を滌《あら》う「洗滌《せんじょう》」のことです。

もう一つ紹介しましょう。昔、三原脩《みはらおさむ》というプロ野球の知将《ちしょう》として知られた名監督《めいかんとく》がいました。西鉄ライオンズの監督として一九五六年から三年間、日本シリーズで巨人軍《きょじんぐん》を相手に三連《れん》覇《ぱ》。特に一九五八年は三連敗の後に四連勝して優勝《ゆうしょう》。一九六〇年に大洋ホエールズを前年最下位から一年目で日本一に導き、「三原マジック」と呼《よ》ばれました。その三原は在籍《ざいせき》していた巨人軍を去って、西鉄の監督になる時に「三原修《おさむ》」から「三原脩」に改名しています。この「脩」は「攸」に「月」（肉づき）を合わせた文字。「月」は儀礼《ぎれい》の贈答《ぞうとう》に贈《おく》られる干《ほ》し肉のことです。その干し肉は「條」（条）のように細く束ねて切ったものでした。日本で進物《しんもつ》に添《そ》える熨斗《のし》は「脩」の名残です。その「脩《しゅう》」が「修《しゅう》」と通じて「おさむ」の意味となりました。

古代文字

長い枝がのびることから「条理」、「条目」（箇《か》条《じょう》書き文書）、「条約」（箇条書きの約束。また、国家間の約束）などの言葉ができた

【つながる漢字】

修・攸・彡・悠・条（條）・滌・脩・攴（=攵）

【構】

音　コウ
訓　かまえる・かまう・しくむ・つくる

木を組み合わせる

飾《かざ》り紐《ひも》の上下をつなぐ

学校で絵を描《か》く際には「構図をよく考えなさい」と言われました。偉《えら》い先生の「講義」も学校でありましたし、文房具《ぶんぼうぐ》などを買える「購買《こうばい》」もありました。

この「構図」の「構」と、「講義」の「講」と、「購買」の「購」の三文字を覚えるのは結構難《むずか》しいことでした。みなさんは、その区別に悩《なや》んだことはありませんか。

この三文字のつながりを説明する基本は各字の右側にある「冓《こう》」です。「冓」は同じ形の飾《かざ》り紐《ひも》を上下つなぎ合わす形で、意味は「くむ、くみあわす」です。飾り紐をつなぎ合わせることは結婚《けっこん》を象徴《しょうちょう》的に表すことでした。

その結婚のことを表しているのが「媾《こう》」という字です。交戦国が互《たが》いに取り決めをして戦争をやめ、平和な状態にもどることを「講和」といいます。この「講和」は「媾和」とも書きました。「媾」は男女の縁組《えんぐみ》、結婚することで、「あう、したしむ」の意味があります。古代では戦う両者が「媾和」のために結婚をすることがあったのでしょう。

「構」は紐ではなく、「木」を組み合わせることです。そこから「構」はすべてのものを構成する意味となりました。「構図」とは絵や写真などの画面構成のことです。

「木」ではなく「言葉」を組み立てて解きあかすことを「講」といいます。「冓」「媾」は紐を組み合わせて両者の結合で和解をはかることですが、問題を考え、学術を究明することが

「講」で、その意味は「とく、はかる、おしえる」です。

「購」の「貝」は貨幣《かへい》の代わりにもなる貴重《きちょう》な「子安貝《こやすがい》」のこと【↓［貴］】。両者を結びつけるのに、財物を用いたのです。「言」をもって和解するのが「講」、財をもって和解するのが「購」で、意味は「あがなう」です。

「溝《みぞ》」の「冓」も結ぶことです。二つの水路がつながるように水路を掘《ほ》ることを「溝《こう》」といい、人工的に掘った「みぞ」の意味となりました。

最後は「篝火《かがりび》」の「篝《こう》」の紹介《しょうかい》です。この「冓」も組みあげたものの意味で、「篝」は竹製の籠《かご》の意味です。後に篝火用の籠を意味するようになりました。

古代文字

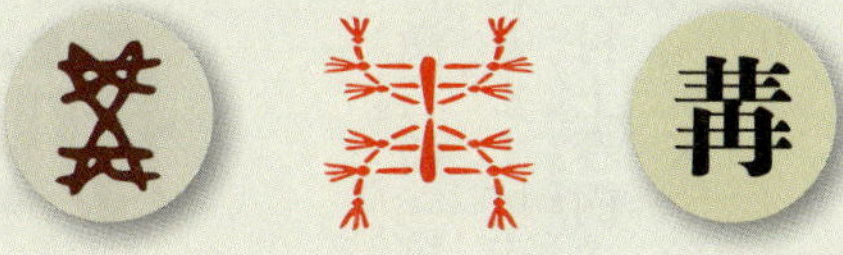

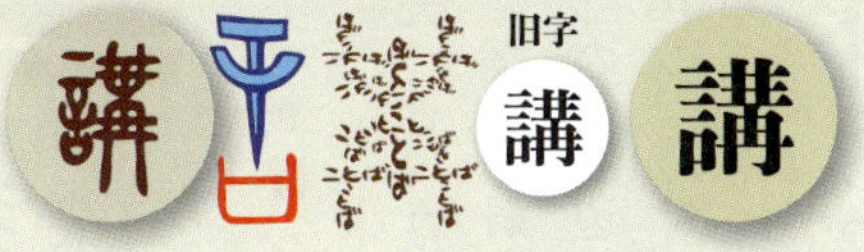

木を組み合わせて、建物を築くこと。それを構成する木のこと。そこから「構築」「構造」「構図」「構想」などの言葉ができた

【つながる漢字】

構（構）・講（講）・購（購）・冓・媾・溝（溝）・篝

【航】

音　コウ
訓　ふね・わたる

川を渡《わた》る筏代《いかだ》わりの舟《ふね》

首を真っすぐ立てた姿《すがた》

夏目漱石《なつめそうせき》に『坑夫《こうふ》』という少し変わった作品があります。恋愛事件《れんあいじけん》で家を出た主人公が人に誘《さそ》われるまま坑夫になり、銅山の坑内深く下りて行くという物語で、ルポルタージュ的な作品です。村上春樹《むらかみはるき》さんの『海辺《うみべ》のカフカ』の中でも紹介《しょうかい》されていました。

その『坑夫』の中に「人間であるからは、たまには怒《おこ》るがいい。反抗《はんこう》するがいい」という言葉があります。

いやいや漱石の作品について述べたいわけではありません。「坑夫」の「坑」と「反抗」の「抗」という字、似ていますよね。その紹介です。

この「坑」「抗」の説明の基本となるのは右側の「亢《こう》」という字です。この「亢」は人の首ののどの動脈部分をふくんでかかれた象形文字で、意味は「くび」のことです。

この「亢」の部分、首を真っすぐ立てた姿《すがた》は相手に従《したが》わない姿勢《しせい》です。それを意味する字が「亢」に「扌《てへん》」(手)を加えた「抗」です。白川静さんの字書『字通《じつう》』には「屈《くっ》せずして争うことを抵抗《ていこう》という」と記してあります。

首を立てることから、「亢」には首が直っすぐ上下するので、真っすぐ下がる意味があります。「亢」に「土」を加えた「坑」は竪穴《たてあな》のことです。横穴のこともいいます。

「坑」の異体字に「阬《こう》」が挙げられています。この「阬」はあまり使わない字ですから、理解するだけでいいと思いますが、「阝」（こざとへん）は神様が天上と地上を昇降《しょうこう》する階段《かいだん》（または梯子《はしご》）です【→［際］】。その「阝」の前に竪穴「坑」を設けて、その穴に多くの生け贄《にえ》が埋《う》められたようです。古代文字は、この「阬」の形をしています。

「亢」はのどをふくむ、くびの形で、直線的な状態、直線的なものを表します。古くは大きな川を直線的に渡《わた》るのに筏《いかだ》を組んでつくった浮橋《うきはし》を使いました。これを「杭《こう》」といいます。ですから「杭」の意味は「わたる、ふね」です。「くい」の意味に使うのは日本語の用法だそうです。そして筏に代えて舟《ふね》を用いるようになったので「航」の文字ができました。意味は「わたる、ふね」です。「航」の古代文字は異体字「斻」の形をしています。

古代文字

今は「航空」など、飛行機で空を飛ぶ意味にも「航」が使われ出したので、「航路」「就航」などの言葉を船と飛行機の両方の場合に使う

【つながる漢字】

坑（阬＝異）・抗・亢・杭・航（斻＝異）

【刊】

音　カン
訓　けずる・のぞく

版木を削《けず》り印刷する

真っすぐ立つ盾《たて》

村上春樹《むらかみはるき》さんの長編小説『色彩《しきさい》を持たない多崎《たざき》つくると、彼《かれ》の巡礼《じゅんれい》の年』が二〇一三年に出版されて、一週間ほどで百万部を刊行《かんこう》して話題となりました。

その直後に村上さんが京都大学で公開インタビューを行いました。会場に集まった人に司会者が「新幹線や飛行機で来た人は？」と質問したら、半分ぐらいの人が手を挙げていました。すごいですね。

そんな村上春樹人気のことではなくて、「刊行」の「刊」や「新幹線」の「幹」にふくまれる「干《かん》」に関連した字の紹介《しょうかい》をしたいのです。「干」は武器の一つで長方形の盾《たて》の形。だから元の意味は「ふせぐ」でした。でもうまくふせぐ武器ということから相手を「おかす、みだす」の意味もできました。他者のことに立ち入る「干渉《かんしょう》」という言葉もありますね。「干《ほ》す」の意味は「乾《かん》」と音が同じなのでできた意味です。

さて「刊」の「干」は「おかす」ことの意味です。木をおかし、削《けず》る意味です。書物の版木を「刀」（刂《りっとう》）で削り、印刷するのが「刊」です。

「干」は盾ですから、真っすぐ立つものの意味があります。その意味をふくむのが「竿《かん》」です。「さお」のことですが、もともと「竿」はタケノコを表す文字だったそうです。タケノコが伸《の》びた竹竿《たけざお》を旗竿に用いました。

さて「幹」については古代文字を見てください。「干」の部分が「木」になっています。「倝《かん》」は飾《かざ》り物がある旗竿のこと【→［料］】。それに「木」を加えた「榦《かん》」（「幹」の元の字）は根幹を意味する字です。旗竿は旗の立つ根幹のところです。「幹」の「干」も竿の意味で、旗竿の根幹のことから「幹」の字ができました。「みき、はしら、ただす」意味です。

「肝《かん》」と「汗《かん》」にも「干」がありますね。古い字書に「肝は榦なり」とあります。「肝臓《かんぞう》」は左に三葉、右に四葉の形を持つので、その形を木にたとえて、強い臓器である肝臓をそのように書くようです。「汗」は身体から出る水分のこと。その「干」も「身幹《しんかん》」（からだのこと）の意味を受けた文字のようです。

古代文字

木版では文字を訂正《ていせい》する時にその部分だけを刊《けず》り代えることができるので、文字の誤《あやま》りを正すことを刊誤《かんご》という

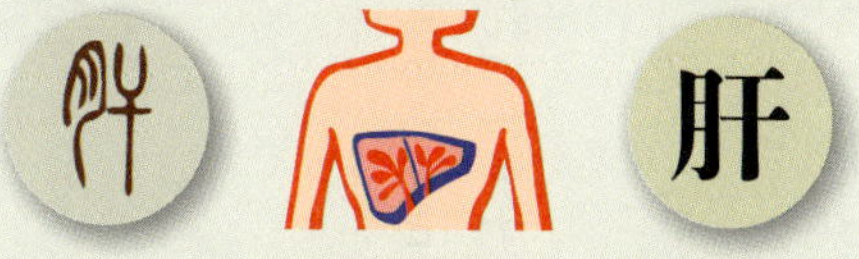

【つながる漢字】

刊・幹（榦=異）・干・竿・肝・汗

【支】

音　シ
訓　ささえる・えだ・わける

小枝を手に持つ

分かれること、手足のこと

「岐阜支店から、技術を買われて、本社に異動《いどう》した」という会社員もいるかと思います。この「岐阜」の「岐《き》」と「技術」の「技」に「支店」の「支」がふくまれていますね。その関係を紹介《しょうかい》したいと思います。

この「支」は「十」と「又《また》」を合わせた形です。「十」は木の小枝。「又《ゆう》」は手の形です【↓友】。つまり「支」は小枝を手に持つ形で、「枝」の元の字です。幹から枝分かれしたものをいうので「えだ」の他に「わかれる、わける」の意味も出てきました。「支店」の「支」はその意味です。このように「わける」意味などにも「支」が使われるようになり、「支」に「木」を加えて「枝」の文字ができました。

「岐」の「支」も「わかれる」の意味。これは文字の通り「山のわかれ道」のことで、意味は「わかれる、わかれみち」です。「多岐《たき》」は多方面という意味。「分岐」は「わかれること」です。

さらに「支」に体を表す「月」（肉づき）を加えた「肢《し》」は「てあし」のこと。人の手足を「四肢」といい、昆虫《こんちゅう》などの羽を「翅《し》」といいます。いずれも本体から分かれ出るものです。

「歌舞伎《かぶき》」の「伎」も体に関係した「支」をふくむ字です。「支」に「亻《にんべん》」（人）を加えた「伎」は歌舞する時に体を傾《かたむ》けている姿勢《しせい》のことです。「支」は「枝」の元の字なので「傾くものをささえる」意味があります。日本語の「かぶく」は漢字では「傾く」と書き、「かたむける」ことです。「かぶく」は体が「かたむく」ことで、「歌舞伎」は「かぶく」の連用形の名詞《めいし》化です。その「伎」は歌舞する時の身の動きを表す文字です。

「舞妓《まいこ》」の「妓《ぎ》」も「身を傾けて舞《ま》う者」のことで、「うたひめ」の意味となりました。

最後に「技」ですが、これも人の手足や体に関係した意味の「支」です。「支」に「扌《てへん》」（手）を加えた「技」はこのように体を傾けて、「手」を「たくみ」に動かして演技することです。それを「わざ」といいます。「技芸」「技術」は手を巧《たく》みに動かして、物を作ったり、加工したりする「わざ」のことです。

古代文字

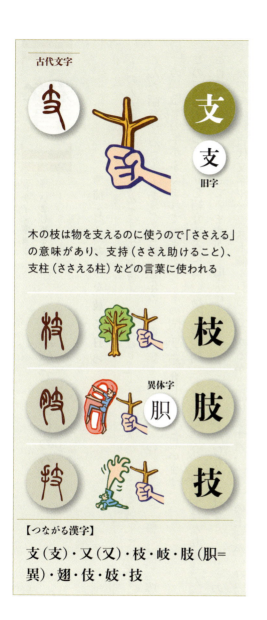

木の枝は物を支えるのに使うので「ささえる」の意味があり、支持（ささえ助けること）、支柱（ささえる柱）などの言葉に使われる

【つながる漢字】

支（攴）・又（攴）・枝・岐・肢（胑＝異）・翅・伎・妓・技

警

音　ケイ・キョウ
訓　いましめる

言葉でいましめる

捕《と》らえた人を枝で打つ

「あの人を尊敬《そんけい》しているんですか。驚《おどろ》き！　自分はちょっとあの人のことを警戒《けいかい》しています」こんな話をすることもあるかと思います。この「驚き」「警戒」の「驚《きょう》」と「警」に、「尊敬」の「敬」の字がふくまれていますね。その関係を紹介《しょうかい》したいと思います。

この三文字のつながりを紹介するには、「敬」の左側にある字を紹介しなくてはなりません。これは「苟」の形をしていますが、旧字は上部が「艹」（くさかんむり）ではなく、「卝」のような形です。古代文字やイラスト欄《らん》を見るとわかるかと思いますが、「苟」の上部が「卝」のような字形は羊の頭をした人を示していて、その人がひざまずいている形です。

それはチベット系《けい》の羌人《きょうじん》という人たちで牧畜《ぼくちく》をする人でした。現代からすると、とても残酷《ざんこく》なことですが、その人たちは神への生け贄《にえ》として捕《と》らえられていました。

「敬」の「攵《ぼく》」の元の形は「攴」です。「攴」の上部「卜《ぼく》」は木の枝（または鞭《むち》）です。「又《また》」は手の形。つまり「敬」は捕《つか》まえた羌人を木の枝で打つ形の文字です【↓［正］】。

「敬」の「口」は顔の「くち」ではなく、神様への祈《いの》りの言葉である祝詞《のりと》を入れる器「𠙵」（サイ）です。これを置き、羌人を後ろから枝で打って、神様の意思を求め、神を責めているさまが「敬」という字です。その時の神にうやうやしく仕える心から「うやまう、つつしむ」の意味になりました。

この「敬」は羌人を打って、神へ願いの成就《じょうじゅ》を責め求める行為《こうい》です。ですから「敬」は自らを「つつしむ、いましめる」という意味を持っていましたが、「敬」が「つつしむ」意味に使われるようになったので、「いましめる」という意味の字として「亻《にんべん》」（人）を加えて「儆《けい》」が作られました。

そして「敬」に「言」を加えた「警」も意味は「いましめる」です。でもこれは「言葉を発し、いましめる」ことです。

最後に「驚」です。「馬」は驚きやすい動物ですが、この字は馬が「いましめられて」（注意されて）、驚くさまからできた文字です。

古代文字

「警戒《けいかい》」は、いましめること。また、注意して用心すること。「警告」は前もって注意を与《あた》えること

【つながる漢字】

敬（敬）・儆・驚（驚）・警（警）・攴（=攵）

風

音　フウ・フ
訓　かぜ・かざ・ならわし

神聖《しんせい》な鳥や竜《りゅう》が起こす

物をのせる盤《ばん》

宮崎《みやざき》駿《はやお》監督《かんとく》のアニメ映画に『風立ちぬ』があります。『風の谷のナウシカ』という作品もあるので、宮崎監督は「風」が好きなのかもしれません。さて、この「風」の文字の中に、なぜ「虫」がいるのか。そんなことを考えたことがありますか。

現在の「風」は「凡《はん》」と「虫」を合わせた文字ですが、「風」の古代文字を見ると、「虫」ではなくて「鳥」の形です。現在の字形でいえば「鳳凰《ほうおう》」の「鳳」という文字に相当します。

古代中国人は「風」は「鳥」の飛翔《ひしょう》で起きると考えていました。神聖《しんせい》な鳥の印として頭部に冠《かんむり》飾《かざ》りがついています。でも次第に天上には「竜《りゅう》」が住むと思うようになり、「竜」が風を起こすと考えるようになりました。そんなわけで「鳥」が「虫」に変更《へんこう》されたのです。

この「虫」は「むし」の意味ではなく、「竜」をふくめた爬《は》虫類《ちゅうるい》のような動物のことです。「むし」の意味の字は「蟲《ちゅう》」と書きましたが、今は「虫」を「むし」の意味に使っています。

古代中国では「風」は神聖な「鳥」や「竜」が起こす「風神」でした。「風神」は各地に飛んでいき、いろいろなことを教えました。「風教」とは「人を善《よ》き方向へ教え導く」意味の言葉です。

そこからできた文字が「諷《ふう》」です。「風」に「言」を加えて、意味は言葉で「ほのめかす、おしえる」です。「諷刺《ふうし》」（「風刺」とも書きます）は、それとなく、批判《ひはん》、そしることです。

「そらんじる」の意味もあって、「諷読《ふうどく》」は暗誦《あんしょう》することです。

現在の「風」は「虫」に「凡」を加えた形ですが、例に挙げた「風」の古代文字もよく見ると、「鳥」のくちばしの前に「凡」の形があります。「風」の字の音を表す符号《ふごう》として「凡《はん》」が加えられているのですが、この「凡」は物をのせる皿である「盤《ばん》」の形です。

この「凡」に、舟《ふね》を走らせるために「風」を受ける布の「巾《きん》」をつけた字が「帆《はん》」です。「ほかけ舟《ぶね》、ほ」の意味です。さらに「凡」に「氵《さんずい》」（水）を加えた「汎《はん》」は「風を受けてはやく流れる」ことの文字で、その意味は「うく、ただよう、ひろい」です。英語のpanに当てて、「汎太平洋会議」など「全体にわたる」意味にも使います。

古代文字

風神が各地に出かけて影響《えいきょう》をあたえ、土地のしきたりなどの風俗《ふうぞく》や景色・産物である風物が生まれると考えられていた

【つながる漢字】

風・鳥・鳳・凡（凡）・竜（龍）・虫・諷・帆（帆）・汎（汎）

気

音　キ・ケ
訓　おくりもの・くうき

雲の流れる形

すべての活動力の源泉《げんせん》

昔、あまりに日照り続きの天気ですと、踊《おど》ったり、たき火などをして雨乞《あまご》いの祈《いの》りをしました。

その「天気」の「気」という文字の「气《き》」の部分と「雨乞い」の「乞《きつ》」という文字、どこか似ていませんか。実はこの「气」と「乞」はもともと、同じ文字だったそうです。

この「気」の旧字「氣」は「气」と「米」を合わせた形です。「气」は雲の流れる形で、雲気（雲状のもの）を表しています。「气」は生命の源《みなもと》と考えられていて、「米」（穀類《こくるい》の意味）は、その「気」を養う素として加えられました。

「气」「米」を合わせた「気」（氣）はすべての活動力の源泉《げんせん》で、日頃《ひごろ》使う言葉にも、その意味が反映《はんえい》しているものがあります。例えば、われわれが生きる地球を取り巻《ま》く空気の全体を「大気」といいます。活動の源となる気力のことが「元気」です。そして、人は「気息」（呼《こ》吸《きゅう》）することで生きています。

この「气」をふくむ字で一番なじみ深いものは「汽」でしょう。雲気である「气」は多くの水分をふくんでいます。その「气」に「氵《さんずい》」（水）を加えた「汽」は水が気化する状態で「ゆげ」の意味です。蒸気《じょうき》の力で動く車・船を「汽車」「汽船」といいます。

敵《てき》に対しいきどおる気持ちを「敵愾心《てきがいしん》」といいます。その「愾」は「気（氣）」を「心」

（「忄」＝りっしんべん）の状態化にした字で「なげく、気がたかぶる」の意味です。

最初に紹介《しょうかい》したように「乞」の古代文字は「气」と同じ形で、「雲気」の形でした。後に「气」と「乞」が分かれて、「气」は雲気の意味に、「乞」は「こう、もとめる」の意味の文字となりました。でも昔は「雲気」を見て、占《うらな》い祈ったことが「乞」の字に残っています。

日本では「まで」の意味で使う漢字「迄《きつ》」にも「乞」の字形があります。この「乞」の文字は雲気を望んで祈り、占うので「こう、もとめる」の他に、「およぶ」の意味があります。「迄」は、この「およぶ」の意味の延長《えんちょう》で「至《いた》りとどまる」意味を示している文字です。

でも「まで」の意味は日本だけのようです。

古代文字

気質とは人にあらわれる気だてのこと。集団や同じ地域《ちいき》の人たちが共通して持っているとみられる気質を気風という

【つながる漢字】

気（氣）・气・乞・米・汽（汔＝異）・愾・迄

【赤】

音 セキ・シャク
訓 あか・あかい・あからむ・あからめる

火で穢《けが》れを清める

祓《はら》い打って罪を赦《ゆる》す

大谷翔平《おおたにしょうへい》選手の米大リーグでの投打の活躍《かつやく》は素晴らしいですね。でも米国の野球ファンは厳《きび》しいですから、打者がチャンスに打てない時、また投手のピッチングが全く駄目《だめ》な場合は「容赦《ようしゃ》ないブーイング」を浴びる場合もあります。

また政治の世界では、政治的な理由などで犯罪者として刑《けい》を受けていた人たちが、政府の恩《おん》赦《しゃ》で釈放《しゃくほう》されることもあります。

この「容赦ないブーイング」や「恩赦で釈放される」の「赦」に、なぜ「赤」がふくまれているかについての紹介《しょうかい》をしたいと思います。

その前に「赤」についての説明です。「赤」は「大」と「火」を合わせた文字です。古代文字を見るとよくわかります。「大」は手足を広げて立つ人を正面から見た形です【→［夫］】。これに「火」（燃えあがる火の姿《すがた》の象形文字）を加えた「赤」は「火」で「人」（大）の穢《けが》れを祓《はら》い清める儀式《ぎしき》なのです。祓い清められるので、「何もないこと」や「あるがまま」の意味があります。赤心は「いつわりのない心」。赤貧とは「持ち物が何もないほど貧しい」ことです。「火」を加えるので「あか」の意味に使われます。

その「赤」に「攵《ぼく》」を加えた字が「赦」です。「攵」の元の形は「攴」。上部「卜《ぼく》」は木の枝（または鞭《むち》）のこと。下部「又《また》」は手のことです。人に「火」を加えて祓い清め、木の枝で打って、その人の罪を祓い、罪をゆるすのです。そこから「赦」が「赦《ゆる》す」の意味になりました。「容赦」は赦すこと。「恩赦」は国家的なほどこしとして刑罰《けいばつ》を減らしたり、なくすことです。

「赫《かく》」は「赤」を二つ合わせた文字。聖《せい》なる「火」をたくさん浴びて身を清めた人のことで、人の姿や徳の立派《りっぱ》なことをほめる語などとして使われます。「赤い」の他に「盛《さか》ん」「立派」の意味があります。小説家・野坂昭如《のさかあきゆき》さんの『赫奕《かくやく》たる逆光《ぎゃっこう》―私説《しせつ》・三島由紀夫』という本がありますが、その「赫奕」とは「光り輝《かがや》くさま」のことです。

脅《おど》かすことを「威嚇《いかく》」といいます。「嚇怒《かくど》」「赫怒《かくど》」という同意味の言葉があって、真っ赤になりはげしく怒《おこ》ることです。

古代文字

祓い清められるので、何も着けていない裸《はだか》の意味にも使われる。赤身《せきしん》は裸の体のこと

【つながる漢字】

赤・大・赦・赫・嚇・攴（＝攵）・火

【変】

音　ヘン
訓　かわる・かえる・あらためる・みだれる

神への誓《ちか》いを破り改変

● 豊かさや緩《ゆる》やかに曲がる

五木寛之《いつきひろゆき》さんにベストセラー小説『親鸞《しんらん》』があります。親鸞は公式的に妻を持った僧《そう》として知られますが、これは当時大変なことだったようです。どんな恋《こい》だったのでしょうか。

その恋は小説『親鸞』を読んでもらうとして、「親鸞」の「鸞」と「大変」の「変」、さらに「恋」は相互《そうご》に関連をもった漢字です。それは「変」の旧字「變」、「恋」の旧字「戀」を見てみればわかります。

その紹介《しょうかい》を「鸞」「變」「戀」の各字に共通する「䜌《らん》」から始めたいと思います。「䜌」の「言」は神への誓《ちか》いの言葉を入れた器【→［音］】。左右の「糸」は呪《まじな》いのための「糸飾《いとかざ》り」です。これらで神を楽しませているのが「䜌」です。そして「䜌」をふくむ字に「豊か」や「緩《ゆる》やかに曲がる」の意味があります。

その「䜌」の下に「鳥」を加えた「鸞」は「豊か」の意味の系統《けいとう》の文字で、太平の世に現れるめでたい鳥のことです。

足や胃《い》などがひきつるのが「痙攣《けいれん》」ですが、この「攣」は「緩く曲がる」ほうの「䜌」で、その意味も「まがる」です。そこから「ひきつる」という意味になりました。

また「攣」はもともと「戀」（恋）と同じ意味を持っていて「恋《こ》い慕《した》う」意味もあります。「戀」（恋）も「緩く曲がる心」の意味で「恋い慕う」ことです。「䜌」に「手」を加えた

「攣」がその動作を、「戀」が心情を表す字です。

「湾《わん》」（灣）の「䜌」も緩く曲がる意味です。弓なりに緩く曲がる「彎曲《わんきょく》」の「彎」から発展《はってん》して、後にできた字のようで、「湾」には古代文字形がありません。「湾」は弓なりに曲がった入り海のことです。「彎」は弓を引く時に弓が曲がることです。

そして「變」（変）は「䜌」に「攵《ぼく》」を加えた形です。「攵」の元の字「攴」の上部「卜《ぼく》」は木の枝（または鞭《むち》）、下部「又《また》」は手の形です【↓［正］】。つまり木の枝を手で持ち、神への誓いの言葉を入れた「䜌」を打って、神への誓いを破り、改変する文字が「變」（変）なのです。そこから「かえる、かわる」意味となりました。

古代文字

「攵（攴）」などで打つことによって、呪《まじな》い的に、ものを変更《へんこう》しうるという考えが古代中国にあった

【つながる漢字】∀

鸞・変（變）・恋（戀）・䜌・攣・彎・湾（灣）・攴（=攵）

【温】

音　オン・ウン
訓　あたたか・あたたかい・あたたまる・あたためる・おだやか

皿上の器の中が温熱状態

暖《あたた》かさを包むもの

讃岐《さぬき》うどんをはじめ、各地においしいうどんがあります。その「うどん」は漢字で「饂飩《うどん》」と書きますが、「饂《うん》」のほうは日本で作られた字です。

白川静さんの字書『字通《じつう》』によれば、日本の饂飩は奈良時代から食品としてはあったようですが、文献《ぶんけん》的には室町時代以後に出てくるそうです。

その「饂飩」は、元は「溫飩《おんどん》」や「餛飩《こんとん》」と記しました。「飩」は中国にもある字で、「屯《とん》」は「まるくまとめる」意味ですので【→「純」】、本来の「溫飩」「餛飩」は餅《もち》や饅頭《まんじゅう》のような形のものを意味する言葉のようです。

その「溫飩」の「溫」の現代の表記が「温」です。「溫飩」の「飩」のほうは「純」の項《こう》で説明しましたので、ここでは「温」（溫）について紹介《しょうかい》したいと思います。

「溫」の右側の字形「𥁕」は「皿」（盤《ばん》）上の器の中のものが温熱状態にあることを示す字です。上部「囚」の形は熱により、器の中に気がめぐっている様子。「溫」の右側の「𥁕」だけで「溫」の元の字です。それに「氵《さんずい》」（水）を加えた「溫」（温）は「あたたかい」意味です。

この「𥁕」の字形をふくむ文字に「褞袍《うんぽう》」の「褞」があります。この場合の「𥁕」は暖《あたた》かさを包むもののことで、それに「衣」（衤《ころもへん》）を加えて「ころも、うちかけ」の意味です。日本の言葉で読めば「褞袍《どてら》」ですが、これは中に綿を入れた着物状《じょう》のもので、防寒具や寝具《しんぐ》として用いました。「褞袍《どてら》」を着て「饂飩」を食べている姿《すがた》も漢字で記してみると、面白いですね。

学問や技芸の深い知識を「蘊蓄《うんちく》」といい、持っている知識をすべて出すことを「蘊蓄を傾《かたむ》ける」といいます。「蘊蓄」は「薀蓄」とも書きます。この「蘊」「薀」は「積む」こと。この場合の「𥁕」は熱気が器中に充満するように心中に積まれることです。

ちょっとエピソードのある言葉に「轀涼車《おんりょうしゃ》」というものがあります。広い中国を初めて統一した秦《しん》の始皇帝《しこうてい》が紀元前二一〇年、地方を回っている途中《とちゅう》に亡《な》くなります。とりまきたちは、始皇帝の死を秘密《ひみつ》にして、「轀涼車」にのせて遺体《いたい》を運んだそうです。「轀」は今の寝台車《しんだいしゃ》に相当するもので、「轀涼車」とは温度調節ができる車だったと思われます。

古代文字

「あたたかい」を人の性質の上に移して「おだやか」という意味がある。温顔《おんがん》はやさしくおだやかな顔つき

【つながる漢字】

饂・温（溫）・𥁕・褞・蘊（薀＝異）・轀

【氏】

音　シ
訓　うじ

同族が一緒《いっしょ》に食べる儀式《ぎしき》

肉を切り分けるナイフ

古代中国では先祖の祭りの後、先祖が同じ者が集まって食事をしました。その時、祭りに供《そな》えた肉を切り分けて食べるのですが、この肉を切るナイフの形を字にしたのが「氏」です。切り分けられた肉を一緒《いっしょ》に食べる儀式《ぎしき》に参加する、先祖が同じ者を「氏」といい、その同族を「氏族《しぞく》」といいます。氏族全員で食事をすることを「氏族共餐《きょうさん》」といいます。

その「氏」が関係する字に「昏《こん》」があります。白川静さんは「昏」の下部の「日」は肉の塊《かたまり》だと考えていました。「昏」は結婚式《けっこんしき》の際、「氏」で肉を切り、人びとが食べる儀式を字にしたものです。結婚式は夕刻《ゆうこく》から始まったので「昏」に「くれ、よる、くらい」の意味があります。

この「昏」は「婚」の元の字で「めとる」の意味もあります。「昏」に「女」を加えた「婚」は婚儀が黄昏時《たそがれどき》から始まることからできた字のようで「よめいり、とつぐ」の意味があります。

二人以上が短歌の上と下の句を交互《こうご》に詠《よ》み連ねていく詩歌「連歌《れんが》」の室町時代末期の名人で「宗祇《そうぎ》」という人がいます。この「祇」の字をふくむ言葉でみんなが知っているのは祇園祭《ぎおんまつり》でしょう。その「祇」の「示」は神様の祭りの際に供え物をのせるテーブルの形です【↓「際」】。「氏」は氏族共餐の時に肉を切るナイフですから、「祇」は氏族を保護する神のこと、土地の神のことです。訓読みでは「くにつかみ」（国つ神、土地の神）ですし、「やすらか」の意味もあります。

「氏」をふくんでよく使われる字は「紙」です。「紙」になぜ「糸」があるかというと、古くは古綿《ふるわた》などをすいて板に張り、紙を作りました。だから「紙」を昔は「帋《し》」と書きました。「巾《きん》」は布の意味です。もともと「布」を要素とする文字でした。

白川静さんは「紙」と「氏」の関係を詳《くわ》しく論《ろん》じていませんが、紙の材料を打ち砕《くだ》くということと、ナイフ（氏）で細かく切ることに関係があるのかもしれません。

紙すきの技術は一〇五年に中国後漢の蔡倫《さいりん》が製法を大成。日本へは古代朝鮮《ちょうせん》の高句麗《こうくり》を経て、六一〇年に製法が伝えられたといわれています。七五一年の唐《とう》軍とイスラム軍とのタラスの戦いで捕虜《ほりょ》となった中国人が紙の製法を西方に伝えました。

古代文字

氏族の祭りでは肉を切ることは同族の長である氏族長が行った。氏族共餐は最も重要な儀式だった

【つながる漢字】

氏・昏・婚・祇・紙・巾

【低】

音　テイ
訓　ひくい・ひくめる・ひくまる

ナイフで底辺を削《けず》って平らに

人の身長や姿勢《しせい》の低いこと

「底」と「低」は「そこ」と「ひくい」という意味の字ですので、漢字を学び始めた頃《ころ》にも、何となく関係がありそうなことがわかりますね。

「抵抗《ていこう》」の「抵」、「邸宅《ていたく》」の「邸」にも同じ「氐《てい》」があります。それらと「底」「低」の関係はどうでしょう。これらの文字の関係をすべて合わせた、その成り立ちを考え、説明するのが文字学というものです。

しかも「氐」は「氏」の下に「一」を加えた字です。この関係も説明できるものでなくてはいけません。その紹介《しょうかい》です。

「氏」は先祖の祭りの際に供《そな》えた肉を切るナイフの形を字にしたものです【→「氏」】。「氐」の「氏」もナイフです。そのナイフで底辺を削《けず》って平らにする文字が「氐」です。「一」は削られて平らになった底辺のこと。「广《まだれ》」（げん）は建物の屋根の形なので、「底」は家の底辺の平らなところのことです。それで「そこ」の意味となります。

「低」の「氐」もナイフで底を削って低く平らにすることです。それに「亻《にんべん》」（人）を加えて、人の身長の低いこと、人が姿勢《しせい》を低くすることを「低」といい、そこからすべての「ひくい、ひくめる」の意味になりました。

次は「抵抗」の「抵」です。「氐」にはナイフで底を削りとって低く平らにするので、力を加えて他を排除《はいじょ》する意味があります。それに「扌《てへん》」（手）を加えて、抵抗する、またはその抵抗を排する意味があります。「おす、こばむ」などの意味です。

「邸宅」の「邸」の「氐」もナイフで底を削り、低く平らにすることで、これは低くて平らな一区画のことです。「阝《おおざと》」は「邑《ゆう》」（まち・むら）の省略形です。元は諸侯《しょこう》が都に参上した時に宿泊《しゅくはく》する屋敷《やしき》のことでした。「邸閣《ていかく》」という言葉があります。邸閣は軍需《ぐんじゅ》用の器物や食糧《しょくりょう》を貯蔵《ちょぞう》する政府の建物のことでした。後に旅館や私人《しじん》の豪邸《ごうてい》などをいうようになりました。

「氐」をふくむ字をもう一つ。それは「砥石《といし》」の「砥《てい》」です。この場合の「氐」はナイフで底を削り取るという意味ではなくて、石でナイフの刃《は》を研ぐ形です。

古代文字

人間は迷って、いくら考えてもよい考えが浮《う》かばない時には、頭を低く垂《た》れて考えるもの。それを低迷《ていめい》という

【つながる漢字】

底・低・抵・邸・氐・氏・砥

指

音 シ
訓 ゆび・さす

うまい食物を指さす

肉を入れた器を小刀で切る

「食指が動く」の食指とは人さし指のことです。昔、中国・鄭《てい》の国の子公が、自分の人さし指がピクリと動いたのを見て「今までこういうことがあると、必ず珍味《ちんみ》にありつけた」と言った故事《こじ》から「食欲《しょくよく》がきざす。広く物事を求める心がおこる」ことを意味します。つまり人さし指と食欲の関係は強いのです。

「指」は「旨《し》」に「扌《てへん》」(手)を加えた文字ですが、まず「旨」の説明から。「旨」は古代文字を見ると「氏」と「曰《えつ》」を合わせた字です。「氏」は何度か説明していますが、同じ先祖を持つ氏族たちが集まって食事をする時、祭りに供《そな》えた肉を、氏族の長が切り分けるナイフの形です【→［氏］】。

そしてこの場合の「曰」は、肉などを入れた器です。その器の中の物を小刀で切ることを「旨」といいます。切って食べて味がよいので「うまい」意味となり、さらに食べ物の味のことから、物事の味わい、「おもむき、むね」の意味にも用いるようになりました。

その「旨」に「扌」(手)を加えた字が「指」です。「旨」は食物の味がうまいこと。「指」はその食物を指さす意味の字のようです。白川静さんはそう考えていました。

他にも食物の味がうまい意味での「旨」をふくむ字があります。まず「脂肪《しぼう》」の「脂」です。「旨」は旨《うま》い肉のこと。それと肉を表す「月」(肉づき)を合わせて、おいしい肉であることを示しています。おいしい肉は「脂《あぶら》」ののったものなので「あぶら」の意味となりました。ですから、「脂」は動物性の「あぶら」のことです。

もう一つ、紹介《しょうかい》しましょう。

それは嗜好《しこう》品の「嗜」です。右側の「耆《し》」は「老」の略字形「耂」（おいがしら）と「旨」を合わせた形です。つまり「老いて旨しとするもの」のことです。それに「口」をそえて「嗜好」（たしなみ好むこと）の意味としたようです。元は飲食関係の言葉です。白川静さんが「口」の字形を神様への祈《いの》りの言葉を入れる器「ᗨ」（サイ）で説明せず、「くち」の意味で説明している珍《めずら》しい字の一つでもあります。

古代文字

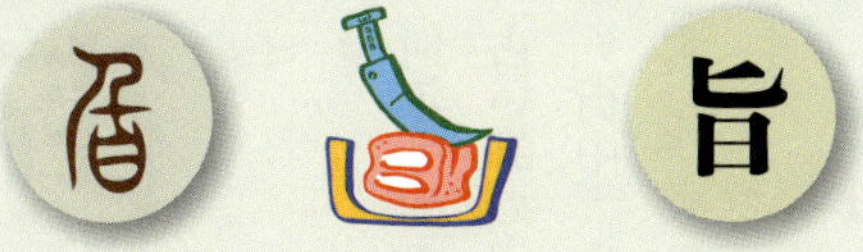

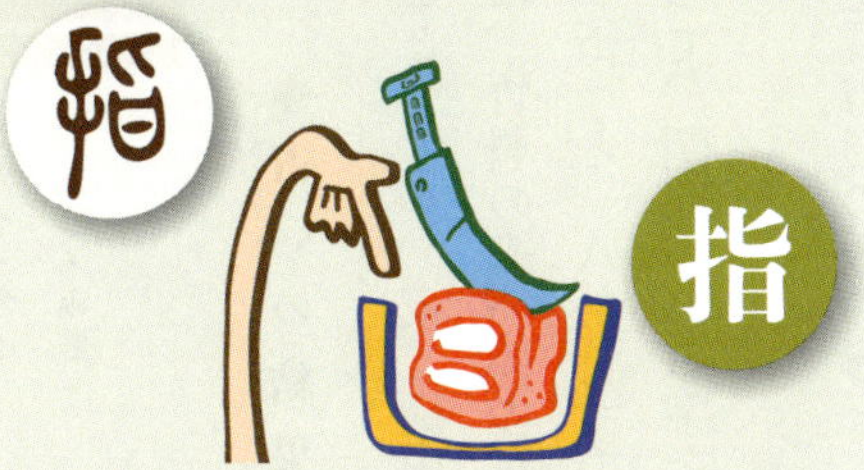

指にはいろいろな働きがある。指揮《しき》はさしずすること。指摘《してき》は問題点を具体的にさし示すこと。指南は人を教え導くこと

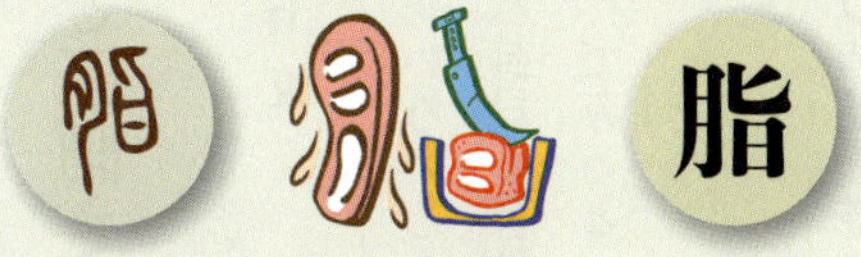

【つながる漢字】

指・旨・氏・脂・耆・嗜

【街】

音　ガイ・カイ
訓　まち・みち

占《うらな》いの結果書いた方形土版

整然と区画された道路

もう何年も前のことですが、夜、街中を歩いていると、いろいろな占《うらな》い師が商売をしていました。占い師の中に、竹製の細い棒《ぼう》の筮竹《ぜいちく》を使う易者・八卦見《はっけみ》も昔はいました。この「街中」の「街」と「八卦見」の「卦」を見くらべてみると、同じ「圭《けい》」の字をふくんでいますね。果たして、関係のある字なのでしょうか……。そうです。これが関係のある文字なのです。

この「圭」は土を長方形の板の形とし、その上に占いの結果を書いたものです。

その土板「圭」のように整然と区画されている道路を「街道」といい、それは幹線道路でした。「街」の「圭」の両側にある字は「行」です。「行」は十字路の形をそのまま文字にしたものです【→［行］】。そこから「みち、まち」の意味に「街」を使うようになりました。「街」とは違《ちが》い、農地を土板のように四角く区画するが「畦《あぜ》」で「うね、しきり」の意味です。

さて「うらない」は「占い」とも書きますが、「卜《うらな》い」とも記します。「圭」に「卜《ぼく》」を加えた字が「卦《か》」です。「圭」「卜」ともに「うらない」に関係した字ですので、「卦《け》」の意味は「うらなう」です。日頃《ひごろ》使う字の中にも卜いの「卦」に関係した漢字がありますよ。

まず「掛《か》」です。これは「卦」に「扌《てへん》」(手)を加えた形ですね。これは卜いの筮竹を指に掛けて分けているという文字です。意味は「かける」です。

「罫線《けいせん》」の「罫」も「卦」をふくんだ文字ですね。「罫」の「圭」も、卜う際に用いる土板のことで、土板に線を加えることを「罫」というのです。意味は「すじ」です。

これらのもとになる「圭」は単独で使われた時には「圭玉《けいぎょく》」という宝石《ほうせき》のことです。圭玉の形は上方が円形で、下が四角でした。圭玉は、任命時に諸侯《しょこう》へ与《あた》えられる、めでたい石でした。そこから「圭」に「亻《にんべん》」（人）を加えた「佳《か》」が「よい人」の意味となったようです。「うつくしい、めでたい」の意味にも使います。「佳人」は「美人」のことです。

以上紹介《しょうかい》したように、「街」「畦」「卦」「掛」「罫」の文字は圭玉の下方の「四角形」の意味でつながっています。

古代文字

「市街」とは、にぎやかな通りのこと。元は「市《いち》」の立つ通りのことだった

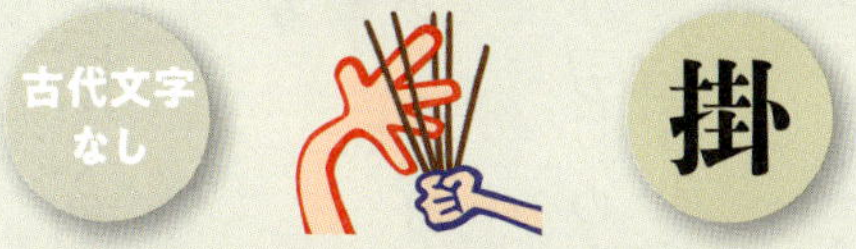

【つながる漢字】

卜・占・卦・圭・街・行・畦・掛・罫・佳

【招】

音　ショウ
訓　まねく

祈《いの》りに応じて降《お》りてくる

神様を招く動作

本書では日本人が使う基本的な漢字の成り立ちとつながりを紹介《しょうかい》してきました。この項《こう》では、その「紹介」の「紹」について、紹介したいと思います。

この「紹」のもとになっているのは右側の「召《しょう》」です。「召」の上部の「刀」のような字形は古代文字のほうがわかりやすいですが、これは「人」の姿《すがた》です。下部の「口」の形は顔の「くち」ではなく、神様への祈《いの》りの言葉を入れる器「𠙵」（サイ）です。

つまり「召」は、神を求めて祈ると、その招きに応じて、「人」が降《お》りてくるという文字です。この場合の「人」は神霊《しんれい》の意味です。神を降ろし招くので「まねく」意味がありますし、誰《だれ》かを呼《よ》ぶので「めす、よぶ」の意味もあります。

日頃《ひごろ》使う字の中に、この「召」をふくむ漢字はたくさんあります。まず「神を招く」の「招」です。「召」に「扌《てへん》」（手）を加えた「招」は「召《め》す」動作のことで、意味は「まねく」です。「招」の元の字が「召」でした。

「昭和」の「昭」にも「召」があります。「昭」の古い字形は「召」の右側に「卩《せつ》」を書いた字でした。「卩」は人がひざまずく形。神を求めてひざまずいて拝《おが》むと、神霊が明らかになります。それが「昭」で、意味は「あきらか」です。

その「あきらか」となった神霊の輝《かがや》く光を示すために「昭」の下に火を表す「灬《れんが》」を加えた

のが「照」です。意味は「てる、てらす」です。光によってものを明らかにすることから、一つの物と他の物とが互いに対応することの「照応」や書類などを照らし合わせる「照合」など、両者の関係についていうことが多いです。

そして降下《こうか》してきた神様が祈りに応えて告げる言葉が「詔《しょう》」です。後に天子の臣下に対する仰《おお》せ言「みことのり」を意味するようになりました。

この他では「沼《しょう》」にも「召」がありますが、沼地《ぬまち》は神霊のある場所とされていたようです。

さて「紹介」の「紹」です。左側の「糸」は天から降下してきた神霊を受け継《つ》ぎ「継承《けいしょう》」することを表しているのだそうです。だから「紹」の意味は「つぐ、ひきつぐ、うけつぐ」です。

古代文字

神霊をよぶのが「招」。人をよぶ時は「呼《こ》」という。「乎」は鳴子板《なるこいた》の形で、その音を鳴らして呼《よ》ぶ

【つながる漢字】

召・招・昭・照・詔・沼・紹

験

音　ケン・ゲン
訓　ためす・しるし

馬を使い神意をためす

二人並《なら》んで祈《いの》る

「検定試験」が日本人は大好きなようで、たいへんな数の「検定試験」があります。「英検」「漢検」と呼《よ》ばれる「検定試験」も有名ですね。その「検定試験」の「検」と「験」の右側に同じ字形があります。そのことを紹介《しょうかい》したいと思います。

「検」「験」の旧字「檢」「驗」の右側にある「僉《せん》」を見てください。二つの「口」は神様への祈《いの》りの言葉である祝詞《のりと》を入れる器「𠙵」（サイ）のことです。その下に「人」の形が二つあります。「𠙵」と「人」で「兄」です。ですからこれは「兄」の字が二つ並んでいる形です。

「兄」は「口」（サイ）を捧《ささ》げて祈る人【↓「兄」】。家の祭りは「兄」の役目でした。「兄」が二人並《なら》んで祈るので「ともに、みな」の意味があります。そして並んだ「兄」の上にある「亼《しゅう》」の字形は神事に従事《じゅうじ》する者が用いる帽子《ぼうし》の形です。それらを合わせた「僉」は神に祈る心なので「質素、ひかえめ」の意味や、祈ることで神意を「ためし調べる」意味があります。

「検」（檢）の「僉」は「しらべる」の意味です。「検問」は問いただして調べること。「検《けん》索《さく》」は調べさがすことです。「剣《けん》」は「つるぎ」のことですが、「剣」（劍）の「僉」は「兄」が二人並んで祈る「ともに」の意味。「剣」は左右両方、ともに「刃」があります。片方《かたほう》に「刃《は》」があるのが「刀」です。

「瞼《まぶた》」の「僉」も「ともに」の意味でしょうか。「瞼《けん》」は「目の上下のふた」のことですから。

また「倹約《けんやく》」の「倹」（儉）の「僉」は「つつしみ深い」祈りの意味です。四つの「口」（サイ）を捧げて祈る「嚚《ぎん》」「囂《ごう》」（やかましいこと）より、二つの「口」（サイ）で祈る「倹」（儉）はお祈りの仕方が「ひかえめ」でした。

「冒険《ぼうけん》」の「険」（險）の「阝」（こざとへん）は神が天地を昇降《しょうこう》する階段《かいだん》（または梯子《はしご》）です【→「際」】。「僉」は神に祈ること。そして神が天から降《お》りてくる場所は険《けわ》しい地形だったようです。「険」は「けわしい、あやうい」の意味です。

最後は「試験」の「験」（驗）です。これはもちろん「ためし調べる」意味の「僉」。馬は霊《れい》気《き》を感じやすい動物で、馬を使い神意を「ためす」儀式《ぎしき》があったようです。

古代文字

「しるし、きざし、あかし、ききめ」の意味にも使われる。霊験《れいげん》は祈りに対して神仏《しんぶつ》がもたらすききめ、ご利益《りやく》のこと

【つながる漢字】

検（檢）・僉・兄・亼・剣（劍）・瞼・倹（儉）・険（險）・験（驗）

誌

音　シ
訓　しるす

志をしるしたもの

ある方向に目指していく心

「詩は志《こころざし》の之《ゆ》く所なり。心に在《あ》るを志と為《な》し、言に發《はっ》するを詩と為す」。これは中国最古の詩集『詩経《しきょう》』序文《じょぶん》にある言葉ですが、白川静さんはこの言葉が好きだったのか、『字統《じとう》』『字《じ》通《つう》』『常用字解《じょうようじかい》』『漢字《かんじ》の体系《たいけい》』という自分が書いた四冊《さつ》の字書に、いずれも紹介《しょうかい》しています。なるほど「詩は志の之く所なのか！」と思いますね。さて、その「詩」と「志《し》」と「之《し》」という三文字は一つの関連性を持った文字です。ここではそれを紹介しましょう。

「詩」の右側の「寺」は、現在は「土」と「寸《すん》」を合わせた字形ですが、古代文字では「之」と「寸」を合わせた文字になっています【→〔寺〕】。「寸」は「手」の形ですが【→〔博〕】、「之」は「止」と同形で「足」を意味する文字です。ただし、この「之」は「寺」「詩」については文字の音のほうを表している字形のようです。

「心に在るを志」として言葉に出すのが詩ですが、その詩の多くは神様の前で声をあげて歌いあげる儀式《ぎしき》の歌でした。めでたいきざしである吉祥《きっしょう》を得たり、呪《まじな》いを加えたりする呪歌《じゅか》が始まりで、後に文学性が重視《じゅうし》されて詩作品になっていったのです。

そして「志」の「士」も古代文字の字形では「之」なのです。「之」は「止」と同じですから、「行く」意味で、「こころざす」とは「心がある方向へ目指していくこと」が「志」であると白川静さんは述べています。

さらに「志」の説明でも、冒頭で紹介した『詩経』の言葉を引用した後に「志は古くは心に在る、心にしるすの意味であった。志は誌（しるす）と通用する」と書いてもいます。「雑誌《ざっし》」や「日誌」の「誌」にも「志」がふくまれていますね。その「志」に「言」を加えた「誌」という文字は「心に在る志」の動詞《どうし》的用法の字で「しるす」と読み、「しるされたもの、かきつけ、記録」をいいます。

もう一つ、「しるし」という意味の「志」をふくむ字を紹介しましょう。「痣《し》」がそれです。「疒」（やまいだれ）と「志」を合わせた「痣」は「しるし」という意味で「あざ、ほくろ」のことです。

古代文字

「墓誌《ぼし》」とは死者の姓名・経歴などを石に刻《きざ》んで墓《はか》の中に納《おさ》め、あるいは墓域《ぼいき》に立てるもの

【つながる漢字】

詩・寺・寸・之（＝止）・志・誌・痣・心

点

音　テン
訓　くろぼし・なおす・ともす

小さな黒い点

占《うらな》いのために焼いた穴《あな》

芥川賞《あくたがわしょう》は「新人作家の登竜門《とうりゅうもん》」といわれます。この「竜門」は中国の黄河《こうが》にある激流《げきりゅう》の名前で、急流を登る鯉《こい》が「竜門」を登れたら、その鯉は竜になるといわれているので「登竜門」の名があるのです。

でも多くの鯉は「竜門」の激流を登ることができません。難《むずか》しい試験などで、その「竜門」を登れなかった人たちを「点額《てんがく》」といいます。「点」に傷《きず》の意味があり「竜門」を登れず、額を岩にぶつけて、傷をつけて帰ることが「点額」で、「落第」の意味です。

その「点」の旧字は「點」。つまり「点」（點）は「小さな黒い点」のことです。この「点」に関係した文字の成り立ちを紹介《しょうかい》しましょう。

「点」（點）の中にある「占《せん》」は「卜《ぼく》」と「口」を合わせた文字です。「卜」は亀《かめ》の甲羅《こうら》の腹《はら》側《がわ》に穴《あな》を掘《ほ》って、それを焼いて甲羅の表面にできた「卜」形のひび割《わ》れのことです。そのひび割れの形で、うらなうのです。それゆえに「卜」に「卜《うらな》う」という意味があります。

「占」の下部の「口」は「くち」ではなくて、神様への祈《いの》りの言葉を入れる器「𠙵」（サイ）です。神に祈って「卜う」ので「占」も「うらなう」という意味です。「点」の下の「灬《れんが》」は火です。亀の甲羅に小さな穴を掘って、火で焼いて占った跡《あと》が「点」で、だからその旧字が「點」という字形なのでしょう。

「占」には「小さく、部分的」という意味がありますが、「店」という文字にも「占」がありま す。「店」の「广《まだれ》」は建物の屋根の形です。この場合の「占」は「小さな物置台」のことです。つまりお堂の隅《すみ》のほうにある「小さな物置台」に商品を並《なら》べることから「みせ」となり、後に「やど」の意味にもなりました。中国ではホテル、宿のことを「飯店」といいます。

「苫小牧《とまこまい》」や「苫屋《とまや》」の「苫《せん》」にも「占」があります。「苫」とは「むしろ、こも」のことです。粗末《そまつ》でわびしい小屋という意味の「苫屋」は、日本語の用法ですが、でもこの「苫」にも「小さく、部分的」のニュアンスがありますね。

古代文字

点数の意味の他に、目薬をさす「点眼」や、火をつける「点火」、明かりをともす「点灯」などにも使う

【つながる漢字】

点（點）・占・卜・店・苫

【容】

音 ヨウ
訓 すがた・かたち・いれる・ゆるす

廟《みたまや》にかすかに現れた神の姿《すがた》

二つの意味を持つ「谷」

容姿容貌《ようしようぼう》を気にして美容整形の手術を受ける人もいます。もちろん女性もいますし、男性でもイメージを大切にする俳優《はいゆう》や政治家が整形手術を受ける場合もあるようです。

その「美容」の「容」の紹介《しょうかい》です。「容」は「宀《べん》」と「谷」を合わせた字です。これから紹介する字にはすべて「谷」の字形をふくんでいますが、この「谷」の形には二つの意味があります。

一つは、みながよく知っている「谷《たに》」です。この場合の「谷《こく》」は山の谷の入り口の形です。古代文字は上部に「八」が重なったような形ですが、これは山脈が重なり迫《せま》っている形です。下部は「谷」の入り口を示しています。

もう一つは神様が現れくる神気が満ちていることを表している「谷《よう》」です。下部の「口」が顔の「くち」ではなく、神様への祈《いの》りの言葉である祝詞《のりと》を入れる器、「𠙵」(サイ)のことで、そこに神様が現れてきて、神気が満ちているのです。

そして実はこの「谷《よう》」をふくむ字の多くが、この神気の現れを示すものなのです。「容」もそうです。

「容」の「宀」は先祖を祭る廟《みたまや》の屋根の形です。廟の中に「𠙵」(サイ)を置いて祈ると、その上に神霊《しんれい》が現れてきます。それが「八」の字形で、その神の姿《すがた》を「容」といいます。そこから「すがた、ようす」の意味となりました。

「溶《よう》」という字の「容」も現れた神の姿です。その神の姿が廟の中に満ちあふれるという意味です。それに「氵《さんずい》」（水）を加えた「溶」は「水が豊かに流れること」です。中にすべてが溶《と》け込《こ》むことから「とける」意味の「溶解《ようかい》」などに使います。「容」に「火」を加えた「熔《よう》」も「とける」意味ですが、これは金属が火で過熱されて「熔解」することです。

山の「たに」を示す「谷《こく》」の古い字形に「谷」の「口」が「𠙵」（サイ）を表している漢字もあります。これは「谷」の入り口を聖《せい》なる場所として「𠙵」（サイ）を加えて祭ったのだろうと白川静さんは考えていました。

古代文字

「受容」など受け入れるという意味で使うことから、「容認《ようにん》」「許容」など「いれる、ゆるす」という意味でも使う

【つながる漢字】𠙵

谷・谷《よう》・容・溶・熔（鎔＝異）・宀

#【浴】

音　ヨク
訓　あびる・あびせる・ゆあみ

身を洗《あら》い清めて祈《いの》る

神現れて神気満ちる

だれでも余裕《よゆう》のある生活を欲《ほっ》します。でも現実の世界は厳《きび》しいもの。せめて温泉《おんせん》にでも入浴し、のんびりしながら世俗《せぞく》の垢《あか》を落としたいですね。――以上の文章に「裕」「欲《よく》」「浴」「俗」という「谷」の字形をふくむ漢字が四字もあることがわかりますか。

前項《ぜんこう》［容］で紹介したようにこの「谷」という字には二つの意味があります。みながよく知る山の「谷《こく》」（たに）の他に、もう一つ、神様の現れを示している「谷《よう》」があります。この項で紹介《しょうかい》する「裕」「欲」「浴」「俗」の「谷」は、いずれも祈《いの》ると、神様が現れて神気が満ちるという意味での「谷《よう》」です。先祖を祭る廟《みたまや》に神への言葉を入れた器「口」（サイ）を供《そな》えて祈ると、それに応えて神の姿《すがた》が現れるのが「容《よう》」。「谷」の字形の上部の「八」が現れた神気です。「谷」の上の「宀《べん》」は廟の屋根の形です。

神への言葉を入れた器「𠙵」（サイ）を供えて祈り、現れた神様の姿を見たいと思う文字が「欲」です。「欠」は口を開けて願うことです【→［歌］】。そのように「欲」はもともとは神の現れを願う神聖《しんせい》なものでした。そこから「ほっする、ねがう」の意味となりました。それに対して人間の欲望《よくぼう》をいう時には、元は「慾《よく》」の字を使っていました。

神の現れを祈っていると、その神気が、着物（ネ＝ころもへん）の上にゆたかに現れることを「裕」といいます。神の現れゆえに「ゆたか、ゆるやか」の意味があります。着物は霊《れい》などが宿るものでした。

また神に祈るためにみそぎをすることを「浴」といいます。みそぎは神事などの前に「水」（氵《さんずい》）で身を洗《あら》い清め、穢《けが》れを落とすこと。そこから「浴」に「湯《ゆ》浴《あ》み」（湯に入って体を洗うこと）や「あびる」の意味があります。

また「俗」の「谷」も神への祈りの言葉を入れた器「𠙵」（サイ）を供え、神の現れを祈る字です。「欲」と「俗」は同じ意味に使われていましたが、共同の信仰《しんこう》を持つ集団や地域《ちいき》で一《いっ》般《ぱん》的な信仰や儀式《ぎしき》の在り方を「俗」というので、そこから「ならわし、世のならい、世のつね」などの意味となりました。さらに「俗」には「いやしい、ひくい」などの意味もあります。

古代文字

心を清め、身を洗うことを斎戒沐浴《さいかいもくよく》という。「沐浴」の「沐」は髪《かみ》を洗うこと。身を洗うことを「浴」という

【つながる漢字】 𠙵

裕・欲・浴・俗・谷《よう》・宀・容・慾・欠

残

音　ザン
訓　のこる・のこす・そこなう

薄《うす》く小さなものを重ねる

残された死体の人骨《じんこつ》

「衣食足りて礼節を知る」。生活が豊かになって初めて礼儀《れいぎ》に心を向けることができるようになるという意味の言葉です。つまり人は金銭《きんせん》が残り少なくなると浅はかなことをしがちなのです。

いや、道徳心について述べたいのではありません。「金銭」「残り」「浅はか」の「銭」「残」「浅」の三つは右側の形が同じですね。これらは一つの関係性をもった字なのです。

その説明をするには「銭」「残」「浅」の旧字「錢」「殘」「淺」の右側にある「戔《さん》」について紹介《しょうかい》しなくてはなりません。これは武器の一種で、細長い「戈《ほこ》」を重ねた形で、薄《うす》く小さいものを重ねる、連ねる状態の意味があります。

「残」の左側の「歹《がつ》」は人の死体の胸《むね》から上の骨《ほね》が残っている形。死体の「死」はこの「歹」と「匕《ひ》」を合わせた形です。「匕」は右向きの「人」で、残骨《ざんこつ》になった者を拝《おが》んでいる人です。そこから「死ぬ」意味になりました。

そんな「歹」と「戔」を合わせた「残」（殘）は、ばらばらになって、わずかに残されている骨のことで、「のこる」の意味になりました。

薄く小さいものを重ねた状態の「戔」に「氵《さんずい》」（水）を加えた「浅」（淺）は「水が浅い」ことで、そこからすべての「あさい」意味になったのです。

「銭」（錢）は「戈」を重ねた意味に近い文字です。後漢の許慎《きょしん》の字書『説文解字《せつもんかいじ》』には「銚《すき》なり。古《いにしえ》の田器なり」とあって、薄く削《けず》るための農具のことでした。後に「ぜに」の意味になりました。昔、銭は小さな刀の形をしていました。それを「刀銭《とうせん》」などといいます。

まだ「戔」をふくむ字はあります。「戔」には薄いものを重ねる、連ねる意味がありますが、「桟《さん》」（棧）は木を連ねてつくる「かけはし」のことです。「桟橋」は船を港につなぎ、乗客らの乗降《じょうこう》などに使う橋です。

「実践《じっせん》」の「践」（踐）は足跡《あしあと》が重なり連続する意味。足で「ふむ」意味となり、実行する意味となりました。「便箋《びんせん》」「付箋」の「箋」も薄い紙ですね。

古代文字

「そこなう、むごい」の意味もある。平気で人や動物を苦しめしいたげること、むごいことを「残虐《ざんぎゃく》」「残酷《ざんこく》」という

【つながる漢字】

銭（錢）・残（殘）・浅（淺）・戔・戈・歹・死・匕・桟（棧）・践（踐）・箋

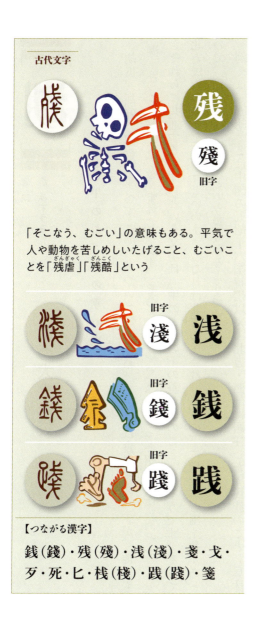

湖

音　コ
訓　みずうみ

牛のあご下の垂《た》れ肉

川の大きな袋《ふくろ》

胡瓜《きゅうり》、胡麻《ごま》、胡椒《こしょう》にすべて「胡《こ》」がついていますね。これらは食料関係ですが、他にも「湖」などに「胡」がふくまれています。そのことについて、ちょっと紹介《しょうかい》したいのです。

それらに共通する「胡」という文字は「牛のあごの下の垂《た》れ肉のこと」だそうです。そして北方民族のことを「胡」といいます。これは北方の民族は、あごの下に瘤《こぶ》を病む風土病があるので、「胡」と呼《よ》ばれたという説もあるようです。

例えば「五胡《ごこ》」とは中国の五胡十六国時代以来、北方・西部に居住した異民族《いみんぞく》のこと。具体的には匈奴《きょうど》、羯《けつ》、鮮卑《せんぴ》、氐《てい》、羌《きょう》の五族で、前三者がモンゴルおよびツングース系《けい》（トルコ系とも）、後二者がチベット系です。

胡瓜、胡麻、胡椒は中国・前漢の外交使節・張騫《ちょうけん》（?〜紀元前一一四年）が西域《せいいき》からもたらしたといわれるので、「張騫もの」と呼ばれていますが、すべてが張騫の西域遠征《えんせい》によって伝来したものではないようです。

さて、その「胡」は「あごの下の垂れ肉のこと」なので、この字をふくむ文字には「余分なものが一カ所に停滞《ていたい》する」という意味があります。

「湖」は川の大きなあご袋《ぶくろ》のようなもので、その一カ所に水がたまっている所のことで、「みずうみ」の意味です。

また「胡」に「ふくらみ、ゆるむもの」の意味があります。「糊」は米などをやわらかく炊《た》いたもの、また粗末《そまつ》な食事の意味です。「糊口《ここう》」は「粥《かゆ》」をすることです。そこから貧しくかろうじて生活する意味となりました。また「糊」にはぼんやりした意味もあって「曖昧模《あいまいも》糊《こ》」は物事がぼんやりしていることです。曖昧にその場を取りつくろってごまかすことを「糊《こ》塗《と》」といいます。

「珊瑚《さんご》」の「瑚」にも「胡」がありますね。白川静さんは「瑚」と「胡」の関係をはっきりとは説明していませんが、「瑚」はサンゴの意味です。サンゴにも分岐しながらふくらんでいく感じがありますよね。

古代文字

中国・江南《こうなん》の呉《ご》・楚《そ》の地には湖水が多く、江と合わせて江湖という。江湖は地方の広遠の所で、宮廷《きゅうてい》に対して世間をいい、自然をいう。「江湖の客」とは地方を旅する漂泊者《ひょうはくしゃ》の意味に用いる

【つながる漢字】

胡・湖・糊・瑚

【次】

音　ジ・シ
訓　つぐ・つぎ・やどる

なげく息づかい

●女性のあだっぽい姿《すがた》

「次回に期待してください」。そんな言葉で断られて、しかもその理由も理解できず、なげいている人の姿《すがた》を見るのはつらいですね。

そのなげく人の「姿」という文字の中に「次」の字形があります。ここでは、その「次」と「姿」の関係について紹介《しょうかい》したいと思います。

「次」は古代文字がわかりやすいかもしれませんが、人が口を開いてなげき、そのなげく息づかいがあらわれている姿を字にした象形文字です。もう少し詳《くわ》しく説明すると、右側の「欠」が口を開いて立つ人を横から見た形で【↓［期］［歌］】、左側の「二」の部分が、その吐《は》く息です。ですからもともとの意味は「なげく」でした。それが「弐《じ》」（ふたつ）と音が同じで通用して、「つぎ」の意味となり、「次第」（順序）の意味となったのです。

そして「姿」はなげき悲しむ女の「すがた」のことです。「姿」の文字になぜ「女」がふくまれているかというと、なげき悲しむ女性の姿が、最も姿態《したい》（あだっぽい姿）に富むものであるので、「すがた」という意味の字が「女」の行為《こうい》として示されたのです。

日本のお役所は諮問《しもん》会議というものをつくるのがたいへん好きです。この「諮問」とは「意見を求めること」です。

「諮問」の「諮」の右側の「咨《し》」は「次」の下部に「口」の字形、つまり神様への祈《いの》りの言葉を入れる器「𠙵」（サイ）を加えた形です。こうして神に祈り、なげきながら訴《うった》える「なげきはかる」の意味でしたが、次第に「咨」が「なげく」意味のほうだけに用いられるようになりました。

そこでさらに「言」を加えて「諮」が作られたのです。「諮」は訴えてことを相談することで「はかる」の意味です。

「恣意《しい》的な行為」の「恣」にも「次」がありますね。「次」に「心」を加えた「恣」は心に任せてなげく意味です。意味は「ほしいまま」です。そこから「自分の欲《ほっ》するままにふるまう心。自分勝手な考え」のことである「恣意」という言葉も生まれました。

古代文字

「旅次《りょじ》」は旅をして宿泊《しゅくはく》すること。「次」の「宿《やど》る」という意味は、軍隊が宿る所（駐屯《ちゅうとん》地《ち》）の「𠂤朿《し》」の音が近いので、その意味ができたようだ

【つながる漢字】 𠙵

次（次）・弐（貳）・姿（姿）・咨・諮（諮）・恣

府

音 フ
訓 くら・やくしょ・みやこ

人に手でものを渡《わた》す

交付したものを貯蔵《ちょぞう》する所

木や竹や紙などの中央に文字を記し、また印を押《お》して二つに割《わ》り、当事者が一片《いっぺん》ずつ持って後日合わせて証拠《しょうこ》とします。これを割り符《ふ》といいます。その「符」は「竹」と「付」を合わせた文字です。この「付」をふくむ文字は日常使う漢字の中にたくさんあります。

まず基本の「付」から紹介《しょうかい》しましょう。「寸《すん》」は古代文字を見るとわかりますが、手の形【→［博］】。つまり「付」は「人」（亻《にんべん》）に「手」で、ものを渡《わた》す形で、意味は「わたす、あたえる、つけたす」です。だから「付」をふくむ字には交付、付託《ふたく》する意味があります。

人にものを渡すのが「付」で、人に渡して、そのことの「しるし」とするものを「符」といい、「たけかんむり」が付いています。昔の中国では竹製の割り符を作って、その一つを交付して互《たが》いの証拠としました。重要なものは青銅で作りましたが、それも竹の節の形がまもられていました。割り符が合うことを「符合《ふごう》」といいます。

「府」もまた「付」をふくむ文字です。「广《まだれ》」は建物の屋根の形。これは交付されたものなどを貯蔵《ちょぞう》しておく建物のことです。交付したものを貯蔵する場所の意味から、「政府」のように「つかさ、やくしょ」の意味に用いるようになり、「首府」（中央政府の所在地）のように「みやこ」の意味に用いるようになりました。

「付」は渡すので、付け足す意味があります。「附《ふ》」の「付」はその意味です。「阝」（こざとへん）は神様が天と地を昇降《しょうこう》する階段《かいだん》（または梯子《はしご》）です【→［際］】。その神様が降《お》りてくる所に「付」を付け加えて、神様と合わせて先祖を祭ることから、「つく、あわせる、したがう」などの意味となりました。

五つの臓器《ぞうき》と六つの腸《はらわた》のことを「五臓六腑《ごぞうろっぷ》」といいます。その「腑《ふ》」の「府」も収蔵《しゅうぞう》するところの意味です。人体を表す「月」（肉づき）をつけて、臓腑、内臓の意味となりました。

その「腑」は腐《くさ》りやすい部分で、「府」の下に「肉」を加えて、「腐」の文字ができました。

「腐」は「くさる」ことです。「陳腐《ちんぷ》」は、ふるくさいこと、またありふれてつまらないこと。「腐心」は心をなやますこと、苦心することです。

古代文字

古代中国の周王朝では国際関係の文書は王室の蔵《くら》の周府に保管した。文書以外の貨財、器物、兵車などをいれる蔵を府庫という

【つながる漢字】

付・寸・符・府・附・腑・腐

【程】

音　テイ
訓　ほど・はかる・わりあて・みち

豊作を神様に祈《いの》る

土の上でつま先立つ人

「贈呈式《ぞうていしき》は○月○日、××ホテルにおいて」。文学賞などの受賞作が決まると、同時に賞の贈呈式の日程が発表されます。この「贈呈式」の「呈」が「日程」の「程」にもふくまれていますね。

この「呈」についての説明です。下の「王」に似た部分は「テイ」という字です。イラスト欄《らん》の「呈」の旧字形の下部を見てください。「ノ」の下に「土」を記したような形「壬《てい》」になっています。これは「土」の上に、つま先で立つ人を横から見た字形です【↓［望］】。「壬」の意味は「ぬきんでる」です。「呈」の「口」は「くち」ではなく、神への祈《いの》りの言葉を入れる器「𠙵」（サイ）です。「𠙵」（サイ）をつま先立ちで高く掲《かか》げて神に呈示《ていじ》するのが「呈」で「さしあげる、すすめる」の意味となりました。

その「呈」に「禾《のぎへん》」を加えたのが「程」です。「禾《か》」は稲《いね》などの穀物《こくもつ》のことですから、「程」の元の意味は「豊作を神様に祈る」意味です。そして、できた穀物の量を「はかる」ことから、物事の度合いである「程度」や目的地までの道のりの「行程」のように「わりあて、みち」などの意味に用いるようになりました。

また勝手に振《ふ》る舞《ま》い、世の秩序《ちつじょ》を乱《みだ》す、けしからぬ者を「不逞《ふてい》の輩《やから》」といいます。その「逞」（逞）の「辶」（しんにゅう）は道を進んでいくことと【↓［行］】。それと「呈」を合わせた「逞」はみだりに神に祈ること。意味は「ほしいままにする」ことです。「呈」をさしあげて進みながら、勝手なことを祈る人もいたのでしょうか。「不逞」は快《こころよ》からず思うこと。満足しないで不平をいだいて、無法なふるまいをすることです。

「聖《せい》」の下の「王」も「呈」「程」と同じように「土」の上で、つま先立つ人を横から見た「王」です。「口」は、やはり神への祈りの言葉を入れる器「𠙵」(サイ)です。

つまり「聖」は「呈」に「耳」を加えた漢字ともいえます。その「聖」の「耳」は神の声を聞く「耳」です。つまり祈りの言葉を唱えながら、つま先で立って神に祈り、神のお告げを聞くことができる人が「聖《ひじり》」でした。

古代文字

日本語では「ほど」と読み、「程遠《ほどとお》い」などのように用いる。程遠いとは道のりや時間のへだたりが大きいこと

【つながる漢字】𠙵

呈(呈)・壬・程(程)・禾・逞(逞)・聖(聖)

【庭】

音　テイ
訓　にわ・ひろま

朝廷《ちょうてい》の儀式《ぎしき》を行う所

長く真っすぐなもの

「校庭」の「庭」の「广《まだれ》」は建物の屋根の形です。「法廷《ほうてい》」の「廷」には「广《げん》」がありません。今の感覚からすると、逆ですね。建物の中の「法廷」には屋根の「广」がなく、屋根のない「庭」に「广」があるのです。

「廷」の「壬」の部分は［程］の項《こう》でも紹介《しょうかい》しましたが、「ノ」の下に「士」を書いた今の形ではなく、「ノ」の下に「土」を書いた「壬《てい》」という字でした。「廷」の古代文字を見ると「土」のかたまりに、酒を加える儀式《ぎしき》をしていて、その傍《かたわ》らに人がかいてあります。

「呈」「程」の「壬」の部分は土の上でつま先立つ人の「壬」でした。「廷」（廷）の「壬」は「土」の横で立つ人で、同じ音の「テイ」で読みます。昔は土まんじゅうを置き「社《やしろ》」の神としました。その「土」に酒をかけて神を招く場所が「廷」（廷）です。

「廴《いん》」（えんにょう）はその場所を囲う障壁《しょうへき》です。この「廷」では任命式や表彰《ひょうしょう》式が行われましたが、後に「廷」に屋根がつくようになり「庭」ができました。元は「廷」「庭」は朝廷《ちょうてい》の儀式を行う所で同じ意味でした。でも現在は使い分けて、「庭」を「にわ」の意味に用います。「家のにわ」のことから「家庭」などにも使います。「廷」は屋外で儀式が行われたことの名残なので「广」の字形がないと理解すればいいかと思います。

「ノ」の下に「土」を書いた「壬」は人がつま先立つ形。「呈」（呈）はその人が、神様への祈《いの》りの言葉を入れる器「𠙵」(サイ)を捧《ささ》げ、つま先立って祈る字形です。ですから「壬」の字形をふくむ「廷」(廷)は、ぬきんでて立つ「挺立《ていりつ》」の意味や、「狭《せま》くて真っすぐなもの」の意味をふくんでいます。まさに「挺」は「ぬきんでる」意味です。「さきに突き出す」の意味もあります。「挺身」は身を投げ出すことです。「扌《てへん》」(手)ではなく、「木」を加えた「梃《てい》」の意味は「つえ」のことです。この「梃」にも「真っすぐなもの」の意味があります。日本では「梃《て》子《こ》」の意味に用います。

「艇《てい》」は「こぶね」のこと。この「艇」にも「狭くて真っすぐなもの」の意味があります。ボートの倉庫を「艇庫」という。「競艇」はモーターボートの競走です。

古代文字

庭訓《ていきん》は家庭教育のこと。孔子《こうし》が庭を通り過ぎようとした長男を呼《よ》びとめて詩や礼を学ぶように諭《さと》したという故事《こじ》から

【つながる漢字】𠙵

廷(廷)・庭(庭)・壬・廴(廴)・呈(呈)・梃・挺(挺)・艇(艇)

【深】

音　シン
訓　ふかい・ふかまる・ふかめる

水中のものをさがす

廟《みたまや》の中で火を持つ姿《すがた》

「深」という字も「探《たん》」という字も小学校で学ぶ基礎《きそ》的な漢字です。「水深がある」ので「氵《さんずい》」（水）がついているほうが「ふかい」意味。八方、「手」（扌《てへん》）を尽《つ》くして「さがす」のは「探」などと覚えていました。でも両字に共通している部分はどんな関係にあるのかということについては、学びませんでした。

「深」「探」に共通の右側の形は古代文字やイラストのほうが理解しやすいです。上部が「穴《あな》」で、下部は「木」ではなく、「火」です。「火」を持って「穴」の中をさがすという文字です。それに「扌」（手）を加えた「探」は穴の中で火をかざしてものをさがすことです。「氵」（水）を加えた「深」は、もともとは水中のものをさがすことでした。そこから「水がふかい」意味となり、後にすべてのものの「ふかい」意味となりました。

また「さがす」という漢字には「探《さが》す」の他に「捜《さが》す」との表記もあります。新聞などでは欲《ほ》しいものをさがすのは「探」、見えなくなったものをさがす場合は「捜《そう》」を使っています。

そしてこの「捜」も、また「火」に関係する漢字なのです。「捜」の旧字「搜」の右側の「叟《そう》」のもともとの字は「叜」という字形で、「宀」（うかんむり）の下に「火」、さらに下に「又《また》」という形です。「宀」は「廟《みたまや》」の屋根、「又《ゆう》」は手の形です【↓「友」】。つまり廟の中で火を持っている姿《すがた》です。

古代文字

意味を広げて人間の性情《せいじょう》に関することにも用いる。「深沈《しんちん》」とは、おちついて物事に動じない態度《たいど》のこと

【つながる漢字】

深・探・宀・又（又）・捜（搜）・叟（叜=異）・嫂（㛐=異）・痩（瘦）（痠=異）

廟の祭りは夜通し行われ、その際に火を持って夜祭りを指導するのは同族の長老の仕事でした。この人を「叟」といいます。意味は「としより」です。「嫂《そう》」は兄の妻で、意味は「あによめ」です。家の廟に仕え、守るのは「嫂」でした。

「叟」に、さらに「扌」（手）を加えた「捜」（搜）は、暗い廟の中で火を持つので、「さがす」の意味となりました。

「痩《そう》」の旧字「瘦」も「叟」をふくむ文字ですが、これは老年者に痩《や》せた人が多いから「やせる」意味となりました。「痩」の異体字に「痠」があります。病でもやせるので「痩」に「疒」（やまいだれ）がついているのです。

納

音　ノウ・ナッ・ナ・ナン・トウ・ドウ
訓　おさめる・おさまる・いれる

税として織物を納《おさ》める

室の入り口のこと

漢字を学び始めた幼《おさな》い頃《ころ》、「人」と「入」の文字を間違《まちが》えませんでしたか。覚えてしまえば簡単《かんたん》ですし、手書きなら字形もかなり違いますが、印刷の活字だと現在の形もよく似ていますね。

「入」は人を横から見た姿《すがた》です。では「入」のほうは何でしょうか。古い字は木を「∧」の形に組んだもので、「入」は室の入り口のことです。これに屋根の形を加えた形が「内」という字です。「入」は入り口から「いる、いれる、はいる」ことで、入り口から入った「内」は「うち、なか」の意味に使います。

この「内」に関する字では「納《のう》」もその一つ。「糸」がついているのは、税として織物を納入したからです。後にすべてのものを「おさめる」意味となりました。

金銭《きんせん》や物品の出し入れを「出納《すいとう》」と書きますが、古くは「出内《すいとう》」「出入《すいとう》」と書いたそうです。もう一つ「入」の字を紹介《しょうかい》しましょう。「込《こ》」です。でもこれは日本人が作った国字です。通路など一定の場所に詰《つ》め込み、いっぱいになることです。

「出納」の「出」は「入」とペアになる文字ですが、その「出」の成り立ちはどうでしょう。古代文字がわかりやすいです。「出」は足を踏《ふ》み出す時の、かかとの跡《あと》が強く残る形です。古代文字の上部は「止」の形で足のこと【→［歩］】。その下に足跡を曲線でかいて、強く踏み出

古代文字

「出納」の言葉に「納」の文字を使うようになったのは、中国の戦国時代（紀元前5～前3世紀）以後のようだ

【つながる漢字】

人・入・内（內）・納（納）・込（込）・出・咄・訥

すことを表しています【→［売］】。

この「出」に関係した文字も幾《いく》つかあります。「咄嗟《とっさ》の判断」とかの「咄嗟」の「咄」にも「出」の字形があります。「咄嗟」は急なことに驚《おどろ》くことで、「咄」は舌《した》をうつ擬声《ぎせい》語だと白川静さんは説明しています。意味は「しかる、おどろく」です。強く踏み出すのが「出」、強く舌をうつのが「咄」です。「はなし、こばなし」の意味は日本語の用法です。

また「訥《とつ》」という字は「いいなやむ、口がおもい」意味です。「朴訥《ぼくとつ》」は「飾《かざ》り気がなく、話下手《べた》のこと」。「訥弁《とつべん》」は「話し方がなめらかでないこと」です。この「訥」は「咄」と同じように、言葉を出そうとして、言葉にならない時に発する擬声語だそうです。

【営】

音　エイ
訓　いとなむ

組み合わせた松明《たいまつ》

宮殿《きゅうでん》での仕事にいそしむ

企業《きぎょう》の経営者たちは、不況《ふきょう》でも、なんとか会社を繁栄《はんえい》させたいものです。でも、それには優《ゆう》秀《しゅう》な労働者が必要です。

この「経営」「繁栄」「労働」にある「営」「栄」「労」は「火」に関係した文字です。それは各字の旧字「營」「榮」「勞」を見ればわかります。それらの関係について紹介《しょうかい》しましょう。

「火」は燃えあがる火の姿《すがた》で、「冖《べき》」（わかんむり）の上に「火」が二つある字形の「𤇾《えい》」は、松明《たいまつ》の篝火《かがりび》を組んだ文字で庭火のことです。

「営」（營）は、その庭火の「𤇾」と「呂《りょ》」を組み合わせた形。「呂」は「宮殿《きゅうでん》」や「兵舎」の建物を二つ連ねた形の平面形です。「営」（營）は軍隊や宮殿などの仕事に篝火を燃やして警《けい》戒《かい》しながら、いそしみ努めることから「いとなむ」となりました。

「労」（勞）の「力」は農具の鋤《すき》の形です【→「力」】。字形上部の松明を組み合わせた形は聖《せい》なる火です。この聖火で鋤をお祓《はら》いしてから農耕を始めました。その火で農具を祓うと害虫が避《さ》けられると考えられていたのです。

農具の鋤を火で清めるのが「労」（勞）。その鋤を使って農耕をするのが労働です。「労働」はたいへんな力仕事でした。「苦労」「労役」「疲労《ひろう》」など、つらい言葉に「労」がふくまれているのもわかるような気がしますね。

「労」は農業関係ですが、漁業関係の言葉に「漁撈《ぎょろう》」があります。魚、貝、藻類《そうるい》を採取することです。「撈」の意味は「すくいあげる、とる」です。「漁撈」が元の表記ですが、今は「漁労」の文字を使っています。

繁栄《はんえい》の「栄（榮）」は庭火の「𤇾」で明るく華《はな》やぐ意味を草木に及《およ》ぼして「はなやぐ、さかえる、はえる」の意味に使い、さらに人に移して「栄位」「栄華《えいが》」などの言葉に用います。

この項《こう》の最後に紹介したいのは「蛍《けい》」です。その旧字は「螢」ですが、これは説明する必要もないかもしれません。松明を組んだ「𤇾」の庭火の飛び交う様子が、光を発して飛び交う蛍《ほたる》（螢）の様子に似ているので「ほたる」となったのでしょう。

古代文字

「造営」は神社、寺院、宮殿などを建てること。「設営」は建物、会場などを作り、準備すること

【つながる漢字】

営（營）・栄（榮）・労（勞）・宀・呂・力・撈・蛍（螢）・火

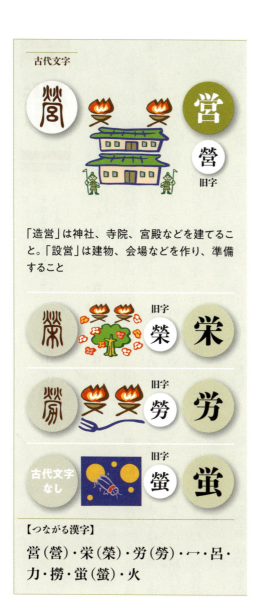

備

音　ビ
訓　そなえる・そなわる・つぶさに

戦争に備える

矢を入れて背《せ》負《お》う武具

ひどく疲《つか》れることを「疲労困憊《ひろうこんぱい》」といいます。この「困憊」の「憊」に「備える」という意味の「備」が入っています。それはなぜでしょう。そのことについて、白川静さんは字書『字《じ》統《とう》』に「あらかじめすることを予備・備忘《びぼう》という」と記し、続いて「これらのことに気疲《きづか》れすることを憊《はい》という」と書いています。なるほど、試験などは予備的に準備するうちに、気疲れして、疲労困憊してしまいますね。うまいことを言うものだなあと感心しました。

さて、その「備」は何に備えるのか、それを紹介《しょうかい》しましょう。「備」の右側の字形は矢を入れて背《せ》に負う箱形の武具「箙《えびら》」のことです。

「箙《ふく》」の古代文字を挙げておくとわかりやすいと思いました。これは説明しなくても、矢を入れて背に負う箱形の武具であることがわかりますね。その「箙」を「人」（亻《にんべん》）が背負う字形が「備」です。つまり「備」の元の意味は、戦いに「そなえる」ことです。後にすべてに「そなえる、そなわる」の意味となりました。

そして最初に紹介した「憊」です。「備禦《びぎょ》」とは備え防禦《ぼうぎょ》すること。つまり何のための防禦かといえば、まず軍事に関することでしたが、すべての対策《たいさく》を用意することの意味になりました。その備えることに心が疲れることが「憊」となったのです。

「備」の右側は矢を入れて背に負う「箙」ですが、「備」の「亻《にんべん》」（人）の代わりに「米」を加えた「糒《び》」は、備蓄《びちく》として軍隊などの食糧《しょくりょう》対策に用意する「ほしいい」のことです。

また「箙」は竹や草などでも作られましたが、オットセイなどの皮で作ったものも多かったようです。「鞴《ひ》」という文字も「箙」のことです。

この「鞴」を日本では、火をおこすための送風器「ふいごう」の意味に用います。ふいごうは獣《けもの》の皮、特にタヌキの皮を用いた革袋《かわぶくろ》などで、古代から金属の精錬《せいれん》や加工に使用しました。足で踏《ふ》んで風を送る大型の「鞴」を「踏鞴《たたら》」といいます。白川静さんは『字通《じつう》』の中で「鞴」の文字を挙げていませんが、「韛」（ふく、ひ）を「えびら、ふいごう」の文字の一つとして収《おさ》めています。

古代文字

「備蓄」は万一の時にそなえて物をたくわえていること。「常備」はいつも用意しておくこと

【つながる漢字】

備・憊（𢡉＝異）・糒・鞴・韛・箙

【術】

音　ジュツ
訓　わざ

進軍させるかどうか

道路にて霊《れい》力《りょく》ある獣《けもの》で占《うらな》う

医師になるには国家試験に合格しなくてはなりません。医術を学ぶには医学部のある学校に通わなくてはいけないのです。外科医になれば、手術もしなければいけませんね。その「医術」「手術」の「術」の字について紹介《しょうかい》したいと思います。

「術」の「朮《じゅつ》」は呪霊《じゅれい》（霊の力）がある獣《けもの》の形です。「行」の部分は大きな道が交差する十字路の形です【→［行］】。十字路はいろいろな霊が行き来する場所です。その道路で、霊の力がある獣を用いて軍隊を進軍させるかどうかなどを占《うらな》ったのです。

そのような呪術、わざを「術」といいます。確かに「魔術《まじゅつ》」「忍術《にんじゅつ》」などの「術」には、この世のもの以外の力、マジック的な力を感じさせるものがありますね。後に「わざ、しごと、習いごと」の意味になりました。

道路で、霊力がある獣「朮」を用いて軍隊を進軍させるかどうかなどを占った字が、日頃《ひごろ》使う文字の中にあります。

それは「述《じゅつ》」です。「⻌」（しんにゅう）も道路を行くことを表す字形【→［行］】。道路で霊力がある獣「朮」を使って占い、その決定に従《したが》うので「述」に「したがう」の意味があります。白川静さんが字書『常用字解《じょうようじかい》』で紹介していますが、中国の思想家・孔子《こうし》や弟子たちの言葉を集めた『論語《ろんご》』に「述べて作らず」という言葉があります。古典にしたがって、そのままにいい、自ら創作《そうさく》することをしないという意味の言葉です。この「述べて」は「したがう」ことですから「前の通りにいう、のべる」の意味となったのです。

もう一つ、道路で霊力がある獣を用いる「術」に関係した字を紹介しましょう。

それは「遂《すい》」です。「遂」の「辶」は道を行く意味。「辶」を除《のぞ》いた部分は霊力がある獣の形です。その獣を用いて、ある行為《こうい》を継続《けいぞく》するかどうかを占い、その占いの結果、行為を継続することを「遂」といいます。遂行する、物事を最後まで成し遂《と》げるので「遂」は「ついに」の意味となりました。「述」と「遂」の古代文字を見比べてください。そっくりですね。「遂」は「述」と通じ合う意味をふくんだ文字です。

古代文字

「技術」は物を作ったり、加工したりする「わざ」のこと。「芸術」は鑑賞《かんしょう》の対象となる美の創作《そうさく》や表現のこと

【つながる漢字】

朮・術（術）・行・述（述）・遂（遂）

許

音　キョ
訓　ゆるす

祈《いの》り聞き入れ、神が許す

杵《きね》の形の器を拝《おが》む

「午《ご》」は十二支の獣《けもの》の名前に当てはめて「うま」と読みます。時刻《じこく》では「午《うま》」は正午のことで、その前が「午前」、その後が「午後」です。この「午」の字は、もともとは「杵《きね》」の形をした器のことです。古代中国では、この杵の形をした「午」を使った呪《まじな》いや占《うらな》いも行われていました。

古代の道路はいろいろな霊《れい》が行き交う場所で、その道路ではさまざまな呪いや占いが行われたのです。「行」は道路の十字路の形をそのまま文字にした象形文字ですが【↓［行］】、この交差点で、霊の力がある獣「朮《じゅつ》」を使って、占う文字が「術《じゅつ》」です。「述」や「遂」も霊力ある獣を使って占う字でした。これらのことは前項《ぜんこう》の［術］で紹介《しょうかい》しました。

そして、ここで紹介する「御《ぎょ》」も道路で行われた呪術《じゅじゅつ》を表す行為です。「彳《てき》」（ぎょうにんべん）は十字路の形である「行」の左半分で、道路のことです【↓［行］】。その「彳」に「卸《しゃ》」という文字を加えたのが「御」です。

まず「卸」の文字から説明しましょう。「卩《せつ》」以外の左側の文字は「午」（杵の形）あるいは「幺《よう》」（糸束の形）です。「卩」はひざまずく人の形ですから、「卸」は「午」（杵）や「幺」にひざまずいて拝《おが》む文字です。拝んで神を降《お》ろし迎《むか》え、悪い霊を禦《ふせ》ぐ儀式《ぎしき》が「卸」です。

後に「車馬」から、物を解《と》き卸《おろ》す意味となり「おろす、とく」の意味となりました。日本では「卸《おろし》売り」「卸問屋」などの意味に使っています。

この「卸」に「イ」を加えたのが「御」です。これは道路で「午」(杵の形の器)などを拝み、神を降ろし、迎え、悪い霊を禦ぐ儀式です。神を迎え、神に仕えるので「つかえる、もちいる」の意味があります。後に「ふせぐ」意味には「禦《ぎょ》」を使いました。「御」を日本語では「おん、お」と読み、尊敬《そんけい》を表す接頭語として用いています。

この「午」に「言」を加えた文字が「許」です。杵の形をした「午」を拝んで神に祈《いの》ると、神が降りて来て、祈りを聞き入れて許すのです。それを「許」といいます。「許」は神が「ゆるす」ことでしたが、後にすべての「ゆるす、みとめる」の意味となりました。

古代文字

「許嫁《きょか》」は両親同士が結婚《けっこん》を許可すること。許嫁《いいなずけ》とも読み、婚約《こんやく》者のこと。「黙許《もっきょ》」は知らないふりをして許しておくこと。めこぼし

【つながる漢字】ㅂ

午・杵・朮・術(術)・卸(卸)・御(御)・行・彳・卩・禦・許

【平】

音　ヘイ・ビョウ・ベン
訓　たいら・ひら・たいらげる・やすらか・ひとしい

手《て》斧《おの》で削《けず》って平らに

左右に飛び散る木《もく》片《へん》

やっぱり漢字って、面白いな。旧字のほうがわかりやすい字もあるなと思ったのは、「平」という字の説明を白川静さんの字書で知った時です。

「平」は「于《う》」と「八」を合わせた形の文字です。「于」は手斧《ておの》の形。「八」は木片《もくへん》のことです。つまり手斧で木を平らに削《けず》って木片が左右に飛び散る形が「平」という字なのだそうです。

削った木片が飛んでいる様子なら、今の「平」の字形より、旧字「平」のように「于」以外の部分が「八」のほうが、左右に散っている感じがありますね。木を平らにするところから「たいら」の意味になりました。

「平定」は平らげること。「平安」は無事でおだやかなこと。「平和」は戦争がなく、世の中がおだやかなことです。さらに「公平」「平等」など「ひとしい」の意味も「平」にあります。

「評《ひょう》」の「平」も手斧で木を平らに削り、左右に木片が散る形で「ひとしい」の意味です。公平に評議すること、相談して評価することを「評」といいます。意味は「はかる、しなさだめ」です。

「坪《へい》」は「平らな土地」の意味ですが、中国では使われた用例が少ない文字だそうです。日本では「つぼ」と読んで、面積を表す単位に使います。一坪《つぼ》は六尺《しゃく》平方、約三・三平方メートルです。建物が占《し》めている土地の面積を坪数で表したものを建坪といいます。

星占《ほしうらな》いなどでは、若《わか》い人にもなじみのある「天秤座《てんびんざ》」の「秤《しょう》」も「平」（平）をふくむ文字です。これは「禾《か》」（穀物《こくもつ》のこと）と「平」を合わせた字で、穀物の量をはかる天秤のことです。

でもこの「秤」は、もともとは「称《しょう》」の俗字《ぞくじ》でした。「称」の旧字は「稱」で、これは「禾」（穀物）と「冉《ぜん》」（重りの形）と、「爪《そう》」（手のこと）を合わせた文字です。

つまり称《はかり》（稱）を称《あ》げて、穀物の量を手で持ちあげ称《はか》る意味の文字です。そこからいろいろなものを「はかる」意味となりました。さらに上に持ちあげて称るので「あげる、ほめる」の意味もあります。「称賛《しょうさん》」などが「ほめる」意味です。後に天秤を用いて、錘《おもり》と平衡《へいこう》をとるので、「秤」の文字が作られました。

古代文字

「平原」「平野」「平地」など「たいらな野原や土地」の意味に使う他、「平時」「平生」「平素」など「ふだん」の意味にも用いる

【つながる漢字】∀

平（平）・于・八（八）・評（評）・坪（坪）・秤・禾・称（稱）・爪

【宇】

訓 のき・おおきい
音 ウ

大きくゆるく曲がったもの

あらゆるものを包む空間

イモは好きですか。サトイモ、ジャガイモ、サツマイモの「芋《いも》」です。その「芋《う》」と「宇《う》宙《ちゅう》」の「宇」に同じ字形がふくまれていますね。その関係を紹介《しょうかい》しましょう。

「芋」と「宇」に共通する「于《う》」は「曲がった形を作るための添《そ》え木」の形です。また「刃《は》の長い曲刀」の形です。前項《ぜんこう》［平］でも説明しましたが、「平」の旧字形「平」は「于」と「八」を合わせた形です。この場合の「于」は刃のついた長い手斧《ておの》の形。「八」は木片《もくへん》のこと。つまり手斧で木を平らに削《けず》って木片が左右に飛び散る形が「平」（平）です。

「平」（平）の場合の「于」は「刃の長い曲刀」のことですが、「于」には「長い曲刀」の意味から「大きい、曲がったもの」の意味があります。

「宇」の「于」は、その「大きく、ゆるく曲がったもの」の意味。「宀《べん》」（うかんむり）は廟《みたまや》の屋根を表しますが、この場合は建物の屋根の意味です。ですから「宇」には大きな建物、「家」「軒《のき》」の意味があります。「宇宙」とは「あらゆるものを包み込《こ》む空間」のことです。

「竽《う》」という古代楽器があります。雅楽《ががく》で演奏《えんそう》される楽器に笙《しょう》というものがありますが、竽は笙をより大きくした楽器です。笙より大きいので音は一オクターブ低い楽器で、日本の正倉院にあったものが、日本人によって復元され、現代でも演奏に使われています。

ものを避《さ》けて遠回りすることを「迂回《うかい》」といいます。この「迂」の「于」は「曲がること」

です。「辶」（しんにゅう）は道を行くこと【→［行］】。ですから「迂」には「まわる、さける、とおい」などの意味があります。

「紆《う》余《よ》曲折《きょくせつ》」は道などが曲がりくねっていること。込み入った事情から、物事が複雑な経過をたどることの意味ですが、この「紆」の「于」にも「ゆるく曲がる」意味があります。「紆余」とは屈折《くっせつ》することです。

「芋」は白川静さんの字書『常用《じょうよう》字《じ》解《かい》』には太くて長い形の「いも」をいうとあります。地下茎《けい》や根が大きくふくらんだのが「芋」です。元は「芋」はサトイモのことのようです。その葉が大きいからできた文字のようです。

古代文字

気宇壮大《そうだい》、気宇広大は心意気や度量が立《りっ》派《ぱ》で大きいこと。「宇」はこの場合は「心」のこと

【つながる漢字】

宇・于・平(平)・竽・迂・紆・芋(芋)

字

音　ジ
訓　あざ・やしなう・あざな・もじ

廟《みたまや》に出生報告をする儀式《ぎしき》

母の子に対する愛情

「漢字」の体系《たいけい》的仕組みを紹介《しょうかい》してきましたが、この「漢字」の「字」について説明しましょう。

「字」の「宀」（うかんむり）は廟《みたまや》の屋根の形です。「子」は幼児《ようじ》の姿《すがた》をかいた象形文字です。「子」が生まれ、一定の日数が過ぎて養育の見込《みこ》みが立つと、先祖の霊《れい》を祭っている廟に出生を報告する儀式《ぎしき》が行われ、幼名《ようみょう》を付けました。それを「字《あざな》」といい、その幼名時の「字《あざな》」を「小字《しょうじ》」といいます。さらに一定の期間が経過すると、廟に成長をつげ、命名の儀式が行われ、名前が付けられました。その時に名と何らかの関係がある文字が選ばれて「字《あざな》」が付けられました。そして実名を呼《よ》ぶことは避《さ》けられ、「字《あざな》」を通名として使用しました。つまり「字」は「子」の出生報告の儀式で、それで養育することが定まり、「字《あざな》」が付けられるので、「字」が「やしなう、あざな」の意味となりました。

中国春秋時代の思想家・孔子《こうし》の姓《せい》は「孔」、名は「丘《きゅう》」、字《あざな》は「仲尼《ちゅうじ》」です。その「孔子」の「孔」にも「子」の字形があります。古代文字を見ると、後頭部の頭髪《とうはつ》を剃《そ》るような曲線を「子」に加えた文字が「孔」になっています。つまり頭に穴《あな》のようなものがある字形で「あな」の意味となりました。乳児《にゅうじ》の時に、成育を祈《いの》って頭髪を剃る儀式のようなものがあったのかもしれません。「鼻孔《びこう》」とは鼻の穴のことです。「気孔」は植物の表皮の細胞の間にある小さい穴のことです。

そういえば「乳児」の「乳」は、この「孔」と「爪《つめ》」を合わせた文字です。「爪《そう》」は「手」のこと【→［採］】。頭髪を剃った子どもに「手」（爪）を加えている文字が「乳」です。

これは乳児に授乳している姿です。古い甲骨《こうこつ》文字ではまさに授乳の形です。授乳から「ちち」の意味になりました。

「好」の甲骨文字も女性が子どもを抱《いだ》く形です。もともとは母親が幼児をかわいがることをいう字です。母の子に対する愛情から、姿が「うつくしい、したしい」の意味となり、すべての状態が良好で「よい」意味や良好のものを「このむ」意味となりました。

古代文字

日本語では「あざ」と読んで、町村内の一区画の名をいう。大字《おおあざ》と小字《こあざ》があり、ふつうは小字を単に字という

【つながる漢字】
字・宀・孔・乳（乳）・爪・好・子

儒

音 ジュ

雨乞《あまご》いをする人たち

結《けっ》髪《ぱつ》せず、まげのない姿《すがた》

中国の春秋時代の思想家・孔子《こうし》の教えを中心に成立した思想が「儒教《じゅきょう》」です。また経済《けいざい》関係の用語に「需要《じゅよう》と供給《きょうきゅう》」の「需給」という言葉があります。この「儒教」の「儒」は「需要」「需給」の「需」に「亻《にんべん》」（人）を加えた文字ですね。その関係について、紹介《しょうかい》したいと思います。

その「儒」「需」の元になる字は「而《じ》」です。「而」は結髪《けっぱつ》のまげがない人の正面形の姿《すがた》です。それは神に仕える巫祝《ふしゅく》たちの姿です。続く日照りに対して、雨乞《あまご》いをする巫祝の姿です。そんなつもりで「而」を見てみれば、髪《かみ》の毛を切った人に見えてきます。「而」を「しこうして」などの意味の接続詞《せつぞくし》に使うのは、文字の音を借りて、別な意味を表す「仮借《かしゃ》」の用法です。

その「而」に「雨」を加えたのが「需」です。「雨」は天から「あめ」が降《ふ》るさまをかいた象形文字です。つまり「需」とは日照りの時に巫祝（而）が雨乞いをし、雨を求め待つという漢字。そこから「もとめる、まつ」の意味となりました。

その雨乞いに従事《じゅうじ》する下級の巫祝の人（亻）たちが「儒」です。「儒」はお金持ちの家の葬《そう》儀《ぎ》をあてにする葬儀屋集団でもありました。そのような下層《かそう》巫祝の家の出身だった孔子が打ち立てた思想が儒教です。つまり「儒教」「儒家」「儒者」の「儒」には、孔子の出身である雨乞いをする巫祝の姿が、そのまま字形として残っているのです。

「需」に「氵《さんずい》」（水）を加えた文字が「濡《じゅ》」です。雨乞いで、雨が降ってきて、「うるおう、ぬれる」という意味の字です。

群馬県に嬬恋《つまごい》村という場所があります。日本武尊《やまとたけるのみこと》が、夫人である弟橘姫《おとたちばなひめ》の死を嘆《なげ》き、「吾嬬者耶《あづまはや》」（ああわが妻《つま》よ）と叫《さけ》んだと伝えられている土地です。

この場合の「需」も雨乞いをする身分の低い巫祝のこと。それに「女」を加えて「嬬《じゅ》」という文字ができました。これは「儒」の巫祝に対して、巫女《みこ》を表す文字です。

中国では「巫女」の意味の他に側女《そばめ》（本妻以外で夫婦関係にある女性）の意味がありますが、『万葉集』などの日本の古典では「嬬」は「妻」の意味に使うことが多いそうです。

古代文字

儒家と並《なら》ぶ勢力だった墨家《ぼっか》は「儒者たちは金持ちの家に葬式があると、いそいそと集まってくる」とからかっている

【つながる漢字】

而・需・儒・濡・嬬・雨

端

音　タン
訓　はし・は・はた・ただしい・いとぐち

髪飾《かみかざ》りをつけて座《すわ》る巫女《みこ》

結髪《けっぱつ》をせず、神に仕える人

「あの人は忍耐力《にんたいりょく》がある」。そんなふうに使う「忍耐」の「耐」の中に「而《じ》」の字形がありますね。この「而」は髪《かみ》を結ばず、頭髪《とうはつ》を切っている人の正面形です【↓［儒］】。この「而」をふくむ字は、ふだん使う漢字にもかなりあります。その紹介《しょうかい》です。

まず「耐」の「而」は結髪《けっぱつ》をしないで、神に仕える人の姿《すがた》です。その人たちを巫祝《ふしゅく》といいます。

「寸《すん》」は「手」の形です【↓［博］】。「而」に「手」を加えて巫祝を使い働かす姿が「耐」です。使われる仕事によく「たえる」ことを「耐」といいます。

「耐」の元の字形に「耏《じ》」もあり、「耏」には「ひげを落とす刑罰《けいばつ》」との意味もあるそうです。古い字書に「罪があるも髠《こん》に至《いた》らざるものなり」とあります。

「而」は頭髪を切った人の正面形ですが、その側面形が「兀《こつ》」です。それに髪を表す「髟《かみがしら》」を加えた形が「髠」です（イラスト欄《らん》を見てください）。この「髠」は髪を切る軽い刑罰ですが、「耏」はさらに軽く、髪を残して、ひげを落とすだけの刑のようです。

「而」に「山」をのせた「耑《たん》」は若《わか》い巫女《みこ》が、きちんと座《すわ》っている姿です。「而」は結髪しない姿。「山」の部分は髪飾《かみかざ》りのことです。つまり結髪をせず、髪飾りをつけた巫女がきちんと座っている姿が「耑」です。

その「耑」に「立」を合わせた字が「先端《せんたん》」の「端」です。この「立」は一定の位置にいる人の姿です【→「立」】。つまり「端」は端然と（きちんと）礼儀《れいぎ》正しくいる姿です。儀式の際、神に仕える巫祝たちがいる位置は左端《ひだりはし》にありました。それゆえに「はし」の意味になりました。そこから数え始めるので「はじめ、いとぐち」の意味にもなります。

「瑞穂《みずほ》の国」とは瑞々《みずみず》しい稲穂《いなほ》が実る日本の美称《びしょう》です。その「瑞《ずい》」は髪飾りをつけて端然と座る巫女が祈りの際に持つ瑞玉《ずいぎょく》です。そこから瑞祥《ずいしょう》（めでたいしるし）などの言葉も生まれました。「瑞」の意味は「しるし、めでたい」です。

古代文字

日本語では「は」と読み、はんぱな数を「端《は》数《すう》」、完全な状態でないことやどちらにもつかないことを「半端《はんぱ》」という

【つながる漢字】

而・耐・髡・兀・耑・端・瑞・立

微

音　ビ
訓　そぐ・かすか・ひそか

道路で巫女《みこ》を打つ

敵《てき》の長髪《ちょうはつ》の長老を打つ

「微《び》」と「徴《ちょう》」。似ていますね。漢字を学び始めた頃《ころ》、紛《まぎ》らわしくて困《こま》りました。でも困って当然、これらはよく似た行為《こうい》を表す字なのです。

「微」「徴」の異《こと》なる部分、「兀《こつ》」と「王」に注目してください。まず「微」の「兀」は髪《かみ》を結ばず、切った髪のままの人の側面形で、巫祝《ふしゅく》（神に仕える人）のことです【↓［端］】。その上の「山」は頭部に髪飾《かみかざ》りをつけた姿です。だから「微」の真ん中の字形は髪飾りをつけた巫女《みこ》の側面形です。

「微」の右側の「攵《ぼく》」は、元は「攴」です。「攴」の「卜《ぼく》」は木の枝（または鞭《むち》）、「又《ゆう》」は「手」の形で、「攴」は木の枝などを持ち、誰《だれ》かを打つ形【↓［正］】。左側の「彳」（ぎょうにんべん）は十字路の左半分の形で道路のこと【↓［行］】。つまり「微」は道路で髪飾りをつけた巫女を木の枝などで打つ形の字です。そうやって敵《てき》からの呪《のろ》いを衰微《すいび》させる行為です。なぜ目の前の巫女を打ち、敵の呪いを衰微させるのか。現代人にはわかりにくい間接《かんせつ》的な行為ですが、この行為を「共感呪術《きょうかんじゅじゅつ》」といいます。敵の呪力《じゅりょく》をそぐので「かすか」などの意味があります。

「徴」のほうの「王」の字形は王様のことではなくて、「呈《てい》」の下部にあるのと同じで、人が真っすぐに立つ「壬《てい》」という字です【↓［程］】。上部の「山」は、この場合は長髪《ちょうはつ》のこと。「王」（壬）と「山」で捕《と》らえた敵の長髪の長老のことです。その長老を打って、その呪力を刺激《しげき》して、打つ者の要求することの実現を求める行為です。その要求実現の徴《しるし》が現れることを「徴」といいます。これも共感呪術的な行為です。

敵の長老を打つ行為は懲罰《ちょうばつ》の意味もあるので、敵を懲《こ》らしめることを「懲」といいます。

もう一つ。「徽章《きしょう》」の「徽」を紹介《しょうかい》しましょう。これは「徴」の省略形に「糸」を加えた字です。「徽」は道路で髪飾りをつけた巫女を打って、敵の巫女からの呪いを衰微させる行為です。打たれる巫女を、より明確に目立たせるために飾りの「糸」をつけ、その巫女であることの「はたじるし」にしたのです。後にすべての「徽章」の意味に使うようになり、「しるし」の意味になりました。

古代文字

道路は自分たちの町・村から敵の町・村への通路なので、道路で巫女を打ったほうが、その行為の意味は敵に速やかに伝わると考えられていた

【つながる漢字】

微（微）・徴（徵）・攴（=攵）・懲（懲）・徽

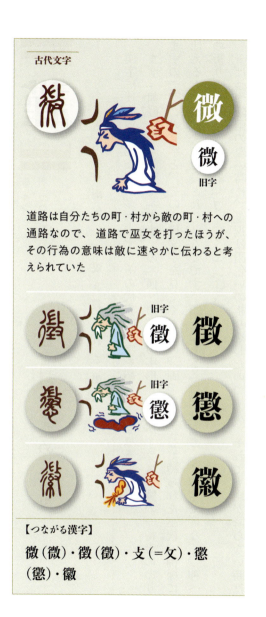

謹

音　キン
訓　つつしむ

雨乞《あまご》いで焼き殺される巫祝《ふしゅく》

霊《れい》を封《ふう》じるために祈《いの》る

漢字には怖《こわ》い残酷《ざんこく》な字が多いです。その代表的な字を紹介《しょうかい》しましょう。

まず「飢饉《ききん》」の「饉」や「僅少《きんしょう》」の「僅」の右側の字形「堇《きん》」がイラスト欄《らん》の一番上にありますので、この文字と、その古代文字を見てください。両手を交差して縛《しば》られた巫祝《ふしゅく》（神様に仕える人）が、火で焼殺されている姿《すがた》です。頭上にある「口」は顔の「くち」ではなく、神への祈《いの》りの言葉を入れる器「𠙵」（サイ）です。

干《かん》ばつで降雨《こうう》のない時に、巫祝は雨乞《あまご》いの祈りをしたのですが、それでも雨が降《ふ》らない時は、巫祝自らが焼かれ、祈りに捧《ささ》げられたのです。雨が降らず飢饉となったので、巫祝を焼いて祈るのです。その字形と「食」を合わせた「饉」は凶作《きょうさく》のことです。

飢饉などで行き倒《だお》れとなった人を葬《ほうむ》り、霊《れい》を封じるために祈る言葉を「謹《きん》」（謹）といい、「つつしむ」意味となりました。雨を求めて、謹《つつし》んで神に祈る言葉も意味します。

また「僅《きん》」も「凶作」の時に穀物《こくもつ》の実りが僅《わず》かという意味です。「勤《きん》」（勤）の「力」は鋤《すき》の形で【→「力」】、「勤」は飢饉を救うための農耕に勤労《きんろう》することです。

飢饉などの行き倒れで死んだ人は不遇《ふぐう》の死ゆえに強い霊力を持っていると恐《おそ》れられていて、地中に粘土《ねんど》で封《ふう》じ込《こ》められました。「饉」の右側の「堇」は、そのことを示す文字で、「ねばっち、ねる」の意味もあります。

「嘆」（嘆《たん》）「歎《たん》」はともに「なげく」意味の漢字ですが、「嘆」の右側や「歎」の左側の字形の古代文字を見ると、最初に紹介した「堇」と同形です。これは雨を求めて、神への祈りの言葉を唱え、巫祝を焼き、神様に「なげき」訴《うった》えるという字でした。「歎」の「欠」は口を開き、なげき訴える人の姿です【→［歌］】。

この項《こう》の最後に「漢字」の「漢」（漢）を紹介しましょう。でも「漢」はもともとは地名で、飢饉との関係を示す説明はなさそうです。陝西省《せんせい》から東南に流れている川「漢水」のことです。その流域《りゅういき》の王だった劉邦《りゅうほう》が紀元前二〇二年に建てた王朝が「漢」と呼《よ》ばれ、「漢字・漢文・漢方」など中国の意味となりました。

古代文字

「謹慎《きんしん》」とは言葉や行動をひかえめにすること。「慎」も行き倒れの人の霊を鎮《しず》める時の丁重な心情を表す字だ【→［真］】

【つながる漢字】

堇・饉・僅・謹（謹）・勤（勤）・嘆（嘆）・歎・漢（漢）・慎（愼）

隣

音　リン
訓　となり・となる

はりつけになり鬼《おに》火《び》発する

境で悪い霊《れい》を祓《はら》うまじない

神奈川県中心に展開《てんかい》する「有隣堂《ゆうりんどう》」という書店があります。会社の沿革《えんかく》を読むと一九〇九年（明治四十二年）に横浜《よこはま》市で開店した屈指《くっし》の老舗《しにせ》書店です。

その有隣堂が一九六七年（昭和四十二年）から発行している月刊紙の名が「有鄰《ゆうりん》」となっています。「隣」も「鄰」も「となり」という同じ漢字ですが、時々「有隣堂」か「有鄰堂」か、どっちだったかなと考えたりもします。月刊紙「有鄰」は『論語《ろんご》』の「徳孤《とくこ》ならず、必ず鄰《となり》有り」（人格のすぐれている人は、けっして独《ひと》りではない。必ず〈その人を慕《した》ってそのまわりに〉人が集まってくる）という言葉からです。他の字書では「鄰」は「隣」の正字とありますが、白川静さんによると「隣」のほうがもともとの正しい文字です。より古い古代文字が「隣」の字形なのです。そして、その意味はかなり怖《こわ》いものでした。

まず「粦《りん》」から紹介《しょうかい》すると、「粦」は生け贄《にえ》として、はりつけにされている人の形です。古代文字を見ると、人の正面形を示す「大」と両足を開いた形の「舛《せん》」を合わせた字で、「大」の字形の上下に鮮血《せんけつ》を表す小点をそえて、はりつけになった人の体から鬼火《おにび》が発していることを意味する文字です。鬼火は雨夜の墓地や湿地《しっち》に現れる青白い火です。

「隣」の「阝」（こざとへん）は神様が天地を昇降《しょうこう》する階段《かいだん》（または梯子《はしご》）で【→「際」】、その「阝」の前に人の生け贄を置いて、異族《いぞく》との境にある悪い霊《れい》を祓《はら》う呪《まじな》いをしたのです。その呪いをした聖所《せいしょ》が「隣」の意味です。後に「となり」の意味となりました。

ですから「粦」に「火」を加えた「燐《りん》」は「鬼火」という意味です。戦場に鬼火を見ることも多かったようです。熱が無くて光るので、また蛍火《ほたるび》のこともいいます。

「憐憫《れんびん》」（あわれむこと）という言葉がありますが、「憐」は人をはりつけにした「粦」に「忄」（りっしんべん＝心）を加えた形で、そこから「あわれむ気持ち」のことになりました。

もう一つ、「粦」に関係した文字を紹介しましょう。それは「魚鱗《ぎょりん》」の「鱗」です。「粦」は燐火《りんか》（鬼火）で光るものの意味があり、また相連なるものの意味があります。点々と連なることから魚の「うろこ」の意味に「鱗」はなりました。

古代文字

古くに祭りの場をつかさどる「右隣」などの職《しょく》があり、それが邑《むら》の行政単位となって、邑にしたがう「鄰」の字ができたようだ。「鄰」の「阝《おおざと》」は「邑」の字の省略形

【つながる漢字】

隣（隣）（鄰＝異）・粦・燐・憐（憐）・鱗（鱗）

鬱

音　ウツ
訓　しげる・ふさがる・うれえる

香りの強い酒を醸《かも》す

書けなくてもよい漢字？

常用漢字表が二〇一〇年に改定され、「鬱《うつ》」が常用漢字に加わりました。パソコンやスマートフォンによるメールの時代を反映《はんえい》して、読めれば書けなくてもよい文字の代表として「鬱」が選ばれたようです。でも書けないのはしゃくですね。この本の最後に「鬱」という文字の成り立ちを理解し、書けるようになりましょう。

「鬱」は「酒」に関係した文字です。まず「鬱」の左下にある「鬯《ちょう》」という字形を覚えてください。「鬯」は香草を酒壺《さけつぼ》に浸《ひた》している形です。「凵《かん》」の部分が容器で、下の「匕」がその脚部《きゃくぶ》です。「凵」の中の「米」のような字形が香草です。その香草で、香りがついた酒を「鬱鬯《うつちょう》」といいます。お祭りにはその「鬱鬯」の酒を使いました。

「鬱」はこの「鬯」と「彡《さん》」「冖《べき》」（わかんむり）「缶《かん》」「林」でできています。「冖」は容器の蓋《ふた》。「彡」は色や香りが盛《さか》んな様子を表す記号的な文字です。現代の「缶」は旧字「罐《かん》」の常用漢字体で金属製のカンのことを表す文字ですが、「鬱」の「缶《ふ》」は古代の「甕《かめ》」のことです。さらに、木がこんもり茂《しげ》るように「甕」の中に醸《かも》された酒があるので「林」があります。

つまり「鬱」は甕の酒に香草を加えた鬯に蓋をして覆《おお》っておくと、時を経て強い香りがする酒である「鬱鬯」ができることを表した文字です。

「鬱」は「抑鬱《よくうつ》」など「ふさがれた」意味と、林が「鬱蒼《うっそう》」と盛んに、こんもりと茂る意味など、一見相反する意味があります。でも蓋をした甕の様子と、そこで盛んに醸される香り酒を考えれば相反することではないのです。

「鬱」の文字の成り立ちは理解《りかい》できましたか。でもやっぱり少し複雑ですか……。別な覚え方をしている人もいるので、参考に紹介《しょうかい》しましょう。

「リンカーン大統領はアメリカンコーヒーを三杯《ばい》飲む」という方法。「リン」（林）「カーン」（缶）大統領「は（わ）」（冖）アメリカン（米）コ（凵）ーヒ（ヒ）ーを三（彡）杯飲むという覚え方です。うまいこと言うものですね。どちらの覚え方でもいいですから、「鬱」の成り立ちは忘《わす》れないでください。

古代文字

香り酒である鬱鬯は神様を降《お》ろす時に用いられた。儀式《ぎしき》の場所に鬱鬯をそそぎ、清めることを灌鬯《かんちょう》という

【つながる漢字】

鬱・鬯・彡・冖・缶・林

あとがき

本書の［器］や［自］の項《こう》でも紹介《しょうかい》しましたが、二〇一〇年の常用漢字表の改定で「嗅《きゅう》」が常用漢字に加えられました。このため、常用漢字の中に「臭《しゅう》」という文字と「嗅」という文字が同居することになりました。両字とも「におい」に関係した漢字なのに、「臭」は「自」と「大」を合わせた字形、「嗅」の右側は「自」と「犬」を合わせた字形です。

改定常用漢字を審議《しんぎ》する文化審議会を、私《わたし》も傍聴《ぼうちょう》しておりましたが、審議の過程で「この違《ちが》いをどうやって学校で教えたらいいのか」ということが議論《ぎろん》になりました。でも結局、この矛盾《むじゅん》は解消されず、そのまま「嗅」が常用漢字に加えられることになったのです。

矛盾の原因は一九四六年に発表された当用漢字でした。「臭」は当用漢字に改定される前の旧字では「臭」、つまり「自」と「犬」でした。「自」は正面から見た鼻の形をかいた象形文字です。「鼻」の字にも「自」があります。ちなみに「嗅」の正字は「齅」という字形で「鼻」に「臭」を加えた形です。

この「自」に鼻が利く動物「犬」を加えて「くさい」の意味としたのが「臭」なのです。それが当用漢字では「犬」を「大」に変更《へんこう》してしまいました。「大」は正面から見た人間の姿《すがた》です。「犬」と「人」の区別がわからないままに「、」を取ってしまったのです。「犬」の「、」は、その特徴である犬の耳を表しています。偉《えら》い人たちが集まって決めたわりには、当用漢字にはこのような漢字の成り立ちを理解できていない間違いがたくさんありました。その間違いが現在、私たちが使用している常用漢字にそのまま引き継《つ》がれているのです。

ちなみに「器」も旧字は「大」ではなくて、四つの「口」に「犬」を加えた「器」でした。「口」の字形は「くち」のことではなく、神様への祈《いの》りの言葉を入れる器「𠙵」(サイ)ですが、たくさんの器「𠙵」(サイ)に、生け贄《にえ》の「犬」を捧《ささ》げて、お祓《はら》いをする字が「器(器)」です。器はお祭りに使うためのものでしたから、お祓いをしてから使ったのです。

二〇〇六年十月三十日に、九十六歳《さい》で亡《な》くなった白川静《しらかわしずか》さんは、この年、生まれ故郷《こきょう》の福井市と住まわれていた京都市とで二つの講演を行いました。同年六月十日の福井での講演は「漢字の体系――転注の字」という題で、福井の県立図書館に「白川文字学の室《へや》」が前年開設されたことに関係したものでした。同九月十六日の京都の講演も「漢字の体系――漢字教育について」というもので、いずれも漢字の体系的な成り立ちについて、具体的に述べたものです。

京都の講演の中で、白川さんは、戦後の漢字改革《かいかく》で「犬」の字形を「大」に変えてしまった文字についても話しています。例えば「煙突《えんとつ》」の「突」です。この「突」は漢字改革前の旧字では「穴《あな》」と「犬」を合わせた「突」でした。「穴」はかまど用の穴のことです。かまどは火を扱《あつか》う大切な場所でしたので、かまどの神様に「犬」を生け贄に捧げて、お祓いをして使ったのです。これも現在は「穴」に、人の正面形である「大」を加えた「突」の字形になってしまいました。

白川さんは「そうすると人を穴につっこむという字になる」とユーモアを交えながら、講演の中で戦後の漢字改革の間違いを批判《ひはん》しています。

「誤《あやま》りを正当として生きなければならぬという時代を、私は恥《は》ずべきことだと思う」。白川さんは字書『字統《じとう》』の「まえがき」の「字統の編集について」で、そう記していますし、二〇〇四年受章の文化勲章《ぶんかくんしょう》を祝う会の席でも「間違いの多い戦後の文字改革ですが、遠くからただ言葉だけで批判していても何にもならないので、その間違いを実証するために研究をずっと続けてきた」と積年の思いを語っていました。

その白川さんが解明した漢字の成り立ちの秘密《ひみつ》を紹介する本書では、漢字の論理的なつながりを考えることなく変更された漢字の字形の問題点もたくさん記しました。

☆

「現代、最後の碩学《せきがく》」と言われた白川静さんから、漢字の仕組みについて直接教えていただいたことは、私にとって得がたい体験でした。漢字の世界を読み解いていく、その思考から深く学びましたが、それとともに白川さんのお人柄《ひとがら》から人間的な影響《えいきょう》を受けました。

京都・桂《かつら》のご自宅《じたく》で、白川さんから漢字の成り立ちを教えていただいた時、白川さんは画用紙に現在の字形、旧字形とともに、その古代文字形を書きながら説明していくのですが、ある文字の古代文字形について、「こんな字、本当にあるのですか?」と質問をしてしまいました。白川さんが書いた古代文字の一つがあまりに現代の字形と異《こと》なっていたので、思わずそんなことを言ってしまったのです。

白川さんはすっと立ち上がり、応接間を出ていったので、驚《おどろ》いて私も従《したが》うと、古代文字の影印本《えいいんぼん》(写真版の本)の山の前に立って、上の方から二、三冊《さつ》ずつ脇《わき》に置いていきます。影印本はとても重いので、私は「手伝います」と言ったのですが「だいじょうぶ、これは僕《ぼく》の日課だから」と応えて、白川さんは本の山を次々に崩《くず》していきました。その時、白川さんは九十二歳でした。

「確か、この辺りだ」。探《さが》していた影印本を手にした白川さんの動きが止まって「ほらぁ」と言ったのです。白川さんの指の先には「本当にあるんですか?」と私が尋《たず》ねた古代文字がありました。「あっ、本当ですね!」と、私が言うと、白川さんは優《やさ》しい笑顔で立っていました。そして応接間に戻《もど》り、また続きの話をしてくれたのです。

「本当にあるのかどうか」に対する一番簡明《かんめい》な答えは実物を目の前に示すことです。そのことに労をいとわない人でした。白川さんは漢字学の第一人者でしたが、「権威《けんい》」などという言葉が持つ威圧《いあつ》的なものとは無縁《むえん》の人でした。フランクに、時にユーモアも交えて、情熱的に教えてくれるとても優しい人でした。「真の碩学」とは、こういう人のことをいうのだと感じ入りました。

☆

本書は二〇〇八年春から二〇一四年春まで、共同通信社配信で全国の新聞に掲載《けいさい》された連載「漢字物語――白川静文字学入門」を基にしています。その連載中に常用漢字表の改定が行われたので、白川静さんの長女・津崎史《つざきふみ》さんと、夫の津崎幸博《ゆきひろ》さん（二〇一九年死去、津崎史さんとともに白川さんの字書『常用字解《じょうようじかい》』の編集協力者）を兵庫県伊丹《いたみ》市のお宅に訪《たず》ねて、取材をしました。

その時、白川さんが亡くなった年に行った福井市と京都市での講演の話となりました。特に、京都での講演は亡くなる前月のものです。講演の冒頭《ぼうとう》で「この夏は私にとりましては大変厳《きび》しい夏でございまして、体調を失して、なかなか快復しない」と述べています。

史さんによると、講演の日の体調は非常に悪く、果たして講演に行くことができるのか、本当に危《あや》ぶまれるほどだったそうです。でも、その日は教育関係者への講演でした。体調ままならず、講演が実施《じっし》できるのかわからなかったそうですが、「『子どもに漢字を教える先生たちに話すのだから』と言って家を出た」と史さんからお聞きしました。

講演に同行された幸博さんによると、最初に立って話していた白川さんが、途中《とちゅう》から座《すわ》って講演されたそうです。「座って話す白川を初めて見ました」と幸博さんが話していました。

漢字ブームの震源地《しんげんち》とも言われた白川さんの連続講演「文字講話」を聴《き》かれた方はわかる

かと思いますが、白川さんは九十歳を過ぎても、長い講演をずっと立ったままで話されました。ですから、よほどの体調の悪さを押して、子どもや先生たちのために人生最後の講演をなさったのでしょう。

☆

「文字講話」の前の昼食の時間や休憩《きゅうけい》の時間にも、白川静さんは、私に漢字の体系的な成り立ちを教えてくださいました。その時、白川さんから漢字について直接教えてもらうことに大きな喜びを感じておりましたが、でも、なぜこれほど情熱的に白川さんが教えてくださるのか、そこまで考えることはありませんでした。

伊丹の津崎夫妻のご自宅にうかがった時、私の連載「漢字物語——白川静文字学入門」について話したためかと思いますが、しばらくして「漢字の系統」という白川さんの手書き原《げん》稿《こう》のコピーの束（二百五十字詰《づ》め原稿用紙七十枚《まい》ほど）を幸博さんが送ってくださいました。

それは、つながりのある漢字五文字を一つの系統《けいとう》として、漢字の系統を列挙してある原稿です。本書で記したように、私の連載はつながりのある漢字を四文字挙げて、その体系的なつながりを説明していくものです。

白川さんが書かれた原稿の一部は福井や京都の講演を収録《しゅうろく》した白川さんの遺著《いちょ》『桂東雑記《けいとうざっき》V』（二〇〇七年）に収《おさ》められていますが、同書から「漢字物語——白川静文字学入門」を発想したわけではありませんでした。白川さんの字書や著作を読みながら、文字のつながりを書きとめていったノートがあり、そこから小学生でもわかるような連載を考えていった結果でした。

でも白川さんの手書きの「漢字の系統」の原稿を見て、本当に驚きました。本書と同じようなことを最晩年《さいばんねん》の白川さんは考えていたことに気がついたのです。だからこそ、私にあれほど熱心に漢字の成り立ちを教えてくださったのだと思いました。そして「漢字の系統」と、本書の形がよく似ているのは、偶然《ぐうぜん》ではなく、白川さんが解明した漢字の仕組みを考えてみれば、必然的にこのような形になるのだろうと、いまでは考えています。

その「漢字の系統」には「平成十八年五月三日完稿」と白川さんの筆跡《ひっせき》で記されていました。これはまったく個人的なことですが、「五月三日」は私の誕生日《たんじょうび》です。白川さんが亡くなった平成十八年（二〇〇六年）の「五月三日」に「漢字の系統」を書き上げたことを知り、そのことからどこか運命的なことも感じました。それ以降《いこう》の「漢字物語――白川静文字学入門」の連載に使命感のようなものを抱《いだ》きながら続けたことを覚えています。

☆

本書では漢字四字のつながりぶりを物語風に記しましたが、その「漢字物語」を通して、白川静さんの解明した古代中国がどんな世界だったかがよくわかりますし、中国文化とはどのようなものなのかがわかります。そして、その国の文字を使いこなしている日本文化についても理解が深まりますし、日中の違いも理解できると思います。それが、白川さんの漢字研究の奥深《おくぶか》いところです。

その古代中国社会の在り方の研究から、漢字の成り立ちの秘密を解き明かして、文化勲章を受けた白川静さんの大きな功績は、漢字という文字の世界が体系的・論理的につながりあって構成されていることを広く、深く、明らかにしたことです。

本書では、白川静さんが解明した漢字の世界を、日本人なら誰《だれ》でも知っている漢字から出発して、その基本的な全体像をわかりやすく紹介しました。つながりあう漢字の世界について、理解しやすいようにいろいろな工夫もしてあります。楽しみながら、読んでいただけたらと思います。

「漢字物語――白川静文字学入門」の百回までは『白川静文字学入門 なるほど漢字物語』（二〇一二年、共同通信社）として刊行されていますが、本書は三百六回すべてを通して新しく構成して書いた完全版です。

オールカラーの一冊本で、つながりあう各漢字にさまざまな方向から接近できるように、詳細《しょうさい》な索引《さくいん》を付けることなど、著者の望みをすべてかなえてくれた論創社の森下紀夫さん、森下雄二郎さん、内田清子さんに深く感謝いたします。各漢字を結ぶすべてのイラストを描《か》いてくれたイラストレーターのはまむらゆうさんにも感謝いたします。

「白川静さんに学ぶ 漢字は楽しい」の新聞連載以来、二十年以上続けてきた白川さんの漢字学紹介の集大成的な仕事です。白川さんの業績を伝えることができ、また漢字を学ぶ人たちにとって、漢字への興味が広がることを何より願っています。

漢字の成り立ちについて、基礎《きそ》の基礎から教えてくださった白川静さんに、本書を捧げたいと思います。本書を読んで漢字の世界に興味を抱《いだ》いた読者には、白川静さんが書いた字書『常用字解』『字統』『字訓《じくん》』『字通《じつう》』『漢字《かんじ》の体系《たいけい》』や連続講演録『文字講話』のシリーズなどを読むことをお勧《すす》めしたいと思います。漢字の体系的・論理的な成り立ちについての理解がさらに深まるでしょう。

二〇二四年五月三日記す

小山 鉄郎

わ…輪…〈教・常〉…［四］…408
ワイ…矮…120
わかい…夭…196, 524
わかい…少…〈教・常〉…［二］…292, 296
わかい…若…〈教・常〉…［六］…∀…198
わかい…弱…〈教・常〉…［二］…318
わかつ…区…〈教・常〉…［三］…∀…400, 504
わかつ…半…〈教・常〉…［二］…236
わかつ…判…〈教・常〉…［五］…236
わかつ…釆…346, 348, 350
わかる…分…〈教・常〉…［二］…144, 234
わかれみち…岐…〈教・常〉…［四］…538
わかれる…別…〈教・常〉…［四］…238
わかれる…派…〈教・常〉…［六］…180
わかれる…訣…〈人〉…∀…232
わき…亦…〈人〉…314
わき…脇…〈常〉…314
わき…腋…314
ワク…或…〈人〉…306
わく…沸…〈常〉…476
わく…涌…154
わけ…訳…〈教・常〉…［六］…∀…350
わける…分…〈教・常〉…［二］…144, 234
わける…支…〈教・常〉…［五］…538
わける…別…〈教・常〉…［四］…238
わける…剖…〈常〉…242
わける…部…〈教・常〉…［三］…242
わざ…伎…〈常〉…538
わざ…技…〈教・常〉…［五］…538
わざ…倆…406
わざ…術…〈教・常〉…［五］…592, 594
わざ…業…〈教・常〉…［三］…390
わざおぎ…伶…〈人〉…172
わざおぎ…倡…444
わざおぎ…優…〈教・常〉…［六］…210
わざわい…夭…196, 524
わざわい…禍…〈常・旧人〉…∀…240
わずか…才…〈教・常〉…［二］…∀…130, 206
わずか…寸…〈教・常〉…［六］…38, 58, 266, 270, 382, 386, 390, 434, 492, 564, 578
わずか…秒…〈教・常〉…［三］…296
わずか…僅…〈常〉…∀…608
わすれる…忘…〈教・常〉…［六］…378
わたくし…ム…422, 424, 426
わたくし…私…〈教・常〉…［六］…422, 426
わたし…私…〈教・常〉…［六］…422, 426
わたす…付…〈教・常〉…［四］…578
わたす…渡…〈常〉…432
わたる…杭…〈人〉…534
わたる…航…〈教・常〉…［五］…534
わたる…渡…〈常〉…432
ワツ…斡…〈人〉…438
わらう…笑…〈教・常〉…［四］…196
わらべ…童…〈教・常〉…［三］…52
わらわ…妾…52
わりあて…程…〈教・常〉…［五］…∀…580
わりあてる…課…〈教・常〉…［四］…∀…464
わりふ…剤…〈常〉…484
わりふ…符…〈常〉…578
わりふ…牌…392
わるい…凶…〈常〉…56
わるい…兇…56
わるい…悪…〈教・常・旧人〉…［三］…468
わるい…醜…〈常〉…468
わるがしこい…猾…238
わるもの…賊…〈常〉…484
われ…台…∀…422, 424
われ…我…〈教・常〉…［六］…82
われ…吾…〈人〉…∀…140
われ…朕…〈常〉…100
ワン…貫…〈常〉…470
ワン…湾…〈常〉…∀…316, 548
ワン…彎…∀…548

リツ…立…〈教・常〉…［一］…288, 424, 604
リツ…律…〈教・常〉…［六］…332
リュウ…立…〈教・常〉…［一］…288, 424, 604
リュウ…竜…〈常・旧人〉…146, 542
リュウ…流…〈教・常〉…［三］…380
リョ…呂…〈常〉…588
リョ…旅…〈教・常〉…［三］…412
リョウ…令…〈教・常〉…［四］…170, 172
リョウ…両…〈教・常〉…［三］…406
リョウ…良…〈教・常〉…［四］…416
リョウ…竜…〈常・旧人〉…146, 542
リョウ…倆…406
リョウ…料…〈教・常〉…［四］…438, 440
リョウ…量…〈教・常〉…［四］…440
リョウ…領…〈教・常〉…［五］…170
リョウ…輛…406
リョウ…糧…〈常〉…440
リョク…力…〈教・常〉…［一］…92, 94, 96, 154, 382, 456, 512, 588
リン…侖…408
リン…林…〈教・常〉…［一］…612
リン…倫…〈常〉…408
リン…粦…610
リン…鈴…〈常〉…172
リン…稟…〈人〉…336
リン…綸…〈人〉…408
リン…凜…〈人〉…336
リン…輪…〈教・常〉…［四］…408
リン…隣…〈常〉…610
リン…燐…610
リン…臨…〈教・常〉…［六］…∀…72
リン…鱗…〈人〉…610
りん…鈴…〈常〉…172

ル・る

ル…流…〈教・常〉…［三］…380

レ・れ

レイ…令…〈教・常〉…［四］…170, 172
レイ…戻…〈常〉…12
レイ…励…〈常〉…98
レイ…冷…〈教・常〉…［四］…170
レイ…伶…〈人〉…172
レイ…犂…420
レイ…鈴…〈常〉…172
レイ…領…〈教・常〉…［五］…170
レイ…黎…〈人〉…420
レキ…秝…356
レキ…厤…356
レキ…歴…〈教・常・旧人〉…［五］…356
レキ…暦…〈常・旧人〉…∀…356
レツ…劣…〈常〉…100
レン…恋…〈常〉…∀…548
レン…煉…〈人〉…442
レン…練…〈教・常・旧人〉…［三］…442
レン…錬…〈常・旧人〉…442
レン…憐…〈人〉…610
レン…鎌…〈常〉…418
レン…攣…∀…548

ロ・ろ

ロ…呂…〈常〉…588
ロ…路…〈教・常〉…［三］…∀…404
ロウ…老…〈教・常〉…［四］…264
ロウ…労…〈教・常〉…［四］…94, 588
ロウ…郎…〈常・旧人〉…416
ロウ…朗…〈教・常・旧人〉…［六］…416
ロウ…浪…〈常〉…416
ロウ…狼…〈人〉…416
ロウ…撈…588
ロウ…糧…〈常〉…440
ロク…六…〈教・常〉…［一］…142
ロク…陸…〈教・常〉…［四］…142
ロン…乱…〈教・常〉…［六］…500
ロン…侖…408
ロン…論…〈教・常〉…［六］…∀…408

ワ・わ

ワ…和…〈教・常〉…［三］…∀…356, 418
ワ…倭…〈人〉…120
わ…我…〈教・常〉…［六］…82

ヨウ…桶…〈人〉…150
ヨウ…陽…〈教・常〉…［三］…194
ヨウ…揚…〈常〉…194
ヨウ…葉…〈教・常〉…［三］…278
ヨウ…蛹…152
ヨウ…腰…〈常〉…170
ヨウ…頌…〈人〉…426
ヨウ…溶…〈常〉…㈲…568
ヨウ…像…〈教・常〉…［五］…90
ヨウ…踊…〈常〉…154
ヨウ…漾…182
ヨウ…熔…㈲…568
よう…八…〈教・常〉…［一］…144, 156, 160, 234, 596
よう…谷…㈲…568, 570
よう…酊…520
ヨク…弋…388
ヨク…沃…〈常〉…198
ヨク…或…〈人〉…306
ヨク…浴…〈教・常〉…［四］…㈲…570
ヨク…欲…〈教・常〉…［六］…㈲…570
ヨク…慾…㈲…570
よこいと…緯…〈常〉…30, 306
よこしま…迂…〈人〉…598
よし…由…〈教・常〉…［三］…46
よし…可…〈教・常〉…［五］…㈲…202
よっつ…四…〈教・常〉…［一］…142
よどむ…澱…510
よみする…嘉…〈人〉…㈲…94, 382
よめ…婦…〈教・常〉…［五］…110
よめ…嫁…〈常〉…102
よる…伊…〈人〉…498
よる…依…〈常〉…40
よる…夜…〈教・常〉…［二］…314
よる…昏…〈人〉…552
よる…恃…434
よろい…介…〈常〉…280
よろこび…慶…〈常〉…80, 272
よろこぶ…台…㈲…422, 424
よろこぶ…兌…㈲…354
よろこぶ…悦…〈常〉…㈲…354
よろこぶ…愉…〈常〉…60
よろこぶ…賀…〈教・常〉…［四］…㈲…92
よろこぶ…喜…〈教・常〉…［五］…㈲…382
よろこぶ…説…〈教・常〉…［四］…㈲…354
よろこぶ…歓…〈常〉…34
よろし…宜…〈常〉…286
よわい…脆…260
よわい…弱…〈教・常〉…［二］…318
よわい…孺…602
よん…四…〈教・常〉…［一］…142

ラ・ら

ラ…倮…464
ラ…裸…〈常〉…464
ラ…蝸…㈲…240
ラ…羸…464
ライ…来…〈教・常・旧人〉…［二］…414
ライ…徠…〈人〉…414
ラク…落…〈教・常〉…［三］…㈲…26, 404
ラク…絡…〈常〉…㈲…404
ラク…楽…〈教・常・旧人〉…［二］…172
ラン…乱…〈教・常〉…［六］…500
ラン…縊…㈲…548
ラン…鸞…㈲…548

リ・り

リ…吏…〈常〉…㈲…204
リ…利…〈教・常〉…［四］…420, 422
リ…里…〈教・常〉…［二］…436, 448
リ…俚…436
リ…理…〈教・常〉…［二］…436
リ…痢…〈常〉…420
リ…犂…420
リ…裏…〈教・常・異人〉…［六］…448
リ…黎…〈人〉…420
りえき…利…〈教・常〉…［四］…420, 422
リキ…力…〈教・常〉…［一］…92, 94, 96, 154, 382, 456, 512, 588
リク…六…〈教・常〉…［一］…142
リク…陸…〈教・常〉…［四］…142
リチ…律…〈教・常〉…［六］…332

ユウ…悠…〈常〉…530
ユウ…釉…〈人〉…46
ユウ…猶…〈常〉…156
ユウ…遊…〈教・常〉…［三］…412
ユウ…裕…〈常〉…∀…570
ユウ…憂…〈常〉…210
ユウ…優…〈教・常〉…［六］…210
ゆう…結…〈教・常〉…［四］…∀…134
ゆえ…故…〈教・常〉…［五］…∀…138
ゆか…簀…460
ゆがけ…玦…232
ゆく…夊…414
ゆく…之（＝止）…〈人〉…126, 128, 434, 564
ゆく…出…〈教・常〉…［一］…478, 586
ゆく…行…〈教・常〉…［二］…28, 30, 502, 558, 592, 594
ゆく…夋…424
ゆく…歩…〈教・常・旧人〉…［二］…22
ゆく…征…〈常〉…24
ゆく…往…〈教・常〉…［五］…126
ゆく…遊…〈教・常〉…［三］…412
ゆげ…汽…〈教・常〉…［二］…544
ゆずる…謙…〈常〉…∀…418
ゆたか…丰…526
ゆたか…汪…126
ゆたか…富…〈教・常〉…［四］…410
ゆたか…裕…〈常〉…∀…570
ゆたか…豊…〈教・常〉…［五］…370
ゆたか…優…〈教・常〉…［六］…210
ゆだねる…委…〈教・常〉…［三］…118, 120
ゆだめ…柲…446
ゆび…指…〈教・常〉…［三］…556
ゆみ…弓…〈教・常〉…［二］…316, 318
ゆめ…夢…〈教・常〉…［五］…70
ゆらぐ…撼…∀…226
ゆるす…可…〈教・常〉…［五］…∀…202
ゆるす…免…〈常〉…98
ゆるす…恕…〈人〉…∀…102
ゆるす…容…〈教・常〉…［五］…∀…568, 570
ゆるす…釈…〈常〉…350
ゆるす…赦…〈常〉…546
ゆるす…許…〈教・常〉…［五］…∀…594
ゆるす…聴…〈常・旧人〉…452
ゆるやか…攸…530
ゆるやか…徐…〈常〉…58
ゆるやか…悠…〈常〉…530
ゆるやか…裕…〈常〉…∀…570
ゆるやか…緩…〈常〉…496
ゆわえる…結…〈教・常〉…［四］…∀…134

ヨ・よ

ヨ…予…〈教・常〉…［三］…90
ヨ…余…〈教・常〉…［五］…58, 60
よ…世…〈教・常〉…［三］…278
よあけ…旦…〈常〉…310, 386
よあけ…昧…〈常〉…222, 310
よい…令…〈教・常〉…［四］…170, 172
よい…吉…〈常〉…∀…134, 140
よい…好…〈教・常〉…［四］…600
よい…良…〈教・常〉…［四］…416
よい…佳…〈常〉…558
よい…美…〈教・常〉…［三］…84
よい…宵…〈常〉…294
よい…善…〈教・常〉…［六］…∀…80
よい…義…〈教・常〉…［五］…82
よい…嘉…〈人〉…∀…94, 382
よい…徽…〈人〉…606
ヨウ…幺…300, 302, 308
ヨウ…夭…196, 524
ヨウ…用…〈教・常〉…［二］…150
ヨウ…孕…250
ヨウ…羊…〈教・常〉…［三］…80, 82, 84
ヨウ…甬…150, 152, 154
ヨウ…妖…〈常〉…196
ヨウ…俑…152
ヨウ…勇…〈教・常〉…［四］…154
ヨウ…要…〈教・常〉…［四］…170
ヨウ…昜…194
ヨウ…枼…278
ヨウ…朕…〈常〉…100
ヨウ…涌…154
ヨウ…容…〈教・常〉…［五］…∀…568, 570

やから…輩…〈常〉…208
ヤク…役…〈教・常〉…［三］…502
ヤク…疫…〈常〉…502
ヤク…訳…〈教・常〉…［六］…∀…350
ヤク…腋…314
ヤク…薬…〈教・常〉…［三］…172
やく…煉…〈人〉…442
やく…燃…〈教・常〉…［五］…10
やくしょ…庁…〈教・常・旧人〉…［六］…452
やくしょ…廷…〈常〉…582
やくしょ…府…〈教・常〉…［四］…578
やくしょ…署…〈教・常・旧人〉…［六］…∀…326
やさしい…優…〈教・常〉…［六］…210
やしき…邸…〈常〉…554
やしき…第…〈教・常〉…［三］…428
やしき…殿…〈常〉…510
やしなう…字…〈教・常〉…［一］…600
やしなう…育…〈教・常〉…［三］…380
やしなう…乳…〈教・常〉…［六］…600
やしなう…穀…〈教・常・旧人〉…［六］…508
やしろ…社…〈教・常・旧人〉…［二］…284
やすい…安…〈教・常〉…［三］…104
やすらか…平…〈教・常〉…［三］…596, 598
やすらか…安…〈教・常〉…［三］…104
やすらか…宓…446
やすらか…晏…〈人〉…104
やすらか…悌…〈人〉…428
やすらか…密…〈教・常〉…［六］…446
やすらか…謐…∀…446
やすんずる…靖…〈人〉…288
やせる…痩…〈常・旧人〉…584
やっこ…奴…〈常〉…96
やっつ…八…〈教・常〉…［一］…144, 156, 160, 234, 596
やとう…賃…〈教・常〉…［六］…248
やどる…次…〈教・常〉…［三］…576
やなぐい…箙…590
やなぐい…鞴…590
やね…宀…386, 446, 470, 474, 568, 570, 584, 600
やぶれる…破…〈教・常〉…［五］…490
やぶれる…敝…472
やぶれる…罷…350
やまと…倭…〈人〉…120
やみ…闇…〈常〉…∀…174
やむ…已…〈人〉…342, 344
やむ…已…〈人〉…342, 344
やむ…息…〈教・常〉…［三］…384
やめる…溌…278
やめる…辞…〈教・常〉…［四］…500
やわらかい…脆…260
やわらぐ…盁…550
やわらぐ…暢…〈人〉…8
やわらぐ…穆…122
やわらげる…和…〈教・常〉…［三］…∀…356, 418

ユ・ゆ

ユ…由…〈教・常〉…［三］…46
ユ…油…〈教・常〉…［三］…46
ユ…愉…〈常〉…60
ユ…遊…〈教・常〉…［三］…412
ユ…輸…〈教・常〉…［五］…60
ユ…諭…〈常〉…∀…60
ユ…癒…〈常〉…60
ゆ…湯…〈教・常〉…［三］…194
ゆあみ…浴…〈教・常〉…［四］…∀…570
ユイ…由…〈教・常〉…［三］…46
ユイ…唯…〈常〉…∀…32
ユウ…又…〈常〉…2, 4, 6, 36, 132, 148, 216, 256, 432, 488, 492, 494, 496, 500, 538, 584
ユウ…友…〈教・常〉…［二］…2
ユウ…尤…〈人〉…396
ユウ…右…〈教・常〉…［一］…∀…2, 300
ユウ…由…〈教・常〉…［三］…46
ユウ…酉…〈人〉…156, 162, 358, 504
ユウ…攸…530
ユウ…油…〈教・常〉…［三］…46
ユウ…勇…〈教・常〉…［四］…154
ユウ…幽…〈常〉…302
ユウ…斿…412
ユウ…郵…〈教・常〉…［六］…522

メン…宀…386, 446, 470, 474, 568, 570, 584, 600
メン…免…〈常〉…98
メン…緬…414
メン…麺…〈常〉…414

モ・も

モ…母…〈教・常〉…［二］…106
モ…膜…〈常〉…312
も…憂…〈常〉…210
も…藻…〈常〉…∀…402
モウ…亡…〈教・常〉…［六］…376, 378, 380
モウ…妄…〈常〉…378
モウ…毳…264
モウ…望…〈教・常〉…［四］…74
もうす…申…〈教・常〉…［三］…8
もうす…白…〈教・常〉…［一］…190
もえのこり…燼…332
もえる…然…〈教・常〉…［四］…10
もえる…燃…〈教・常〉…［五］…10
モク…木…〈教・常〉…［一］…36, 50, 278, 320, 402, 462
モク…目…〈教・常〉…［一］…66, 454
モク…黙…〈常・旧人〉…10
もじ…字…〈教・常〉…［一］…600
もしくは…若…〈教・常〉…［六］…∀…198
もたい…缶…〈常〉…474, 612
もちあわ…朮…592, 594
もちいる…用…〈教・常〉…［二］…150
もちいる…台…∀…422, 424
もちいる…御…〈常〉…594
もちいる…試…〈教・常〉…［四］…∀…388
もつ…丮…398, 456
もつ…持…〈教・常〉…［三］…434
もつ…捧…〈人〉…526
もっとも…尤…〈人〉…396
もっとも…最…〈教・常〉…［四］…4
もっぱら…専…〈教・常・旧人〉…［六］…266
もっぱら…純…〈教・常〉…［六］…516
もてなす…賓…〈常・旧人〉…474
もてなす…饗…〈人〉…164
もと…下…〈教・常〉…［一］…320
もと…元…〈教・常〉…［二］…386
もと…母…〈教・常〉…［二］…106
もと…本…〈教・常〉…［一］…320
もと…故…〈教・常〉…［五］…∀…138
もと…素…〈教・常〉…［五］…302
もと…基…〈教・常〉…［五］…78
もとめる…乞…〈常〉…544
もとめる…气…544
もとめる…求…〈教・常〉…［四］…214
もとめる…要…〈教・常〉…［四］…170
もとめる…責…〈教・常〉…［五］…460
もとめる…買…〈教・常〉…［二］…478
もとめる…需…〈常〉…602
もとより…固…〈教・常〉…［四］…∀…136, 138
もとる…弗…476
もとる…艮…282
もどる…戻…〈常〉…12
もぬけ…蛻…∀…354
もの…者…〈教・常・旧人〉…［三］…∀…324, 326, 330, 334, 336
もののふ…武…〈教・常〉…［五］…24
もる…盛…〈教・常〉…［六］…230
もろい…脆…260
もろもろ…庶…〈常〉…328
もろもろ…諸…〈教・常・旧人〉…［六］…∀…326, 328
モン…文…〈教・常〉…［一］…54
モン…門…〈教・常〉…［二］…174
モン…問…〈教・常〉…［三］…∀…174
モン…聞…〈教・常〉…［二］…452

ヤ・や

ヤ…夜…〈教・常〉…［二］…314
ヤ…野…〈教・常・異人〉…［二］…436
や…矢…〈教・常〉…［二］…62, 64, 120, 370
や…屋…〈教・常〉…［三］…64
や…哉…〈人〉…∀…206
や…家…〈教・常〉…［二］…102
やかた…館…〈教・常〉…［三］…116
やから…族…〈教・常〉…［三］…62, 412

ミョウ…明…〈教・常〉…［二］…218
みる…目…〈教・常〉…［一］…66, 454
みる…見…〈教・常〉…［一］…20
みる…看…〈教・常〉…［六］…66
みる…眼…〈教・常〉…［五］…282
みる…察…〈教・常〉…［四］…6
みる…監…〈常〉…72
みる…観…〈教・常〉…［四］…34
ミン…民…〈教・常〉…［四］…74
ミン…眠…〈常〉…74

ム・む

ム…亡…〈教・常〉…［六］…376, 378, 380
ム…武…〈教・常〉…［五］…24
ム…務…〈教・常〉…［五］…98
ム…無…〈教・常〉…［四］…364
ム…夢…〈教・常〉…［五］…70
むかう…向…〈教・常〉…［三］…∀…218
むかう…対…〈教・常〉…［三］…390
むかう…郷…〈教・常〉…［六］…164
むかう…嚮…∀…218
むかえる…逆…〈教・常〉…［五］…366
むかし…昔…〈教・常〉…［三］…358, 360
むぎ…麦…〈教・常〉…［二］…414
むぎ…来…〈教・常・旧人〉…［二］…414
むぎこ…麵…〈常〉…414
むくいる…報…〈教・常〉…［五］…274
むくいる…酢…〈常〉…358
むくいる…醋…358
むくろ…屍…16
むくろ…骸…〈常〉…512
むさぼる…沓…〈人〉…∀…228
むし…虫…〈教・常〉…［一］…146, 542
むし…禹…146
むしろ…苫…566
むしろ…席…〈教・常〉…［四］…432
むしろ…筵…432
むしろ…蓆…432
むすぶ…結…〈教・常〉…［四］…∀…134
むすめ…女…〈教・常〉…［一］…102
むち…策…〈教・常〉…［六］…458
むち…棒…〈教・常〉…［六］…526
むっつ…六…〈教・常〉…［一］…142
むなしい…巟…376
むなもと…肓…378
むね…匈…56
むね…旨…〈常〉…556
むね…胸…〈教・常〉…［六］…56
むら…里…〈教・常〉…［二］…436, 448
むれ…群…〈教・常〉…［四］…84
むろ…室…〈教・常〉…［二］…64

メ・め

め…女…〈教・常〉…［一］…102
め…目…〈教・常〉…［一］…66, 454
め…眼…〈教・常〉…［五］…282
めあわす…女…〈教・常〉…［一］…102
めあわす…配…〈教・常〉…［三］…162
メイ…命…〈教・常〉…［三］…∀…170
メイ…明…〈教・常〉…［二］…218
めかけ…妾…52
めぐむ…眷…346
めぐむ…徳…〈教・常・旧人〉…［四］…66, 68, 452, 454
めぐりあう…逢…〈人〉…526
めぐる…周…〈教・常〉…［四］…∀…334
めぐる…紆…598
めぐる…般…〈常〉…506
めぐる…週…〈教・常〉…［二］…∀…334
めぐる…運…〈教・常〉…［三］…340
めぐる…斡…〈人〉…438
めぐる…輪…〈教・常〉…［四］…408
めぐる…盤…〈常〉…506
めざめる…覚…〈教・常〉…［四］…372
めしつかい…奴…〈常〉…96
めしつかい…役…〈教・常〉…［三］…502
めす…召…〈常〉…∀…560
めす…徴…〈常・旧人〉…606
めっき…鍍…432
めでたい…吉…〈常〉…∀…134, 140
めでたい…佳…〈常〉…558
めでたい…瑞…〈人〉…604

みうち…門…〈教・常〉…［二］…174
みおろす…臨…〈教・常〉…［六］…∀…72
みがく…錯…〈常〉…360
みき…幹…〈教・常〉…［五］…536
みぎ…右…〈教・常〉…［一］…∀…2, 300
みぎわ…汀…〈人〉…520
みぎわ…浜…〈常〉…474
みぎわ…涯…〈常〉…258
みこ…媽…602
みことのり…令…〈教・常〉…［四］…170, 172
みことのり…詔…〈常〉…∀…560
みごもる…身…〈教・常〉…［三］…250
みごもる…娠…〈常〉…250
みさお…操…〈教・常〉…［六］…∀…402
みじかい…短…〈教・常〉…［三］…120, 370
みじかい…矮…120
みず…水…〈教・常〉…［一］…180
みずうみ…湖…〈教・常〉…［三］…574
みずから…自…〈教・常〉…［二］…12, 384
みずから…身…〈教・常〉…［三］…250
みずから…躬…316
みずのえ…壬…〈人〉…248
みせ…店…〈教・常〉…［二］…566
みそ…卅…144
みそ…醤…〈人〉…394
みぞ…溝…〈常〉…532
みそぎ…攸…530
みだす…猾…238
みたまや…寝…〈常・旧人〉…112, 394
みだりに…妄…〈常〉…378
みだれる…乱…〈教・常〉…［六］…500
みだれる…沌…〈人〉…516
みだれる…変…〈教・常〉…［四］…∀…548
みだれる…紛…〈常〉…234
みだれる…浪…〈常〉…416
みだれる…狼…〈人〉…416
みだれる…繺…∀…548
みち…行…〈教・常〉…［二］…28, 30, 502, 558, 592, 594
みち…倫…〈常〉…408
みち…道…〈教・常〉…［二］…58
みち…遂…〈常〉…284, 592
みち…街…〈教・常〉…［四］…558
みち…程…〈教・常〉…［五］…∀…580
みち…路…〈教・常〉…［三］…∀…404
みちびく…導…〈教・常〉…［五］…58
みちる…充…〈常〉…514
みちる…畐…410
ミツ…密…〈教・常〉…［六］…446
みつ…参…〈教・常〉…［四］…108
みつぎ…租…〈常〉…286
みつぎ…税…〈教・常〉…［五］…∀…354
みっつ…三…〈教・常〉…［一］…142
みな…咸…∀…226
みな…僉…∀…562
みな…儘…332
みなぎる…漲…262
みなもと…原…〈教・常〉…［二］…258
みなもと…源…〈教・常〉…［六］…258
みにくい…醜…〈常〉…468
みね…峰…〈常〉…526
みのる…年…〈教・常〉…［一］…118
みのる…実…〈教・常・旧人〉…［三］…470
みのる…登…〈教・常〉…［三］…368, 370
みのる…穆…122
みまかる…薨…70
みみ…耳…〈教・常〉…［一］…4
みみだま…瑱…246
みめよい…丰…526
みめよい…佼…374
ミャク…脈…〈教・常〉…［五］…180
みやこ…京…〈教・常〉…［二］…230, 396, 524
みやこ…府…〈教・常〉…［四］…578
みやこ…都…〈教・常・旧人〉…［三］…∀…324, 336
みやこ…畿…〈常〉…300
みやび…都…〈教・常・旧人〉…［三］…∀…324, 336
ミョウ…妙…〈常〉…296
ミョウ…命…〈教・常〉…［三］…∀…170

まじる…雑…〈教・常・旧人〉…［五］…36
まじわる…爻…372, 374
まじわる…交…〈教・常〉…［二］…374
まじわる…参…〈教・常〉…［四］…108
まじわる…佼…374
まじわる…廁…482
まじわる…錯…〈常〉…360
ます…斗…〈常〉…438, 440
ます…倍…〈教・常〉…［三］…242
ます…増…〈教・常・旧人〉…［五］…160
まずしい…貧…〈教・常〉…［五］…234
ますめ…量…〈教・常〉…［四］…440
まぜる…拌…236
また…又…〈常〉…2, 4, 6, 36, 132, 148, 216, 256, 432, 488, 492, 494, 496, 500, 538, 584
また…亦…〈人〉…314
まだら…彪…〈人〉…86
まだら…犖…420
まち…市…〈教・常〉…［二］…458
まち…坊…〈常〉…188
まち…町…〈教・常〉…［一］…520
まち…街…〈教・常〉…［四］…558
まちはずれ…郊…〈常〉…374
マツ…末…〈教・常〉…［四］…320
まつ…松…〈教・常〉…［四］…426
まつ…待…〈教・常〉…［三］…434
まつ…恃…434
まつ…需…〈常〉…602
まったし…完…〈教・常〉…［四］…386
まつり…史…〈教・常〉…［五］…𠙵…204
まつり…事…〈教・常〉…［三］…𠙵…204
まつり…祭…〈教・常〉…［三］…6
まつりごと…治…〈教・常〉…［四］…𠙵…424
まつりごと…政…〈教・常〉…［五］…24
まつりごと…朝…〈教・常〉…［二］…310, 312
まつる…宜…〈常〉…286
まつる…祀…344
まつる…饗…594
まで…迄…〈人〉…544
まど…向…〈教・常〉…［三］…𠙵…218
まとまる…侖…408
まないた…俎…286
まなこ…眼…〈教・常〉…［五］…282
まなびや…校…〈教・常〉…［一］…374
まなぶ…学…〈教・常〉…［一］…372
まぬかれる…免…〈常〉…98
まねく…召…〈常〉…𠙵…560
まねく…招…〈教・常〉…［五］…𠙵…560
まねる…倣…〈常〉…184
まばら…秝…356
まぶた…瞼…𠙵…562
まま…儘…332
まむし…虫…〈教・常〉…［一］…146, 542
まめ…豆…〈教・常〉…［三］…368, 370
まもる…吾…〈人〉…𠙵…140
まもる…衛…〈教・常・旧人〉…［五］…30, 306
まゆ…眉…〈常〉…68
まり…毬…〈人〉…214
まるい…円…〈教・常・旧人〉…［一］…480
まるい…団…〈教・常・旧人〉…［五］…266
まるい…侖…408
まるい…員…〈教・常〉…［三］…480
まるめる…専…〈教・常・旧人〉…［六］…266
まろうど…客…〈教・常〉…［三］…𠙵…26
まろうど…賓…〈常・旧人〉…474
まわり…円…〈教・常・旧人〉…［一］…480
まわり…周…〈教・常〉…［四］…𠙵…334
まわる…迂…〈人〉…598
まわる…転…〈教・常・旧人〉…［三］…266
まんじゅう…飩…516

ミ・み

ミ…未…〈教・常〉…［四］…310, 320, 322
ミ…味…〈教・常〉…［三］…320
ミ…眉…〈常〉…68
み…巳…〈人〉…342, 344
み…身…〈教・常〉…［三］…250
み…実…〈教・常・旧人〉…［三］…470
み…躬…316
み…箕…〈人〉…76

ほす…干…〈教・常〉…［六］…136, 484, 536
ほそいと…緬…414
ほたる…蛍…〈常〉…588
ほたるび…粦…610
ホツ…発…〈教・常〉…［三］…340, 368, 510
ホッ…法…〈教・常〉…［四］…∀…272
ボッ…坊…〈常〉…188
ほっする…欲…〈教・常〉…［六］…∀…570
ほど…程…〈教・常〉…［五］…∀…580
ほとぎ…缶…〈常〉…474, 612
ほとり…辺…〈教・常〉…［四］…184
ほとんど…汽…〈教・常〉…［二］…544
ほね…歺…454, 572
ほね…骨…〈教・常〉…［六］…238
ほのか…側…〈教・常〉…［四］…482
ほのか…僾…222
ほのめかす…諷…∀…542
ほまれ…聞…〈教・常〉…［二］…452
ほめる…美…〈教・常〉…［三］…84
ほめる…称…〈常〉…596
ほら…洞…〈常〉…∀…168
ほる…抉…232
ほる…丵…390
ほる…彫…〈常〉…∀…334
ほろぶ…亡…〈教・常〉…［六］…376, 378, 380
ホン…反…〈教・常〉…［三］…256, 392
ホン…本…〈教・常〉…［一］…320
ホン…汎…〈常〉…542
ホン…奔…〈常〉…368
ホン…叛…256
ホン…翻…〈常〉…348
ボン…凡…〈常〉…542

マ・ま

ま…目…〈教・常〉…［一］…66, 454
マイ…毎…〈教・常・旧人〉…［二］…106
マイ…米…〈教・常〉…［二］…124, 544
マイ…売…〈教・常・旧人〉…［二］…478
マイ…昧…〈常〉…222, 310
まいひめ…妓…538
まいる…参…〈教・常〉…［四］…108
まう…無…〈教・常〉…［四］…364
まう…舞…〈常〉…364
まえ…前…〈教・常〉…［二］…298, 300
まがごと…凶…〈常〉…56
まかす…委…〈教・常〉…［三］…118, 120
まかせる…任…〈教・常〉…［五］…248
まがる…乙…〈常〉…500
まがる…于…596, 598
まがる…巻…〈教・常・旧人〉…［六］…346, 348
まがる…紆…598
まがる…彎…∀…548
まぎらわしい…紛…〈常〉…234
マク…幕…〈教・常〉…［六］…312
マク…膜…〈常〉…312
まく…巻…〈教・常・旧人〉…［六］…346, 348
まく…捲…〈人〉…346
まく…潑…510
まける…破…〈教・常〉…［五］…490
まげる…彎…∀…548
まごころ…忠…〈教・常〉…［六］…290
まごころ…衷…〈常〉…290
まごころ…誠…〈教・常〉…［六］…∀…230
まこと…孚…380
まこと…良…〈教・常〉…［四］…416
まこと…実…〈教・常・旧人〉…［三］…470
まこと…信…〈教・常〉…［四］…∀…52
まこと…貞…〈常〉…486
まこと…真…〈教・常・旧人〉…［三］…16, 244, 246
まこと…誠…〈教・常〉…［六］…∀…230
まこと…穆…122
まさ…正…〈教・常〉…［一］…24
まさかり…戉…132
まさかり…斧…〈人〉…132
まさかり…鉞…132
まさに…当…〈教・常〉…［二］…∀…218
まさに…将…〈教・常・旧人〉…［六］…394
まさる…勝…〈教・常〉…［三］…100
まざる…交…〈教・常〉…［二］…374

ホウ…法…〈教・常〉…［四］…ᗜ…272
ホウ…宝…〈教・常〉…［六］…474
ホウ…奉…〈常〉…526
ホウ…胞…〈常〉…252
ホウ…倣…〈常〉…184
ホウ…旁…188
ホウ…剖…〈常〉…242
ホウ…砲…〈常〉…252
ホウ…俸…〈常〉…526
ホウ…峰…〈常〉…526
ホウ…訪…〈教・常〉…［六］…ᗜ…186
ホウ…部…〈教・常〉…［三］…242
ホウ…捧…〈人〉…526
ホウ…逢…〈人〉…526
ホウ…烽…526
ホウ…傍…〈常〉…188
ホウ…焙…242
ホウ…報…〈教・常〉…［五］…274
ホウ…飽…〈常〉…252
ホウ…豊…〈教・常〉…［五］…370
ホウ…蜂…〈常〉…526
ホウ…鞄…〈人〉…252
ホウ…鳳…〈人〉…542
ホウ…鋒…〈人〉…526
ボウ…亡…〈教・常〉…［六］…376, 378, 380
ボウ…丰…526
ボウ…卯…〈人〉…472
ボウ…忙…〈常〉…378
ボウ…妄…〈常〉…378
ボウ…防…〈教・常〉…［五］…186
ボウ…妨…〈常〉…186
ボウ…坊…〈常〉…188
ボウ…忘…〈教・常〉…［六］…378
ボウ…房…〈常〉…188
ボウ…冒…〈常〉…4
ボウ…紡…〈常〉…186
ボウ…旁…188
ボウ…剖…〈常〉…242
ボウ…耄…264
ボウ…茫…378
ボウ…望…〈教・常〉…［四］…74
ボウ…務…〈教・常〉…［五］…98
ボウ…帽…〈常〉…4
ボウ…傍…〈常〉…188
ボウ…貿…〈教・常〉…［五］…472
ボウ…棒…〈教・常〉…［六］…526
ボウ…夢…〈教・常〉…［五］…70
ボウ…暴…〈教・常〉…［五］…352
ほうおう…鳳…〈人〉…542
ほうき…帚…110, 112, 114
ほうき…彗…〈人〉…18
ぼうし…帽…〈常〉…4
ほうじる…焙…242
ほうむる…葬…〈常〉…312
ほうる…放…〈教・常〉…［三］…184
ほがらか…朗…〈教・常・旧人〉…［六］…416
ホク…北…〈教・常〉…［二］…14
ボク…卜…〈人〉…178, 486, 558, 566
ボク…攴（＝攵）…24, 60, 98, 138, 184, 214, 270, 322, 344, 372, 382, 472, 530, 540, 546, 548, 606
ボク…木…〈教・常〉…［一］…36, 50, 278, 320, 402, 462
ボク…目…〈教・常〉…［一］…66, 454
ボク…墨…〈常・旧人〉…220
ボク…黙…〈常・旧人〉…10
ボク…撲…〈常〉…390
ボク…穆…122
ほぐれる…繹…350
ほくろ…痣…564
ほこ…戈…230, 338, 484, 572
ほこ…柲…446
ほこ…梃…582
ほさき…鋒…〈人〉…526
ほし…星…〈教・常〉…［二］…444
ほしい…欲…〈教・常〉…［六］…ᗜ…570
ほしいい…糒…590
ほしいまま…放…〈教・常〉…［三］…184
ほしいまま…恣…〈常〉…576
ほしいまま…逞…〈人〉…ᗜ…580
ほじし…昔…〈教・常〉…［三］…358, 360
ほじし…脩…〈人〉…530
ほじし…腊…360

ふる…降…〈教・常〉…［六］…26
ふるい…旧…〈教・常〉…［五］…32
ふるい…古…〈教・常〉…［二］…∀…136, 138, 140
ふるう…揮…〈教・常〉…［六］…340
ふるう…奮…〈教・常〉…［六］…38, 40
ふるえる…震…〈常〉…250
ふるざけ…酓…156
ふれぶみ…檄…190
ぶわけ…部…〈教・常〉…［三］…242
フン…分…〈教・常〉…［二］…144, 234
フン…粉…〈教・常〉…［五］…234
フン…紛…〈常〉…234
フン…雰…〈常〉…234
フン…奮…〈教・常〉…［六］…38, 40
ブン…文…〈教・常〉…［一］…54
ブン…分…〈教・常〉…［二］…144, 234
ブン…問…〈教・常〉…［三］…∀…174
ブン…聞…〈教・常〉…［二］…452

へ・へ

べ…辺…〈教・常〉…［四］…184
ヘイ…平…〈教・常〉…［三］…596, 598
ヘイ…並…〈教・常〉…［六］…288
ヘイ…秉…418
ヘイ…坪…〈常〉…596
ヘイ…敝…472
ヘイ…評…〈教・常〉…［五］…∀…596
ヘイ…幣…〈常〉…472
ベイ…米…〈教・常〉…［二］…124, 544
ベイ…袂…232
ベキ…冖…588, 612
べし…可…〈教・常〉…［五］…∀…202
へだてる…介…〈常〉…280
ベツ…伐…〈常〉…70
ベツ…別…〈教・常〉…［四］…238
ベツ…蔑…〈常〉…70
へや…房…〈常〉…188
へや…室…〈教・常〉…［二］…64
へらす…殺…〈教・常〉…［五］…504
へる…経…〈教・常〉…［五］…304
へる…減…〈教・常〉…［五］…∀…228
へる…損…〈教・常〉…［五］…480
ヘン…反…〈教・常〉…［三］…256, 392
ヘン…片…〈教・常〉…［六］…392, 394
ヘン…辺…〈教・常〉…［四］…184
ヘン…汎…〈常〉…542
ヘン…返…〈教・常〉…［三］…256
ヘン…変…〈教・常〉…［四］…∀…548
ベン…宀…386, 446, 470, 474, 568, 570, 584, 600
ベン…平…〈教・常〉…［三］…596, 598
ベン…釆…346, 348, 350
ベン…免…98
ベン…勉…〈教・常・旧人〉…［三］…98
ベン…娩…〈人〉…98
ベン…緬…414

ホ・ほ

ホ…父…〈教・常〉…［二］…132
ホ…甫…〈人〉…268, 270
ホ…歩…〈教・常・旧人〉…［二］…22
ホ…浦…〈常〉…268
ホ…捕…〈常〉…268
ホ…圃…〈人〉…268
ホ…補…〈教・常〉…［六］…268
ホ…輔…〈人〉…268
ほ…火…〈教・常〉…［一］…94, 260, 546, 588
ほ…帆…〈常〉…542
ほ…穂…〈常・旧人〉…124
ボ…母…〈教・常〉…［二］…106
ボ…莫…〈人〉…312
ボ…墓…〈教・常〉…［五］…312
ボ…暮…〈教・常〉…［六］…312
ボ…簿…〈常〉…270
ホウ…方…〈教・常〉…［二］…184, 186, 188
ホウ…丰…526
ホウ…包…〈教・常〉…［四］…252
ホウ…夆…526
ホウ…放…〈教・常〉…［三］…184
ホウ…朋…〈人〉…234, 470
ホウ…抱…〈常〉…252
ホウ…泡…〈常〉…252

ふえる…殖…〈常〉…454
ふえる…増…〈教・常・旧人〉…［五］…160
ふかい…玄…〈常〉…302
ふかい…幽…〈常〉…302
ふかい…深…〈教・常〉…［三］…584
ふかい…奥…〈常・旧人〉…348
ふきながし…㫃…62, 76, 412
ふきながし…斿…412
フク…伏…〈常〉…10
フク…服…〈教・常〉…［三］…274
フク…宓…446
フク…畐…410
フク…副…〈教・常〉…［四］…410
フク…幅…〈常〉…410
フク…福…〈教・常・旧人〉…［三］…410
フク…箙…590
フク…蝠…410
フク…輻…406
フク…韛…590
フク…鞴…590
ふく…拭…〈常〉…388
ふくべ…瓢…〈人〉…430
ふくむ…含…〈常〉…362
ふくめる…含…〈常〉…362
ふくらむ…壬…〈人〉…248
ふくれる…脹…〈人〉…262
ふくろ…橐…440
ふさ…房…〈常〉…188
ふさがる…沌…〈人〉…516
ふさがる…鬱…〈常〉…612
ふさぐ…伊…〈人〉…498
ふさぐ…塡…〈常〉…246
ふす…俛…98
ふすま…衾…362
ふすま…被…〈常〉…488
ふせぐ…干…〈教・常〉…［六］…136, 484, 536
ふせぐ…防…〈教・常〉…［五］…186
ふせぐ…抗…〈常〉…534
ふせぐ…圉…274
ふせぐ…堵…〈人〉…∀…324
ふせぐ…御…〈常〉…594
ふせぐ…禦…594
ふせご…篝…532
ふせる…伏…〈常〉…10
ふだ…板…〈教・常〉…［三］…392
ふだ…版…〈教・常〉…［五］…392
ふだ…枼…278
ふだ…票…〈教・常〉…［四］…430
ふだ…符…〈常〉…578
ふだ…牌…392
ふだ…策…〈教・常〉…［六］…458
ふだ…牒…〈人〉…278, 392
ぶたごや…圂…482
ふたたび…二…〈教・常〉…［一］…142
ふたつ…二…〈教・常〉…［一］…142
ふたつ…双…〈常〉…36
ふたつ…弐…〈常〉…142, 484, 576
ふたつ…両…〈教・常〉…［三］…406
ふち…俸…〈常〉…526
ふち…幅…〈常〉…410
ふち…稟…〈人〉…336
フツ…払…〈常・旧人〉…476
フツ…弗…476
フツ…沸…〈常〉…476
フツ…祓…396
ふで…聿…330, 332, 334
ふで…筆…〈教・常〉…［三］…330
ふところ…懐…〈常・旧人〉…44, 66
ふね…舟…〈常〉…506
ふね…杭…〈人〉…534
ふね…航…〈教・常〉…［五］…534
ふね…艇…〈常〉…582
ふばこ…緘…∀…226
ふみ…文…〈教・常〉…［一］…54
ふみ…史…〈教・常〉…［五］…∀…204
ふみ…冊…〈教・常〉…［六］…408
ふみ…書…〈教・常〉…［二］…∀…330, 334
ふみ…籍…〈常〉…360
ふむ…践…〈常〉…572
ふむ…踏…〈常〉…∀…228
ふゆ…冬…〈教・常〉…［二］…518

ヒョウ…表…〈教・常〉…［三］…448
ヒョウ…彪…〈人〉…86
ヒョウ…票…〈教・常〉…［四］…430
ヒョウ…評…〈教・常〉…［五］…∀…596
ヒョウ…漂…〈常〉…430
ヒョウ…標…〈教・常〉…［四］…430
ヒョウ…瓢…〈人〉…430
ヒョウ…飄…430
ビョウ…平…〈教・常〉…［三］…596, 598
ビョウ…秒…〈教・常〉…［三］…296
ヒョク…畐…410
ヒョク…副…〈教・常〉…［四］…410
ひら…片…〈教・常〉…［六］…392, 394
ひら…平…〈教・常〉…［三］…596, 598
ひらく…披…〈常〉…488
ひる…干…〈教・常〉…［六］…136, 484, 536
ひる…日…〈教・常〉…［一］…78, 128, 218, 222, 310, 312, 328, 352
ひる…昼…〈教・常・旧人〉…［二］…332
ひるがえる…翻…〈常〉…348
ひるがえる…飄…430
ひろい…弘…〈人〉…318
ひろい…汎…〈常〉…542
ひろい…汪…126
ひろい…尃…270
ひろい…茫…378
ひろい…博…〈教・常〉…［四］…270
ひろげる…張…〈教・常〉…［五］…262
ひろま…庭…〈教・常〉…［三］…582
ヒン…品…〈教・常〉…［三］…∀…400
ヒン…浜…〈常〉…474
ヒン…貧…〈教・常〉…［五］…234
ヒン…稟…〈人〉…336
ヒン…賓…〈常・旧人〉…474
ビン…敏…〈常・旧人〉…106, 108
ビン…貧…〈教・常〉…［五］…234

フ・ふ

フ…夫…〈教・常〉…［四］…18, 106
フ…父…〈教・常〉…［二］…132
フ…付…〈教・常〉…［四］…578
フ…缶…〈常〉…474, 612
フ…甫…〈人〉…268, 270
フ…孚…380
フ…歩…〈教・常・旧人〉…［二］…22
フ…斧…〈人〉…132
フ…府…〈教・常〉…［四］…578
フ…附…〈常〉…578
フ…俛…98
フ…俘…380
フ…風…〈教・常〉…［二］…542
フ…尃…270
フ…浮…〈常〉…380
フ…婦…〈教・常〉…［五］…110
フ…符…〈常〉…578
フ…富…〈教・常〉…［四］…410
フ…腑…578
フ…孵…380
フ…腐…〈常〉…578
フ…敷…〈常〉…270
ブ…亡…〈教・常〉…［六］…376, 378, 380
ブ…分…〈教・常〉…［二］…144, 234
ブ…歩…〈教・常・旧人〉…［二］…22
ブ…武…〈教・常〉…［五］…24
ブ…奉…〈常〉…526
ブ…務…〈教・常〉…［五］…98
ブ…部…〈教・常〉…［三］…242
ブ…無…〈教・常〉…［四］…364
ブ…舞…〈常〉…364
ブ…蕪…〈人〉…364
ふいごう…橐…440
ふいごう…鞴…590
ふいごう…韛…590
フウ…夫…〈教・常〉…［四］…18, 106
フウ…風…〈教・常〉…［二］…542
フウ…浮…〈常〉…380
フウ…副…〈教・常〉…［四］…410
フウ…富…〈教・常〉…［四］…410
フウ…諷…∀…542
ふえ…竽…598
ふえ…笛…〈教・常〉…［三］…46
ふえる…滋…〈教・常〉…［四］…302

ビ…未…〈教・常〉…［四］…310, 320, 322
ビ…眉…〈常〉…68
ビ…美…〈教・常〉…［三］…84
ビ…媚…70
ビ…備…〈教・常〉…［五］…590
ビ…微…〈常〉…606
ビ…鼻…〈教・常〉…［三］…384
ビ…糒…590
ひいでる…秀…〈常〉…122
ひえる…冷…〈教・常〉…［四］…170
ひかえ…副…〈教・常〉…［四］…410
ひがし…東…〈教・常〉…［二］…220, 440, 442
ひかり…光…〈教・常〉…［二］…20
ひかり…昜…194
ひきいる…将…〈教・常・旧人〉…［六］…394
ひきつる…痙…304
ひきつる…攣…∀…548
ひく…引…〈教・常〉…［二］…318
ひく…抽…〈常〉…46
ひく…爰…496
ひく…掣…322
ひく…援…〈常〉…496
ひく…弾…〈常・旧人〉…512
ひく…彎…∀…548
ひくい…氐…554
ひくい…低…〈教・常〉…［四］…554
ひくい…卑…〈常・旧人〉…392
ひぐれ…莫…〈人〉…312
ひげ…而…〈人〉…602, 604
ひこ…彦…〈人〉…54, 258
ひざかけ…巾…〈常〉…472, 552
ひさご…瓢…〈人〉…430
ひさし…廈…518
ひさしい…久…〈教・常〉…［五］…16
ひさしい…旧…〈教・常〉…［五］…32
ひさしい…昔…〈教・常〉…［三］…358, 360
ひさしい…陳…〈常〉…442
ひざまずく…卩…494, 594
ひざまずく…跪…260
ひじり…聖…〈教・常〉…［六］…∀…452, 580
ひぜん…疥…280
ひそか…宓…446
ひそか…秘…〈教・常・旧人〉…［六］…446
ひそか…陰…〈常〉…194
ひそか…密…〈教・常〉…［六］…446
ひそか…微…〈常〉…606
ひそかに…私…〈教・常〉…［六］…422, 426
ひたす…浸…〈常〉…112
ひだり…左…〈教・常〉…［一］…2, 300, 388
ヒツ…必…〈教・常〉…［四］…446
ヒツ…払…〈常・旧人〉…476
ヒツ…弗…476
ヒツ…宓…446
ヒツ…秘…446
ヒツ…筆…〈教・常〉…［三］…330
ヒツ…謐…∀…446
ひつぎ…柩…16
ひつじ…未…〈教・常〉…［四］…310, 320, 322
ひつじ…羊…〈教・常〉…［三］…80, 82, 84
ひと…人…〈教・常〉…［一］…14, 16, 216, 586
ひと…儿…20, 22, 56, 386
ひとがた…俑…152
ひとしい…平…〈教・常〉…［三］…596, 598
ひとしい…斉…〈常・旧人〉…108
ひとつ…一…〈教・常〉…［一］…142
ひとつ…単…〈教・常・旧人〉…［四］…338
ひとつ…隻…〈常〉…36
ひとつ…個…〈教・常〉…［五］…∀…138
ひとや…圄…274
ひのと…丁…〈教・常〉…［三］…520
ひびき…韻…〈常〉…∀…480
ひびき…響…〈常・旧人〉…∀…164
ひま…暇…〈常〉…450
ひめ…媛…〈教・常〉…［四］…496
ひもの…腊…360
ひもろぎ…福…〈教・常・旧人〉…［三］…410
ビャク…白…〈教・常〉…［一］…190
ひやす…冷…〈教・常〉…［四］…170
ヒュウ…彪…〈人〉…86

はらから…胞…〈常〉…252
はらむ…孕…250
はらむ…包…〈教・常〉…［四］…252
はらむ…妊…〈常〉…248, 250
はらむ…胎…〈常〉…⊬…422
はらむ…娠…〈常〉…250
はらわた…腑…578
はり…辛…〈常〉…50, 52, 384, 500
はりつけ…桀…364
はりつけ…磔…364
はりねずみ…彙…〈常〉…466
はりねずみ…蝟…466
はりふだ…箋…〈常〉…572
はる…春…〈教・常〉…［二］…518
はる…張…〈教・常〉…［五］…262
はるか…茫…378
はるか…悠…〈常〉…530
はるか…緬…414
はれる…脹…〈人〉…262
はれる…腫…〈常〉…440
ハン…凡…〈常〉…542
ハン…反…〈教・常〉…［三］…256, 392
ハン…半…〈教・常〉…［二］…236
ハン…帆…〈常〉…542
ハン…汎…〈常〉…542
ハン…伴…〈常〉…236
ハン…判…〈教・常〉…［五］…236
ハン…坂…〈教・常〉…［三］…256
ハン…阪…〈教・常〉…［四］…256
ハン…釆…346, 348, 350
ハン…拌…236
ハン…板…〈教・常〉…［三］…392
ハン…版…〈教・常〉…［五］…392
ハン…叛…256
ハン…畔…〈常〉…236
ハン…般…〈常〉…506
ハン…番…〈教・常〉…［二］…348
ハン…搬…〈常〉…506
ハン…瘢…506
ハン…繁…〈常・旧人〉…108
ハン…翻…〈常〉…348
ハン…蹯…348
はん…印…〈教・常〉…［四］…494
バン…伴…〈常〉…236
バン…判…〈教・常〉…［五］…236
バン…釆…346, 348, 350
バン…板…〈教・常〉…［三］…392
バン…番…〈教・常〉…［二］…348
バン…盤…〈常〉…506
バン…磐…〈人〉…506
バン…瘢…506
バン…繁…〈常・旧人〉…108
バン…繙…⊬…548
はんぎ…板…〈教・常〉…［三］…392
はんぎ…版…〈教・常〉…［五］…392

ヒ・ひ

ヒ…匕…212, 572
ヒ…比…〈教・常〉…［五］…14
ヒ…皮…〈教・常〉…［三］…488, 490
ヒ…妃…〈常〉…344
ヒ…非…〈教・常〉…［五］…208, 210
ヒ…披…〈常〉…488
ヒ…卑…〈常・旧人〉…392
ヒ…祕…446
ヒ…秘…〈教・常・旧人〉…［六］…446
ヒ…被…〈常〉…488
ヒ…疲…〈常〉…490
ヒ…啚…336
ヒ…扉…〈常〉…208
ヒ…悲…〈教・常〉…［三］…210
ヒ…費…〈教・常〉…［五］…476
ヒ…跛…490
ヒ…鄙…336
ヒ…頗…〈人〉…490
ヒ…誹…⊬…210
ヒ…鞴…590
ヒ…韛…590
ひ…日…〈教・常〉…［一］…78, 128, 218, 222, 310, 312, 328, 352
ひ…火…〈教・常〉…［一］…94, 260, 546, 588
ひ…陽…〈教・常〉…［三］…194

はし…耑…604
はし…端…〈常〉…604
はし…橋…〈教・常〉…［三］…∀…524
はじく…弾…〈常・旧人〉…512
はじける…爆…〈常〉…352
はしご…梯…〈人〉…428
はしため…妾…52
はじめ…元…〈教・常〉…［二］…386
はじめ…本…〈教・常〉…［一］…320
はじめ…甫…〈人〉…268, 270
はじめ…始…〈教・常〉…［三］…∀…422
はじめ…緒…〈常・旧人〉…∀…326
はじめ…頭…〈教・常〉…［二］…370
はじめる…哉…〈人〉…∀…206
はしら…柱…〈教・常〉…［三］…48
はしら…幹…〈教・常〉…［五］…536
はしら…標…〈教・常〉…［四］…430
はしる…走…〈教・常〉…［二］…22
はしる…奔…〈常〉…368
はじる…醜…〈常〉…468
はずむ…弾…〈常・旧人〉…512
はた…斿…412
はた…旗…〈教・常〉…［四］…76, 412
はた…端…〈常〉…604
はた…機…〈教・常〉…［四］…300, 308
はたあし…㫃…62, 76, 412
はだか…倮…464
はだか…裸…〈常〉…464
はだか…臝…464
はたけ…甫…〈人〉…268, 270
はたけ…圃…〈人〉…268
はたご…店…〈教・常〉…［二］…566
はたす…果…〈教・常〉…［四］…462, 464
はたらき…機…〈教・常〉…［四］…300, 308
はたらく…働…〈教・常〉…［四］…96
ハチ…八…〈教・常〉…［一］…144, 156, 160, 234, 596
はち…蜂…〈常〉…526
ハツ…八…〈教・常〉…［一］…144, 156, 160, 234, 596
ハツ…癶…368
ハツ…発…〈教・常〉…［三］…340, 368, 510
ハツ…潑…510
ハツ…醱…510
ハッ…法…〈教・常〉…［四］…∀…272
バツ…末…〈教・常〉…［四］…320
バツ…伐…〈常〉…70
はて…果…〈教・常〉…［四］…462, 464
はて…涯…〈常〉…258
はな…自…〈教・常〉…［二］…12, 384
はな…鼻…〈教・常〉…［三］…384
はなし…咄…586
はなじる…涕…428
はなつ…放…〈教・常〉…［三］…184
はなはだ…已…〈人〉…342, 344
はなはだ…尤…〈人〉…396
はね…翅…538
ばねじかけ…機…〈教・常〉…［四］…300, 308
はねる…潑…510
はは…母…〈教・常〉…［二］…106
はば…幅…〈常〉…410
ばば…母…〈教・常〉…［二］…106
ばば…婆…〈常〉…490
はぶく…省…〈教・常〉…［四］…68, 454
はべる…侍…〈常〉…434
はべる…陪…〈常〉…242
はま…浜…〈常〉…474
はまぐり…蜃…250, 254
はやい…早…〈教・常〉…［一］…212
はやい…快…〈教・常〉…［五］…232
はやい…敏…〈常・旧人〉…106, 108
はやい…軽…〈教・常〉…［三］…304
はやい…駿…〈人〉…424
はやし…林…〈教・常〉…［一］…612
はやて…飄…430
はら…胴…〈常〉…∀…168
はら…原…〈教・常〉…［二］…258
はらう…払…〈常・旧人〉…476
はらう…弗…476
はらう…除…〈教・常〉…［六］…58
はらう…祓…396

は…葉…〈教・常〉…［三］…278
バ…婆…〈常〉…490
ハイ…背…〈教・常〉…［六］…14
ハイ…配…〈教・常〉…［三］…162
ハイ…俳…〈教・常〉…［六］…210
ハイ…倍…〈教・常〉…［三］…242
ハイ…排…〈常〉…208
ハイ…陪…〈常〉…242
ハイ…培…〈常〉…242
ハイ…焙…242
ハイ…牌…392
ハイ…輩…〈常〉…208
ハイ…潑…510
ハイ…憊…590
バイ…貝…〈教・常〉…［一］…460, 470, 472, 474, 476, 478, 482
バイ…売…〈教・常・旧人〉…［二］…478
バイ…倍…〈教・常〉…［三］…242
バイ…狽…416
バイ…陪…〈常〉…242
バイ…培…〈常〉…242
バイ…買…〈教・常〉…［二］…478
バイ…賠…〈常〉…242
ばいまし…倍…〈教・常〉…［三］…242
はいる…入…〈教・常〉…［一］…586
はえる…生…〈教・常〉…［一］…278
はえる…栄…〈教・常・旧人〉…［四］…94, 588
はか…墓…〈教・常〉…［五］…312
はがね…鋼…〈教・常〉…［六］…528
はかり…秤…〈人〉…596
はかり…権…〈教・常〉…［六］…34
はかりごと…猶…〈常〉…156
はかりごと…策…〈教・常〉…［六］…458
はかりごと…算…〈教・常〉…［二］…486
はかる…図…〈教・常〉…［二］…336
はかる…画…〈教・常〉…［二］…334, 338
はかる…度…〈教・常〉…［三］…432
はかる…訂…〈常〉…∀…520
はかる…咨…∀…576
はかる…料…〈教・常〉…［四］…438, 440
はかる…称…〈常〉…596
はかる…量…〈教・常〉…［四］…440
はかる…測…〈教・常〉…［五］…482
はかる…程…〈教・常〉…［五］…∀…580
はかる…評…〈教・常〉…［五］…∀…596
はかる…諮…〈常〉…∀…576
はかる…擬…〈常〉…224
はかる…講…〈教・常〉…［五］…∀…532
はかる…議…〈教・常〉…［四］…∀…82
ハク…白…〈教・常〉…［一］…190
ハク…伯…〈常〉…190
ハク…博…〈教・常〉…［四］…270
ハク…魄…192
ハク…撲…〈常〉…390
ハク…薄…〈常〉…270
はく…帚…110, 112, 114
はく…欧…〈常〉…∀…400
はく…掃…〈常〉…110
バク…麦…〈教・常〉…［二］…414
バク…莫…〈人〉…312
バク…博…〈教・常〉…［四］…270
バク…幕…〈教・常〉…［六］…312
バク…暴…〈教・常〉…［五］…352
バク…縛…〈常〉…270
バク…瀑…352
バク…爆…〈常〉…352
バク…曝…〈人〉…352
はぐくむ…育…〈教・常〉…［三］…380
はげ…禿…122
はげしい…劇…〈教・常〉…［六］…88
はげしい…激…〈教・常〉…［六］…190
はげます…励…〈常〉…98
はげます…勉…〈教・常・旧人〉…［三］…98
はげます…舞…〈常〉…364
はげむ…励…〈常〉…98
はげむ…務…〈教・常〉…［五］…98
はげる…兀…604
ばける…化…〈教・常〉…［三］…244, 472
はこぶ…運…〈教・常〉…［三］…340
はこぶ…搬…〈常〉…506
はし…辺…〈教・常〉…［四］…184

ぬぐう…拭…〈常〉…388
ぬけがら…蛻…∀…354
ぬけだす…脱…〈常〉…∀…354
ぬさ…幣…〈常〉…472
ぬし…主…〈教・常〉…［三］…48
ぬま…沼…〈常〉…∀…560
ぬれる…濡…〈人〉…602

ネ・ね

ね…音…〈教・常〉…［一］…∀…174, 176
ね…根…〈教・常〉…［三］…282
ね…値…〈教・常〉…［六］…454
ねがう…庶…〈常〉…328
ねがう…欲…〈教・常〉…［六］…∀…570
ねぎらう…労…〈教・常〉…［四］…94, 588
ねだい…爿…394, 396
ネツ…熱…〈教・常〉…［四］…456
ねばつち…堇…∀…608
ねむる…眠…〈常〉…74
ねむる…睡…〈常〉…522
ねりぎぬ…練…〈教・常・旧人〉…［三］…442
ねる…堇…∀…608
ねる…寝…〈常・旧人〉…112, 394
ねる…煉…〈人〉…442
ねる…練…〈教・常・旧人〉…［三］…442
ねる…錬…〈常・旧人〉…442
ネン…年…〈教・常〉…［一］…118
ネン…念…〈教・常〉…［四］…362
ネン…然…〈教・常〉…［四］…10
ネン…燃…〈教・常〉…［五］…10

ノ・の

の…野…〈教・常・異人〉…［二］…436
ノウ…納…〈教・常〉…［六］…586
ノウ…農…〈教・常〉…［三］…254
ノウ…濃…〈常〉…254
ノウ…膿…254
のき…宇…〈教・常〉…［六］…598
のぎ…秒…〈教・常〉…［三］…296
のこる…残…〈教・常〉…［四］…572
のせる…乗…〈教・常・旧人〉…［三］…418
のせる…載…〈常〉…∀…206
のぞく…払…〈常・旧人〉…476
のぞく…刊…〈教・常〉…［五］…536
のぞく…除…〈教・常〉…［六］…58
のぞく…祓…396
のぞく…滌…530
のぞむ…望…〈教・常〉…［四］…74
のぞむ…臨…〈教・常〉…［六］…∀…72
のち…後…〈教・常〉…［二］…300
のっとる…式…〈教・常〉…［三］…388
のっとる…法…〈教・常〉…［四］…∀…272
のっとる…則…〈教・常〉…［五］…482
のびる…伸…〈常〉…8
のびる…暢…〈人〉…8
のべきん…釘…〈人〉…520
のべる…述…〈教・常〉…［五］…592
のべる…叙…〈常・旧人〉…60
のべる…陳…〈常〉…442
のぼる…上…〈教・常〉…［一］…320
のぼる…陟…26
のぼる…登…〈教・常〉…［三］…368, 370
のみ…蚤…212
のみ…鑿…390
のり…法…〈教・常〉…［四］…∀…272
のり…律…〈教・常〉…［六］…332
のり…紀…〈教・常〉…［五］…342
のり…度…〈教・常〉…［三］…432
のり…則…〈教・常〉…［五］…482
のり…儀…〈常〉…82
のり…糊…〈人〉…574
のる…乗…〈教・常・旧人〉…［三］…418
のろし…烽…526

ハ・は

ハ…伯…〈常〉…190
ハ…波…〈教・常〉…［三］…490
ハ…派…〈教・常〉…［六］…180
ハ…破…〈教・常〉…［五］…490
ハ…番…〈教・常〉…［二］…348
ハ…跛…490
ハ…頗…〈人〉…490

なみ…並…〈教・常〉…［六］…288
なみ…波…〈教・常〉…［三］…490
なみ…浪…〈常〉…416
なみだ…涕…428
なめしがわ…韋…30, 306
なめらか…滑…〈常〉…238
なやむ…屯…〈常〉…516
なやむ…艮…282
ならう…倣…〈常〉…184
ならう…校…〈教・常〉…［一］…374
ならう…習…〈教・常〉…［三］…⊽…228
ならぶ…匕…212, 572
ならぶ…双…〈常〉…36
ならぶ…並…〈教・常〉…［六］…288
ならぶ…秝…356
ならぶ…排…〈常〉…208
ならぶ…輛…406
ならわし…風…〈教・常〉…［二］…542
ならわし…俗…〈常〉…⊽…570
なる…成…〈教・常〉…［四］…230, 396
なる…就…〈教・常〉…［六］…230, 396
なる…質…〈教・常〉…［五］…484
なれる…慣…〈教・常〉…［五］…470
なわ…綸…〈人〉…408
ナン…男…〈教・常〉…［一］…92
ナン…納…〈教・常〉…［六］…586
なんじ…女…〈教・常〉…［一］…102
なんじ…汝…〈人〉…102
なんじ…若…〈教・常〉…［六］…⊽…198
なんぞ…胡…〈人〉…574
なんなんとす…垂…〈教・常〉…［六］…522

ニ・に

ニ…二…〈教・常〉…［一］…142
ニ…弐…〈常〉…142, 484, 576
に…于…596, 598
にい…新…〈教・常〉…［二］…50
にえ…贄…274
においぐさ…鬯…612
においざけ…鬯…612
におう…臭…〈常・旧人〉…12, 384
にぎる…拳…〈常〉…346
にく…自…110, 114, 116
にくむ…悪…〈教・常・旧人〉…［三］…468
にげる…亡…〈教・常〉…［六］…376, 378, 380
にじゅう…廿…〈人〉…144
ニチ…日…〈教・常〉…［一］…78, 128, 218, 222, 310, 312, 328, 352
になう…壬…〈人〉…248
になう…任…〈教・常〉…［五］…248
にぶい…鈍…〈常〉…516
にぶる…鈍…〈常〉…516
ニャク…若…〈教・常〉…［六］…⊽…198
ニュウ…入…〈教・常〉…［一］…586
ニュウ…乳…〈教・常〉…［六］…600
ニョ…女…〈教・常〉…［一］…102
ニョ…如…〈常〉…⊽…102
ニョウ…女…〈教・常〉…［一］…102
にる…肖…〈常〉…294
にる…煮…〈常・旧人〉…⊽…328
にわ…廷…〈常〉…582
にわ…庭…〈教・常〉…［三］…582
にわか…暴…〈教・常〉…［五］…352
にわかあめ…瀑…352
ニン…人…〈教・常〉…［一］…14, 16, 216, 586
ニン…儿…20, 22, 56, 386
ニン…壬…〈人〉…248
ニン…任…〈教・常〉…［五］…248
ニン…妊…〈常〉…248, 250

ヌ・ぬ

ヌ…奴…〈常〉…96
ヌ…努…〈教・常〉…［四］…96
ヌ…怒…〈常〉…96
ぬきんでる…壬…74, 452, 580, 582
ぬきんでる…挺…〈人〉…582
ぬく…抽…〈常〉…46
ぬく…挺…〈人〉…582
ぬぐ…免…〈常〉…98
ぬぐ…脱…〈常〉…⊽…354

とりこ…俘…380
とる…丮…398, 456
とる…取…〈教・常〉…［三］…4
とる…秉…418
とる…采…〈常〉…492
とる…俘…380
とる…捕…〈常〉…268
とる…執…〈常〉…274
とる…採…〈教・常〉…［五］…492
とる…撮…〈常〉…4
とる…撈…588
とる…獲…〈常〉…36
とる…操…〈教・常〉…［六］…⊍…402
どろ…澱…510
トン…屯…〈常〉…516
トン…団…〈教・常・旧人〉…［五］…266
トン…沌…〈人〉…516
トン…鈍…〈常〉…516
トン…頓…〈常〉…516
トン…飩…516
トン…臀…510
とん…問…〈教・常〉…［三］…⊍…174
ドン…鈍…〈常〉…516
ドン…飩…516
どんぶり…丼…〈常〉…276

ナ・な

ナ…納…〈教・常〉…［六］…586
な…菜…〈教・常〉…［四］…492
ナイ…内…〈教・常〉…［二］…586
ない…亡…〈教・常〉…［六］…376, 378, 380
ない…無…〈教・常〉…［四］…364
なえぎ…苗…〈人〉…268, 270
なえる…萎…〈常〉…120
なお…尚…〈常〉…⊍…218, 220
なお…猶…〈常〉…156
なおす…直…〈教・常〉…［二］…68, 454
なおす…治…〈教・常〉…［四］…⊍…424
なおす…点…〈教・常〉…［二］…⊍…566
なか…中…〈教・常〉…［一］…290
なか…仲…〈教・常〉…［四］…290
ながい…永…〈教・常〉…［五］…182
ながい…長…〈教・常〉…［二］…262, 264
ながい…昶…182
ながい…脩…〈人〉…530
なかば…半…〈教・常〉…［二］…236
なかま…朋…〈人〉…234, 470
なかま…党…〈教・常〉…［六］…⊍…220
なかま…流…〈教・常〉…［三］…380
なかま…倫…〈常〉…408
なかま…輩…〈常〉…208
ながめる…眺…〈常〉…178
ながれ…永…〈教・常〉…［五］…182
ながれる…流…〈教・常〉…［三］…380
なぎさ…汀…〈人〉…520
なぎさ…渚…〈人・旧人〉…⊍…324
なく…涕…428
なぐる…殴…〈常〉…⊍…400, 504
なげく…咨…⊍…576
なげく…慨…〈常〉…222
なげく…愾…544
なげく…嘆…〈常・旧人〉…⊍…608
なげく…歎…〈人〉…⊍…608
なげく…噫…⊍…176
なげる…投…〈教・常〉…［三］…502
なごむ…和…〈教・常〉…［三］…⊍…356, 418
なし…莫…〈人〉…312
なす…成…〈教・常〉…［四］…230, 396
なす…作…〈教・常〉…［二］…358
なす…為…〈常・旧人〉…90
なぞらえる…擬…〈常〉…224
ナッ…納…〈教・常〉…［六］…586
なつ…夏…〈教・常〉…［二］…518
なつかしい…懐…〈常・旧人〉…44, 66
なづける…謂…〈人〉…⊍…466
ななつ…七…〈教・常〉…［一］…144
ななめ…斜…〈常〉…438
なべ…鍋…〈常〉…⊍…240
なま…生…〈教・常〉…［一］…278
なまける…怠…〈常〉…⊍…424
なまめかしい…嬌…⊍…524
なみ…凡…〈常〉…542

とかす…溶…〈常〉…∀…568
とがる…尖…〈人〉…292
とき…辰…〈人〉…250, 254
とき…季…〈教・常〉…［四］…118
とき…刻…〈教・常〉…［六］…512
とき…時…〈教・常〉…［二］…434
とき…期…〈教・常〉…［三］…78
トク…禿…122
トク…匿…〈常〉…∀…198
トク…徳…〈教・常・旧人〉…［四］…66, 68, 452, 454
とく…卸…〈常〉…594
とく…釈…〈常〉…350
とく…解…〈教・常〉…［五］…350
とく…辞…〈教・常〉…［四］…500
とく…説…〈教・常〉…［四］…∀…354
とく…論…〈教・常〉…［六］…∀…408
とく…講…〈教・常〉…［五］…∀…532
とく…繹…350
とぐ…砥…〈人〉…554
ドク…毒…〈教・常〉…［五］…108
とげ…朿…458, 460
とける…溶…〈常〉…∀…568
とける…熔…∀…568
とげる…遂…〈常〉…284, 592
ところ…処…〈教・常〉…［六］…88
ところ…攸…530
とざす…鎖…〈常〉…292
とし…世…〈教・常〉…［三］…278
とし…年…〈教・常〉…［一］…118
とし…祀…344
としより…老…〈教・常〉…［四］…264
としより…耆…264
としより…耆…556
としより…叟…584
とじる…緘…∀…226
とち…地…〈教・常〉…［二］…284
トツ…突…〈常・旧人〉…12
トツ…咄…586
トツ…訥…∀…586
ドツ…訥…∀…586
とつぐ…帰…〈教・常〉…［二］…110, 114
とつぐ…嫁…〈常〉…102
ととのう…劦…314
ととのう…斉…〈常・旧人〉…108
ととのえる…調…〈教・常〉…［三］…∀…334
ととのえる…整…〈教・常〉…［三］…322
とどまる…駐…〈常〉…48
とどめる…禁…〈教・常〉…［五］…362
となえる…倡…444
となえる…称…〈常〉…596
となえる…唱…〈教・常〉…［四］…∀…444
となり…隣…〈常〉…610
との…殿…〈常〉…510
どの…殿…〈常〉…510
とばり…帳…〈教・常〉…［三］…262
とばり…幕…〈教・常〉…［六］…312
とびら…扉…〈常〉…208
とぶ…票…〈教・常〉…［四］…430
とぶ…跳…〈常〉…178
とぶひ…烽…526
とま…苫…566
とまる…止…〈教・常〉…［二］…22, 26, 30, 110, 114, 306, 356, 368, 478
とむ…富…〈教・常〉…［四］…410
とも…友…〈教・常〉…［二］…2
とも…供…〈教・常〉…［六］…148
とも…朋…〈人〉…234, 470
ともがら…党…〈教・常〉…［六］…∀…220
ともがら…輩…〈常〉…208
ともす…点…〈教・常〉…［二］…∀…566
ともなう…伴…〈常〉…236
ともに…共…〈教・常〉…［四］…148
ともに…僉…∀…562
どもる…訥…∀…586
とら…虎…〈常〉…86
とらえる…孚…380
とらえる…捕…〈常〉…268
とらえる…執…〈常〉…274
とり…酉…〈人〉…156, 162, 358, 504
とり…隹…32, 36, 38
とり…鳥…〈教・常〉…［二］…542

テン…店…〈教・常〉…［二］…566
テン…点…〈教・常〉…［二］…㋪…566
テン…転…〈教・常・旧人〉…［三］…266
テン…塡…〈常〉…246
テン…殿…〈常〉…510
テン…瑱…246
テン…澱…510
テン…顚…〈人〉…246
デン…田…〈教・常〉…［一］…436
デン…伝…〈教・常・旧人〉…［四］…266
デン…電…〈教・常〉…［二］…8
デン…殿…〈常〉…510
デン…澱…510
デン…臀…510

ト・と

ト…土…〈教・常〉…［一］…284, 436
ト…斗…〈常〉…438, 440
ト…図…〈教・常〉…［二］…336
ト…度…〈教・常〉…［三］…432
ト…都…〈教・常・旧人〉…［三］…㋪…324, 336
ト…堵…〈人〉…㋪…324
ト…登…〈教・常〉…［三］…368, 370
ト…渡…〈常〉…432
ト…罫…350
ト…頭…〈教・常〉…［二］…370
ト…鍍…432
ド…土…〈教・常〉…［一］…284, 436
ド…奴…〈常〉…96
ド…努…〈教・常〉…［四］…96
ド…弩…96
ド…怒…〈常〉…96
ド…度…〈教・常〉…［三］…432
とい…問…〈教・常〉…［三］…㋪…174
といし…砥…〈人〉…554
トウ…冬…〈教・常〉…［二］…518
トウ…当…〈教・常〉…［二］…㋪…218
トウ…甬…150, 152, 154
トウ…豆…〈教・常〉…［三］…368, 370
トウ…投…〈教・常〉…［三］…502
トウ…到…〈常〉…64
トウ…東…〈教・常〉…［二］…220, 440, 442
トウ…沓…〈人〉…㋪…228
トウ…倒…〈常〉…64
トウ…党…〈教・常〉…［六］…㋪…220
トウ…凍…〈常〉…442
トウ…納…〈教・常〉…［六］…586
トウ…桶…〈人〉…150
トウ…道…〈教・常〉…［二］…58
トウ…愉…〈常〉…60
トウ…湯…〈教・常〉…［三］…194
トウ…登…〈教・常〉…［三］…368, 370
トウ…統…〈教・常〉…［五］…514
トウ…稲…〈常・旧人〉…124, 492
トウ…踏…〈常〉…㋪…228
トウ…頭…〈教・常〉…［二］…370
トウ…謄…〈常〉…100
とう…存…〈教・常〉…［六］…㋪…130
とう…貞…〈常〉…486
とう…問…〈教・常〉…［三］…㋪…174
とう…詰…〈常〉…㋪…134
ドウ…同…〈教・常〉…［二］…㋪…168
ドウ…洞…〈常〉…㋪…168
ドウ…胴…〈常〉…㋪…168
ドウ…納…〈教・常〉…［六］…586
ドウ…動…〈教・常〉…［三］…96
ドウ…堂…〈教・常〉…［五］…㋪…218
ドウ…童…〈教・常〉…［三］…52
ドウ…道…〈教・常〉…［二］…58
ドウ…働…〈教・常〉…［四］…96
ドウ…導…〈教・常〉…［五］…58
ドウ…膿…254
とうとい…尊…〈教・常〉…［六］…158
とうとい…貴…〈教・常〉…［六］…472
とお…十…〈教・常〉…［一］…144
とおい…迂…〈人〉…598
とおい…遠…〈教・常〉…［二］…44
とおい…緬…414
とおる…通…〈教・常〉…［二］…150, 152
とおる…達…〈教・常〉…［四］…84
とが…尤…〈人〉…396

つまびらか…詳…〈常〉…𠙵…80
つまびらか…審…〈常〉…348
つまびらか…謐…𠙵…446
つまむ…撮…〈常〉…4
つみ…刑…〈常〉…276
つみ…罪…〈教・常〉…［五］…384
つむ…積…〈教・常〉…［四］…460
つむ…蘊…550
つむぐ…紡…〈常〉…186
つむぐ…績…〈教・常〉…［五］…460
つむじかぜ…飄…430
つめ…爪…〈常〉…124, 492, 494, 496, 500, 596, 600
つめ…釆…346, 348, 350
つめきる…前…〈教・常〉…［二］…298, 300
つめたい…冷…〈教・常〉…［四］…170
つめる…詰…〈常〉…𠙵…134
つや…沢…〈常〉…350
つよい…剛…〈常〉…528
つよい…強…〈教・常〉…［二］…318
つよい…健…〈教・常〉…［四］…330
つよい…毅…〈人〉…504
つよい…矯…〈常〉…𠙵…524
つらい…辛…〈常〉…50, 52, 384, 500
つらなる…瑣…292
つらぬく…貫…〈常〉…470
つらねる…陳…〈常〉…442
つりいと…綸…〈人〉…408
つるぎ…剣…〈常・旧人〉…𠙵…562
つるぎ…鋒…〈人〉…526
つるす…錘…〈人〉…522
つれ…伴…〈常〉…236
つわもの…士…〈教・常〉…［五］…130, 134

テ・て

デ…弟…〈教・常〉…［二］…428
てあし…肢…〈常〉…538
てあつい…毒…〈教・常〉…［五］…108
テイ…丁…〈教・常〉…［三］…520
テイ…壬…74, 452, 580, 582
テイ…打…〈教・常〉…［三］…520
テイ…汀…〈人〉…520
テイ…氏…554
テイ…弟…〈教・常〉…［二］…428
テイ…呈…〈常〉…𠙵…452, 580, 582
テイ…町…〈教・常〉…［一］…520
テイ…低…〈教・常〉…［四］…554
テイ…廷…〈常〉…582
テイ…底…〈教・常〉…［四］…554
テイ…抵…〈常〉…554
テイ…邸…〈常〉…554
テイ…剃…428
テイ…貞…〈常〉…486
テイ…訂…〈常〉…𠙵…520
テイ…酊…520
テイ…悌…〈人〉…428
テイ…涕…428
テイ…釘…〈人〉…520
テイ…砥…〈人〉…554
テイ…庭…〈教・常〉…［三］…582
テイ…挺…〈人〉…582
テイ…第…〈教・常〉…［三］…428
テイ…梯…〈人〉…428
テイ…偵…〈常〉…486
テイ…逞…〈人〉…𠙵…580
テイ…梃…582
テイ…程…〈教・常〉…［五］…𠙵…580
テイ…鼎…〈人〉…480, 482, 484, 486
テイ…艇…〈常〉…582
テイ…聴…〈常・旧人〉…452
テキ…彳…28, 594
テキ…笛…〈教・常〉…［三］…46
デキ…溺…〈常〉…318
デキ…滌…530
てだて…法…〈教・常〉…［四］…𠙵…272
てっぽう…銃…〈常〉…514
てら…寺…〈教・常〉…［二］…434, 564
てら…坊…〈常〉…188
てらす…照…〈教・常〉…［四］…𠙵…560
てる…照…〈教・常〉…［四］…𠙵…560
でる…出…〈教・常〉…［一］…478, 586
テン…天…〈教・常〉…［一］…18

つかれる…疲…〈常〉…490
つかれる…憊…590
つかわす…派…〈教・常〉…［六］…180
つかわす…遣…〈常〉…116
つき…月…〈教・常〉…［一］…6, 78, 218, 294, 310
つぎ…次…〈教・常〉…［三］…576
つきる…尽…〈常・旧人〉…332
つきる…既…〈常〉…222
つく…即…〈常・旧人〉…162
つく…突…〈常・旧人〉…12
つく…附…〈常〉…578
つく…著…〈教・常〉…［六］…∀…326
つく…就…〈教・常〉…［六］…230, 396
つぐ…亜…〈常・旧人〉…468
つぐ…紹…〈常〉…∀…560
つぐ…継…〈常〉…308
つぐ…纂…〈人〉…486
つぐ…襲…〈常〉…40
つくす…悉…〈人〉…348
つぐなう…賠…〈常〉…242
つぐなう…贖…478
つくる…立…〈教・常〉…［一］…288, 424, 604
つくる…乍…358
つくる…作…〈教・常〉…［二］…358
つくる…制…〈教・常〉…［五］…322
つくる…為…〈常・旧人〉…90
つくる…製…〈教・常〉…［五］…322
つくる…構…〈教・常〉…［五］…532
つくろう…補…〈教・常〉…［六］…268
つけこむ…乗…〈教・常・旧人〉…［三］…418
つけひも…衿…〈人〉…362
つける…付…〈教・常〉…［四］…578
つける…注…〈教・常〉…［三］…48
つたえる…伝…〈教・常・旧人〉…［四］…266
つち…土…〈教・常〉…［一］…284, 436
つち…地…〈教・常〉…［二］…284
つちかう…培…〈常〉…242
つつしむ…斉…〈常・旧人〉…108
つつしむ…恭…〈常〉…148
つつしむ…敢…〈常〉…166
つつしむ…敬…〈教・常〉…［六］…∀…540
つつしむ…慎…〈常・旧人〉…246, 608
つつしむ…穆…122
つつしむ…厳…〈教・常・旧人〉…［六］…∀…166
つつしむ…謙…〈常〉…∀…418
つつしむ…謐…∀…446
つつしむ…謹…〈常・旧人〉…∀…608
つづまやか…倹…〈常・旧人〉…∀…562
つつみ…防…〈教・常〉…［五］…186
つづみ…鼓…〈常〉…382
つつむ…包…〈教・常〉…［四］…252
つつむ…綸…〈人〉…408
つつむ…蘊…550
つどう…集…〈教・常〉…［三］…36
つとに…早…〈教・常〉…［一］…212
つとめ…任…〈教・常〉…［五］…248
つとめ…責…〈教・常〉…［五］…460
つとめる…力…〈教・常〉…［一］…92, 94, 96, 154, 382, 456, 512, 588
つとめる…労…〈教・常〉…［四］…94, 588
つとめる…努…〈教・常〉…［四］…96
つとめる…勉…〈教・常・旧人〉…［三］…98
つとめる…敏…〈常・旧人〉…106, 108
つとめる…務…〈教・常〉…［五］…98
つとめる…勤…〈教・常・旧人〉…［六］…∀…98, 608
つとめる…勧…〈常〉…34, 100
つな…綱…〈常〉…342, 528
つなぐ…繫…〈人〉…508
つねに…毎…〈教・常・旧人〉…［二］…106
つぶ…顆…462
つぶさに…具…〈教・常〉…［三］…486
つぶさに…備…〈教・常〉…［五］…590
つぼ…坪…〈常〉…596
つま…妻…〈教・常〉…［五］…18, 106
つま…婦…〈教・常〉…［五］…110
つま…嬬…602
つまずく…頓…〈常〉…516
つまだつ…企…〈常〉…368

チュウ…昼…〈教・常・旧人〉…［二］…332
チュウ…衷…〈常〉…290
チュウ…註…〈人〉…ⓥ…48
チュウ…駐…〈常〉…48
チュン…屯…〈常〉…516
チョ…著…〈教・常〉…［六］…ⓥ…326
チョ…緒…〈常・旧人〉…ⓥ…326
チョ…儲…〈人〉…ⓥ…326
チョウ…丁…〈教・常〉…［三］…520
チョウ…庁…〈教・常・旧人〉…［六］…452
チョウ…兆…〈教・常〉…［四］…178
チョウ…町…〈教・常〉…［一］…520
チョウ…長…〈教・常〉…［二］…262, 264
チョウ…挑…〈常〉…178
チョウ…祧…182
チョウ…重…〈教・常〉…［三］…440
チョウ…冏…612
チョウ…眺…〈常〉…178
チョウ…帳…〈教・常〉…［三］…262
チョウ…張…〈教・常〉…［五］…262
チョウ…彫…〈常〉…ⓥ…334
チョウ…頂…〈教・常〉…［六］…520
チョウ…鳥…〈教・常〉…［二］…542
チョウ…脹…〈人〉…262
チョウ…喋…〈人〉…278
チョウ…渫…278
チョウ…朝…〈教・常〉…［二］…310, 312
チョウ…跳…〈常〉…178
チョウ…牒…〈人〉…278, 392
チョウ…暢…〈人〉…8
チョウ…漲…262
チョウ…徴…〈常・旧人〉…606
チョウ…蝶…〈人〉…278
チョウ…潮…〈教・常〉…［六］…310
チョウ…調…〈教・常〉…［三］…ⓥ…334
チョウ…聴…〈常・旧人〉…452
チョウ…懲…〈常・旧人〉…606
ちょう…蝶…〈人〉…278
ちょうめん…帳…〈教・常〉…［三］…262
ちょうめん…簿…〈常〉…270
チョク…直…〈教・常〉…［二］…68, 454
チョク…陟…26
ちりとり…箕…〈人〉…76
チン…朕…〈常〉…100
チン…陳…〈常〉…442
チン…塡…〈常〉…246
チン…賃…〈教・常〉…［六］…248
チン…瑱…246
チン…鎮…〈常・旧人〉…246

ツ・つ

ツ…通…〈教・常〉…［二］…150, 152
ツ…都…〈教・常・旧人〉…［三］…ⓥ…324, 336
ツイ…対…〈教・常〉…［三］…390
ツイ…追…〈教・常〉…［三］…114
ツイ…隊…〈教・常〉…［四］…284
ツイ…墜…〈常〉…284
ツイ…錘…〈人〉…522
ついえる…費…〈教・常〉…［五］…476
ついたち…朔…〈人〉…366
ついに…終…〈教・常〉…［三］…518
ついに…遂…〈常〉…284, 592
ついやす…費…〈教・常〉…［五］…476
ツウ…通…〈教・常〉…［二］…150, 152
ツウ…桶…〈人〉…150
ツウ…痛…〈教・常〉…［六］…152
つえ…梃…582
つえ…策…〈教・常〉…［六］…458
つえぼこ…殳…368, 502, 504, 506, 508, 510, 512
つかう…使…〈教・常〉…［三］…ⓥ…204
つかえる…仕…〈教・常〉…［三］…130
つかえる…事…〈教・常〉…［三］…ⓥ…204
つかえる…侍…〈常〉…434
つかえる…奉…〈常〉…526
つかえる…御…〈常〉…594
つかさ…尹…498
つかさ…吏…〈常〉…ⓥ…204
つかさ…官…〈教・常〉…［四］…116
つかさどる…尹…498
つかまえる…捕…〈常〉…268
つかれる…労…〈教・常〉…［四］…94, 588

だまる…黙…〈常・旧人〉…10
たみ…民…〈教・常〉…［四］…74
たむろする…屯…〈常〉…516
ため…為…〈常・旧人〉…90
ためす…試…〈教・常〉…［四］…⩂…388
ためす…験…〈教・常・旧人〉…［四］…⩂…562
ためる…矯…〈常〉…⩂…524
たもつ…持…〈教・常〉…［三］…434
たもと…袂…232
たらい…盤…〈常〉…506
たらす…垂…〈教・常〉…［六］…522
たりる…足…〈教・常〉…［一］…22
たる…足…〈教・常〉…［一］…22
たる…飽…〈常〉…252
たる…樽…〈人〉…158
たれ…誰…〈常〉…⩂…32
だれ…誰…〈常〉…⩂…32
たれにく…胡…〈人〉…574
たれる…垂…〈教・常〉…［六］…522
たわむれる…俳…〈教・常〉…［六］…210
たわむれる…戯…〈常・旧人〉…88
たわむれる…嬉…〈人〉…⩂…382
タン…反…〈教・常〉…［三］…256, 392
タン…旦…〈常〉…310, 386
タン…炭…〈教・常〉…［三］…260
タン…単…〈教・常・旧人〉…［四］…338
タン…段…〈教・常〉…［六］…506
タン…耑…604
タン…探…〈教・常〉…［六］…584
タン…短…〈教・常〉…［三］…120, 370
タン…嘆…〈常・旧人〉…⩂…608
タン…端…〈常〉…604
タン…歎…〈人〉…⩂…608
タン…鍛…〈常〉…506
ダン…旦…〈常〉…310, 386
ダン…団…〈教・常・旧人〉…［五］…266
ダン…男…〈教・常〉…［一］…92
ダン…段…〈教・常〉…［六］…506
ダン…断…〈教・常〉…［五］…308
ダン…弾…〈常・旧人〉…512
ダン…濡…〈人〉…602

チ・ち

チ…夂…26, 404, 526
チ…地…〈教・常〉…［二］…284
チ…知…〈教・常〉…［二］…⩂…62
チ…治…〈教・常〉…［四］…⩂…424
チ…値…〈教・常〉…［六］…454
チ…廌…272
チ…置…〈教・常〉…［四］…454
チ…墜…〈常〉…284
チ…質…〈教・常〉…［五］…484
ち…乳…〈教・常〉…［六］…600
ちいき…域…〈教・常〉…［六］…306
ちいさい…小…〈教・常〉…［一］…292, 294, 296
ちいさい…幺…300, 302, 308
ちいさい…瑣…292
ちかう…矢…〈教・常〉…［二］…62, 64, 120, 370
ちかう…誓…〈常〉…⩂…62
ちがう…違…〈常〉…30, 306
ちから…力…〈教・常〉…［一］…92, 94, 96, 154, 382, 456, 512, 588
ちから…勢…〈教・常〉…［五］…456
チク…筑…〈人〉…398
チク…築…〈教・常〉…［五］…398
ちすじ…裔…40
ちち…父…〈教・常〉…［二］…132
ちち…考…〈教・常〉…［二］…264
ちち…乳…〈教・常〉…［六］…600
チャク…辵＝辶（⻌）…28
チャク…著…〈教・常〉…［六］…⩂…326
チュウ…中…〈教・常〉…［一］…290
チュウ…虫…〈教・常〉…［一］…146, 542
チュウ…仲…〈教・常〉…［四］…290
チュウ…宙…〈教・常〉…［六］…46
チュウ…抽…〈常〉…46
チュウ…注…〈教・常〉…［三］…48
チュウ…忠…〈教・常〉…［六］…290
チュウ…柱…〈教・常〉…［三］…48

たたきだい…壬…〈人〉…248
ただしい…正…〈教・常〉…［一］…24
ただしい…是…〈常〉…212
ただしい…貞…〈常〉…486
ただしい…耑…604
ただしい…殷…510
ただしい…義…〈教・常〉…［五］…82
ただしい…徳…〈教・常・旧人〉…［四］…66, 68, 452, 454
ただしい…端…〈常〉…604
ただす…尹…498
ただす…匡…〈人〉…128
ただす…訂…〈常〉…㊥…520
ただす…格…〈教・常〉…［五］…㊥…404
ただす…弾…〈常・旧人〉…512
ただす…幹…〈教・常〉…［五］…536
ただす…質…〈教・常〉…［五］…484
ただちに…直…〈教・常〉…［二］…68, 454
ただよう…浮…〈常〉…380
ただよう…瀁…182
ただよう…漂…〈常〉…430
ただれる…膿…254
たちまち…乍…358
タツ…脱…〈常〉…㊥…354
タツ…達…〈教・常〉…［四］…84
タツ…税…〈教・常〉…［五］…㊥…354
たつ…立…〈教・常〉…［一］…288, 424, 604
たつ…辰…〈人〉…250, 254
たつ…竜…〈常・旧人〉…146, 542
たつ…起…〈教・常〉…［三］…344
たつ…断…〈教・常〉…［五］…308
たつ…裁…〈教・常〉…［六］…㊥…206
たつ…絶…〈教・常〉…［五］…308
ダツ…脱…〈常〉…㊥…354
ダツ…奪…〈常〉…38, 40
たっとぶ…尚…〈常〉…㊥…218, 220
たっとぶ…尊…〈教・常〉…［六］…158
たっとぶ…貴…〈教・常〉…［六］…472
たて…干…〈教・常〉…［六］…136, 484, 536
たて…盾…〈常〉…136, 338
たて…単…〈教・常・旧人〉…［四］…338
たて…牌…392
たていと…巠…304
たていと…経…〈教・常〉…［五］…304
たてまつる…奉…〈常〉…526
たてまつる…献…〈常〉…396
たてる…建…〈教・常〉…［四］…330, 332
たてる…植…〈教・常〉…［三］…454
たてる…標…〈教・常〉…［四］…430
たてる…樹…〈教・常〉…［六］…382
たな…桟…〈常〉…572
たに…谷…〈教・常〉…［二］…568
たね…核…〈常〉…512
たね…種…〈教・常〉…［四］…440
たのしい…晏…〈人〉…104
たのしい…楽…〈教・常・旧人〉…［二］…172
たのしむ…予…〈教・常〉…［三］…90
たのしむ…呉…〈常〉…㊥…200
たのしむ…宴…〈常〉…104
たのしむ…娯…〈常〉…㊥…200
たのしむ…般…〈常〉…506
たのしむ…愉…〈常〉…60
たのしむ…虞…〈常〉…㊥…88, 200
たのしむ…楽…〈教・常・旧人〉…［二］…172
たのしむ…嬉…〈人〉…㊥…382
たのしむ…盤…〈常〉…506
たのむ…恃…434
たば…秉…418
たび…度…〈教・常〉…［三］…432
たび…旅…〈教・常〉…［三］…412
たびびと…客…〈教・常〉…［三］…㊥…26
たべる…食…〈教・常〉…［二］…162
たま…圭…〈人〉…558
たま…玦…232
たま…球…〈教・常〉…［三］…214
たま…毬…〈人〉…214
たま…弾…〈常・旧人〉…512
たま…瑞…〈人〉…604
たま…環…〈常〉…44, 66, 454
たまき…環…〈常〉…44, 66, 454
たましい…魂…〈常〉…192
たましい…魄…192

たいら…平…〈教・常〉…［三］…596, 598
たいらか…汀…〈人〉…520
たいらか…坪…〈常〉…596
たいらげる…平…〈教・常〉…［三］…596, 598
たえ…妙…〈常〉…296
たえる…耐…〈常〉…604
たえる…絶…〈教・常〉…［五］…308
たおれる…倒…〈常〉…64
たおれる…頓…〈常〉…516
たおれる…顚…〈人〉…246
たか…高…〈教・常〉…［二］…∀…524
たかい…兀…604
たかい…峻…〈人〉…424
たかい…高…〈教・常〉…［二］…∀…524
たかい…貴…〈教・常〉…［六］…472
たかい…喬…〈人〉…∀…524
たかい…嶷…224
たがう…弐…〈常〉…142, 484, 576
たがう…韋…30, 306
たがう…違…〈常〉…30, 306
たかつき…豆…〈教・常〉…［三］…368, 370
たかどの…堂…〈教・常〉…［五］…∀…218
たかぶる…奢…∀…326
たかぶる…驕…∀…524
たかまる…高…〈教・常〉…［二］…∀…524
たかめる…高…〈教・常〉…［二］…∀…524
たがやす…農…〈教・常〉…［三］…254
たから…宝…〈教・常〉…［六］…474
たから…財…〈教・常〉…［五］…472
たから…貨…〈教・常〉…［四］…472
たき…瀑…352
たきぎ…薪…〈常〉…50
タク…沢…〈常〉…350
タク…択…〈常〉…350
タク…卓…〈常〉…212
タク…度…〈教・常〉…［三］…432
タク…睪…350
タク…礫…364
タク…橐…440
ダク…諾…〈常〉…∀…198
だく…抱…〈常〉…252
たぐい…品…〈教・常〉…［三］…∀…400
たぐい…倫…〈常〉…408
たぐい…種…〈教・常〉…［四］…440
たくましい…逞…〈人〉…∀…580
たくみ…工…〈教・常〉…［二］…388, 398, 500
たくみ…技…〈教・常〉…［五］…538
たくみ…倆…406
たくわえ…積…〈教・常〉…［四］…460
たくわえる…儲…〈人〉…∀…326
たけ…長…〈教・常〉…［二］…262, 264
たけし…武…〈教・常〉…［五］…24
たけし…健…〈教・常〉…［四］…330
たけりくるう…猖…444
たける…猖…444
たしか…確…〈教・常〉…［五］…38
たしかめる…確…〈教・常〉…［五］…38
たしなむ…嗜…556
たす…足…〈教・常〉…［一］…22
だす…出…〈教・常〉…［一］…478, 586
たすけ…福…〈教・常・旧人〉…［三］…410
たすける…介…〈常〉…280
たすける…右…〈教・常〉…［一］…∀…2, 300
たすける…左…〈教・常〉…［一］…2, 300, 388
たすける…補…〈教・常〉…［六］…268
たすける…援…〈常〉…496
たすける…輔…〈人〉…268
たすける…賛…〈教・常〉…［五］…474
たずねる…問…〈教・常〉…［三］…∀…174
たずねる…訪…〈教・常〉…［六］…∀…186
たずねる…探…〈教・常〉…［六］…584
ただ…直…〈教・常〉…［二］…68, 454
ただ…翅…538
ただ…唯…〈常〉…∀…32
たたえる…頌…〈人〉…426
たたえる…賛…〈教・常〉…［五］…474
たたえる…歎…〈人〉…∀…608
たたかう…戦…〈教・常・旧人〉…［四］…338
たたかう…撃…〈常・旧人〉…508

ソク…息…〈教・常〉…［三］…384
ソク…側…〈教・常〉…［四］…482
ソク…測…〈教・常〉…［五］…482
ソク…惻…482
そぐ…削…〈常〉…294
そぐ…微…〈常〉…606
ゾク…俗…〈常〉…∀…570
ゾク…族…〈教・常〉…［三］…62, 412
ゾク…賊…〈常〉…484
そこ…底…〈教・常〉…［四］…554
そこなう…毒…〈教・常〉…［五］…108
そこなう…戔…572
そこなう…残…〈教・常〉…［四］…572
そこなう…損…〈教・常〉…［五］…480
そこなう…賊…〈常〉…484
そしる…刺…〈常〉…458
そしる…誹…∀…210
そそぐ…沃…〈常〉…198
そそぐ…注…〈教・常〉…［三］…48
そそぐ…潑…510
そだてる…育…〈教・常〉…［三］…380
ソツ…卒…〈教・常〉…［四］…42
そで…袂…232
そで…袖…〈常〉…46, 170
そなえもの…俎…286
そなえる…共…〈教・常〉…［四］…148
そなえる…供…〈教・常〉…［六］…148
そなえる…具…〈教・常〉…［三］…486
そなえる…備…〈教・常〉…［五］…590
そなえる…稟…〈人〉…336
そなえる…儲…〈人〉…∀…326
その…其…〈人〉…76, 78
その…圃…〈人〉…268
そむく…反…〈教・常〉…［三］…256, 392
そむく…北…〈教・常〉…［二］…14
そむく…癶…368
そむく…舛…364
そむく…非…〈教・常〉…［五］…208, 210
そむく…背…〈教・常〉…［六］…14
そむく…叛…256
そむく…畔…〈常〉…236
そむく…倍…〈教・常〉…［三］…242
そら…天…〈教・常〉…［一］…18
そら…宙…〈教・常〉…［六］…46
そら…穹…〈人〉…316
そらんじる…諷…∀…542
そる…反…〈教・常〉…［三］…256, 392
そる…剃…428
そろえる…揃…〈人〉…298
ソン…存…〈教・常〉…［六］…∀…130
ソン…尊…〈教・常〉…［六］…158
ソン…損…〈教・常〉…［五］…480
ソン…樽…〈人〉…158
ゾン…存…〈教・常〉…［六］…∀…130

タ・た

た…田…〈教・常〉…［一］…436
ダ…打…〈教・常〉…［三］…520
ダ…兌…∀…354
タイ…大…〈教・常〉…［一］…12, 18, 272, 288, 314, 366, 384, 546
タイ…歹…454, 572
タイ…台…〈教・常〉…［二］…422
タイ…台…∀…422, 424
タイ…自…110, 114, 116
タイ…兌…∀…354
タイ…対…〈教・常〉…［三］…390
タイ…胎…〈常〉…∀…422
タイ…怠…〈常〉…∀…424
タイ…待…〈教・常〉…［三］…434
タイ…耐…〈常〉…604
タイ…脱…〈常〉…∀…354
タイ…隊…〈教・常〉…［四］…284
タイ…税…〈教・常〉…［五］…∀…354
タイ…鷹…272
ダイ…大…〈教・常〉…［一］…12, 18, 272, 288, 314, 366, 384, 546
ダイ…内…〈教・常〉…［二］…586
ダイ…台…〈教・常〉…［二］…422
ダイ…台…∀…422, 424
ダイ…弟…〈教・常〉…［二］…428
ダイ…第…〈教・常〉…［三］…428

セン…占…〈常〉…∀…178, 558, 566
セン…先…〈教・常〉…［一］…22
セン…尖…〈人〉…292
セン…舛…364
セン…戔…572
セン…洗…〈教・常〉…［六］…22
セン…専…〈教・常・旧人〉…［六］…266
セン…苫…566
セン…浅…〈教・常〉…［四］…572
セン…耑…604
セン…剪…298
セン…揃…〈人〉…298
セン…戦…〈教・常・旧人〉…［四］…338
セン…僉…∀…562
セン…践…〈常〉…572
セン…銭…〈教・常〉…［六］…572
セン…箋…〈常〉…572
セン…還…〈常〉…44, 66
セン…鮮…〈常〉…84
セン…鬋…298
ゼン…前…〈教・常〉…［二］…298, 300
ゼン…然…〈教・常〉…［四］…10
ゼン…善…〈教・常〉…［六］…∀…80
せんせい…師…〈教・常〉…［五］…114
せんぞ…祖…〈教・常・旧人〉…［五］…286

ソ・そ

ソ…祖…〈教・常・旧人〉…［五］…286
ソ…俎…286
ソ…租…〈常〉…286
ソ…素…〈教・常〉…［五］…302
ソ…措…〈常〉…360
ソ…酢…〈常〉…358
ソ…想…〈教・常〉…［三］…66
ソ…遡…〈常〉…366
ソ…醋…358
ソ…錯…〈常〉…360
ゾ…曽…〈常・旧人〉…160
ソウ…双…〈常〉…36
ソウ…爪…〈常〉…124, 492, 494, 496, 500, 596, 600
ソウ…卅…144
ソウ…早…〈教・常〉…［一］…212
ソウ…艸…310
ソウ…壮…〈常・旧人〉…394
ソウ…争…〈教・常・旧人〉…［四］…496
ソウ…走…〈教・常〉…［二］…22
ソウ…帚…110, 112, 114
ソウ…相…〈教・常〉…［三］…66
ソウ…荘…〈常〉…394
ソウ…蚤…212
ソウ…笊…492
ソウ…捜…〈常〉…584
ソウ…叟…584
ソウ…掃…〈常〉…110
ソウ…曽…〈常・旧人〉…160
ソウ…巣…〈教・常・旧人〉…［四］…464
ソウ…葬…〈常〉…312
ソウ…痩…〈常・旧人〉…584
ソウ…想…〈教・常〉…［三］…66
ソウ…搔…212
ソウ…喿…∀…402
ソウ…嫂…584
ソウ…層…〈教・常・旧人〉…［六］…160
ソウ…総…〈教・常〉…［五］…514
ソウ…操…〈教・常〉…［六］…∀…402
ソウ…噪…∀…402
ソウ…燥…〈常〉…∀…402
ソウ…贈…〈常・旧人〉…160
ソウ…騒…〈常・旧人〉…212
ソウ…繰…〈常〉…∀…402
ソウ…藻…〈常〉…∀…402
そう…副…〈教・常〉…［四］…410
そう…傍…〈常〉…188
ゾウ…象…〈教・常〉…［五］…90
ゾウ…雑…〈教・常・旧人〉…［五］…36
ゾウ…像…〈教・常〉…［五］…90
ゾウ…増…〈教・常・旧人〉…［五］…160
ゾウ…贈…〈常・旧人〉…160
ソク…足…〈教・常〉…［一］…22
ソク…即…〈常・旧人〉…162
ソク…則…〈教・常〉…［五］…482

すみ…墨…〈常・旧人〉…220
すみやか…急…〈教・常〉…［三］…216
すみやか…捷…〈人〉…106
すみやか…棘…458
すむ…住…〈教・常〉…［三］…48
する…擦…〈常〉…6
するどい…尖…〈人〉…292
するどい…利…〈教・常〉…［四］…420, 422
すれる…擦…〈常〉…6
スン…寸…〈教・常〉…［六］…38, 58, 266, 270, 382, 386, 390, 434, 492, 564, 578

セ・せ

セ…世…〈教・常〉…［三］…278
せ…背…〈教・常〉…［六］…14
ぜ…是…〈常〉…212
セイ…井…〈教・常〉…［四］…276
セイ…正…〈教・常〉…［一］…24
セイ…丼…〈常〉…276
セイ…生…〈教・常〉…［一］…278
セイ…世…〈教・常〉…［三］…278
セイ…成…〈教・常〉…［四］…230, 396
セイ…征…〈常〉…24
セイ…斉…〈常・旧人〉…108
セイ…制…〈教・常〉…［五］…322
セイ…政…〈教・常〉…［五］…24
セイ…省…〈教・常〉…［四］…68, 454
セイ…穽…276
セイ…枼…278
セイ…星…〈教・常〉…［二］…444
セイ…盛…〈教・常〉…［六］…230
セイ…掣…322
セイ…誠…〈教・常〉…［六］…∀…230
セイ…靖…〈人〉…288
セイ…聖…〈教・常〉…［六］…∀…452, 580
セイ…勢…〈教・常〉…［五］…456
セイ…誓…〈常〉…∀…62
セイ…静…〈教・常・旧人〉…［四］…94, 496
セイ…製…〈教・常〉…［五］…322
セイ…整…〈教・常〉…［三］…322
せい…背…〈教・常〉…［六］…14
ゼイ…脆…260
ゼイ…税…〈教・常〉…［五］…∀…354
ゼイ…蛻…∀…354
ゼイ…説…〈教・常〉…［四］…∀…354
セキ…汐…〈人〉…310
セキ…赤…〈教・常〉…［一］…546
セキ…昔…〈教・常〉…［三］…358, 360
セキ…隻…〈常〉…36
セキ…射…〈教・常〉…［六］…316
セキ…席…〈教・常〉…［四］…432
セキ…釈…〈常〉…350
セキ…惜…〈常〉…360
セキ…責…〈教・常〉…［五］…460
セキ…腊…360
セキ…蓆…432
セキ…赫…546
セキ…積…〈教・常〉…［四］…460
セキ…績…〈教・常〉…［五］…460
セキ…蹟…〈人〉…460
セキ…籍…〈常〉…360
セツ…卩…494, 594
セツ…切…〈教・常〉…［二］…144
セツ…屑…〈人〉…294
セツ…殺…〈教・常〉…［五］…504
セツ…渫…278
セツ…説…〈教・常〉…［四］…∀…354
ゼツ…絶…〈教・常〉…［五］…308
ぜに…貨…〈教・常〉…［四］…472
ぜに…銭…〈教・常〉…［六］…572
ぜにさし…貫…〈常〉…470
せぼね…呂…〈常〉…588
せまい…窄…〈人〉…358
せまい…偰…464
せまる…切…〈教・常〉…［二］…144
せめる…呵…∀…202
せめる…劾…〈常〉…512
せめる…訟…〈常〉…∀…426
せめる…責…〈教・常〉…［五］…460
せめる…詰…〈常〉…∀…134
セン…川…〈教・常〉…［一］…180
セン…彡…492, 530, 612

しり…臀…510
しりぞける…却…〈常〉…∀…272
しる…知…〈教・常〉…［二］…∀…62
しる…液…〈教・常〉…［五］…314
しるし…卩…494, 594
しるし…印…〈教・常〉…［四］…494
しるし…表…〈教・常〉…［三］…448
しるし…祥…〈常・旧人〉…80
しるし…符…〈常〉…578
しるし…瑞…〈人〉…604
しるし…徴…〈常・旧人〉…606
しるし…標…〈教・常〉…［四］…430
しるし…徽…〈人〉…606
しるし…験…〈教・常・旧人〉…［四］…∀…562
しるし…簿…〈常〉…270
しるす…志…〈教・常〉…［五］…564
しるす…紀…〈教・常〉…［五］…342
しるす…記…〈教・常〉…［二］…∀…342
しるす…註…〈人〉…∀…48
しるす…誌…〈教・常〉…［六］…∀…564
しるす…籍…〈常〉…360
しろ…城…〈教・常〉…［四］…230
しろい…白…〈教・常〉…［一］…190
しろぎぬ…素…〈教・常〉…［五］…302
しろつち…堊…468
シン…心…〈教・常〉…［二］…66, 68, 176, 216, 222, 226, 564
シン…申…〈教・常〉…［三］…8
シン…伸…〈常〉…8
シン…辛…〈常〉…50, 52, 384, 500
シン…臣…〈教・常〉…［四］…72, 74
シン…身…〈教・常〉…［三］…250
シン…辰…〈人〉…250, 254
シン…呻…8
シン…参…〈教・常〉…［四］…108
シン…神…〈教・常・旧人〉…［三］…8
シン…信…〈教・常〉…［四］…∀…52
シン…侵…〈常〉…112
シン…真…〈教・常・旧人〉…［三］…16, 244, 246
シン…浸…〈常〉…112
シン…娠…〈常〉…250
シン…紳…〈常〉…8
シン…進…〈教・常〉…［三］…32
シン…深…〈教・常〉…［三］…584
シン…新…〈教・常〉…［二］…50
シン…寝…〈常・旧人〉…112, 394
シン…慎…〈常・旧人〉…246, 608
シン…蜃…250, 254
シン…瞋…246
シン…震…〈常〉…250
シン…審…〈常〉…348
シン…親…〈教・常〉…［二］…50
シン…薪…〈常〉…50
ジン…人…〈教・常〉…［一］…14, 16, 216, 586
ジン…儿…20, 22, 56, 386
ジン…壬…〈人〉…248
ジン…任…〈教・常〉…［五］…248
ジン…尽…〈常・旧人〉…332
ジン…臣…〈教・常〉…［四］…72, 74
ジン…妊…〈常〉…248, 250
ジン…神…〈教・常・旧人〉…［三］…8
ジン…賃…〈教・常〉…［六］…248
ジン…儘…332
ジン…燼…332

ス・す

ス…子…〈教・常〉…［一］…118, 264, 372, 380, 600
ス…主…〈教・常〉…［三］…48
ス…素…〈教・常〉…［五］…302
す…巣…〈教・常・旧人〉…［四］…464
す…酢…〈常〉…358
す…醋…358
す…簀…460
ズ…図…〈教・常〉…［二］…336
ズ…豆…〈教・常〉…［三］…368, 370
ズ…事…〈教・常〉…［三］…∀…204
ズ…頭…〈教・常〉…［二］…370
すあな…窠…464

スイ…夊…414
スイ…水…〈教・常〉…［一］…180
スイ…出…〈教・常〉…［一］…478, 586
スイ…隹…32, 36, 38
スイ…垂…〈教・常〉…［六］…522
スイ…衰…〈常〉…42
スイ…彗…〈人〉…18
スイ…推…〈教・常〉…［六］…32
スイ…遂…〈常〉…284, 592
スイ…睡…〈常〉…522
スイ…誰…〈常〉…∀…32
スイ…穂…〈常・旧人〉…124
スイ…錘…〈人〉…522
スイ…雖…∀…32
ズイ…瑞…〈人〉…604
スウ…足…〈教・常〉…［一］…22
すえ…末…〈教・常〉…［四］…320
すえ…季…〈教・常〉…［四］…118
すがた…姿…〈教・常〉…［六］…576
すがた…容…〈教・常〉…［五］…∀…568, 570
すき…力…〈教・常〉…［一］…92, 94, 96, 154, 382, 456, 512, 588
すき…ム…422, 424, 426
すき…犂…420
すき…銭…〈教・常〉…［六］…572
すぎる…過…〈教・常〉…［五］…∀…240
すぎる…歴…〈教・常・旧人〉…［五］…356
すく…好…〈教・常〉…［四］…600
すくいあげる…撈…588
すくう…抄…〈常〉…296
すくう…臼…372, 472
すくう…救…〈教・常〉…［五］…214
すくない…少…〈教・常〉…［二］…292, 296
すくない…劣…〈常〉…100
すくない…戔…572
すくない…鮮…〈常〉…84
すぐれる…妙…〈常〉…296
すぐれる…卓…〈常〉…212
すぐれる…高…〈教・常〉…［二］…∀…524
すぐれる…傑…〈常〉…364
すぐれる…優…〈教・常〉…［六］…210
すぐれる…駿…〈人〉…424
すこし…小…〈教・常〉…［一］…292, 294, 296
すこし…少…〈教・常〉…［二］…292, 296
すごす…過…〈教・常〉…［五］…∀…240
すこぶる…頗…〈人〉…490
すこやか…健…〈教・常〉…［四］…330
すごろく…博…〈教・常〉…［四］…270
すじ…条…〈教・常・旧人〉…［五］…530
すじ…脈…〈教・常〉…［五］…180
すじ…理…〈教・常〉…［二］…436
すじ…罫…558
すず…鈴…〈常〉…172
すすぐ…滌…530
すすむ…発…〈教・常〉…［三］…340, 368, 510
すすむ…進…〈教・常〉…［三］…32
すすめる…勧…〈常〉…34, 100
すすめる…奨…〈常・旧人〉…394
すでに…已…〈人〉…342, 344
すでに…既…〈常〉…222
すてる…去…〈教・常〉…［三］…∀…272
すてる…拚…236
すてる…釈…〈常〉…350
すてる…敝…472
すな…沙…〈常〉…296
すな…砂…〈教・常〉…［六］…296
すなお…悌…〈人〉…428
すなわち…即…〈常・旧人〉…162
すなわち…則…〈教・常〉…［五］…482
すね…脛…304
すのこ…簀…460
すべて…凡…〈常〉…542
すべて…都…〈教・常・旧人〉…［三］…∀…324, 336
すべて…総…〈教・常〉…［五］…514
すべる…統…〈教・常〉…［五］…514
すべる…滑…〈常〉…238
すべる…総…〈教・常〉…［五］…514
すまい…房…〈常〉…188
すみ…炭…〈教・常〉…［三］…260

シ ョ ウ…少…〈教・常〉…［二］…292, 296
シ ョ ウ…爿…394, 396
シ ョ ウ…正…〈教・常〉…［一］…24
シ ョ ウ…生…〈教・常〉…［一］…278
シ ョ ウ…召…〈常〉…∀…560
シ ョ ウ…壮…〈常・旧人〉…394
シ ョ ウ…肖…〈常〉…294
シ ョ ウ…抄…〈常〉…296
シ ョ ウ…妾…52
シ ョ ウ…尚…〈常〉…∀…218, 220
シ ョ ウ…松…〈教・常〉…［四］…426
シ ョ ウ…昌…〈人〉…444
シ ョ ウ…招…〈教・常〉…［五］…∀…560
シ ョ ウ…沼…〈常〉…∀…560
シ ョ ウ…政…〈教・常〉…［五］…24
シ ョ ウ…相…〈教・常〉…［三］…66
シ ョ ウ…省…〈教・常〉…［四］…68, 454
シ ョ ウ…咲…〈常〉…196
シ ョ ウ…荘…〈常〉…394
シ ョ ウ…星…〈教・常〉…［二］…444
シ ョ ウ…昭…〈教・常〉…［三］…∀…560
シ ョ ウ…従…〈教・常・旧人〉…［六］…14, 28, 412
シ ョ ウ…祥…〈常・旧人〉…80
シ ョ ウ…笑…〈教・常〉…［四］…196
シ ョ ウ…消…〈教・常〉…［三］…294
シ ョ ウ…宵…〈常〉…294
シ ョ ウ…悄…294
シ ョ ウ…将…〈教・常・旧人〉…［六］…394
シ ョ ウ…倡…444
シ ョ ウ…称…〈常〉…596
シ ョ ウ…秤…〈人〉…596
シ ョ ウ…章…〈教・常〉…［三］…52
シ ョ ウ…捷…〈人〉…106
シ ョ ウ…梢…〈人〉…294
シ ョ ウ…訟…〈常〉…∀…426
シ ョ ウ…唱…〈教・常〉…［四］…∀…444
シ ョ ウ…猖…444
シ ョ ウ…紹…〈常〉…∀…560
シ ョ ウ…象…〈教・常〉…［五］…90
シ ョ ウ…勝…〈教・常〉…［三］…100
シ ョ ウ…湯…〈教・常〉…［三］…194
シ ョ ウ…葉…〈教・常〉…［三］…278
シ ョ ウ…晶…〈常〉…444
シ ョ ウ…詔…〈常〉…∀…560
シ ョ ウ…詳…〈常〉…∀…80
シ ョ ウ…奨…〈常・旧人〉…394
シ ョ ウ…頌…〈人〉…426
シ ョ ウ…腫…〈常〉…440
シ ョ ウ…聖…〈教・常〉…［六］…∀…452, 580
シ ョ ウ…照…〈教・常〉…［四］…∀…560
シ ョ ウ…像…〈教・常〉…［五］…90
シ ョ ウ…牆…394
シ ョ ウ…醬…〈人〉…394
ジ ョ ウ…上…〈教・常〉…［一］…320
ジ ョ ウ…成…〈教・常〉…［四］…230, 396
ジ ョ ウ…状…〈教・常・旧人〉…［五］…10, 396
ジ ョ ウ…条…〈教・常・旧人〉…［五］…530
ジ ョ ウ…城…〈教・常〉…［四］…230
ジ ョ ウ…乗…〈教・常・旧人〉…［三］…418
ジ ョ ウ…浄…〈常・旧人〉…496
ジ ョ ウ…盛…〈教・常〉…［六］…230
ジ ョ ウ…溺…〈常〉…318
ジ ョ ウ…嫋…318
ジ ョ ウ…静…〈教・常・旧人〉…［四］…94, 496
ジ ョ ウ…滌…530
しょうぎ…棋…〈常〉…76
シ ョ ク…式…〈教・常〉…［三］…388
シ ョ ク…食…〈教・常〉…［二］…162
シ ョ ク…拭…〈常〉…388
シ ョ ク…植…〈教・常〉…［三］…454
シ ョ ク…殖…〈常〉…454
シ ョ ク…嗇…394
シ ョ ク…贖…478
しらせる…報…〈教・常〉…［五］…274
しらべる…劾…〈常〉…512
しらべる…按…〈人〉…104
しらべる…検…〈教・常・旧人〉…［五］…∀…562
しらべる…調…〈教・常〉…［三］…∀…334

ジュ…綬…494
ジュ…需…〈常〉…602
ジュ…樹…〈教・常〉…［六］…382
ジュ…儒…〈常〉…602
ジュ…濡…〈人〉…602
ジュ…嬬…602
シュウ…厶…562
シュウ…舟…〈常〉…506
シュウ…秀…〈常〉…122
シュウ…帚…110, 112, 114
シュウ…周…〈教・常〉…［四］…∀…334
シュウ…臭…〈常・旧人〉…12, 384
シュウ…祝…〈教・常・旧人〉…［四］…∀…
20
シュウ…酋…156
シュウ…秋…〈教・常〉…［二］…518
シュウ…袖…〈常〉…46, 170
シュウ…修…〈教・常〉…［五］…530
シュウ…叟…584
シュウ…習…〈教・常〉…［三］…∀…228
シュウ…執…〈常〉…274
シュウ…週…〈教・常〉…［二］…∀…334
シュウ…終…〈教・常〉…［三］…518
シュウ…脩…〈人〉…530
シュウ…集…〈教・常〉…［三］…36
シュウ…就…〈教・常〉…［六］…230, 396
シュウ…愁…〈常〉…518
シュウ…醜…〈常〉…468
シュウ…襲…〈常〉…40
ジュウ…十…〈教・常〉…［一］…144
ジュウ…廿…〈人〉…144
ジュウ…中…〈教・常〉…［一］…290
ジュウ…戎…484
ジュウ…充…〈常〉…514
ジュウ…住…〈教・常〉…［三］…48
ジュウ…重…〈教・常〉…［三］…440
ジュウ…従…〈教・常・旧人〉…［六］…14,
28, 412
ジュウ…渋…〈常・旧人〉…368
ジュウ…銃…〈常〉…514
ジュウ…獣…〈常・旧人〉…∀…338
シュク…祝…〈教・常・旧人〉…［四］…∀…
20
しゅくば…郵…〈教・常〉…［六］…522
シュツ…出…〈教・常〉…［一］…478, 586
シュツ…卒…〈教・常〉…［四］…42
ジュツ…朮…592, 594
ジュツ…述…〈教・常〉…［五］…592
ジュツ…術…〈教・常〉…［五］…592, 594
シュン…舛…364
シュン…夋…424
シュン…俊…〈常〉…424
シュン…春…〈教・常〉…［二］…518
シュン…峻…〈人〉…424
シュン…竣…〈人〉…424
シュン…駿…〈人〉…424
ジュン…盾…〈常〉…136, 338
ジュン…純…〈教・常〉…［六］…516
ジュン…遵…〈常〉…158
ショ…処…〈教・常〉…［六］…88
ショ…杵…〈人〉…594
ショ…書…〈教・常〉…［二］…∀…330, 334
ショ…渚…〈人・旧人〉…∀…324
ショ…庶…〈常〉…328
ショ…暑…〈教・常・旧人〉…［三］…∀…328
ショ…黍…420
ショ…署…〈教・常・旧人〉…［六］…∀…326
ショ…緒…〈常・旧人〉…∀…326
ショ…諸…〈教・常・旧人〉…［六］…∀…326,
328
ジョ…女…〈教・常〉…［一］…102
ジョ…如…〈常〉…∀…102
ジョ…汝…〈人〉…102
ジョ…叙…〈常・旧人〉…60
ジョ…除…〈教・常〉…［六］…58
ジョ…徐…〈常〉…58
ジョ…恕…〈人〉…∀…102
ジョ…濡…〈人〉…602
ショウ…小…〈教・常〉…［一］…292, 294,
296
ショウ…上…〈教・常〉…［一］…320
ショウ…井…〈教・常〉…［四］…276

したがう…従…〈教・常・旧人〉…［六］…14, 28, 412
したがう…倭…〈人〉…120
したがう…陪…〈常〉…242
したがう…遵…〈常〉…158
したしい…親…〈教・常〉…［二］…50
したしむ…愛…〈教・常〉…［四］…222
したしむ…媾…532
したてる…製…〈教・常〉…［五］…322
したばかま…褌…340
シチ…七…〈教・常〉…［一］…144
シチ…質…〈教・常〉…［五］…484
シツ…室…〈教・常〉…［二］…64
シツ…執…〈常〉…274
シツ…悉…〈人〉…348
シツ…質…〈教・常〉…［五］…484
ジツ…日…〈教・常〉…［一］…78, 128, 218, 222, 310, 312, 328, 352
ジツ…実…〈教・常・旧人〉…［三］…470
しな…級…〈教・常〉…［三］…216
しな…品…〈教・常〉…［三］…∀…400
しな…科…〈教・常〉…［二］…438
しなさだめ…評…〈教・常〉…［五］…∀…596
しなやか…嫋…318
しぬ…亡…〈教・常〉…［六］…376, 378, 380
しぬ…化…〈教・常〉…［三］…244, 472
しぬ…死…〈教・常〉…［三］…312, 572
しぬ…卒…〈教・常〉…［四］…42
しぬ…薨…70
しばる…縛…〈常〉…270
しぶい…渋…〈常・旧人〉…368
しぼる…絞…〈常〉…374
しぼる…搾…〈常〉…358
しめす…示…〈教・常〉…［五］…6, 240, 396, 446
しめる…占…〈常〉…∀…178, 558, 566
しめる…絞…〈常〉…374
しも…下…〈教・常〉…［一］…320
しも…末…〈教・常〉…［四］…320
しもべ…童…〈教・常〉…［三］…52
シャ…社…〈教・常・旧人〉…［二］…284
シャ…沙…〈常〉…296
シャ…車…〈教・常〉…［一］…406
シャ…者…〈教・常・旧人〉…［三］…∀…324, 326, 330, 334, 336
シャ…砂…〈教・常〉…［六］…296
シャ…卸…〈常〉…594
シャ…紗…〈人〉…296
シャ…射…〈教・常〉…［六］…316
シャ…斜…〈常〉…438
シャ…赦…〈常〉…546
シャ…奢…∀…326
シャ…煮…〈常・旧人〉…∀…328
シャ…遮…〈常〉…328
シャ…籍…〈常〉…360
シャク…赤…〈教・常〉…［一］…546
シャク…昔…〈教・常〉…［三］…358, 360
シャク…釈…〈常〉…350
シャク…積…〈教・常〉…［四］…460
シャク…爵…〈常〉…158
ジャク…若…〈教・常〉…［六］…∀…198
ジャク…昔…〈教・常〉…［三］…358, 360
ジャク…弱…〈教・常〉…［二］…318
しゃくし…匙…212
しゃべる…喋…〈人〉…278
シュ…殳…368, 502, 504, 506, 508, 510, 512
シュ…主…〈教・常〉…［三］…48
シュ…取…〈教・常〉…［三］…4
シュ…狩…〈常〉…338
シュ…酒…〈教・常〉…［三］…156, 358
シュ…修…〈教・常〉…［五］…530
シュ…腫…〈常〉…440
シュ…種…〈教・常〉…［四］…440
シュ…輸…〈教・常〉…［五］…60
ジュ…入…〈教・常〉…［一］…586
ジュ…受…〈教・常〉…［三］…494
ジュ…乳…〈教・常〉…［六］…600
ジュ…従…〈教・常・旧人〉…［六］…14, 28, 412
ジュ…授…〈教・常〉…［五］…494
ジュ…就…〈教・常〉…［六］…230, 396
ジュ…頌…〈人〉…426

シ…匙…212
シ…廁…482
シ…痣…564
シ…試…〈教・常〉…［四］…∀…388
シ…詩…〈教・常〉…［三］…∀…434, 564
シ…嗜…556
シ…誌…〈教・常〉…［六］…∀…564
シ…積…〈教・常〉…［四］…460
シ…諮…〈常〉…∀…576
シ…贄…274
ジ…二…〈教・常〉…［一］…142
ジ…示…〈教・常〉…［五］…6, 240, 396, 446
ジ…仕…〈教・常〉…［三］…130
ジ…耳…〈教・常〉…［一］…4
ジ…自…〈教・常〉…［二］…12, 384
ジ…弍…〈常〉…142, 484, 576
ジ…地…〈教・常〉…［二］…284
ジ…寺…〈教・常〉…［二］…434, 564
ジ…次…〈教・常〉…［三］…576
ジ…字…〈教・常〉…［一］…600
ジ…而…〈人〉…602, 604
ジ…事…〈教・常〉…［三］…∀…204
ジ…治…〈教・常〉…［四］…∀…424
ジ…侍…〈常〉…434
ジ…持…〈教・常〉…［三］…434
ジ…恃…434
ジ…除…〈教・常〉…［六］…58
ジ…時…〈教・常〉…［二］…434
ジ…滋…〈教・常〉…［四］…302
ジ…慈…〈常〉…302
ジ…辞…〈教・常〉…［四］…500
ジ…磁…〈教・常〉…［六］…302
じ…路…〈教・常〉…［三］…∀…404
しあわせ…幸…〈教・常〉…［三］…274
しいたげる…虐…〈常〉…86
しいる…強…〈教・常〉…［二］…318
しお…汐…〈人〉…310
しお…潮…〈教・常〉…［六］…310
しかばね…尸…16
しかばね…屍…16
しかり…唯…〈常〉…∀…32
しかり…然…〈教・常〉…［四］…10
しかる…呵…∀…202
しかる…咄…586
しかる…訶…∀…202
しかる…嚇…〈常〉…546
シキ…式…〈教・常〉…［三］…388
ジキ…直…〈教・常〉…［二］…68, 454
ジキ…食…〈教・常〉…［二］…162
しきり…畦…558
しく…如…〈常〉…∀…102
しく…専…270
しく…席…〈教・常〉…［四］…432
しく…敷…〈常〉…270
ジク…軸…〈常〉…46
しくむ…構…〈教・常〉…［五］…532
しげし…繁…〈常・旧人〉…108
しげる…滋…〈教・常〉…［四］…302
しげる…殖…〈常〉…454
しげる…蕪…〈人〉…364
しげる…鬱…〈常〉…612
しこうして…而…〈人〉…602, 604
しごと…役…〈教・常〉…［三］…502
ししびしお…醬…〈人〉…394
じしゃく…磁…〈教・常〉…［六］…302
しずか…宓…446
しずか…悄…294
しずか…静…〈教・常・旧人〉…［四］…94, 496
しずまる…静…〈教・常・旧人〉…［四］…94, 496
しずむ…溺…〈常〉…318
しずめる…鎮…〈常・旧人〉…246
した…下…〈教・常〉…［一］…320
しだい…弟…〈教・常〉…［二］…428
しだい…第…〈教・常〉…［三］…428
したう…恋…〈常〉…∀…548
したおび…褌…340
したがう…若…〈教・常〉…［六］…∀…198
したがう…服…〈教・常〉…［三］…274
したがう…附…〈常〉…578
したがう…述…〈教・常〉…［五］…592

さなぎ…蛹…152
さばく…判…〈教・常〉…［五］…236
さばく…裁…〈教・常〉…［六］…∀…206
さびしい…凜…〈人〉…336
さま…状…〈教・常・旧人〉…［五］…10, 396
さまたげる…妨…〈常〉…186
さむい…凜…〈人〉…336
さむい…凝…〈常〉…224
さむらい…侍…〈常〉…434
さめる…冷…〈教・常〉…［四］…170
さめる…覚…〈教・常〉…［四］…372
さら…盤…〈常〉…506
さらう…渫…278
さらす…暴…〈教・常〉…［五］…352
さらす…曝…〈人〉…352
さる…去…〈教・常〉…［三］…∀…272
ざる…笊…492
さわ…沢…〈常〉…350
さわぐ…喿…∀…402
さわぐ…噪…∀…402
さわぐ…騒…〈常・旧人〉…212
サン…三…〈教・常〉…［一］…142
サン…彡…492, 530, 612
サン…参…〈教・常〉…［四］…108
サン…戔…572
サン…桟…〈常〉…572
サン…産…〈教・常〉…［四］…54, 258
サン…算…〈教・常〉…［二］…486
サン…賛…〈教・常〉…［五］…474
サン…纂…〈人〉…486
ザン…残…〈教・常〉…［四］…572
さんご…瑚…〈人〉…574

シ・し

シ…ム…422, 424, 426
シ…尸…16
シ…子…〈教・常〉…［一］…118, 264, 372, 380, 600
シ…士…〈教・常〉…［五］…130, 134
シ…巳…〈人〉…342, 344
シ…之（＝止）…〈人〉…126, 128, 434, 564
シ…止…〈教・常〉…［二］…22, 26, 30, 110, 114, 306, 356, 368, 478
シ…支…〈教・常〉…［五］…538
シ…氏…〈教・常〉…［四］…552, 554, 556
シ…示…〈教・常〉…［五］…6, 240, 396, 446
シ…矢…〈教・常〉…［二］…62, 64, 120, 370
シ…仕…〈教・常〉…［三］…130
シ…四…〈教・常〉…［一］…142
シ…史…〈教・常〉…［五］…∀…204
シ…市…〈教・常〉…［二］…458
シ…自…〈教・常〉…［二］…12, 384
シ…至…〈教・常〉…［六］…64
シ…自…110, 114, 116
シ…糸…〈教・常〉…［一］…300, 302, 308
シ…死…〈教・常〉…［三］…312, 572
シ…朿…458, 460
シ…旨…〈常〉…556
シ…次…〈教・常〉…［三］…576
シ…私…〈教・常〉…［六］…422, 426
シ…志…〈教・常〉…［五］…564
シ…使…〈教・常〉…［三］…∀…204
シ…祀…344
シ…始…〈教・常〉…［三］…∀…422
シ…刺…〈常〉…458
シ…枝…〈教・常〉…［五］…538
シ…肢…〈常〉…538
シ…抵…〈常〉…554
シ…屍…16
シ…食…〈教・常〉…［二］…162
シ…是…〈常〉…212
シ…祇…〈人〉…552
シ…指…〈教・常〉…［三］…556
シ…姿…〈教・常〉…［六］…576
シ…咨…∀…576
シ…師…〈教・常〉…［五］…114
シ…翅…538
シ…紙…〈教・常〉…［二］…552
シ…砥…〈人〉…554
シ…脂…〈常〉…556
シ…耆…556
シ…恣…〈常〉…576

588
さかさま…顚…〈人〉…246
さがす…捜…〈常〉…584
さがす…探…〈教・常〉…［六］…584
さかずき…爵…〈常〉…158
さかだる…尊…〈教・常〉…［六］…158
さかだる…樽…〈人〉…158
さかな…鱗…〈人〉…610
さかのぼる…遡…〈常〉…366
さかもり…饗…〈人〉…164
さからう…午…〈教・常〉…［二］…594
さからう…屰…366
さからう…夆…526
さからう…逆…〈教・常〉…［五］…366
さかる…盛…〈教・常〉…［六］…230
さがる…下…〈教・常〉…［一］…320
さかん…壮…〈常・旧人〉…394
さかん…旺…〈常〉…128
さかん…昌…〈人〉…444
さかん…荘…〈常〉…394
さかん…殷…510
さき…先…〈教・常〉…［一］…22
さき…尖…〈人〉…292
さき…前…〈教・常〉…［二］…298, 300
さきがけ…魁…〈人〉…438
サク…乍…358
サク…冊…〈教・常〉…［六］…408
サク…作…〈教・常〉…［二］…358
サク…削…〈常〉…294
サク…昨…〈教・常〉…［四］…358
サク…窄…〈人〉…358
サク…朔…〈人〉…366
サク…丵…390
サク…酢…〈常〉…358
サク…策…〈教・常〉…［六］…458
サク…搾…〈常〉…358
サク…醋…358
サク…錯…〈常〉…360
サク…簀…460
サク…鑿…390
さく…卯…〈人〉…472
さく…拌…236
さく…咲…〈常〉…196
さく…剖…〈常〉…242
さく…副…〈教・常〉…［四］…410
さく…磔…364
さぐる…探…〈教・常〉…［六］…584
さけ…酉…〈人〉…156, 162, 358, 504
さけ…酒…〈教・常〉…［三］…156, 358
さげすむ…蔑…〈常〉…70
さけぶ…号…〈教・常〉…［三］…∪…86
さける…迂…〈人〉…598
ささえる…支…〈教・常〉…［五］…538
ささげる…廾…158, 346, 486
ささげる…奉…〈常〉…526
ささげる…捧…〈人〉…526
ささげる…献…〈常〉…396
さじ…匕…212, 572
さじ…卓…〈常〉…212
さじ…是…〈常〉…212
さじ…匙…212
さしあげる…呈…〈常〉…∪…452, 580, 582
さす…刺…〈常〉…458
さす…指…〈教・常〉…［三］…556
さずける…授…〈教・常〉…［五］…494
さち…幸…〈教・常〉…［三］…274
サツ…冊…〈教・常〉…［六］…408
サツ…殺…〈教・常〉…［五］…504
サツ…察…〈教・常〉…［四］…6
サツ…撮…〈常〉…4
サツ…擦…〈常〉…6
サッ…早…〈教・常〉…［一］…212
ザツ…雑…〈教・常・旧人〉…［五］…36
さと…里…〈教・常〉…［二］…436, 448
さと…郷…〈教・常〉…［六］…164
さとい…俊…〈常〉…424
さとい…敏…〈常・旧人〉…106, 108
さとい…捷…〈人〉…106
さとす…諭…〈常〉…∪…60
さとる…知…〈教・常〉…［二］…∪…62
さとる…悟…〈常〉…∪…140
さとる…覚…〈教・常〉…［四］…372

こる…凝…〈常〉…224
これ…之（＝止）…〈人〉…126, 128, 434, 564
これ…伊…〈人〉…498
これ…是…〈常〉…212
これ…唯…〈常〉…∀…32
ころがす…転…〈教・常・旧人〉…［三］…266
ころす…卯…〈人〉…472
ころす…死…〈教・常〉…［三］…312, 572
ころす…殺…〈教・常〉…［五］…504
ころす…賊…〈常〉…484
ころも…衣…〈教・常〉…［四］…40, 42
ころも…襤…550
コン…今…〈教・常〉…［二］…194, 362
コン…艮…282
コン…金…〈教・常〉…［一］…72, 292, 442, 514
コン…昏…〈人〉…552
コン…恨…〈常〉…282
コン…建…〈教・常〉…［四］…330, 332
コン…根…〈教・常〉…［三］…282
コン…婚…〈常〉…552
コン…献…〈常〉…396
コン…髡…604
コン…魂…〈常〉…192
コン…褌…340
ゴン…艮…282
ゴン…言…〈教・常〉…［二］…∀…52, 140, 174
ゴン…勤…〈教・常・旧人〉…［六］…∀…98, 608
ゴン…権…〈教・常〉…［六］…34
ゴン…厳…〈教・常・旧人〉…［六］…∀…166

サ・さ

サ…左…〈教・常〉…［一］…2, 300, 388
サ…乍…358
サ…沙…〈常〉…296
サ…作…〈教・常〉…［二］…358
サ…砂…〈教・常〉…［六］…296
サ…紗…〈人〉…296
サ…詐…〈常〉…∀…358
サ…瑣…292
サ…鎖…〈常〉…292
サイ…才…〈教・常〉…［二］…∀…130, 206
サイ…切…〈教・常〉…［二］…144
サイ…在…〈教・常〉…［五］…∀…130
サイ…妻…〈教・常〉…［五］…18, 106
サイ…采…〈常〉…492
サイ…哉…〈人〉…∀…206
サイ…衰…〈常〉…42
サイ…栽…〈常〉…∀…206
サイ…財…〈教・常〉…［五］…472
サイ…殺…〈教・常〉…［五］…504
サイ…祭…〈教・常〉…［三］…6
サイ…責…〈教・常〉…［五］…460
サイ…菜…〈教・常〉…［四］…492
サイ…採…〈教・常〉…［五］…492
サイ…彩…〈常〉…492
サイ…最…〈教・常〉…［四］…4
サイ…裁…〈教・常〉…［六］…∀…206
サイ…載…〈常〉…∀…206
サイ…債…〈常〉…460
サイ…際…〈教・常〉…［五］…6
サイ…簀…460
ザイ…才…〈教・常〉…［二］…∀…130, 206
ザイ…在…〈教・常〉…［五］…∀…130
ザイ…財…〈教・常〉…［五］…472
ザイ…剤…〈常〉…484
ザイ…罪…〈教・常〉…［五］…384
さいわい…幸…〈教・常〉…［三］…274
さいわい…祥…〈常・旧人〉…80
さいわい…倖…〈人〉…274
さいわい…福…〈教・常・旧人〉…［三］…410
さいわい…慶…〈常〉…80, 272
さえぎる…遮…〈常〉…328
さお…竿…〈人〉…536
さか…坂…〈教・常〉…［三］…256
さか…阪…〈教・常〉…［四］…256
さか…逆…〈教・常〉…［五］…366
さかい…界…〈教・常〉…［三］…280
さかい…堺…〈人〉…280
さかえる…栄…〈教・常・旧人〉…［四］…94,

こえる…越…〈常〉…132
こおり…郡…〈教・常〉…［四］…∀…498
こおる…凍…〈常〉…442
こがね…金…〈教・常〉…［一］…72, 292, 442, 514
コク…谷…〈教・常〉…［二］…568
コク…国…〈教・常〉…［二］…306
コク…或…〈人〉…306
コク…刻…〈教・常〉…［六］…512
コク…黒…〈教・常・旧人〉…［二］…220
コク…穀…〈教・常・旧人〉…［六］…508
こくもつ…穀…〈教・常・旧人〉…［六］…508
こくもつぐら…嗇…394
こごえる…凍…〈常〉…442
ここに…爰…496
ここのつ…九…〈教・常〉…［一］…146
こころ…心…〈教・常〉…［二］…66, 68, 176, 216, 222, 226, 564
こころ…肝…〈常〉…536
こころ…念…〈教・常〉…［四］…362
こころ…衷…〈常〉…290
こころ…腑…578
こころうごく…感…〈教・常〉…［三］…∀…226
こころざす…志…〈教・常〉…［五］…564
こころみる…試…〈教・常〉…［四］…∀…388
こころみる…課…〈教・常〉…［四］…∀…464
こころよい…快…〈教・常〉…［五］…232
こし…要…〈教・常〉…［四］…170
こし…腰…〈常〉…170
こしき…曽…〈常・旧人〉…160
こずえ…梢…〈人〉…294
こずえ…標…〈教・常〉…［四］…430
こする…擦…〈常〉…6
こたえる…対…〈教・常〉…［三］…390
こたえる…和…〈教・常〉…［三］…∀…356, 418
こたえる…諾…〈常〉…∀…198
コツ…乞…〈常〉…544
コツ…兀…604
コツ…骨…〈教・常〉…［六］…238
コツ…滑…〈常〉…238
ゴツ…兀…604
こと…言…〈教・常〉…［二］…∀…52, 140, 174
こと…事…〈教・常〉…［三］…∀…204
ことごとく…尽…〈常・旧人〉…332
ことごとく…咸…∀…226
ことごとく…悉…〈人〉…348
ことさら…故…〈教・常〉…［五］…∀…138
ごとし…如…〈常〉…∀…102
ことば…言…〈教・常〉…［二］…∀…52, 140, 174
ことば…辞…〈教・常〉…［四］…500
ことば…語…〈教・常〉…［二］…∀…140
ことわる…断…〈教・常〉…［五］…308
ことわる…辞…〈教・常〉…［四］…500
こな…粉…〈教・常〉…［五］…234
この…之（＝止）…〈人〉…126, 128, 434, 564
この…是…〈常〉…212
このみ…果…〈教・常〉…［四］…462, 464
このみ…菓…〈常〉…462
このみ…慾…∀…570
このむ…好…〈教・常〉…［四］…600
このむ…耆…556
このむ…嗜…556
こばむ…拒…〈常〉…554
こびと…矮…120
こびる…媚…70
こぶし…拳…〈常〉…346
こぶね…艇…〈常〉…582
こまかい…密…〈教・常〉…［六］…446
こまねく…拱…148
こまやか…濃…〈常〉…254
こみち…径…〈教・常〉…［四］…304
こむ…込…〈常〉…586
こめ…米…〈教・常〉…［二］…124, 544
こも…苫…566
こよみ…暦…〈常・旧人〉…∀…356
こらしめる…懲…〈常・旧人〉…606
こらす…懲…〈常・旧人〉…606
こりる…懲…〈常・旧人〉…606

コ…糊…〈人〉…574
こ…子…〈教・常〉…［一］…118, 264, 372, 380, 600
こ…小…〈教・常〉…［一］…292, 294, 296
こ…木…〈教・常〉…［一］…36, 50, 278, 320, 402, 462
こ…粉…〈教・常〉…［五］…234
ゴ…五…〈教・常〉…［一］…140
ゴ…午…〈教・常〉…［二］…594
ゴ…吾…〈人〉…∀…140
ゴ…呉…〈常〉…∀…200
ゴ…後…〈教・常〉…［二］…300
ゴ…胡…〈人〉…574
ゴ…悟…〈常〉…∀…140
ゴ…娯…〈常〉…∀…200
ゴ…期…〈教・常〉…［三］…78
ゴ…御…〈常〉…594
ゴ…碁…〈常〉…76
ゴ…瑚…〈人〉…574
ゴ…語…〈教・常〉…［二］…∀…140
ゴ…誤…〈教・常〉…［六］…∀…200
こい…恋…〈常〉…∀…548
こい…濃…〈常〉…254
コウ…工…〈教・常〉…［二］…388, 398, 500
コウ…爻…372, 374
コウ…公…〈教・常〉…［二］…422, 426
コウ…亢…534
コウ…孔…〈常〉…600
コウ…弘…〈人〉…318
コウ…光…〈教・常〉…［二］…20
コウ…行…〈教・常〉…［二］…28, 30, 502, 558, 592, 594
コウ…向…〈教・常〉…［三］…∀…218
コウ…考…〈教・常〉…［二］…264
コウ…交…〈教・常〉…［二］…374
コウ…㠩…376
コウ…好…〈教・常〉…［四］…600
コウ…孝…〈教・常〉…［六］…264
コウ…肓…378
コウ…坑…〈常〉…534
コウ…抗…〈常〉…534
コウ…幸…〈教・常〉…［三］…274
コウ…佼…374
コウ…岡…〈教・常〉…［四］…528
コウ…杭…〈人〉…534
コウ…皇…〈教・常〉…［六］…128
コウ…後…〈教・常〉…［二］…300
コウ…郊…〈常〉…374
コウ…荒…〈常〉…376, 380
コウ…降…〈教・常〉…［六］…26
コウ…倖…〈人〉…274
コウ…校…〈教・常〉…［一］…374
コウ…格…〈教・常〉…［五］…∀…404
コウ…高…〈教・常〉…［二］…∀…524
コウ…冓…532
コウ…航…〈教・常〉…［五］…534
コウ…覚…〈教・常〉…［四］…372
コウ…絞…〈常〉…374
コウ…慌…〈常〉…376
コウ…較…〈常〉…374
コウ…溝…〈常〉…532
コウ…媾…532
コウ…綱…〈常〉…342, 528
コウ…構…〈教・常〉…［五］…532
コウ…興…〈教・常〉…［五］…∀…168
コウ…鋼…〈教・常〉…［六］…528
コウ…篝…532
コウ…薨…70
コウ…講…〈教・常〉…［五］…∀…532
コウ…購…〈常〉…532
こう…乞…〈常〉…544
こう…神…〈教・常・旧人〉…［三］…8
ゴウ…号…〈教・常〉…［三］…∀…86
ゴウ…剛…〈常〉…528
ゴウ…郷…〈教・常〉…［六］…164
ゴウ…強…〈教・常〉…［二］…318
ゴウ…楽…〈教・常・旧人〉…［二］…172
ゴウ…業…〈教・常〉…［三］…390
こうむる…被…〈常〉…488
こうもり…蝠…410
こえる…充…〈常〉…514
こえる…度…〈教・常〉…［三］…432

けずる…氏…554
けずる…削…〈常〉…294
ケツ…欠…〈教・常〉…［四］…400, 570
ケツ…決…〈教・常〉…［三］…232
ケツ…抉…232
ケツ…玦…232
ケツ…頁…〈人〉…134, 370, 448, 490, 520
ケツ…桀…364
ケツ…訣…〈人〉…∀…232
ケツ…結…〈教・常〉…［四］…∀…134
ケツ…傑…〈常〉…364
ケツ…頡…∀…134
ゲツ…月…〈教・常〉…［一］…6, 78, 218, 294, 310
けもの…獣…〈常・旧人〉…∀…338
けわしい…峻…〈人〉…424
けわしい…険…〈教・常・旧人〉…［五］…∀…562
ケン…犬…〈教・常〉…［一］…10, 12, 384, 396
ケン…欠…〈教・常〉…［四］…400, 570
ケン…見…〈教・常〉…［一］…20
ケン…県…〈教・常・旧人〉…［三］…244
ケン…建…〈教・常〉…［四］…330, 332
ケン…巻…〈教・常・旧人〉…［六］…346, 348
ケン…拳…〈常〉…346
ケン…倦…〈人〉…346
ケン…兼…〈常〉…418
ケン…倹…〈常・旧人〉…∀…562
ケン…剣…〈常・旧人〉…∀…562
ケン…健…〈教・常〉…［四］…330
ケン…捲…〈人〉…346
ケン…眷…346
ケン…現…〈教・常〉…［五］…448
ケン…険…〈教・常・旧人〉…［五］…∀…562
ケン…堅…〈常〉…72
ケン…圏…〈常・旧人〉…346
ケン…検…〈教・常・旧人〉…［五］…∀…562
ケン…遣…〈常〉…116
ケン…献…〈常〉…396
ケン…嫌…〈常〉…418
ケン…権…〈教・常〉…［六］…34
ケン…賢…〈常〉…72
ケン…謙…〈常〉…∀…418
ケン…顕…〈常・旧人〉…448
ケン…験…〈教・常・旧人〉…［四］…∀…562
ケン…瞼…∀…562
ケン…懸…〈常〉…244
ゲン…厂…166, 256, 258, 260, 356
ゲン…元…〈教・常〉…［二］…386
ゲン…玄…〈常〉…302
ゲン…見…〈教・常〉…［一］…20
ゲン…言…〈教・常〉…［二］…∀…52, 140, 174
ゲン…彦…〈人〉…54, 258
ゲン…限…〈教・常〉…［五］…282
ゲン…原…〈教・常〉…［二］…258
ゲン…眼…〈教・常〉…［五］…282
ゲン…現…〈教・常〉…［五］…448
ゲン…減…〈教・常〉…［五］…∀…228
ゲン…源…〈教・常〉…［六］…258
ゲン…嫌…〈常〉…418
ゲン…還…〈常〉…44, 66
ゲン…厳…〈教・常・旧人〉…［六］…∀…166
ゲン…験…〈教・常・旧人〉…［四］…∀…562
ゲン…巖…〈人・旧人〉…∀…166
げんぷく…冠…〈常〉…386

コ・こ

コ…己…〈教・常〉…［六］…342, 344, 346
コ…古…〈教・常〉…［二］…∀…136, 138, 140
コ…去…〈教・常〉…［三］…∀…272
コ…虎…〈常〉…86
コ…固…〈教・常〉…［四］…∀…136, 138
コ…枯…〈常〉…∀…136, 138
コ…故…〈教・常〉…［五］…∀…138
コ…胡…〈人〉…574
コ…個…〈教・常〉…［五］…∀…138
コ…涸…∀…138
コ…湖…〈教・常〉…［三］…574
コ…鼓…〈常〉…382
コ…瑚…〈人〉…574

くらい…虁…222
くらす…暮…〈教・常〉…［六］…312
くらべる…比…〈教・常〉…［五］…14
くらべる…較…〈常〉…374
くる…来…〈教・常・旧人〉…［二］…414
くる…繰…〈常〉…ᗜ…402
くるう…狂…〈常〉…126
くるしむ…頓…〈常〉…516
くるしむ…憹…590
くるぶし…踝…464
くるま…車…〈教・常〉…［一］…406
くるま…輪…〈教・常〉…［四］…408
くるま…轞…550
くるまや…輻…406
くれ…昏…〈人〉…552
くれる…暮…〈教・常〉…［六］…312
くろ…玄…〈常〉…302
くろい…黒…〈教・常・旧人〉…［二］…220
くろい…墨…〈常・旧人〉…220
くろい…黎…〈人〉…420
くろぼし…点…〈教・常〉…［二］…ᗜ…566
くわえる…加…〈教・常〉…［四］…ᗜ…92, 382
くわしい…詳…〈常〉…ᗜ…80
くわだてる…企…〈常〉…368
クン…君…〈教・常〉…［三］…ᗜ…498
グン…軍…〈教・常〉…［四］…340
グン…郡…〈教・常〉…［四］…ᗜ…498
グン…群…〈教・常〉…［四］…84
ぐんもん…秫…356

ケ・け

ケ…化…〈教・常〉…［三］…244, 472
ケ…仮…〈教・常〉…［五］…450
ケ…気…〈教・常・旧人〉…［一］…544
ケ…卦…558
ケ…家…〈教・常〉…［二］…102
ケ…罫…558
ケ…懸…〈常〉…244
ゲ…下…〈教・常〉…［一］…320
ゲ…化…〈教・常〉…［三］…244, 472
ゲ…夏…〈教・常〉…［二］…518
ゲ…解…〈教・常〉…［五］…350
ケイ…井…〈教・常〉…［四］…276
ケイ…兄…〈教・常〉…［二］…ᗜ…20, 354, 562
ケイ…丼…〈常〉…276
ケイ…刑…〈常〉…276
ケイ…圭…〈人〉…558
ケイ…形…〈教・常〉…［二］…276
ケイ…巠…304
ケイ…京…〈教・常〉…［二］…230, 396, 524
ケイ…径…〈教・常〉…［四］…304
ケイ…茎…〈常〉…304
ケイ…型…〈教・常〉…［五］…276
ケイ…経…〈教・常〉…［五］…304
ケイ…脛…304
ケイ…掛…〈常〉…558
ケイ…畦…558
ケイ…蛍…〈常〉…588
ケイ…卿…〈人〉…164
ケイ…軽…〈教・常〉…［三］…304
ケイ…痙…304
ケイ…敬…〈教・常〉…［六］…ᗜ…540
ケイ…継…〈常〉…308
ケイ…罫…558
ケイ…慶…〈常〉…80, 272
ケイ…儆…ᗜ…540
ケイ…頸…304
ケイ…繫…〈人〉…508
ケイ…警…〈教・常〉…［六］…ᗜ…540
ゲイ…芸…〈教・常〉…［四］…456
ゲイ…埶…456
けがす…沓…〈人〉…ᗜ…228
ケキ…丮…398, 456
ゲキ…逆…〈教・常〉…［五］…366
ゲキ…劇…〈教・常〉…［六］…88
ゲキ…撃…〈常・旧人〉…508
ゲキ…激…〈教・常〉…［六］…190
ゲキ…檄…190
けす…消…〈教・常〉…［三］…294
けずる…刊…〈教・常〉…［五］…536

キン…今…〈教・常〉…［二］…194, 362
キン…金…〈教・常〉…［一］…72, 292, 442, 514
キン…衿…〈人〉…362
キン…衾…362
キン…堇…ᗜ…608
キン…勤…〈教・常・旧人〉…［六］…ᗜ…98, 608
キン…禁…〈教・常〉…［五］…362
キン…僅…〈常〉…ᗜ…608
キン…緊…〈常〉…72
キン…謹…〈常・旧人〉…ᗜ…608
キン…襟…〈常〉…362
キン…饉…ᗜ…608

ク・く

ク…九…〈教・常〉…［一］…146
ク…久…〈教・常〉…［五］…16
ク…工…〈教・常〉…［二］…388, 398, 500
ク…区…〈教・常〉…［三］…ᗜ…400, 504
ク…弘…〈人〉…318
ク…供…〈教・常〉…［六］…148
ク…救…〈教・常〉…［五］…214
グ…求…〈教・常〉…［四］…214
グ…具…〈教・常〉…［三］…486
グ…虞…〈常〉…ᗜ…88, 200
くい…弋…388
くい…杭…〈人〉…534
くいき…域…〈教・常〉…［六］…306
くう…食…〈教・常〉…［二］…162
くうき…気…〈教・常・旧人〉…［一］…544
くが…陸…〈教・常〉…［四］…142
くき…茎…〈常〉…304
くぎ…丁…〈教・常〉…［三］…520
くぎ…釘…〈人〉…520
くぎる…区…〈教・常〉…［三］…ᗜ…400, 504
くぎる…域…〈教・常〉…［六］…306
くさ…艸…310
くさい…臭…〈常・旧人〉…12, 384
くさり…鎖…〈常〉…292
くさる…腐…〈常〉…578
くし…非…〈教・常〉…［五］…208, 210
くず…屑…〈人〉…294
くすり…剤…〈常〉…484
くすり…薬…〈教・常〉…［三］…172
くだりばら…痢…〈常〉…420
くだる…夂…26, 404, 526
くだる…下…〈教・常〉…［一］…320
くだる…降…〈教・常〉…［六］…26
くに…国…〈教・常〉…［二］…306
くに…或…〈人〉…306
くに…県…〈教・常・旧人〉…［三］…244
くにざかい…辺…〈教・常〉…［四］…184
くにつかみ…祇…〈人〉…552
くねらす…夭…196, 524
くばる…配…〈教・常〉…［三］…162
くび…亢…534
くび…領…〈教・常〉…［五］…170
くび…頸…304
くびる…絞…〈常〉…374
くま…暈…340
くみ…隊…〈教・常〉…［四］…284
くみあわす…冓…532
くみひも…綸…〈人〉…408
くみひも…綬…494
くみひも…纂…〈人〉…486
くむ…冓…532
くむ…斜…〈常〉…438
くも…云…〈人〉…192, 194
くも…雲…〈教・常〉…［二］…192
くもる…陰…〈常〉…194
くもる…曇…222
くら…府…〈教・常〉…［四］…578
くらい…幺…300, 302, 308
くらい…位…〈教・常〉…［四］…288
くらい…昏…〈人〉…552
くらい…昧…〈常〉…222, 310
くらい…幽…〈常〉…302
くらい…莫…〈人〉…312
くらい…暗…〈教・常〉…［三］…ᗜ…174
くらい…闇…〈常〉…ᗜ…174
くらい…曖…〈常〉…222

キュウ…球…〈教・常〉…［三］…214
キュウ…救…〈教・常〉…［五］…214
キュウ…毬…〈人〉…214
キュウ…嗅…〈常〉…12, 384
キュウ…裘…214, 448
キュウ…窮…〈常〉…316
キョ…許…〈教・常〉…［五］…∀…594
ギョ…吾…〈人〉…∀…140
ギョ…圄…274
ギョ…御…〈常〉…594
ギョ…禦…594
きよい…浄…〈常・旧人〉…496
キョウ…廾…158, 346, 486
キョウ…凶…〈常〉…56
キョウ…兄…〈教・常〉…［二］…∀…20, 354, 562
キョウ…去…〈教・常〉…［三］…∀…272
キョウ…兇…56
キョウ…匈…56
キョウ…匡…〈人〉…128
キョウ…共…〈教・常〉…［四］…148
キョウ…向…〈教・常〉…［三］…∀…218
キョウ…劦…314
キョウ…狂…〈常〉…126
キョウ…巩…398
キョウ…供…〈教・常〉…［六］…148
キョウ…京…〈教・常〉…［二］…230, 396, 524
キョウ…協…〈教・常〉…［四］…314
キョウ…恟…56
キョウ…拱…148
キョウ…胸…〈教・常〉…［六］…56
キョウ…恭…〈常〉…148
キョウ…脇…〈常〉…314
キョウ…恐…〈常〉…398
キョウ…郷…〈教・常〉…［六］…164
キョウ…経…〈教・常〉…［五］…304
キョウ…強…〈教・常〉…［二］…318
キョウ…教…〈教・常〉…［二］…372
キョウ…卿…〈人〉…164
キョウ…軽…〈教・常〉…［三］…304
キョウ…喬…〈人〉…∀…524
キョウ…敬…〈教・常〉…［六］…∀…540
キョウ…嬌…∀…524
キョウ…興…〈教・常〉…［五］…∀…168
キョウ…橋…〈教・常〉…［三］…∀…524
キョウ…謙…〈常〉…∀…418
キョウ…矯…〈常〉…∀…524
キョウ…嚮…∀…218
キョウ…警…〈教・常〉…［六］…∀…540
キョウ…響…〈常・旧人〉…∀…164
キョウ…饗…〈人〉…164
キョウ…驕…∀…524
キョウ…驚…〈常〉…∀…540
ギョウ…行…〈教・常〉…［二］…28, 30, 502, 558, 592, 594
ギョウ…形…〈教・常〉…［二］…276
ギョウ…業…〈教・常〉…［三］…390
ギョウ…凝…〈常〉…224
きょうかたびら…衾…362
キョク…臼…372, 472
キョク…棘…458
ギョク…嶷…224
きよめる…祓…396
きよめる…修…〈教・常〉…［五］…530
きらう…嫌…〈常〉…418
きり…雰…〈常〉…234
きる…切…〈教・常〉…［二］…144
きる…伐…〈常〉…70
きる…決…〈教・常〉…［三］…232
きる…制…〈教・常〉…［五］…322
きる…剪…298
きる…断…〈教・常〉…［五］…308
きる…揃…〈人〉…298
きる…鬋…298
きれ…巾…〈常〉…472, 552
きれ…片…〈教・常〉…［六］…392, 394
きわ…際…〈教・常〉…［五］…6
きわまる…窮…〈常〉…316
きわめる…究…〈教・常〉…［三］…146
きわめる…穹…〈人〉…316
キン…巾…〈常〉…472, 552

ギ…毅…〈人〉…504
ギ…犠…〈常〉…82
ギ…擬…〈常〉…224
ギ…嶷…224
ギ…議…〈教・常〉…［四］…∀…82
きいと…糸…〈教・常〉…［一］…300, 302, 308
きえる…消…〈教・常〉…［三］…294
ききん…饉…∀…608
きく…利…〈教・常〉…［四］…420, 422
きく…聞…〈教・常〉…［二］…452
きく…聴…〈常・旧人〉…452
きこえる…聞…〈教・常〉…［二］…452
きさき…妃…〈常〉…344
きざし…兆…〈教・常〉…［四］…178
きざし…幾…〈常〉…300, 308
きざはし…級…〈教・常〉…［三］…216
きざはし…梯…〈人〉…428
きざむ…刻…〈教・常〉…［六］…512
きし…厂…166, 256, 258, 260, 356
きし…岸…〈教・常〉…［三］…258
きし…畔…〈常〉…236
きず…瑕…450
きずあと…瘢…506
きずく…城…〈教・常〉…［四］…230
きずく…筑…〈人〉…398
きずく…築…〈教・常〉…［五］…398
きた…北…〈教・常〉…［二］…14
きた…朔…〈人〉…366
きたえる…鍛…〈常〉…506
きたる…来…〈教・常・旧人〉…［二］…414
きたる…徠…〈人〉…414
キチ…吉…〈常〉…∀…134, 140
キツ…乞…〈常〉…544
キツ…気…544
キツ…吉…〈常〉…∀…134, 140
キツ…迄…〈人〉…544
キツ…詰…〈常〉…∀…134
キツ…頡…∀…134
きっさき…鋒…〈人〉…526
きぬた…杵…〈人〉…594
きね…杵…〈人〉…594
きのう…昔…〈教・常〉…［三］…358, 360
きのう…昨…〈教・常〉…［四］…358
きのと…乙…〈常〉…500
きび…黍…420
きびしい…苛…〈常〉…∀…202
きびしい…刻…〈教・常〉…［六］…512
きびしい…峻…〈人〉…424
きびしい…厳…〈教・常・旧人〉…［六］…∀…166
きみ…子…〈教・常〉…［一］…118, 264, 372, 380, 600
きみ…王…〈教・常〉…［一］…126, 128, 130
きみ…公…〈教・常〉…［二］…422, 426
きみ…君…〈教・常〉…［三］…∀…498
きみ…皇…〈教・常〉…［六］…128
きみ…郎…〈常・旧人〉…416
きめ…理…〈教・常〉…［二］…436
きめる…決…〈教・常〉…［三］…232
きめん…倛…78
きも…肝…〈常〉…536
キャ…脚…〈常〉…∀…272
キャク…却…〈常〉…∀…272
キャク…客…〈教・常〉…［三］…∀…26
キャク…脚…〈常〉…∀…272
ギャク…屰…366
ギャク…虐…〈常〉…86
ギャク…逆…〈教・常〉…［五］…366
キュウ…九…〈教・常〉…［一］…146
キュウ…久…〈教・常〉…［五］…16
キュウ…及…〈常〉…216
キュウ…弓…〈教・常〉…［二］…316, 318
キュウ…旧…〈教・常〉…［五］…32
キュウ…扱…〈常〉…216
キュウ…究…〈教・常〉…［三］…146
キュウ…求…〈教・常〉…［四］…214
キュウ…穹…〈人〉…316
キュウ…柩…16
キュウ…級…〈教・常〉…［三］…216
キュウ…急…〈教・常〉…［三］…216
キュウ…躬…316

カン…綸…〈人〉…408
カン…斡…〈人〉…438
カン…慣…〈教・常〉…［五］…470
カン…歓…〈常〉…34
カン…監…〈常〉…72
カン…緘…𠙵…226
カン…緩…〈常〉…496
カン…還…〈常〉…44, 66
カン…館…〈教・常〉…［三］…116
カン…憾…〈常〉…𠙵…226
カン…撼…𠙵…226
カン…環…〈常〉…44, 66, 454
カン…観…〈教・常〉…［四］…34
カン…鑑…〈常〉…72
かん…神…〈教・常・旧人〉…［三］…8
ガン…元…〈教・常〉…［二］…386
ガン…含…〈常〉…362
ガン…岸…〈教・常〉…［三］…258
ガン…眼…〈教・常〉…［五］…282
ガン…頑…〈常〉…386
ガン…顔…〈教・常〉…［二］…54, 258
ガン…巌…〈人・旧人〉…𠙵…166
かんがえる…考…〈教・常〉…［二］…264
かんがみる…鑑…〈常〉…72
かんむり…冠…〈常〉…386

キ・き

キ…己…〈教・常〉…［六］…342, 344, 346
キ…气…544
キ…虫…〈教・常〉…［一］…146, 542
キ…危…〈教・常〉…［六］…260
キ…企…〈常〉…368
キ…伎…〈常〉…538
キ…気…〈教・常・旧人〉…［一］…544
キ…忌…〈常〉…342
キ…岐…〈教・常〉…［四］…538
キ…妓…538
キ…汽…〈教・常〉…［二］…544
キ…其…〈人〉…76, 78
キ…季…〈教・常〉…［四］…118
キ…紀…〈教・常〉…［五］…342
キ…祇…〈人〉…552
キ…倛…78
キ…帰…〈教・常〉…［二］…110, 114
キ…鬼…〈常〉…192
キ…既…〈常〉…222
キ…記…〈教・常〉…［二］…𠙵…342
キ…起…〈教・常〉…［三］…344
キ…耆…556
キ…基…〈教・常〉…［五］…78
キ…㲹…162
キ…棋…〈常〉…76
キ…期…〈教・常〉…［三］…78
キ…幾…〈常〉…300, 308
キ…揮…〈教・常〉…［六］…340
キ…喜…〈教・常〉…［五］…𠙵…382
キ…貴…〈教・常〉…［六］…472
キ…碁…〈常〉…76
キ…跪…260
キ…詭…𠙵…260
キ…旗…〈教・常〉…［四］…76, 412
キ…箕…〈人〉…76
キ…器…〈教・常・旧人〉…［四］…𠙵…12
キ…畿…〈常〉…300
キ…嬉…〈人〉…𠙵…382
キ…毅…〈人〉…504
キ…機…〈教・常〉…［四］…300, 308
キ…徽…〈人〉…606
き…木…〈教・常〉…［一］…36, 50, 278, 320, 402, 462
き…生…〈教・常〉…［一］…278
き…樹…〈教・常〉…［六］…382
ギ…伎…〈常〉…538
ギ…技…〈教・常〉…［五］…538
ギ…妓…538
ギ…宜…〈常〉…286
ギ…祇…〈人〉…552
ギ…欺…〈常〉…78
ギ…義…〈教・常〉…［五］…82
ギ…疑…〈教・常〉…［六］…224
ギ…儀…〈常〉…82
ギ…戯…〈常・旧人〉…88

かね…幣…〈常〉…472
かねる…兼…〈常〉…418
かのと…辛…〈常〉…50, 52, 384, 500
かばん…鞄…〈人〉…252
かぶら…蕪…〈人〉…364
かぶる…被…〈常〉…488
かま…鎌…〈常〉…418
がま…蝦…〈人〉…450
かまう…構…〈教・常〉…［五］…532
かまえる…構…〈教・常〉…［五］…532
かみ…上…〈教・常〉…［一］…320
かみ…示…〈教・常〉…［五］…6, 240, 396, 446
かみ…申…〈教・常〉…［三］…8
かみ…神…〈教・常・旧人〉…［三］…8
かみ…紙…〈教・常〉…［二］…552
かみ…髜…298
かみなり…震…〈常〉…250
かもす…醸…510
かゆ…糊…〈人〉…574
かよう…通…〈教・常〉…［二］…150, 152
から…殻…〈常〉…508
からい…辛…〈常〉…50, 52, 384, 500
からい…苛…〈常〉…∀…202
からしな…芥…〈人〉…280
からすき…犂…420
からだ…身…〈教・常〉…［三］…250
からだ…䰟…192
からむ…格…〈教・常〉…［五］…∀…404
からむ…絡…〈常〉…∀…404
かり…田…〈教・常〉…［一］…436
かり…仮…〈教・常〉…［五］…450
かり…狩…〈常〉…338
かり…叚…450
かり…債…〈常〉…460
かり…獣…〈常・旧人〉…∀…338
かりいれ…穫…〈常〉…36
かりとる…穫…〈常〉…36
かりる…賃…〈教・常〉…［六］…248
かりる…籍…〈常〉…360
かる…狩…〈常〉…338
かる…髡…604
かるい…軽…〈教・常〉…［三］…304
かれる…枯…〈常〉…∀…136, 138
かれる…萎…〈常〉…120
かれる…涸…∀…138
かわ…川…〈教・常〉…［一］…180
かわ…皮…〈教・常〉…［三］…488, 490
かわ…革…〈教・常〉…［六］…488
かわ…側…〈教・常〉…［四］…482
がわ…側…〈教・常〉…［四］…482
かわかす…曝…〈人〉…352
かわく…燥…〈常〉…∀…402
かわごろも…求…〈教・常〉…［四］…214
かわごろも…裘…214, 448
かわす…交…〈教・常〉…［二］…374
かわや…廁…482
かわる…匕…244, 264
かわる…化…〈教・常〉…［三］…244, 472
かわる…変…〈教・常〉…［四］…∀…548
かわる…番…〈教・常〉…［二］…348
カン…厂…166, 256, 258, 260, 356
カン…干…〈教・常〉…［六］…136, 484, 536
カン…刊…〈教・常〉…［五］…536
カン…缶…〈常〉…474, 612
カン…汗…〈常〉…536
カン…完…〈教・常〉…［四］…386
カン…肝…〈常〉…536
カン…官…〈教・常〉…［四］…116
カン…果…〈教・常〉…［四］…462, 464
カン…看…〈教・常〉…［六］…66
カン…咸…∀…226
カン…巻…〈教・常・旧人〉…［六］…346, 348
カン…冠…〈常〉…386
カン…竿…〈人〉…536
カン…拳…〈常〉…346
カン…貫…〈常〉…470
カン…敢…〈常〉…166
カン…勧…〈常〉…34, 100
カン…感…〈教・常〉…［三］…∀…226
カン…幹…〈教・常〉…［五］…536
カン…漢…〈教・常・旧人〉…［三］…608

かざる…彫…〈常〉…∀…334
かし…菓…〈常〉…462
かしこい…賢…〈常〉…72
かしこまる…恐…〈常〉…398
かしましい…喿…∀…402
かしら…元…〈教・常〉…［二］…386
かしら…伯…〈常〉…190
かしら…長…〈教・常〉…［二］…262, 264
かしら…酋…156
かしら…頭…〈教・常〉…［二］…370
かす…仮…〈教・常〉…［五］…450
かず…員…〈教・常〉…［三］…480
かず…億…〈教・常〉…［四］…∀…176
かすか…幺…300, 302, 308
かすか…幽…〈常〉…302
かすか…幾…〈常〉…300, 308
かすか…微…〈常〉…606
かすみ…霞…〈人〉…450
かすめる…抄…〈常〉…296
かぜ…風…〈教・常〉…［二］…542
かぞえる…歴…〈教・常・旧人〉…［五］…356
かぞえる…算…〈教・常〉…［二］…486
かた…方…〈教・常〉…［二］…184, 186, 188
かた…片…〈教・常〉…［六］…392, 394
かた…形…〈教・常〉…［二］…276
かた…型…〈教・常〉…［五］…276
かたい…巩…398
かたい…固…〈教・常〉…［四］…∀…136, 138
かたい…隺…38
かたい…核…〈常〉…512
かたい…剛…〈常〉…528
かたい…堅…〈常〉…72
かたい…確…〈教・常〉…［五］…38
かたい…緊…〈常〉…72
かたくな…頑…〈常〉…386
かたし…毅…〈人〉…504
かたしろ…尸…16
かたち…形…〈教・常〉…［二］…276
かたち…容…〈教・常〉…［五］…∀…568, 570
かたち…象…〈教・常〉…［五］…90
かたち…像…〈教・常〉…［五］…90
かたつむり…蝸…∀…240
かたぬぐ…倮…464
かたぬぐ…裸…〈常〉…464
かたぬぐ…羸…464
かたはし…爿…394, 396
かたまり…団…〈教・常・旧人〉…［五］…266
かためる…固…〈教・常〉…［四］…∀…136, 138
かたよる…跛…490
かたよる…頗…〈人〉…490
かたらう…語…〈教・常〉…［二］…∀…140
かたる…語…〈教・常〉…［二］…∀…140
かたわら…旁…188
かたわら…側…〈教・常〉…［四］…482
かたわら…傍…〈常〉…188
カツ…滑…〈常〉…238
カツ…猾…238
かつ…捷…〈人〉…106
かつ…勝…〈教・常〉…［三］…100
ガツ…月…〈教・常〉…［一］…6, 78, 218, 294, 310
ガツ…歹…454, 572
かつて…曽…〈常・旧人〉…160
かて…料…〈教・常〉…［四］…438, 440
かて…糧…〈常〉…440
かど…門…〈教・常〉…［二］…174
かな…金…〈教・常〉…［一］…72, 292, 442, 514
かな…哉…〈人〉…∀…206
かなう…当…〈教・常〉…［二］…∀…218
かなう…劦…314
かなう…協…〈教・常〉…［四］…314
かなえ…鼎…〈人〉…480, 482, 484, 486
かなしい…哀…〈常〉…∀…42
かなしむ…悲…〈教・常〉…［三］…210
かなしむ…惻…482
かなめ…要…〈教・常〉…［四］…170
かならず…必…〈教・常〉…［四］…446
かね…呂…〈常〉…588
かね…金…〈教・常〉…［一］…72, 292, 442, 514

かえす…返…〈教・常〉…［三］…256
かえりみる…省…〈教・常〉…［四］…68, 454
かえりみる…眷…346
かえる…反…〈教・常〉…［三］…256, 392
かえる…返…〈教・常〉…［三］…256
かえる…兌…∪…354
かえる…孚…380
かえる…帰…〈教・常〉…［二］…110, 114
かえる…貿…〈教・常〉…［五］…472
かえる…孵…380
かえる…還…〈常〉…44, 66
かお…頁…〈人〉…134, 370, 448, 490, 520
かお…顔…〈教・常〉…［二］…54, 258
かかえる…抱…〈常〉…252
かかえる…拱…148
かがみ…監…〈常〉…72
かがみ…鑑…〈常〉…72
かがむ…俛…98
かがむ…攣…∪…548
かがやく…皇…〈教・常〉…［六］…128
かがり…篝…532
かき…堵…〈人〉…∪…324
かき…牆…394
かぎ…匙…212
かきつけ…籍…〈常〉…360
かきもの…冊…〈教・常〉…［六］…408
かきもの…記…〈教・常〉…［二］…∪…342
かきもの…牒…〈人〉…278, 392
かぎる…画…〈教・常〉…［二］…334, 338
かぎる…限…〈教・常〉…［五］…282
カク…各…〈教・常〉…［四］…∪…26, 404
カク…画…〈教・常〉…［二］…334, 338
カク…客…〈教・常〉…［三］…∪…26
カク…革…〈教・常〉…［六］…488
カク…隺…38
カク…格…〈教・常〉…［五］…∪…404
カク…核…〈常〉…512
カク…涸…∪…138
カク…殻…〈常〉…508
カク…覚…〈教・常〉…［四］…372
カク…較…〈常〉…374
カク…赫…546
カク…確…〈教・常〉…［五］…38
カク…獲…〈常〉…36
カク…嚇…〈常〉…546
カク…穫…〈常〉…36
かく…書…〈教・常〉…［二］…∪…330, 334
かく…筆…〈教・常〉…［三］…330
かく…掻…212
かぐ…嗅…〈常〉…12, 384
ガク…学…〈教・常〉…［一］…372
ガク…楽…〈教・常・旧人〉…［二］…172
がくじん…伶…〈人〉…172
かくす…者…〈教・常・旧人〉…［三］…∪…
324, 326, 330, 334, 336
かくす…秘…〈教・常・旧人〉…［六］…446
かくれる…匿…〈常〉…∪…198
かくれる…隠…〈常〉…500
かげ…陰…〈常〉…194
かげ…蔭…〈人〉…194
がけ…厂…166, 256, 258, 260, 356
がけ…崖…〈常〉…256, 258
かけがね…鎖…〈常〉…292
かけはし…桟…〈常〉…572
かける…欠…〈教・常〉…［四］…400, 570
かける…県…〈教・常・旧人〉…［三］…244
かける…掛…〈常〉…558
かける…繋…〈人〉…508
かける…懸…〈常〉…244
かける…攣…∪…548
かご…篝…532
かこい…圏…〈常・旧人〉…346
かこむ…囲…〈教・常〉…［五］…306
かさ…暈…340
かざ…風…〈教・常〉…［二］…542
かさなる…沓…〈人〉…∪…228
かさなる…層…〈教・常・旧人〉…［六］…160
かさねる…重…〈教・常〉…［三］…440
かさねる…曽…〈常・旧人〉…160
かさねる…習…〈教・常〉…［三］…∪…228
かさねる…積…〈教・常〉…［四］…460
かさねる…襲…〈常〉…40

カ…化…〈教・常〉…［三］…244, 472
カ…加…〈教・常〉…［四］…∀…92, 382
カ…禾…〈人〉…118, 122, 124, 356, 418, 420, 422, 460, 500, 508, 518, 580, 596
カ…可…〈教・常〉…［五］…∀…202
カ…仮…〈教・常〉…［五］…450
カ…苛…〈常〉…∀…202
カ…呵…∀…202
カ…和…〈教・常〉…［三］…∀…356, 418
カ…果…〈教・常〉…［四］…462, 464
カ…佳…〈常〉…558
カ…卦…558
カ…科…〈教・常〉…［二］…438
カ…叚…450
カ…家…〈教・常〉…［二］…102
カ…個…〈教・常〉…［五］…∀…138
カ…哥…∀…202
カ…倮…464
カ…夏…〈教・常〉…［二］…518
カ…菓…〈常〉…462
カ…貨…〈教・常〉…［四］…472
カ…掛…〈常〉…558
カ…訶…∀…202
カ…過…〈教・常〉…［五］…∀…240
カ…渦…〈常〉…∀…240
カ…嫁…〈常〉…102
カ…禍…〈常・旧人〉…∀…240
カ…暇…〈常〉…450
カ…瑕…450
カ…窠…464
カ…厦…518
カ…嘉…〈人〉…∀…94, 382
カ…歌…〈教・常〉…［二］…∀…202
カ…夥…462
カ…蝸…∀…240
カ…蝦…〈人〉…450
カ…課…〈教・常〉…［四］…∀…464
カ…踝…464
カ…鍋…〈常〉…∀…240
カ…霞…〈人〉…450
カ…顆…462
カ…嚇…〈常〉…546
か…日…〈教・常〉…［一］…78, 128, 218, 222, 310, 312, 328, 352
ガ…我…〈教・常〉…［六］…82
ガ…画…〈教・常〉…［二］…334, 338
ガ…賀…〈教・常〉…［四］…∀…92
カイ…介…〈常〉…280
カイ…气…544
カイ…亥…〈人〉…512
カイ…快…〈教・常〉…［五］…232
カイ…芥…〈人〉…280
カイ…改…〈教・常〉…［四］…344
カイ…劾…〈常〉…512
カイ…佳…〈常〉…558
カイ…卦…558
カイ…界…〈教・常〉…［三］…280
カイ…疥…280
カイ…堺…〈人〉…280
カイ…街…〈教・常〉…［四］…558
カイ…解…〈教・常〉…［五］…350
カイ…愾…544
カイ…罫…558
カイ…魁…〈人〉…438
カイ…懐…〈常・旧人〉…44, 66
かい…辰…〈人〉…250, 254
かい…貝…〈教・常〉…［一］…460, 470, 472, 474, 476, 478, 482
かい…蜃…250, 254
ガイ…亥…〈人〉…512
ガイ…劾…〈常〉…512
ガイ…崖…〈常〉…256, 258
ガイ…涯…〈常〉…258
ガイ…街…〈教・常〉…［四］…558
ガイ…慨…〈常〉…222
ガイ…愾…544
ガイ…骸…〈常〉…512
かいたい…膺…272
かう…市…〈教・常〉…［二］…458
かう…交…〈教・常〉…［二］…374
かう…買…〈教・常〉…［二］…478
かう…購…〈常〉…532

おとずれる…訪…〈教・常〉…［六］…∀…186
おとる…劣…〈常〉…100
おとる…弱…〈教・常〉…［二］…318
おとる…短…〈教・常〉…［三］…120, 370
おどる…跳…〈常〉…178
おどる…踊…〈常〉…154
おどる…舞…〈常〉…364
おとろえる…衰…〈常〉…42
おどろかす…驚…〈常〉…∀…540
おどろく…咄…586
おどろく…震…〈常〉…250
おどろく…驚…〈常〉…∀…540
おなじ…同…〈教・常〉…［二］…∀…168
おに…鬼…〈常〉…192
おにび…粦…610
おにび…燐…610
おの…斧…〈人〉…132
おのおの…各…〈教・常〉…［四］…∀…26, 404
おののく…戦…〈教・常・旧人〉…［四］…338
おのれ…己…〈教・常〉…［六］…342, 344, 346
おびただしい…夥…462
おぼえる…覚…〈教・常〉…［四］…372
おぼれる…溺…〈常〉…318
おみ…臣…〈教・常〉…［四］…72, 74
おもい…重…〈教・常〉…［三］…440
おもう…念…〈教・常〉…［四］…362
おもう…眷…346
おもう…想…〈教・常〉…［三］…66
おもう…意…〈教・常〉…［三］…∀…176
おもう…感…〈教・常〉…［三］…∀…226
おもう…億…〈教・常〉…［四］…∀…176
おもう…懐…〈常・旧人〉…44, 66
おもう…憶…〈常〉…∀…176
おもう…謂…〈人〉…∀…466
おもう…臆…〈常〉…∀…176
おもて…表…〈教・常〉…［三］…448
おもてざしき…堂…〈教・常〉…［五］…∀…218
おもに…主…〈教・常〉…［三］…48
おもむき…興…〈教・常〉…［五］…∀…168
おもり…錘…〈人〉…522
おや…親…〈教・常〉…［二］…50
おやおもい…孝…〈教・常〉…［六］…264
およぐ…泳…〈教・常〉…［三］…182
およそ…凡…〈常〉…542
およぶ…及…〈常〉…216
およぶ…迄…〈人〉…544
およぶ…追…〈教・常〉…［三］…114
およぶ…達…〈教・常〉…［四］…84
おりる…下…〈教・常〉…［一］…320
おりる…降…〈教・常〉…［六］…26
おる…処…〈教・常〉…［六］…88
おろか…鈍…〈常〉…516
おろか…頑…〈常〉…386
おろす…卸…〈常〉…594
おわり…終…〈教・常〉…［三］…518
おわる…卒…〈教・常〉…［四］…42
おわる…咸…∀…226
おわる…既…〈常〉…222
おわる…終…〈教・常〉…［三］…518
おわる…就…〈教・常〉…［六］…230, 396
おわる…竣…〈人〉…424
オン…音…〈教・常〉…［一］…∀…174, 176
オン…昷…550
オン…温…〈教・常・旧人〉…［三］…550
オン…遠…〈教・常〉…［二］…44
オン…隠…〈常〉…500
オン…褞…550
オン…穏…〈常〉…500
オン…轀…550
おん…御…〈常〉…594
おんがく…楽…〈教・常・旧人〉…［二］…172
おんな…女…〈教・常〉…［一］…102
おんな…婦…〈教・常〉…［五］…110

カ・か

カ…匕…244, 264
カ…下…〈教・常〉…［一］…320
カ…火…〈教・常〉…［一］…94, 260, 546, 588
カ…戈…230, 338, 484, 572

おけ…桶…〈人〉…150
おけら…朮…592, 594
おこす…興…〈教・常〉…［五］…∀…168
おごそか…威…〈常〉…132
おごそか…荘…〈常〉…394
おごそか…厳…〈教・常・旧人〉…［六］…∀…166
おこたる…怠…〈常〉…∀…424
おこたる…倦…〈人〉…346
おこなう…行…〈教・常〉…［二］…28, 30, 502, 558, 592, 594
おこなう…服…〈教・常〉…［三］…274
おこなう…将…〈教・常・旧人〉…［六］…394
おこなう…載…〈常〉…∀…206
おこなう…践…〈常〉…572
おこなう…興…〈教・常〉…［五］…∀…168
おこる…怒…〈常〉…96
おこる…発…〈教・常〉…［三］…340, 368, 510
おごる…奢…∀…326
おごる…喬…〈人〉…∀…524
おごる…驕…∀…524
おさえる…印…〈教・常〉…［四］…494
おさえる…制…〈教・常〉…［五］…322
おさえる…按…〈人〉…104
おさえる…掣…322
おさまる…修…〈教・常〉…［五］…530
おさまる…納…〈教・常〉…［六］…586
おさめる…尹…498
おさめる…乱…〈教・常〉…［六］…500
おさめる…治…〈教・常〉…［四］…∀…424
おさめる…修…〈教・常〉…［五］…530
おさめる…納…〈教・常〉…［六］…586
おさめる…捲…〈人〉…346
おさめる…理…〈教・常〉…［二］…436
おさめる…脩…〈人〉…530
おさめる…厤…356
おさめる…領…〈教・常〉…［五］…170
おさめる…繇…∀…548
おしえる…教…〈教・常〉…［二］…372
おしえる…諷…∀…542
おしえる…講…〈教・常〉…［五］…∀…532
おしはかる…推…〈教・常〉…［六］…32
おしはかる…量…〈教・常〉…［四］…440
おしはかる…意…〈教・常〉…［三］…∀…176
おしむ…啚…336
おしむ…惜…〈常〉…360
おしむ…嗇…394
おしむ…憐…〈人〉…610
おしろい…粉…〈教・常〉…［五］…234
おす…抵…〈常〉…554
おす…推…〈教・常〉…［六］…32
おす…排…〈常〉…208
おそい…晏…〈人〉…104
おそい…莫…〈人〉…312
おそう…襲…〈常〉…40
おそれ…虞…〈常〉…∀…88, 200
おそれる…匈…56
おそれる…巩…398
おそれる…恟…56
おそれる…恐…〈常〉…398
おそれる…凜…〈人〉…336
おだやか…温…〈教・常・旧人〉…［三］…550
おだやか…穏…〈常〉…500
おちる…落…〈教・常〉…［三］…∀…26, 404
おちる…隊…〈教・常〉…［四］…284
おちる…隕…480
おちる…墜…〈常〉…284
オツ…乙…〈常〉…500
おっと…夫…〈教・常〉…［四］…18, 106
おと…音…〈教・常〉…［一］…∀…174, 176
おと…響…〈常・旧人〉…∀…164
おとうと…弟…〈教・常〉…［二］…428
おとこ…子…〈教・常〉…［一］…118, 264, 372, 380, 600
おとこ…士…〈教・常〉…［五］…130, 134
おとこ…男…〈教・常〉…［一］…92
おとこ…郎…〈常・旧人〉…416
おとこ…漢…〈教・常・旧人〉…［三］…608
おとしあな…穽…276
おどす…威…〈常〉…132
おどす…嚇…〈常〉…546

えやみ…疫…〈常〉…502
えらぶ…択…〈常〉…350
えり…衿…〈人〉…362
えり…領…〈教・常〉…［五］…170
えり…襟…〈常〉…362
える…獲…〈常〉…36
エン…円…〈教・常・旧人〉…［一］…480
エン…㧒…62, 76, 412
エン…爰…496
エン…宴…〈常〉…104
エン…晏…〈人〉…104
エン…員…〈教・常〉…［三］…480
エン…媛…〈教・常〉…［四］…496
エン…援…〈常〉…496
エン…遠…〈教・常〉…［二］…44
エン…筵…432
えんぐみ…婚…〈常〉…552

オ・お

オ…和…〈教・常〉…［三］…∀…356, 418
オ…悪…〈教・常・旧人〉…［三］…468
お…小…〈教・常〉…［一］…292, 294, 296
お…緒…〈常・旧人〉…∀…326
おいたち…岐…〈教・常〉…［四］…538
おいぼれる…耄…264
おいる…老…〈教・常〉…［四］…264
オウ…王…〈教・常〉…［一］…126, 128, 130
オウ…汪…126
オウ…往…〈教・常〉…［五］…126
オウ…旺…〈常〉…128
オウ…欧…〈常〉…∀…400
オウ…皇…〈教・常〉…［六］…128
オウ…奥…〈常・旧人〉…348
オウ…謳…∀…400
おう…生…〈教・常〉…［一］…278
おう…追…〈教・常〉…［三］…114
おえる…終…〈教・常〉…［三］…518
おおい…庶…〈常〉…328
おおい…夥…462
おおい…諸…〈教・常・旧人〉…［六］…∀…326, 328
おおい…黎…〈人〉…420
おおい…繁…〈常・旧人〉…108
おおう…冖…588, 612
おおう…宀…386, 446, 470, 474, 568, 570, 584, 600
おおう…冒…〈常〉…4
おおう…敝…472
おおおび…紳…〈常〉…8
おおかみ…狼…〈人〉…416
おおきい…大…〈教・常〉…［一］…12, 18, 272, 288, 314, 366, 384, 546
おおきい…弘…〈人〉…318
おおきい…宇…〈教・常〉…［六］…598
おおきい…蓆…432
おおづつ…砲…〈常〉…252
おおとり…鳳…〈人〉…542
おおやけ…公…〈教・常〉…［二］…422, 426
おおゆみ…弩…96
おか…岡…〈教・常〉…［四］…528
おか…陸…〈教・常〉…［四］…142
おかす…干…〈教・常〉…［六］…136, 484, 536
おかす…冒…〈常〉…4
おかす…侵…〈常〉…112
おぎなう…補…〈教・常〉…［六］…268
おきる…起…〈教・常〉…［三］…344
オク…屋…〈教・常〉…［三］…64
オク…奥…〈常・旧人〉…348
オク…億…〈教・常〉…［四］…∀…176
オク…憶…〈常〉…∀…176
オク…臆…〈常〉…∀…176
おく…処…〈教・常〉…［六］…88
おく…措…〈常〉…360
おく…置…〈教・常〉…［四］…454
おくりもの…気…〈教・常・旧人〉…［一］…544
おくる…伝…〈教・常・旧人〉…［四］…266
おくる…輸…〈教・常〉…［五］…60
おくる…贈…〈常・旧人〉…160
おくれる…後…〈教・常〉…［二］…300
おけ…甬…150, 152, 154

うやうやしい…恭…〈常〉…148
うやまう…敬…〈教・常〉…［六］…ㅂ…540
うら…浦…〈常〉…268
うら…裏…〈教・常・異人〉…［六］…448
うらかた…卜…〈人〉…178, 486, 558, 566
うらかた…兆…〈教・常〉…［四］…178
うらかた…卦…558
うらなう…卜…〈人〉…178, 486, 558, 566
うらなう…占…〈常〉…ㅂ…178, 558, 566
うらなう…卦…558
うらむ…恨…〈常〉…282
うらむ…憾…〈常〉…ㅂ…226
うる…売…〈教・常・旧人〉…［二］…478
うるおう…濡…〈人〉…602
うるおす…沢…〈常〉…350
うれい…愁…〈常〉…518
うれえる…悄…294
うれえる…悠…〈常〉…530
うれえる…愁…〈常〉…518
うれえる…憂…〈常〉…210
うれえる…鬱…〈常〉…612
うろこ…鱗…〈人〉…610
うろたえる…狽…416
うわぐすり…釉…〈人〉…46
ウン…云…〈人〉…192, 194
ウン…員…〈教・常〉…［三］…480
ウン…雲…〈教・常〉…［二］…192
ウン…運…〈教・常〉…［三］…340
ウン…温…〈教・常・旧人〉…［三］…550
ウン…暈…340
ウン…隕…480
ウン…榅…550
ウン…轀…550
ウン…饂…550
ウン…蘊…550
うんき…气…544

エ・え

エ…衣…〈教・常〉…［四］…40, 42
エ…依…〈常〉…40
え…重…〈教・常〉…［三］…440
え…柲…446
エイ…永…〈教・常〉…［五］…182
エイ…兑…ㅂ…354
エイ…泳…〈教・常〉…［三］…182
エイ…栄…〈教・常・旧人〉…［四］…94, 588
エイ…詠…〈常〉…ㅂ…182
エイ…営…〈教・常〉…［五］…588
エイ…裔…40
エイ…衛…〈教・常・旧人〉…［五］…30, 306
えがく…図…〈教・常〉…［二］…336
えがく…画…〈教・常〉…［二］…334, 338
エキ…亦…〈人〉…314
エキ…役…〈教・常〉…［三］…502
エキ…疫…〈常〉…502
エキ…液…〈教・常〉…［五］…314
エキ…訳…〈教・常〉…［六］…ㅂ…350
エキ…腋…314
エキ…睪…350
エキ…駅…〈教・常〉…［三］…350
エキ…繹…350
えきしゃ…駅…〈教・常〉…［三］…350
えぐる…抉…232
えだ…支…〈教・常〉…［五］…538
えだ…条…〈教・常・旧人〉…［五］…530
えだ…枝…〈教・常〉…［五］…538
えだち…役…〈教・常〉…［三］…502
エツ…曰…ㅂ…228, 324, 356
エツ…戉…132
エツ…抉…232
エツ…兑…ㅂ…354
エツ…悦…〈常〉…ㅂ…354
エツ…越…〈常〉…132
エツ…鉞…132
エツ…説…〈教・常〉…［四］…ㅂ…354
えな…胞…〈常〉…252
えび…蝦…〈人〉…450
えびす…戎…484
えびす…胡…〈人〉…574
えびら…箙…590
えびら…鞴…590
えむ…笑…〈教・常〉…［四］…196

うえる…植…〈教・常〉…［三］…454
うえる…種…〈教・常〉…［四］…440
うえる…樹…〈教・常〉…［六］…382
うかがう…偵…〈常〉…486
うかがう…罣…350
うがつ…鑿…390
うかぶ…浮…〈常〉…380
うかれる…浮…〈常〉…380
うく…汎…〈常〉…542
うく…浮…〈常〉…380
うけがう…諾…〈常〉…∀…198
うけだらい…舟…〈常〉…506
うける…受…〈教・常〉…［三］…494
うける…奉…〈常〉…526
うける…稟…〈人〉…336
うごかす…撼…∀…226
うごく…動…〈教・常〉…［三］…96
うごく…漂…〈常〉…430
うじ…氏…〈教・常〉…［四］…552, 554, 556
うしお…汐…〈人〉…310
うしお…潮…〈教・常〉…［六］…310
うしなう…損…〈教・常〉…［五］…480
うしなう…墜…〈常〉…284
うしろ…背…〈教・常〉…［六］…14
うしろ…後…〈教・常〉…［二］…300
うず…渦…〈常〉…∀…240
うすい…薄…〈常〉…270
うすぎぬ…紗…〈人〉…296
うずめる…塡…〈常〉…246
うた…哥…∀…202
うた…唱…〈教・常〉…［四］…∀…444
うた…訶…∀…202
うた…詩…〈教・常〉…［三］…∀…434, 564
うたう…欧…〈常〉…∀…400
うたう…詠…〈常〉…∀…182
うたう…歌…〈教・常〉…［二］…∀…202
うたう…歎…〈人〉…∀…608
うたう…謳…∀…400
うたがう…或…〈人〉…306
うたがう…疑…〈教・常〉…［六］…224
うたげ…宴…〈常〉…104
うたひめ…妓…538
うち…内…〈教・常〉…［二］…586
うち…裏…〈教・常・異人〉…［六］…448
うちかけ…裲…550
ウツ…鬱…〈常〉…612
うつ…攴（＝攵）…24, 60, 98, 138, 184, 214, 270, 322, 344, 372, 382, 472, 530, 540, 546, 548, 606
うつ…打…〈教・常〉…［三］…520
うつ…伐…〈常〉…70
うつ…対…〈教・常〉…［三］…390
うつ…征…〈常〉…24
うつ…殴…〈常〉…∀…400, 504
うつ…鼓…〈常〉…382
うつ…撲…〈常〉…390
うつ…撃…〈常・旧人〉…508
うつくしい…好…〈教・常〉…［四］…600
うつくしい…沃…〈常〉…198
うつくしい…妙…〈常〉…296
うつくしい…美…〈教・常〉…［三］…84
うつす…伝…〈教・常・旧人〉…［四］…266
うつす…抄…〈常〉…296
うつす…謄…〈常〉…100
うったえる…訟…〈常〉…∀…426
うつわ…器…〈教・常・旧人〉…［四］…∀…12
うてな…台…〈教・常〉…［二］…422
うどん…飩…516
うどん…饂…550
うね…畦…558
うば…母…〈教・常〉…［二］…106
うばう…奪…〈常〉…38, 40
うま…午…〈教・常〉…［二］…594
うまい…旨…〈常〉…556
うまかい…圉…274
うまや…駅…〈教・常〉…［三］…350
うまれる…生…〈教・常〉…［一］…278
うみ…膿…254
うむ…娩…〈人〉…98
うむ…倦…〈人〉…346
うむ…産…〈教・常〉…［四］…54, 258
うめく…呻…8

いとぐち…緒…〈常・旧人〉…∀…326
いとぐち…端…〈常〉…604
いとなむ…経…〈教・常〉…［五］…304
いとなむ…営…〈教・常〉…［五］…588
いとま…暇…〈常〉…450
いどむ…挑…〈常〉…178
いなか…俚…436
いなか…啚…336
いなか…野…〈教・常・異人〉…［二］…436
いなか…鄙…336
いなずま…電…〈教・常〉…［二］…8
いにしえ…古…〈教・常〉…［二］…∀…136, 138, 140
いぬ…犬…〈教・常〉…［一］…10, 12, 384, 396
いね…禾…〈人〉…118, 122, 124, 356, 418, 420, 422, 460, 500, 508, 518, 580, 596
いね…稲…〈常・旧人〉…124, 492
いのち…命…〈教・常〉…［三］…∀…170
いばら…棘…458
いぶくろ…胃…〈教・常〉…［六］…466
いま…今…〈教・常〉…［二］…194, 362
いましめる…儆…∀…540
いましめる…警…〈教・常〉…［六］…∀…540
いまだ…未…〈教・常〉…［四］…310, 320, 322
いまわしい…忌…〈常〉…342
いむ…忌…〈常〉…342
いむ…禁…〈教・常〉…［五］…362
いも…芋…〈常〉…598
いや…嫌…〈常〉…418
いやしい…卑…〈常・旧人〉…392
いやしい…俚…436
いやしい…俗…〈常〉…∀…570
いやしい…野…〈教・常・異人〉…［二］…436
いやしい…鄙…336
いやしむ…薄…〈常〉…270
いやす…癒…〈常〉…60
いりうみ…湾…〈常〉…∀…316, 548
いる…要…〈教・常〉…［四］…170
いる…射…〈教・常〉…［六］…316
いれずみ…墨…〈常・旧人〉…220
いれる…入…〈教・常〉…［一］…586
いれる…容…〈教・常〉…［五］…∀…568, 570
いれる…納…〈教・常〉…［六］…586
いろ…采…〈常〉…492
いろどる…彩…〈常〉…492
いわ…巖…〈人・旧人〉…∀…166
いわう…祝…〈教・常・旧人〉…［四］…∀…20
いわう…賀…〈教・常〉…［四］…∀…92
いわお…磐…〈人〉…506
イン…廴…330, 332, 582
イン…引…〈教・常〉…［二］…318
イン…尹…498
イン…印…〈教・常〉…［四］…494
イン…音…〈教・常〉…［一］…∀…174, 176
イン…員…〈教・常〉…［三］…480
イン…殷…510
イン…陰…〈常〉…194
イン…隕…480
イン…蔭…〈人〉…194
イン…隠…〈常〉…500
イン…韻…〈常〉…∀…480

ウ・う

ウ…于…596, 598
ウ…右…〈教・常〉…［一］…∀…2, 300
ウ…宇…〈教・常〉…［六］…598
ウ…芋…〈常〉…598
ウ…迂…〈人〉…598
ウ…雨…〈教・常〉…［一］…8, 602
ウ…禹…146
ウ…胡…〈人〉…574
ウ…紆…598
ウ…竽…598
う…卯…〈人〉…472
うい…憂…〈常〉…210
うえ…上…〈教・常〉…［一］…320
うえる…芸…〈教・常〉…［四］…456
うえる…栽…〈常〉…∀…206
うえる…埶…456

408
いいつけ…命…〈教・常〉…［三］…ᗜ…170
いいつける…令…〈教・常〉…［四］…170, 172
いいなやむ…訥…ᗜ…586
いう…云…〈人〉…192, 194
いう…曰…ᗜ…228, 324, 356
いう…言…〈教・常〉…［二］…ᗜ…52, 140, 174
いう…謂…〈人〉…ᗜ…466
いえ…門…〈教・常〉…［二］…174
いえ…家…〈教・常〉…［二］…102
いえ…廈…518
いえども…雖…ᗜ…32
いがた…型…〈教・常〉…［五］…276
いかる…怒…〈常〉…96
いかる…愾…544
いかる…瞋…246
イキ…弋…388
イキ…或…〈人〉…306
イキ…域…〈教・常〉…［六］…306
いき…息…〈教・常〉…［三］…384
いきおい…勢…〈教・常〉…［五］…456
いきる…生…〈教・常〉…［一］…278
いきる…存…〈教・常〉…［六］…ᗜ…130
イク…育…〈教・常〉…［三］…380
いく…行…〈教・常〉…［二］…28, 30, 502, 558, 592, 594
いく…幾…〈常〉…300, 308
いくさ…戎…484
いくさ…役…〈教・常〉…［三］…502
いくさ…軍…〈教・常〉…［四］…340
いくさ…師…〈教・常〉…［五］…114
いくさ…戦…〈教・常・旧人〉…［四］…338
いぐるみ…弋…388
いげた…井…〈教・常〉…［四］…276
いけどり…俘…380
いけにえ…犠…〈常〉…82
いこう…息…〈教・常〉…［三］…384
いさおし…暦…〈常・旧人〉…ᗜ…356
いさおし…績…〈教・常〉…［五］…460
いさぎよい…屑…〈人〉…294
いさましい…勇…〈教・常〉…［四］…154
いさむ…勇…〈教・常〉…［四］…154
いしゃ…医…〈教・常〉…［三］…62, 504
いしやき…磁…〈教・常〉…［六］…302
いしゆみ…弩…96
いずくんぞ…安…〈教・常〉…［三］…104
いそがしい…忙…〈常〉…378
いそぐ…急…〈教・常〉…［三］…216
いそしむ…毎…〈教・常・旧人〉…［二］…106
いた…板…〈教・常〉…［三］…392
いた…版…〈教・常〉…［五］…392
いたい…痛…〈教・常〉…［六］…152
いだく…抱…〈常〉…252
いただき…頂…〈教・常〉…［六］…520
いただく…頂…〈教・常〉…［六］…520
いたむ…惻…482
いたる…氐…554
いたる…各…〈教・常〉…［四］…ᗜ…26, 404
いたる…至…〈教・常〉…［六］…64
いたる…到…〈常〉…64
いたる…格…〈教・常〉…［五］…ᗜ…404
いたわる…労…〈教・常〉…［四］…94, 588
イチ…一…〈教・常〉…［一］…142
いち…市…〈教・常〉…［二］…458
いちじるしい…著…〈教・常〉…［六］…ᗜ…326
イツ…一…〈教・常〉…［一］…142
イツ…乙…〈常〉…500
イツ…聿…330, 332, 334
いつくしむ…愛…〈教・常〉…［四］…222
いつくしむ…慈…〈常〉…302
いつくしむ…憐…〈人〉…610
いつつ…五…〈教・常〉…［一］…140
いつわり…妄…〈常〉…378
いつわる…陽…〈教・常〉…［三］…194
いつわる…詐…〈常〉…ᗜ…358
いつわる…詭…ᗜ…260
いつわる…矯…〈常〉…ᗜ…524
いと…糸…〈教・常〉…［一］…300, 302, 308
いど…井…〈教・常〉…［四］…276

あや…彩…〈常〉…492
あや…藻…〈常〉…∀…402
あやうい…危…〈教・常〉…［六］…260
あやうい…険…〈教・常・旧人〉…［五］…∀…562
あやしい…妖…〈常〉…196
あやつる…操…〈教・常〉…［六］…∀…402
あやまち…過…〈教・常〉…［五］…∀…240
あやまる…誤…〈教・常〉…［六］…∀…200
あやまる…錯…〈常〉…360
あゆむ…歩…〈教・常・旧人〉…［二］…22
あらい…荒…〈常〉…376, 380
あらい…狼…〈人〉…416
あらう…洗…〈教・常〉…［六］…22
あらう…滌…530
あらかじめ…予…〈教・常〉…［三］…90
あらず…弗…476
あらず…非…〈教・常〉…［五］…208, 210
あらそう…争…〈教・常・旧人〉…［四］…496
あらた…新…〈教・常〉…［二］…50
あらためる…改…〈教・常〉…［四］…344
あらためる…革…〈教・常〉…［六］…488
あらためる…変…〈教・常〉…［四］…∀…548
あらわす…呈…〈常〉…∀…452, 580, 582
あらわす…表…〈教・常〉…［三］…448
あらわす…昭…〈教・常〉…［三］…∀…560
あらわす…著…〈教・常〉…［六］…∀…326
あらわす…現…〈教・常〉…［五］…448
あらわす…暴…〈教・常〉…［五］…352
あらわれる…顕…〈常・旧人〉…448
ありさま…勢…〈教・常〉…［五］…456
ある…才…〈教・常〉…［二］…∀…130, 206
ある…在…〈教・常〉…［五］…∀…130
ある…存…〈教・常〉…［六］…∀…130
あるいは…或…〈人〉…306
あるく…歩…〈教・常・旧人〉…［二］…22
あるじ…主…〈教・常〉…［三］…48
あれる…暴…〈教・常〉…［五］…352
あれる…蕪…〈人〉…364
あわ…泡…〈常〉…252
あわせる…協…〈教・常〉…［四］…314
あわせる…附…〈常〉…578
あわせる…兼…〈常〉…418
あわただしい…慌…〈常〉…376
あわてる…慌…〈常〉…376
あわれ…哀…〈常〉…∀…42
あわれむ…憐…〈人〉…610
アン…行…〈教・常〉…［二］…28, 30, 502, 558, 592, 594
アン…安…〈教・常〉…［三］…104
アン…按…〈人〉…104
アン…晏…〈人〉…104
アン…殷…510
アン…暗…〈教・常〉…［三］…∀…174
アン…闇…〈常〉…∀…174

イ・い

イ…已…〈人〉…342, 344
イ…台…∀…422, 424
イ…衣…〈教・常〉…［四］…40, 42
イ…伊…〈人〉…498
イ…医…〈教・常〉…［三］…62, 504
イ…位…〈教・常〉…［四］…288
イ…囲…〈教・常〉…［五］…306
イ…依…〈常〉…40
イ…委…〈教・常〉…［三］…118, 120
イ…韋…30, 306
イ…為…〈常・旧人〉…90
イ…威…〈常〉…132
イ…胃…〈教・常〉…［六］…466
イ…倭…〈人〉…120
イ…唯…〈常〉…∀…32
イ…萎…〈常〉…120
イ…違…〈常〉…30, 306
イ…意…〈教・常〉…［三］…∀…176
イ…彙…〈常〉…466
イ…蝟…466
イ…緯…〈常〉…30, 306
イ…噫…∀…176
イ…謂…〈人〉…∀…466
い…亥…〈人〉…512
いいあらそう…論…〈教・常〉…［六］…∀…

あざやか…鮮…〈常〉…84
あし…足…〈教・常〉…［一］…22
あし…脚…〈常〉…∪…272
あじ…味…〈教・常〉…［三］…320
あしうら…番…〈教・常〉…［二］…348
あしうら…蹯…348
あした…朝…〈教・常〉…［二］…310, 312
あしなえ…跛…490
あずま…東…〈教・常〉…［二］…220, 440, 442
あせ…汗…〈常〉…536
あぜ…町…〈教・常〉…［一］…520
あぜ…畔…〈常〉…236
あぜ…畦…558
あそびめ…妓…538
あそびめ…倡…444
あそぶ…斿…412
あそぶ…遊…〈教・常〉…［三］…412
あたい…値…〈教・常〉…［六］…454
あたえる…付…〈教・常〉…［四］…578
あたたかい…昷…550
あたたかい…陽…〈教・常〉…［三］…194
あたたかい…温…〈教・常・旧人〉…［三］…550
あたま…頭…〈教・常〉…［二］…370
あたらしい…新…〈教・常〉…［二］…50
あたらしい…鮮…〈常〉…84
あたり…辺…〈教・常〉…［四］…184
あたる…当…〈教・常〉…［二］…∪…218
あたる…抗…〈常〉…534
あたる…抵…〈常〉…554
アツ…斡…〈人〉…438
あつい…暑…〈教・常・旧人〉…［三］…∪…328
あつい…熱…〈教・常〉…［四］…456
あつかう…扱…〈常〉…216
あつまり…団…〈教・常・旧人〉…［五］…266
あつまる…亼…562
あつまる…屯…〈常〉…516
あつまる…沌…〈人〉…516
あつまる…集…〈教・常〉…［三］…36
あつまる…彙…〈常〉…466
あつまる…蝟…466
あつめる…総…〈教・常〉…［五］…514
あつめる…纂…〈人〉…486
あでやか…妖…〈常〉…196
あでやか…嬌…∪…524
あてる…充…〈常〉…514
あと…後…〈教・常〉…［二］…300
あと…蹟…〈人〉…460
あとかた…瘢…506
あな…孔…〈常〉…600
あな…坑…〈常〉…534
あな…穽…276
あな…鑿…390
あに…兄…〈教・常〉…［二］…∪…20, 354, 562
あに…伯…〈常〉…190
あに…哥…∪…202
あによめ…嫂…584
あばく…発…〈教・常〉…［三］…340, 368, 510
あばく…暴…〈教・常〉…［五］…352
あばれる…暴…〈教・常〉…［五］…352
あびる…浴…〈教・常〉…［四］…∪…570
あぶない…危…〈教・常〉…［六］…260
あぶら…油…〈教・常〉…［三］…46
あぶら…脂…〈常〉…556
あぶる…焙…242
あふれる…涌…154
あま…天…〈教・常〉…［一］…18
あま…雨…〈教・常〉…［一］…8, 602
あまねし…周…〈教・常〉…［四］…∪…334
あまねし…旁…188
あまねし…尃…270
あまねし…敷…〈常〉…270
あまり…余…〈教・常〉…［五］…58, 60
あめ…雨…〈教・常〉…［一］…8, 602
あめふる…雨…〈教・常〉…［一］…8, 602
あや…彡…492, 530, 612
あや…文…〈教・常〉…［一］…54
あや…彪…〈人〉…86

音訓索引

凡例

〈教・常〉は常用漢字のうちの教育漢字。
〈常〉は常用漢字。
〈人〉は人名用漢字。
〈旧人〉は旧字も人名用漢字。
〈異人〉は異体字も人名用漢字。
漢数字は小学校で学ぶ学年。

ア・あ

ア…亜…〈常・旧人〉…468
ア…堊…468
ああ…巳…〈人〉…342, 344
ああ…于…596, 598
ああ…咨…∀…576
ああ…噫…∀…176
アイ…哀…〈常〉…∀…42
アイ…矮…120
アイ…愛…〈教・常〉…［四］…222
アイ…僾…222
アイ…噫…∀…176
アイ…曖…〈常〉…222
アイ…靉…222
あい…相…〈教・常〉…［三］…66
あいくち…匕…212, 572
あう…夆…526
あう…値…〈教・常〉…［六］…454
あう…逢…〈人〉…526
あう…媾…532
あえて…敢…〈常〉…166
あか…赤…〈教・常〉…［一］…546
あか…殷…510
あかい…赫…546
あがなう…贖…478
あかり…明…〈教・常〉…［二］…218
あがる…上…〈教・常〉…［一］…320
あかるい…明…〈教・常〉…［二］…218
あき…秋…〈教・常〉…［二］…518
あきなう…貿…〈教・常〉…［五］…472
あきらか…明…〈教・常〉…［二］…218
あきらか…昌…〈人〉…444
あきらか…昭…〈教・常〉…［三］…∀…560
あきらか…朗…〈教・常・旧人〉…［六］…416
あきらか…章…〈教・常〉…［三］…52
あきらか…著…〈教・常〉…［六］…∀…326
あきらか…晶…〈常〉…444
あきらか…照…〈教・常〉…［四］…∀…560
あきらか…察…〈教・常〉…［四］…6
あきらか…顕…〈常・旧人〉…448
あきる…飽…〈常〉…252
アク…亜…〈常・旧人〉…468
アク…悪…〈教・常・旧人〉…［三］…468
アク…堊…468
あくた…芥…〈人〉…280
あくび…欠…〈教・常〉…［四］…400, 570
あくる…明…〈教・常〉…［二］…218
あける…明…〈教・常〉…［二］…218
あげる…称…〈常〉…596
あげる…揚…〈常〉…194
あさ…旦…〈常〉…310, 386
あさ…早…〈教・常〉…［一］…212
あさ…朝…〈教・常〉…［二］…310, 312
あざ…痣…564
あさい…浅…〈教・常〉…［四］…572
あざな…字…〈教・常〉…［一］…600
あざむく…欺…〈常〉…78
あざむく…詐…〈常〉…∀…358
あざむく…調…〈教・常〉…［三］…∀…334

白川 静
（しらかわ・しずか）

一九一〇年～二〇〇六年。福井市生まれ。
立命館大学名誉教授。二〇〇四年文化勲章受章。
字書三部作『字統』『字訓』『字通』を刊行。
中国の古代文字である甲骨文・金文を分析することで、
古代人の生活と意識にまで踏み込んだ
「白川文字学」の体系を打ち立てる。
最後の字書『漢字の体系』が二〇二〇年に刊行された。
国文学者としての仕事に『初期万葉論』『後期万葉論』などがある。

小山鉄郎
（こやま・てつろう）

1949年、群馬県生まれ。

一橋大学経済学部卒。共同通信社編集委員・論説委員。

村上春樹作品の解読や白川静博士の漢字学の紹介で、日本記者クラブ賞受賞。

著書に
『白川静さんに学ぶ 漢字は楽しい』『白川静さんに学ぶ 漢字は怖い』（共同通信社）、

『白川静入門 真・狂・遊』（平凡社新書）、

『村上春樹を読みつくす』（講談社現代新書）、

『村上春樹を読む午後』（文藝春秋、共著）、

『村上春樹の動物誌』（早稲田新書）、

『村上春樹クロニクル BOOK1 2011 ～ 2016』

『村上春樹クロニクル BOOK2 2016 ～ 2021』（春陽堂書店）、

『大変を生きる―日本の災害と文学』『文学はおいしい。』（作品社）、

『白川静さんに学ぶ これが日本語』『あのとき、文学があった―「文学者追跡」完全版』

『白川静さんに学ぶ 漢字がわかる コロナ時代の二字熟語』（論創社）など。

2009年から白川静博士の業績を学ぶ同人会「白川静会」の事務局長を務めている。

白川静さんに学ぶ
漢字の秘密まるわかり

著者　小山鉄郎
発行者　森下紀夫
発行所　論創社
東京都千代田区神田神保町2-23
北井ビル
電話03（3264）5254
振替口座　00160-1-155266

イラスト　はまむらゆう
ブックデザイン　宗利淳一［協力・齋藤久美子］
組版　加藤靖司
印刷・製本　株式会社ディグ

2024年　9月24日　初版第1刷印刷
2024年　9月30日　初版第1刷発行

ISBN978-4-8460-2392-8